D1666513

Gotteslob
Katholisches Gebet- und Gesangbuch
mit dem erweiterten Diözesanteil Augsburg

Gotteslob

Katholisches Gebet- und Gesangbuch
mit dem erweiterten Diözesanteil Augsburg

Herausgegeben
von den Bischöfen Deutschlands und Österreichs
und der Bistümer Bozen-Brixen, Lüttich und
Luxemburg

 Auer Verlag GmbH

Geleitwort

„Schön ist es, unseren Gott zu loben." Mit diesem Bekenntnis nimmt uns der Psalm 147 hinein in die Erfahrung, die Menschen des Alten und Neuen Bundes immer wieder machen durften: Wer mit den Augen des Glaubens auf die Schöpfung, auf Gottes Geschichte mit den Menschen und auch auf sein persönliches Leben blickt, der findet hin zum frohmachenden Lob Gottes.

Um dem Lob Gottes, unserem Singen und Beten in der Liturgie, im Kirchenjahr, in den verschiedenen Situationen des Lebens eine gemeinsame Grundlage und wertvolle Anregung zu geben, haben die Bischöfe der deutschsprachigen Diözesen im Jahr 1975 den Pfarrgemeinden, den Familien und den einzelnen Gläubigen das *Gotteslob* in die Hand gelegt. Es ist schön, heute zu sehen, daß dieses Gebet- und Gesangbuch von den Pfarrgemeinden unseres Bistums gut angenommen ist und sie bei ihrem Feiern und Beten wie selbstverständlich begleitet. Vielen Gläubigen ist es eine Stütze für ihr persönliches Beten und ihr Glaubensleben geworden.

Bereits bei der Erstellung des *Gotteslob* vor über 20 Jahren waren die Verantwortlichen geleitet von der Gewißheit, daß „der Eifer für die Förderung und Erneuerung der Liturgie mit Recht als ein Zeichen für die Fügungen der göttlichen Vorsehung über unserer Zeit" gilt (Liturgiekonstitution des II. Vatikanischen Konzils, Nr. 43). In dieser Überzeugung wurde dem *Gotteslob* für unser Bistum Augsburg dann in seiner zweiten Auflage 1983 ein erweiterter Diözesanteil beigegeben. Und in derselben Gewißheit wurde nun im Auftrag der Deutschen Bischofskonferenz der Stammteil unseres Gebet- und Gesangbuchs durchgesehen und an einigen Stellen leicht verändert. Dabei war man bemüht, eine Sprache zu verwenden, bei der Frauen sich nicht ausgeschlossen fühlen müssen – eine Bitte, die in unserer Zeit von vielen geäußert wurde. Ferner wurden die Texte an die seit der Erstauflage erschienenen liturgischen Bücher sowie die Bestimmungen des geltenden Kirchenrechts angeglichen.

So darf ich nun die dritte, leicht veränderte Neuauflage des *Gotteslob* den Pfarrgemeinden und Gruppen, den Familien und allen Gläubigen mit auf den Weg geben. Ich wünsche, daß die kleinen Veränderungen dieser Ausgabe dazu anregen, Gebete und Texte wieder neu aufmerksam zu lesen, Gewohntes und scheinbar Selbstverständliches bewußt zu überdenken und dabei noch manch verborgen gebliebenen Schatz dieses Gebet- und Gesangbuches zu entdecken. Es wäre schön, wenn dadurch auch die Vielfalt der liturgischen Formen unserer Kirche in den Pfarrgemeinden weiter verlebendigt würde. Möge das *Gotteslob* uns allen auf unserem Lebens- und Glaubensweg hinein in das dritte Jahrtausend ein segensreicher Begleiter sein und immer neu erfahren lassen: „Schön ist es, unseren Gott zu loben."

Augsburg, Ostern 1996

+ Viktor Josef

Bischof von Augsburg

Inhaltsübersicht

I. Persönliche Gebete

IV. Gemeinschaft der Heiligen

V. Wortgottesdienst, Stundengebet, Andacht   665

Diözesanteil Augsburg

Verzeichnis der neutestamentlichen Gesänge

Litaneien und litaneiartige Gesänge

Verzeichnis der Psalmen

Abkürzungen und Zeichen

A	=	Alle, Gemeinde
L	=	Lektor, Lektorin
M	=	Melodie
ö (ö)	=	ganz oder teilweise ökumenische Fassung
P	=	Priester
Q	=	Quellennachweis Nr. ...
r, l	=	rechte Seite, linke Seite
T	=	Text
V	=	Vorsänger, Vorsängerin; Schola; Vorbeter, Vorbeterin
Z	=	Zelebrant bzw. Célebrans, d. i. wer kraft eines Amtes oder einer Beauftragung die jeweilige Feier leitet (Priester, Diakon oder Laie)
I, II	=	Gruppe I, Gruppe II

Ia, IVh, IIIb usw. unter dem Kehrvers: Die römische Zahl gibt den Psalmton an, in dem zu dem Kehrvers gesungen werden kann, der Buchstabe weist auf den Rezitationston hin.

Es gibt zweierlei Noten: 1. Zeitlich gemessene Noten: ♩ ♩ ♪ Sie bezeichnen eine bestimmte Tondauer. Am Beginn der Stücke, die in dieser Notenart notiert sind, ist jeweils über dem Liniensystem der „Grundschlag" angegeben, eine kleine Note, die uns sagt, welcher Wert (♩ ♩. ♩ ♩/♩.) für das geordnete Singen maßgebend ist. Die Schrägstrichlein auf der oberen Linie ≣ geben die Gliederung der Melodie dort an, wo sie nicht durch Pausen deutlich wird. Dieses Gliederungszeichen ist also k e i n Pausezeichen. Es erlaubt ein kurzes Atemholen auf Kosten der vorhergehenden Note. — 2. Halslose Noten: ● Sie bezeichnen keine bestimmte Länge und richten sich etwa nach der Dauer der gesprochenen Silbe. Werden mehr als zwei Silben auf einem Ton gesungen, ist in der Regel diese Note ⋈ anzutreffen. Dehnungen an den Satzenden und vor den Pausen, die sich von selbst ergeben, werden nicht eigens bezeichnet. Im übrigen sind sie mit ⬤

oder •• angegeben. Die Gliederung der Melodie ist bei dieser Notation mit senkrechten Strichen angegeben, die je nach ihrer Größe eine kurze ≣ oder eine längere ≣ Pause erlauben. Bei der jeweiligen Notenzeile für die Gemeindepsalmodie gibt eine römische Ziffer einen der neun Psalmtöne an (I-IX). In der Regel hat die Psalmodie Anfangstöne (Initium). Sind diese vom Rezitationston durch ⦙ abgetrennt, werden sie nur beim ersten Vers nach dem Kehrvers gesungen. Bei den Lobgesängen aus dem Neuen Testament singt man sie bei jedem Vers. Betonte Noten sind mit einem Akzentzeichen versehen: ♪ . Kann der Akzent auf die folgende Note verlagert werden, wird dies durch einen Pfeil verdeutlicht: ♪→♪ . Wiederholbare Noten haben Begrenzungslinien ▪ , Noten, die ausfallen können, sind eingeklammert (▪). Ist ein Psalmvers dreizeilig, wird der Rezitationston im ersten Psalmodieteil durch eine Beugung (Flexa) unterbrochen. Dies wird durch eine eingeklammerte Note angezeigt. Unter der Psalmodiezeile befinden sich die gleichen Zeichen, die sich auch im Text finden: / = Beugung (Flexa), * (Asteriscus) = Mittelkadenz, unterstrichene Silbe mit = Beginn der Mittel- bzw. Schlußkadenz, eckige Klammer unter mehreren Silben mit dir = diese Silben werden auf dem gleichen Ton gesungen. Die eckige Klammer wird auch bei anderen Gesängen angewendet, wenn auf einen Notenwert gelegentlich zwei Silben treffen. Trifft dagegen auf zwei Noten nur eine Silbe, dann wird dies durch einen Bogen angezeigt: Herrlichkeit.
In den Psalmen bezeichnet ein längerer Gedankenstrich — die Stropheneinteilung. In den Andachten bezeichnet der gleiche Strich die Möglichkeit einer kurzen Meditationspause. Bei dem Wort STILLE sollte man eine solche Pause immer halten.
Lateinische Texte sind in der Regel mit Akzenten versehen, damit sie richtig betont werden können.

I. Persönliche Gebete

Unser Beten

Es gibt heute viele Menschen, die meinen, keine Zeit zum Beten **1** zu haben oder nicht beten zu können. Andere wollen nur beten, wenn sie das Bedürfnis danach verspüren.

Mancher würde gerne beten, findet sich aber nicht in den herkömmlichen Formen des Betens zurecht. Hält er sich daran, muß er vielfach feststellen, daß er in dieser Gebetssprache sein Leben nicht mehr unterbringt. Setzt er sich hin und will still sein, dann bricht in diese Stille alles ein, was ihn bewegt, was er arbeitet, woran er leidet. Oft findet er auch nicht die Ruhe, täglich zu beten.

Die Frage ist, ob Beten immer heißen muß: sich an Formeln halten, ein bestimmtes Pensum erledigen. In der Bibel gehört das Beten ganz selbstverständlich zum Leben, so selbstverständlich, daß es ursprünglich kein eigenes Wort dafür gegeben hat. Beten ist ein Rufen, Jubeln, Klagen, Bitten, Flehen, je nach der Situation des Menschen.

Vielleicht sind manche Menschen dieser biblischen Art des Betens sehr nahe, ohne es zu wissen. Wenn sie in eine mißliche Lage kommen, fangen sie an, sich gegen Gott aufzulehnen; wenn sie eine Zeitung lesen, fragen sie, wie Gott all das Leidvolle und Böse zulassen kann; und wenn sie glücklich sind, dann läuft ihnen das Herz über.

Wir Beter des Neuen Bundes dürfen als Kinder Gottes und als Brüder Christi zum Vater kommen, wie wir sind — in unserer inneren Hetze, in unserm Unvermögen, uns zu sammeln und die rechten Worte zu finden, mit unseren Schwierigkeiten und mit unserer Schuld. Aber nicht nur dieses Vertrauen kann unser Gebet tragen. Wenn wir beten, betet Christus im Heiligen Geist mit uns. Der Getaufte betet, wie wir es so oft sagen, „durch Christus, unsern Herrn".

Der volle Grund zum Beten ist für uns immer Gott selbst und sein Heilshandeln. Gott ist so, daß er verehrt werden muß; wir sind so, daß wir Gott verehren, anbeten müssen.

Wem das Beten dennoch schwer wird, der sollte erst einmal versuchen, ohne Worte vor Gott zu verweilen. Er sollte lernen, ihm willig und vertrauend sein Inneres zu öffnen. Persönlich beten heißt ja, sein Leben zur Sprache bringen vor Gott: Ich weiß, daß

ich mein Leben ausbreiten kann vor Gott — er stellt mich nicht
bloß. Ich weiß, daß ich zu ihm sprechen kann, wie mir gerade
ums Herz ist — er versteht mich. Ich weiß, daß ich mich vor ihm
nicht verstellen kann — er kennt mich. Ich weiß, daß ich zu
ihm kommen kann, wann ich will — er ist mir immer nahe. Ich
weiß, daß er mich zum Beten anregt und mein Gebet mit seiner
Kraft trägt.

Gott braucht mein Gebet nicht, aber mein Leben braucht das Gebet. Gott weiß, was ich nötig habe. Im Gebet versuche ich, Gottes
Willen zu erfahren und mein Leben daraufhin zu ändern. Wichtig
ist nur, daß ich zu ihm gehe und daß ich glaube, in ihm zur
Ruhe zu kommen und geheilt zu werden. Wenn ich das tue, erfahre ich immer wieder eine Korrektur in meinem Leben, finde
wieder die Richtung und darf Hoffnung haben, daß mein Leben
seinen Sinn und sein Ziel nicht verfehlt.

Mein Leben braucht das Gebet, das bedeutet auch, daß ich es
nicht darauf ankommen lassen darf, wann mir nach Beten zumute
ist. Es ist gut für uns, regelmäßig zu beten; und es kann eine
große Hilfe sein, wenn wir für unser Gebet Formeln zur Verfügung haben; auch die Wiederholung gleicher Texte im Gebet des
einzelnen und im Gottesdienst hat ihren besonderen Sinn. All
dies ist auch Brauch der Kirche.

Der Christ hat nicht nur den Auftrag, für sich selbst zu beten;
betend wird er zur Stimme der Kirche in der ganzen Welt. Es ist
gut, wenn wir uns im großen Chor der Beter wissen.

Gebet hat nicht die Absicht, die Welt aktiv zu verändern. Aber
seine verwandelnde Kraft verändert den Menschen. Und solche
Menschen werden bereit sein, die Welt nach dem Auftrag des
Evangeliums zu verändern, bis sie in Gott vollendet wird.

Es gibt viele Formen des Betens: das Lob- und Dankgebet, in dem
sich die tiefe Freude des Menschen über die Herrlichkeit Gottes
und die Schönheit seiner Schöpfung ausdrückt — das Bittgebet, in
dem wir erbitten, was wir brauchen, für uns und andere — das
Buß- und Sühnegebet, in dem wir für uns und andere Gottes
Erbarmen erflehen — das horchende Beten, in dem uns Gott zeigen kann, was wir von uns aus nicht sehen können — das betrach-
tende Gebet, in dem wir die göttlichen Geheimnisse aufnehmen
und in uns wirken lassen — und das Gebet in der Gemeinschaft,
das uns in brüderlicher Liebe miteinander verbindet.

Zum persönlichen Gebet eignen sich nicht nur die Texte des folgenden Teils, sondern auch Gebete aus den Andachten, die Psalmen, Lieder und Litaneien.

Keiner kann sagen: Jesus ist der Herr, außer im Heiligen **2**
Geist.   1 Kor 12,3

Herr, lehre uns beten

Jesus Christus, einst sind deine Jünger zu dir gekommen **1**
und haben verlangt: „Herr, lehre uns beten." So sprechen
denn auch wir: „Herr, lehre uns beten." Lehre mich einsehen, daß ohne Gebet mein Inneres verkümmert und mein
Leben Halt und Kraft verliert. Nimm das Gerede von
Erlebnis und Bedürfnis weg, hinter welchem sich Trägheit
und Auflehnung verbirgt. Gib mir Ernst und festen Entschluß, und hilf mir, durch Überwindung zu lernen, was
zum Heil nottut. Führe mich aber auch in deine heilige
Gegenwart. Lehre mich zu dir sprechen im Ernst der Wahrheit und in der Innigkeit der Liebe. Bei dir steht es, mir
die innere Fülle des Gebetes zu gewähren, und ich bitte
dich, gib sie mir zur rechten Zeit. Zuerst aber ist das Gebet
Gehorsam und Dienst: erleuchte mich, daß ich den Dienst
in Treue tue.   Romano Guardini

Grundgebete

zum Kreuzzeichen

Im Namen des Vaters und des Sohnes und des Heiligen **2**
Geistes. Amen.

Ehre sei dem Vater

Ehre sei dem Vater und dem Sohn und dem Heiligen Geist, **3**
wie im Anfang, so auch jetzt und alle Zeit und in Ewigkeit.
Amen.

(2) Das Gebet des Herrn

4 Vater unser im Himmel,
Geheiligt werde dein Name.
Dein Reich komme.
Dein Wille geschehe, wie im Himmel so auf Erden.
Unser tägliches Brot gib uns heute.
Und vergib uns unsere Schuld,
wie auch wir vergeben unsern Schuldigern.
Und führe uns nicht in Versuchung,
sondern erlöse uns von dem Bösen.

Denn dein ist das Reich und die Kraft und die Herrlichkeit
in Ewigkeit. Amen.

Das Apostolische Glaubensbekenntnis

5 Ich glaube an Gott, / den Vater, den Allmächtigen, / den
Schöpfer des Himmels und der Erde, /
und an Jesus Christus, / seinen eingeborenen Sohn, unsern
Herrn, / empfangen durch den Heiligen Geist, / geboren von
der Jungfrau Maria, / gelitten unter Pontius Pilatus, / ge-
kreuzigt, gestorben und begraben, / hinabgestiegen in das
Reich des Todes, / am dritten Tage auferstanden von den
Toten, / aufgefahren in den Himmel; / er sitzt zur Rechten
Gottes, des allmächtigen Vaters; / von dort wird er kommen,
zu richten die Lebenden und die Toten. /
Ich glaube an den Heiligen Geist, / die heilige katholische
Kirche, / Gemeinschaft der Heiligen, / Vergebung der Sün-
den, / Auferstehung der Toten / und das ewige Leben. /
Amen.

Ave Maria

6 Gegrüßet seist du, Maria, voll der Gnade, der Herr ist mit
dir. Du bist gebenedeit unter den Frauen, und gebenedeit
ist die Frucht deines Leibes, Jesus.
Heilige Maria, Mutter Gottes, bitte für uns Sünder jetzt
und in der Stunde unseres Todes. Amen.

Angelus   **(2)**

Der Engel des Herrn brachte Maria die Botschaft, und sie   **7**
empfing vom Heiligen Geist.
Gegrüßet seist du, Maria . . .
Maria sprach: Siehe, ich bin die Magd des Herrn; mir ge-
schehe nach deinem Wort.
Gegrüßet seist du, Maria . . .
Und das Wort ist Fleisch geworden und hat unter uns
gewohnt.
Gegrüßet seist du, Maria . . .

V Bitte für uns, heilige Gottesmutter,
A daß wir würdig werden der Verheißung Christi.

V Lasset uns beten. – Allmächtiger Gott, gieße deine Gnade
in unsere Herzen ein. Durch die Botschaft des Engels haben
wir die Menschwerdung Christi, deines Sohnes, erkannt.
Laß uns durch sein Leiden und Kreuz zur Herrlichkeit der
Auferstehung gelangen. Darum bitten wir durch Christus,
unsern Herrn. A Amen.

Regina caeli

Freu dich, du Himmelskönigin, Halleluja! Den du zu tragen   **8**
würdig warst, Halleluja, er ist auferstanden, wie er gesagt
hat, Halleluja. Bitt Gott für uns, Halleluja.

V Freu dich und frohlocke, Jungfrau Maria, Halleluja,
A denn der Herr ist wahrhaft auferstanden, Halleluja.

V Lasset uns beten. – Allmächtiger Gott, durch die Auferstehung deines Sohnes, unseres Herrn Jesus Christus, hast du
die Welt mit Jubel erfüllt. Laß uns durch seine jungfräuliche
Mutter Maria zur unvergänglichen Osterfreude gelangen.
Darum bitten wir durch Christus, unsern Herrn. A Amen.

Zu den Grundgebeten zählen auch Gloria, Nr. 354,1; Credo,
Nr. 356; Sanctus, Nr. 360,2–3; Te Deum, Nr. 706; Magnificat,
Nr. 689.

Vor Gottes Angesicht

Außer den folgenden Texten eignen sich auch die Grundgebete, die Psalmen und viele Lieder zum Gebet vor Gottes Angesicht.

3 Anbetung, Lob und Dank

Alles, was atmet, lobe den Herrn.

Jubelt dem Herrn, alle Lande.

Herr, laß mich dein Lob verkünden.

Preiset den Herrn zu aller Zeit, denn er ist gut.

Dein ist das Reich und die Kraft und die Herrlichkeit.

Vom Erbarmen des Herrn will ich in Ewigkeit singen.

Durch die Gnade Gottes bin ich, was ich bin.

Ehre sei dem Vater durch den Sohn im Heiligen Geist.

Durch Christus und mit ihm und in ihm ist dir, Gott, allmächtiger Vater, in der Einheit des Heiligen Geistes alle Herrlichkeit und Ehre jetzt und in Ewigkeit. Amen.

Dem König der Zeiten, dem unvergänglichen, unsichtbaren, einen Gott, sei Ehre und Lobpreis in alle Ewigkeiten. Amen.

1 O Gott, ich bete dich an:
  du Weisheit, die mich erdacht, du Wille, der mich gewollt,
  du Macht, die mich geschaffen, du Gnade, die mich erhoben,
  du Stimme, die mich ruft, du Wort, das zu mir spricht,
  du Güte, die mich beschenkt, du Vorsehung, die mich leitet,
  du Barmherzigkeit, die mir vergibt, du Liebe, die mich
  umfängt,
  du Geist, der mich belebt, du Ruhe, die mich erfüllt,
  du Heiligkeit, die mich wandelt,
  daß ich nimmer ruhe, bis ich dich schaue:
  O Gott, ich bete dich an.

Gott, unerschöpflich ist deine Weisheit, unergründlich ist **2**
dein Urteil, unerforschlich sind deine Wege. Kein Mensch
kann dich begreifen. Von dir nimmt alles seinen Ausgang,
durch dich hat alles sein Leben, in dir hat alles sein Ziel.
Dich will ich loben und preisen jetzt und in Ewigkeit.

nach Röm 11

Herr, du bist groß und hoch zu loben; groß ist deine Macht, **3**
deine Weisheit ohne Ende. Und dich zu loben wagt der
Mensch, ein winziger Teil deiner Schöpfung, der Mensch,
der dem Tod verfallen ist, der weiß um seine Sünde und
weiß, daß du dem Hoffärtigen widerstehst; und dennoch,
du selbst willst es so: wir sollen dich loben aus fröhlichem
Herzen; denn du hast uns auf dich hin geschaffen, und
unser Herz ist unruhig, bis es Ruhe findet in dir.

aus: „Bekenntnisse" des hl. Augustinus

Du bist heilig, Herr, unser Gott. Du bist der alleinige Gott, **4**
der Eine, der Wundertaten vollbringt.
Du bist der Starke, du bist der Große, du bist der Höchste,
du bist allmächtig, du bist heilig,
der Vater und König des Himmels und der Erde.
Du bist der Dreifaltige und der Eine, Gott der Herr.
Du bist der Gute, das höchste Gut,
der lebendige und wahre Gott.
Du bist die Güte, die Liebe, du bist die Weisheit,
du bist die Demut, du bist die Geduld.
Du bist die Geborgenheit, die Ruhe,
die Fröhlichkeit und die Freude.
Du bist die Gerechtigkeit und das Maß.
Du bist aller Reichtum.
Du bist die Milde, du bist unsere Zuflucht und Stärke,
du unser Glaube, unsere Hoffnung und unsere Liebe,
unsere große Glückseligkeit.
Du bist die unendliche Güte, großer und wunderbarer Herr,
Gott, allmächtig, liebreich, erbarmend und heilbringend.

hl. Franz von Assisi

5 Vater, wir danken dir für die Gnade, die du uns in Christus Jesus gegeben hast. Durch ihn sind wir in allem reich geworden. Du wirst uns auch Kraft geben bis zum Ende, daß wir am Tage unsres Herrn Jesus Christus ohne Schuld vor dir stehen. Gott, du bist treu. Du hast uns berufen zur Gemeinschaft mit deinem Sohn, unserm Herrn Jesus Christus.

4 Glaube, Hoffnung, Liebe

Herr, ich glaube.

Mein Herr und mein Gott!

Herr, schenke uns mehr Glauben.

Ich glaube, Herr, hilf meinem Unglauben.

Du bist Christus, der Sohn des lebendigen Gottes.

Herr, zeige uns den Vater.

Was bist du betrübt, meine Seele? Hoffe auf Gott.

Mein Gott, ich vertraue auf dich.

Mein Gott, ich hoffe auf dich. In deinen Händen ruht mein Leben.

Der Herr ist mein Licht und mein Heil, wen sollte ich fürchten?

Du, Herr, bist getreu. Du wirst uns stark machen und vor dem Bösen in Schutz nehmen.

Du Gott der Hoffnung, erfülle uns mit aller Freude und mit Frieden im Glauben, damit wir reich werden an Hoffnung in der Kraft des Heiligen Geistes.

Herr, du weißt, daß ich dich liebe.

Komm, Heiliger Geist, entzünde in mir das Feuer deiner Liebe.

Nichts kann uns trennen von der Liebe Gottes.

Ich liebe dich, Herr; du bist meine rettende Kraft und mein Schutz.

Herr, ich will dir folgen, wohin immer du gehst.
Du hast Worte des ewigen Lebens.

O mein Gott, ich glaube an dich; laß mich fester glauben. **1**
Ich hoffe auf dich; laß mich sicherer hoffen. Ich liebe dich;
laß mich inniger lieben.

um Glauben

Gott, du bist es, an den ich glaube; du bist es, dem ich **2**
glaube. Du hast zu uns gesprochen durch deinen Sohn.
Seine frohe Botschaft will ich annehmen. Die Kirche verbürgt sie mir auch in unserer Zeit. Du sprichst zu mir auch
durch Menschen, die mir begegnen, und durch Ereignisse,
die mir widerfahren. Hilf mir, dich in allem zu finden und
immer mehr aus dem Glauben zu leben.

um Hoffnung

Gott, du bist es, auf den ich meine Hoffnung setze. Du hast **3**
durch Leben, Tod und Auferstehung deines Sohnes die Welt
erneuert und wirst sie einmal vollenden. Von daher bekommt mein Leben Sinn und Richtung. So erwarte ich für
mich und alle Menschen Vergebung, Heil und künftige
Herrlichkeit; denn du bist getreu. Hilf mir, in dieser Hoffnung zu leben.

um Liebe

Gott, du bist die Liebe. So sehr hast du die Welt geliebt, **4**
daß du deinen Sohn für sie hingegeben hast. In ihm liebst
du mich und nimmst mich an. Du willst, daß ich dich liebe,
dich und den Nächsten und alles, was du geschaffen hast.
Sende mir deinen Heiligen Geist und hilf mir, aus dieser
Liebe zu leben.

5 Erbarme dich unser, erbarme dich unseres Strebens, daß wir
dir in Liebe und Glauben, Gerechtigkeit und Demut folgen,
in Selbstzucht und Treue und Mut, und in Stille dir begegnen. Gib uns reinen Geist, damit wir dich sehen, demütigen
Geist, damit wir dich hören, liebenden Geist, damit wir dir
dienen, gläubigen Geist, damit wir dich lieben.

Dag Hammarskjöld

6 Atme in mir, du Heiliger Geist, daß ich Heiliges denke.
Treibe mich, du Heiliger Geist, daß ich Heiliges tue.
Locke mich, du Heiliger Geist, daß ich Heiliges liebe.
Stärke mich, du Heiliger Geist, daß ich Heiliges hüte.
Hüte mich, du Heiliger Geist, daß ich das Heilige nimmer
verliere.   dem hl. Augustinus zugeschrieben

5 Hingabe

1 Mein Herr und mein Gott, nimm alles von mir, was mich
hindert zu dir. Mein Herr und mein Gott, gib alles mir, was
mich fördert zu dir. Mein Herr und mein Gott, nimm mich
mir und gib mich ganz zu eigen dir.   hl. Niklaus von Flüe

2 Nichts soll dich ängstigen, nichts dich erschrecken. Alles
geht vorüber. Gott allein bleibt derselbe. Alles erreicht
der Geduldige, und wer Gott hat, der hat alles. Gott allein
genügt.   hl. Theresia von Avila

3 Ewiges Wort, eingeborener Sohn Gottes, lehre mich die
wahre Großmut. Lehre mich dir dienen, wie du es verdienst,
geben, ohne zu zählen, kämpfen, ohne meiner Wunden zu
achten, arbeiten, ohne Ruhe zu suchen, mich einsetzen,
ohne einen andern Lohn zu erwarten als das Bewußtsein,
deinen heiligen Willen erfüllt zu haben.

dem hl. Ignatius von Loyola zugeschrieben

O Herr, ich gebe mich ganz in deine Hände. Mache mit mir,   **4**
was du willst. Du hast mich für dich geschaffen. Ich will
nicht mehr an mich selber denken. Ich will dir folgen. Was
willst du, daß ich tun soll? Geh deinen eigenen Weg mit
mir. Was du auch forderst, ich will es tun. Ich opfere dir
die Wünsche, die Vergnügungen, die Schwächen, die Pläne,
die Meinungen, die mich von dir fernhalten und mich auf
mich selbst zurückwerfen. Mache mit mir, was du willst.
Ich feilsche um nichts. Ich suche nicht im voraus zu erkun-
den, was du mit mir vorhast. Ich will das sein, wozu du
mich haben willst; ich will all das, wozu du mich machen
willst. Ich sage nicht: ich will dir folgen, wohin du gehst;
denn ich bin schwach. Aber ich gebe mich dir, daß du mich
führst, gleich, wohin. Ich will dir im Dunkel folgen und
bitte nur um Kraft für meinen Tag.
O Gott, du bist so wundervoll bei mir gewesen alle Tage
meines Lebens. Du wirst mich auch ferner nicht verlassen.
Ich weiß es, obschon ich keine Rechte vor dir habe. Laß
mich meinen Weg nicht gehen, ohne an dich zu denken.
Laß mich alles vor dein Angesicht tragen, um dein Ja zu
erfragen bei jedem Wollen und deinen Segen für jedes Tun.
Wie die Sonnenuhr von der Sonne, so will ich allein
bestimmt sein von dir. So sei es, mein Herr Jesus Christus.
Ich gebe mich dir ganz.   John Henry Newman

Mein Vater, ich überlasse mich dir; mach mit mir, was dir   **5**
gefällt. Was du auch mit mir tun magst, ich danke dir. Zu
allem bin ich bereit, alles nehme ich an. Wenn nur dein
Wille sich an mir erfüllt und an allen deinen Geschöpfen,
so ersehne ich weiter nichts, mein Gott. In deine Hände
lege ich meine Seele. Ich gebe sie dir, mein Gott, mit der
ganzen Liebe meines Herzens, weil ich dich liebe und weil
diese Liebe mich treibt, mich dir hinzugeben, mich in deine
Hände zu legen, ohne Maß, mit einem grenzenlosen Vertrauen. Denn du bist mein Vater.   Charles de Foucauld

6 Nimm hin, o Herr, meine ganze Freiheit. Nimm an mein Gedächtnis, meinen Verstand, meinen ganzen Willen. Was ich habe und besitze, hast du mir geschenkt. Ich gebe es dir wieder ganz und gar zurück und überlasse alles dir, daß du es lenkst nach deinem Willen. Nur deine Liebe schenke mir mit deiner Gnade. Dann bin ich reich genug und suche nichts weiter. hl. Ignatius von Loyola

6 Gebete zu Jesus Christus

Das immerwährende Jesusgebet

1 Herr Jesus Christus, erbarme dich meiner.
Herr Jesus Christus, Sohn Gottes, erbarme dich unser.

Die Anfänge dieser Gebetsform gehen zurück bis in die Zeit der Kirchenväter. Das Jesusgebet verbreitete sich vor allem in der Ostkirche, ist aber heute auch in weiten Kreisen des Westens bekannt.

Dieses Gebet ist eine Meditation, an der auch der Körper beteiligt ist. Der ganze Mensch soll frei sein von Unrast. Man muß sich zur Ruhe kommen lassen. Die Muskulatur soll völlig entspannt sein. Man wiederholt im Einklang mit dem Herzschlag oder mit dem Atem unablässig: „Herr Jesus Christus, erbarme dich meiner", oder: „Herr Jesus Christus, Sohn Gottes, erbarme dich unser". So versenkt man sich in die Gegenwart Jesu.

Nicht nur die Versenkung in Gott wird durch diese ständige Anrufung des Namens Jesus gefördert, sondern auch die Empfindung von Frieden und Versöhnlichkeit gegenüber allen Menschen, das Zurücktreten der eigenen Interessen und die Gelassenheit. Das Jesusgebet wird von jenen, die es üben, als ein Weg zur inneren Freiheit bezeichnet.

Andere Jesusgebete:

Jesus, Jesus.

Jesus, dir leb ich; Jesus, dir sterb ich; Jesus, dein bin ich tot und lebendig.

Christusgebete

Christus, du Sohn des lebendigen Gottes, erbarme dich **2**
unser.
(Du sitzest zur Rechten des Vaters,)
erbarme dich unser.
Singt das Lob des Vaters und des Sohnes und des Heiligen
Geistes.
Christus, du Sohn des lebendigen Gottes, erbarme dich
unser.

In der westlichen Kirche hat sich ein Christusgebet entwickelt, das
in Gemeinschaft gesungen wird. Es hat die Form des Antwortge-
sangs (Responsorium breve; vgl. Laudes Nr. 679). Es eignet sich
auch für das persönliche Gebet. Ähnlich wie beim Rosenkranz
nennt man im Lauf des Gebetes (dritte Zeile) Heilsereignisse oder
Bitten. Sie lassen sich auch frei formulieren, etwa auf folgende
Weise:
Du hast uns die frohe Botschaft gebracht – Du hast uns in dein
Reich berufen – Du wirst wiederkommen in Herrlichkeit – Du
wirst alles vollenden.
Schenk uns den Heiligen Geist – Erneuere unsere Gemeinde –
Erbarme dich meiner kranken Mutter.

Sei gepriesen, Herr Jesus Christus, Sohn des lebendigen **3**
Gottes. Du bist der Erlöser der Welt, unser Herr und Heiland, (der zur Rechten des Vaters thront). Komm, Herr
Jesus, und steh uns bei, daß wir alle Zeit mit dir leben und
in das Reich deines Vaters gelangen. Amen.

Dieses Christusgebet eignet sich für vielerlei Gelegenheiten. Weil
es wesentliche biblische Worte und Gedanken enthält, ist es leicht
wiederholbar. Es besteht aus einer Lobpreisung und einer doppel-
ten Bitte. Wird es als Wiederholungsgebet benützt, fügt man wie
im Gebet davor wechselnde Sätze ein, etwa: der uns die frohe
Botschaft gebracht hat – der gehorsam war bis zum Tod – der in
Herrlichkeit wiederkommen wird; oder: der uns den Heiligen
Geist schenkt – der unsre Gemeinde erneuert – der sich der
Kranken erbarmt.

4 Herr Jesus Christus, du hast mich berufen, daß ich mit dir
zum Vater gehe. Mit dir will ich allzeit auf dem Wege
bleiben. Sei das Wort, auf das ich höre und dem ich folge.
Sei das Licht, das mich erleuchtet. Sei die Kraft, die mich
erfüllt. Sei der Beistand, der mich nicht verläßt. Mach mich
vollkommen eins mit dir, und laß mich zur ewigen Vollendung gelangen.

5 Jesus, Sohn Davids, erbarme dich meiner. Erleuchte du
meine Augen, daß ich den Weg zu dir finde. Mach du meine
Schritte fest, daß ich vom Weg nicht abirre. Öffne du
meinen Mund, daß ich von dir spreche. Du willst, daß ich
meine Mitmenschen liebe. Laß mich ihnen so dienen, daß
sie ihr Heil finden und in deine Herrlichkeit gelangen.

Alkuin

6 Wachse, Jesus, wachse in mir. In meinem Geist, in meinem
Herzen, in meiner Vorstellung, in meinen Sinnen. Wachse
in mir in deiner Milde, in deiner Reinheit, in deiner Demut,
deinem Eifer, deiner Liebe. Wachse in mir mit deiner
Gnade, deinem Licht und deinem Frieden. Wachse in mir
zur Verherrlichung deines Vaters, zur größeren Ehre Gottes.

Pierre Olivaint

7 Seele Christi, heilige mich.
Leib Christi, rette mich.
Blut Christi, tränke mich.
Wasser der Seite Christi, wasche mich.
Leiden Christi, stärke mich.
O guter Jesus, erhöre mich.
Birg in deinen Wunden mich.
Von dir laß nimmer scheiden mich.
Vor dem bösen Feind beschütze mich.
In meiner Todesstunde rufe mich,
zu dir zu kommen heiße mich,
mit deinen Heiligen zu loben dich
in deinem Reiche ewiglich. Amen.

Umkehr und Buße   7

1 Herr, Gott, im Lichte Jesu, deines Sohnes, sehen wir die
Sünde dieser Welt; seit er gekommen ist, um für uns deine
Barmherzigkeit zu sein, ermessen wir, wie hart und gnaden-
los wir miteinander leben. Wir bitten dich, erneuere uns
nach seinem Beispiel auf ihn hin, daß wir nicht länger
Böses mit Bösem vergelten, sondern Frieden stiften und die
Wahrheit tun heute und alle Tage, die wir noch leben
dürfen.

2 Bitten wir Gott, den Herrn, um Vergebung für das Leid,
das wir einander antun; daß wir einander vernachlässigen
und vergessen; daß wir einander nicht verstehen und nicht
ertragen; daß wir Böses reden und oft von Groll und Bitterkeit erfüllt sind; daß wir nicht vergessen können. Lasset
uns beten um Verzeihung für alle Sünden, die die Menschen
in ihrer Ohnmacht gegeneinander begehen.

3 Ich komme nicht darüber hinweg, daß dies geschehen; an-
dauernd hab ich es vor Augen, kann mich nicht damit ab-
finden, merke aber auch genau, wie lieblos ich werde mir
gegenüber, anderen gegenüber; ich weiß, daß deine Liebe
alles überwindet, daß sie allein gültig für uns ist und unser
Aufbegehren in Frage stellt. Mehr als dies feststellen kann
ich noch nicht; hilf mir weiter.

4 Herr, unser Gott, wer auch mit dir gebrochen hat, er kann
zu dir zurück, denn nichts ist unheilbar vor dir; unwiderruf-
lich allein ist deine Liebe. Wir bitten dich, erinnere uns
an deinen Namen, damit wir uns zu dir bekehren, und
sei unser Vater. Immer von neuem schenk uns das Leben,
wie ein unverdientes Glück von Tag zu Tag und für alle Zeiten.

(7) Ich bekenne:

5 Herr, du kennst mich. Ich bin weder ganz gut noch ganz
schlecht, weder gottlos noch gerecht. Bei mir folgt auf das
Vergehen die Buße und auf die Vergebung wieder die Sünde.
Das ist nicht gut. Herr, ich hoffe auf dein Heil, obwohl ich
dir nicht treu gedient habe. An einem einzigen Tag ändere
ich mich tausendmal, wie ein Rad drehe ich mich unzählige
Male. Mit meinem Weizen ist Unkraut vermischt, und der
gute Samen wächst unter den Dornen auf dem Acker deines
Knechtes. Sei barmherzig, Herr, mit meinem Wankelmut.
Geh nicht ins Gericht mit meiner Unbeständigkeit. Du, der
ewig Beständige, der sich nicht wandelt, du bist mir Anfang,
Ende und Mitte.

6 Allmächtiger Gott, gewähre mir die Gnade, glühend zu
ersehnen, was wohlgefällig ist vor dir, es mit Weisheit zu
erforschen, in Wahrheit zu erkennen und vollkommen zu
erfüllen. Ordne meinen Lebensweg zu Lob und Ehre deines
Namens.
Laß mich deinen Willen erkennen und erfüllen, so wie es
sich gebührt und meiner Seele Segen bringt.
Laß mich in Glück und Unglück treu zu dir stehen, im
Glück demütig, im Unglück stark und ungebeugt. Nur was
zu dir mich führt, soll meine Freude sein; nur was von
dir mich trennt, soll mich betrüben.
Gib, daß ich niemand zu gefallen suche und keinem zu
mißfallen fürchte als dir allein.
Was vergänglich ist, o Herr, das sei gering in meinen Augen;
doch kostbar sei mir alles, was dein ist, um deinetwillen;
und über alles andere sollst du selbst mir kostbar sein, o
Herr, mein Gott. Jede Freude ohne dich sei mir zuwider;
laß mich nichts suchen als dich allein. Für dich zu arbeiten,
sei meine Freude, und eine Ruhe ohne dich sei eine Last.
Gib, daß ich oft mein Herz zu dir erhebe und mit Reue und
erneutem Vorsatz Sühne leiste, wenn ich gefehlt. Laß mich
gehorsam sein ohne Widerspruch, arm im Geiste ohne
Niedrigkeit der Gesinnung, rein ohne Flecken, geduldig

ohne Klage, demütig ohne Verstellung, froh ohne Maßlosig- (7)
keit, traurig ohne Kleinmut, ernst ohne Anmaßung, rührig
ohne Oberflächlichkeit, wahrhaft ohne Trug. Laß mich Gutes tun ohne Überheblichkeit.

Laß mich den Nächsten ermahnen ohne Hochmut und ihn
erbauen in Wort und Beispiel ohne Falschheit.

Gib mir, o Herr, ein wachsames Herz, das kein leichtfertiger
Gedanke von dir ablenkt, ein edles Herz, das keine unwür-
dige Leidenschaft erniedrigt, ein gerades und aufrechtes
Herz, das kein gemeines Streben auf Abwege führen kann,
ein starkes Herz, das keine Trübsal beugt, ein freies Herz,
das sich von keiner bösen Macht beherrschen läßt.

Schenk mir, o Gott, Verstand, der dich erkennt, Eifer, der
dich sucht, Weisheit, die dich findet, einen Wandel, der dir
gefällt, Beharrlichkeit, die gläubig dich erwartet, Vertrauen,
das am Ende dich umfängt.

Laß mich, o Herr, deine Strafen hienieden tragen im Geist
der Buße und deine Wohltaten recht gebrauchen durch deine
Gnade.

Laß mich deine Freude einst im Vaterland genießen durch
deine Herrlichkeit, o Gott, von Ewigkeit zu Ewigkeit.
Amen.   hl. Thomas von Aquin

Allmächtiger und barmherziger Gott, du weißt, wie sehr 7
wir gefährdet sind, und daß wir als schwache Menschen
nicht standhalten können. So mache uns gesund an Leib
und Seele, und was wir für unsere Sünden leiden, laß uns
mit deiner Hilfe besiegen.

8 Bitte und Vertrauen

Herr, dein Wille geschehe.

Vater, in deine Hände befehle ich mich.

In deiner Hand bin ich geborgen.

Lehre mich, deinen Willen zu tun; denn du bist mein Gott.

Mein Herz ist bereit, o Gott, mein Herz ist bereit.

Herr, auf dein Wort hin will ich die Netze auswerfen.

Wir mögen leben oder sterben, wir gehören dem Herrn.

Jesus, sanft und demütig von Herzen, bilde unser Herz
nach deinem Herzen.

Jesus, Sohn Davids, erbarme dich meiner.

Herr, was soll ich tun?

Herr, bleibe bei uns.

1 O mein Gott, ich glaube an dich; laß mich fester glauben.
Ich hoffe auf dich; laß mich sicherer hoffen. Ich liebe dich;
laß mich inniger lieben. Ich bereue meine Sünden; laß mich
tiefer bereuen. Du bist mein Schöpfer; ich bete dich an. Du
bist mein Ziel; ich verlange nach dir. Du bist mein Wohl-
täter; ich danke dir. Du bist mein Beschützer; ich rufe
dich an.
O Gott, lenke mich durch deine Weisheit. Zügle mich durch
deine Gerechtigkeit. Tröste mich durch deine Barmherzigkeit. Schütze mich durch deine Macht.
Herr, dir weihe ich meine Gedanken und Wünsche, meine
Worte und Werke, meine Mühen und Leiden. Laß mich
denken an dich, verlangen nach dir, sprechen von dir, handeln in dir, arbeiten und leiden für dich.
Gib mir, du guter Gott, Liebe zum Nächsten und Härte
gegen mich selbst. Die Genußsucht hilf mir überwinden
durch Zucht, die Eitelkeit durch Demut, den Geiz durch
Freigebigkeit, den Zorn durch Sanftmut, die Lauheit durch
Eifer.

Laß mich erkennen, wie vergänglich das Irdische ist, wie
entscheidend das Himmlische, wie kurz die Zeit, wie lang
die Ewigkeit. Gib, daß ich meinen Tod vor Augen halte,
mit Ernst an dein Gericht denke, der Verwerfung entgehe
und den Himmel erlange.   Papst Clemens XI.

Herr,   **2**
laß das Böse geringer werden
und das Gute um so kräftiger sein.
Laß die Traurigkeit schwinden
und Freude um sich greifen.
Laß uns annehmen und geben können
und einander behilflich sein.
Laß die Mißverständnisse aufhören
und die Enttäuschten Mut gewinnen.
Laß die Kranken Trost finden
und die Sterbenden deine Erbarmung.
Laß uns wohnen können auf Erden
und die Ernten gerecht verteilen.
Laß Frieden unter den Menschen sein,
Frieden im Herzen — rund um die Erde.

um Humor

Schenke mir eine gute Verdauung, Herr, und auch etwas **3**
zum Verdauen. Schenke mir Gesundheit des Leibes, mit
dem nötigen Sinn dafür, ihn möglichst gut zu erhalten.
Schenke mir eine heilige Seele, Herr, die das im Auge behält,
was gut ist und rein, damit sie im Anblick der Sünde nicht
erschrecke, sondern das Mittel finde, die Dinge wieder in
Ordnung zu bringen.
Schenke mir eine Seele, der die Langeweile fremd ist, die
kein Murren kennt und kein Seufzen und Klagen, und laß
nicht zu, daß ich mir allzuviel Sorgen mache um dieses sich
breit machende Etwas, das sich „Ich" nennt.
Herr, schenke mir Sinn für Humor, gib mir die Gnade,
einen Scherz zu verstehen, damit ich ein wenig Glück kenne
im Leben und anderen davon mitteile.   Thomas H. B. Webb

9 In Not und Dunkel

Jesus, Meister, erbarme dich meiner.

Herr, hab Erbarmen.

Meister, Meister, wir gehen zugrunde.

Herr, rette mich.

Herr, gedenke meiner, wenn du in dein Reich kommst.

Komm, Herr Jesus.

Mein Gott, mein Gott, warum hast du mich verlassen?

Abba, lieber Vater, alles ist dir möglich. Nimm diesen Kelch von mir; aber nicht wie ich will, sondern wie du willst.

Ich suche dich, aber ich finde dich nicht; ich rufe nach dir, aber ich vernehme keine Antwort.

Mein Herr und mein Gott, stärke mich in dieser Stunde.

Erbarme dich meiner, Herr; denn ich bin schwach.

Herr, du wirst nicht zulassen, daß ich über meine Kraft versucht werde.

Herr, ich kann alles, wenn du mich stärkst.

Meine Kräfte haben abgenommen; steh du für mich, Herr.

Herr, sei uns gnädig; wir hoffen auf dich.

Der Herr hat es gegeben, der Herr hat es genommen; wie es dem Herrn gefallen hat, so ist es geschehen. Der Name des Herrn sei gepriesen.

Soll ich den Kelch, den der Vater mir gibt, nicht trinken?

1 Ich habe keinen anderen Helfer als dich, keinen anderen Erlöser, keinen anderen Halt. Zu dir bete ich. Nur du kannst mir helfen. Die Not ist zu groß, in der ich jetzt stehe. Die Verzweiflung packt mich an, und ich weiß nicht mehr ein noch aus. Ich bin ganz unten, und ich komme allein nicht mehr hoch, nicht heraus. Wenn es dein Wille ist, dann

befreie mich aus dieser Not. Laß mich wissen, daß du stärker bist als alle Not und alle meine Feinde.
O Herr, wenn ich durchkomme, dann laß doch diese Erfahrung zu meinem und dem Heil meiner Brüder beitragen.
Du verläßt mich nicht. Ich weiß das.   aus Afrika

Herr, Gott, großes Elend ist über mich gekommen. Meine **2**
Sorgen wollen mich erdrücken. Ich weiß nicht ein noch aus.
Gott, sei mir gnädig und hilf! Gib Kraft zu tragen, was du
mir schickst. Laß die Furcht nicht über mich herrschen;
sorge du väterlich für die Meinen.
Barmherziger Gott, vergib mir alles, was ich an dir und den
Menschen gesündigt habe. Ich traue deiner Gnade und gebe
mein Leben ganz in deine Hand. Mach du mit mir, wie es
dir gefällt und wie es gut für mich ist. Ob ich lebe oder
sterbe, ich bin bei dir, und du bist bei mir, mein Gott. Herr,
ich warte auf dein Heil und auf dein Reich.   Dietrich Bonhoeffer

im Alleinsein

Mein Herr und Gott, es hat sich für mich so ergeben, daß **3**
ich allein lebe. Manchmal freue ich mich zwar über meine
Freiheit, aber oft bedrückt mich das Alleinsein, und ich
frage mich, was mein Leben soll. Dann laß mich spüren,
daß du mich an einen Platz gestellt, an dem du mich haben
willst, so wie ich bin, mit meinen Gaben und Fähigkeiten,
mit meiner Schwachheit und Unzulänglichkeit, in meiner
Einmaligkeit, die du so und nicht anders gewollt hast.
Zeig mir, daß mein Alleinsein nicht Einsamkeit sein muß.
Weil ich frei bin, kann ich vieles tun. ·Weil ich allein bin,
kann ich vielen etwas bedeuten. Weil meine Liebe nicht
gebunden ist, kann sie sich vielen zuwenden. So kann auch
mein Leben erfüllt sein, wenn ich es nur selbst annehme
und bejahe. Dazu hilf mir.

10 In Krankheit

Jesus, Meister, erbarme dich meiner.

Herr, ich habe keinen Menschen.

Herr, ich bin nicht würdig, daß du eingehst unter mein Dach. Aber sprich nur ein Wort, so wird dein Knecht gesund.

1 Vater, es fällt mir schwer, zu sagen: „Dein Wille geschehe." Ich bin niedergeschlagen und habe keinen Mut mehr. Die Schmerzen sind unerträglich.

Alles, was mein Leben ausgemacht hat, scheint mir weit weg: die Menschen, die zu mir gehören, meine Arbeit, meine Freuden, mein ganz alltägliches Tun.

Auch wenn ich mutlos bin, Herr, ich will versuchen, ja zu sagen zu dem, was ist: zu meinen Schmerzen, zu meiner Schwäche, zu meiner Hilflosigkeit. Ich will alles ertragen, so gut es geht.

Laß mein Leiden nicht umsonst sein. Vielleicht nützt es denen, die für dich arbeiten und kämpfen. Dein Wille geschehe. Dein Sohn hat am Kreuz gezeigt, daß Leiden nicht umsonst ist. Ich danke dir, daß ich das weiß. Segne mich, Vater. Segne alle Menschen, die mir Gutes tun und mir helfen. Segne alle, die wie ich leiden müssen. Und wenn du willst, laß mich und die anderen gesund werden.

2 „Herr, wenn du willst, kannst du mich gesund machen." So rufe ich in meiner Krankheit zu dir. Du hast die Kranken geheilt, du hast unsere Krankheiten auf dich genommen und unsere Schmerzen getragen. Durch deine Wunden sind wir geheilt. Ich bitte nicht: laß mich sogleich geheilt werden. Ich bitte nur: gib mir die Kraft, mein Kreuz mit dir zu tragen. Laß mich dein Gebet am Ölberg mitsprechen: „Vater, nicht mein, sondern dein Wille geschehe." Gib mir Anteil an deiner Geduld. Wecke in mir die Hoffnung auf deine Güte und Macht. Im Vertrauen auf deine Liebe laß mich

mit dir gehen durch Kreuz und Leid zur österlichen Freude
und zur Herrlichkeit der Auferstehung.

Vater im Himmel, es will mir noch nicht gelingen, diese **3**
Krankheit anzunehmen. Ungeduldig warte ich darauf, wieder gesund zu werden. Hilf mir, daß ich zur Ruhe komme
und erkenne, daß du es so willst. Vielleicht ist diese Zeit
ganz heilsam für mich. Ich kann mich wieder auf dich besinnen und fragen, was du mit mir vorhast. Zeig mir, was
ich in meinem Leben ändern, was ich geduldiger und liebe-
voller tragen soll. Zeig mir auch den Unfrieden meines
eigenen Herzens und hilf mir, ihn zu überwinden. Gib mir
deinen Frieden. Laß mich wieder Hoffnung haben und
durch meine Hoffnung anderen Mut machen.

Im Alter   **11**

Unsere Tage zu zählen, lehre uns, Herr, daß wir zur Weisheit des Herzens gelangen.

Herr, bleibe bei uns; denn es will Abend werden, und der
Tag hat sich geneigt.

Ja, ich komme bald. — Amen, komm, Herr Jesus!

Es kommt der Tag, dem keine Nacht mehr folgt, da Gott
die Tränen in den Augen trocknet, der Tod nicht wieder
kommt, noch Trauer, Klage, Schmerz, weil das Vergängliche
vergangen ist.

Vor einem jähen und unversehenen Tod bewahre uns, o
Herr.

Herr, ich bin alt, schwach und krank, ich kann nichts mehr **1**
tun; aber du läßt mich leben. So will ich da sein für dich.
Hilf mir, daß ich all die Dienste, die ich von anderen
brauche, willig und dankbar annehme. Gib du deinen Segen
allen, die mir Gutes tun.

2 Himmlischer Vater, ich fühle, daß mein Leben zur Neige geht, und manchmal habe ich Angst, daß es nicht so war, wie es hätte sein sollen. Ich kann nicht mehr viel dazu tun. Trotz allem danke ich dir dafür. Laß mich nun zur Ruhe kommen.
Laß diese kurzen Jahre, die du mir noch schenken willst, zu einem guten Abschluß meines Lebens werden. Laß mich offen sein für alle Menschen, die meine Liebe brauchen. Laß mich Verständnis haben für junge Menschen, mich freuen auch an dem, was ich selber nicht mehr tun kann. Laß mich durch mein Beten teilhaben an allem, was nach deinem Willen in der Welt geschieht.
Komm du in meine Einsamkeit. Erfülle sie mit deiner Liebe. Laß den Weg sichtbar werden, den wir Menschen alle gehen, den Weg zur Ewigkeit.

3 O Herr, bitter ist das Brot des Alters und hart. Wie erschien ich mir früher reich — wie arm bin ich nun, einsam und hilflos. Wozu tauge ich noch auf Erden? Schmerzen plagen mich Tag und Nacht, träge rinnen die Stunden meiner schlaflosen Nächte dahin; ich bin nur noch ein Schatten dessen, der ich einmal war. Ich falle den andern zur Last.
Herr, laß genug sein. Wann wird die Nacht enden und der lichte Tag aufgehn? Hilf mir, geduldig zu sein. Zeig mir dein Antlitz, je mehr mir alles andere entschwindet. Laß mich den Atem der Ewigkeit verspüren, nun, da mir aufhört die Zeit. Auf dich, Herr, habe ich gehofft; laß mich nicht zugrunde gehen in Ewigkeit.   Michelangelo

4 Herr und Heiland, schau auf mich. Reich mir deine Hand. Trag mit mir die Last der Jahre. Gib Gesundheit und Heil, Trost und Geduld, Geduld mit den Menschen, Geduld mit den Dingen, Geduld mit mir selber. Sei du mit mir in der Einsamkeit. Öffne meinen Mund zu deinem Lob. Laß mich fruchtbar sein an Werken der Güte. Laß mein Herz nicht von Undankbarkeit verschlossen werden. Deine Liebe be-

wahre mich vor der Starre des eigenen Sinnes, vor Selbstsucht und Verbitterung. Sie heile mich, wenn Versuchung mich überfällt. Laß dein heiliges Opfer und Mahl die Kraft meiner Tage sein.

Wenn du rufst, laß mich deine Stimme erkennen, ihr freudig folgen und mit Simeon beten: „Nun läßt du, Herr, deinen Knecht, wie du gesagt hast, in Frieden scheiden. Denn meine Augen haben das Heil gesehen, das du vor allen Völkern bereitet hast, ein Licht, das die Heiden erleuchtet, und Herrlichkeit für dein Volk Israel."

Im Angesicht des Todes   12

In meiner Todesstunde rufe mich, zu dir zu kommen heiße mich.

Vater, in deine Hände lege ich voll Vertrauen meinen Geist.

Herr Jesus, nimm mich zu dir.

Herr, gedenke meiner in deinem Reich.

1 Herr, ich weiß, daß du mich liebst, daß mein Sterben genauso in deinen Händen liegt wie mein Leben. Ich will glauben, daß alles, so wie es kommt, in deine Liebe eingeschlossen ist. So wie du es fügst, wird es gut sein für mich.
Hilf mir, deinen Willen zu verstehen und anzunehmen. Hilf mir, täglich bereit zu sein, wenn du mich rufst. Laß mich versöhnt mit dir sterben, in der Hoffnung, daß du mir alles zum Guten wendest. – Herr, dein Wille geschehe.

2 Allmächtiger Gott, unergründlich sind deine Geheimnisse und unerforschlich deine Wege. Du hast mich erschaffen und willst mich nun wieder zu dir nehmen. Alles, was ich bin und habe, lege ich in deine Hände zurück. Schenk mir deine vergebende Liebe. Hilf mir, daß ich allen vergeben kann. Nimm hin mein Leben und verwandle es. Laß mich auferstehn und ewig leben in deiner Herrlichkeit.

3 Herr Jesus Christus, du willst mich jetzt ganz zu dir nehmen. Im Tod werde ich mein Leben nicht verlieren, nein,
du wirst es mir neu und für immer schenken. Du hast die
Macht, mir mein Leben neu zu geben. Du hast ja selbst
den Tod überwunden und bist auferstanden. In diesem
neuen Leben werde ich keine Trauer, keinen Schmerz und
keine Krankheit mehr kennen. Jesus Christus, auf dich hoffe
ich.

13 Meine Zeit in Gottes Händen

Segensbitten

1 Es segne mich Gott der Vater, der Sohn und der Heilige
Geist. Amen.

2 Der Herr segne und behüte uns. Er lasse sein Angesicht
über uns leuchten und sei uns gnädig. Er schaue auf uns
und schenke uns seinen Frieden.   Aarons Segen

3 Es segne mich der Vater, der mich erschaffen hat; es behüte
mich der Sohn, der für mich am Kreuz gelitten hat; es erleuchte mich der Heilige Geist, der in mir lebt und wirkt.

4 Der Herr des Friedens gebe uns den Frieden zu aller Zeit
und auf jede Weise.

5 Die Gnade unsres Herrn Jesus Christus sei mit uns allen.

Reisesegen

6 Den Weg des Friedens führe uns der allmächtige und barmherzige Herr. Sein Engel geleite uns auf dem Weg, daß wir
wohlbehalten heimkehren in Frieden und Freude.

Morgengebete   14

Im Namen des Vaters und des Sohnes und des Heiligen Geistes. In Gottes Namen.

Vater, ich komme, heute deinen Willen zu tun.

O Herr, du bist unser Weg, die Wahrheit und das Leben. Segne uns.

Der Herr segne uns und bewahre uns vor allem Übel und führe uns zum ewigen Leben.

Im Namen meines gekreuzigten Heilandes stehe ich auf. Er **1** hat mich durch sein kostbares Blut erlöst. Er segne und leite mich und führe mich zum ewigen Leben.

Herr, allmächtiger Gott, am Beginn dieses neuen Tages bit- **2** ten wir dich: schütze uns heute durch deine Kraft. Bewahre uns vor Verwirrung und Sünde. Laß uns denken, reden und tun, was recht ist vor dir. Durch Christus, unsern Herrn. Amen.

Herr, schau herab auf uns und leite uns. Laß leuchten über **3** uns dein Antlitz. Laß unserer Hände Werk gelingen; ja, laß gelingen unserer Hände Werk.

Herr, unser Vater, du Gott des Friedens, heilige uns ganz **4** und in allem. Bewahre unsern Geist, unsre Seele und unsern Leib, daß wir untadelig seien bei der Ankunft unsres Herrn Jesus Christus. O Gott, du bist getreu. Du hast uns berufen. Führe uns zur Vollendung. – Die Gnade unseres Herrn Jesus Christus sei mit uns.

Gott, unser Vater, du liebst uns und schenkst uns in deiner **5** Gnade Trost und Zuversicht. Richte unsre Herzen auf und stärke uns in jedem guten Werk und Wort.

15 Herr, unser Gott, laß uns nicht im Finstern sein, daß dein
1 Tag uns nicht wie ein Dieb überfällt. Laß uns Kinder des
Lichtes sein, Kinder des Tages; nicht der Nacht laß uns gehören und nicht dem Dunkel. Steh uns bei, daß wir die
Zeit nicht verschlafen, sondern wachsam und nüchtern sind.

2 Beim aufgehenden Morgenlicht preisen wir dich, o Herr;
denn du bist der Erlöser der ganzen Schöpfung. Schenk
uns in deiner Barmherzigkeit einen Tag, erfüllt mit deinem
Frieden. Vergib uns unsre Schuld.
Laß unsre Hoffnung nicht scheitern. Verbirg dich nicht vor
uns. In deiner sorgenden Liebe trägst du uns; laß nicht ab
von uns. Du allein kennst unsre Schwäche. O Gott, verlaß
uns nicht. Ostsyrische Christen

3 Vater im Himmel,
Lob und Dank sei dir für die Ruhe der Nacht;
Lob und Dank sei dir für den neuen Tag;
Lob und Dank sei dir für alle deine Liebe und Güte und
Treue in meinem Leben.
Du hast mir viel Gutes erwiesen; laß mich auch das Schwere
aus deiner Hand annehmen. Du wirst mir aber nicht mehr
auferlegen, als ich tragen kann. Du läßt deinen Kindern
alle Dinge zum Besten dienen. Dietrich Bonhoeffer

4 Wir sind erwacht. Der Schlaf ist noch in unseren Augen,
aber auf unseren Lippen soll sofort dein Lob sein. Wir loben
und wir preisen dich und beten dich an. Wir, das ist die
Erde, das Wasser und der Himmel. Das sind die Gräser
und Sträucher und Bäume. Das sind die Vögel und all das
andere Getier. Das sind die Menschen hier auf der Erde.
Alles, was du erschaffen hast, freut sich an deiner Sonne
und an deiner Gnade und wärmt sich daran. Darum sind
wir so froh in dieser Morgenstunde, o Herr. Mach, daß die
Stunden und Minuten nicht in unseren Händen zerrinnen,
sondern in deine Fülle münden. aus Afrika

Herr Jesus, laß uns wachsen und reich werden in der Liebe 5
zu dir und zu allen Menschen. Mach unsre Herzen stark,
daß wir ohne Schuld dastehen vor Gott, unserm Vater,
wenn du kommst mit all deinen Heiligen.

Herr, du schenkst mir jeden neuen Tag, und jeder Tag ist 6
gleich wichtig vor dir. Ich danke dir für diesen Tag. Gib, daß
ich ihn ernst nehme: die Aufgaben, die mich heute fordern,
die Menschen, denen ich begegne, die Erfahrungen, die er
bringt, das Bittere, das mir widerfährt. Laß mich auch dann
frei bleiben, wenn mich tausend Dinge in Beschlag nehmen.
Laß mich ruhig und gelassen bleiben, wenn ich vor Arbeit
nicht mehr ein noch aus weiß. Laß mich dankbar sein für
alles, auch wenn dieser Tag mir Mühe bringt.
Herr, an diesem Morgen bedenke ich vor dir den Tag, der
jetzt für mich beginnt. Auch wenn ich heute nicht alles in
deinem Sinn tun kann, hilf mir, deinen Willen etwas besser
zu tun als gestern. Auch wenn deine Gegenwart mich nicht
ganz durchdringt, hilf, daß sie mir nicht verlorengeht. Auch
wenn ich nicht alle Menschen selbstlos lieben kann, hilf,
daß ich keinen entmutige, der mir begegnet. Auch wenn
mein Herz deine Ewigkeit nicht umfängt, gib mir Zuversicht für den nächsten Schritt. Jeder neue Tag ist ein neues
Angebot von dir, Herr. Hilf mir, daß ich es nutzen kann.

Heilige Jungfrau und Gottesmutter Maria, mein heiliger 7
Engel und ihr lieben Heiligen des himmlischen Reiches,
legt Fürsprache für mich ein, damit ich Gottes Huld an
mir erfahre. Helft mir gut sein.   hl. Franz von Sales

Engel Gottes, mein Beschützer, Gott hat dich gesandt, mich 8
zu begleiten. Erleuchte, beschütze und führe mich.

16 Tischgebete

VOR DEM ESSEN

1 Aller Augen warten auf dich, o Herr; du gibst uns Speise zur rechten Zeit. Du öffnest deine Hand und erfüllst alles, was lebt, mit Segen.

2 Herr, segne uns und diese Gaben, die wir von deiner Güte nun empfangen, durch Christus, unsern Herrn. Amen.

3 Zum Gastmahl des ewigen Lebens führe uns der König der Herrlichkeit.

4 Alles Gute kommt von dir, o Herr. Segne diese Speisen. Wir wollen sie in Dankbarkeit genießen.

5 Segne, Vater, unser Essen.
   Laß uns Neid und Haß vergessen,
   schenke uns ein fröhlich Herz.
   Leite du so Herz wie Hände,
   führe du zum guten Ende
   unsre Freude, unsern Schmerz.

6 Gelobt sei der himmlische Vater, der uns das Brot der Erde geschenkt;
   gelobt sein heiliger Sohn, der uns das Wort des Lebens gebracht;
   gelobt der Heilige Geist, der uns zum Mahl der Liebe vereint.

7 Vater, wir leben von deinen Gaben.
   Segne das Haus, segne das Brot.
   Gib uns die Kraft, von dem, was wir haben,
   denen zu geben in Hunger und Not.

8 O Gott, von dem wir alles haben,
   wir danken dir für diese Gaben.
   Du speisest uns, weil du uns liebst.
   O segne auch, was du uns gibst. Amen.

Seg - ne, Va - ter, die - se Ga - ben.
Dankt dem Herrn für sei - ne Ga - ben.

A - - - - men, A - - - - men.
A - - - - men, A - - - - men.

NACH DEM ESSEN   **17**

Wir danken dir, allmächtiger Gott, für alle deine Wohl-   **1**
taten, der du lebst und herrschest in Ewigkeit. Amen.

Im täglichen Mahl, o Herr, erkennen wir deine Güte. Wir   **2**
danken dir und loben dich in Ewigkeit.

Wir danken dir, Herr, Gott, himmlischer Vater, daß du uns   **3**
Speise und Trank gegeben hast. Laß uns teilhaben am ewigen Gastmahl.

Dir sei, o Gott, für Speis und Trank,   **4**
für alles Gute Lob und Dank.
Du gabst, du willst auch künftig geben.
Dich preise unser ganzes Leben. Amen.

Herr, vergilt in Güte allen, die uns um deines Namens   **5**
willen Gutes tun, und schenk ihnen das ewige Leben.

Herr und Vater, wir danken dir für dieses Mahl. Du hast   **6**
uns heute neu gestärkt. Hilf uns in deiner Kraft, dir und
unseren Mitmenschen zu dienen.

Wir wollen danken für unser Brot.   **7**
Wir wollen helfen in aller Not.
Wir wollen schaffen; die Kraft gibst du.
Wir wollen lieben; Herr, hilf dazu.

18 Abendgebete

Herr, in deine Hände lege ich voll Vertrauen meinen Geist.

Es segne und behüte uns der allmächtige und barmherzige Gott, der Vater, der Sohn und der Heilige Geist.

1 Deinen Frieden, Herr, gib uns vom Himmel, und dein Friede bleibe in unsern Herzen. Laß uns schlafen in Frieden und wachen in dir, auf daß wir vor keinem Grauen der Nacht uns fürchten.

Alkuin

2 Herr Jesus Christus, sei denen nahe, die in dieser Nacht wach sind und weinen, und gebiete deinen Engeln, zu wachen über die, welche schlafen. Bring die Müden zur Ruhe. Nimm die Kranken in deine Hut, o Herr Christus. Segne die Sterbenden. Schenke Linderung den Leidenden. Erbarme dich der Angefochtenen. Schirme die Fröhlichen und uns alle um deiner Liebe willen.

3 Herr, mein Gott, ich danke dir, daß du diesen Tag zu Ende gebracht hast. Ich danke dir, daß du Leib und Seele zur Ruhe kommen ließest. Deine Hand war über mir und hat mich behütet und bewahrt. Vergib allen Kleinglauben und alles Unrecht dieses Tages und hilf, daß ich allen vergebe, die mir Unrecht getan haben. Laß mich in Frieden unter deinem Schutz schlafen und bewahre mich vor den Anfechtungen der Finsternis. Ich befehle dir meinen Leib und meine Seele. Gott, dein heiliger Name sei gelobt.

Dietrich Bonhoeffer

4 Herr, der Tag geht zu Ende. Ich blicke zurück auf Straßen, Zimmer, Tische. Aber besonders auf die Menschen in den Straßen, auf die Menschen in den Zimmern, auf die Menschen an den Tischen. Ich habe mit ihnen gesprochen, habe gelächelt. Ich habe mit ihnen gearbeitet und gegessen. Ich

bin ihnen begegnet und wohl auch auf die Nerven gegangen. Ich habe sie gereizt, getröstet, geliebt. Das alles, Herr, habe ich Menschen getan; das alles, Herr, habe ich dir getan. Vergib mir, tröste mich, bleibe bei mir.

Vater, ich danke dir für diesen Tag. Ich danke dir für das **5** tägliche Brot, für alles, womit du mein Leben erhalten hast, für deine Sorge um mich. Ein Tag des Lebens ist wieder vorüber. Ich weiß nicht, wie du ihn haben wolltest, sicher aber besser, als ich ihn gelebt habe.
Ich habe wenig nach deinem Willen gefragt ...
(Kurze Besinnung)
Ich bin an Menschen vorübergegangen, die vielleicht auf mich gewartet haben ...
Ich habe zu wenig bedacht, was du heute durch mich in dieser Welt schaffen wolltest ...
Ich bitte dich um Verzeihung für alles Unrecht, für alle Nachlässigkeit und alles, was ich versäumt habe ...
Doch für das, was gut war, Herr, danke ich dir. Führe du es weiter und vollende es ...
Ich bitte dich nun für alle Menschen, mit denen ich arbeite und lebe, aber auch für alle andern, die meine Fürbitte brauchen. Laß uns lernen, einander zu dienen und miteinander auszukommen.
Herr, schenke mir eine ruhige Nacht und einen guten Schlaf. Gib mir morgen neue Kraft für alles, was du mir auftragen wirst.

Wir beten für unsere Eltern, Vater und Mutter, für unsere **6** Kinder, eins ums andere, für unsere Brüder und Schwestern, zusammen und einzeln, für Verwandte und Freunde, für alle Freunde der Familie, für Lehrer und Lernende, Untergebene und Vorgesetzte, Kameraden, Berufsgenossen und Nachbarn, für alle, die uns Gutes tun, und alle, die uns Böses wünschen, für Feinde und Neider, Verleumder und Verfolger, für die Lebenden und die Verstorbenen.
                                                          John Henry Newman

7 Bleibe bei uns, Herr; denn es will Abend werden, und der Tag hat sich geneigt. — Bleibe bei uns und bei deiner ganzen Kirche. — Bleibe bei uns am Abend des Tages, am Abend des Lebens, am Abend der Welt. — Bleibe bei uns mit deiner Gnade und Güte, mit deinem heiligen Wort und Sakrament, mit deinem Trost und Segen. — Bleibe bei uns, wenn über uns kommt die Nacht der Trübsal und Angst, die Nacht des Zweifels und der Anfechtung, die Nacht des bittern Todes. — Bleibe bei uns und bei allen deinen Gläubigen in Zeit und Ewigkeit.

8

Herr, blei - be bei ___ uns; denn es will A - bend wer - den, und der Tag hat sich ___ ge - nei - - get.

M: Albert Thate 1935

19 Zur Schriftlesung

1 Rede, Herr; ich höre. Du hast Worte des ewigen Lebens. Herr, laß nicht zu, daß ich dein Wort nur höre, aber nicht aufnehme; glaube, aber nicht bewahre; kenne, aber nicht tue. Herr, laß mich aus deinem Wort leben und dich durch mein Leben verherrlichen.

2 Herr, gib mir immer wieder Freude und Trost in deinen Schriften. Hilf, daß ich sie richtig verstehe — nach deiner Wahrheit, nicht in meinem Sinn. Laß mich das Wort in ihnen finden, das mir hilft, so zu leben, wie du es von mir verlangst.

Herr, mein Gott, du Licht der Blinden, du Kraft der Schwa- **3**
chen, verschließ uns nicht das Geheimnis deines Gesetzes,
wenn wir anklopfen. Offenbare uns deine Geheimnisse.

                                                              hl. Augustinus

Heiliger Geist, erleuchte und führe mich, bewege und **4**
stärke mich, verwandle und heilige mich.

vor der Schriftlesung

Herr und Gott, vieles wird geredet, und vieles wird ge- **5**
schrieben. Dein Wort aber ist anders als alle Worte der
Welt. Es ist das Wort in unser Leben, ein Wort, das ermutigt, ein Wort, das trifft. Es ist wahr und bleibt für immer.
Es ist lebendig und drängt zum Tun. Herr, laß mich hören,
was du sagst.

nach der Schriftlesung

Herr und Gott, ich danke dir für dein Wort. Es ist mir mehr **6**
als eine Lehre, mehr als ein Gesetz, mehr als ein Rezept.
Es geht mein Leben an; es richtet mein Tun, stellt mich in
Frage, fordert Änderung und Bekehrung von mir. Herr, laß
mich tun, was du sagst.

Ehe und Familie

20 Das Gebet in der Familie

Wenn die Familie betet, erfüllt sich die Verheißung des Herrn: „Wo zwei oder drei in meinem Namen beisammen sind, da bin ich mitten unter ihnen." Wie eine Familie zusammen lebt, miteinander ißt und trinkt, Freude und Leid teilt, so soll sie auch gemeinsam vor Gott stehen, als eine Kirche im kleinen, als Kirche daheim.

Das Gebet der Familie beginnt mit dem Gebet der Eheleute, die einzeln wie gemeinsam beten sollen. In dieses gemeinschaftliche Beten wachsen die Kinder hinein. Vom ersten Augenblick ihres Daseins an werden sie von ihm umfangen und getragen, bis sie zu einem selbständigen Beten kommen. Wie die Eltern die ersten Glaubensboten ihrer Kinder sind, so wird die Familie auch die erste Schule ihres Betens sein.

Das Gebet in der Familie soll von Anfang an seinen Ort, seine Form und seine Zeiten haben. Diese äußeren Umstände werden in jeder Familie anders sein; aber jede Familie muß sich um Möglichkeiten für ihr gemeinsames Beten mühen. Man muß sich Zeit nehmen zum Gebet; denn Gott gebührt der erste Platz im Leben. Das gemeinsame Beten hält die Familie zusammen und fördert ihre Einheit.

Dazu ein paar Hinweise:

☐ Stille und Sammlung:
Kein Gebet kann in Hast, Unordnung und Lärm gedeihen. Man muß zuerst ruhig werden, sich entspannen, sich auf Gott einstellen. Stille im Raum, die äußere Haltung, hinweisende Worte können dabei helfen.

☐ Wechsel und Wachstum:
Wir haben eine Fülle von Gebetsmöglichkeiten: freies persönliches Beten, formulierte Gebete, Gebete aus der Liturgie, Lieder, Schriftlesung und Meditation, betrachtendes Beten, Fürbitten. Aus diesen Möglichkeiten sollen wir auswählen, je nach der Situation der Familie und den Festzeiten des Kirchenjahres. Die Fähigkeit zu beten muß geweckt werden in persönlichen Gesprächen mit Gott, im Hinhören auf sein Wort. Wir müssen hinfinden zu den großen Haltungen des Gebetes: Lob und Anbetung, Dank, Bitte, Buße. Dabei gilt es, sich einen Grundstock von Gebeten auswendig anzueignen.

Mit der wachsenden und sich wandelnden Familie wird auch ihr Gebet wachsen und sich wandeln vom Kindergebet zum Beten des mündigen Christen, zum Beten in enger Verbindung mit der betenden Kirche. Dann wird es auch noch den Heranwachsenden und Erwachsenen möglich sein, in der Familie gemeinsam zu beten. Mitunter gilt es auch, jene falsche Scheu zu überwinden, die Familienglieder hindert, vor- und miteinander zu beten.

☐ Ausweitung:
Das Gebet in der Familie muß über ihre eigene Welt hinauswachsen, nicht nur in Lob und Verherrlichung Gottes, auch in den Bitten. Zu den eigenen, persönlichen Anliegen müssen schon früh die der Mitmenschen, der ganzen Welt und Kirche kommen. Im liebenden und fürbittenden Gedenken für nahestehende Verstorbene und für Menschen, mit deren Tod wir in Berührung gekommen sind (Unfälle, Attentate, Kriegsopfer), schwingt unser Beten über Zeit und Raum hinaus und wird zum Bekenntnis unseres Glaubens an die Überwindung des Todes durch Jesu Tod und Auferstehung, zum Bekenntnis der ewigen Liebe des lebendigen Gottes.

Beten mit dem jüngeren Kind   21

Erstes Beten erlebt das kleine Kind, indem es einfach dabei ist, wenn die Eltern beten, geborgen in seinem Bett, an dem die Eltern stehen, auf dem Schoß der Mutter zu Hause oder auf dem Arm des Vaters in der Kirche. Bald wird das Kind dabei mittun, nicht nur im äußeren Nachahmen, sondern auch in einem inneren Beteiligtsein. Darum ist es wichtig, was wir mit dem Kind beten. Es muß spüren können, daß der unsichtbare Gott, zu dem die Eltern mit dem Kind sprechen, der Grund unseres Vertrauens und unserer Geborgenheit ist.

Mit dem Zweijährigen können wir den Satz sprechen:

Großer Gott, du hast (Theresa) lieb.

Die Aussage des Liebhabens ist für das Kind erlebbar in der Nähe und Zuneigung der Eltern. Ein solcher Satz kann lange Zeit das Grundgebet des Kindes bleiben. Manchmal fügt die Mutter den einen oder anderen Gedanken an:

Du hast uns (den Felix) geschenkt; ich danke dir.

(21) Oder sie erweitert den Satz:

Guter Gott, du hast Papa und Mama, das Schwesterchen (die Kinder im Sandkasten, die kranken Kinder) sehr lieb.

Damit findet sich das Kind nicht allein vor Gott; sein Blick wird über die Nahestehenden auf alle Menschen gelenkt.

Die erste Vorstellung des Kindes von Gott sollte sein: Gott ist groß und gut. Er ist uns nah und hat uns lieb. Darum können wir ihm alle unsere Erlebnisse erzählen:

Dank für den lieben Besuch, den schönen Ausflug; Kummer über die Wunde am Knie, das verdorbene Spiel; Bitte für den Bub, den das Auto angefahren hat, für das kleine Kind, das wir erwarten.

Auch das Kind braucht eine Einstimmung, um sich vor Gott zu sammeln:

Wir wollen ganz still werden — unsere Füße und unsere Hände, unser Kopf; auch in unserem Herzen soll es still sein. Gott ist bei uns — er sieht uns an — er kennt uns — er hat uns lieb. Was wollen wir ihm sagen?

Das Kind soll in Freude vor Gott sein können. Darum darf es in seiner Art mit ihm sprechen. Es kann mit Singen und Spielen, mit Klatschen und Lachen Gott loben, wie es seiner augenblicklichen Situation entspricht. Kindgemäß ist es auch, mit Bewegungen zu beten. Durch Gesten kann es den Inhalt eines Wortes leichter verstehen:

Großer Gott, wir verneigen uns vor dir.
(Dabei neigen wir tief unsern Kopf.)

Zu dir erhebe ich mein Herz.
(Wir öffnen unsere Hände wie eine Schale und heben sie empor.)

Vater unser, du bist bei uns.
(Wir beten mit ausgebreiteten Armen.)

Auch das selbständiger werdende Kind und das Schulkind brauchen Anregung, ihr persönliches Leben ins Beten mit einzubeziehen.

Am Abend wird eine freundliche Frage zur Besinnung verhelfen, **(21)**
den Tag voll Vertrauen vor Gott zu bedenken:

Was hat uns heute der Tag gebracht? Wer war sehr lieb zu
mir? Wer hat mich freundlich angesprochen, mich gegrüßt,
mich angelacht? Was habe ich Neues gelernt, in der Schule,
auf dem Spielplatz? Warum hatte ich Ärger mit dem Lehrer?
Warum gab es Streit mit den Geschwistern? Wem habe ich
heute Freude gemacht? Zu wem war ich böse? Was be-
schäftigt mich sehr? Wovor habe ich Angst?

Nur der eine oder der andere Gedanke wird im Mittelpunkt der
Besinnung stehen. Nichts darf dabei bedrohend werden. Es geht
um den Frieden des Abends, das Geborgensein in der Liebe. Nach
einer Frage braucht man Zeit zum Nachdenken. Vielleicht kommt
es zum Gespräch. Eine Unstimmigkeit kann aufgearbeitet oder
erklärt werden.
Das Kind macht dabei die Erfahrung, daß nichts, was es be-
schäftigt oder bedrückt, zu gering ist für das Gebet. Zu den persönlichen Anliegen kommt das Aufmerksamwerden auf unsere
Umwelt, das wir betend Gott mitteilen: Verständnis für die
andern in der Familie, Einvernehmen unter den Hausbewohnern,
Frieden zwischen den Völkern, Hilfe für Arme, Ausgestoßene und
Kranke. Solche „Fürbitte" zeigt unsern Kindern, daß die Welt
uns etwas angeht, daß wir mit andern verbunden sind.
Unser Beten mit den Kindern kann zu einem guten Gespräch
miteinander werden. Es kann aber auch ganz kurz sein. Ein ein-
ziger Vers, etwa aus den „Grundgebeten" (vgl. Nr. 2), aus anderen Gebeten, die uns vertraut sind, oder ein Psalmvers, den das
Kind versteht, könnte zu einem Aufschwung des Herzens führen,
zum Eintauchen in den sicheren Grund unseres Lebens. Wichtig
dabei ist, daß diesem kurzen Wort ein paar Atemzüge der Stille
folgen, vielleicht auch eine Geste der Zuneigung, eine freundliche
Bitte, wenn man sich aus der gemeinsamen Gebetssituation wieder löst.
Was ausführlich über das Abendgebet dargelegt wurde, läßt sich
sinngemäß übertragen auf ein Morgenlob, auf das Bitten und
Danken beim Essen, auch auf eine spontane Hinwendung zu
Gott in Augenblicken großer Freude oder tiefen Kummers. Alles
gemeinsame Beten zu bestimmten Tageszeiten oder Anlässen wird
erst wirklich zu einer Glaubens- und Lebenshilfe für unsere Kinder, wenn sie spüren: Beten ist nicht ein Sonderbereich unseres

(21) Lebens, sondern ein ausdrückliches Zeichen dafür, daß wir jeden Augenblick mit Gott und vor Gott leben. Auch feste Gebetsformen und Reimgebete können eine Hilfe sein, wenn sie nicht gedankenlos heruntergesagt werden.

Schon durch das Kirchenjahr, durch Ostern und Weihnachten, wie wir sie in der Familie feiern, und durch unser Erzählen wird das Kind mit dem Leben Jesu vertraut. Gute Kinderbibeln helfen uns, einem Kind nahezubringen, was es vom Leben Jesu, seinem Sterben und Auferstehen fassen kann. So wird auch unser Beten Jesus einbeziehen, den das Kind mehr und mehr kennenlernt.

Jesus Christus, du hast uns gezeigt, wie lieb Gott uns hat ... Du bist als Freund zu den Menschen gegangen, die ganz verlassen und verachtet waren ... Du hast Menschen ihre Bosheit verziehen, so daß sie wieder aufatmen und leben konnten ...

Wenn wir im Beten auf Jesus Christus schauen, haben wir ihn zum Freund und zum Verbündeten:

Mit Jesus, deinem Sohn, bitten wir dich ... Durch Jesus Christus, der bei dir in der Herrlichkeit ist, wenden wir uns an dich, unsern Vater ...

Mit Kindern beten bedeutet für Eltern und Erzieher, den eigenen Glauben immer neu und ernsthaft zu durchdenken. Es ist für den Erwachsenen eine Möglichkeit und ein Angebot, das eigene Beten zu vertiefen.

Die Eltern segnen ihre Kinder, indem sie ihnen das Kreuz auf die Stirn zeichnen. Dabei können sie Weihwasser verwenden.

Segensworte:

Es segne dich der allmächtige Gott, der Vater und der Sohn und der Heilige Geist.

Geh in Gottes Namen.

Gott segne dich, N.

Nachstehende Gebete wollen nur als Modelle verstanden sein, die der jeweiligen Situation anzupassen sind.

Gebete mit Kindern   **22**

am Morgen

Großer Gott, ich danke dir für diese Nacht. Wir haben ohne **1**
Sorgen geschlafen und sind fröhlich miteinander aufge-
wacht. Behüte uns an diesem Tag. Bleibe bei uns.

während des Tages

Lieber Vater im Himmel, ich habe Vater und Mutter. Wir **2**
haben eine Wohnung, einen Tisch und ein Bett. Wir danken dir. Wir haben gegessen und getrunken. Wir danken
dir. Wir können laufen und springen. Wir danken dir.
Wir können sehen und hören. Wir danken dir. Wir können
spielen und lustig sein. Wir danken dir. Wir sind gesund
und lebendig. Wir danken dir. Segne uns. Amen.

am Abend

Großer guter Gott. Vielen Dank für diesen Tag. Wir haben **3**
gespielt, wir haben gelacht. Wir haben geweint, wir haben
gezankt, wir haben uns liebgehabt. Wenn wir uns liebha-
ben, verzeihst du uns. Segne uns alle und gib uns eine
gute Nacht.

Kummergebete

Vater im Himmel, ich bin krank. Mein Kopf tut so weh. **4**
Ich habe Fieber und Durst. Bitte, laß mich heute nacht
gut schlafen, damit es morgen besser ist.

Lieber Gott, wir hatten heute Streit. Mutter war böse mit **5**
mir. (Vater und Mutter waren böse miteinander.) Schimp-
fen und Zanken tut uns allen weh, aber wir fangen immer
wieder damit an. Vergib uns unsere Schuld, wie auch wir
vergeben unsern Schuldigern.
Gib uns den Willen, schnell wieder gut zu sein. Laß auch
die andern wieder freundlich sein. Wir brauchen den Frieden. Hilf uns dabei.

6 Gott im Himmel, ich habe heute ein Bild gesehen mit einem
Kind, das immer Hunger hat. Es hatte ganz dünne Beine.
Ich und meine Eltern, wir wollen helfen. Hilf du uns, daß
wir etwas von dem hergeben können, was uns gehört.

Ein Schulkind betet

7 In meiner Schule sind viele Kinder.
Alle müssen lernen wie ich.
Manchmal ist es einfach, manchmal ist es schwer.
Unsere Lehrer haben viel Mühe, uns alles gut zu erklären.
Schenke du ihnen Geduld mit uns.
Gib uns Freude am Lernen.
Laß uns Streit schnell vergessen
und uns gegenseitig gern helfen.
Sei bei uns, Herr, auch in der Schule.

8 Gott, Vater im Himmel,
ein neuer Tag hat angefangen; du schenkst ihn mir. Ich
freue mich und danke dir, daß ich ihn leben darf. Vor allem
aber danke ich dir, daß du überall und immer bei mir bist
und mich allezeit liebst; das macht mich froh. Zeige mir
heute, was recht und was unrecht ist. Hilf mir, gut zu sein.

9 Ich bin müde.
Ich habe ein warmes Bett. Darin kann ich gut schlafen.
Du bist bei mir, lieber Gott, und ich habe keine Angst.
Du bist da – und Vater und Mutter.
Segne uns alle und schenke uns allen eine gute Nacht.

23 Gebete junger Menschen

1 Herr, ich möchte frei und selbständig sein. Du willst es so.
Wie sollte ich sonst Verantwortung übernehmen können.
Es kann sein, daß es dadurch manchmal zu Konflikten in

unserer Familie kommen wird. Dabei will ich nie vergessen,
daß ich meinen Eltern viel verdanke, mein Leben, mein
Zuhause und Hilfe in vielen Schwierigkeiten. Ich brauche
meine Eltern. Laß mich ihre Sorgen und Nöte verstehen.
Ich will das Gespräch mit ihnen suchen und hinhören auf
ihre Ratschläge. Ihren Argumenten will ich mich nicht verschließen und ihre Autorität als Eltern achten.

Herr, unser Gott, hab Dank, daß du uns siehst. Jeden **2**
Schritt, den wir tun, begleitest du; jedes Wort, das wir denken, weißt du, ehe wir es aussprechen.
Wir danken dir, daß du unseren Weg bestimmt hast, nicht
der Zufall, nicht die Sterne, die manche Leute befragen.
Auch bestimmt uns nicht die fremde Macht, die wir Schicksal nennen. Du allein bist es, der uns führt.
Wir danken dir für jeden Tag, den wir erleben; denn er
kommt aus deiner guten Hand.

Solange ich lebe, muß ich mich entscheiden, muß Stellung **3**
nehmen, muß ja oder nein sagen.
So hast du es gewollt, Schöpfer des Menschen, daß ich mich
entscheide für einen Beruf, für einen Lebensgefährten, für
eine Partei, für dich.
Aber nicht nur an den breiten Kreuzungen des Lebens muß
ich wählen, auch an den schmalen, wo es „nur" um einen
Film, eine Zeitung, einen Witz geht.
Hab Dank, Schöpfer des Lebens, daß ich mich entscheiden, daß
ich die Lebensweichen mitstellen darf, daß ich mehr bin als
ein willenloses Zahnrad im Räderwerk der Zeit.
Herr, oft habe ich Angst vor Entscheidungen, schiebe sie
anderen zu, versuche mich vorbeizudrücken, gehe weder
links noch rechts, weder vor noch zurück.
Herr, ich will mich für dich entscheiden – in allen Fragen
des Lebens, jeden Tag – ein ganzes Leben lang. Komm mir
zu Hilfe, daß ich das Rechte erkenne. Gib mir Mut, es zu
wählen.

24 Gebete der Liebenden

1 Herr, ich wünsche mir so sehr einen Menschen, der mich
versteht und dem ich alles sagen kann. Ich wünsche mir
einen Menschen, der mich aufrichtig liebt.
Laß mich jemand finden, der nicht nur mit der Liebe spielt.
Laß mich jemand finden, der mein Herz sucht und nicht
nur mein Geschlecht. Laß mich jemand finden, der mein
Leben für lange Zeit reicher macht, der mich nicht eines
Tages arm und zerstört zurückläßt.
Hilf mir, auch seinem Leben mehr Freude und Glanz zu
geben. Hilf mir, Liebe zu finden, in der Kraft und Treue ist
wie in der Liebe, mit der du uns liebst.

2 Vater, ich danke dir, daß du uns füreinander geschaffen
hast, daß wir uns begegnet sind und einander lieben. Laß
die Liebe in uns wachsen, damit wir uns immer besser verstehen und uns gegenseitig glücklich machen. Alle wahre
Liebe stammt von dir und führt zu dir. Du hast unserm
Leben durch diese Liebe einen neuen Inhalt und ein neues
Ziel gegeben. Zeig uns den richtigen Weg zu diesem Ziel
und hilf uns ihn gehen.

3 Wir haben zueinander Ja gesagt für immer, Herr, Ja für
Glück und Unglück, Ja für Gesundheit und Krankheit, Ja
für Erfolg und Mißerfolg. Mein Mann — meine Frau — wird
bei mir sein, wenn ich krank sein werde. Mein Mann —
meine Frau — wird immer zu mir stehen, wenn mich Unglück trifft. Die Liebe kennt keine Furcht; sie kann Ja für
immer sagen. Danke, Herr, für diese Liebe, die bei uns
angefangen hat. Danke, daß du durch das Sakrament der
Ehe bei uns bist.

in schweren Stunden der Ehe

4 Vater im Himmel, ich hätte nie gedacht, daß wir einander
so wehtun können.

Ich erkenne immer mehr, wie schwer es ist zu lieben, und
wie schwach wir sind.
Hilf uns, daß wir einander verzeihen können. Laß uns erkennen, was wir falsch gemacht haben. Laß uns immer
wieder einen Weg finden, der uns zueinander führt.
Laß unsre Liebe nicht untergehen, sondern reifer werden.
Hilf uns, Herr!

zerstörte Liebe

Ich muß dir sagen, was in mir vorgeht. Meine Liebe ist   5
zerstört. Alle Hoffnungen und die wiederholten Versöhnun-
gen waren eitel. Ich muß schreien und anklagen, da ein
solches Leben mir zugemutet wird. Auch gegen mich selbst
Vorwürfe über Vorwürfe. Wie leichtfertig wurde mein Vertrauen mißbraucht. Ich denke an die Kinder, die am meisten betroffen sind. O daß die Liebe uns so zerquält. Verschuldet oder unverschuldet, wie gerne möchte ich rechten.
Soll ich nicht alles in mich hineinschweigen? Die leibliche
Nähe ist mir eine Last.
Oft erscheint mir die Scheidung als alleiniger Ausweg, daß
wir uns nicht noch mehr zerstören. Und wenn ich jetzt
nicht sprechen kann und schweige und nur das Notwendige
verrichte, daß das Leben weitergeht, dann laß mein Inneres
nicht verdorren oder verhärten. Daß ich nicht gefühllos
werde für Stunden, die das Schlimmste wenden können,
daß ich nicht kraftlos werde, wenn Verzeihen geboten ist,
daß ich nicht die Erinnerung an alles Gute und gemeinsame
Schöne auslösche – davor bewahre mich. Wir haben uns
einander versprochen und nicht geahnt, wie das Leben uns
niederschlagen könnte. Ich bete um Kraft. Ich bete um Einsicht. Ich bete um die Bewahrung meiner Ehe. Ich bete um
ein wenig Liebe, ohne die ich nicht leben kann.

Was befleckt ist, wasche rein; Dürrem gieße Leben ein;   6
heile du, wo Krankheit quält.
Wärme du, was kalt und hart; löse, was in sich erstarrt;
lenke, was den Weg verfehlt.

25 Gebete für die Kinder

vor der Geburt

1 Herr und Gott, wir erwarten unser Kind. Wir möchten so
gern, daß es ein gesundes und fröhliches Kind wird. Aber
wir wollen es annehmen, wie du es uns gibst.
Nun bitten wir dich: schenke ihm deine Liebe. Wir wollen
es schützen, so gut wir können, schon jetzt, da wir es erwarten. Hilf in der Stunde der Geburt.
Wir wollen unser Kind aufnehmen in deinem Namen und
ihm den Weg zeigen, auf dem es dich finden kann. Schenke
ihm ein erfülltes und glückliches Leben, und laß es zum
Segen werden für alle, die ihm begegnen.
Nimm es allzeit in deinen Schutz.

Dank und Bitte

2 Vater im Himmel, du hast uns unsere Kinder anvertraut.
Wir freuen uns, daß wir sie haben. Wir freuen uns über
alle guten Anlagen, die wir an ihnen entdecken.
Wir freuen uns, wenn sie gesund sind und heranwachsen.
Wir freuen uns, wenn wir miterleben dürfen, wie sie sich
entfalten.
Herr, wir danken dir für unsere Kinder. Wir wollen ihnen
helfen, so zu werden, wie du sie haben willst. Wir wollen
Geduld haben, wenn sie uns Sorgen machen. Darum bitten
wir dich, Herr, segne unsre Kinder. Laß sie von Tag zu Tag
mehr lernen, ihr Leben selbst in die Hand zu nehmen.
Gib ihnen einen Glauben, der ihr Denken und Tun durchdringt. Führe sie einmal zu dem Beruf, der ihnen Freude
macht. Schenke ihnen Freunde, die sie verstehen und ihnen
helfen. Und wenn sie auf die falschen Wege geraten, dann
führe sie wieder zurück. Bleib in unserer Familie; wir alle
brauchen dich.

vor der Erstkommunion

Vater, du hast uns Jesus Christus, deinen Sohn, zum Bruder **3**
gegeben. Unser Kind hat angefangen, ihn zu lieben. Darum
haben wir den Mut, es teilhaben zu lassen an der Tisch-
gemeinschaft mit ihm. Hilf uns, Herr, mit unserm Kind
das Geheimnis seiner Gegenwart dankbar zu glauben.
Schenk uns durch diese heilige Kommunion eine immer
tiefere Freude an der Gemeinschaft mit dir und mit allen,
die dich lieben.

für das Schulkind

Herr, unser Kind ist fröhlich aus dem Haus gegangen. Behüte **4**
es auf dem verkehrsreichen Schulweg. Schütze es vor Gefahren an Leib und Seele, an die wir kaum zu denken
wagen. Du weißt, daß wir unserm Kind helfen möchten,
in der Schule erfolgreich zu sein. Hilf uns, die Kräfte und
Gaben unseres Kindes richtig zu beurteilen. Gib uns die
Kraft, ihm Sicherheit zu geben, ihm immer wieder Mut zu
machen. Segne seine Lehrer, Herr, und schenke ihnen Einsicht, Geduld, Weisheit, Gerechtigkeit und Güte. Laß unser
Kind gesund und zuversichtlich nach Hause kommen.
Laß unser Zuhause seine Zuversicht sein.

für die Freunde der Kinder

Für die Freunde meiner Kinder danke ich dir, Herr. Gute **5**
Freunde sind die Zusicherung deiner lebendigen Liebe. Ich
kenne nicht alle Freunde meiner Kinder. Halte deine Hand
über sie. Gib ihnen Gelegenheit, aufrichtig, fröhlich und
mutig zu sein. Ich mag nicht alle, die meine Kinder ihre
Freunde nennen. Für sie bitte ich besonders um deine Sorge
und den Beistand deines Geistes. Vielleicht habe ich sie
entmutigt und verletzt. Meine Kinder und ihre Freunde
wollen eine neue, eine bessere, eine friedlichere Welt. Laß
sie ihnen gelingen, Herr, unser aller Freund.

ein Kind kann nicht mehr beten

6 Herr, mein Sohn (meine Tochter) hat mir gesagt, daß er (sie) nicht mehr beten kann. Ich hatte mir schon lange ein paar gute Ratschläge ausgedacht für solche Fälle. Aber als es darauf ankam, war alles ganz anders. Mein Mund wurde trocken und mein Kopf leer.

Herr, ich bitte dich, offenbare dich selbst meinem Kind in irgendeinem Satz, einem Lächeln, einem fruchtbaren Wort. Bewahre mein Kind vor allzu langer Verlassenheit, damit sein Ohr im Lärm dieser Welt nicht taub wird für deine leise Stimme.

26 Für verstorbene Angehörige und Freunde

Dank für einen Verstorbenen

1 Wir danken dir, Herr Gott, für diesen Menschen, der so nahe und kostbar war und der uns plötzlich entrissen ist aus unsrer Welt. Wir danken dir für alle Freundschaft, die von ihm ausgegangen, für allen Frieden, den er gebracht hat; wir danken dir, daß er durch sein Leiden Gehorsam gelernt hat, und daß er bei aller Unvollkommenheit ein liebenswerter Mensch geworden ist.

Wir bitten dich, Herr, daß wir alle, die mit ihm verbunden sind, jetzt auch, gerade wegen seines Todes, tiefer miteinander verbunden seien. Und auf Erden mögen wir gemeinsam in Frieden und Freundschaft deine Verheißung erkennen: Auch im Tod bist du treu.

für den verstorbenen Ehepartner

2 Vater, du hast meinen Mann (meine Frau) zu dir genommen. Wir sind ein Stück unsres Lebens miteinander gegangen. Wir haben vieles miteinander geteilt, Freud und Leid, frohe und schwere Stunden. Es war schön, wenn es auch nicht immer leicht war. Dafür danke ich dir. Nun hat mein

Mann (meine Frau) zuerst das Ziel erreicht. Ich bleibe allein
zurück. Lohne ihm (ihr) alle Liebe und Treue mit ewiger
Freude; mir aber gib Kraft zu sagen: dein Wille geschehe,
auch wenn dein Weg unbegreiflich ist. Und laß uns im
Himmel mit dir vereint sein. Maria, Trösterin der Betrübten, bitte für uns.

beim Tod eines nahestehenden Menschen

Herr, (.......) ist tot. Ich muß es ganz begreifen, was **3**
das ist, Herr. Sein Blick wird mich nie mehr treffen; seine
Hand meine Hand nie mehr halten; er ist tot; er ist nicht
mehr hier.
Du bist die Auferstehung und das Leben. Wer an dich
glaubt, wird leben, auch wenn er gestorben ist.
Laß ihn aufwachen bei dir, Herr. Gib ihm das nie verrin-
nende Leben, nach dem wir uns sehnen, Herr. Kann unsere
Sehnsucht uns täuschen?
Herr, du hast es versprochen. Für ihn, der tot ist, erinnere
ich dich an dein Wort: „Wer an mich glaubt, wird leben."

Kirche und Gemeinde   **27**

Kirche auf dem Weg

Barmherziger Vater, wir bitten dich in Demut für deine **1**
ganze heilige Kirche. Erfülle sie mit Wahrheit und mit
Frieden. Reinige sie, wo sie verdorben ist. Bewahre sie vor
Irrtum. Richte sie auf, wo Kleinglauben sie niederdrückt.
Beschenke sie, wo sie Mangel leidet. Stärke aber und kräftige
sie, wo sie auf deinem Weg ist. Gib ihr, was ihr fehlt, und
heile den Riß, wo immer sie zerteilt und zerstreut ist, du
heiliger Herr deiner Gemeinde. Um Jesu Christi, unsres
Herrn und Heilands willen.

(27) für den Papst

2 Herr, wir glauben und bekennen voll Zuversicht, daß du deiner Kirche Dauer verheißen hast, solange die Welt besteht. Darum haben wir keine Sorge und Angst um den Bestand und die Wohlfahrt deiner Kirche. Wir wissen nicht, was ihr zum Heile ist. Wir legen die Zukunft ganz in deine Hände und fürchten nichts, so drohend bisweilen die Dinge auch scheinen mögen. Nur um das eine bitten wir dich innig: Gib deinem Diener und Stellvertreter, dem Heiligen Vater, wahre Weisheit, Mut und Kraft. Gib ihm den Trost deiner Gnade in diesem Leben und im künftigen die Krone der Unsterblichkeit. John Henry Newman

für den Bischof

3 Herr Jesus Christus, du Hirt und Haupt deiner Kirche, steh unserm Bischof bei mit der Kraft deines Segens, daß er uns entflammt durch seinen Eifer, uns Vorbild ist durch seinen Wandel, uns trägt durch seine Liebe, uns stärkt durch seine Geduld, uns erhält in der Freude des Heiligen Geistes, uns segnet durch seine Gebete, uns gute Weisung gibt durch seine Lehre und uns einigt zu deinem heiligen Volk und zum lauteren Gottesdienst im Geist und in der Wahrheit. Johann Michael Sailer

für unsere Seelsorger

4 Wir bitten dich, Herr, für die Priester: Lehre sie, deine Botschaft so auszurichten, daß unser Hunger nach Wahrheit und Leben gestillt wird. Gib ihnen den Mut, niemand nach dem Mund zu reden, auch wenn viele das Evangelium vom Kreuz für Unsinn halten. Laß sie deine geheimnisvolle Nähe erfahren, damit sie den Glauben ihrer Brüder zu stärken vermögen. Mache sie fähig, jedem Antwort zu geben, der nach dem Grund unserer Hoffnung fragt.
Dulde nicht, daß sie ihr Vertrauen auf irgendeine Macht der Erde setzen statt auf die Kraft deines Geistes. Erinnere sie, daß jeder Mitarbeiter am Neuen Bund hundertfach

wiederfinden wird, was er deinetwegen zurückgelassen hat.
Laß durch ihr Leben sichtbar werden, daß der Kern deiner
Botschaft die Liebe ist, die uns zu freien Menschen macht.
Bestärke sie in der Dankbarkeit dafür, daß du sie mit Gott
versöhnt und ihnen den Dienst der Versöhnung übergeben
hast. Sei mit ihnen, damit durch ihr Wort das Geheimnis
deines Todes Gegenwart wird in der Eucharistie, dem Zeichen der Einheit.

Herr Jesus Christus, wir danken dir, daß du uns berufen
hast, dein Volk zu sein. Laß es deiner Kirche nicht an
Menschen fehlen, die für den Aufbau und Zusammenhalt
deiner Gemeinden Sorge tragen, bis du wiederkommst.

um geistliche Berufe

Jesus, göttlicher Hirt, du hast die Apostel berufen und zu **5**
Menschenfischern gemacht. Rufe auch heute junge Menschen in deine Nachfolge und deinen Dienst. Du lebst ja,
um immer für uns dazusein. Dein Opfer wird auf unseren
Altären Gegenwart, weil alle Menschen an der Erlösung
teilhaben sollen. Laß alle, die du berufen hast, diesen deinen
Willen erkennen und sich zu eigen machen. Öffne ihnen
den Blick für die ganze Welt, für die stumme Bitte so vieler
um das Licht der Wahrheit und die Wärme echter Liebe.
Laß sie getreu ihrer Berufung am Aufbau deines geheimnisvollen Leibes mitarbeiten und so deine Sendung fortsetzen.
Mach sie zum Salz der Erde und zum Licht der Welt.
Gib, Herr, daß auch viele Frauen und Mädchen ebenso
entschlossen dem Ruf deiner Liebe folgen. Wecke in ihren
Herzen das Verlangen, vollkommen nach dem Geist des
Evangeliums zu leben und sich selbstlos hinzugeben im
Dienst an der Kirche. Laß sie bereit sein für alle Menschen,
die ihrer helfenden Hand und ihrer barmherzigen Liebe
bedürfen.   Paul VI.

28 für die Ordensleute

1 Herr, unser Gott, du berufst Männer und Frauen, alles zu
verlassen, um Christus nachzufolgen. Für sie bitten wir:
gib, daß sie sich mühen um den Geist der Armut und der
Demut, um dir und den Brüdern und Schwestern zu dienen.

um Bewahrung der Priesterberufe

2 Herr, unser Gott, du selbst leitest dein Volk durch den
Dienst der Priester. Gib ihnen allen die Gnade, daß sie
deinem Willen treu und gehorsam bleiben und durch ihr
Leben wie durch ihr Amt dich in Christus verherrlichen.

Einheit der Kirche

3 Herr Jesus Christus, du hast gebetet: Laß alle eins sein,
wie du, Vater, in mir bist, und ich in dir. Wir bitten dich
um die Einheit deiner Kirche. Zerbrich die Mauern, die uns
trennen. Stärke, was uns eint, und überwinde, was uns
trennt. Gib uns, daß wir die Wege zueinander suchen. Führe
den Tag herauf, an dem wir dich loben und preisen können
in der Gemeinschaft aller Gläubigen.

für die verfolgte Kirche

4 Gott, nach dem geheimnisvollen Ratschluß deiner Liebe
läßt du die Kirche teilhaben am Leiden deines Sohnes.
Stärke unsere Brüder und Schwestern, die wegen ihres Glaubens verfolgt werden. Gib ihnen Kraft und Geduld, damit
sie in ihrer Bedrängnis auf dich vertrauen und sich als deine
Zeugen bewähren. Schenke ihnen Freude darüber, daß sie
sich mit Christus im Opfer vereinen, und gib ihnen die
Zuversicht, daß ihre Namen im Buch des Lebens eingeschrieben sind. Gib ihnen die Kraft, in der Nachfolge Christi
das Kreuz zu tragen und auch in der Drangsal ihren christlichen Glauben zu bewahren.

für die Weltmission

Herr, du hast uns befohlen, unter allen Völkern deine Zeu- 5
gen zu sein. Wir bitten dich: erwecke unter uns Männer
und Frauen, die bereit sind zum Dienst, wo immer du sie
einsetzen willst.
Sende Boten in alle Erdteile und rufe einheimische Missionare auch aus Asien, Afrika und aller Welt, damit in der
ganzen Kirche neues Leben erwacht und der Reichtum
deines Evangeliums offenbar wird.
Wir bitten dich für die vielen Millionen im Westen und
Osten, im Norden und Süden, die dich nicht kennen. Laß
deine Kirche nicht ruhen, bis die Völker in allen Ländern
deine Heilsbotschaft hören können.

für die Pfarrgemeinde

Herr Jesus Christus, du bist das Haupt der Kirche, du bist 6
das Haupt unsrer Gemeinde. Gib uns füreinander den Blick
der Liebe, das rechte Wort, die helfende Tat. Behüte die
Schwachen, erleuchte die Zweifelnden, stärke die Verzagten,
halte die Schwankenden, wecke die Schlafenden, führe die
Suchenden, erwärme die Kalten und Lauen. Hilf uns, einander zu geben, wessen wir bedürfen, daß einer des anderen
Last trage.

bei Zusammenkünften

Komm, Heiliger Geist, komm in unsre Mitte; sei du bei 7
uns. Lehre uns, was wir tun sollen; weise uns, wohin wir
gehen sollen; zeige uns, was wir wirken müssen, damit wir
durch deine Hilfe Gott in allem wohlgefallen.

Gedenke deiner Kirche. Erlöse sie von allem Übel. Mach sie 8
vollkommen in deiner Liebe und führe sie zusammen aus
allen Enden der Welt in dein Reich, das du ihr bereitet
hast. Dein ist die Macht und die Ehre in Ewigkeit.

Zwölfapostellehre

Mitten in der Welt

29 **Gebete um sozial-caritative Gesinnung**

1 Hilf uns, Herr, daß wir Liebe haben zu allen Menschen.
Laß uns eines Sinnes sein untereinander, mit den Fröhlichen
uns freuen, mit den Weinenden weinen. Gib, daß wir uns
nicht über andere erheben, niemandem Böses mit Bösem
vergelten, sondern einander helfen, die Last des Lebens zu
tragen. Laß uns auf das Gute bedacht sein und, soviel an
uns liegt, Frieden halten mit allen Menschen. Hilf uns, das
Böse zu überwinden durch das Gute.

2 Herr Jesus Christus, in dir sind Himmel und Erde zusammengefaßt; auf dich hin sind wir geschaffen. Du willst
nicht, daß jeder nur für sich lebt, sondern daß alle in gegenseitiger Liebe dir dienen und als Glieder einer Gemeinschaft
die Güter der Erde gebrauchen und teilen. Wir sollen das
Leid in der Welt heilen oder gemeinsam tragen und miteinander die Fülle des Lebens empfangen.
Immer mehr Menschen bewohnen die Erde und suchen
Lebensraum, Arbeit und Brot; immer enger rücken wir zusammen; immer mehr werden alle voneinander abhängig.
Mach mein Herz weit für die Anliegen der Menschen, daß
ich fähig werde, an einer Gesellschaft mitzubauen, deren
Mitte du selbst bist.

3 Herr, öffne meine Augen, daß ich die Not der anderen sehe;
öffne meine Ohren, daß ich ihren Schrei höre; öffne mein
Herz, daß sie nicht ohne Beistand bleiben. Gib, daß ich
mich nicht weigere, die Schwachen und Armen zu verteidigen, weil ich den Zorn der Starken und der Reichen fürchte. Zeige mir, wo man Liebe, Glauben und Hoffnung nötig
hat, und laß mich deren Überbringer sein. Öffne mir Augen
und Ohren, damit ich für deinen Frieden wirken kann.

Jesus Christus, unser Bruder, ich weiß, daß es unzählige **4**
Menschen gibt, die in großer Not sind. In der ganzen Welt
werden viele gequält und verfolgt. Viele hungern oder haben große Schmerzen. Viele sind einsam und verlassen,
sind gescheitert und werden von niemandem mehr aufgenommen. Herr, wecke uns auf, wenn wir die Not unserer
Brüder nicht erkennen. Mach uns bereit zu helfen.
Wir bitten dich aber auch für alle Menschen, Brüder und
Schwestern, die Hilfe brauchen und sie nicht finden. Verwandle ihre Dunkelheit in Licht, ihre Trauer in Freude, und
laß sie in aller Bedrängnis die Hoffnung nicht aufgeben.

Mein Gott, laß mir im Leben des andern dein Antlitz leuch- **5**
ten. Das unwiderstehliche Licht deiner Augen, das auf dem
Grund der Dinge strahlt, hat mich schon zu jedem Werk
begleitet, das ich vollbringen, und zu jedem Schmerz, den
ich ertragen mußte. Gib, daß ich dich auch und vor allem
im Innersten der Seele meiner Brüder erkenne.

Teilhard de Chardin

Herr, mach mich zu einem Werkzeug deines Friedens, **6**
daß ich liebe, wo man haßt;
daß ich verzeihe, wo man beleidigt;
daß ich verbinde, wo Streit ist;
daß ich die Wahrheit sage, wo Irrtum ist;
daß ich Glauben bringe, wo Zweifel droht;
daß ich Hoffnung wecke, wo Verzweiflung quält;
daß ich Licht entzünde, wo Finsternis regiert;
daß ich Freude bringe, wo der Kummer wohnt.
Herr, laß mich trachten,
nicht, daß ich getröstet werde, sondern daß ich tröste;
nicht, daß ich verstanden werde, sondern daß ich verstehe;
nicht, daß ich geliebt werde, sondern daß ich liebe.
Denn wer sich hingibt, der empfängt;
wer sich selbst vergißt, der findet;
wer verzeiht, dem wird verziehen;
und wer stirbt, der erwacht zum ewigen Leben.

Frankreich 1913

30 In Arbeit und Freizeit

1 Herr und Gott, guter Vater im Himmel. Du hast mich gerufen, deine große Welt mit allem, was zu ihr gehört, mitzugestalten durch meine Arbeit. Ich danke dir für deinen Auftrag, für die Möglichkeiten und Fähigkeiten, die du mir gegeben hast.
Hilf mir an jedem Tag, dir in allem zu dienen durch eine gute Arbeit, durch meine Hilfsbereitschaft, durch mein Verstehen, durch ein gutes Wort. Durch gute Laune und heiteren Blick, durch mein Beispiel will ich helfen, Gegensätze auszugleichen, Mißtrauen abzubauen, den sozialen Frieden zu wahren. So darf ich beitragen zum Wohl meines Nächsten und für eine bessere Welt. Mein Leben soll dich preisen und alles in dir seine Vollendung finden.

2 Herr, gib uns allen, die wir miteinander arbeiten, Verständnis für die Art und Aufgabe der anderen. Hilf, daß wir Kollegen nicht nur beurteilen nach ihrem Nutzen für uns oder für den Betrieb, sondern laß uns fragen nach ihrem Schicksal, ihren Konflikten, ihren Hoffnungen.
Hilf uns verstehen, daß jemand neben uns versagt, weil er seine häuslichen Sorgen nicht vergessen kann oder weil seine Kräfte verbraucht sind. Laß uns nicht ungerecht werden gegen die Älteren und Schwachen, weil sie weniger leisten als wir, sondern hilf uns, gegen jedermann menschlich zu sein. Begegne du in uns allen Menschen, denen wir begegnen.

um Freude

3 Herr, du hast uns zur Freude berufen. Die Arbeit allein kann uns nicht ausfüllen. Darum gib du uns Sinn für die Freude, für Fest und Feier, für Spiel und Erholung, für Bildung und Kunst, für das Zusammensein mit Menschen, die wir lieben, die uns erwarten, die unsre Nähe brauchen. Herr, du hast uns zur Freude berufen; vollende unsre Freude in dir.

Sport und Spiel

Gott, ich danke dir für die Freude an Sport und Spiel. Ich **4**
danke dir für die Kameradschaft und Freundschaft, die ich
dabei erlebe. Hilf mir, auch im Gegner beim Wettkampf
den Freund zu sehen. Laß mich im Sieg nicht überheblich
werden und in der Niederlage nicht verzagen.
Alles, was du geschaffen hast, verherrlicht dich, auch der
Leib des Menschen, den du so wunderbar aus dem Staub
der Erde gemacht hast. Hilf mir, dich in allem zu verherrlichen, und gib mir am Ende den Siegespreis, den du verheißen hast.

Verantwortung für die Welt   **31**

Herr, unsere Erde ist nur ein kleines Gestirn im großen **1**
Weltall. An uns liegt es, daraus einen Planeten zu machen,
dessen Geschöpfe nicht von Kriegen gepeinigt werden, nicht
von Hunger und Furcht gequält, nicht zerrissen in sinnlose
Trennung nach Rasse, Hautfarbe oder Weltanschauung.
Gib uns den Mut und die Voraussicht, schon heute mit
diesem Werk zu beginnen, damit unsere Kinder und Kindes-
kinder einst mit Stolz den Namen Mensch tragen.

Gebet der Vereinten Nationen

Herr aller Herren, du willst, daß die Menschen miteinander **2**
in Frieden leben. Wir bitten dich, zeige den Politikern, wie
sie Spannungen lösen und neue Kriege verhindern können.
Laß die Verhandlungen unter den Nationen der Verständigung dienen und führe die Bemühung um Abrüstung
zum Erfolg.
Wir bitten dich um gerechte Lösung der Konflikte, die Ost
und West, Nord und Süd, Farbige und Weiße, arme und
reiche Völker voneinander trennen.
Laß nicht zu, daß wir mitmachen, wenn Haß und Feindschaft Menschen gegeneinander treiben. Hilf uns Frieden
halten, weil du mit uns Frieden gemacht hast.

3 Herr der Welt, gib uns einen Blick für die Zeichen der Zeit und ein klares Urteil gegenüber den politischen Ereignissen und allem Neuen in unserer Welt. Bewahre uns vor trügerischer Hoffnung und hilfloser Angst. Gib uns Mut und Bereitschaft zu politischem Einsatz. Zeige uns, wie wir in unserem Staat verantwortlich leben und ihn mitgestalten können.

4 Herr, zeig uns die Welt, wie sie wirklich ist. Zeig uns die Aufgaben, die auf uns warten. Laß uns erkennen, wo du uns brauchst: im Einsatz für deine Ordnung, im Eintreten für das Recht, im Kampf gegen den Hunger, in den Rassenkonflikten, in brüderlicher Hilfe für Verfemte, Außenseiter und Kriminelle.
Wie Jesus sich der Armen, der Ausgestoßenen und Verachteten annahm, so soll auch durch uns deine Liebe in der Welt sichtbar werden.

32 Grundgebete zu Maria, zu den Engeln und Heiligen

Salve Regina

1 Sei gegrüßt, o Königin, Mutter der Barmherzigkeit; unser Leben, unsre Wonne und unsre Hoffnung, sei gegrüßt! Zu dir rufen wir, verbannte Kinder Evas; zu dir seufzen wir trauernd und weinend in diesem Tal der Tränen. Wohlan denn, unsre Fürsprecherin, wende deine barmherzigen Augen uns zu, und nach diesem Elend zeige uns Jesus, die gebenedeite Frucht deines Leibes. O gütige, o milde, o süße Jungfrau Maria.
(Elend bedeutet Leben in der Fremde.)

2 Gesegnet bist du, o Tochter, von Gott dem Allerhöchsten, mehr als alle Frauen auf der Erde. Gepriesen sei der Herr, unser Gott, der Himmel und Erde erschaffen hat; er hat

dich gesegnet mit seiner Kraft. Die Erinnerung an dein
Vertrauen wird in Ewigkeit nicht aus den Herzen der Menschen entschwinden, die der Macht Gottes gedenken. Denn
in der Not unseres Volkes hast du dein Leben nicht ge-
schont; nein, du hast entschlossen unseren Untergang abge-
wehrt, du bist auf geradem Weg gegangen vor unserm Gott.

Jdt 13,18–20

Unter deinen Schutz und Schirm fliehen wir, heilige Gottes- 3
mutter. Verschmähe nicht unser Gebet in unseren Nöten,
sondern errette uns jederzeit aus allen Gefahren, o du glor-
würdige und gebenedeite Jungfrau, unsere Frau, unsere
Mittlerin, unsere Fürsprecherin. Führe uns zu deinem Sohne,
empfiehl uns deinem Sohne, stelle uns vor deinem Sohne.

Der Rosenkranz   33

Das Rosenkranzgebet bringt uns in enge Verbindung mit dem 1
Leben, dem Leiden und der Herrlichkeit Jesu, und es zeigt uns
die Stellung, die Maria im Heilswerk hat. Indem der Rosenkranz
uns anhält, dies zu betrachten, deutet er unser Leben und hebt
es in das Licht des Glaubens. Durch die Wiederholung schafft
der Rosenkranz einen Zustand des Betens. Daher ist er eine
wichtige Form für die Gemeinschaft und für den einzelnen.
Jedes Gesätz beginnt mit dem Vaterunser. Es folgt zehnmal das
Ave Maria; nach dem Namen „Jesus" wird jedesmal das entsprechende Geheimnis eingefügt. Das Gesätz schließt mit dem
Ehre sei dem Vater.

Eröffnung

Im Namen des Vaters... Ich glaube an Gott... Ehre sei 2
dem Vater... Vater unser... Gegrüßet seist du, Maria...

Jesus, der in uns den Glauben vermehre
Jesus, der in uns die Hoffnung stärke
Jesus, der in uns die Liebe entzünde

Ehre sei dem Vater...

3 die freudenreichen Geheimnisse

Jesus, den du, o Jungfrau, vom Heiligen Geist empfangen
hast
Jesus, den du, o Jungfrau, zu Elisabet getragen hast
Jesus, den du, o Jungfrau, (in Betlehem) geboren hast
Jesus, den du, o Jungfrau, im Tempel aufgeopfert hast
Jesus, den du, o Jungfrau, im Tempel wiedergefunden hast

4 die schmerzhaften Geheimnisse

Jesus, der für uns Blut geschwitzt hat
Jesus, der für uns gegeißelt worden ist
Jesus, der für uns mit Dornen gekrönt worden ist
Jesus, der für uns das schwere Kreuz getragen hat
Jesus, der für uns gekreuzigt worden ist

5 die glorreichen Geheimnisse

Jesus, der von den Toten auferstanden ist
Jesus, der in den Himmel aufgefahren ist
Jesus, der uns den Heiligen Geist gesandt hat
Jesus, der dich, o Jungfrau, in den Himmel aufgenommen
hat
Jesus, der dich, o Jungfrau, im Himmel gekrönt hat

Zur Abwechslung und Auflockerung können wir den Rosenkranz
auch so beten, daß wir, ähnlich wie beim Christusgebet Nr. 6,2–3
und 679 andere Geheimnisse über Glaubenswahrheiten oder biblische Geschehnisse einfügen, etwa:

6 die trostreichen Geheimnisse

Jesus, der als König herrscht
Jesus, der in seiner Kirche lebt und wirkt
Jesus, der wiederkommen wird in Herrlichkeit
Jesus, der richten wird die Lebenden und die Toten
Jesus, der alles vollenden wird

zum Schutzengel 34

Heiliger Schutzengel, Gottes liebende Sorge hat dich mir 1
zum Begleiter gegeben. Du bist sein Anruf an mein Gewissen: verhilf mir zu klarer Entscheidung. Du bist seine führende Hand: bleibe bei mir Tag und Nacht. Du bist sein machtvoller Arm: kämpfe mit mir für sein Reich.

zum Namenspatron

Heilige(r) . . . . ., seit der Taufe trage ich deinen Namen. Bitte 2
für mich bei Gott um die Kraft deines Glaubens, die Größe deiner Hoffnung, die Fülle deiner Liebe. Steh mir bei, daß ich wie du den guten Kampf kämpfe und einst die Krone des Lebens empfange.

Gebete für Verstorbene 35

Herr, gib ihm (ihr) die Erfüllung seiner (ihrer) Sehnsucht 1
und vollende sein (ihr) Leben in dir. Laß ihn (sie) dein Angesicht schauen. Amen.

in der Gemeinschaft der Heiligen

Gott, du hast deine Heiligen der Macht des Todes entrissen 2
und mit neuem Leben beschenkt. Vereint mit den Engeln loben und preisen sie deine Herrlichkeit. Wir bitten dich: schenk unsern Verstorbenen dieses neue Leben. Nimm sie auf in die Gemeinschaft der Heiligen und gib ihnen das Glück, dich zu schauen und zu loben.

stärker als der Tod

Herr, unser Gott, du bist allen nahe, die zu dir rufen. Auch 3
wir rufen zu dir aus Not und Leid. Laß uns nicht versinken in Mutlosigkeit und Verzweiflung, sondern tröste uns durch deine Gegenwart. Gib uns die Kraft deiner Liebe, die stärker ist als der Tod. Mit unsern Verstorbenen führe auch uns zum neuen und ewigen Leben.

für die Verstorbenen der Pfarrgemeinde

4 Herr Jesus Christus, wir bitten dich für die Brüder und Schwestern aus unserer Gemeinde, die du zu dir gerufen hast. Schenke ihnen Heimat bei dir, wo jeder Schmerz in Freude verwandelt ist. Laß sie deine Stimme hören: „Kommt, ihr Gesegneten meines Vaters, und nehmt das Reich in Besitz". Denn du bist gut und ein Freund der Menschen.

für die Opfer von Unfällen und Katastrophen

5 Gott des Lebens, viele Menschen ereilt der Tod plötzlich und gewaltsam. Ihre letzten Augenblicke sind oft erfüllt von lähmender Angst und unsäglichen Schmerzen. Wir bitten dich für die Toten der Kriege, für alle Opfer der Gewalt, für die Opfer der Naturkatastrophen und der Unfälle: steh du ihnen bei und führe sie in das Land des Lichtes und des Friedens. Ergänze in deiner Liebe, was ihnen fehlt, damit sie dich schauen können von Angesicht zu Angesicht. Denn du bist ein Gott der Lebenden, nicht der Toten.

nichts trennt von Gottes Liebe

6 Allmächtiger Gott, hilflos stehen wir dem Sterben unserer Lieben gegenüber. Es fällt uns schwer, deine Pläne zu begreifen und zu bejahen. Der Tod ist unabänderlich. Du aber hast uns deinen Sohn gesandt und ihn für uns alle dahingegeben. Darum können uns weder Trübsal noch Bedrängnis, ja nicht einmal der Tod von deiner Liebe trennen. Erhalte in uns diesen Glauben und führe unsere Toten zu neuem Leben.

7 Herr, gib ihnen die ewige Ruhe, und das ewige Licht leuchte ihnen. Laß sie ruhen in Frieden. Amen.

II. Christliches Leben aus den Sakramenten

Der Mensch ist eine Einheit von Leib und Seele. Wirklich **41** menschliches Verhalten ist deshalb erst da gegeben, wo **1** geistige Gehalte leibhaft ausgedrückt und leibliche Vorgänge beseelt und durchgeistigt werden, wo also der Mensch als ganzer beteiligt ist. Die Äußerung des Inneren ist daher für den Menschen keine Veräußerlichung.

Diese Grundstruktur des Menschen wird durch die Offenbarung bestätigt und verdeutlicht. In der leibhaften Gestalt des menschgewordenen Gottessohnes ist uns „die Güte und Menschenliebe Gottes, unseres Retters, erschienen" (Tit 3,4). In leibhafter Berührung hat Jesus Kranke geheilt. Er hat uns erlöst, indem er seinen Leib und darin sich selbst am Kreuz dahingab. Im eucharistischen Mahl werden sein Leib und sein Blut uns zu Speise und Trank des ewigen Lebens. Darum ist auch die Auferstehung des Fleisches die Vollendung der Erlösung. Dieser durch die Menschwerdung Gottes grundgelegten Gestalt des Heiles entspricht auch die Heilsvermittlung durch die Kirche. In ihrer sichtbaren Gestalt, in den Sakramenten, im Wort der Verkündigung, in den liturgischen Formen und Zeichen wird uns das Heil sinnfällig, sichtbar und hörbar geschenkt.

Dieser „sakramentalen" Weise, in der Gott uns anspricht, muß **2** auch unsere Antwort entsprechen. Eine nur innerliche Frömmigkeit ist deshalb keine christliche Frömmigkeit; vielmehr muß der ganze Mensch beteiligt sein, wenn wir uns Gott zuwenden.

Eine Fülle von Zeichen, Symbolen, Haltungen und Bräuchen hat sich in der Kirche entwickelt. Viele von ihnen sind uns fremd geworden, viele haben wir vernachlässigt und vergessen. Gewiß müssen wir unsere Ausdrucksformen darauf prüfen, ob sie ausdrücken, was uns bewegt. Der Verlust leibhaften Ausdrucks oder der Verzicht darauf sind jedoch nicht Verinnerlichung, sondern Gefährdung der Frömmigkeit.

Es sind also nicht belanglose Äußerlichkeiten, wenn wir Wert legen auf eine angemessene Körperhaltung beim Gebet und im Gottesdienst. Die Kniebeuge vor dem Tabernakel, die Art, wie man geht, steht, kniet und sitzt im Gottesdienst, all das sind Weisen der Verleiblichung der Frömmigkeit, die nicht ohne Rückwirkung auf unseren inneren Mitvollzug bleiben.

Manches wird uns innerlich gar nicht ganz zu eigen, wenn wir es nicht auch äußern.

Gesang, Musik und Festlichkeit im Gottesdienst, Kreuzzeichen und Weihwasser, Kerzen und Kirchenschmuck, liturgische Farben und Zeiten des Kirchenjahres sind von Bedeutung. In der Pflege all dieser Formen verwirklichen wir die Mahnung des heiligen Paulus: „Verherrlicht Gott in euerm Leibe" (1 Kor 6,20).

Die Kirche kennt sieben Sakramente: Taufe, Firmung, Eucharistie, Buße, Krankensalbung, Priesterweihe und Ehe.

Das christliche Leben wird grundgelegt durch den Empfang der ersten drei Sakramente.

42 Grundlegung des christlichen Lebens in Taufe, Firmung und Eucharistie

1 In unsre Welt, in der viel Dunkel und Schuld sind, ist Christus gekommen und hat Licht, Liebe und Erlösung gebracht. Er sagt selber: „Der Geist Gottes, des Herrn, ruht auf mir; denn der Herr hat mich gesalbt. Er hat mich gesandt, um den Armen die Heilsbotschaft zu bringen, um den Gefangenen die Befreiung und den Blinden das Augenlicht zu verkünden" (Lk 4,18).

In seinem Tod und seiner Auferstehung hat Christus die alte Welt der Sünde und des Hasses überwunden. Er macht die neue Welt sichtbar im Kreis der Jünger, die er um sich sammelt. Er schenkt den Jüngern seinen Geist, damit sie diese Botschaft zu den Menschen bringen und ihnen Gottes Nähe bezeugen. Wer sich bekehrt und dem Evangelium glaubt, empfängt den Heiligen Geist. Die von diesem erfüllten Menschen bilden ein heiliges Volk, das Gott gehört; sie werden zur Kirche. Sie bilden einen Leib, den geheimnisvollen Leib Christi, der sich mit Christus opfernd hingibt für das Heil der Welt.

Die Eingliederung in Christus und seinen Leib, die Kirche, geschieht in einem „Drei-Schritt", in den drei grundlegenden Sakramenten der Taufe, der Firmung und der Eucharistie, die darum die Sakramente der Eingliederung (Initiation) heißen. Wer sie empfängt, erhält Anteil am Tode Christi; er wird aus der Herrschaft des Bösen befreit, mit Christus begraben und auferweckt. Er wird mit dem Geist der Kindschaft beschenkt und Christus immer mehr einverleibt, wenn er mit dem ganzen Volk Gottes das Gedächtnis des Todes und der Auferstehung des Herrn feiert, um als Christ in der Welt zu leben.

Heranwachsende und erwachsene Taufbewerber empfangen die drei grundlegenden Sakramente in e i n e m Gottesdienst.

LOBPREIS 2

Gepriesen sei Gott,
der Vater unseres Herrn Jesus Christus,
durch den er uns vom Himmel her
mit allem Segen seines Geistes gesegnet hat.
In Christus hat er uns erwählt vor Erschaffung der Welt,
damit wir heilig und untadelig vor Gott leben.
Er hat uns aus Liebe im voraus dazu bestimmt,
durch Jesus Christus seine Söhne zu werden
und nach seinem gnädigen Willen ihm zu gehören
zum Lob seiner göttlichen Gnade.
Er hat sie uns geschenkt in seinem geliebten Sohn;
durch sein Blut haben wir die Erlösung,
die Vergebung der Sünden nach dem Reichtum seiner
Gnade.
Durch sie hat er uns mit aller Weisheit und Einsicht
reich beschenkt.
Er hat uns das Geheimnis seiner Entscheidung kundgetan,
die er in Christus im voraus getroffen hatte,
um sie in der Fülle der Zeiten zu verwirklichen:
in Christus alles zusammenzufassen,
was im Himmel und auf Erden ist.   (Eph 1,3–10)

43 Die Taufe

1 Christus hat seiner Kirche den Auftrag hinterlassen: „Macht alle Menschen zu meinen Jüngern, indem ihr sie tauft auf den Namen des Vaters und des Sohnes und des Heiligen Geistes" (Mt 28,19). Es genügt nicht, im Herzen zu glauben; wir müssen getauft werden. In der Taufe werden wir von Christus in die Jüngergemeinde, in die Kirche aufgenommen.

Taufe, Eingliederung in Christus

In der Taufe stirbt der Mensch mit Christus. Er wird mit ihm begraben und mit ihm auferweckt. Eingegliedert in Christus, ist er nicht mehr im Machtbereich der Erbsünde und des Todes, sondern in der Liebe Gottes. Er erhält durch die Taufe Vergebung aller Schuld, er empfängt das neue Leben, der Heilige Geist nimmt Wohnung in ihm. Neugeschaffen aus dem Wasser und dem Heiligen Geist, wird er zum Kind Gottes, das voll Vertrauen zu Gott sagen darf: „Abba, lieber Vater". Dieser neue Anfang soll das ganze Leben des Menschen prägen.

Taufe, Eingliederung in die Kirche Christi

Die Kinder Gottes sind als Brüder und Schwestern durch den einen Geist zu lebendiger Gemeinschaft verbunden. Sie bilden zusammen das Volk Gottes, das im brüderlichen Leben der christlichen Gemeinde in Erscheinung tritt. Zusammen mit Christus, dem Haupt, sind sie der eine Leib Christi, in dem alle Trennung überwunden ist und Himmel und Erde verbunden sind. In dieses eine Volk Gottes, in diesen allumfassenden Leib des Herrn, werden wir durch die Taufe eingegliedert. Die Taufe ordnet uns auf die übrigen Sakramente hin, die in ihrer Weise der „Auferbauung des Leibes Christi" dienen.

Die Tauffeier

2 Der Inhalt des Taufsakramentes wird am stärksten ausgedrückt, wenn es in der Osternacht gespendet wird, inmitten der Gemeinde, die zur Feier von Tod und Auferstehung des Herrn versammelt ist. Darum ist auch jeder Sonntag ein geeigneter Tauftermin.

Die Taufe ist Feier der Gemeinde. Sie wird nach Möglichkeit mehreren Bewerbern zusammen gespendet; dann kann sich leichter eine kleine Gemeinde versammeln. Denn die Spendung

des Sakramentes inmitten der Gemeinde ist ein Zeichen, daß die
Taufe nicht Privatsache ist, sondern immer Eingliederung in die
Gesamtkirche.

Die Kindertaufe   **44**

Von den ersten Jahrhunderten an hat die Kirche nicht nur Er-   **1**
wachsene getauft, die sich aus eigenem Entschluß für den Glauben an Gott und für den Weg Jesu Christi entschieden haben,
sondern auch die Kinder solcher Eltern.
Kinder können sich noch nicht selber für den Glauben entscheiden; aber sie können (wie in den anderen Lebensbereichen) zusammen mit den Eltern im Glauben an Gott leben und Christus dem Herrn lebendig begegnen. Eltern fällen ja auch sonst
Entscheidungen für ihre Kinder; sie sind selbst ihnen vorgege-
benes Schicksal. Christliche Eltern haben darum das Wort des
Evangeliums „Wenn jemand nicht aus Wasser und Geist geboren wird, kann er nicht in das Reich Gottes kommen" (Joh 3,5)
immer so ernst genommen, daß sie auch ihre Kinder zur Taufe
gebracht haben; sie haben, wie die Eltern im Evangelium, ihre
Kinder zu Jesus getragen, damit er sie mit der Hand berührt
(Mk 10,13). In dieser Taufe unmündiger Kinder kommt stärker
als bei der Taufe Erwachsener zum Ausdruck, daß sie nicht das
Werk des Menschen ist, sondern immer zuerst Geschenk Gottes.

Aufgaben der Eltern und der Gemeinde

Wenn Gott in der Taufe Kinder in seine Kirche aufnimmt, über-   **2**
nimmt die Pfarrgemeinde mit den Eltern die schwere Pflicht, dem
Kind durch Unterricht und durch Vorleben des Glaubens die
spätere persönliche Glaubensentscheidung möglich zu machen.
Die Eltern erklären ihre Bereitschaft zu den Aufgaben, die aus
der Taufe ihrer Kinder auf sie zukommen, im Rahmen der Tauffeier:
– sie erbitten zu Anfang öffentlich die Taufe für ihre Kinder;
– sie zeichnen den Kindern das Kreuz auf die Stirn;
– sie widersagen dem Bösen und bekennen ihren Glauben an Gott;
– sie (im allgemeinen die Mutter) tragen das Kind zum Taufbrunnen;
– sie (meist der Vater) entzünden die Taufkerze;
– sie empfangen einen besonderen Segen.

Wichtig ist, daß die Eltern sich auf die Tauffeier vorbereiten, damit sie wirklich aus persönlicher Überzeugung ihren Glauben bekennen können. Die Eltern sind darum mit den Paten vor der Taufe zu einem Taufgespräch mit dem Seelsorger eingeladen. Nach diesem Taufgespräch sollen sie die Taufe ihrer Kinder erbitten aus einem vertieften Verständnis dessen heraus, was in dem Sakrament geschieht, und in Kenntnis der Aufgabe, die sie damit übernehmen.

Die Paten

3 Das Patenamt ist bei der Taufvorbereitung Erwachsener entstanden: ein Glied der Kirche bürgt für den Taufbewerber und hilft ihm, in der Gemeinde heimisch zu werden. Bei der Kindertaufe sollen die Paten in ähnlicher Weise die Bereitschaft der ganzen Gemeinde ausdrücken, dem Kind Heimat zu geben. Die Paten sollen die Familie vor einer falschen Isolierung bewahren und die Eltern in ihrer Aufgabe unterstützen, den Glauben lebendig zu bezeugen und weiterzugeben.

Damit einer das Patenamt ausüben kann, sind folgende Eigenschaften gefordert:
— er muß die nötige Reife des Glaubens und des Lebens haben und in einem Alter stehen, das ihm nach menschlichem Ermessen ermöglicht, das Patenamt eine längere Zeit hindurch auszuüben;
— er muß die Sakramente der Taufe, der Firmung und der Eucharistie bereits empfangen haben;
— er muß der katholischen Kirche angehören und darf durch kein Rechtshindernis vom Patenamt ausgeschlossen sein.

Ein Getaufter, der aus einer getrennten Kirche oder kirchlichen Gemeinschaft stammt und gläubiger Christ ist, kann zusammen mit einem katholischen Paten als christlicher Zeuge der Taufe zugelassen werden, wenn die Eltern es wünschen.

Der Namenspatron

4 Der Getaufte steht in der Gemeinschaft der Heiligen und erhält deswegen mit dem Taufnamen einen Heiligen als seinen Patron, als sein Vorbild und seinen Fürsprecher.

Am jährlichen Gedenktag seines Namenspatrons feiert der Getaufte seinen Namenstag. Dabei denkt er dankbar auch an seine Taufe.

Die Feier der Kindertaufe (Taufe mehrerer Kinder)   **45**

Zu Beginn oder nach der Eröffnung, während die Taufgemeinde
sich an ihre Plätze begibt, empfiehlt sich ein Eröffnungsgesang.

46

(V) 1. Ein klei - nes Kind, du gro - ßer Gott,

kommt in dein Haus. 1.-3. Herr, nimm es

auf bei dir. (A) Herr, nimm es auf bei dir.

2. Es braucht die Kraft, du großer Gott, / um weit zu gehn.
3. Es braucht das Licht, du großer Gott, / um dich zu finden.
4. Wir alle hier, du großer Gott, / wir brauchen dich. / Herr,
nimm uns auf bei dir, / Herr, nimm uns auf bei dir.

T: Rosemarie Harbert 1971   M: Gerhard Blank 1971

Es eignen sich auch Nr. 636; 258; 248; 209,2

Nach der Begrüßung bittet der Zelebrant die Eltern, öffentlich **47**
auszusprechen, welchen Namen sie ihrem Kind gegeben haben   **1**
und was sie für ihr Kind erbitten.

Zel.: Welchen Namen haben Sie Ihrem Kind gegeben?
Eltern: N.
Zel.: Was erbitten Sie von der Kirche Gottes für N.?
Eltern: Die Taufe.

Die Eltern können auch andere passende Antworten geben, z. B.:
Daß es ein Kind Gottes wird; Die Aufnahme in die Kirche.

Zel.: Liebe Eltern! Sie haben für Ihr Kind die Taufe erbeten.
Damit erklären Sie sich bereit, es im Glauben zu erziehen.
Es soll Gott und den Nächsten lieben lernen, wie Christus
es uns vorgelebt hat. Sind Sie sich dieser Aufgabe bewußt?
Eltern: Ja.

(47) Zel.: Liebe Paten! Die Eltern dieser Kinder haben Sie gebeten, das Patenamt zu übernehmen. Auf Ihre Weise sollen Sie mithelfen, daß aus diesen Kindern gute Christen werden. Sind Sie dazu bereit?

Paten: Ja.

Die Eröffnung kann mit einem Gebet beschlossen werden.

WORTGOTTESDIENST

2 Vor der Taufspendung soll der Glaube der Eltern, der Paten und der Gemeinde gestärkt werden durch die Verkündigung und Auslegung des Wortes Gottes, durch seine gläubige Annahme im Hören, im Antwortgesang und durch das gemeinsame Gebet. Gemeindevers zum Antwortpsalm:
„Der Herr ist mein Licht und mein Heil", Nr. 487
Weitere geeignete Verse: Nr. 477; 535,6; 209,2

Auf die Ansprache kann ein Gesang folgen. Es eignen sich Nr. 213; 249; 173,2; 646,2 u. 3

3 Danach bezeichnen der Spender und die Eltern (und Paten) das Kind auf der Stirn mit dem Kreuzzeichen.

Fürbitten

4 Weil durch die Taufe der Eintritt in die Gemeinschaft der Heiligen geschieht, beginnen die Fürbitten für die Täuflinge und die Familien mit der Anrufung der Heiligen:

V Heilige Maria, Mutter Gottes, A bitte für sie.

V Heiliger Josef, A bitte für sie.

Die einzelnen Gebetsanliegen werden in der gewohnten Weise aufgegriffen: durch eine Gebetsstille, durch den Ruf: Wir bitten dich, erhöre uns; oder durch einen Wechselruf: Christus, höre uns – Christus, erhöre uns; oder: Herr, erbarme dich – Christus, erbarme dich.

5 Der Zelebrant streckt die Hände über die Kinder aus und spricht ein Exorzismusgebet. Anschließend kann die Salbung mit Katechumenenöl vorgenommen werden.

SPENDUNG DER TAUFE (47)

Die Taufgemeinde begibt sich zum Platz der Taufspendung, ge- **6**
wöhnlich zum Taufbrunnen. Auf dem Weg dorthin kann gesungen werden.
Es eignen sich Nr. 209,2 u. 3; 535,6; 213; 249

Taufwasserweihe

Die Gemeinde lobt Gott, den Spender des Lebens, und ruft sei- **7**
nen Segen auf das Wasser herab. Das kann in verschiedenen Formen geschehen. Dabei sind folgende Akklamationen möglich:

| V Wir loben dich. | V Erhöre uns, o Herr. |
| A Wir preisen dich. | A Erhöre uns, o Herr. |

Die Eltern und die Paten bekennen ihren Glauben durch Absage **8**
und Glaubensbekenntnis. Der Zelebrant fragt, Eltern und Paten
antworten.

Absage

I Widersagen Sie dem Bösen, um in der Freiheit der Kinder
Gottes leben zu können? – Ich widersage.
Widersagen Sie den Verlockungen des Bösen, damit es nicht
Macht über Sie gewinnt? – Ich widersage.
Widersagen Sie dem Satan, dem Urheber des Bösen? – Ich
widersage.
oder:
II Widersagen Sie dem Satan? – Ich widersage.
Und all seiner Bosheit? – Ich widersage.
Und all seinen Verlockungen? – Ich widersage.
oder:
III Widersagen Sie dem Satan und allen Verlockungen des
Bösen? – Ich widersage.

Glaubensbekenntnis

Glauben Sie an Gott den Vater, den Allmächtigen, den **9**
Schöpfer des Himmels und der Erde? – Ich glaube.
Glauben Sie an Jesus Christus, seinen eingeborenen Sohn,
unseren Herrn, der geboren ist von der Jungfrau Maria, der
gelitten hat und begraben wurde, von den Toten auferstand
und zur Rechten des Vaters sitzt? – Ich glaube.

Glauben Sie an den Heiligen Geist, die heilige katholische Kirche, die Gemeinschaft der Heiligen, die Vergebung der Sünden, die Auferstehung der Toten und das ewige Leben? — Ich glaube.

Dem Glaubensbekenntnis der Eltern und Paten stimmt die ganze Gemeinde zu durch ein entsprechendes Lied oder durch das gemeinsame Sprechen oder Singen des Apostolischen Glaubensbekenntnisses.
Zum Singen eignen sich Nr. 479; 447; 448; 467; 489

48 TAUFE

1 Der Zelebrant gießt Wasser über den Kopf des Täuflings und sagt dabei:

N., ICH TAUFE DICH IM NAMEN DES VATERS UND DES SOHNES UND DES HEILIGEN GEISTES.

Nach der Taufe kann die Gemeinde eine Akklamation singen.
Es eignen sich auch Nr. 211; 156

2

Hal-le-lu-ja, Hal-le-lu-ja,——— Hal-le - lu - ja.

VIa. Q 43

Salbung mit Chrisam

3 Nach der Taufe salbt der Zelebrant die Neugetauften mit Chrisam; denn wer getauft ist, gehört zu Christus und ist wie er „gesalbt" („gesalbt" ist die Wortbedeutung von „Christus") zum Amt des Priesters, des Königs und des Propheten.

Überreichung des weißen Kleides

4 Den Neugetauften wird das weiße Kleid überreicht. Wenn die Familie ein eigenes Taufkleid besitzt, soll es dem Kind nicht schon zu Hause angelegt, sondern erst hier nach der Taufe überreicht werden.

Übergabe der brennenden Kerze

5 Der Vater (oder der Pate) entzündet die Taufkerze an der Osterkerze und hält die brennende Kerze in der Hand.

Effata-Ritus

Der Zelebrant kann mit dem Ruf: Effata (Öffne dich) den Neu- **6**
getauften Ohren und Mund öffnen, damit diese das Wort Gottes
vernehmen und den Glauben bekennen.

ABSCHLUSS DER TAUFFEIER

Die Taufgemeinde zieht singend zum Altar, an dem die Neu- **7**
getauften in der Kraft der Taufe am heiligen Opfer und Her-
renmahl teilnehmen werden. Dort beten oder singen die Versammelten das Gebet des Herrn. Nr. 691; 362; 363
Dann folgt der Segen und nach Möglichkeit ein Schlußlied. Für
den Gang zum Altar und als Schlußgesang eignen sich Nr. 637;
635; 634; 267; 688–689
Der Brauch, die Kinder nach der Taufe vor ein Marienbild zu
bringen, wird empfohlen.

Die Nottaufe   **49**

Bei Lebensgefahr, besonders wenn es sich um akute Lebensgefahr handelt, kann jeder Gläubige, ja jeder Mensch, der die
rechte Absicht hat, die Taufe spenden. Er spricht — soweit
möglich — das Glaubensbekenntnis, gießt Wasser (Weihwasser
oder gewöhnliches Wasser) über den Kopf des Täuflings und
spricht dabei:

ICH TAUFE DICH IM NAMEN DES VATERS UND DES SOH-
NES UND DES HEILIGEN GEISTES.

Es empfiehlt sich, daß dabei ein oder zwei Zeugen anwesend sind.
Wenn ein Kind in Lebensgefahr getauft wird und nach menschlichem Ermessen genügend Zeit bleibt, soll man sorgen, daß eine
kleine Taufgemeinde zusammenkommt. Ist einer der Teilnehmer
imstande, einen kurzen Gottesdienst zu leiten, kann das auf
folgende Weise geschehen:
Es wird Wasser bereitgestellt, das nicht gesegnet zu sein braucht.
Die Eltern, Paten und — wenn möglich — einige Verwandte und
Freunde versammeln sich bei dem kranken Kind. Der Taufspender, d. h. einer der Gläubigen, beginnt mit folgenden Fürbitten:

(Liebe Brüder und Schwestern!)
Lasset uns Gottes Erbarmen herabrufen auf dieses Kind,
das die Taufe empfangen soll, auf seine Eltern und Paten
(auf seine Geschwister) und auf uns alle, die wir schon getauft sind.
Wir beten für dieses Kind, daß es gesund werde und seinen
Eltern Freude mache, — daß es sich auf seinem ganzen Lebensweg zu Christus bekenne.
Wir beten für die Eltern und Paten, daß sie diesem Kind
ein Vorbild christlichen Lebens sind.
Wir beten für alle Brüder und Schwestern in der Welt, die
sich auf die Taufe vorbereiten.

Die Fürbitten schließen mit folgendem Gebet:

Gott, Vater unseres Herrn Jesus Christus, du Quell des
Lebens und der Liebe. Du bist allen Eltern nahe, die in
Sorge sind; du schaust hernieder auf die Kinder, deren Leben
in Gefahr ist, und zeigst ihnen deine Liebe. Im Sakrament
der Wiedergeburt schenkst du ihnen ein Leben, das kein
Ende hat.
Höre unser Gebet. Befreie dieses Kind von der Herrschaft
des Bösen; nimm es auf in die Gemeinschaft deiner Kirche.
Wir geben ihm den Namen N. und bitten dich: Laß es in
der Kraft des Heiligen Geistes durch das Sakrament der
Taufe Anteil erhalten an Tod und Auferstehung Christi.
Nimm es an als dein Kind; mache es zum Miterben Christi,
der mit dir lebt und herrscht in Ewigkeit. A   Amen.

Der Taufspender lädt die Anwesenden mit folgenden Worten zum
Glaubensbekenntnis ein:

Im Gedenken an unsere Taufe wollen wir den Glauben
an Christus bekennen, den Glauben der Kirche.
Glauben Sie an Gott, den Vater, den Allmächtigen, den
Schöpfer des Himmels und der Erde?
Eltern und Paten: Ich glaube.
Glauben Sie an Jesus Christus, seinen eingeborenen Sohn,
unseren Herrn, der geboren ist von der Jungfrau Maria,
der gelitten hat und begraben wurde, von den Toten auferstand und zur Rechten des Vaters sitzt?

Eltern und Paten: Ich glaube.
Glauben Sie an den Heiligen Geist, die heilige katholische
Kirche, die Gemeinschaft der Heiligen, die Vergebung der
Sünden, die Auferstehung der Toten und das ewige Leben?
Eltern und Paten: Ich glaube.

Anstelle der Glaubensfragen kann auch das Apostolische Glaubensbekenntnis gesprochen werden. Nr. 2,5

Dann tauft der Spender des Sakramentes das Kind mit den Worten:

N., ICH TAUFE DICH IM NAMEN DES VATERS
(erstes Übergießen)
UND DES SOHNES
(zweites Übergießen)
UND DES HEILIGEN GEISTES.
(drittes Übergießen)

Alle übrigen Riten kann der Taufspender weglassen und jetzt
sofort das weiße Kleid überreichen mit den Worten:

N., dieses weiße Kleid soll dir ein Zeichen dafür sein, daß
du in der Taufe neugeschaffen worden bist und – wie die
Schrift sagt – Christus angezogen hast. Bewahre diese Würde für das ewige Leben.

Die Feier schließt mit dem Gebet des Herrn.

Erneuerung des Taufversprechens   **50**

1

Die Verbindung mit Christus, die in der Taufe grundgelegt wur-
de, will sich in unserem Leben auswirken; wir sollen Christus
immer ähnlicher werden.
In der österlichen Bußzeit will die Kirche darum alle Jahre ihre
Glieder von neuem zur Taufentscheidung führen, die in der
Osternacht in feierlicher Weise bekräftigt wird (Nr. 207).
Ähnliches geschieht bei der Firmung und bei der Erstkommunion-
feier. Auch im sonntäglichen Gottesdienst kann der Bußakt die
Form einer Tauferneuerung annehmen, damit wir, wiedergeboren
aus Wasser und Heiligem Geist, durch den gemeinsamen Empfang
des Herrenleibes immer mehr eins werden in Christus.
Auch der einzelne Christ wird sich dankbar immer wieder seiner
Taufe erinnern. Besonders wird ihn der Jahrestag seiner Taufe

und der Gedenktag seines Namenspatrons zu einer bewußten
Tauferneuerung führen. Man kann im Familienkreis dazu die
Taufkerze anzünden. Auch werden die Eltern gern (z. B. am
Abend, beim Abschied) ihren Kindern das Kreuz auf die Stirne
zeichnen, wie sie das bei der Taufe getan haben. Jedesmal wenn
einer sich selber bekreuzigt und das Weihwasser nimmt, ist dies
eine Aufforderung zu einem erneuten Taufbekenntnis.

Wer aufmerksam das Gebet des Herrn oder das Glaubensbekenntnis spricht, bekennt, daß er in der Taufe ein Kind Gottes
geworden ist und zur Gemeinschaft der Christgläubigen, zur
Kirche gehört.

Dank für die Taufe

2 Ich danke dir, Vater im Himmel, daß ich aus Wasser und
Geist neu geboren wurde in der Taufe. Ich darf mich dein
Kind nennen, denn du hast mich aus Schuld und Tod ge-
rufen und mir Anteil an deinem Leben geschenkt.

Ich danke dir, Jesus Christus, Sohn des Vaters, für deinen
Tod und deine Auferstehung. Wie die Rebe mit dem Weinstock, so bin ich mit dir verbunden; ich bin Glied an deinem
Leib, aufgenommen in das heilige Volk zum Lob der Herrlichkeit des Vaters.

Ich danke dir, Heiliger Geist, daß deine Liebe ausgegossen
ist in unsere Herzen. Du lebst in mir und willst mich führen
zu einem Leben, das Gott bezeugt und den Brüdern dient.
So kann ich einst mit allen Heiligen das Erbe empfangen,
das denen bereitet ist, die Gott lieben.

51 Die Firmung

1 Wenn der Heilige Geist schon in der Taufe geschenkt wird, was
soll dann noch die Firmung?

Die Taufe ist das erste und grundlegende Sakrament, in dem
das Leben im Heiligen Geist geschenkt wird. Die Firmung ist
„Vollendung der Taufe". In einem Bild wird sie auch „Siegel"
genannt: Die Firmung ist das Siegel und die Urkunde von der
Gotteskindschaft und der Indienstnahme für Christus.

Das zweite Vatikanische Konzil sagt: „Durch das Sakrament der Firmung werden die Getauften vollkommener (als durch die Taufe) mit der Kirche verbunden; sie werden reich ausgestattet durch eine besondere Kraft des Heiligen Geistes, und sie werden strenger verpflichtet, den Glauben als wahre Zeugen Christi in Wort und Tat zu verbreiten und zu verteidigen."

Was in der Firmung geschieht, ist nicht Menschenwerk, sondern Gottes Gabe. Der Heilige Geist selber, der in der Firmung geschenkt wird, ist DIE GABE GOTTES, die den Getauften ganz durchdringt und ihn von innen her aufschließt für das, was Christus von diesem Menschen will.

Der Heilige Geist fordert vom Gefirmten, in der Gemeinschaft der Brüder und Schwestern für Christus offen Zeugnis abzulegen und zu handeln wie Christus. Der Heilige Geist gibt auch die Kraft, es zu vollbringen.

Bei der Firmung streckt der Bischof zunächst die Hände über alle 2
Firmlinge aus und ruft den Heiligen Geist auf sie herab. Dann legt er jedem einzeln die Hand auf und zeichnet ihm mit Chrisam das Zeichen Christi, das Kreuz, auf die Stirn. Dabei spricht er: „N., sei besiegelt durch die Gabe Gottes, den Heiligen Geist."

Die Salbung der Stirn mit Chrisam stellt die „Salbung" des Firmlings durch den Heiligen Geist dar, von dem Christus gesagt hat: „Der Geist Gottes, des Herrn, ruht auf mir, denn der Herr hat mich gesalbt; er hat mich gesandt, um den Armen die Heilsbotschaft zu bringen" (Lk 4,18).

Im Auftrag des Bischofs kann ein Priester die Firmung spenden.

Der Firmpate

Der Firmling wird dem Spender durch einen Paten vorgestellt, der 3
selber gefirmt sein muß. Wenn Taufe und Firmung in e i n e m
Gottesdienst empfangen werden, ist der Taufpate immer zugleich der Firmpate. Wird die Firmung erst später empfangen, ist es sinnvoll, daß der Taufpate wiederum das Amt des Firmpaten übernimmt. Es kann aber auch ein anderer katholischer Christ das Firmpatenamt übernehmen, ausgenommen die eigenen Eltern.

52 Die Spendung der Firmung

1 Im Rahmen der Meßfeier geschieht die Firmspendung nach dem Evangelium. Der Bischof nimmt nach der Ansprache das Taufbekenntnis der Firmlinge entgegen.

Bischof: Widersagt ihr dem Satan und all seiner Verführung?
Firmlinge: Ich widersage.
Bischof: Glaubt ihr an Gott, den Vater, den Allmächtigen, den Schöpfer des Himmels und der Erde?
Firmlinge: Ich glaube.
Bischof: Glaubt ihr an Jesus Christus, seinen eingeborenen Sohn, unsern Herrn, der geboren ist von der Jungfrau Maria, der gelitten hat und begraben wurde, von den Toten auferstand und zur Rechten des Vaters sitzt?
Firmlinge: Ich glaube.
Bischof: Glaubt ihr an den Heiligen Geist, die heilige katholische Kirche, die Gemeinschaft der Heiligen, die Vergebung der Sünden, die Auferstehung der Toten und das ewige Leben?
Firmlinge: Ich glaube.

Die letzte Frage kann auch erweitert werden:

Bischof: Glaubt ihr an den Heiligen Geist, der Herr ist und lebendig macht, der wie einst den Aposteln am Pfingstfest, so heute euch durch das Sakrament der Firmung in einzigartiger Weise geschenkt wird?
Firmlinge: Ich glaube.
Bischof: Glaubt ihr an die heilige katholische Kirche, die Gemeinschaft der Heiligen, die Vergebung der Sünden, die Auferstehung der Toten und das ewige Leben?
Firmlinge: Ich glaube.

Die Gemeinde kann in einem Glaubenslied dem Taufbekenntnis der Firmlinge zustimmen.

2 Der Bischof lädt die Gemeinde zum Gebet ein. Alle knien nieder und beten in der Stille. Dann breitet der Bischof die Hände über die Firmlinge aus und spricht folgendes Gebet:

Allmächtiger Gott, Vater unseres Herrn Jesus Christus, du hast diese (jungen) Christen (unsere Brüder und Schwestern) in der Taufe von der Schuld Adams befreit, du hast ihnen aus dem Wasser und dem Heiligen Geist neues Leben geschenkt. Wir bitten dich, Herr, sende ihnen den Heiligen Geist, den Beistand. Gib ihnen den Geist der Weisheit und der Einsicht, des Rates, der Erkenntnis und der Stärke, den Geist der Frömmigkeit und der Gottesfurcht. Durch Christus, unsern Herrn. A Amen.

3 Die Firmlinge werden einzeln von ihrem Paten oder den Eltern zum Bischof geführt. Der Firmling nennt seinen Vornamen. Der Bischof zeichnet ihm mit Chrisam das Kreuz auf die Stirn und spricht:

N., SEI BESIEGELT DURCH DIE GABE GOTTES,
DEN HEILIGEN GEIST.
Der Gefirmte antwortet: Amen.
Der Bischof: Der Friede sei mit dir.

4 Die Gefirmten beteiligen sich anschließend an den Fürbitten und am Opfergang (z.B. für die Diaspora), mit dem die Messe fortgesetzt wird.
Mit der Firmung kann die Erneuerung des Firmversprechens für die Gemeinde oder für einzelne erfolgen. Dies kann entsprechend vorbereitet werden. Nach der Firmspendung kann ein Mitglied der Gemeinde die Neugefirmten als Vollbürger des Volkes Gottes begrüßen.

Gebet zur Firmerneuerung

5 Herr unser Gott, du hast mir im Sakrament der Firmung die Kraft des Geistes Christi geschenkt, der auf geheimnisvolle Weise die Kirche heiligt und eint. Ich soll vor der Welt Zeugnis geben von der Botschaft Christi und von seiner Liebe, von seinem Tod und seiner Auferstehung.
Hilf mir, ein lebendiges Glied der Kirche zu sein, damit ich in ihr dich verherrliche durch Christus im Heiligen Geist. Hilf mir, unter der Führung des Geistes allen Menschen zu dienen, so wie Christus es getan hat, der mit dir lebt und herrscht in der Einheit des Heiligen Geistes in Ewigkeit. Amen.

53 Die Eucharistie

Die Eucharistie ist der dritte und letzte Schritt der Eingliederung in Christus und seinen Leib, die Kirche. Die Eucharistie vollendet die Eingliederung, wie das Konzil sagt: „Die schon getauften und gefirmten Christen werden durch den Empfang der Eucharistie voll dem Leib Christi eingegliedert." Die Kirche spricht auch von „Einverleibung" und erinnert damit an das Wort Christi: „Wer mein Fleisch ißt und mein Blut trinkt, der bleibt in mir und ich bleibe in ihm" (Joh 6,56).
Nur wer die drei Sakramente der Eingliederung empfangen hat, der ist „Vollbürger" im Reiche Christi, der ist voll und ganz eingegliedert. Die Eucharistie ist die sammelnde Mitte der Kirche, Quelle und Gipfel all ihres Tuns.
Wer ganz und gar in Christus eingefügt ist, der darf mit den anderen Eingegliederten immer wieder beim eucharistischen Mahl dabei sein, „um das ewige Leben zu erlangen und die Einheit des Volkes Gottes sichtbar werden zu lassen" (Taufritus). Er wird mit eingefügt in das allumfassende Opfer Christi, „in dem die ganze erlöste Gemeinde durch den ewigen Hohenpriester Gott dargebracht wird" (Augustinus).

Nach dem Brauch der alten Kirche reichen noch heute die Ostkirchen die Kommunion sofort nach jeder Taufe, selbst nach der Taufe unmündiger Kinder. In unsern Ländern warten wir, bis die Kinder in der gläubigen Familie Christus kennen und lieben gelernt haben und den Leib des Herrn von gewöhnlicher Speise unterscheiden können.
Dann aber sollten die Eltern ihre Kinder im Einvernehmen mit dem Pfarrer rechtzeitig zur heiligen Kommunion führen. Die beste Vorbereitung auf diese erste Kommunion ist das Beispiel der Eltern, mit dem sie in ihren Kindern die Liebe zu Christus wecken.

Die Gemeinde bereitet jährlich eine Erstkommunionfeier vor, zu der möglichst alle Kinder einer Altersstufe eingeladen werden. An dieser Gemeinschaftsfeier nehmen auch die Kinder teil, die bereits von ihren Eltern zur Kommunion geführt wurden.
Durch die Erneuerung des Taufversprechens und weitere Bräuche (z. B. Kommunionkerze) wird dabei der Zusammenhang mit der Taufe deutlich gemacht.
— Gebet vor der Erstkommunion Nr. 25,3

Buße und Beichte

Sünde und Vergebung   **54**

Unsere Welt ist gezeichnet von Schuld und Sünde. Die
Menschheit würde daran zugrunde gehen, wenn sie sich
selbst überlassen bliebe. Aber in Christus ist uns Vergebung zugesagt.

Sünde

Wir leben nicht allein und für uns selbst. Wir sind geschaffen **1**
für die Gemeinschaft mit Gott und für die Gemeinschaft mit den
Menschen. Gott hat uns zu seinen Söhnen und Töchtern berufen, und er will, daß wir untereinander Brüder und Schwestern
sind. Die Gemeinschaft mit Gott und den Menschen wird aufgebaut durch das Gute; sie wird zerstört durch die Sünde.
Das Böse bedrängt uns täglich von außen und von innen. Auch
nach der Taufe, durch die wir der Sünde gestorben und mit
Christus zu einem neuen Leben auferstanden sind, bleiben wir
der Versuchung ausgesetzt.
Sünde ist eine freie Tat. Der Mensch ist für sie verantwortlich.
Wer sündigt, wird schuldig vor Gott. Je bewußter die Entscheidung und je gewichtiger die Sache, umso schwerer die Sünde.
„Denn es gibt Sünde, die zum Tod führt. Jedes Unrecht ist
Sünde; aber es gibt Sünde, die nicht zum Tod führt" (1 Joh 5,
16f).
Sünde ist Ungehorsam gegen Gottes Willen. Dieser begegnet
uns in der Schöpfungsordnung und in den Geboten Gottes. Die
Gebote sind Ausdruck der Sorge Gottes um uns. Sie weisen uns
den Weg zu einem wahrhaft menschlichen Leben. Jesus hat
das Doppelgebot der Liebe als die Zusammenfassung aller Gebote
und Weisungen Gottes bestätigt: Wir sollen Gott über alles
lieben und den Nächsten wie uns selbst. Menschliche Gesetze
verdeutlichen und ergänzen dieses Kerngebot des Neuen Bundes, so z. B. die Kirchengebote (Sonn- und Feiertagsgebot, kirchliche Bußordnung, jährlicher Sakramentenempfang) und in ihrer
Weise auch die staatlichen Gesetze, die dem Zusammenleben
der Menschen dienen sollen. Sie verpflichten unser Gewissen,
soweit sie dem Willen Gottes entsprechen.
Sünde ist Treubruch. Gott hat mit den Menschen einen Bund
geschlossen. Er hat ihnen allezeit Treue erwiesen und um ihre

(54) Treue geworben. Durch die Menschwerdung seines Sohnes, durch
den Tod und die Auferstehung Jesu wurde Gottes Treue zu uns
ein für allemal besiegelt und der Neue Bund gestiftet. Wer
sündigt, mißachtet oder zerstört diesen Bund. Er weist die Liebe
Gottes zurück, der uns zuerst geliebt hat und auf unsere Liebe
wartet. „Ich stehe an der Tür und klopfe" (Offb 3,20).
Sünde ist auch ein Verstoß gegen die Gemeinschaft. Wer sündigt, gibt dem Bösen Raum in der Welt. Die Sünde belastet das
Zusammenleben und schafft Leid. Sie schwächt den Willen zum
Guten. Der Sünder handelt gegen seine Berufung, als Glied der
Kirche das Reich Gottes aufzubauen. Er schwächt die Zeugnis-
kraft der Kirche und macht sie unglaubwürdig.

Vergebung

2 Gott ist heilig; er richtet das Böse, aber er führt den Sünder zur
Einsicht und zur Reue und verzeiht die Schuld. Wir können die
Vergebung Gottes nur erbitten und als Geschenk annehmen im
Vertrauen auf das Leiden, Sterben und Auferstehen unseres
Herrn Jesus Christus.
Wenn wir von Gott Vergebung erlangen wollen, müssen wir ein-
ander unsere Schuld vergeben. Der Herr spricht zum unbarmher-
zigen Knecht: „Hättest nicht auch du mit deinem Mitknecht
Erbarmen haben müssen, so wie ich mit dir Erbarmen hatte?"
(Mt 18,33); im Vaterunser hat er uns zu beten gelehrt: „Vergib
uns unsre Schuld, wie auch wir vergeben unsern Schuldigern."

Christus hat den Aposteln Vollmacht gegeben, in seinem Namen Sünden nachzulassen: „Empfangt den Heiligen Geist. Allen,
denen ihr die Sünden erlaßt, sind sie erlassen; allen, denen ihr sie
nicht erlaßt, sind sie nicht erlassen" (Joh 20,22f). Die Kirche übt
in der Kraft des Geistes, der sie erfüllt, durch ihre Priester diese
Vollmacht im Bußsakrament aus. Die Vergebung unserer Schuld
vor Gott erfordert jedoch unsere Umkehr zu Gott, unsere Reue.

Umkehr

3 Gott ruft uns zur Buße und Umkehr. Jesus sagt: „Die Zeit ist
erfüllt, und das Reich Gottes ist nahe. Bekehrt euch und glaubt
an das Evangelium" (Mk 1,15). Gott weckt in uns den Willen,
alles daranzusetzen, daß wir die kostbare Perle, das Reich Gottes,
gewinnen.

Buße ist eine Grundhaltung des Christen. Sie besteht in der **(54)**
von Gott gewirkten Bereitschaft, das Böse zu bekämpfen, sich
von der Sünde weg und Gott zuzuwenden. Sie kommt sowohl
in der inneren Bußgesinnung, vor allem in Reue und Vorsatz,
als auch in tätiger Buße zum Ausdruck.
Wir können umkehren und ein neues Leben beginnen, weil
Christus uns aus der Macht des Bösen befreit hat. „Wenn euch
also der Sohn frei macht, dann seid ihr in Wahrheit frei" (Joh
8,36). Das Grundsakrament der Umkehr und des Neubeginns
ist die Taufe. Für den Christen, der nach der Taufe schuldig
geworden ist, vollendet sich die Abkehr von der Sünde und die
erneute Hinwendung zu Gott im Bußsakrament. Hier bekennt
er vor Gott und der Kirche seine Schuld und erlangt nicht nur
Vergebung, sondern auch Kraft zu einem neuen Beginn. Auch
die übrigen Sakramente schließen den Willen der Umkehr zu
Gott ein.

Reue

Gottes Geist wirkt in uns die Reue: das Nein zur eigenen Sünde.   **4**
Ohne Reue ist Vergebung nicht möglich. Gott verzeiht jede Sünde,
die wir aus Liebe zu ihm bereuen. Wenn jemand nur aus Furcht
vor Gottes gerechter Strafe seine Sünden bereut, ist seine Reue noch
unvollkommen. Sie genügt aber zum Empfang des Bußsakramentes. Die Angst vor dem Urteil der Menschen oder anderen Folgen
der Sünde ist noch keine Reue. Ebensowenig der Ärger oder die
Bitterkeit, die jemand empfindet, weil er etwas verkehrt gemacht
hat. Denn zur Reue gehört, daß man zugibt: Ich habe Böses getan v o r G o t t.
Manchmal fällt es uns schwer, unsere Sünden zu bereuen. Das
kann verschiedene Gründe haben.
Es kann sein, daß uns nicht bewußt ist, wie sehr Gott uns liebt,
wie undankbar und lieblos wir daher sind, wenn wir sündigen;
daß es nicht nur um die einzelne Sünde geht, sondern um die
verkehrte Grundhaltung, aus der sie entsteht.
Manchmal unterscheiden wir nicht genügend zwischen dem Ziel
und dem Weg dorthin. Was uns schuldig werden läßt, ist nicht
immer das angestrebte Ziel, das in sich gut sein kann. Es ist oft
der verkehrte Weg, den wir wählen, weil wir nicht auf den Willen
Gottes und auf unsere Mitmenschen Rücksicht nehmen.
Es kann schließlich auch sein, daß wir kein Reue g e f ü h l empfinden und deshalb meinen, keine Reue zu haben. Das Wesentliche ist jedoch nicht der fühlbare Schmerz, sondern das Bewußtsein

(54) der Schuld und die Entschiedenheit, mit der wir uns von dem abwenden, was wir als böse erkannt haben.

Vorsatz

5 Der Vorsatz, das Gute zu tun und die Sünde zu meiden, ist untrennbar mit der Reue verbunden; denn wir können uns nur wirksam vom Bösen abwenden, indem wir uns dem Guten zuwenden. Im Unterschied von der Reue ist der Vorsatz in die Zukunft gerichtet: Wir nehmen die Chance zu einem neuen Anfang wahr, die Gott uns bietet. Wir ziehen die Folgerungen aus unserem Versagen und planen unser Leben voraus. Wir fällen in der Gegenwart eine klare Entscheidung, die unsere Zukunft bestimmt.

Unser Vorsatz soll sich nicht nur allgemein gegen die Sünde, sondern gegen unsere tatsächlichen Sünden und Fehlhaltungen richten. Wir müssen unsere Kräfte nüchtern einschätzen und uns deshalb auf die Überwindung konkreter Fehler, besonders der schwerwiegenden, konzentrieren. Fehlhaltungen werden selten grundsätzlich und auf einmal überwunden; sie werden meist dadurch abgebaut, daß man das Handeln aus der sündigen Haltung unterläßt und das entgegengesetzte Gute tut. Wenn nicht alles gleich gelingt, was wir uns vornehmen, brauchen wir nicht zu verzagen: Gott schaut nicht nur auf unsere Leistungen, sondern auch auf unsern guten Willen.

Buße, Bekenntnis

6 Durch Taten der Buße und besonders durch das Bekenntnis der Sünden bringen wir unsere Bußgesinnung zum Ausdruck. Umgekehrt vertieft das äußere Bußetun die innere Haltung der Buße.

Das Bußetun muß dort ansetzen, wo unsere Sünde Unordnung und Schaden angerichtet hat. Eine Wiedergutmachung gegenüber Gott ist uns jedoch nicht möglich. Selbst das Unrecht, das wir unseren Mitmenschen zufügen, können wir oft nicht wiedergutmachen. Wir bleiben daher immer auf die Barmherzigkeit Gottes und auf das Verzeihen unserer Mitmenschen angewiesen.

Die Formen tätiger Buße sind so vielfältig wie das Leben selbst. Jede Sünde entfernt uns von Gott. Daher kann das Gebet als erneute Hinwendung zu Gott, als Schuldbekenntnis, als Bitte um Vergebung und Hilfe, als Fürbitte für Menschen oder Gemeinschaften, denen wir geschadet haben, ein echtes Zeichen der Buße sein.

Hinwendung zu Gott ist auch das Hören auf sein Wort und das **(54)**
Lesen der Schrift. „Meine Brüder sind die, die das Wort Gottes
hören und befolgen" (Lk 8,21). Die Weisungen Gottes, das Leben und die Lehre Jesu und seiner Jünger verändern unser Leben
zum Guten, wenn wir sie ernst nehmen.

Auch das geduldige Ertragen von Sorge, Leid und Krankheit kann
Buße sein. Leid, das wir selber verschuldet haben, sollen wir in
Geduld und Bußgesinnung hinnehmen und die Auswirkungen
der Schuld anderer ertragen lernen. Im Blick auf das Beispiel
Jesu können wir auch Leid für andere auf uns nehmen.

In sehr vielen Fällen verletzt die Sünde andere Menschen und
stört das Zusammenleben. Daher ist alles, was den Frieden und
die gestörte Ordnung wiederherstellt, Ausdruck wahrer Bußgesinnung: Einsatz und Opfer für die Mitmenschen, Werke der
Nächstenliebe, jede Bitte um Verzeihung und jedes Zeichen der
Vergebung.

Oft erkennen wir, daß Selbstsucht und Mangel an Selbstbe-
herrschung Grund unserer Sünde ist. Deshalb ist es sinnvoll, durch
Verzicht und Selbstzucht sich um größere Freiheit von unge-
ordneten Neigungen und Begierden zu bemühen.

Wirksame Buße soll man nicht nur durch selbstgewählte Werke,
sondern auch dadurch tun, daß man den Alltag mit seinen
Pflichten und Mühen bereitwillig auf sich nimmt und ohne
Klagen erträgt.

Bußetun ist nicht nur Aufgabe des einzelnen, sondern auch der   **7**
Gemeinschaft. Die Kirche hilft dem einzelnen in seiner Buße,
indem sie ihm für bestimmte Werke und Gebete einen „Ablaß"
gewährt. Darin zeigt sich, daß alle Glieder am Leib Christi zu-
sammengehören und füreinander Buße tun (z. B. Portiunkula-
ablaß; vgl. ferner Nr. 76 und Nr. 77,3). Die ganze Kirche bereitet sich durch Zeiten der Buße auf die Hochfeste vor; vor allem in der Fastenzeit lädt sie ein zum Empfang der Eucharistie,
zur sakramentalen Beichte, zur Teilnahme an Bußfeiern, zum
Einhalten der Fast- und Abstinenztage (besonders Aschermittwoch
und Karfreitag), zu Spendenaktionen, um die Not in der Welt
zu lindern, und zu anderen Werken der Caritas und der Buße.
Auf besondere Feste in den Gemeinden und Familien wie Taufe,
Erstkommunion- und Firmfeiern, Primizen oder Trauungen sollen
wir uns in ähnlicher Weise vorbereiten.

Bußtage sind alle Freitage des Jahres, weil Jesus an einem Freitag durch sein Leiden und Sterben die Schuld der Welt gesühnt

hat. Wir bemühen uns an diesem Tag um eine Vertiefung unserer Gemeinschaft mit Christus. Das kann durch Gebet, Gottesdienst, geistliche Lesung, Werke der Nächstenliebe, aber auch durch einen spürbaren Verzicht (z.B. auf Fleischspeisen) geschehen. Solche Opfer sollen Zeichen der Verbundenheit mit allen Gliedern der Kirche und allen Menschen sein. Daher sollen sie soweit wie möglich notleidenden Menschen zugute kommen.

Christliche Familien, Gruppen und Gemeinschaften sollen sich um einen Lebensstil bemühen, in dem Jesu Ruf zu Umkehr und Nachfolge verwirklicht wird. In gemeinsamer Überlegung sollen sie Ausdrucksformen tätiger Buße finden, die sich in ihrem Kreis verwirklichen lassen und zum Zeugnis christlicher Liebe werden.

55 Bußgottesdienst

Die Sünde ist Ungehorsam gegen Gott. Sie trifft aber auch die Kirche und mindert ihre Zeugniskraft. Der Sünder muß daher nicht nur vor Gott, sondern auch vor der Kirche um Vergebung bitten.

Gott vergibt dem Sünder, der seine Schuld bereut und um Verzeihung bittet. Das geschieht in erster Linie durch den Empfang der Sakramente: Taufe, Bußsakrament, Krankensalbung. Aber auch außerhalb der Sakramente kann Vergebung erbeten und erlangt werden. Im Bußgottesdienst unterstützt die Gemeinde die Bitte um Vergebung durch ihre Fürsprache. Ihre Glieder bitten sich gegenseitig um Verzeihung und vergeben einander. So wird beim Bußgottesdienst in einem breiter entfalteten Ritus, als es etwa beim Bußakt der Messe oder bei der Beichte des einzelnen möglich ist, sichtbar, daß die Kirche Zeichen und Ort der Versöhnung ist.

Der Bußgottesdienst macht außerdem deutlich, daß die Umkehr und die Hinwendung zu Gott nicht nur für den einzelnen, sondern auch für die Gemeinschaft notwendig ist, weil auch sie immer wieder hinter dem Auftrag Christi zurückbleibt. Der Bußgottesdienst ist auch ein Zeichen der gemeinsamen Verantwortung, die uns alle miteinander verbindet und einen des anderen Last tragen heißt. Sie bietet der Gemeinde als ganzer Gelegenheit zur Gewissenserforschung, zum Schuldbekenntnis und zur Bitte um Vergebung. Denn die ganze Gemeinde ist

z.B. verpflichtet zur Sorge für die Kinder, die in ihr auf-
wachsen, für Kranke, Fremde, sozial Schwache, die in ihr leben.
Wenn sie dieser oder anderen Verpflichtungen nicht genügend entspricht, muß sie ihre Schuld eingestehen und Gott um
Verzeihung bitten. Außerdem sollen wir nicht nur für unsere eigene Schuld um Vergebung bitten, sondern stellvertretend auch
für die der ganzen Kirche, ja der gesamten Menschheit.
Durch den Bußgottesdienst soll auch die persönliche Gewissensbildung vertieft und der fruchtbare Empfang des Bußsakramentes gefördert werden. Die Verkündigung und Auslegung der
Schrift läßt uns Christus begegnen und die Liebe Gottes erkennen. So kommen wir zur Einsicht in unsere Schuld und zur
Reue: Gottes Liebe trifft uns als Sünder, für die Christus sein
Leben hingegeben hat. „Gott aber hat seine Liebe zu uns darin
erwiesen, daß Christus für uns gestorben ist, als wir noch
Sünder waren" (Röm 5,8). Im Licht des Evangeliums sehen wir
auch wieder deutlicher die Aufgaben, die unser Christsein uns
stellt: „Ihr seid das Salz der Erde. Ihr seid das Licht der Welt"
(Mt 5,13f).

Wer sich der Kirche entfremdet hat, dem kann die Teilnahme
an einem Bußgottesdienst ein erster Schritt sein, zum vollen
Leben der Kirche zurückzufinden. Auch die sakramentale Beichte
gewinnt an Tiefe und Hochschätzung, wenn die Gläubigen
durch Bußgottesdienste zu einem persönlichen Vollzug von Reue,
Bekenntnis und Buße angeleitet und in geeigneter Weise darauf hingewiesen werden, daß sich die verschiedenen Formen
der Buße im Empfang des Bußsakramentes vollenden. Daher
soll man bei Bußgottesdiensten die Bedeutung dieses Sakramentes für alle Christen unterstreichen und zu seinem Empfang
einladen.

Wie andere Formen der Buße führt auch die rechte Teilnahme
an einem Bußgottesdienst zur Vergebung der alltäglichen Fehler;
denn Gott erhört die mit Reue und ernstem Vorsatz verbundene
Bitte um Vergebung, die von der kirchlichen Gemeinschaft aufgenommen und unterstützt wird. Die Vergebung von Todsünden, die der Sünder – in einem solchen Gottesdienst oder
auch außerhalb – aufgrund seiner Reue aus Liebe zu Gott (voll-
kommene Reue) erlangt, findet ihre notwendige Vollendung im
sichtbaren Zeichen der sakramentalen Lossprechung. Nach den
Weisungen der Kirche sind daher Todsünden vor dem nächsten
Empfang der Eucharistie in der Einzelbeichte zu bekennen. Denn
Todsünden schließen von der Kommuniongemeinschaft aus. Diese

Trennung muß durch die sakramentale Lossprechung aufgehoben werden, ehe der Sünder am Gemeinschaftsmahl der Eucharistie teilnehmen darf.

Als Zeiten für den Bußgottesdienst eignen sich vor allem die Quatemberwochen im Advent und in der Fastenzeit.

56 ERSTER BUSSGOTTESDIENST

Thema: Das große Gebot

Eröffnung

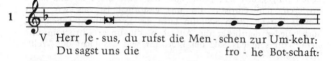

V Herr Je-sus, du rufst die Men-schen zur Um-kehr:
Du sagst uns die fro-he Bot-schaft:

A Ky-ri-e e-le-i-son.

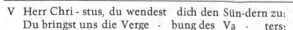

V Herr Chri-stus, du wendest dich den Sün-dern zu:
Du bringst uns die Verge-bung des Va-ters:

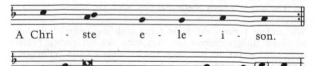

A Chri-ste e-le-i-son.

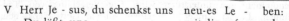

V Herr Je-sus, du schenkst uns neu-es Le-ben:
Du läßt uns mit dir auf-er-stehn:

A Ky-ri-e e-le-i-son.

Begrüßung

P Der Friede des Herrn sei allezeit mit euch.   **2**
A Und mit deinem Geiste.
P Wenn wir wünschen, daß der Friede des Herrn mit uns
sei, dann wünschen wir auch die Versöhnung mit ihm;
denn Friede und Versöhnung gehören zusammen. In diesem Gottesdienst wollen wir zum Vater gehen und unsere
Schuld bekennen. Er wird uns aufnehmen und uns vergeben. Seine Versöhnungsbereitschaft kennt keine Grenzen.

Lesung: Mt 22,34–40: Das große Gebot

Antwortgesang

Va - ter,   ich ha - be ge - sün-digt vor dir.

IVa. Q 23   **3**

oder Psalm 130, Nr. 82

Besinnung

P Die Pharisäer wollten Jesus ausforschen. Er gab ihnen   **4**
eine Antwort, die sie zum Schweigen brachte. Er gab ihnen
eine Antwort, die sie selbst ausforschte. Das einzige Wort,
das hier noch gesagt werden kann, ist ein Bekenntnis und
lautet: Herr, ich habe zu wenig geliebt.

V Wir wollen uns vom Wort Gottes fragen lassen:
Wen lieben wir?
Lieben wir andere wirklich?
Oder denken wir im Grund nur an uns selbst?
Lieben wir nur die, die uns auch lieben?
Gehen wir an der Not, die wir sehen, achtlos vorbei?
Wir denken über den vergangenen Tag, über die letzten
Wochen oder Monate unseres Lebens nach im Licht der
Forderung, daß wir unseren Nächsten lieben sollen wie
uns selbst.

Was ist Gott für uns?

Eine Art Weltregierung oder Weltpolizei, deren Gesetze man einhalten muß?

Oder der Vater unseres Herrn Jesus Christus?

Der Gott, der uns so sehr liebt, daß er seinen Sohn für uns hingegeben hat?

Berührt uns diese Liebe Gottes?

Wissen wir, daß er nicht unsere Leistung will, sondern uns selbst?

Wir denken darüber nach, was Gott uns bedeutet.

Lieben wir ihn?

Reuegebet: Psalm 51, Nr. 190 oder 85,2–3

Bekenntnis

5 V Vater, wir haben gesündigt vor dir.
A Vater, wir haben gesündigt vor dir.
V Wir sind schuldig geworden an unseren Mitmenschen.
A Vater, wir haben gesündigt vor dir.
V Wir sind schuldig geworden an denen, die uns besonders nahestehen.
A Vater, wir haben gesündigt vor dir.
V Wir sind schuldig geworden an der Gemeinde deines Sohnes, an der Kirche.
A Vater, wir haben gesündigt vor dir.
V Wir sind schuldig geworden an dir.
A Vater, wir haben gesündigt vor dir.
V Vater, vergib uns.
A Vater, vergib uns.
V Wir bekennen voreinander unsere Schuld.
A Vater, vergib uns.
V Wir bekennen vor der Kirche unsere Schuld.
A Vater, vergib uns.
V Wir bekennen vor dir unsere Schuld.
A Vater, vergib uns.

P Wir beten, wie der Herr uns gelehrt hat:
A Vater unser ...

P Gott, unser Vater, du hast uns im voraus zu deinen Kindern bestimmt, damit wir heilig seien vor deinem Angesicht
und ewige Freude erlangen in deinem Haus. Nimm uns auf
und bewahre uns in deiner Liebe, damit wir froh und einander zugetan in deiner Kirche leben. Darum bitten wir
durch Christus, unsern Herrn. A Amen.

Dankgesang, Nr. 166,2

Entlassung

P Der Herr segne euch und behüte euch; der Herr lasse sein **6**
Angesicht über euch leuchten und sei euch gnädig; er wende
euch sein Antlitz zu und schenke euch seinen Frieden! Das
gewähre euch der dreieinige Gott, der Vater und der Sohn
und der Heilige Geist. A Amen.

ZWEITER BUSSGOTTESDIENST   **57**

Thema: Gemeinschaftsbezug von Sünde und Schuld

Eröffnung: Sonne der Gerechtigkeit, Nr. 644

Begrüßung

P Der Friede Christi und das Erbarmen des Vaters sei mit **1**
euch.
A Und mit deinem Geiste.
P Die Welt ist verstrickt in einem Netz von Sünde und
Schuld. Wir alle knüpfen mit an diesem Netz, das uns ge-
fangenhält. Denn alles, was wir tun, wirkt unmittelbar auf
andere. Jede Sünde schadet anderen. Jede Sünde ist ein Stein
in der Mauer, die wir zwischen uns und Gott aufrichten.

Lesung: Jes 59,1–10.12

Antwortgesang

Die ganze Welt muß sich schuldig bekennen vor Gott. **2**
IVa. Q 23

(57) Homilie   STILLE

Besinnung

3 1.V Auf der Erde gibt es Feindschaft, Haß, Lüge, Unrecht,
Gewalttat und Krieg.
Es sind Menschen wie du und ich, die hassen, statt zu lieben,
die mißachten, statt anzuerkennen,
die streiten, statt Frieden zu stiften.
Jeder von uns trägt mit an der Schuld, welche die Menschheit täglich auf sich lädt.

2.V Wir sind nicht nur Glieder der Menschheit, sondern
auch des Volkes Gottes, der Kirche. Auch in der Kirche gibt
es Egoismus und Härte, Unverständnis, Lieblosigkeit, Miß-
gunst und Neid.
Es sind Christen wie du und ich, die sich nicht beunruhigen
um das Schicksal der Welt,
die sich nicht sorgen um das Glück aller Menschen,
die sich auserwählt fühlen und andere geringschätzen,
die herrschen wollen, statt zu dienen.
Jeder von uns trägt mit Schuld, daß ein Zerrbild von Christus und seiner Kirche entsteht.

3.V Der Unfriede fängt damit an, daß wir selber friedlos
sind.
Wir selbst sind es, die den anderen nicht gelten lassen,
die es nicht ertragen, wenn er erfolgreicher ist als wir,
die ihn herabsetzen, weil es unser Selbstbewußtsein stärkt,
die nicht genügend Geduld für den Nächsten aufbringen,
die es mit der Wahrheit nicht allzu genau nehmen, wenn
es dem eigenen Vorteil dient.
Bemühen wir uns um Gerechtigkeit, Liebe und Frieden, oder
erwarten wir das nur von anderen? Von der Kirche? Von
der Menschheit?
Alle tragen wir an unserer eigenen Schuld und damit an der
Schuld der Christenheit, an der Schuld der Welt.

Gesang: Vater, ich habe gesündigt vor dir. Nr. 56,3

Bekenntnis   (57)

V Herr, wir tragen die Schuld der ganzen Welt vor dich hin. **4**
Wir wollen es oft nicht wahrhaben, doch heute bekennen
wir vor dir, daß wir an der trostlosen Lage der Menschheit
mitschuldig sind. Wir haben nicht alle Möglichkeiten erschöpft, um fremde Schuld zu verhindern. Auch diese fremde
Schuld tragen wir vor dich hin. Denn wir haben kein Recht,
uns von der Schuld unserer Mitmenschen zu distanzieren.
Herr, wir bekennen unsere Schuld.
A Herr, wir bekennen unsere Schuld.

V Herr, wir haben oft so gelebt, als ob es dich und das
Gebot der Nächstenliebe nicht gäbe. Wir sind oft auf halbem
Wege stehengeblieben, anstatt die letzte Konsequenz aus
unserem Christsein zu ziehen.
Wir haben uns zu schnell mit eigener und fremder Schuld
abgefunden, anstatt mit der Liebe von vorn anzufangen.
Herr, wir bekennen unsere Schuld.
A Herr, wir bekennen unsere Schuld.

V Herr, wir lassen uns zu wenig erschüttern durch die
Schuld. Wir leiden nicht genug darunter, besonders, wenn
wir sie nicht selbst auf uns geladen haben. Wir lassen den
Mitmenschen mit seiner Schuld allein und meinen, wir
könnten auf diese Weise aus dem Teufelskreis des Bösen
ausbrechen.
Herr, wir bekennen unsere Schuld.
A Herr, wir bekennen unsere Schuld.   STILLE

Gegenseitige Vergebung

V Wer nicht fähig und bereit ist zu vergeben, bleibt starr. **5**
Er verschließt sich und findet keinen Weg zu den anderen.
Wir alle sind auf Gemeinschaft angewiesen. Erst in ihr wird
menschliches Leben vollziehbar, bekommt es Wert.
Sünde und Schuld erfahren wir als dauernde Bedrohung
des Zusammenlebens. Wer Schuld ständig gegen Schuld
setzt, der verbaut den Weg zu einem neuen Anfang. Er errichtet eine Wand zwischen sich und den anderen.

Dies ist die Situation auf unserer Erde: Weil Völker, Re-
gierungen, Machthaber hartnäckig den eigenen Standpunkt
durchsetzen wollen, wird Friede nicht möglich. Was aber für
Ost und West, für Rassen, Nationen und Parteien gilt, das
gilt auch zwischen alt und jung, Mann und Frau, zwischen
Eltern und Kindern, unter Nachbarn und unter Kollegen —
bei uns selbst.

Gesang

6 Ver - gib uns uns - re Schuld, wie auch
wir ver - ge - ben un - sern Schul - di - gern.

IIIb, IVg. Q 23

Bitte

7 P Gottes Auftrag heißt: Ihr aber seid Brüder. Darum wollen
wir bereit sein, einander zu vergeben. Wir wollen versuchen,
die Kettenreaktion der Sünde zu unterbrechen, und helfen,
daß Versöhnung sich ausbreitet.
V Herr, gib uns die Kraft zur Vergebung.
A Herr, gib uns die Kraft zur Vergebung.
V Wenn wir miteinander in Streit geraten sind,
A Herr, gib uns die Kraft zur Vergebung.
V Wenn andere uns unrecht tun,
A Herr, gib uns die Kraft zur Vergebung.
V Wenn wir einander verleumden und verdächtigen,
A Herr, gib uns die Kraft zur Vergebung.
V Im Streit der Rassen und der verschiedenen Gruppen,
A Herr, gib uns die Kraft zur Vergebung.
V Siebenmal, siebzigmal am Tag sollen wir vergeben.
A Herr, gib uns die Kraft zur Vergebung.

Als Zeichen der Vergebungsbereitschaft kann der Friedenswunsch
ausgetauscht werden.

Zwischenspiel oder Gesang

V Durch die Sünde entfernen wir uns nicht nur aus der **8**
Gemeinschaft mit Gott, sondern auch aus der Gemeinschaft
der Menschen und der Kirche. Die Vergebung Gottes und
der Mitmenschen führt uns zurück und läßt uns neu beginnen.
P Lasset uns beten. – Gott, unser Vater, du vergibst die
Sünden und schenkst uns deinen Frieden. Gib, daß wir stets
einander unsere Schuld verzeihen und miteinander Frieden
schaffen in der Welt. Darum bitten wir durch Christus,
unsern Herrn. A Amen.
V Gehet hin in Frieden.
A Dank sei Gott dem Herrn.

Das Sakrament der Buße   58

Jesus Christus hat uns die Liebe Gottes kundgetan und uns mit
dem Vater versöhnt. Im Sakrament der Buße gibt er dem Sünder
Anteil an seinem Leben. Wer dieses Sakrament empfängt, stellt
sich unter das Gericht über die Sünde, das Gott im Kreuzestod
seines Sohnes gehalten hat, um uns vor dem ewigen Tod zu
retten.
Das natürliche Verlangen des Menschen, die Schuld, die ihn bedrückt, zu bekennen und von ihr befreit zu werden, wird nicht
enttäuscht. Christus hat uns Vergebung zugesagt, wenn wir vor
der Kirche unsere Schuld eingestehen: „Alles, was ihr auf Erden
binden werdet, das wird auch im Himmel gebunden sein; und
alles, was ihr auf Erden lösen werdet, das wird auch im Himmel
gelöst sein" (Mt 18,18). Diese frohe Botschaft darf der Christ im
Bußsakrament durch die Lossprechung des Priesters vernehmen.
In der Kirche ist Christus, der uns mit dem Vater versöhnt hat,
gegenwärtig. In seinem Namen gewährt sie dem Sünder Vergebung. Denn die Apostel haben vom Herrn die Vollmacht erhalten,

in der Kraft seines Geistes Sünden nachzulassen: „Empfanget den Heiligen Geist. Allen, denen ihr die Sünden erlaßt, sind sie erlassen; allen, denen ihr sie nicht erlaßt, sind sie nicht erlassen" (Joh 20,22f).

Wo die Kirche durch die Priester von dieser Vollmacht Gebrauch macht und einen Sünder, der seine Schuld bereut, aufrichtig bekennt und zur Wiedergutmachung bereit ist, lossprich, besiegelt Gott die Versöhnung mit dem Sünder. Christus selbst ist es, der in diesem Sakrament wirkt: er führt den Sünder zur Umkehr, damit er seine Schuld bereut und eingesteht. Er wirkt im Priester, der in seinem Auftrag das wirksame Wort der Lossprechung sagt. So wird die Begegnung des Sünders mit dem Vertreter der Kirche zum Zeichen der siegreichen Gnade Gottes, die das Böse überwindet. Dieses Zeichen nennen wir Bußsakrament.

Die Sünden des einzelnen, auch die bloßen Gedankensünden, hemmen das Wirken des Heiligen Geistes nicht nur im einzelnen, sondern auch in der Gemeinschaft der Glieder der Kirche. Deshalb muß der Sünder auch vor der Kirche und durch sie Buße tun. Die Beichte ist auch ein Gericht der Kirche.

Man darf dieses Sakrament nicht von den übrigen Bußformen trennen. Die vielfältigen Arten der Buße im Alltag, das Schuldbekenntnis in der Eucharistiefeier und die Bußgottesdienste wekken, erhalten und vertiefen den Willen zur ständigen Erneuerung des Lebens der Gemeinde und der einzelnen Christen aus dem Geist des Evangeliums. Sie sind Vorstufen auf dem Weg zur sakramentalen Beichte und Lossprechung, die ohne sie verkümmern würde. Umgekehrt ist das Bußsakrament der Ziel- und Gipfelpunkt aller übrigen Bußformen, in dem diese sich vollenden. Darum ist die Hochschätzung dieses Sakramentes und sein regelmäßiger Empfang für alle Christen — und nicht etwa nur für jene, die schwer gesündigt haben — von so großer Bedeutung. Alle, die sich einer schweren Schuld bewußt sind, sind zum Empfang des Bußsakramentes verpflichtet. Darüber hinaus sind alle Gläubigen zur häufigen Beichte eingeladen. Denn sie empfangen durch das Bußsakrament reiche Gnade, wachsen im Geist der Buße, erkennen und überwinden besser ihre Fehler und Schwächen und werden fähiger zu einem freien, persönlichen Bekenntnis.

Ein wichtiger Vorzug der sakramentalen Einzelbeichte liegt in der Möglichkeit zum Beichtgespräch. Es kann die persönliche Situation des einzelnen berücksichtigen, die Hintergründe seiner Fehler und Verirrungen klären und zu vertiefter Selbsterkenntnis führen. Die Beichte gewinnt heute an Bedeutung, weil sie die Möglichkeit individueller Führung und Gewissensbildung bietet. Sie dient so nicht nur dem Bekenntnis und der Vergebung der Sünden; sie soll auch zur Bildung des Gewissens aller Christen und zur Vertiefung ihres Glaubens beitragen.

Die regelmäßige Beichte ist daher eine wichtige Hilfe auf dem Weg zu einem verantwortungsbewußten christlichen Leben, besonders dann, wenn der Beichtvater den Beichtenden und dessen persönliche Situation kennt. Beicht- oder Sprechzimmer können die offene Aussprache fördern. Viele werden aber auch weiterhin aus verschiedenen Gründen die Anonymität wünschen und daher den Beichtstuhl vorziehen.

GEBETE ZUR VORBEREITUNG   **59**

1 Gott, du bist der Herr, hoch über allem und doch jedem nahe. Du hast mir mein Leben gegeben mit allen Fähigkeiten, Begabungen und Kräften. Dein Diener bin ich, Verwalter all dessen, was du mir anvertraut hast. Dir muß ich Rechenschaft geben.

Ich weiß, daß es in meinem Leben Versagen und Sünde gibt. Ich hätte ein besserer Verwalter deiner Gaben sein sollen. Laß mich erkennen, wo ich deinem Willen nicht entsprochen habe, wofür ich deiner Vergebung bedarf.

Sende mir deinen Heiligen Geist, daß ich mich löse von allem, was falsch ist, daß ich es bereue und daß ich mich von neuem für dich entscheide.

2 Gott, du bist mein Vater. Nach deinem Bild hast du mich geschaffen. In der Taufe hast du mich zum Bruder (zur Schwester) deines Sohnes, unseres Herrn Jesus Christus gemacht. Er hat stets deine Ehre gesucht und deinen Willen getan. Laß mich erkennen, wie sehr ich Jesus unähnlich geworden bin, daß ich wie der verlorene Sohn von dir fort und in die Fremde gegangen bin. Vater, laß mich umkehren und heimfinden zu dir.

(59) Herr, ich kenne mich oft bei mir selber nicht aus. Du aber
3 kennst mich. Ich möchte mich sehen, wie du mich siehst —
auch wenn es schmerzt und mich beschämt.
Ich weiß ja, Herr, daß du mich liebst, daß du Ja zu mir
sagst, daß ich mich dir anvertrauen darf, so wie ich bin.
Hilf mir, Herr, meinen Stolz zu überwinden, damit ich mich
heilen lasse durch das Wort der Vergebung, das der Priester
in deinem Namen mir zuspricht.

Es eignen sich auch die Gebete Nr. 7,4 und 7,6; die Psalmen 19B,
Nr. 714; 32, Nr. 721; 42/43, Nr. 726 und 139, Nr. 755; die Kyrie-
Litanei Nr. 56,1 und die Lieder Nr. 163, 244 und 293.

BESINNUNG AUF MEIN LEBEN (GEWISSENSERFORSCHUNG)

4 Bei der Prüfung des Gewissens steht uns nicht ein Gesetz-
buch gegenüber, sondern der lebendige Gott. Vor ihm stehen wir wie der Zöllner im Evangelium. Die Erforschung
des Gewissens ist daher ein ganz persönliches Tun, in dem
wir uns und unser Leben vor Gott hinstellen, um zu fragen,
was unser Verhältnis zu ihm belastet, gefährdet oder gar
zerstört hat. Dies führt uns zur Erkenntnis des Bösen, das
wir getan haben. Es führt uns aber auch zur Erkenntnis des
Guten, das wir tun können und sollen; denn wir haben
nicht nur Böses getan, sondern auch Gutes unterlassen. So
wird die Gewissenserforschung zur Reue führen, aber auch
zum Trost und zu gutem Vorsatz.

Nach dieser persönlichen Überlegung kann man einen Gewissensspiegel zu Hilfe nehmen. Aber kein Gewissensspiegel wird das
konkrete Leben des einzelnen restlos erfassen. Er soll auch das
eigene Nachdenken nicht ersetzen, sondern nur fördern. Er will
lediglich helfen, vor Gott Fragen und Lebensbereiche zu bedenken, die man sonst vielleicht übersehen würde.

Die Gewissensspiegel findet man auf Seite 118 bis 141:

Nr. 61 Die zehn Gebote — kurze Darstellung des Inhalts der
Gebote, die bei öfterer Beichte dienlich sein kann und für Ge-
spräche, die der Gewissensbildung dienen.

Nr. 62 Allgemeiner Gewissensspiegel — ausführliche Anleitung **(59)**
zur Selbstprüfung, die denen zu empfehlen ist, die seltener
beichten.

Die weiteren Gewissensspiegel konzentrieren die Überlegungen
auf bestimmte Gesichtspunkte:

Nr. 63 Glaube, Hoffnung, Liebe — Besinnung anhand der drei
Göttlichen Tugenden.

Nr. 64 Leben für andere — im Vordergrund die Frage nach
dem Verhältnis zum Nächsten.

Man kann die Gewissenserforschung mit einem Gebet abschließen, das Reue und Vorsatz zum Ausdruck bringt.

Gott, himmlischer Vater, ich habe gesündigt; ich kann mei-   **5**
ne Sünde nicht ungeschehen machen. Du allein kannst Sünden vergeben. Du hast deinen Sohn Jesus Christus gesandt,
daß er die Schuld der Welt auf sich nehme und die Sünder
zu dir zurückführe.
Herr Jesus Christus, führe auch mich von meinen Irrwegen
zurück auf den Weg der Wahrheit und des Lebens. Ich bekenne meine Sünde und bereue sie, weil sie mich von dir
fernhält.
Herr, verzeih mir und schenk mir deinen Geist, damit ich
deine Liebe erkenne und sie dankbar erwidere.

Herr, du liebst mich von Ewigkeit, hast mich gewollt und   **6**
gerufen, wartest auf mich. Ich vergesse dich, stelle mich taub
und laufe davon.
Es ist nicht gut, daß ich so bin; daß ich dich verletze und die
Menschen, mit denen ich zusammenlebe.
Ich will neu beginnen im Vertrauen auf dich. Ich will versuchen, deinen Willen zu tun und gut zu sein zu den Menschen, die mich brauchen.

Gütiger Gott. Ich habe gesündigt, aber ich will mir wieder   **7**
Mühe geben, das Gute zu tun. Ich kenne meine Schwäche,
aber ich vertraue auf deine Hilfe. Du sollst das Ziel sein,
das ich immer vor Augen habe. Laß mich dich nicht vergessen, laß mich dich suchen und finden.

8 Dich liebt, o Gott, mein ganzes Herz; und dies ist mir der größte Schmerz, daß ich erzürnt dich, höchstes Gut. Ach, wasch mich rein in Jesu Blut.

Daß ich gesündigt, ist mir leid; zu bessern mich bin ich bereit. Mein Gott und Herr, mir doch verzeih; nie mehr zu fallen, Gnad verleih.

Die vorstehenden Gebete sprechen nur allgemein vom Vorsatz. Selbstverständlich muß jeder entsprechend seinen persönlichen Lebensverhältnissen überlegen, was er sich im einzelnen vornehmen kann.

Es eignen sich auch die Gebete Nr. 7,1; 7,2 und 7,5; die Psalmen 51, Nr. 190; 119 A, Nr. 750; 119 B, Nr. 751; 130, Nr. 191 und die Lieder Nr. 164–169.

Wenn man länger warten muß, kann man eines der folgenden Stücke beten: Litanei vom Leiden Jesu, Nr. 766; Allerheiligen-Litanei, 2. und 3. Teil, Nr. 762,5–6; Jesus-Litanei, Nr. 765; Herz-Jesu-Litanei, Nr. 768; Kreuzweg, Nr. 775; Andacht von den sieben Worten Jesu, Nr. 776; Fastenandacht, Nr. 774,2,3 und 6; Herz-Jesu-Andacht, Nr. 780,4; Christus-Andacht, Nr. 781,7; Andacht vom Gebet des Herrn, Nr. 782,5; Marien-Andacht, Nr. 783,2; Schmerzhafter Rosenkranz, oder eigene Gesätze, etwa: Jesus, der uns die Sünden vergibt.

60 Beichte
Die Feier der Versöhnung für einzelne

1 BEGRÜSSUNG

Wenn der Beichtende den Beichtstuhl oder das Beichtzimmer betritt, begrüßt ihn der Priester. Dann macht der Beichtende das Kreuzzeichen und spricht:

Im Namen des Vaters und des Sohnes und des Heiligen Geistes. Amen.

P Gott, der unser Herz erleuchtet, schenke dir wahre Erkenntnis deiner Sünden und seiner Barmherzigkeit.

Antwort: Amen.

Der Priester kann nun, wenn es Zeit und Umstände erlauben, ein Schriftwort lesen oder sprechen.

BEKENNTNIS UND GENUGTUUNG   2

Es folgt das Bekenntnis der Sünden und das Beichtgespräch, bei
dem der Beichtende ein angemessenes Bußwerk zur Genugtuung
für seine Sünden übernimmt.

REUEGEBET UND LOSSPRECHUNG   3

Nach seinem Bekenntnis soll der Beichtende ein kurzes Reuegebet
sprechen. Er kann z. B. sagen:

Ich bereue, daß ich Böses getan und Gutes unterlassen habe.
Erbarme dich meiner, o Herr.

Der Priester erteilt die Lossprechung mit folgenden Worten:

Gott, der barmherzige Vater, hat durch den Tod und die
Auferstehung seines Sohnes die Welt mit sich versöhnt und
den Heiligen Geist gesandt zur Vergebung der Sünden.
Durch den Dienst der Kirche schenke er dir Verzeihung
und Frieden.
SO SPRECHE ICH DICH LOS VON DEINEN SÜNDEN + IM
NAMEN DES VATERS UND DES SOHNES UND DES HEILIGEN
GEISTES.
Antwort: Amen.

DANK UND ENTLASSUNG   4

P Dankt dem Herrn, denn er ist gütig.
Antwort: Sein Erbarmen währt ewig.

Dann entläßt der Priester den Gläubigen, der Vergebung seiner
Sünden empfangen hat, mit den Worten:

Der Herr hat dir die Sünden vergeben. Geh hin in Frieden.

Nach der Entlassung durch den Priester soll der Gläubige noch eine
Danksagung halten. Dazu kann er folgendes Gebet verwenden:

Gebet zur Danksagung

Ich danke dir, Herr, für die Vergebung, die ich erfahren habe,   5
und für den Mut zu einem neuen Beginn.
Ich danke auch für die Versöhnung mit der Kirche, der ich
mit meiner Schuld Schaden zugefügt habe.

Ich will mir Mühe geben, nicht nur mit Worten dankbar zu sein. Auch ich will vergeben, wenn andere mir schaden oder mir wehe tun.

Ich weiß, Herr, es wird nicht alles ganz anders werden in meinem Leben. Aber ich vertraue darauf, daß du mich nicht verwirfst und daß die Kirche mir immer wieder deinen Frieden schenkt, auch wenn nicht alles gelingt, was ich mir vornehme.

Ich danke dir, Herr, daß ich solches Vertrauen haben darf, weil du unsere Schuld getragen hast, und weil dein Erbarmen fortlebt in deiner Kirche.

Es eignen sich auch die Gebete Nr. 3; 4,2–6; 6,5–6; und 8,1; die Psalmen 18, Nr. 712; 23, Nr. 718; 34, Nr. 723; 85, Nr. 123; 94, Nr. 739; 103, Nr. 742; 145A, Nr. 757 und 146, Nr. 759; das Magnificat, Nr. 689; das Benedictus, Nr. 681; das Te Deum, Nr. 706 und die Lieder Nr. 257–285.

Wenn der Priester eine Gebetsbuße aufgetragen hat, kann sie jetzt verrichtet werden.

61 Erster Gewissensspiegel: Die Zehn Gebote

Als Grundlage zur Gewissenserforschung dienen herkömmlich die Zehn Gebote aus dem Alten Bund:

Ich bin der Herr, dein Gott.

1. Du sollst keine anderen Götter neben mir haben!
Das ist für den Christen die Forderung, den Glauben an den einen Gott, der Vater, Sohn und Geist ist, zu bekennen. Ihn sollen wir über alles lieben und anbeten, denn er hat uns zuerst geliebt, hat uns erlöst und geheiligt. Auf ihn sollen wir unsere Hoffnung setzen, denn er ist Ursprung und Ziel unseres Lebens.

2. Du sollst den Namen Gottes nicht verunehren!
Das ist eine Forderung der Ehrfurcht vor dem unergründlichen Geheimnis Gottes. Wir können nicht groß genug von seiner Macht und Herrlichkeit denken. Das muß unser Reden von Gott, unseren Umgang mit ihm und mit allem bestimmen, was zu Gott gehört.

3. Gedenke, daß du den Sabbat heiligst!
Das ist für den Christen die Forderung, an der schöpferischen Ruhe Gottes teilzunehmen und im Gottesdienst dem Herrn für die Gaben der Schöpfung und die Gnade des Erlösungswerkes zu danken, wie es die Kirche vor allem in der sonntäglichen Feier der Eucharistie tut.

4. Du sollst Vater und Mutter ehren!
Das ist die Forderung, in der Familie, in Staat und Gesellschaft, in der Kirche jedem Glied der Gemeinschaft mit Achtung zu begegnen und zu ihm zu stehen. Diese Forderung schließt die Pflicht ein, vor allem jenen bei der Erfüllung ihrer Aufgaben zu helfen, die besondere Verantwortung tragen.

5. Du sollst nicht töten!
Das ist die Forderung, das eigene und fremde Leben zu achten. Geistiges und leibliches Leben sind Gaben, die uns Gott zur Pflege und Entfaltung anvertraut. Das schließt den Auftrag ein, für gesunde Lebensbedingungen zu sorgen und ein Klima der gegenseitigen Fürsorge zu schaffen, in dem jeder nicht nur sein Recht erhält, sondern auch jene Liebe und Anerkennung erfährt, ohne die er verkümmern müßte.

6. Du sollst nicht ehebrechen!
9. Du sollst nicht begehren deines Nächsten Frau!
Das ist die Forderung, die Gabe der eigenen Geschlechtlichkeit und die geschlechtliche Liebe von Eigensucht freizuhalten und so die eheliche Liebe zu entfalten und vor Zerstörung zu bewahren. Vernünftige Schamhaftigkeit und zuchtvolle Keuschheit schützen den einzelnen vor Selbstsucht

und ungeordnetem Begehren. Eine verantwortungsbewußte Haltung gegenüber der Geschlechtlichkeit schafft die Voraussetzung für eine menschenwürdige Begegnung der Geschlechter.

7. Du sollst nicht stehlen!

10. Du sollst nicht begehren deines Nächsten Hab und Gut!

Das ist die Forderung, das Eigentum des Nächsten zu respektieren und verantwortlich mit eigenem und fremdem Gut umzugehen. Denn geordnete und sichere Besitzverhältnisse sind die Grundlage für die Entfaltung geistiger und kultureller Werte im Leben des einzelnen und der Gemeinschaft. Das verpflichtet zu gewissenhafter Arbeit und verantwortungsbewußter Nutzung der Sachgüter, die Gottes Schöpfung für den Menschen bereithält.

8. Du sollst kein falsches Zeugnis geben wider deinen Nächsten!

Das ist die Forderung nach Wahrheit und Wahrhaftigkeit im Reden und Handeln. Kein Mensch kann sich entfalten und keine Gemeinschaft Bestand haben, wenn falscher Schein, Täuschung und Lüge, Verleumdung, Treulosigkeit und Unzuverlässigkeit das Vertrauen und die Sicherheit untergraben und zerstören. Wir leben von der Treue und Wahrhaftigkeit Gottes. Wir können mit uns selber und mit den anderen nur dann im Frieden leben, wenn wir unser Leben nicht auf Heuchelei und Lüge, sondern auf Wahrhaftigkeit und Wahrheit aufbauen.

Allgemeiner Gewissensspiegel   **62**

Der allgemeine Gewissensspiegel berücksichtigt alle wesentlichen
Lebensgebiete. Wer längere Zeit nicht gebeichtet hat oder sich
über einen längeren Lebensabschnitt prüfen möchte, sollte ihn zu
Hilfe nehmen.

Als Christ soll ich nicht nur das Böse meiden, sondern vor
allem Gutes tun. Mein ganzes Leben muß mehr und mehr
Ausdruck meiner Liebe zu Gott und dem Nächsten werden.
Daher darf ich nicht nur nach dem Bösen fragen, das ich
getan, sondern muß auch an das Gute denken, das ich
unterlassen habe.

MEIN VERHÄLTNIS ZU GOTT   1

*Gottes Liebe verdanke ich alles: daß ich lebe – daß ich die
von ihm geschaffenen Dinge gebrauchen darf – daß er auf
den Wegen irdischen Glücks oder Unglücks mich zum Heile
führen will – daß sein Sohn mich erlöst und in seine Kirche
gerufen hat. Meine Antwort darauf kann nur dankbare
Liebe sein, zu ihm selbst und zu allem, was er liebt.*
*Gott ist größer und herrlicher, als wir ihn uns vorstellen
können. Wir lernen ihn aber um so besser kennen, je mehr
wir auf ihn hören, je mehr wir die Botschaft Jesu im Glauben annehmen.*

Bin ich dankbar dafür, daß ich glauben und zur Kirche ge-
hören darf?
Bemühe ich mich um die Vertiefung meines Glaubens?
Lese ich in der Heiligen Schrift oder in Büchern, die mich
zu einem tieferen Verständnis Gottes führen können?
Oder habe ich mir ein Gottesbild nach eigenen Wünschen
aufgebaut?
Empfinde ich den Glauben als Einengung meines Lebens?
Habe ich mich gewehrt gegen Gottes Anruf?
Gefährde ich meinen Glauben durch unkritische Lektüre
glaubensfeindlicher Schriften?
Habe ich mich bemüht, für den Glauben Zeugnis abzulegen
und ihn auch anderen nahezubringen?

(62) Oder habe ich mich des Glaubens geschämt? Habe ich den Glauben verleugnet?

Suche ich Gottes Nähe? Bemühe ich mich, Christus nachzufolgen? Oder weiche ich ihm aus? Habe ich ihn aus bestimmten Bereichen meines Lebens ausgeschlossen?

Wende ich mich im Gebet — am Morgen, am Abend, bei Tisch, im Gottesdienst, vor allem bei der sonntäglichen Eucharistiefeier — immer wieder Gott zu? Danke ich Gott für alles Gute, das ich von ihm empfangen habe (Leben, Gesundheit, Nahrung usw.)? Bitte ich vertrauensvoll um seine Gaben?

Oder bete ich gedankenlos, nur selten, gar nicht?

Ist Gott die Mitte meines Lebens? Will ich tun, was Gott will?

Oder ist mir anderes wichtiger als er: Menschen, Besitz, Erwerb, beruflicher Aufstieg?

Habe ich Ehrfurcht vor Gott?

Oder gebrauche ich seinen Namen gedankenlos, als Kraftausdruck?

Vertraue ich auf Gott — auch in der Not?

Oder suche ich Rat und Hilfe in Aberglauben, Wahrsagerei, Astrologie, Spiritismus?

2 LEBEN IN GEMEINSCHAFT,
IN STAAT UND GESELLSCHAFT

Ich lebe nicht für mich allein, sondern immer auch als Glied der Gemeinschaft: der Familie, der Gesellschaft, des Staates, der Kirche, der Menschheit. In jeder Gemeinschaft habe ich Rechte, aber auch Pflichten; denn jeder dieser Gemeinschaften verdanke ich sehr viel.

Setze ich mich für die Aufgaben ein, die mir von der Gemeinschaft gestellt werden? Bin ich bereit, im Rahmen meiner Möglichkeiten mitzuarbeiten, zum Beispiel im sozialen Bereich? Bemühe ich mich um die Verwirklichung christlicher Grundsätze und Haltungen in Staat und Gemeinde? Habe ich von meinem Wahlrecht verantwortlich Gebrauch

gemacht? Bin ich zur Hilfe in Not- und Katastrophenfällen **(62)**
bereit? Oder stehe ich unbeteiligt abseits und will nur meine
Ruhe haben? Entziehe ich mich der Steuerpflicht? Lehne
ich jede Mitarbeit an öffentlichen Aufgaben ab? Stelle ich
nur Forderungen an die anderen? Sehe ich nur meine Rechte
und übersehe ich meine Pflichten? Will ich mit meiner
Kritik aufbauen oder niederreißen? Will ich mich damit
nur interessant machen? Verletze ich mit meiner Kritik die
Nächstenliebe? Neige ich zu übler Nachrede und beleidi-
genden Äußerungen? Bin ich bereit, Kritik anzunehmen?

Leben in der Familie

Wie erfülle ich die Pflichten, die ich als Vater, Mutter, Gatte,
Sohn oder Bruder, Tochter oder Schwester habe? Versuche
ich, die Kinder so zu erziehen, daß sie zu menschlicher und
religiöser Reife kommen?
Oder überlasse ich sie sich selber? Lasse ich ihnen genügend
Raum zur Entfaltung ihres Lebens, oder setze ich ihnen
unnötige Schranken? Habe ich sie ungerecht oder unbe-
herrscht gestraft? Liebe ich sie – jedes von ihnen?
Zeige ich meinen Eltern gegenüber Dankbarkeit und Liebe?
Nehme ich Rücksicht auf sie: als Kind durch Mitarbeit und
Gehorsam, als Erwachsener durch Höflichkeit und Achtung?
Helfe ich ihnen bei Krankheit, im Alter oder in der Not,
soweit es mir möglich ist?

LEBEN IN DER KIRCHE   3

Die Kirche ist das Volk, das Gott durch Christi Erlösungs-
werk zusammengeführt hat und zu dem er die Menschen
aller Völker beruft. Sie wird auf ihrem Weg gestärkt durch
vielfältige Gaben: durch Gottes Wort empfängt sie Weisung,
durch die Sakramente Kraft für ein Leben aus dem Glauben,
durch den Geist Christi Licht und Mut zum Zeugnis und
zum Liebesdienst vor der Welt.

Sehe ich die Kirche als Werk Gottes, das aus dem Geist
Christi lebt? Oder messe ich sie nur mit den Maßstäben
menschlicher Gemeinschaften?

(62) Bin ich mir bewußt, daß das Bild der Kirche durch das Versagen der Christen verdunkelt wird, auch durch meine Sünde?

Oder mache ich Gott verantwortlich für die Unvollkommenheiten der Kirche?

Wirke ich nach meinen Möglichkeiten an den Aufgaben der Kirche mit, durch die sie Gott verherrlichen und der Menschheit das Heil bringen will? Wie beteilige ich mich an ihrem Gottesdienst? Bewußt und aktiv? Oder uninteressiert? Unregelmäßig? Gar nicht? Habe ich Ehrfurcht beim Gottesdienst? Habe ich mich über die Gebote der Kirche ohne hinreichenden Grund hinweggesetzt? Habe ich schuldhaft am Sonntag oder gebotenen Feiertag die Meßfeier versäumt, längere Zeit die Sakramente nicht mehr empfangen, das Freitagsopfer und die Fasttage nicht beachtet?

Übernehme ich Aufgaben, zu denen ich befähigt bin, zum Beispiel als Vorbeter, Lektor, Sänger, Kommunionhelfer?

Trage ich durch persönlichen Einsatz in der Pfarrgemeinde, in der Caritas- und Gruppenarbeit und durch materielle Mittel (Kirchensteuer, Kollekte, Spenden) nach Möglichkeit dazu bei, daß die Kirche ihre Aufgaben erfüllen kann?

Oder habe ich mich innerlich von der Kirche getrennt?

Habe ich den Austritt erwogen oder erklärt?

4 MEIN VERHÄLTNIS ZU DEN MITMENSCHEN

Gottes Liebe gilt allen Menschen. Was Gott liebt, müssen auch wir lieben; Gottesliebe und Menschenliebe gehören untrennbar zusammen. Diese Liebe ist kein bloßes Gefühl, sondern der ernste Wille, den anderen zu achten und für ihn zu sorgen.

Ist meine Haltung gegenüber den Mitmenschen bestimmt von Achtung und Sorge?

Oder bin ich egoistisch, bestehe ich nur auf meinen Rechten und auf den Pflichten der andern?

Bin ich bereit zu jeder notwendigen und möglichen Hilfe, zu gutem Rat, zu persönlichem Einsatz?

Oder berührt mich die Not des Nächsten nicht?   **(62)**
Mißachte ich sein Eigentum? Habe ich es beschädigt?
Habe ich gestohlen? Gestohlenes oder Geliehenes nicht zu-
rückgegeben? Habe ich Fundsachen von Wert unterschlagen?
Habe ich den anderen wegen seiner Stellung oder seines
Eigentums beneidet?
Achte ich die persönliche Eigenart des anderen; lasse ich
ihn gelten? Sehe ich meine Verantwortung für den anderen?
Bemühe ich mich in meiner Umgebung um Frieden und
Versöhnung?
Oder habe ich das Heil des anderen gefährdet, indem ich
ihn in meine Sünde verstrickte, zum Beispiel durch Ver-
führung zu Unglaube, Diebstahl, Ehebruch, Unkeuschheit,
Meineid? Schließe ich Menschen, gegen die ich Abneigung
empfinde, von meiner Nächstenliebe aus? Habe ich Haß
in mir aufkommen lassen?

MEIN VERHÄLTNIS ZU BERUF, ARBEIT UND BESITZ   **5**

*Der Christ sieht in der Entfaltung seiner Fähigkeiten und
in der Arbeit nicht nur ein Mittel, sich Besitz zu erwerben.
Er weiß, daß er in seinem Beruf und mit seiner Arbeit
auch einen Auftrag Gottes erfüllt: den Mitmenschen zu
dienen und die Welt zu vervollkommnen.*

Bin ich bereit, Gott zu gehorchen, wenn ich erkenne, daß
er mich zu bestimmten Aufgaben ruft? Nehme ich meinen
Beruf ernst? Sehe ich in der Arbeit den Auftrag Gottes und
den Dienst für die Mitmenschen? Achte ich die Person, die
Leistung, die Meinung und Anregungen meiner Mitarbeiter?
Oder suche ich nur den Gelderwerb? Lasse ich unangenehme
Arbeiten liegen? Wälze ich meine Arbeit auf andere ab?
Kann ich den Gebrauch meines Eigentums vor Gott und
den Mitmenschen verantworten? Bin ich fleißig, freigebig,
sparsam?
Oder bin ich faul, verschwenderisch, geizig? Übersteigt mein
finanzieller Aufwand für Genußmittel, Vergnügungen usw.
das vor meiner Familie – angesichts der Not in der Welt –
verantwortbare Maß?

(62) MEIN VERHÄLTNIS ZUM LEBEN

6 *Gott ist Herr über Leben und Tod. Er hat mir Leben, Gesundheit, Kraft, Begabung, Fähigkeiten anvertraut.*

Kann ich meine Lebensführung vor Gott und den Mitmenschen verantworten? Setze ich meine geistigen und
leiblichen Kräfte richtig ein? Sorge ich für meine Gesundheit durch eine vernünftige Lebensweise? Versuche ich,
Krankheit und körperliche Gebrechen geduldig zu ertragen?
Sehe ich auch im Leid einen Weg der Nachfolge Christi
und zu menschlicher Reife?
Oder habe ich mein Leben und meine Gesundheit in Gefahr
gebracht: durch Unmäßigkeit – durch Alkohol, Nikotin und
andere Genußmittel, durch Rauschgift und Drogen –, durch
leichtsinniges Verhalten bei der Arbeit oder in der Freizeit,
durch übertriebenen Sport? Habe ich mich der Resignation,
der Verzweiflung, vielleicht sogar dem Gedanken überlassen, mit meinem Leben Schluß zu machen? Habe ich die
Gelegenheit zur Sünde gesucht?
Fühle ich mich für Leben und Gesundheit meiner Mitmenschen – auch für das ungeborene Leben – verantwortlich?
Oder habe ich das Leben anderer gefährdet oder zerstört –
durch Fahrlässigkeit bei der Arbeit und im Straßenverkehr,
durch Bedrohung oder Gewalttat, durch Abtreibung – Bei-
hilfe, Anraten, schuldhaftes Schweigen? Neige ich zu Roheit
und Härte? Habe ich diese Neigung durch Lektüre, durch
das Ansehen harter Filme usw. gesteigert? Habe ich andere
zur Sünde verführt?

7 MEIN VERHÄLTNIS ZUR GESCHLECHTLICHKEIT

*Gott hat den Menschen als Mann und Frau geschaffen. Sie
ergänzen sich geistig und leiblich. Sie sind Gefährten auf
dem Weg des Lebens, dessen Mitte und Ziel Gott ist. Die
Geschlechtlichkeit prägt ihre ganze Person und macht sie
zu Partnern. Gleichwertig und gleichberechtigt sollen sie
im öffentlichen und privaten Leben zusammenwirken: als
Kollegen, Kameraden, Freunde, Eheleute. Jeder – Mann und*

Frau, verheiratet oder nicht — hat die Aufgabe, seine Ge- **(62)**
schlechtlichkeit in der rechten Ordnung zu leben. Das ver-
langt Ehrfurcht, Zucht, Rücksichtnahme und Anstand. Die
Geschlechtsgemeinschaft ist den Eheleuten als intimstes Zei-
chen ihrer tiefen und ausschließlichen Bindung vorbehalten,
die sich durch das Kind zur Familie erweitert.

Stehe ich den Menschen des anderen Geschlechts unbe-
fangen und beherrscht gegenüber? Widerstehe ich der Selbstsucht, die jede Liebe zerstört? Bemühe ich mich um Lauterkeit meiner Gedanken, Vorstellungen und Wünsche? Wahre
ich den Anstand bei der Wahl meiner Lektüre, der Filme
und Lokale, die ich besuche, in meiner Kleidung, beim
Reden und in meinem Benehmen? Oder lasse ich mich treiben und von der sexuellen Begierde beherrschen?
Suche ich die Person des anderen, meines Ehepartners?
Oder sehe ich in ihm nur ein Mittel zur eigenen Befrie-
digung?
Habe ich die Selbstbefriedigung gesucht? Habe ich die vor-
eheliche Keuschheit verletzt? Habe ich ein unerlaubtes Verhältnis unterhalten? Bejahe ich die Unauflöslichkeit der
Ehe? Habe ich als Verheirateter den Willen zum Kind?
Habe ich den Schöpferwillen Gottes beachtet? Habe ich die
Ehe gebrochen? Respektiere ich die gottgewollte Ordnung
auch gegenüber den Menschen des gleichen Geschlechts?

MEIN VERHÄLTNIS ZUR WAHRHEIT   **8**

Gott ist die Wahrheit. Er ist frei von Irrtum und Lüge.
Wenn ich ihn liebe, muß ich auch mein Leben aufbauen
auf Wahrhaftigkeit und Ehrlichkeit, auf Treue und Zuver-
lässigkeit. Heuchelei und Betrug zerstören die Grundlagen
des menschlichen Zusammenlebens.

Bemühe ich mich, die Wahrheit zu erkennen, den Irrtum
zu vermeiden und mich und andere vor irrigen Wegen zu
bewahren oder zur Wahrheit zurückzuführen?
Oder mache ich mir selbst etwas vor? Will ich mehr scheinen als ich bin?

Kann man sich auf mich verlassen, auf mein Wort, auf
meinen Rat? Oder habe ich gelogen und andere in die Irre
geführt? Versuche ich, mich mit Winkelzügen, durch Ver-
drehen der Tatsachen oder durch Leugnung früherer Äußerungen und Taten der Verantwortung zu entziehen? Habe
ich dadurch anderen vielleicht schweren Schaden zugefügt?
Weigere ich mich, diesen Schaden wiedergutzumachen?
Achte ich die Ehre des andern?
Oder habe ich ihm geschadet durch unwahre oder unnötige
Beschuldigungen, vielleicht sogar vor Gericht, durch Meineid? Habe ich den Schaden am Ruf und der Ehre anderer
nach Möglichkeit wieder gutgemacht?

Vorbemerkung zum dritten und vierten Gewissensspiegel

Die folgenden Gewissensspiegel gehen nur auf einige zentrale
Bereiche des christlichen Lebens ein. Sie sind eher für Gläubige
geeignet, die häufiger das Bußsakrament empfangen, und wollen
helfen, eine freiere und zugleich tiefer greifende Art der Selbstprüfung und des Bekenntnisses einzuüben. Da sie nicht alle Lebensbereiche berücksichtigen, kann man zur Ergänzung die entsprechenden Abschnitte des allgemeinen Gewissensspiegels (Nr. 62)
oder die Zehn Gebote (Nr. 61) heranziehen. Das soll man jeden-
falls tun, wenn man in einem Bereich schwere Schuld auf sich
geladen hat, den die beiden folgenden Gewissensspiegel nicht berücksichtigen.

63 Dritter Gewissensspiegel
Glaube – Hoffnung – Liebe

„Also bleiben Glaube, Hoffnung, Liebe, diese drei;
am größten unter ihnen ist die Liebe" (1 Kor 13,13).

1 GLAUBE

*Gott hat sich uns geoffenbart und ruft uns zum Glauben.
Wer glaubt, hört auf Gott und vertraut sich ihm an. Er
verankert sich in ihm. Nichtglauben kann bedeuten: noch*

nicht glauben, sich noch nicht in Gott befestigt haben, oder: nicht mehr glauben, Gott loslassen und ihm das Vertrauen entziehen. Davon ist zu unterscheiden die Kleingläubigkeit: der Glaube ist schwach, ohne Kraft und Einsatz.

Meditationsworte:
Von Abraham heißt es, daß er „dem geglaubt hat, der die Toten lebendig macht und das, was nicht ist, ins Dasein ruft", daß er „nicht im Unglauben zweifelte an der Verheißung Gottes, sondern stark wurde im Glauben und Gott lobte, fest überzeugt, daß Gott die Macht hat, zu tun, was er verheißen hat" (Röm 4,17.20f).
Der Hebräerbrief umschreibt Glauben als das „Feststehen in dem, was man erhofft" (Hebr 11,1); der Prophet Jesaja betont, daß nur der Glaubende Boden unter den Füßen hat: „Glaubt ihr nicht, so bleibt ihr nicht" (Jes 7,9); und Jesus sagt: „Wer diese meine Worte hört und danach handelt, ist wie ein kluger Mann, der sein Haus auf einen Felsen baute" (Mt 7,24).

Glaube ich an Gott?

Ich frage mich: Habe ich mein Herz festgemacht in Gott? Wer ist Gott für mich? Der eine Gott, dem ich ganz gehöre? Setze ich etwas anderes an seine Stelle? Vergöttere ich etwas, was nicht Gott ist? Einen Menschen? Eine Ideologie? Macht und Besitz?
Bin ich bereit für Gottes Ruf? Bemühe ich mich regelmäßig um innere Sammlung?
Oder will ich nicht hören und fliehe die Stille?
Überantworte ich mein Leben ganz dem Gott, der so treu ist, daß er mich und die Meinen niemals fallenlassen wird?
Stehe ich zu dem Gott, der sich in Jesus Christus auf unsere Seite gestellt hat? Glaube ich auch dann an Gott als den Vater, wenn mir vieles unverständlich und rätselhaft ist?
Jesus hat noch am Kreuz Gott „Vater" genannt.
Ist Gott für mich nur ein unverbindliches „höchstes Wesen"? Eine Art Kontrollbehörde, vor der ich Angst habe, daß sie mir alles kleinlich nachrechnet?

(63) Oder ist er für mich nur der gutmütige „liebe Gott", der für mich dazusein hat?

Ob ich Gott zugleich „fürchte und liebe", wie es sich ihm gegenüber geziemt, erkenne ich am besten an meinem Beten.

Weiche ich Gott bewußt aus? Will ich wirklich mit ihm reden? Oder sage ich nur gedankenlos Gebete auf? Ist mein Beten Hingabe an Gott? Oder fordere ich nur?

Durchdringt mein Verhältnis zu Gott mein ganzes Leben? Den Tag mit seiner Sorge, seiner Berufsarbeit, seinen Höhe- und Tiefpunkten, mit seinen Stunden der Geselligkeit und des Zusammenseins mit Freunden?

Ich will mich und mein Leben in Gott verankern. Ich will Gott und Christus in der Verkündigung der Kirche, in den Worten der Heiligen Schrift suchen und finden. Gott soll über mich vollkommen Herr sein. Er möge mir Vater und erbarmender Richter sein.

Lebe ich aus dem Glauben?

Gott ist treu. Er gibt den Menschen nicht auf, auch wenn dieser ihn enttäuscht.

Überlasse ich mich der Führung Gottes, selbst wenn ich sie nicht verstehe? Glaube ich auch dann, wenn ich mit diesem Glauben allein stehe? Weiß ich, daß Gott sich überall, in jedem Menschen, im öffentlichen Leben, auch in der modernen Welt durchsetzen kann? Bezeuge ich meinen Glauben durch die regelmäßige Mitfeier des Sonntagsgottesdienstes, durch den Empfang der Sakramente, durch die Teilnahme am Leben der ganzen Kirche und meiner Gemeinde? Steht mein Leben im Einklang mit dem Glauben der Kirche? Höre ich auf ihre Weisungen und bin ich bereit, ihnen zu folgen?

Ich will ein Mensch sein, der seinen Glauben in dieser Welt verwirklicht, der sich Gott völlig überläßt, der sich aber auch verpflichtet weiß, im Licht des Glaubens sachlich zu urteilen und verantwortliche Entscheidungen in den Fragen dieses Lebens zu treffen.

Bekenne ich mich zu Gott?   (63)

Äußere ich in Glaubensgesprächen nur Ansichten und Meinungen, die zu nichts verpflichten, oder bekenne ich mich
wirklich zu Gott? Scheue ich mich, den Namen Jesu Christi
auszusprechen? Habe ich Angst davor, für ungebildet oder
unmodern zu gelten, wenn ich zeige, daß ich mich vom
Geist Jesu führen lassen will? Was tue ich und wieviel Zeit
verwende ich darauf, um den Glauben, der mir vielleicht
seit meiner Kindheit mitgegeben ist, zu überdenken und
im Gespräch mit anderen zu vertiefen?

Ich will freimütig für meinen Glauben einstehen und Zugang suchen zum Reichtum Gottes, „im Aufblick zu dem
Urheber und Vollender des Glaubens, Jesus" (Hebr 12,2).

HOFFNUNG   2

*Wer hofft, weiß, daß er auf dem Weg zu Gott ist, seinem
Ziel. Der Hoffende hat Mut und Ausdauer; für ihn ist
Jesus Christus Fundament der Hoffnung und zugleich Anfang und Ende des Weges. Im Glauben an den Kreuzestod
und die Verherrlichung seines Herrn und ausblickend nach
seinem Kommen, geht der Hoffende einer neuen Zeit und
einer neuen Schöpfung entgegen. Wer kleinmütig wird und
resigniert und nicht mehr auf das Ziel zugehen will, der
sündigt gegen die Hoffnung.*

Meditationsworte:
„Ich hoffe auf den Herrn. Meine Seele wartet auf den Herrn
mehr als die Wächter auf den Morgen" (Ps 130,5f).
Jesus spricht: „Ich bin der Weg" (Joh 14,6).

Ich stelle mir die Grundfrage:
Will ich ein Mensch sein, der immer unterwegs ist und
sein Leben von Gottes Verheißungen bestimmen läßt?

Auf welches Ziel blicke ich?

Will ich Christus nachfolgen, auch wenn ich im einzelnen
nicht weiß, wohin es geht?

(63) Oder suche ich nur meine Ruhe und ein möglichst abgesichertes Leben?

Wem überlasse ich die Führung auf dem Weg?

Der Meinung der jeweiligen Gesellschaft?
Dem, was gerade modern ist?
Irgendeiner Modeströmung?

Was fürchte ich unterwegs?

Habe ich Angst vor den Aufgaben, die Familie und Beruf mir stellen? Vor politischen Entwicklungen oder Weltkatastrophen? Bange ich um meinen Besitz? Fürchte ich mich vor dem Abnehmen der Kraft und Schönheit der Jugend, vor dem Ausscheiden aus dem Beruf, vor dem Alter und der Einsamkeit, vor Schmerz und Tod?
Weiß ich, daß ich nicht allein, sondern in der Gemeinschaft der Kirche unterwegs bin? Verstehe ich, daß sich die Kirche auf dem Weg durch die Geschichte immer wieder erneuern muß, weil sie als Kirche der Sünder der Anfechtung ausgesetzt bleibt? Nehme ich dankbar von ihr entgegen, was sie mir als Hilfe auf meinem Weg gibt: die Nähe Gottes in seinem Wort und in den Sakramenten? Mache ich denen, die mit mir unterwegs sind, Hoffnung und führe sie Christus entgegen?
Ich will auf Christus blicken und in der Gemeinschaft derer, die mit mir unterwegs sind, vertrauen, daß „die auf den Herrn hoffen, laufen und nicht matt werden, gehen und nicht müde werden" (Jes 40,31).

3   LIEBE

Wer liebt, sagt Ja zu Gott und seinen Brüdern. Er sieht auf den anderen. Er nimmt ihn an, wie er ist. Er spürt, was er heute nötig hat. Er freut sich am Reichtum Gottes, der sich in der Vielfalt der Menschen und der ganzen Schöpfung widerspiegelt.
Gott ist die Liebe. Er neigt sich zum Menschen und wendet sich ihm zu. Was wäre ich, wenn er sich nicht meiner an-

nehmen würde, wenn Christus uns nicht erlöst und zu **(63)**
seinen Brüdern gemacht hätte? Ich könnte weder Gott lie-
ben noch meine Mitmenschen.

Meditationsworte:
„Du sollst den Herrn, deinen Gott, lieben von ganzem
Herzen und ganzer Seele, mit all deiner Kraft und deinem
ganzen Denken, und: Deinen Nächsten sollst du lieben
wie dich selbst" (Lk 10,27).
„Wer nicht liebt, hat Gott nicht erkannt; denn Gott ist
Liebe" (1 Joh 4,8).
„Die Liebe bläht sich nicht auf, sie sucht nicht ihren Vorteil.
Sie läßt sich nicht herausfordern. Die Liebe hört niemals
auf" (1 Kor 13,4ff).

Ich frage mich: Kann ich mit der Forderung, Gott und meinen Nächsten zu lieben, etwas anfangen?

Liebe ich Gott?

Weiche ich Gott aus? Lebe ich so, als ob es ihn nicht gäbe,
als ob ich nicht getauft und gefirmt und dazu berufen wäre,
mein Leben in Gott zu vollenden?
Suche ich die Nähe Gottes im regelmäßigen Gebet, in der
Teilnahme am Gottesdienst und im Empfang der Sakramente? Nehme ich die Anregungen zum Guten auf und
widerstehe der Versuchung zum Bösen — auch wenn es
mich Opfer kostet?
Liebe ich Christus? Oder sage ich auch nur „Herr, Herr" zu
ihm, ohne den Willen seines Vaters zu tun?
Liebe ich die Kirche, in der Christus weiterlebt, die mir
sein Wort verkündet und mir den Weg zu Gott zeigt?

Liebe ich den Nächsten?

Sehe ich in der Ehe, in der Begegnung mit anderen Menschen, in der Freundschaft und in anderen Gemeinschaften
nur auf mich? Betrachte ich die andern als Mittel zur Erfüllung meiner Wünsche? Gehe ich auf die anderen zu?
Oder verlasse ich mich darauf, daß sie auf mich zukommen?
Bin ich für irgend jemanden wirklich da? Liebe ich meinen

Ehepartner? Oder kaufe ich mich mit leeren Worten oder
mit Geld von den Verpflichtungen los, die ich anderen
Menschen gegenüber habe? Weise ich sie ab? Lasse ich sie
stehen? Mache ich mich vor anderen wichtig – mich groß
und sie klein? Kann ich zuhören? Wieviel Zeit verwende
ich für andere? Für meine Frau, meinen Mann, meine Kinder? Für meine Freunde und Verwandten? Für Kranke und
Arme in meiner Umgebung? Verschließe ich mich und mein
Haus, meine Wohnung den Hilfesuchenden, Alleinstehen-
den, Ratlosen, Fremden, Ausländern? Wie ist meine grund-
sätzliche Einstellung zu den Menschen? Wohlwollend oder
ablehnend, mißtrauisch, kühl, berechnend?

Lasse ich mich durch Enttäuschung verbittern? Gibt es
Menschen, denen ich nicht verzeihe? Fälle ich Pauschalurtei-
le: die Jugend von heute, die Etablierten, die Kapitalisten,
die Umstürzler ...? Setze ich mich für die Ehre und den
guten Ruf der anderen ein? Können sie sich auf mich verlassen?

Ich will mich nicht fürchten, auf die Menschen zuzugehen;
denn Gott ist in Jesus zuerst auf mich zugekommen. Ich
will versuchen, Elende und Arme zu sehen, Entrechtete zu
verteidigen. Ich will bitten um die Kraft, zu verzeihen. Ich
will durch mein Verhalten Zeugnis dafür ablegen, daß Gott
die Welt und jeden Menschen liebt. „Wenn wir einander
lieben, bleibt Gott in uns, und seine Liebe ist in uns vollendet" (1 Joh 4,12).

Vierter Gewissensspiegel   **64**
Leben für andere

Vorbemerkung

Als Christ weiß ich, daß Gott mich dazu berufen hat, nicht als   **1**
einzelner und für mich allein, sondern zusammen mit anderen
und für sie zu leben. Ich bin hineingeboren in eine Familie, in
ein Volk, in die Menschheitsfamilie einer bestimmten Zeit. Ich
lebe in frei von mir gewählten Bedingungen, die meine Treue
fordern: in einer Ehe, in einem Freundeskreis, in einer Ordens-
gemeinschaft. Aber auch sonst, in der Schule, im Beruf und in der
Freizeit lebe ich für kürzere oder längere Zeit mit anderen Menschen zusammen. Als Christ bin ich durch die Taufe aufgenommen in die Kirche, die durch die „Berufung zur Gemeinschaft
Jesu Christi" entsteht. Gerade als Glied der Kirche weiß ich mich
zum Leben mit andern gerufen. Um die Verpflichtung zum Ausdruck zu bringen, die daraus entsteht, fordert Paulus in seinen
Briefen von den Christen immer wieder, „auf das Gute bedacht
zu sein", das heißt, sich um des Guten willen, das Gott uns getan hat, für die Mitmenschen zu öffnen und ihnen Gutes zu
erweisen. Das Böse hingegen, das wir einander zufügen, steht im
Widerspruch zu Gott, der gut ist und das Gute will. Wer gut ist,
der trägt dazu bei, das Gute auch in den anderen zu entfalten, und
baut mit an einer besseren Welt. Wer böse ist, der zerstört.

GRUNDFRAGEN

Ich überprüfe mein Verhalten zu den anderen an einigen   **2**
Grundfragen, die das Zusammenleben in jeder Gemein-
schaft betreffen.

Sehe ich mich als einen Menschen, der sich in der Gemeinschaft bewähren muß? Erkenne ich, daß meine Kräfte und
Fähigkeiten durch das Zusammenleben mit andern erprobt
und entfaltet werden? Denke, bete, rede ich nur im „Ich"
oder auch im „Wir"? Kann ich mich mit andern freuen,
mit ihnen leiden und hoffen? Habe ich den Willen zur
Zusammenarbeit?
Gebe ich anderen in meiner Gegenwart Raum, sich zu entfalten? Sehe ich sie und nehme sie an? Lasse ich sie ausreden? Oder dränge ich ihnen meine Ansichten, meine Art,

(64) die Dinge zu sehen und das Leben zu gestalten, auf? Gehe ich auf die Wünsche und Vorstellungen anderer ein? Oder bin ich unzufrieden, wenn sie sich nicht nach mir richten? Baue ich Brücken zwischen den Menschen oder entzweie ich sie? Weiche ich aus, wenn andere auf mich zugehen oder mich um etwas bitten? Helfe ich Menschen in Not? Trage und gestalte ich das Leben der Gemeinschaft mit? Wende ich Zeit, Kraft, Geld dafür auf? Oder versuche ich, mich den Ansprüchen der anderen möglichst zu entziehen, um meine Ruhe zu haben? Warum suche ich die Gesellschaft andrer Menschen? Nur meinetwegen oder auch ihretwegen? Nur, weil es mir Vorteile bringt oder Ehre einträgt? Nur, weil ich sonst auffallen würde?

Habe ich den Mut, mich auf die Seite der weniger Geachteten und der Bedrängten zu stellen, Angegriffene zu verteidigen, für Wahrheit, Recht und Liebe einzutreten? Oder fürchte ich mich, gegen die Mehrheit mein Wort zu erheben und, wenn nötig, auch zu handeln? Laufe ich blind einfach mit? Bemühe ich mich um eigene Meinung? Halte ich auch dann an ihr fest, wenn es mir vielleicht Nachteile bringt? Bin ich bereit, auf Gegengründe einzugehen und meine Meinung zu ändern, wenn sie sich als falsch erweist?

Einzelfragen

3 *Es gibt viele Einzelfragen, die das Leben in der Gemeinschaft und für die anderen betreffen. Sie können hier nicht alle angeführt werden. Jeder muß die oben genannten Grundfragen selbst auf sein persönliches Leben und auf seine Beziehungen zu anderen Menschen anwenden: in der Familie, in seinem Bekannten- und Freundeskreis, in der Nachbarschaft und im Betrieb. Im folgenden greifen wir beispielhaft einige Einzelfragen heraus.*

4 GEMEINSCHAFT IM WORT

Jesus fordert „Liebe in Wahrheit". Liebe ohne Wahrheit ist keine Liebe, und Gutsein heißt nicht: gutmütig die Lüge und den Irrtum dulden. Weil Jesus Christus „die Wahrheit"

ist, wird vom Christen der Mut verlangt, wahr und wahr- **(64)**
haftig zu sein. Paulus betont, daß dieser Mut schon deshalb
von uns gefordert wird, weil bei Gott selbst nicht „Ja und
Nein" vermischt werden.
Eine wichtige Brücke zum Mitmenschen ist das Wort. In
meinem Sprechen wird offenbar, wie es um mein Gutsein
bestellt ist. Das Wort baut Gemeinschaft auf oder zerstört
sie. Es hilft oder schadet den anderen.
Ich überprüfe mein Reden auf Wahrheit und Wahrhaftigkeit.

Bemühe ich mich um die sachliche Darstellung von Vor-
gängen, Erkenntnissen und Einsichten? Verbreite ich Ge-
rüchte? Habe ich Freude an Klatsch? Gebe ich meine Meinung über andere weiter, ohne sie zu prüfen? Verallge-
meinere oder übertreibe ich? Verleumde ich andere; setze
ich ihre Ehre herab? Neige ich dazu, aus Bosheit oder Bequemlichkeit zu lügen? Sehe ich den Splitter im Auge meines Bruders und übersehe ich den Balken in meinem Auge?

Hinter unseren Worten stehen wir selbst. Deshalb muß dem
Wort die Tat und die Lebensführung entsprechen.

Bin ich glaubhaft und verläßlich? Versuche ich, mir und
anderen etwas vorzuspiegeln, was ich in Wahrheit nicht
bin? Stehe ich zu meinem Wort, oder bin ich wankelmütig?
Es gibt eine absolute Wahrheit, die in Jesus Christus offenbar geworden ist. Pilatus nahm den, der die Wahrheit selber ist, nicht an. Er versuchte, neutral zu bleiben, und verfiel so der Lüge.

Habe ich den Mut, Jesus Christus als die absolute Wahrheit
zu bekennen? Stehe ich zur Lehre der Kirche und trete für
ihre Weisungen ein? Oder spiele auch ich vor den anderen
in Sachen des Glaubens und der Religion den Neutralen?
Verleugne ich den Glauben oder meine Zugehörigkeit zur
Kirche?

Jesus ist die Offenbarung der Liebe Gottes. Diese offenbarte er am meisten, als er am Kreuz sein Leben hingab.
Er hat geboten: „Liebt einander, wie ich euch geliebt." Habe
ich Sehnsucht, alle Menschen so lieben zu können? Bin ich

(64) bereit zu helfen? Kann ich verzichten? Bin ich bereit, mein ganzes Leben für andere dazusein? In einem kirchlichen Beruf?

Das Gutsein muß in der jeweiligen Gemeinschaft verwirklicht werden, in der ich lebe. Darum müssen wir von Zeit zu Zeit prüfen, wie wir in den Gemeinschaften stehen, denen wir angehören. Wir greifen zwei wichtige Beispiele heraus: Ehe und Kirche. Fragen über das Verhältnis zum Staat und zur Gesellschaft findet man an anderen Stellen dieses Buches (Nr. 62).

5   EHELICHE GEMEINSCHAFT

In der Ehe ist besonderer Takt und besondere Ehrfurcht vor den Möglichkeiten und Grenzen des anderen gefordert. Das freie Ja zum Partner meiner Liebe und meines Lebens und dessen Ja zu mir verpflichtet mich zu der stets erneuten Frage, ob ich mich ihm immer weiter öffne.

Das heißt im einzelnen: Nehme ich Rücksicht auf das Gewissen, das Gemüt und die persönliche Eigenart meines Ehegatten? Lebe ich die eheliche Geschlechtsgemeinschaft in Ehrfurcht gegenüber Gottes Willen, in echter Liebe und Verantwortung? Weiß ich, daß eine gute Ehe führen bedeutet, in der selbstlosen Liebe Jesu dem andern zu gehören? Bejahe ich die Ehe als Sakrament, das heißt, als Lebensgemeinschaft, in der die unverbrüchliche Treue und Liebe Christi zu uns Menschen erfahren und dargestellt wird? Stehe ich zur Unauflöslichkeit der Ehe? Weiß ich, daß zum Gutsein in der Ehe auch die Sorge um den Glauben des Partners und die Ehrfurcht vor seinem persönlichen Gottesverhältnis gehört?

Ich habe mich aus freiem Entschluß mit meinem Ehepartner verbunden, ohne bis ins letzte zu wissen, wohin wir beide uns entwickeln werden. Ich muß mir bewußt sein, daß diese Entwicklung durch den Einfluß mitbestimmt wird, den wir aufeinander ausüben.

Sorge ich für das innere Wachstum und für das äußere **(64)**
Wohlergehen des andern? Lasse ich ihm genügend Anerkennung zuteil werden, oder entmutige ich ihn? Habe ich
Schuld an Fehlentwicklungen des andern? Beanspruche ich
ihn einseitig für mich und für meine Wünsche? Dient er
mir andern gegenüber als Gegenstand meines Stolzes —
die Schönheit der Frau, der Berufsstand des Mannes — oder
schätze und liebe ich ihn um seiner selbst willen? Mache
ich ihn mit mir und mit meinem Leben vertraut? Teile
ich meine Gedanken, Hoffnungen und Sorgen mit ihm?
Verschweige ich ihm meine Grenzen? Bete ich mit ihm und
für ihn?

Helfen wir gemeinsam anderen? Bemühen wir uns gemeinsam um ein religiöses Leben? Führen wir unsere Kinder zum Glauben an Gott und zum Leben mit der Kirche?
Öffnen wir ihnen den Sinn für die Schönheit und Größe
der Schöpfung, aber auch für die Not in der Welt — aus-
ländische Arbeitnehmer, Rassenfrage, Entwicklungsländer,
Hunger und Krieg — und für die Möglichkeiten, ihr abzu-
helfen?

Erziehen wir sie zum Dienst an den Mitmenschen, an den
ärmeren und weniger begabten Kameraden, an den Alten
und Bedrängten in der eigenen Familie und in der Nachbarschaft?

GEMEINSCHAFT DER KIRCHE   **6**

Wir alle sind Kirche. Wir alle bilden das Volk Gottes und
sind Glieder am Leibe Christi. Der Heilige Geist verbindet
uns zu einer großen Gemeinschaft. Das gibt uns Geborgen-
heit, legt uns aber auch Pflichten auf. Nach dem Zeugnis
der Apostel bedeutet mit der Kirche leben: Gott anbeten im
Geist und in der Wahrheit, einstimmen in Lob und Dank
für das Heilswerk Gottes in Jesus Christus, Gottes Gutsein
mit der Welt durch das eigene Gutsein in der Welt darstel-
len. In der Verkündigung und in den Sakramenten der
Kirche erfahren wir, wer Gott für uns ist: der Erbarmer, der
die Unbarmherzigkeit richtet. Wir erfahren auch, wie wir

(64) *selber sind: schwach und sündig — und doch von Gott ge-*
liebt; sterblich und bedroht — und doch mit göttlichem Le-
ben beschenkt; Glieder der großen Menschheitsfamilie —
und doch jeder einzelne in seiner Besonderheit von Gott
gewollt; als Brüder und Schwestern Jesu zu seiner Nachfolge
gerufen und in die Welt gesandt, um den Menschen zu
dienen.

Welches Bild habe ich von der Kirche?

Bedeutet mir die Kirche etwas als der Leib Christi, der vom
Leben des Heiligen Geistes erfüllt ist, als Volk Gottes, zu
dem ich gehören darf? Bin ich dankbar, zur Kirche zu gehören? Höre ich auf ihre Stimme? Oder erscheint mir das
Getauftsein und die Zugehörigkeit zur Kirche als Last und
Hindernis? Fürchte ich, dadurch in meinem Leben gehemmt,
vor anderen abgestempelt zu sein oder von ihnen als unmodern verschrien zu werden?

Sehe ich die Kirche nur von außen, in ihrer menschlichen
Unzulänglichkeit? Achte ich nur auf das, was mir nicht
gefällt oder mich stört: auf die Unvollkommenheit der
Amtsträger, der Bischöfe und Priester, auf das schlechte Beispiel vieler Christen, auf Mängel in der Verkündigung und
im Gottesdienst?

Bilde ich mir ein sachliches Urteil über das, was in der
Kirche und durch sie geschieht — über ihre Möglichkeiten
und Grenzen? Bringe ich es fertig, Enttäuschungen aufzu-
arbeiten und mein Urteil zu ändern, wenn ich im Unrecht
war? Helfe ich durch meinen Rat, meine aufbauende Kritik
mit, Fehler und Mängel im Leben der Kirche zu beseitigen,
oder stehe ich grollend abseits?

Wann nehme ich am Leben der Kirche Anteil? Nur bei
Familienfeiern und besonderen Anlässen? Beschränkt sich
meine Teilnahme am kirchlichen Leben auf den Gottesdienstbesuch, oder bleibe ich auch dem Gottesdienst fern?
Bin ich zur Mitarbeit in meiner Gemeinde und darüber
hinaus bereit? Entziehe ich mich den Aufgaben, die ich in
der Kirche erfüllen könnte? Versuche ich, mein Christentum

auch im Alltag zu verwirklichen, oder ziehe ich eine Tren- **(64)**
nungslinie zwischen meiner Zugehörigkeit zur Kirche und
meinem Leben in der Familie, im Beruf und in der Gesellschaft?

Ich überlege, wie ich aktiver am Leben der Kirche und an
ihrer Sendung teilnehmen könnte, zu der ich in Taufe und
Firmung berufen worden bin.

Wo vermag ich mit meinen Kräften, Fähigkeiten und Mit-
teln mitzuhelfen in der Bildungsarbeit und bei den carita-
tiven Aufgaben der Kirche — als Arbeiter, Bauer, Handwer-
ker, als Akademiker, Beamter, Geschäftsmann, als Hausfrau
und Mutter?
Pflege ich den Kontakt mit dem Pfarrer meiner Gemeinde
und mit seinen Mitarbeitern? Habe ich die Möglichkeit,
Aufgaben in der Gemeinde und bei der Gestaltung der
Gottesdienste zu übernehmen? Leiste ich Hilfe, wo es mir
möglich ist, und setze ich mich dafür ein, daß auch andere
nach Kräften helfen?

*Ein überzeugendes Leben in und mit der Kirche ist nicht
möglich ohne die Bewährung im engeren Lebenskreis und
ohne die Kraft, welche wir aus Gebet und Besinnung
schöpfen. Daher frage ich mich:*

Bin ich zu betriebsam in kirchlichen Diensten und Orga-
nisationen? Komme ich in Gefahr, deshalb die Pflichten zu
vernachlässigen, die ich gegenüber meiner Familie, gegenüber meinen Freunden und in meinem Beruf zu erfüllen
habe?
Ist mein Zusammenleben mit meinen Hausgenossen und
Nachbarn ein Zeugnis christlicher Mitmenschlichkeit?
Weiß ich, daß mit der Kirche leben auch heißt: still werden
vor Gott? Wie bete ich? Finde ich noch Zeit, das Wort Gottes zu bedenken, bei mir selbst Einkehr zu halten, in der
Schrift zu lesen oder ein gutes Buch in die Hand zu nehmen
und über das Gelesene nachzusinnen?

65 Beichte der Kinder
(etwa bis zum 9. Lebensjahr)

1 BEGINNE MIT EINEM GEBET

Gott,
ich komme zu dir.
Denn ich weiß:
Du schaust mit Liebe auf mich.
Du siehst, was gut ist in meinem Leben.
Du siehst auch, was ich falsch mache.
Du kennst mich genau.
Vor dir kann ich ehrlich sein.
Dir kann ich alles sagen.
Du vergibst mir.
Deshalb komme ich zu dir.

2 JETZT ÜBERLEGE

Du stehst vor dem heiligen Gott

Gott freut sich, daß du gekommen bist.
Er hat auf dich gewartet.
Er liebt dich.
Er will dir verzeihen.
Deswegen hat er Jesus zu uns Menschen gesandt.

Gott liebt dich.
Denkst du auch daran?
Dankst du ihm?
Wann betest du?

Gott ruft uns am Sonntag zur Kirche.
Kommst du immer, wenn du kannst?
Hilfst du mit,
daß die Messe gut und schön gefeiert werden kann?
Oder störst du?

Du lebst nicht allein

Um dich sind viele Menschen –
die Eltern und Geschwister,

die Spielkameraden und Mitschüler,
die Lehrer und viele andere Erwachsene.

Wir wollen gut miteinander auskommen.
Hast du auf deine Eltern gehört? Warst du ungehorsam?
Hast du geholfen, wenn du gebraucht wurdest?
Hast du gemerkt, wenn andere traurig waren?
Hast du andern eine Freude gemacht?
Hast du mit andern geteilt?
Hast du um Verzeihung gebeten, wenn du etwas falsch
gemacht hast?
Hast du andern vergeben, die dich gekränkt haben?

Wir wollen einander nicht schaden.
Bist du oft trotzig? zornig?
Hast du jemand etwas nicht gegönnt? etwas weggenommen?
oder absichtlich kaputtgemacht?
Hast du andere belogen und betrogen?
Warst du ein Spielverderber?
Hast du in der Schule gestört?

BITTE GOTT UM VERZEIHUNG   **3**

Guter Gott!
Ich möchte gut sein. Ich möchte tun, was du willst.
Ich möchte den anderen helfen.
Ich habe es nicht immer fertiggebracht.
Verzeih mir!

Guter Gott!
Du hast mir so viel Schönes geschenkt.
Ich möchte dankbar sein.
Leider habe ich viel zu viel an mich selbst gedacht.
Verzeih mir!

Guter Gott!
Ich habe Böses angestellt und kann nicht alles gutmachen.
Jesus hat das Böse besiegt.
Er ist am Kreuz für mich gestorben
und hat sein Blut vergossen zur Vergebung der Sünden.
Verzeih mir!

Guter Gott!
Ich darf dir helfen,
den anderen Menschen deine Liebe zu zeigen.
Ich nehme mir vor: ... (Fasse hier deinen eigenen Vorsatz)
Hilf mir dabei!
Amen.

Du kannst auch beten: Nr. 59,6 oder Nr. 66,8

4 GOTT VERZEIHT DIR

Jetzt geh zum Priester und sage:
„Meine letzte Beichte war vor .... Ich bekenne meine Sünden."

Dann sag, was du dir überlegt hast. Wenn dir etwas nicht klar ist, frag den Priester.

Dann spricht der Priester mit dir. In diesem „Beichtgespräch" will er dir helfen, dich besser kennenzulernen. Du sollst merken, was Gott von dir will.

Er legt dir eine „Buße" auf, ein Gebet oder eine gute Tat. Dadurch kannst du zeigen, daß du Gott liebst und dich ändern willst.

Jetzt betet der Priester für dich, daß Gott dir die Sünden verzeiht. Dann gibt er dir im Auftrag Christi die Lossprechung.

5 SPRICH EIN DANKGEBET

Verrichte, wenn es möglich ist, zuerst das Bußgebet.
Danke Gott mit eigenen Worten.
Du kannst auch das folgende Dankgebet sprechen:

Gott, mein Vater, du bist gut!
Du hast mir durch den Priester die Sünden vergeben.
Ich bin so froh darüber.
Ich danke dir!

Jesus, du hast die Kinder zu dir gerufen
und sie gesegnet.
Ich danke dir,
daß du mich wieder zum Vater geführt hast.
Du bist dem Vater gehorsam gewesen
bis zum Tod am Kreuz.
Gib mir den Heiligen Geist,
damit ich mutig und treu bin und meinen Vorsatz ....
nicht vergesse.
Ich will in deiner Liebe bleiben.
Amen.

Weitere Gebete: Nr. 66,12 oder Nr. 50,2

Schülerbeichte   66

VORBEREITUNG

Wenn wir unsere Schuld einsehen, wenn wir sie bereuen 1
und uns bemühen, es besser zu machen, verzeiht uns Gott.
Er liebt uns immer. Wir brauchen ihn. Als Christen gehören
wir zur Kirche. In der Kirche gibt es das Bußsakrament, die
Beichte. Im Bußsakrament erfahren wir, daß Gott für uns
da ist wie ein barmherziger Vater. Seine Liebe ist größer als
unsere Schwachheit und Schuld. Wir brauchen diese Liebe,
damit wir aus unserer Schuld herauskommen und frei und
glücklich werden.
Wie der verlorene Sohn zum Vater kommt und zu ihm
sagt: „Vater, ich habe gesündigt vor dir", so bekennen wir
in der Beichte dem Priester unsere Sünden und werden
von Gott wieder angenommen.

Schriftlesung

Jesus kam nach Jericho und ging durch die Stadt. Dort 2
wohnte ein Mann, der Zachäus hieß. Er war Zollaufseher
und hatte viel Geld. Er wollte Jesus gerne sehen, doch die
Menschenmenge versperrte ihm die Sicht; denn er war klein.

(66) Darum lief er voraus und stieg auf einen Feigenbaum, um Jesus zu sehen, wenn er vorbeikäme. Als Jesus dorthin kam, schaute er hinauf und sagte zu ihm: „Zachäus, komm schnell herunter! Denn ich muß heute bei dir einkehren." Da stieg er schnell herunter und nahm Jesus freudig bei sich auf. Als die Leute das sahen, wurden sie unwillig und sagten: „Bei einem Sünder ist er zu Gast." Zachäus aber wandte sich an den Herrn und sagte: „Herr, sieh doch, die Hälfte meines Vermögens gebe ich den Armen, und wenn ich von jemand zu viel gefordert habe, erstatte ich es vierfach zurück."

Da sagte Jesus zu ihm: „Heute ist in dieses Haus das Heil gekommen; auch dieser Mann ist ein Sohn Abrahams. Denn der Menschensohn ist gekommen, um das Verlorene zu suchen und zu retten!" (Lk 19,1–10)

Betrachtung

Zachäus hat es nicht leicht: überall wird er zurückgesetzt, er ist klein, er nimmt den Leuten das Geld ab, keiner mag ihn. Er müßte einen anderen Beruf haben, er müßte groß und stark sein.

Jesus sieht in das Herz des Zachäus. Er mag ihn, so wie er ist – trotz seiner Fehler, trotz seiner Sünden. „Ich muß heute bei dir bleiben."

Und da passiert es: weil Zachäus merkt, daß Jesus ihn annimmt, ändert er sich von innen her. Jetzt erkennt er, was er verkehrt gemacht hat, und er gibt seinem Leben eine neue Richtung.

Wenn ein Mensch erlebt, daß er angenommen wird, wie er ist, obwohl er gesündigt hat, dann verändert er sich von innen her, dann bekehrt er sich.

Gebet

O Gott, ich weiß, daß du mich liebst trotz meiner Sünden und Fehler. Du bist der gute Vater. Ich komme in Reue über meine Schuld und meine Sünden zu dir. Ich will mich ändern. Ich sehne mich nach Vergebung und Frieden. Schenk mir im Bußsakrament Verzeihung durch Jesus Chri-

stus. Führ mich heraus aus Schuld und Sünde. Laß mich **(66)**
erkennen, wo ich vor dir gesündigt habe, wo ich Gutes
unterlassen und Böses getan habe. Gib mir Kraft, daß ich
es besser mache, daß ich dir dienen und andern helfen kann.

GEWISSENSERFORSCHUNG   3

Gott will, daß wir Gemeinschaft haben mit ihm und unter-
einander. Darin liegt das Glück der Menschen. Gegen seinen
Willen machen wir Menschen uns selbst und andern das
Leben schwer.

Die Menschen sündigen
— weil sie so leben, als ob es Gott nicht gäbe,
— weil sie nur an den eigenen Vorteil denken und andere
ausnützen,
— weil sie keine Verantwortung tragen wollen,
— weil sie sich gehen lassen.

Daher kommt es, daß in der Welt viele schwere Sünden
geschehen. Die Weichen in diese verkehrten Richtungen
werden aber oft schon durch kleine Fehler gestellt. Versuche
mit Hilfe folgender Überlegungen deine Schuld vor Gott
zu erkennen.
Überlege, wo du am schwersten gefehlt hast, wo du am
häufigsten das Gute versäumt hast.

1. Die Menschen sündigen, weil sie so leben, als ob es Gott **4**
nicht gäbe.

Viele wollen Gott gar nicht kennenlernen; sie beschäftigen
sich nicht mit der Bibel und lesen keine religiösen Bücher.
Schüler kümmern sich nicht um den Religionsunterricht;
Erwachsene nehmen an Vorträgen über religiöse Fragen
nicht teil. So erfahren sie nichts über Gott; darum können
sie nicht glauben.
Wenn Menschen nicht mehr beten und nicht mehr zur
Sonntagsmesse kommen, ist das oft ein Zeichen, daß ihnen
Gott, Jesus und die Kirche nichts mehr bedeuten.

(66) *Überlege:*
Bedeutet dir Gott etwas?
Kannst du sagen, warum dich Gott nur wenig interessiert?
Warum hast du nur wenig Interesse an der Kirche?
Möchtest du Gott besser kennenlernen? Liebst du ihn?

Prüfe dich:
Bin ich selbst schuld, wenn mir Gott nicht viel bedeutet?
Bin ich selbst schuld, wenn ich an der Kirche keine Freude
habe?
Habe ich den Religionsunterricht besucht?
Habe ich die Sonntagsmesse mitgefeiert?
Versuche den Grund zu nennen, wenn du nicht mehr betest
oder wenn du nicht mehr zum Gottesdienst kommst.

5   *2. Die Menschen sündigen, weil sie nur an den eigenen
Vorteil denken und andere ausnützen.*

Jesus sagt: „Alles, was ihr von den andern erwartet, das
tut auch für sie."
Viele Menschen meinen, durch Einbruch, Mord, Raubmord,
Betrug, Erpressung kommen sie zu einem Vorteil. So etwas
erkennen wir sofort als Verbrechen.
Aber auch durch kleinere Vergehen können Menschen geschädigt, verbittert, unglücklich werden:
— wenn jemand dem andern absichtlich etwas antut, weil
er weiß, daß sich der andere dann ärgern muß;
— wenn jemand harte, böse, gemeine, lieblose Worte gebraucht, um dem andern weh zu tun.
Durch Verstellung und Lüge suchen sich manche Menschen
kleine und große Vorteile ungerechterweise zu verschaffen:
— sie legen rücksichtslos andere herein durch Worte, Blicke,
Handlungen,
— sie lügen, stehlen, schwindeln und täuschen,
— manche schauen zu, wie ein anderer hereinfällt und warnen ihn nicht: sie haben Schadenfreude.

Überlege: (66)
Denkst du nur an dich selbst? Denkst du auch an das Le-
ben und das Glück der Mitmenschen? Wie versteht ihr euch
gegenseitig in der Familie?
Übst du dich in Opferbereitschaft, im Einfühlen in andere,
im Verstehen-Können, in Großherzigkeit, in Freigebigkeit,
in Geduld?

Prüfe dich:
Habe ich manchmal (oder oft) meinen Vorteil gesucht auf
Kosten anderer?
Was habe ich dabei gedacht? Was habe ich dabei getan?
Habe ich andern „nur so" aus Leichtsinn und Unachtsam-
keit wehgetan?
Habe ich ihnen wehgetan, weil ich nicht nachgeben kann?
Habe ich Dinge entwendet (zum Beispiel im Selbstbedie-
nungsladen)?
Habe ich andern durch Lügen geschadet?
Habe ich andere verklagt, damit ich selber gut dastehe?
Habe ich über andere geschimpft, damit es so aussieht, als
ob ich selber besser wäre?

3. *Die Menschen sündigen, weil sie keine Verantwortung* 6
tragen wollen.

Jesus sagt: „Was ihr dem geringsten meiner Brüder getan
habt, das habt ihr mir getan." Das gilt im Guten wie im
Bösen. Die Menschen aber meinen, wenn sie nichts Böses
tun, stimmt schon alles. Kain sagte zu Gott: „Bin ich denn
der Hüter meines Bruders?" Und genau das will Gott von
uns, daß wir „Hüter" unserer Mitmenschen sind, verantwortlich für unsere Geschwister, Freunde, Bekannten, Eltern, für die Notleidenden, für alle.
Wir leben mit andern Menschen zusammen in der Familie,
in der Schulklasse, bei Sport und Spiel und in andern Gruppen. Diese Gemeinschaften leiden darunter, wenn die einzelnen keine Verantwortung übernehmen wollen. Wer eine

(66) Aufgabe sieht und sich davor drückt, handelt verantwortungslos.

Wir sind nicht nur für die Menschen verantwortlich, sondern auch für die Tiere, Pflanzen und Dinge. Die ganze Schöpfung kann nur dann dem Menschen helfen und ihm Freude machen, wenn er richtig damit umgeht, wenn er Naturkräfte, Maschinen und Werkzeuge nicht zum Vernichten, sondern zum Aufbau verwendet, wenn er für eine gerechte Verteilung der Güter dieser Welt sorgt.

Überlege:

Denkst du an die Aufgaben, die du in der Familie hast? In der Schulklasse? In deiner Gruppe?

Übst du Rücksicht, Vorsicht, Umsicht, Einsicht, Nachsicht, damit ihr gut miteinander leben könnt?

Wann und wo hättest du helfen können, daß sich andere freuen? Bist du bereit, zu verzeihen und um Vergebung zu bitten, wenn du einen Fehler gemacht hast?

Weißt du, daß du deine Mitmenschen verändern kannst, wenn du zu ihnen gut bist?

Hörst du grundsätzlich nicht auf das, was Eltern und Lehrer sagen?

Gehörst du zu den Menschen, die glauben, daß sie durch Ausreden ihre Verantwortung abwälzen können?

Macht es dir Spaß, Sachen, wertvolle Gegenstände zu zerstören?

Wie behandelst du Pflanzen? Wie gehst du mit Tieren um?

Prüfe dich:

Kann ich mich erinnern, daß durch mich jemand (Eltern, Geschwister, Lehrer, Freunde) böse und ärgerlich geworden ist? Was habe ich getan, damit wir wieder gut miteinander sind?

Habe ich einen andern verleitet, Böses zu tun?

Ist durch mich jemand geschädigt worden? Wer? Wodurch?

Habe ich den angerichteten Schaden wieder gutgemacht?

War ich ein Spielverderber?

Wie bin ich mit meinem Taschengeld umgegangen? Tue

ich Gutes damit (Arme, Hungernde, Diaspora, Mission)? **(66)**
Habe ich Einrichtungen, die andere auch benützen, beschädigt?
Habe ich auf der Straße und im Verkehr mich und andere gefährdet?
Habe ich Tiere vernachlässigt oder gequält?

4. Die Menschen sündigen, weil sie sich gehen lassen.   **7**

Der Mensch ist ein „Wunder der Schöpfung". Gott hat ihm viele Kräfte und Fähigkeiten geschenkt. Mit seinem Verstand kann er Dinge und Zusammenhänge erkennen, durch Wissenschaft und Geschicklichkeit lernt er die Erde beherrschen; er kann Freundschaft und Treue halten. Die Menschen sind als Mann und Frau geschaffen, um füreinander dazusein und in Verantwortung neues Leben zu zeugen. Diese Kräfte hat Gott uns anvertraut.
Viele Menschen lassen sich gehen. Aber nur wer sich selbst am Zügel hat, wird gut und glücklich leben. Wir müssen uns etwas abfordern, nicht damit wir uns wehtun, sondern damit wir das tun können, was uns und andern Freude macht. Wir müssen durch Spiel, Sport, Hobbys, Musik, Geselligkeit auch selber für Freude sorgen und Fantasie entwickeln.
Wir können auch andern etwas bieten, und das freut uns. Ohne Fleiß kein Preis! Durch Beherrschung des Körpers und des Geistes können wir mehr Erfolge erleben.
Übertriebener Ehrgeiz kann aber auch verkehrt sein. Man muß Mißerfolge und Niederlagen einstecken können, ohne böse zu werden.
Jeder muß an sich selbst arbeiten. Dazu gehört auch Körperpflege, Gesundheitspflege, daß man auf sich schaut in Kleidung und Benehmen.
Verwahrloste und unhöfliche Menschen sind eine Zumutung für die andern.
Manche Menschen lassen ihre Bedürfnisse und Triebe verkommen und werden dadurch unglücklich. Sie sind unbe-

(66) herrscht in ihren Trieben, im Essen, Trinken, Rauchen, im sexuellen Bereich.

Wer sich nicht mehr selbst beherrschen kann, wird von den Trieben beherrscht. Er verliert seine Freiheit, oft durch eigene Schuld, oft durch Verführung, und wird süchtig. (Trunksucht, Rauschgiftsucht, sexuelle Süchte – Triebverbrechen). Die Genußfreude wird durch die Genußsucht zerstört.

Überlege:

Worin mußt du dich besonders zusammennehmen?

Was liest du? Welche Filme siehst du dir an? Siehst du wahllos Fernsehsendungen an, oder wählst du aus?

Imponieren dir Schamlosigkeit und Gewalttätigkeit?

Hast du Ehrfurcht vor deinem Leib und dem Leib der anderen?

Hältst du deinen Körper gesund und sauber?

Freut dich dein Leben oder kommt es dir langweilig vor?

Was kannst du tun, daß es froher wird?

Welchen Sinn siehst du in deinem Leben?

Prüfe dich:

Habe ich mich vom Zorn hinreißen lassen?

Habe ich mich in kleinen Dingen gehen lassen – aus Bequemlichkeit?

Habe ich mich verführen lassen?

Habe ich meinen Trieben verantwortungslos nachgegeben?

War ich unkeusch? mit anderen?

Bin ich süchtig?

Du kannst die Gewissenserforschung mit einem Gebet abschließen, das Reue und Vorsatz zum Ausdruck bringt.

8 Herr, ich möchte gut sein. Ich habe es versucht; es ist mir nicht gelungen; darum bin ich hierhergekommen.

Wir wollten fröhlich sein – und waren traurig.

Wir wollten miteinander sprechen – und haben geschwiegen.

Ich wollte den andern begegnen – und fand nur mich.

Wir wollten einander glücklich machen – und haben ge- **(66)**
stritten.
Ich wollte an dich denken – und habe es vergessen.
Ich wollte deinen Willen tun – aber ich habe versagt.
Das tut mir leid. Verzeih mir!

Nun bin ich hier, und du bist hier, hier bei uns.
Du bist immer bei mir gewesen, du hast mich immer gesehn.
Du willst, daß wir gut und ohne Sünde sind.
Du willst, daß wir auf dein Wort hören, daß wir dich loben
und ehren.
Du willst, daß wir miteinander reden und zueinander fin-
den.
Du willst, daß wir einander glücklich machen.
Herr, ich glaube, daß es wieder geht.
Wenn du bei mir bleibst, geht es ganz bestimmt.
Herr, es ist schön, ich darf es wieder versuchen.

oder:

Vater, ich habe gesündigt vor dir; ich bin nicht wert, dein **9**
Kind zu heißen. Du hast mich nach deinem Bild erschaffen
und mich zu Großem berufen, und ich habe gesündigt, habe
so klein gedacht, geredet und gehandelt durch meine
Schuld. – Ich blicke aber auf zu dir und deinem Sohn Jesus
Christus. Er ist mein Herr. Auch für mich hat er am Kreuz
sein Blut vergossen. Vergib mir meine Schuld, meine Sünden, meine Fehler. Du bist die ewige Liebe, nimm mich wieder an dein Herz und halte mich fest in deiner Gnade. Ich
will dein sein und dein bleiben. Mach mich frei und führ
mich zur herrlichen Freiheit der Kinder Gottes. – Heilige
Maria, Mutter Gottes, bitte für uns Sünder jetzt und in
der Stunde unseres Todes. Amen.

Andere Reuegebete findest du Nr. 59,5–7 und 7,1–2

BEICHTE   **10**

Texte zur Beichte: Nr. 60,1–4
Wenn du an der Reihe bist, betritt den Beichtstuhl oder das Beichtzimmer und bekenne deine Sünden.

Du kannst etwa so beginnen:

„Ich will beichten und meine Sünden bekennen.
Meine letzte Beichte war vor …
Meine Hauptschuld sehe ich darin, daß ich ….
Als weitere Fehler möchte ich bekennen …"

Wenn es dir schwerfällt, dich auszudrücken, kannst du sagen: „Ich komme nicht allein zurecht; bitte helfen Sie mir."
Am Schluß kannst du sagen: „Ich habe mir vorgenommen, daß ich … "

Nach der Lossprechung verläßt du den Beichtstuhl oder das Beichtzimmer.

11 NACH DER BEICHTE

Durch das Gespräch mit dem Priester ist dir vielleicht noch klarer geworden, wo du dich ändern mußt. Nimm dir nicht zuviel vor, sonst tust du gar nichts.
Mach einen genauen Vorsatz, etwa:
Ab sofort will ich mich nicht mehr so lange betteln lassen zu den kleinen Diensten im Haushalt und in der Familie.
oder: Ich will bei nächster Gelegenheit untertags in die Kirche kommen und beten.
Denk jeden Abend darüber nach, wie du deinen Vorsatz gehalten hast. Mach dir später selbst immer wieder solche Vorsätze, nicht nur dann, wenn du zum Beichten gehst oder zum Bußgottesdienst kommst.
Der Priester hat dir eine „Buße" aufgelegt. Du sollst etwas tun oder ein Gebet verrichten. Schiebe diese Buße nicht auf. Sie soll ein Zeichen deiner Bereitschaft sein.

Dankgebet

12 Gott, ich danke dir, daß du mich liebst und mir die Sünden vergeben hast. Du hilfst mir, gut zu sein. Laß mich durch deine Liebe besser werden. Laß mich gut sein zu den Menschen. Gib mir die Kraft, in Gemeinschaft mir dir zu leben, anderen zu helfen und ihnen Freude zu machen. Dazu gib mir deinen Segen. Amen.

Andere Dankgebete findest du Nr. 60,5; 3,3 und 29,6

Weisungen der Kirche   **67**

Gott schenkt uns seine Gnade vor allem durch die Sakramente. Wir tragen diesen Schatz in zerbrechlichen Gefäßen
(2 Kor 4,7). Die Kirche will uns mit ihren Weisungen helfen, in der Gnade zu verharren, das heißt, in der Gemeinschaft und der Nachfolge des gekreuzigten und auferstandenen Herrn zu leben.

Feiere den Sonntag als „Tag des Herrn"!   **1**

Der Sonntag ist der Tag des Herrn, an dem wir des Todes
und der Auferstehung unseres Herrn feiernd gedenken. Es
muß ein festlicher Tag sein, ein Tag der Gemeinschaft und
der Liebe, an dem die Familie beisammen ist und die Arbeit
ruht.

An Sonn- und Feiertagen nimm regelmäßig an der Eucha-   **2**
ristiefeier teil!

An allen Sonn- und Feiertagen versammeln wir uns, um
das Wort Gottes zu hören, in der Eucharistiefeier des Todes
und der Auferstehung des Herrn zu gedenken, Gott dankzusagen und in der Fürbitte für alle Welt einzutreten. Je
tiefer wir das Geheimnis der heiligen Messe verstehen, umso freudiger werden wir allsonntäglich daran teilnehmen.
Die Sonntagsmesse wird dann zu einer Quelle, aus der wir
Kraft für unser Leben in Familie und Beruf schöpfen.
Das Versäumen der sonntäglichen Eucharistiefeier ohne
schwerwiegenden Grund ist eine ernsthafte Verfehlung vor
Gott und der Gemeinde. Wer sich ohne Grund immer wieder der sonntäglichen Eucharistiefeier entzieht, steht im
schweren Widerspruch zu dem, was er seiner Gemeinde als
getauftes und gefirmtes Mitglied schuldig ist, und er weist
damit zugleich undankbar das Angebot Gottes zurück.
Wenn die Teilnahme an der Sonntagsmesse aus einem
wichtigen Grund nicht möglich ist, sollen wir an der sonntäglichen Kommunionfeier teilnehmen oder durch das Mit-

lesen und Mitbeten der Meßtexte oder in einer anderen Weise (geistliche Kommunion) uns der Feier der Gemeindemesse anschließen.

3 Am Freitag bring ein Opfer!

Am Karfreitag hat der Herr seinen Leib für uns dahingegeben und sein Blut für uns vergossen. Seine Liebe zu uns kostete ihn das Leben. Verzicht auf Fleischspeisen und Genußmittel (Abstinenz), Fasten, Werke der Buße, der Sühne und der Liebe, die im persönlichen Leben spürbar sind, werden zu Zeichen der Verbundenheit mit dem leidenden Herrn und den leidenden Mitmenschen. Sie sind ein Weg zur Freiheit und zur Freude.

4 Empfange regelmäßig, wenigstens aber in der österlichen Zeit, die Sakramente der Buße und des Altares!

An Ostern feiert die ganze Kirche und jede Gemeinde in der Freude des neuen Lebens gemeinsam das große Fest der Erlösung: Tod und Auferstehung des Herrn. Darum soll jeder Christ wenigstens in der Osterzeit in voller Weise an der Eucharistiefeier teilnehmen, indem er auch zum Tisch des Herrn geht.

Nach einer guten Vorbereitung in der Fastenzeit soll jeder Christ, möglichst in der österlichen Zeit, die Vergebung der Schuld im Bußsakrament erbitten und sein Verhältnis zu Gott und den Menschen neu ordnen.

Da wir aus der Begegnung mit dem Herrn in den Sakramenten Hilfe und Heil erlangen, empfiehlt uns die Kirche die r e g e l m ä ß i g e Beichte und die ö f t e r e heilige Kommunion.

5 Hilf der Kirche und deiner Gemeinde!

Durch Taufe und Firmung sind wir der Kirche eingegliedert. In jeder Eucharistiefeier erfahren wir uns neu als Brüder und Schwestern. Wir sind mitverantwortlich für die Weitergabe des Glaubens, für den Gottesdienst der Gemeinde, für seelsorgerische und caritative Dienste. Die Formen unseres Einsatzes sind mannigfaltig: Mitarbeit, Beratung, Übernahme von Diensten und Ämtern, Gebet und Opfer, finanzielle Beiträge. Wir alle sollen einen Teil unserer Freizeit für die Kirche zur Verfügung stellen und sollen, jeder in seiner Weise, zum gemeinsamen Werk einmütig zusammenarbeiten.

Dienst des Christen in Kirche und Welt   **68**

Die Welt braucht Christus. Sie braucht seine verwandelnde Kraft, die das Dunkel des Lebens erhellt und selbst dem Sterben einen Sinn zu geben vermag. Aus dem Tod und der Auferstehung des Herrn strömt diese erlösende Kraft in die Welt. Der Christ wird in Taufe, Firmung und Eucharistie mit dem Geist Christi erfüllt und seinem Leib eingegliedert. Er kann und soll seine Christusbegegnung den andern vermitteln. So ist der Christ herausgerufen und zum Dienst an der Welt berufen. Die meisten Christen leisten diesen Dienst in der Familie und erhalten dazu die Kraft durch ein eigenes Sakrament, das Sakrament der Ehe. (s. Nr. 72) Viele müssen aus mancherlei Gründen auf die Ehe verzichten, andere versagen sich freiwillig die Gründung einer Familie. Wie Marta dienen sie dem Herrn, wenn sie sich um die Bedürfnisse der andern sorgen und in Kirche und Welt manche Dienste übernehmen, zu denen die Verheirateten wegen ihrer Aufgaben in der Familie weniger Zeit und Kraft haben. Einige hat der Herr auserwählt, daß sie im Priester- und Ordensstand ehelos leben, um Gott und den Menschen ungeteilt zu dienen. (s. Nr. 70)
Diese alle führt Christus zu einer Gemeinschaft zusammen, die wir Kirche nennen (vom griechischen „kyriake" = die dem Herrn gehören, neutestamentlich „ekklesia" = die herausgerufen sind).

Nach den Worten des ersten Petrusbriefes ist diese Gemeinschaft das auserwählte Geschlecht und die königliche Priesterschaft, die sich Gott dem Vater durch Jesus Christus als Opfer im Heiligen Geist darbringt und so mitwirkt am Heil der Welt. Sie ist das Volk, das Gott aus der Finsternis in sein helles Licht berufen hat, damit es seine großen Taten verkündet.

Sichtbar wird diese Gemeinschaft und ihre Aufgabe vor allem dann, wenn die Getauften sich zum Gottesdienst versammeln, für die Welt beten und in brüderlicher Liebe das Opfer des Herrn feiern.

Praktisch bewähren muß sich diese Berufung im Mitwirken am Frieden der Welt, im Dienst am notleidenden Bruder, der Hunger und Durst hat, der Wohnung und Kleidung braucht, der Freiheit und Geborgenheit sucht. Dann wird durch den Christen für die Welt der Geist Christi spürbar, von dem er selber sagt: „Er hat mich gesandt, um den Armen die Heilsbotschaft zu bringen, um den Gefangenen die Befreiung und den Blinden das Augenlicht zu verkünden, um die Zerschlagenen in Freiheit zu setzen und ein Gnadenjahr des Herrn auszurufen" (Lk 4,18–19) .

Gesänge und weitere Anregungen zu diesem Thema in den Abschnitten „Leben aus dem Glauben", Nr. 614–633 und „Kirche", Nr. 634–651 und Andachten.

69 Dienste in der Kirche

Damit die Gemeinde ihren erlösenden Dienst tun kann, gibt der Heilige Geist den verschiedenen Gliedern verschiedene Gaben und Befähigungen. Diese führen zu einer großen Vielfalt von Diensten in der Kirche.

Vor allem hat Christus in der Kirche das Priesteramt gestiftet. Durch den Dienst der Priester beim eucharistischen Opfer und bei der Spendung der Sakramente, im Dienst der Nächstenliebe und in der Leitung der Gemeinde wird die Kirche erbaut und das Gottesvolk zusammengeführt (s. Nr. 71).

Die Gemeinde braucht Helfer für den Unterricht, für den Gottes-
dienst, für die Betreuung der Armen, Kranken und Alten, Helfer
in der Sorge für die Kinder und die Jugendlichen und in der
Sorge um den Zusammenhalt der Gemeinde.
Im Lauf der Zeit haben sich aus diesen Dienstleistungen dauernde
Beauftragungen herausgebildet, so der Katechet, die Gemeinde-
assistentin, der Mesner (Küster, Sakristan), der Kantor (Sän-
ger, Organist, Chorleiter). Nach alter Überlieferung werden die
Beauftragungen zum Lektor (Vorleser) und zum Akolythen
(Kommunionhelfer) nach entsprechender Bewährung durch den
Bischof ausgesprochen.
In einer besonderen Weise wird die Berufung des Christen im
Ordensstand gelebt.

Der Ordensstand   70

Wenn du vollkommen sein willst, geh, verkauf deinen Besitz und
gib das Geld den Armen; so wirst du einen Schatz im Himmel
haben; dann komm und folge mir nach (Mt 19,21).
Christen, die von Gott dazu berufen sind, schließen sich in Gemeinschaften zusammen, um der Kirche in besonderer Weise zu
dienen. Sie wollen Christus sichtbar machen, wie er auf dem
Berg im Gebet verweilt, wie er dem Volk das Reich Gottes
verkündet, wie er die Kranken und Schwachen heilt und die
Sünder zum Guten bekehrt, wie er die Kinder segnet und allen
Wohltaten erweist und wie er in allem dem Vater gehorsam ist.
Durch ein öffentliches Versprechen (Gelübde) weihen sie ihr Le-
ben Gott, um nach dem Beispiel Christi (Evangelische Räte) ein
Leben in Armut, Jungfräulichkeit und Gehorsam zu führen. Die
Ordensleute geben so durch ihren Stand ein deutliches und her-
vorragendes Zeugnis dafür, daß die Welt nicht ohne den Geist
der Seligpreisungen der Bergpredigt verwandelt und Gott dargebracht werden kann.
Sie bezeugen in der Kirche, daß wir alle unterwegs sind auf die
Zukunft hin, in der „Gott alles in allem" sein wird. Sie tragen
dazu bei, den Sinn für die „Letzten Dinge" im Volk Gottes lebendig zu halten.
Das Ordensleben hat unter Führung des Heiligen Geistes entsprechend den jeweiligen Erfordernissen der Zeit vielerlei Formen
angenommen und ist auch heute ein Segen für Kirche und Welt.

71 Die Priesterweihe – das Weihesakrament

1 Aus dem Kreis der Jünger hat Jesus zwölf ausgewählt und ihnen besondere Aufgaben übertragen. Die Apostel haben an vielen Orten die Botschaft vom Reich Gottes verkündet und die Menschen zur Umkehr gerufen, sie getauft und ihnen die Sünden nachgelassen.

So haben sie Gemeinden gegründet und geleitet und die priesterliche Sendung Jesu fortgeführt, der sein Leben geopfert hat für alle. Die Apostel haben diesen Auftrag ihres Meisters weitergegeben, indem sie anderen die Hände auflegten und sie zu priesterlichen Leitern und Dienern der Gemeinden bestellten. Durch das apostolische Amt wirkt Christus weiter als Haupt in der Kirche überall dort, wo das Evangelium verkündigt wird, Gemeinden gesammelt und geleitet werden, Vergebung der Sünden geschenkt und vor allem die Eucharistie gefeiert wird.

Dieses von Christus gestiftete apostolische Amt hat sich in mehrere Stufen entfaltet:

zum Dienst der Bischöfe, welche die Fülle des apostolischen Auftrags und Priesterdienstes innehaben,

zum Dienst der Priester, den verantwortlichen Mitarbeitern des Bischofs,

zum Dienst der Diakone, der Helfer im Aufbau der brüderlichen Gemeinde.

Zu diesem Dienst als Bischof, Priester und Diakon werden getaufte Männer bestellt und ermächtigt im Sakrament der Weihe (Ordination). Dieses Sakrament wird während der heiligen Messe gespendet. Sein Kern ist die Handauflegung und ein Weihegebet des Bischofs. Dazu kommen eine öffentliche Befragung nach der Bereitschaft zum Dienst, das gemeinsame Beten der Litanei und ausdeutende Zeichen.

Aus dem Weihegebet für Priester

2 Allmächtiger Vater, wir bitten dich, gib diesen deinen Dienern die Würde des Priestertums. Erneuere in ihnen den Geist der Heiligkeit. Das Amt, das sie aus deiner Hand, o Gott, empfangen, die Teilhabe am Priesterdienst, sei ihr Anteil für immer. So sei ihr Leben für alle Vorbild und Richtschnur.

Gebete für Papst, Bischöfe und Priester: Nr. 27 und 787,6–8

Sorge um geistliche Berufe

Unsere Zeit ruft nach glaubensstarken, opferbereiten und zeit- **3**
nahen Priestern, Diakonen und Ordensleuten. Die erste Antwort
des Gottesvolkes auf diesen Ruf ist das Gebet gemäß der Weisung
Christi: „Bittet den Herrn der Ernte, daß er Arbeiter in seine
Ernte sende" (Lk 10,2). Denn nur dort, wo Menschen beten und
sich um ein christliches Leben bemühen, wird das Wesen und
die wahre Bedeutung solcher Berufe erkannt.
Aufgabe der gesamten christlichen Gemeinde ist es, geistliche
Berufe zu fördern. Sie tut das vor allem in einem wirklich christlichen Familienleben, durch erzieherische Hilfen in Schulen, Hei-
men und Jugendgemeinschaften, durch das Beispiel froher und
eifriger Priester und Ordensleute.
Dem Gebet und der Information über geistliche Berufe dienen
vor allem der Welttag der geistlichen Berufe (4. Sonntag der Osterzeit), die Quatemberwochen und vielerorts der erste Donnerstag
bzw. Samstag im Monat („Priestersamstag").

Das Sakrament der Ehe   72

Christus liebt seine Kirche. Er gibt sich für sie hin und ist ihr in
bleibender Liebe verbunden. Der Bund zwischen Christus und
Kirche ist unlösbar.
Die Ehe ist Abbild dieses Bundes zwischen Christus und der Kirche. Mann und Frau geben sich einander hin. Durch ihr Jawort
und ihre Liebe treten sie in die unauflösbare Gemeinschaft.
Ihren Bund heiligt und stärkt der Herr durch seine Gnade. Wir
nennen den Bund christlicher Eheleute das Sakrament der Ehe.
Die Kirche verherrlicht Gott und sucht Wachstum und Vollendung
ihrer Gemeinschaft durch Christus. Auch die Eheleute sollen in
der Gnade Christi Gott loben und preisen, einander partner-
schaftlich dienen und sich ergänzen. Durch die Kinder, die Gott
schenkt und welche die Eheleute wünschen, wird die Ehe zur
Familie, in der Glaube, Hoffnung und Liebe zur Vollendung gelangen sollen. Christliches Leben in der Familie zeigt sich im täglichen Gebet (vgl. Nr. 20), im gemeinsamen Gottesdienstbesuch und
im helfenden Dienen; es bewährt sich in der Treue zu Gottes
Gebot und im gläubigen Ertragen der Nöte und Sorgen des
Alltags.

Das Ja zueinander sprechen christliche Eheleute darum in der Gemeinschaft des lebendigen Christus, in der Kirche. Für gewöhnlich wird die Trauung in der Messe gehalten, in der Feier des Bundes, den Christus am Kreuz mit uns geschlossen hat. Der gemeinsame Empfang der Kommunion stärkt in den Brautleuten und in der ganzen Gemeinde die Liebe und Gemeinschaft mit Christus und untereinander.

73 Die Feier der Trauung

Die Trauung wird gewöhnlich in Verbindung mit der Messe gefeiert, außerhalb der Messe in Verbindung mit einem Wortgottesdienst. Die Trauung findet im Anschluß an die Homilie statt.

1 BEFRAGUNG NACH DER BEREITSCHAFT ZUR CHRISTLICHEN EHE

Die folgenden Fragen richtet der Zelebrant zunächst an den Bräutigam; dann richtet er die gleichen Fragen an die Braut.

Z N., ich frage Sie: Sind Sie hierhergekommen, um nach reiflicher Überlegung und aus freiem Entschluß mit Ihrer Braut N./Ihrem Bräutigam N. den Bund der Ehe zu schließen?
Antwort: Ja.

Z Wollen Sie Ihre Frau/Ihren Mann lieben und achten und ihr/ihm die Treue halten alle Tage Ihres Lebens?
Antwort: Ja.

Dann richtet der Zelebrant an beide gemeinsam die Fragen:

Z Sind Sie beide bereit, die Kinder anzunehmen, die Gott Ihnen schenken will, und sie im Geist Christi und seiner Kirche zu erziehen?
Beide antworten: Ja.

Sind Sie beide bereit, als christliche Eheleute Mitverantwortung in der Kirche und in der Welt zu übernehmen?
Beide antworten: Ja.

SEGNUNG DER RINGE   2

Z Treuer Gott, du hast mit uns einen unauflöslichen Bund
geschlossen. Wir danken dir, daß du uns beistehst. Segne +
diese Ringe und verbinde die beiden, die sie tragen, in Liebe
und Treue. Darum bitten wir durch Jesus Christus, unseren
Herrn.
A Amen.

VERMÄHLUNG

Die Brautleute können für die Erklärung des Ehewillens zwischen
zwei Formen wählen, (a) dem Vermählungsspruch und (b) der Vermählung durch das Ja-Wort.
Beide Formen sind mit dem gegenseitigen Anstecken der Eheringe verbunden.

a) Vermählungsspruch   3

Z So schließen Sie jetzt vor Gott und vor der Kirche den Bund
der Ehe, indem Sie das Vermählungswort sprechen. Dann
stecken Sie einander den Ring der Treue an.

Der Vermählungsspruch kann entweder vom Priester vorgesprochen
und von den Brautleuten wiederholt oder von diesen auswendig gesprochen (oder abgelesen) werden.
Der Bräutigam/die Braut nimmt den Ring des Partners und spricht:

N., vor Gottes Angesicht nehme ich dich an als meine
Frau/meinen Mann. Ich verspreche dir die Treue in guten und
bösen Tagen, in Gesundheit und Krankheit, bis der Tod uns
scheidet. Ich will dich lieben, achten und ehren alle Tage meines Lebens.

Er/sie steckt ihr/ihm den Ring an und spricht:

Trag diesen Ring als Zeichen unserer Liebe und Treue:
Im Namen des Vaters und des Sohnes und des Heiligen Geistes.

b) Vermählung durch das Ja-Wort   4

Z So schließen Sie jetzt vor Gott und der Kirche den Bund
der Ehe, indem Sie das Ja-Wort sprechen. Dann stecken Sie
einander den Ring der Treue an.

Die folgenden Texte werden zunächst von Zelebrant und Bräutigam und anschließend von Zelebrant und Braut gesprochen:

Z N., ich frage Sie vor Gottes Angesicht:
Nehmen Sie Ihre Braut N. an als Ihre Frau/Ihren Bräutigam N. an als Ihren Mann und versprechen Sie, ihr/ihm die Treue zu halten in guten und bösen Tagen, in Gesundheit und Krankheit, und sie/ihn zu lieben, zu achten und zu ehren, bis der Tod Sie scheidet? (– Dann sprechen Sie: Ja. –)
Antwort: Ja.

Z Nehmen Sie den Ring, das Zeichen Ihrer Liebe und Treue, stecken Sie ihn an die Hand Ihrer Braut/Ihres Bräutigams und sprechen Sie: „Im Namen des Vaters und des Sohnes und des Heiligen Geistes."

Beim Anstecken des Ringes spricht der Bräutigam/die Braut:
Im Namen des Vaters und des Sohnes und des Heiligen Geistes.

5 BESTÄTIGUNG DER VERMÄHLUNG

Z Reichen Sie nun einander die rechte Hand.

Gott, der Herr, hat Sie als Mann und Frau verbunden. Er ist treu. Er wird zu Ihnen stehen und das Gute, das er begonnen hat, vollenden.

Der Zelebrant legt die Stola um die ineinandergelegten Hände der Brautleute, legt seine rechte Hand darauf und spricht das Bestätigungswort, das mit den folgenden Worten abgeschlossen wird:

Sie aber (N. und N. (die Trauzeugen)) und alle, die zugegen sind, nehme ich zu Zeugen dieses heiligen Bundes. „Was Gott verbunden hat, das darf der Mensch nicht trennen." (Mt 19,6)

6 FEIERLICHER TRAUUNGSSEGEN

Die Brautleute können dazu niederknien. Der Zelebrant spricht über sie den Feierlichen Trauungssegen. Es folgen die Fürbitten, bei denen sich Eltern, Verwandte und Freunde der Brautleute beteiligen können.

Die Gemeinde singt vor oder nach der Segnung oder nach den
Fürbitten einen geeigneten Gesang.

74

1. Gott, der nach sei - nem Bil - de
   hat uns seit je zur Freu - de
aus Staub den Men-schen macht, Er
ein - an - der zu - ge - dacht.
fügt euch nun zu - sam - men, läßt Mann und
Frau euch sein, ein - an - der Wort und
Treu - e, ein - an - der Brot und Wein.

2. Und wie der Mensch die Antwort / von Anfang an ent-
behrt, / solange er nicht Liebe / des anderen erfährt, / so
sollt auch ihr von nun an / in nichts mehr ganz allein, /
vereint an Leib und Herzen, / einander Antwort sein.

3. Und wie zu zwei und zweien / der Mensch den Weg
durchmißt, / wenn er zum Ende wandert / und Gott ihm
nahe ist, / so wird er bei euch bleiben / im Leben und im
Tod; / denn groß ist das Geheimnis, / und er ist Wein
und Brot.

T: Huub Oosterhuis,
Übertragung Nikolaus Greitemann und Peter Pawlowsky 1967
M: Erhard Quack 1971
Das Lied kann auch auf die Melodie „O Gott, nimm an die Gaben",
Nr. 468 gesungen werden.

75 Der Christ in der Krankheit

Auch wenn keine unmittelbare Todeskrankheit besteht, fühlt
sich der länger Kranke ausgeschlossen aus der Gemeinschaft. Er
lebt am Rande. Es ist eine wichtige Aufgabe der Gemeinde, sich
um die Kranken zu kümmern und sie zu besuchen. Sie sollen frei
sein von wirtschaftlichen Sorgen, sollen teilnehmen können am
Leben der Gemeinde, soweit möglich auch an der Eucharistie.
(Vergl. Nr. 371)
Der Kranke wird von den Fragen der menschlichen Existenz stärker angerührt als der Gesunde. Er kann daher bewußter leben
und glauben. Er kann aber auch leichter scheitern. Daher sind für
den Kranken das Wort der Schrift und das Gebet besonders wichtig.
Für den Getauften ist Krankheit nicht sinnlos. Sie wird zur Teilnahme am erlösenden Leiden Christi. Der Kranke ist berufen,
auf diese Weise dem Heil der Welt zu dienen.
Vielerlei Not kommt auf den Menschen zu. Für die besondere
Not der Krankheit hat Christus ein eigenes Sakrament vorgesehen. In der Krankensalbung zeigt er sich als der Heiland, der
die Kranken liebt und der dem Menschen gerade in der Gefährdung des Lebens nahe ist.

76 Die Krankensalbung

Zur Krankensalbung richtet man das Zimmer her und bereitet
einen Tisch mit Kreuz, Kerzen und Weihwasser vor.
Der Priester begrüßt den Kranken und die Anwesenden. Es folgt
das allgemeine Schuldbekenntnis oder die Beichte. In unmittelbarer Todesgefahr kann anschließend dem Kranken der voll-
kommene Ablaß gewährt werden.
Danach wird von einem Anwesenden ein Wort aus der Heiligen
Schrift gelesen (z.B. Jak 5, 13–16; Röm 8, 18–27; Röm 8, 31b–39).
Nach den Fürbitten legt der Priester dem Kranken die Hände
auf. Dann spricht er über das Öl ein Dankgebet:

P Sei gepriesen, Gott, allmächtiger Vater: Für uns und zu
unserm Heil hast du deinen Sohn in diese Welt gesandt.
Wir loben dich.   A   Wir preisen dich.

P Sei gepriesen, Gott, eingeborener Sohn: Du bist in die Niedrigkeit unseres Menschenlebens gekommen, um unsere Krankheiten zu heilen.
Wir loben dich.   A Wir preisen dich.
P Sei gepriesen, Gott, Heiliger Geist, du unser Beistand: Du gibst uns Kraft und stärkst uns in den Gebrechlichkeiten unseres Leibes mit nie erlahmender Kraft.
Wir loben dich.   A Wir preisen dich.
P Herr, schenke deinem Diener/deiner Dienerin, der/die mit diesem heiligen Öl in der Kraft des Glaubens gesalbt wird, Linderung seiner/ihrer Schmerzen und stärke ihn/sie in seiner/ihrer Schwäche. Durch Christus, unsern Herrn.
A Amen.

Nun salbt der Priester den Kranken/die Kranke auf der Stirn und auf den Händen. Dabei spricht er:
P DURCH DIESE HEILIGE SALBUNG HELFE DIR DER HERR IN SEINEM REICHEN ERBARMEN, ER STEHE DIR BEI MIT DER KRAFT DES HEILIGEN GEISTES. A AMEN.
DER HERR, DER DICH VON SÜNDEN BEFREIT, RETTE DICH, IN SEINER GNADE RICHTE ER DICH AUF. A AMEN.

Nach einem Gebet des Priesters sprechen alle das Vaterunser. Danach können der/die Kranke und die Anwesenden, wenn sie es wünschen, die heilige Kommunion empfangen. Die Feier schließt mit dem Segen des Priesters.

Vom Sterben des Christen   77

Das Sterben des Christen: 1
mit Christus durch den Tod zum Leben

Das Leben des Menschen ist überschattet von der Gewißheit des Todes. Christus aber hat in seinem Sterben den Tod besiegt und in seiner Auferstehung uns den Zugang zum ewigen Leben geöffnet. In der Taufe wird der Mensch mit Christus verbunden und erhält Anteil an seinem Leben.
In der Kommunion empfängt der Christ den Leib des Herrn als Kraft für seinen Weg durch das Leben; für den Gläubigen wird die Kommunion auch zur Wegzehrung auf dem letzten Weg

durch den Tod in das ewige Leben. Im christlichen Sterben vollenden sich die Taufe und das christliche Leben.

„Keiner von uns lebt sich selber, und keiner stirbt sich selber: Leben wir, so leben wir dem Herrn, sterben wir, so sterben wir dem Herrn. Ob wir leben oder ob wir sterben, wir gehören dem Herrn" (Röm 14, 7—8).

Wer daher lebt und stirbt im Glauben an diese Verbindung mit dem Herrn, in der Hoffnung auf die Vollendung im Tod und in der Liebe zu Gott und den Menschen, für den ist das Sterben Übergang ins neue Leben.

Beim Begräbnis ehren wir den Leib, in dem dieses menschliche und göttliche Leben sich ausgeprägt hatte, und geben ihn der Erde zurück als Samenkorn für die Auferstehung.

2 Das Sterben des Christen in der Gemeinschaft der Kirche

Alle Glieder des Leibes Christi, die Getauften auf Erden, die Armen Seelen in der Läuterung und die Vollendeten im Himmel, sind miteinander verbunden. Darum bittet die Kirche auf Erden, der Verstorbene möge von seinen Sünden gereinigt und mit den Heiligen zum Festmahl im Reich Gottes zugelassen werden. Insbesondere feiert sie für die Verstorbenen die Eucharistie; sie verkündet darin Tod und Auferstehung des Herrn und dankt für die Erlösung; sie bekennt ihren Glauben an das ewige Leben und erhält jetzt schon daran Anteil am Tisch des Herrn. Die Lebenden sind nirgends enger verbunden mit den Verstorbenen als in Christus; diese Gemeinschaft wird verwirklicht in der Eucharistie.

Vom Sterben eines Christen ist die ganze Gemeinde betroffen. Ihre Aufgabe ist es, für den Verstorbenen zu beten, in Gebet und Gesang den Glauben an die Auferstehung zu bekräftigen, die Angehörigen dadurch in ihrem Schmerz zu trösten und durch Werke der Nächstenliebe die Verbundenheit der Glieder mit Christus und untereinander zu stärken.

3 Am 2. November, dem Tag Allerseelen, betet die Kirche in besonderer Weise um das Heil ihrer verstorbenen Glieder. In der Feier der Eucharistie und im gläubigen Empfang der Sakramente, in Gebet und Ablaß und durch den Besuch der Friedhöfe zeigen die Gläubigen ihre Verbundenheit mit denen, die ihnen im Glauben vorausgegangen sind. Sie vertrauen auf Gottes Barmherzigkeit und bekennen die Auferstehung des Fleisches und die Gemeinschaft der Heiligen (1. November).

Einen Ablaß für die Verstorbenen gewinnt, wer am Allerseelentag
eine Kirche oder einen Friedhof besucht und dabei das Gebet
des Herrn und das Glaubensbekenntnis verrichtet; Voraussetzung
sind Beichte, Kommunionempfang und Gebet in der Meinung
des Heiligen Vaters.

Die Wegzehrung   78

Der Christ, der in unmittelbarer Todesgefahr schwebt, soll durch
das Sakrament der Wegzehrung mit dem Leib und dem Blut Chri-
sti gestärkt werden. Dies kann mit Zustimmung des Bischofs auch
innerhalb einer häuslichen Meßfeier geschehen.
Im Unterschied zur Form der einfachen Krankenkommunion (vgl.
Nr. 371) erneuert der Kranke beim Empfang der Wegzehrung das
Bekenntnis des Glaubens, das er bei der Taufe abgelegt hat:
Glaubst du . . . ? – Ich glaube.
Nach dem Kommunionempfang:

Christus bewahre dich und führe dich zum ewigen Leben.
Der/die Kranke antwortet: Amen.

Schlußgebet

Gott, dein Sohn ist für uns der Weg, die Wahrheit und das Leben. Schaue gnädig her auf deinen Diener/deine Dienerin N.
Er/Sie vertraut deinem Wort und ist gestärkt durch den Leib
(durch das Blut) deines Sohnes. Laß seine/ihre Hoffnung
nicht zuschanden werden. Gib ihm/ihr die sichere Zuversicht, in dein Reich zu gelangen, wo alles Licht und Leben ist.
Durch Christus, unseren Herrn.   A   Amen.

Sterbegebete   79

Das Gebet in der Sterbestunde verbindet den Menschen mit seinem
Gott. Die Umstehenden helfen dem Sterbenden, die Zuversicht zu
stärken und die Angst vor dem Tod im Glauben zu bewältigen.

Rufe

Zu dir, Herr, erhebe ich meine Seele.   1

Der Herr ist mein Licht und mein Heil.

Ich bin gewiß, zu schauen die Güte des Herrn im Lande der Lebenden.

Meine Seele dürstet nach dem lebendigen Gott.

Herr, in deine Hände leg ich voll Vertrauen meinen Geist.

Herr Jesus, nimm meinen Geist auf.

Jesus, Maria, Josef, steht mir bei im letzten Kampf.

Jesus, dir leb ich, Jesus, dir sterb ich, Jesus, dein bin ich tot und lebendig.

2 Lesungen
Die Leidensgeschichte des Herrn aus einem der vier Evangelien oder Mt 25,1–13; Offb 21,1–7; Offb 22.

3 Psalmen
22, Nr. 715–717; 23, Nr. 718; 24, Nr. 122; 90, Nr. 736; 91, Nr. 698; 113, Nr. 693; 122, Nr. 692

Litaneien
Allerheiligenlitanei Nr. 762; Litanei vom Leiden Jesu Nr. 766

4 Gebete
Fünf Wunden, Sieben Worte Jesu am Kreuz Nr. 776, (einzelne Stücke), Kreuzwegstationen Nr. 775, Gesätze des schmerzhaften und glorreichen Rosenkranzes, „Sei gegrüßt, o Königin", Passionslieder.

Wenn der Augenblick des Verscheidens unmittelbar bevorzustehen scheint, kann einer der Anwesenden sprechen:

5 Mache dich auf den Weg, Bruder (Schwester) in Christus, im Namen Gottes, des allmächtigen Vaters, der dich erschaffen hat; im Namen Jesu Christi, des Sohnes des lebendigen Gottes, der für dich gelitten hat; im Namen des Heiligen Geistes, der über dich ausgegossen worden ist. Heute noch sei dir im Frieden eine Stätte bereitet, deine Wohnung bei Gott im heiligen Zion, mit der seligen Jungfrau und Gottesmutter Maria, mit dem heiligen Josef, mit ... (Namenspatron) und mit allen Engeln und Heiligen Gottes.

Gebet unmittelbar nach dem Verscheiden

A Kommt herzu, ihr Heiligen Gottes, / eilt ihm (ihr) ent- **6**
gegen, ihr Engel des Herrn. / Nehmt auf seine (ihre) Seele /
und führt sie hin vor das Antlitz des Allerhöchsten.
V Christus nehme dich auf, der dich berufen hat, und in
das Himmelreich sollen Engel dich geleiten.
A Nehmt auf seine (ihre) Seele / und führt sie hin vor
das Antlitz des Allerhöchsten.
V Herr, gib ihm (ihr) die ewige Ruhe, und das ewige Licht
leuchte ihm (ihr).
A Nehmt auf seine (ihre) Seele / und führt sie hin vor
das Antlitz des Allerhöchsten.
V Lasset uns beten: Herr, unser Gott, wir empfehlen dir
unsern Bruder (Schwester) N. In den Augen der Welt ist
er (sie) tot. Laß ihn (sie) leben bei dir. Und was er (sie) aus
menschlicher Schwäche gefehlt hat, das tilge du in deinem
Erbarmen. Durch Christus, unsern Herrn. A Amen.

Die Totenwache   **80**

In den Tagen zwischen Tod und Begräbnis hält die Gemeinde
Totenwache. Nicht nur die Verwandten und Freunde des Verstorbenen nehmen daran teil. Man versammelt sich dazu im Trauer-
haus oder in der Kirche.
Nach altem Brauch wird das Abend- und Morgenlob (Totenvesper
und Totenlaudes) gebetet. (Beide sind in EGB 12 – „Gesänge zum
Begräbnis" zu finden, man kann sie auch aus „Gotteslob" zusam-
menstellen.) Bei der Totenwache betrachtet man das Sterben des
Christen im Licht von Tod und Auferstehung des Herrn. Es eignen
sich: der schmerzhafte Rosenkranz zusammen mit dem ersten
Geheimnis des glorreichen Rosenkranzes, die Litanei vom Leiden
Jesu, Nr. 766; die Litanei für die Verstorbenen, Nr. 770; die An-
dacht zum Totengedenken, Nr. 791; der Kreuzweg, Nr. 775; die
Andacht von den sieben Worten Jesu am Kreuz, Nr. 776; viele
Psalmen, Lieder aus den Abschnitten „Tod und Vollendung", Nr.
652–664 und „Passion" Nr. 174–194.

81 Die Begräbnisfeier

Die Gestaltung der Begräbnisfeier hängt davon ab, wo der Leichnam aufgebahrt werden kann. Auf jeden Fall gehört zur Begräbnisfeier der Eröffnungsritus, der Wortgottesdienst und der Beisetzungsritus. Den Höhepunkt bildet die Eucharistie, die aber nicht immer unmittelbar mit der Begräbnisfeier verbunden werden kann.

Im folgenden wird die Begräbnisfeier in ihrer häufigsten Form wiedergegeben. Aber auch für die anderen Formen, wie sie „Die kirchliche Begräbnisfeier in den katholischen Bistümern des deutschen Sprachgebietes" vorsieht, eignen sich die gleichen Gesänge.

ERÖFFNUNG

Wenn die Gemeinde versammelt ist, kann man mit Gesang oder Musik beginnen.

Z begrüßt die Versammelten. Danach wird gesungen oder gesprochen:

82
1

Beim Herrn ist Barm - her - zig - keit

und rei - che Er - lö - sung.

VIIa. Q50

Psalm 130: Aus tiefer Not

2 VII

1. Aus der Tiefe rufe ich, Herr, zu dir: *
Herr, höre meine Stimme!
  2. Wende dein Ohr mir zu,*
  achte auf mein lautes Flehen!
3. Würdest du, Herr, unsere Sünden beachten, *
Herr, wer könnte bestehen?

4. Doch bei dir ist Vergebung, *
damit man in Ehrfurcht dir dient. —
5. Ich hoffe auf den Herrn, es hofft meine Seele, *
ich warte voll Vertrauen auf sein Wort.
6. Meine Seele wartet auf den Herrn *
mehr als die Wächter auf den Morgen.
7. Mehr als die Wächter auf den Morgen *
soll Israel harren auf den Herrn! —
8. Denn beim Herrn ist die Huld, *
bei ihm ist Erlösung in Fülle.
9. Ja, er wird Israel erlösen *
von all seinen Sünden. —
10. Ehre sei dem Vater und dem Sohn *
und dem Heiligen Geist,
11. wie im Anfang, so auch jetzt und alle Zeit *
und in Ewigkeit. Amen.
Kehrvers

oder Psalm 103, Nr. 83

Z beschließt die Eröffnung mit einem Gebet, dem Kyrierufe vorausgehen können, etwa:

V Herr Jesus Christus, du hast uns den Weg zum Vater   **3**
gezeigt: Herr, erbarme dich. A Herr, erbarme dich.
V Du hast durch deinen Tod der Welt das Leben geschenkt:
Christus, erbarme dich. A Christus, erbarme dich.
V Du hast uns im Hause deines Vaters eine Wohnung bereitet: Herr, erbarme dich. A Herr, erbarme dich.

WORTGOTTESDIENST

Wenn unmittelbar vor oder nach dem Begräbnis die Eucharistie gefeiert wird, bleibt der Wortgottesdienst in gewohnter Weise damit verbunden. Sonst wird er für gewöhnlich in der Friedhofskapelle oder auch am Grab gehalten.

Nach der Schriftlesung und der Homilie folgt ein „Stilles Gedenken", das mit einem Gesang abgeschlossen wird, etwa mit dem folgenden Psalm.

83
1

Der Herr ver - gibt die Schuld
und ret - tet un - ser Le - ben.

IVa. Q50

Psalm 103: Der gütige und verzeihende Gott

2   IV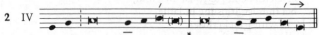

1. Der Herr ist barmherzig und gnädig, *
langmütig und reich an Güte.

    2. Denn so hoch der Himmel über der Erde ist, *
    so hoch ist seine Huld über denen, die ihn fürchten.

3. So weit der Aufgang entfernt ist vom Untergang, *
so weit entfernt er die Schuld von uns.

    4. Wie ein Vater sich seiner Kinder erbarmt, *
    so erbarmt sich der Herr über alle, die ihn fürchten. —

5. Denn er weiß, was wir für Gebilde sind; *
er denkt daran: Wir sind nur Staub.

    6. Des Menschen Tage sind wie Gras, *
    er blüht wie die Blume des Feldes.

7. Fährt der Wind darüber, ist sie dahin, *
der Ort, wo sie stand, weiß von ihr nichts mehr.

    8. Doch die Huld des Herrn währt immer und ewig *
    für alle, die ihn fürchten und ehren. —

9. Ehre sei dem Vater und dem Sohn *
und dem Heiligen Geist,

    10. wie im Anfang, so auch jetzt und alle Zeit *
    und in Ewigkeit. Amen.   Verse 8.11–17
Kehrvers

Der Wortgottesdienst schließt mit einem Gebet ab. Es kann mit
Anrufungen eingeleitet werden:

P Zu unserm Herrn Jesus Christus beten wir voll Vertrauen **3**
für unsern Bruder (unsere Schwester) N:

Erlöse ihn (sie), o Herr!   A Erlöse ihn (sie), o Herr!
Von aller Schuld   A Erlöse ihn (sie), o Herr!

Durch deine Menschwerdung
Durch dein Kreuz und Leiden
Durch deinen Tod und deine Auferstehung
Durch deine Wiederkunft in Herrlichkeit

Der Weg zum Grab

84

Zum Pa - ra - dies mö - gen En - gel dich
ge - lei - ten, die hei - li - gen Mär - ty - rer
dich be - grü - ßen und dich füh - ren in die
hei - li - ge Stadt Je - ru - sa - lem.
Die Chö - re der En - gel mö - gen dich emp - fan - gen,
und durch Chri - stus, der für dich ge - stor - ben,
·soll e - wi - ges Le - ben dich er - freu - en.

VIIa. Q50

Werden Zwischentexte gesungen oder gesprochen, wiederholt man
abwechselnd die erste und die zweite Hälfte des Gesangs.

Man kann auch den folgenden Psalm 51 singen.

E - wi - ges Le - ben schen - ke
ih - nen, o Herr; es leuch - te
ih - nen das e - wi - ge Licht.

VIa. Q50

oder:

Gott, til - ge mein Ver - gehn, denn
du bist reich an Er - bar - men.

VIa. Q33

Psalm 51: Bitte um Vergebung und Neuschöpfung

1. Erbarme dich <u>mei</u>ner, o Gott, *
nach dei<u>ner</u> großen Güte!
  2. Wasche mich <u>rein</u> von der Schuld, *
  nimm mei<u>ne</u> Sünden von mir!
3. Mir steht meine <u>Schuld</u> vor Augen; *
ich bekenne, daß <u>ich</u> Böses getan.
  4. Ich habe gegen <u>dich</u> gesündigt *
  und <u>dein</u> Wort verachtet.

5. Dir gefällt ein wahrhaftiges Herz; *
wasche mich, und ich bin weißer als Schnee!
    6. Von meiner Schuld wende ab dein Antlitz, *
    tilge all meine Sünden!
7. Erschaffe ein reines Herz in mir *
und einen beständigen Geist!
    8. O Gott, verwirf mich nicht, *
    nimm nicht von mir deinen heiligen Geist!
9. Dein Heil erfülle mein Herz mit Freude, *
daß ich gerne dein Wort befolge!
    10. Herr, tu auf meine Lippen, *
    damit mein Mund dein Lob verkünde!
11. Dann zeige ich deine Wege, *
daß Sünder sich zu dir bekehren.
    12. Ein zerknirschtes Herz verschmähst du nicht, *
    du nimmst es an als Opfer. ——
13. Ehre sei dem Vater und dem Sohn *
und dem Heiligen Geist,
    14. wie im Anfang, so auch jetzt und alle Zeit *
    und in Ewigkeit. Amen.
Kehrvers   (freie Übertragung)

Als Gesang auf dem Weg zum Grab eignet sich auch die Litanei für
Verstorbene, Nr. 770, oder die Litanei vom Leiden Jesu, Nr. 766.
Man kann auch ein Gesätz des Rosenkranzes beten.

DIE BEISETZUNG

Z leitet die Beisetzung mit einem Gebet oder einem persönlichen Wort ein. Zum Einsenken des Sarges wird ein Schriftwort gesungen oder gesprochen.

86

Ich bin die Auf-er - ste-hung und das Le-ben.

Wer an mich glaubt, wird le - ben, auch wenn er

stirbt, und je - der, der lebt und an mich

glaubt, wird in E - wig - keit nicht ster - ben.

VIIa. Q50

87

1. I Ge - sät wird in Schwach-heit, auf - er-weckt in

Kraft. Dank sei Je - sus Chri - stus, der den

Tod be - siegt. II Ge - sät wird Ver - gäng - lich - keit,

auf - er-weckt in Herr-lich-keit. Dank sei Je - sus

Chri-stus, der den Tod be-siegt.   A Al - le,

die in Chri-stus sind, ste-hen auf zum Licht.

2. I Tod, wo ist dein Sta - chel? Tod, wo ist dein

Sieg? Dank sei Je - sus Chri - stus, der den

Tod be-siegt. II Was im Tod ver - lo - ren scheint,

hat er neu er - wor - ben. Dank sei Je - sus

Chri-stus, der den Tod be - siegt.   A Je - sus

ging den Weg vor - an, der zum Le - ben führt.

T und M: Walter Röder 1972, nach 1 Kor 15,43–56

Z: Wir übergeben den Leib der Erde. Christus, der von den Toten auferstanden ist, wird auch unseren Bruder (unsere
Schwester) N. zum Leben erwecken.

Z sprengt Weihwasser auf den Sarg:

Im Wasser und im Heiligen Geist wurdest du getauft. Der
Herr vollende an dir, was er in der Taufe begonnen hat.

(Z beräuchert den Sarg:

Dein Leib war Gottes Tempel. Der Herr schenke dir ewige Freude.)

Z wirft Erde auf den Sarg:

Von der Erde bist du genommen, und zur Erde kehrst du zurück. Der Herr wird dich auferwecken.

Z steckt das Kreuz in die Erde oder macht ein Kreuzzeichen über das Grab:

Das Zeichen unserer Hoffnung, das Kreuz unseres Herrn Jesus Christus, sei aufgerichtet über deinem Grab.

Oder:

Im Kreuz unseres Herrn Jesus Christus ist Auferstehung und Heil. Der Friede sei mit dir!

Es folgt ein Gesang.

LOBGESANG DES ZACHARIAS

89
1

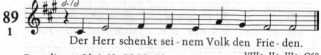

Der Herr schenkt sei - nem Volk den Frie - den.

Benedictus, Lk 1,68–75.78–79   VIIIa, IIa, IIIa. Q50

2 II

1. Gepriesen sei der Herr, der Gott Israels! *
Denn er hat sein Volk besucht und ihm Erlösung geschaffen;
    2. er hat uns einen starken Retter erweckt *
    im Hause seines Knechtes David.
3. So hat er verheißen von alters her *
durch den Mund seiner heiligen Propheten.
    4. Er hat uns errettet vor unsern Feinden *
    und aus der Hand aller, die uns hassen;
5. er hat das Erbarmen mit den Vätern an uns vollendet /
und an seinen heiligen Bund gedacht, *
an den Eid, den er unserm Vater Abraham geschworen hat;

6. er hat uns geschenkt, daß wir, aus Feindeshand
befreit, /
ihm furchtlos dienen in Heiligkeit und Gerechtigkeit *
vor seinem Angesicht all unsre Tage. —
7. Durch die barmherzige Liebe unseres Gottes *
wird uns besuchen das aufstrahlende Licht aus der Höhe,
8. um allen zu leuchten, die in Finsternis sitzen
und im Schatten des Todes, *
und unsre Schritte zu lenken auf den Weg des Friedens.
9. Ehre sei dem Vater und dem Sohn *
und dem Heiligen Geist,
10. wie im Anfang, so auch jetzt und alle Zeit *
und in Ewigkeit. Amen.
Kehrvers

LOBGESANG DES SIMEON

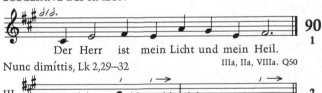

90
1

Der Herr   ist   mein Licht und mein Heil.

Nunc dimíttis, Lk 2,29–32   IIIa, IIa, VIIIa. Q50

III

2

1. Nun läßt du, Herr, deinen Knecht, *
wie du gesagt hast, in Frieden scheiden.
2. Denn meine Augen haben das Heil gesehen, *
das du vor allen Völkern bereitet hast,
3. ein Licht, das die Heiden erleuchtet, *
und Herrlichkeit für dein Volk Israel. —
4. Ehre sei dem Vater und dem Sohn *
und dem Heiligen Geist,
5. wie im Anfang, so auch jetzt und alle Zeit*
und in Ewigkeit. Amen.
Kehrvers

Vielerorts wird ein Auferstehungslied oder ein Credolied gesungen. Es eignet sich auch das Magnificat Nr. 689, mit Kehrvers Nr. 194.

91 Abschließendes Gebet

Zum Schluß wird für Verstorbene und Lebende gebetet. Die Antwort auf die einzelnen Bitten lautet wie gewohnt:
Wir bitten dich, erhöre uns.
oder: Christus, höre uns. Christus, erhöre uns.

Es folgt das Gebet des Herrn und die Schlußoration. Wo es üblich ist, wird ein Mariengebet oder Marienlied angefügt.
Zum Abschluß wird gebetet:

Z Herr, gib ihm (ihr) und allen Verstorbenen die
ewige Ruhe.

A Und das ewige Licht leuchte ihnen.

Z Laß sie ruhen in Frieden.

A Amen.

III. Das Leben der Gemeinde im Kirchenjahr

Die gottesdienstlichen Feiern im Kreislauf des Jahres bilden zusammen das liturgische Jahr, meist Kirchenjahr genannt. Fundament und Kern dieses Jahres ist die regelmäßige Feier des Sonntags. **101**

Der Sonntag — Tag des Herrn und seiner Kirche

Weil Christus nach dem Bericht der Evangelien an einem Sonntag auferstanden und zu den Seinen gekommen ist, versammelt sich an diesem Tag die Gemeinde, um das Wort Gottes zu hören, an der Eucharistie teilzunehmen, des Leidens und der Auferstehung und der Herrlichkeit des Herrn zu gedenken und Gott Dank zu sagen, der „uns in seinem großen Erbarmen neu gezeugt hat, damit wir durch die Auferstehung Jesu Christi von den Toten eine lebendige Hoffnung haben" (1 Petr 1,3). Die Gläubigen werden dadurch immer wieder in die Hingabe Christi an den Vater und in seine Auferweckung hineingenommen; ihre Jüngerschaft wird lebendig, Kirche wird spürbar.

Die regelmäßige Feier des Sonntags ist die Mitte alles Lebens in der Kirche, das feste Gerüst des Kirchenjahrs. Der Sonntag ist seit apostolischen Zeiten der Ur-Feiertag, der die Gemeinde immer wieder zusammenführt.

Die beiden Festkreise

Unter den Sonntagen des Jahres wird seit ältester Zeit einer besonders hervorgehoben, der Ostersonntag als der höchste Festtag des Jahres. In einem Triduum, das vom Abend des Gründonnerstags bis zum Ostersonntag reicht, feiert die Kirche das beseligende Leiden und Sterben, die Grabesruhe und die Auferstehung des Herrn (s. Nr. 195). Die Osterfreude entfaltet sich in der fünfzigtägigen Osterzeit, die mit Pfingsten schließt (s. Nr. 212). Zur Osterfeier hin führt eine vierzigtägige Vorbereitungszeit, die österliche Bußzeit oder Fastenzeit (s. Nr. 159).

Diesem Osterfestkreis ist eine weitere Kirchenjahrszeit nachgebildet, die dem Geheimnis der Menschwerdung geweiht ist. Ihre beiden Hochfeste sind Weihnachten am 25. Dezember und Erscheinung des Herrn (Epiphanie) am 6. Januar (s. Nr. 128). Der Vorbereitung auf die weihnachtlichen Feste dient der Advent (s. Nr. 102).

Die Sonntage im Jahreskreis

Durch die beiden Festkreise ist eine Reihe von Sonntagen in ihrem Inhalt näher festgelegt. Außerhalb der Festzeiten bleiben 33 oder 34 Sonntage. Es sind die Sonntage zwischen Epiphanie und Fastenzeit und zwischen Pfingsten und Advent; ihr äußeres Kennzeichen ist die grüne Farbe der Paramente.

Am Sonntag nach Pfingsten feiert die Kirche das Fest der Heiligsten Dreifaltigkeit. Gott hat sich in Jesus Christus geoffenbart als der dreifaltige Gott, der Vater, der Sohn und der Heilige Geist. Die Kirche nimmt schon in der Zeit ihrer Pilgerschaft am geheimnisvollen Leben des dreieinigen Gottes teil. In der Liebe des Heiligen Geistes bringt sie durch Jesus Christus dem Vater alle Herrlichkeit und Ehre dar.

Der letzte Sonntag im Jahreskreis feiert Christus, den König der Welt.

Der Advent

102 Der Weihnachtsfestkreis beginnt mit dem Advent. Er umfaßt drei bis vier Wochen, beginnend mit dem Sonntag nach dem 26. November. In diesen Wochen soll sich die Gemeinde vorbereiten auf die beiden weihnachtlichen Hochfeste, an denen das erste Kommen des Gottessohnes zu uns Menschen gefeiert wird. Dadurch wird unsere Erwartung auch hingelenkt auf die zweite Ankunft (lateinisch: adventus) Christi am Ende der Tage.

Unter beiden Gesichtspunkten ist der Advent geprägt von hingebender und freudiger Erwartung. Die Gemeinde versammelt sich zu werktäglichen Gottesdiensten, meist „Rorate" genannt. Die Familie sammelt sich um den Adventskranz, dessen Kreisform den Zusammenhalt und dessen wachsendes Licht die zuversichtliche Erwartung der Gläubigen im Advent ausdrückt. In manchen Gegenden gibt es den Brauch des „Frauentragens". Ein Bild der Gottesmutter wird jeden Tag zu einer anderen Familie gebracht.

Die Adventsonntage

Der erste Sonntag im Advent ist in seinen Texten geprägt von der Wiederkunft Christi am Letzten Tag.

Am zweiten und dritten Sonntag steht die Gestalt Johannes des Täufers vor uns, der die Wege für das Kommen des Herrn bereiten will.

Der letzte Sonntag stellt uns Maria vor Augen, die Mutter und Jungfrau, die uns Christus geboren hat.

Die erste Lesung ist in den Adventmessen regelmäßig aus den Büchern der Propheten genommen, vor allem aus Jesaja.

Quatember und Vorbereitungswoche vor Weihnachten

Die erste Woche im Advent soll als Quatemberwoche die Gemeinde durch besondere Gottesdienste in den Advent einführen.
Die letzten acht Tage vor Weihnachten, beginnend mit dem 17. Dezember, wollen in besonderer Weise auf das Geburtsfest des Herrn vorbereiten. Die Tage sind ausgezeichnet durch eigene Meßtexte und vor allem durch die O-Antiphonen (s. Nr. 112 und 772).

103

V Tau aus Him-mels-höhn, A Heil, um das wir flehn: Herr, er - bar-me dich.

V Licht, das die Nacht er-hellt, A Trost der ver-lor-nen Welt: Chri-stus, er-bar-me dich.

V Komm vom Him-mels-thron; A Je-sus, Men-schen-sohn: Herr, er - bar-me dich.

T: Maria Luise Thurmair 1952
M: Heinrich Rohr 1952

104 1. Tau - et, Him - mel, aus den Höhn, tau - et den Ge - rech - ten; was ver - dorrt ist, blü - he auf un - ter sei - nem Se - gen.

2. Wolken, regnet ihn herab, / regnet den Ersehnten. / Öffne, Erde, deinen Schoß, / sproß hervor den Heiland.

3. Komm, du Trost der ganzen Welt, / rette uns vom Tode. / Komm aus deiner Herrlichkeit, / komm, uns zu erlösen.

4. Komm, du Sonne voller Glanz, / komm in unser Dunkel, / und erhelle unsre Nacht, / Herr, in deinem Lichte.

5. Komm, Herr Jesu, komme bald, / such uns heim in Frieden. / Mach die ganze Schöpfung neu. / Komm, o komm, Herr Jesu.

T: Johannes Schlick 1970
M: bei Johannes Spangenberg, Erfurt 1544

105
ö 1. O Hei - land, reiß die Himmel auf, her - ab, her - ab vom Himmel lauf. Reiß ab vom Himmel Tor und Tür, reiß ab, wo Schloß und Rie - gel für.

2. O Gott, ein' Tau vom Himmel gieß, / im Tau herab, o Heiland, fließ. / Ihr Wolken, brecht und regnet aus / den König über Jakobs Haus.

3. O Erd, schlag aus, schlag aus, o Erd, / daß Berg und Tal grün alles werd. / O Erd, herfür dies Blümlein bring, / o Heiland, aus der Erden spring.

4. Wo bleibst du, Trost der ganzen Welt, / darauf sie all ihr
Hoffnung stellt? / O komm, ach komm vom höchsten Saal, /
komm, tröst uns hier im Jammertal.
5. O klare Sonn, du schöner Stern, / dich wollten wir anschauen gern; / o Sonn, geh auf; ohn deinen Schein / in
Finsternis wir alle sein.
6. Hier leiden wir die größte Not, / vor Augen steht der ewig
Tod. / Ach komm, führ uns mit starker Hand / vom Elend zu
dem Vaterland.

T: Friedrich Spee 1622
M: Rheinfelsisches Gesangbuch, Augsburg 1666

106

V 1. Kün-det al-len in der Not:
Bald wird kom-men un-ser Gott;

Fas-set Mut und habt Ver-trau-en.
herr-lich wer-det ihr ihn schau-en.

A 1.–5. Al-len Menschen wird zu-teil Got-tes Heil.

2. Gott naht sich mit neuer Huld, / daß wir uns zu ihm bekehren; / er will lösen unsre Schuld, / ewig soll der Friede
währen.
3. Aus Gestein und Wüstensand / werden frische Wasser
fließen; / Quellen·tränken dürres Land, / überreich die
Saaten sprießen.
4. Blinde schaun zum Licht empor, / Stumme werden Hym-
nen singen, / Tauben öffnet sich das Ohr, / wie ein Hirsch
die Lahmen springen.
5. Gott wird wenden Not und Leid. / Er wird die Getreuen
trösten, / und zum Mahl der Seligkeit / ziehen die vom
Herrn Erlösten.

T: Friedrich Dörr 1972
M: „Morgenglanz der Ewigkeit" Nr. 668

107
ö

1. Macht hoch die Tür, die Tor macht weit, es kommt der Herr der Herr - lich-keit, ein Kö - nig al - ler Kö - nig-reich, ein Hei-land al - ler Welt zugleich, der Heil und Le - ben mit sich bringt; der - hal-ben jauchzt, mit Freu-den singt. Ge - lo - bet sei mein Gott,— mein Schöpfer reich an Rat.——

2. Er ist gerecht, ein Helfer wert. / Sanftmütigkeit ist sein Gefährt, / sein Königskron ist Heiligkeit, / sein Zepter ist Barmherzigkeit; / all unsre Not zum End er bringt; / der-halben jauchzt, mit Freuden singt. / Gelobet sei mein Gott, / mein Heiland groß von Tat.

3. O wohl dem Land, o wohl der Stadt, / so diesen König bei sich hat. / Wohl allen Herzen insgemein, / da dieser König ziehet ein. / Er ist die rechte Freudensonn, / bringt mit sich lauter Freud und Wonn. / Gelobet sei mein Gott, / mein Tröster früh und spat.

4. Macht hoch die Tür, die Tor macht weit, / eur Herz zum Tempel zubereit'. / Die Zweiglein der Gottseligkeit / steckt auf mit Andacht, Lust und Freud; / so kommt der König auch zu euch, / ja Heil und Leben mit zugleich. / Gelobet sei mein Gott, / voll Rat, voll Tat, voll Gnad.

5. Komm, o mein Heiland Jesu Christ, / meins Herzens Tür dir offen ist. / Ach zieh mit deiner Gnade ein, / dein Freund-lichkeit auch uns erschein. / Dein Heilger Geist uns führ und

leit / den Weg zur ewgen Seligkeit. / Dem Namen dein, o
Herr, / sei ewig Preis und Ehr.

T: Georg Weißel vor 1623
M: Halle 1704
Mit Psalm 24, 7-10 wird die Gemeinde aufgerufen, sich auf den Empfang
des Herrn vorzubereiten. Die zweite Strophe bezieht sich auf das Sacharja-
Wort (9,9), das Mattäus im Bericht über den Einzug Jesu in Jerusalem (21,5)
anführt: „Siehe, dein König kommt zu dir, ein Gerechter und ein Helfer,
sanftmütig und reitet auf einem Esel ...". — Mit den „Zweiglein der Gottseligkeit" (Str. 4) deutet der Dichter die Palmzweige, die das Volk für Jesus
auf den Weg streut (Mattäus 21,8), und vielleicht auch die Tannenzweige,
mit denen man in der Adventszeit das Haus schmückt, als Zeichen der
frommen Hingabe („Gottseligkeit").

108
ö

1. Komm, du Hei-land al - ler Welt; Sohn der
Jung - frau, mach dich kund. Dar - ob stau - ne,
was da lebt: Al - so will Gott wer- den Mensch.

2. Nicht nach eines Menschen Sinn, / sondern durch des
Geistes Hauch / kommt das Wort in unser Fleisch / und
erblüht aus Mutterschoß.
3. Wie die Sonne sich erhebt / und den Weg als Held durch-
eilt, / so erschien er in der Welt, / wesenhaft ganz Gott und
Mensch.
4. Glanz strahlt von der Krippe auf, / neues Licht entströmt
der Nacht. / Nun obsiegt kein Dunkel mehr, / und der
Glaube trägt das Licht.
5. Gott dem Vater Ehr und Preis / und dem Sohne Jesus
Christ; / Lob sei Gott dem Heilgen Geist / jetzt und ewig.
Amen.

T: Ambrosius von Mailand 4. Jh. „Veni redemptor gentium",
Übertragung Markus Jenny 1971
M: Einsiedeln 12. Jh. / Erfurt 1524

109

1. Aus har - tem Weh die Menschheit klagt,
Wann kommt, der uns ist zu - ge - sagt,

sie steht in gro - ßen Sor - - gen:
wie lang bleibt er ver - bor - - gen?

O Herr und Gott, sieh an die Not,

zer - reiß des Him - mels Rin - ge,

er - wek - ke uns dein e - wig Wort

und laß her - ab ihn drin - gen,

den Trost ob al - len Din - gen.

2. Gott Vater das mit Huld vernahm, / der Sohn verlangt'
zur Erden; / der Heilig Geist herniederkam, / das Wort sollt'
Fleisch uns werden. / Maria, die erkoren war, / hat Gottes
Sohn empfangen. / Durch ihn ist uns das Heil gebracht. / Zu
Ende ist das Bangen, / erfüllt der Welt Verlangen.

T: um 1525 / „Kirchenlied" 1938
M: nach Michael Vehes Gesangbuch, Leipzig 1537

110
ö

1. „Wa - chet auf", ruft uns die Stim - - me
   Mit - ter - nacht heißt die - se Stun - - de;

der Wäch - ter sehr hoch auf der Zin - ne,
sie ru - fen uns mit hel - lem Mun - de:

„wach auf, du Stadt Je - ru - sa - lem."
„Wo seid ihr klu - gen Jung - frau - en?

Wohl - auf, der Bräutgam kommt; steht auf, die

Lam - pen nehmt. Hal - le - lu - ja. Macht euch be - reit

zu der Hoch - zeit, ihr müs - set ihm ent - ge - gen - gehn."

2. Zion hört die Wächter singen; / das Herz tut ihr vor
Freude springen, / sie wachet und steht eilend auf. / Ihr
Freund kommt vom Himmel prächtig, / von Gnaden stark,
von Wahrheit mächtig; / ihr Licht wird hell, ihr Stern geht
auf. / „Nun komm, du werte Kron, / Herr Jesu, Gottes Sohn. /
Hosianna. / Wir folgen all zum Freudensaal / und halten mit
das Abendmahl."

3. Gloria sei dir gesungen / mit Menschen- und mit Engel-
zungen, / mit Harfen und mit Zimbeln schön. / Von zwölf
Perlen sind die Tore / an deiner Stadt; wir stehn im Chore /
der Engel hoch um deinen Thron. / Kein Aug hat je gespürt, /
kein Ohr hat mehr gehört / solche Freude. / Des jauchzen wir
und singen dir / das Halleluja für und für.

T und M: Philipp Nicolai 1599

111
ö

1. Die Nacht ist vor-ge-drun-gen,
So sei nun Lob ge-sun-gen
der Tag ist nicht— mehr fern.
dem hel-len Mor-gen-stern.
Auch wer zur Nacht ge-wei-net, der stim-me
froh mit— ein. Der Mor-gen-stern be-
schei-net auch dei-ne Angst und Pein.

2. Dem alle Engel dienen, / wird nun ein Kind und Knecht. / Gott selber ist erschienen / zur Sühne für sein Recht. / Wer schuldig ist auf Erden, / verhüll nicht mehr sein Haupt. / Er soll errettet werden, / wenn er dem Kinde glaubt.

3. Die Nacht ist schon im Schwinden, / macht euch zum Stalle auf. / Ihr sollt das Heil dort finden, / das aller Zeiten Lauf / von Anfang an verkündet, / seit eure Schuld geschah. / Nun hat sich euch verbündet, / den Gott selbst ausersah.

4. Noch manche Nacht wird fallen / auf Menschenleid und -schuld. / Doch wandert nun mit allen / der Stern der Gotteshuld. / Beglänzt von seinem Lichte, / hält euch kein Dunkel mehr; / von Gottes Angesichte / kam euch die Rettung her.

5. Gott will im Dunkel wohnen / und hat es doch erhellt. / Als wollte er belohnen, / so richtet er die Welt. / Der sich den Erdkreis baute, / der läßt den Sünder nicht. / Wer hier dem Sohn vertraute, / kommt dort aus dem Gericht.

T: Jochen Klepper 1938   M: Johannes Petzold 1939

112

1. Herr, send her-ab uns dei-nen Sohn, die Völ-ker har-ren lan-ge schon. Send ihn, den du ver-hei-ßen hast, zu til-gen uns-rer Sün-den Last.

2. I O Weisheit aus des Höchsten Mund, / die du umspannst des Weltalls Rund / und alles lenkst mit Kraft und Rat: / komm, weise uns der Klugheit Pfad.

3. II O Adonai, du starker Gott, / du gabst dem Mose dein Gebot / auf Sinai im Flammenschein: / streck aus den Arm, uns zu befrein.

4. III O Wurzel Jesse, Jesu Christ, / ein Zeichen aller Welt du bist, / das allen Völkern Heil verspricht: / eil uns zu Hilfe, säume nicht.

5. IV O Schlüssel Davids, dessen Kraft / uns kann entziehn der ewgen Haft: / komm, führ uns aus des Todes Nacht, / wohin die Sünde uns gebracht.

6. V O Aufgang, Glanz der Ewigkeit, / du Sonne der Gerechtigkeit: / erleuchte doch mit deiner Pracht / die Finsternis und Todesnacht.

7. VI O König, Sehnsucht aller Welt, / du Eckstein, der sie eint und hält: / o komm zu uns, o Herrscher mild, / und rette uns, dein Ebenbild.

8. VII O „Gott mit uns", Immanuel, / du Fürst des Hauses Israel, / o Hoffnung aller Völker du: / komm, führ uns deinem Frieden zu.

9. Herr, wir vertrauen auf dein Wort; / es wirkt durch alle Zeiten fort. / Erlöse uns, du bist getreu. / Komm, schaffe Erd und Himmel neu.

T: nach Heinrich Bone 1847
M: Andernacher Gesangbuch, Köln 1608
Jede O-Antiphon-Strophe (I-VII) kann von Str. 1 eingeleitet und mit Str. 9 abgeschlossen werden.

113
ö

1. Mit Ernst, o Men-schen-kin-der, das
bald wird das Heil der Sün-der, der

Herz in euch be-stellt, den Gott aus Gnad al-
wun-der-star-ke Held,

lein der Welt zum Licht und Le-ben ver-spro-chen

hat zu ge-ben, bei al-len keh-ren ein.

2. Bereitet doch beizeiten / den Weg dem großen Gast / und
rüstet euch mit Freuden, / laßt alles, was er haßt. / Macht
eben jeden Pfad, / die Täler all erhöhet, / macht niedrig, was
hoch stehet, / was krumm ist, macht gerad.

3. Ach mache du mich Armen / zu dieser heilgen Zeit / aus
Güte und Erbarmen, / Herr Jesu, selbst bereit. / Zieh in mein
Herz hinein / vom Stall und von der Krippen, / so werden
Herz und Lippen / dir allzeit dankbar sein.

T: Valentin Thilo 1642, Str. 3 Hannoversches Gesangbuch, Lüneburg 1657
M: Lyon 1557 / geistlich Erfurt 1563

114
ö

1. Es kommt ein Schiff, ge-la--den bis

an sein' höch-sten Bord, trägt Got-tes Sohn voll

Gna--den, des Va-ters e-wigs Wort.

2. Das Schiff geht still im Triebe, / es trägt ein teure Last; /
das Segel ist die Liebe, / der Heilig Geist der Mast.

3. Der Anker haft' auf Erden, / da ist das Schiff am Land. /
Das Wort will Fleisch uns werden, / der Sohn ist uns gesandt.

4. Zu Betlehem geboren / im Stall ein Kindelein, / gibt sich
für uns verloren: / Gelobet muß es sein.

5. Und wer dies Kind mit Freuden / umfangen, küssen will, /
muß vorher mit ihm leiden / groß Pein und Marter viel,

6. danach mit ihm auch sterben / und geistlich auferstehn, /
das ewig Leben erben, / wie an ihm ist geschehn.

7. Maria, Gottes Mutter, / gelobet mußt du sein. / Jesus ist
unser Bruder, / das liebe Kindelein.

T: Elsaß 15. Jh., bearbeitet von Daniel Sudermann um 1626
M: Andernacher Gesangbuch, Köln 1608

115

V 1. Wir sa-gen euch an den lieben Ad-vent. Se-het,
    Wir sa-gen euch an eine hei-li-ge Zeit. Ma-chet

die er-ste Ker-ze brennt. A 1.–4. Freut euch, ihr
dem Herrn die Wege be-reit.

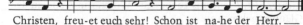

Christen, freu-et euch sehr! Schon ist na-he der Herr. __

2. Wir sagen euch an den lieben Advent. Sehet, die zweite
Kerze brennt. So nehmet euch eins um das andere an, wie
auch der Herr an uns getan.

3. Wir sagen euch an den lieben Advent. Sehet, die dritte
Kerze brennt. Nun tragt eurer Güte hellen Schein weit in die
dunkle Welt hinein.

4. Wir sagen euch an den lieben Advent. Sehet, die vierte
Kerze brennt. Gott selber wird kommen, er zögert nicht. Auf,
auf, ihr Herzen, und werdet licht.

T: Maria Ferschl 1954   M: Heinrich Rohr 1954

116
ö

1. Gott, heil - ger Schöp - fer al - ler Stern,

er - leucht uns, die wir sind so fern,

daß wir er - ken - nen Je - sus Christ,

6. Strophe

der für uns Mensch ge - wor - den ist. A - men.

2. Denn es ging dir zu Herzen sehr, / da wir gefangen waren schwer / und sollten gar des Todes sein; / drum nahm er auf sich Schuld und Pein.

3. Da sich die Welt zum Abend wandt, / der Bräutgam Christus ward gesandt. / Aus seiner Mutter Kämmerlein / ging er hervor als klarer Schein.

4. Gezeigt hat er sein groß Gewalt, / daß es in aller Welt erschallt, / sich beugen müssen alle Knie / im Himmel und auf Erden hie.

5. Wir bitten dich, o heilger Christ, / der du zukünftig Richter bist, / lehr uns zuvor dein' Willen tun / und an dem Glauben nehmen zu.

6. Lob, Preis sei, Vater, deiner Kraft / und deinem Sohn, der all Ding schafft, / dem heilgen Tröster auch zugleich / so hier wie dort im Himmelreich. / Amen.

T: „Conditor alme siderum" 10. Jh., Übertragung Thomas Müntzer 1523/AÖL 1982
M: Kempten um 1000

Gemeindeverse
(zur Eröffnung)

117

1

(V) Tau - et, ihr Him - mel, von o - ben;
ihr Wol - ken, reg - net her - ab den Ge -
rech - ten. (A) Tu dich auf, o Er - de, und
spros - se den Hei - land her - vor.

Ia. VIa. Q23

2

Werdet wach, er - hebet euch, denn der Herr ist na - he.

Ia. Q8

3

Freu - et euch all - zeit im Herrn.

Freu - et euch, denn der Herr ist na - he.

Ia, IXa, VIa. Q19

4

Der Him - mel freu - e sich, die Er - de jauch - ze
vor dem Ant - litz des Herrn, denn er kommt.

IIb, IIIb, VIIIb, VIIg. Q17

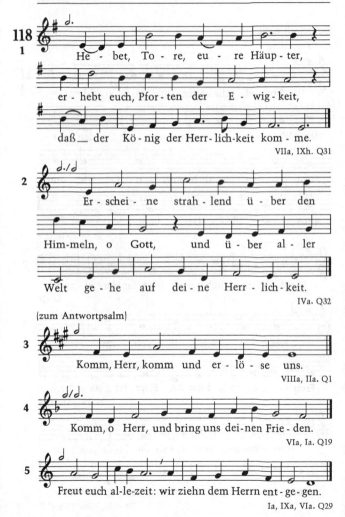

118

1 Hebet, Tore, eure Häupter, erhebt euch, Pforten der Ewigkeit, daß der König der Herrlichkeit komme.

VIIa, IXh. Q31

2 Erscheine strahlend über den Himmeln, o Gott, und über aller Welt gehe auf deine Herrlichkeit.

IVa. Q32

(zum Antwortpsalm)

3 Komm, Herr, komm und erlöse uns.

VIIIa, IIa. Q1

4 Komm, o Herr, und bring uns deinen Frieden.

VIa, Ia. Q19

5 Freut euch allezeit: wir ziehn dem Herrn entgegen.

Ia, IXa, VIa. Q29

119

1 Hebt euch, ihr To - re; un - ser Kö - nig kommt.

IVa. Q20

2 Der Herr steht vor der Tür. Wohl dem, der ihm öffnet.

IIa, IIIa, VIIIa, VIIfis. Q18

(zur Bereitung)

3 Be - rei - tet den Weg des Herrn,

ma - chet e - ben sei - ne Pfa - de.

VIa, Ia, IXa Q33

(zur Kommunion)

4 (4) Gott, un - ser Herr, spen - det sei - nen Se - gen;

5 (5) Ma - chet euch auf, steigt em - por zur Hö - he

6 (6) Nun kün - det laut den ver - zag - ten Her - zen:

(4) das Land er - blüht und bringt uns neu - e Frucht.

(5) und schaut die Freu - de, die von Gott euch kommt.

(6) Es kommt der Herr und macht uns frei von Schuld.

IVa. Q19

7 Sie-he, die Jung-frau wird emp - fan-gen und ei-nen

Sohn ge - bä - ren. Sein Na-me wird sein: Im - ma-nu - el.

VIa, Ia, IXa. Q23

120

1 (V) Kün - det es den Ver - zag - ten: Seid stark und fürch-tet euch nicht! (A) Seht, un - ser Gott wird kom-men, uns zu er - lö - sen.

VIa, VIIg, IXa. Q23

(Dankgesang)

2 Kommt, laßt uns dan - ken un - serm Herrn, dem Kö - nig, der da kom-men wird.

Va. Q29

(allgemein)

3 Ihr Him - mel, tau - et den Ge - rech - ten,
4 Ro - rá - te, cae - li, dé - su - per,——
ihr Wol - ken, reg - net ihn her - ab.
et nu - bes plu - ant iu - - stum.

Ia, IXa, VIa. Q47

121 Vesper in der Adventszeit

Eröffnung

V O Gott, komm mir zu Hilfe. A Herr, eile, mir zu helfen.
Ehre sei dem Vater und dem Sohn und dem Heiligen Geist.
Wie im Anfang, so auch jetzt und alle Zeit und in Ewigkeit.
Amen. Halleluja. (Nr. 683)

Hymnus: Gott, heilger Schöpfer aller Stern Nr. 116

ERSTER PSALM

122
1

Hebt euch, ihr   To - re;   un - ser Kö - nig kommt.

VIIIa. Q20

Psalm 24: Einzug des Herrn in sein Heiligtum

2

1. Dem Herrn gehört die Erde und was sie erfüllt, *
der Erdkreis und seine Bewohner.

2. Denn er hat ihn auf Meere gegründet, *
ihn über Strömen befestigt. —

3. Wer darf hinaufziehn zum Berg des Herrn, *
wer darf stehn an seiner heiligen Stätte?

4. Der reine Hände hat und ein lauteres Herz, *
der nicht betrügt und keinen Meineid schwört.

5. Er wird Segen empfangen vom Herrn *
und Heil von Gott, seinem Helfer.

6. Das sind die Menschen, die nach ihm fragen, *
die dein Antlitz suchen, Gott Jakobs. —

7. Ihr Tore, hebt euch nach oben, /
hebt euch, ihr uralten Pforten; *
denn es kommt der König der Herrlichkeit.

8. Wer ist der König der Herrlichkeit? /
Der Herr, stark und gewaltig, *
der Herr, mächtig im Kampf.

9. Ihr Tore, hebt euch nach oben, /
hebt euch, ihr uralten Pforten; *
denn es kommt der König der Herrlichkeit.

10. Wer ist der König der Herrlichkeit? /
Der Herr der Heerscharen, *
er ist der König der Herrlichkeit. —

11. Ehre sei dem Vater und dem Sohn *
und dem Heiligen Geist,

12. wie im Anfang, so auch jetzt und alle Zeit *
und in Ewigkeit. Amen.

Kehrvers

ZWEITER PSALM

123

Der Herr schenkt sei-nem Volk den Frie-den.

Psalm 85: Bitte um das verheißene Heil   IIb, IVg. Q23

IV

1. Einst hast du, Herr, dein Land begnadet *
und Jakobs Unglück gewendet.

2. hast deinem Volk die Schuld vergeben, *
all seine Sünden zugedeckt,

3. hast zurückgezogen deinen ganzen Grimm *
und deinen glühenden Zorn gedämpft. —

4. Gott, unser Retter, richte uns wieder auf, *
laß von deinem Unmut gegen uns ab!

5. Willst du uns ewig zürnen, *
soll dein Zorn dauern von Geschlecht zu Geschlecht?

6. Willst du uns nicht wieder beleben, *
so daß dein Volk sich an dir freuen kann?

7. Erweise uns, Herr, deine Huld, *
und gewähre uns dein Heil! —

8. Ich will hören, was Gott redet: / Frieden verkündet
der Herr seinem Volk und seinen Frommen, *
den Menschen mit redlichem Herzen.

9. Sein Heil ist denen nahe, die ihn fürchten. *
Seine Herrlichkeit wohne in unserm Land!

10. Es begegnen einander Huld und Treue; *
Gerechtigkeit und Friede küssen sich.

11. Treue sproßt aus der Erde hervor; *
Gerechtigkeit blickt vom Himmel hernieder.

12. Auch spendet der Herr dann Segen, *
und unser Land gibt seinen Ertrag.

13. Gerechtigkeit geht vor ihm her, *
und Heil folgt der Spur seiner Schritte. —

14. Ehre sei dem Vater und dem Sohn *
und dem Heiligen Geist,

15. wie im Anfang, so auch jetzt und alle Zeit *
und in Ewigkeit. Amen.   *Kehrvers*

GESANG
aus dem Neuen Testament: Amen, Halleluja. Nr. 686
oder:
aus dem Buch Jesaja (Kap. 35)

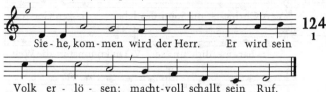

124
1

Sie - he, kom - men wird der Herr.   Er wird sein

Volk er - lö - sen; macht-voll schallt sein Ruf.

Ia. Q19

Das Volk schaut die Herrlichkeit Gottes

2

I

1. Wüste und Öde sollen sich freuen, *
die Steppe soll jubeln und blühen.

2. Bedeckt mit Blumen soll sie üppig blühen *
und jubeln, ja jubeln und jauchzen. —

3. Mein Volk wird schauen die Herrlichkeit des Herrn *
und die Schönheit unsres Gottes. —

4. Stärkt die schlaffen Hände, *
festigt die wankenden Knie!

5. Sprecht zu den Verzagten: *
Seid stark, fürchtet euch nicht.

6. Seht da, euer Gott! *
Er selbst wird kommen und euch retten. —

7. Dann werden die Augen der Blinden aufgetan, *
die Ohren der Tauben öffnen sich.

8. Dann springt der Lahme wie ein Hirsch, *
die Zunge des Stummen jubelt. —

9. Die vom Herrn Befreiten kehren heim. /
Sie kommen nach Zion mit Jubel; *
auf ihrem Gesicht ewige Freude.

10. Wonne und Freude kehren ein,
Kummer und Seufzer entfliehn.

Kehrvers

LESUNG
Antwortgesang

125 V/A Chri-stus, du Sohn des leben - di - gen Got-tes,
er-bar-me dich un - ser. V Du kommst in die Welt.
A Erbarme dich unser. V Singt das Lob des Vaters und des
Sohnes und des Heiligen Geistes. A Christus, du Sohn ...

Homilie

LOBGESANG MARIENS

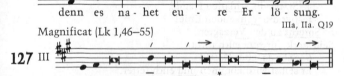

126 Rich-tet euch auf und er - hebt eu-er Haupt,
denn es na-het eu - re Er - lö - sung.

IIIa, IIa. Q19

Magnificat (Lk 1,46—55)

127 III

1. Meine Seele preist die Größe des Herrn, *
und mein Geist jubelt über Gott, meinen Retter.

  2. Denn auf die Niedrigkeit seiner Magd hat er geschaut. *
Siehe, von nun an preisen mich selig alle Geschlechter!

3. Denn der Mächtige hat Großes an mir getan, *
und sein Name ist heilig.

  4. Er erbarmt sich von Geschlecht zu Geschlecht *
über alle, die ihn fürchten.

5. Er vollbringt mit seinem Arm machtvolle Taten; *
er zerstreut, die im Herzen voll Hochmut sind;

    6. er stürzt die Mächtigen vom Thron *
und erhöht die Niedrigen.
7. Die Hungernden beschenkt er mit seinen Gaben *
und läßt die Reichen leer ausgehn.
    8. Er nimmt sich seines Knechtes Israel an *
und denkt an sein Erbarmen,
9. das er unsern Vätern verheißen hat, *
Abraham und seinen Nachkommen auf ewig.
    10. Ehre sei dem Vater und dem Sohn *
und dem Heiligen Geist,
11. wie im Anfang, so auch jetzt und alle Zeit *
und in Ewigkeit. Amen.
Kehrvers

Schlußgebete Nr. 691

Die weihnachtliche Festzeit   **128**

Im vierten Jahrhundert wollte und mußte die Kirche die Gottheit
Christi gegen alle Leugner festlich bekennen; so sind die beiden
großen Feste der Weihnachtszeit entstanden.
Die römische Kirche hat den 25. Dezember gewählt, den heidni-
schen Festtag des unbesiegbaren Sonnengottes. Sie feiert damit
Christus als die wahre Sonne, der in seiner Geburt der Welt aufgegangen ist, der im Tod nicht untergehen konnte und der wiederkommt in Herrlichkeit.
Die Kirchen des Ostens haben den 6. Januar bevorzugt. Mit ihnen
feiern wir an diesem Tag die Erscheinung (Epiphanie) des Herrn,
das Kommen Christi als König in die Welt. Wahrnehmbar wird
diese Epiphanie in der Huldigung der Weisen vor dem neugeborenen Kind, in der Stimme des Vaters bei der Taufe Jesu im
Jordan und in den ersten Wunderzeichen des Herrn.
Das weihnachtliche Grundgeheimnis wird weiter entfaltet am Fest
der Heiligen Familie (Sonntag nach Weihnachten), am achten Tag
nach Weihnachten (Neujahr), an dem in besonderer Weise der
Namengebung Jesu und der Gottesmutter gedacht wird, und am
Sonntag nach Epiphanie mit dem Evangelium von der Taufe Jesu.
Am vierzigsten Tag nach Weihnachten (2. Februar) wird schließlich
die Darstellung des Herrn im Tempel gefeiert durch einen fest-
lichen Einzug ins Gotteshaus mit brennenden Lichtern (Lichtmeß).

Die Familie feiert Weihnachten am Heiligen Abend, vor oder nach dem Weihnachtsgottesdienst (Christmette). Sie versammelt sich vor der Krippe, die das Geschehen der Heiligen Nacht darstellt, und um den Christbaum, der uns an den Baum des Lebens und an Christus als Licht der Welt erinnert. Der Vater liest das Evangelium von der Geburt des Herrn; Weihnachtslieder und Gebet, vor allem der „Engel des Herrn" (Nr. 2,7) lassen uns spüren, was der Grund des Feierns und der Geschenke ist: Gott hat uns seinen eigenen Sohn geschenkt.

An Epiphanie (Dreikönig) zieht man nach altem Brauch betend durch die Wohnung, sprengt geweihtes Wasser in die Räume und läßt Weihrauch duften. An die Türen werden mit Kreide die Jahreszahl und Kreuze sowie die Buchstaben C M B geschrieben (Christus Mansionem Benedicat = Christus segne die Wohnung; oft als Caspar, Melchior und Balthasar gedeutet). Die Sternsinger ziehen vielerorts durch die Straßen und besuchen die Häuser. Sie bitten um eine Gabe für die Weltmission.

129

V Licht, das uns er-schien, A Kind, vor dem wir knien: Herr, er - bar - me dich.

V Dem sich der Him-mel neigt, A dem sich die Er - de beugt: Chri - stus, er - bar - me dich.

V Glanz der Herr-lich-keit, A Kö - nig al - ler Zeit: Herr, er - bar - me dich.

T: Maria Luise Thurmair 1952   M: Heinrich Rohr 1952

130
ö

1. Ge - lo - bet seist du, Je - su Christ,
daß du Mensch ge - bo - ren bist von ei -
ner Jung - frau, das ist wahr; des freu - et
sich der En - gel Schar. Ky - ri - e - leis.

2. Des ewgen Vaters einig Kind / jetzt man in der Krippe findt; / in unser armes Fleisch und Blut / verkleidet sich das ewig Gut. / Kyrieleis.

3. Den aller Welt Kreis nie beschloß, / der liegt in Marien Schoß; / er ist ein Kindlein worden klein, / der alle Ding erhält allein. / Kyrieleis.

4. Das ewig Licht geht da herein, / gibt der Welt ein' neuen Schein; / es leucht' wohl mitten in der Nacht / und uns zu Lichtes Kindern macht. / Kyrieleis.

5. Der Sohn des Vaters, Gott von Art, / ein Gast in der Welt hie ward / und führt uns aus dem Jammertal, / macht uns zu Erben in sein'm Saal. / Kyrieleis.

6. Er ist auf Erden kommen arm, / daß er unser sich erbarm / und in dem Himmel mache reich / und seinen lieben Engeln gleich. / Kyrieleis.

7. Das hat er alles uns getan, / sein groß Lieb zu zeigen an. / Des freu sich alle Christenheit / und dank ihm des in Ewigkeit. / Kyrieleis.

T: Medingen bei Lüneburg um 1380; Str. 2–7 Martin Luther 1524
M: Medingen um 1460 / Wittenberg 1524

Mit dem Wort „verkleiden" (Strophe 2) ist das Wunder der Menschwerdung Gottes umschrieben: Gott (das ewige Gut) hat in der Geburt Jesu die Gestalt eines Menschen wie ein Kleid angezogen, sich aber damit nicht nur (als mit etwas Fremdem) bekleidet, sondern sich darein verkleidet, sich damit völlig verbunden und sich zugleich darin verborgen, also menschliches Wesen angenommen.

131
ö

1. Sei uns will-kom-men, Her-re Christ,
2. Gott ist ge-bo-ren, un-ser Trost,

1. der du un-ser al-ler Her-re bist.
2. der hat durch sein Kreuz die Welt er-löst.

1.–2. Sei will-kom-men, lie-ber Her-re,

hier auf der Er-de recht mit Eh-ren. Ky-ri-e-leis.

T und M: Aachen 13./14. Jh.; Str. 2 1970

132

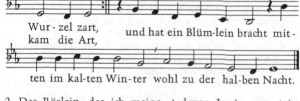

1. Es ist ein Ros ent-sprun-gen aus ei-ner
   wie uns die Al-ten sun-gen, von Jes-se

Wur-zel zart, und hat ein Blüm-lein bracht mit-
kam die Art,

ten im kal-ten Win-ter wohl zu der hal-ben Nacht.

2. Das Röslein, das ich meine, / davon Jesaja sagt, / ist Maria, die Reine, / die uns das Blümlein bracht. / Aus Gottes ewgem Rat / hat sie ein Kind geboren / und blieb doch reine Magd.

3. Das Blümelein so kleine, / das duftet uns so süß; / mit seinem hellen Scheine / vertreibt's die Finsternis, / wahr' Mensch und wahrer Gott, / hilft uns aus allem Leide, / rettet von Sünd und Tod.

T: Mainz um 1587/88; Str. 3 bei Friedrich Layritz 1844
M: Speyerer Gesangbuch, Köln 1599

Das Lied beginnt wie ein Rätsellied von einem „Ros" (= Rosenstock) zu
sprechen, der ein Blümlein hervorbrachte. In der zweiten Strophe folgt die
Lösung: Der Rosenstock (jetzt „das Röslein" genannt) ist Maria. Auf die
Jungfrau (virgo) Maria bezog man schon im Mittelalter die Jesaja-Weis-
sagung (11,1) vom Sproß (virga), der aus der „zarten" (= edlen) Wurzel
Isais (lateinisch: Jesse), d. h. aus dem Geschlechte von Davids Vater,
hervorgehen sollte.

Ökumenische Fassung:

1. und 3. Strophe wie Nr. 132

2. Das Röslein, das ich meine / davon Jesaja sagt, / ist
Maria, die Reine, / die uns das Blümlein bracht. / Aus
Gottes ewgem Rat / hat sie ein Kind geboren, / welches uns
selig macht.

133
ö

1. Lobt Gott, ihr Christen alle gleich, in
sei-nem höch-sten Thron, der heut schließt
auf sein Him-mel-reich und schenkt uns sei-nen
Sohn, und schenkt uns sei-nen Sohn.

134
ö

2. Er kommt aus seines Vaters Schoß / und wird ein Kindlein klein; / er liegt dort elend, nackt und bloß / in einem
Krippelein, / in einem Krippelein.

3. entäußert sich all seiner Gewalt, / wird niedrig und
gering / und nimmt an eines Knechts Gestalt, / der Schöpfer
aller Ding, / der Schöpfer aller Ding.

4. Heut schließt er wieder auf die Tür / zum schönen Paradeis; / der Kerub steht nicht mehr dafür. / Gott sei Lob, Ehr
und Preis, / Gott sei Lob, Ehr und Preis.

T und M: Nikolaus Herman 1560/1554

135

(A) 1. Sin - gen wir mit Fröh - lich - keit,

lo - ben Gott in E - wig - keit,

sei - nen Sohn gibt er uns heut:

1.-4. Er - schie - nen ist, den uns ge - born Ma -

ri - a. (V) Nun er - füllt sich, was ver -

kün - det Ga - bri - el. E - ja, e - ja,

ei - ne Jung - frau wun - der - bar

Gott den Hei - land uns ge - bar nach

ew - gem Rat. (A) Heut, ja heut er - schie - nen ist,

er - schie - nen ist der Chri - sten - heit

Got - tes Sohn, den lo - ben wir in E - wig - keit.

2. Freue dich, Jerusalem, / Licht strahlt auf in Betlehem, / wie verheißen ehedem:

3. Zion, preis den Herren dein, / der uns macht von Sünden rein / und der Menschen Heil will sein:

4. Der im Himmelreich regiert, / kam zu uns als guter Hirt, / heimzuführn, was sich verirrt:

T: nach „Kirchenlied" 1938; Str. 2–4 1973 nach „Resonet in laudibus" 14. Jh.
M: Seckau 1345 / Moosburg um 1365

136

1. Ein Kind ist uns ge-bo-ren heut, das al-le Welt er-freut, das al-le Welt er-freut, wen-det un-ser Leid, wen-det un-ser Leid.
2. Heut tut sich auf des Him-mels Tor, es bricht ein Glanz her-vor, es bricht ein Glanz her-vor; Gott wird of-fen-bar, Gott wird of-fen-bar.
3. Schaut auf, ein Kö-nig kommt zu euch: der Sohn, dem Va-ter gleich, der Sohn, dem Va-ter gleich; er macht al-le reich, er macht al-le reich.
4. Die En-gel sin-gen. Gott ist da. Ohn En-de fern und nah, ohn En-de fern und nah klingt es: Glo-ri-a, klingt es: Glo-ri-a.

T: EGB 1971 nach „Natus est nobis hodie" 15. Jh.
M: bei Michael Weiße 1531

137

1. Tag an Glanz und Freu-den groß al-len,
Seht, aus ei-ner Jung-frau Schoß ist uns
die ver - lo - ren!
Gott ge - bo - ren, ward ein Mensch, ein
Kind-lein schön, zart und lieb-lich an-zu-sehn
un - ter Men-schen - kin-dern. Gott un -
faß-bar, Gott im Licht neigt zur Welt sein
An - ge - sicht, ih - re Not zu lin - dern.

2. Staunen die Natur befällt, / denn vom Geist empfangen /
ist Gott Sohn in diese Welt / leibhaft eingegangen. / Eine
Jungfrau den gebar, / der ihr eigner Schöpfer war, / Gott
vor allen Zeiten. / Und das Kindlein, das sie stillt, / hat mit
seinem Glanz erfüllt / alle Ewigkeiten.

3. Wie die Sonne Glas durchdringt, / ohne es zu trüben, /
so ist, die den Herrn uns bringt, / allzeit Jungfrau blieben. /
O Maria, rein und groß, / selig bist du, deren Schoß /
Gottes Sohn getragen. / Selig, Mutter Gottes wert, / die den
Herrn der Welt genährt / in den Erdentagen.

T: nach „Dies est laetitiae" um 1320, Übertragung Maria Luise Thurmair
1969 M: Medingen bei Lüneburg um 1320 / Hohenfurt 1410

138 ö

1. Es kam ein En-gel hell und klar von Gott aufs Feld zur Hir-ten-schar; der war gar sehr von Her-zen froh und sprach zu ih-nen fröh-lich so:

2. „Vom Himmel hoch da komm ich her, / ich bring euch gute neue Mär; / der guten Mär bring ich so viel, / davon ich singn und sagen will.

3. Euch ist ein Kindlein heut geborn / von einer Jungfrau auserkorn, / ein Kindelein so zart und fein; / das soll eur Freud und Wonne sein.

4. Es ist der Herr Christ, unser Gott, / der will euch führn aus aller Not; / er will eur Heiland selber sein, / von allen Sünden machen rein.

5. Er bringt euch alle Seligkeit, / die Gott der Vater hat bereit', / daß ihr mit uns im Himmelreich / sollt leben nun und ewiglich.

6. So merket nun das Zeichen recht: / die Krippe, Windelein so schlecht; / da findet ihr das Kind gelegt, / das alle Welt erhält und trägt."

7. Des laßt uns alle fröhlich sein / und mit den Hirten gehn hinein, / zu sehn, was Gott uns hat beschert, / mit seinem lieben Sohn verehrt.

8. Lob, Ehr sei Gott im höchsten Thron, / der uns schenkt seinen eingen Sohn. / Des freuet sich der Engel Schar / und singet uns solch neues Jahr.

T: Martin Luther 1535; Str. 1 Valentin Triller 1555
M: Leipzig 1539

139

1. Hört, es singt und klingt mit Schal-le: Fürcht' euch nicht, ihr Hir-ten al-le! Macht euch auf, geht hin zum Stal-le: Gott ward Mensch, des freut euch sehr.

2. Seht, ein Stern ist aufgegangen / denen, die in Nacht gefangen. / Zu dem Kinde voll Verlangen / ziehn von fern die Könige her.

3. Mit den Hohen und Geringen / wolln auch wir ihm Gaben bringen, / Gloria voll Freude singen / mit der Engel großem Heer.

4. Denn er ist zur Welt gekommen / für die Sünder und die Frommen, / hat uns alle angenommen, / uns zum Heil und Gott zur Ehr.

T: Markus Jenny 1971 nach „Quem pastores laudavere" 15. Jh.
M: Hohenfurt um 1450 / Prag 1541

140

1. Zu Bet-le-hem ge-bo-ren ist uns ein Kin-de-lein. Das hab ich aus-er-ko-ren, sein ei-gen will ich sein. E-ja, e-ja, sein ei-gen will ich sein.

2. In seine Lieb versenken / will ich mich ganz hinab; / mein Herz will ich ihm schenken / und alles, was ich hab. / Eja, eja, und alles, was ich hab.

3. O Kindelein, von Herzen / dich will ich lieben sehr / in Freuden und in Schmerzen, / je länger mehr und mehr. / Eja, eja, je länger mehr und mehr.

4. Dich wahren Gott ich finde / in meinem Fleisch und
Blut; / darum ich fest mich binde / an dich, mein höchstes
Gut. / Eja, eja, an dich, mein höchstes Gut.
5. Dazu dein Gnad mir gebe, / bitt ich aus Herzensgrund, /
daß dir allein ich lebe / jetzt und zu aller Stund. / Eja, eja,
jetzt und zu aller Stund.

T: Friedrich Spee 1637
M: Paris 1599 / geistlich Köln 1638

141
ö

1. Ich steh an deiner Krippe hier,
Ich komme, bring und schenke dir,
o Jesu, du mein Leben.
was du mir hast gegeben.
Nimm hin, es
ist mein Geist und Sinn, Herz, Seel und Mut, nimm
alles hin und laß dir's wohl gefallen.

2. Da ich noch nicht geboren war, / da bist du mir geboren /
und hast mich dir zu eigen gar, / eh ich dich kannt, erkoren. /
Eh ich durch deine Hand gemacht, / da hast du schon bei dir
bedacht, / wie du mein wolltest werden.
3. Ich lag in tiefster Todesnacht, / du warest meine Sonne, /
die Sonne, die mir zugebracht / Licht, Leben, Freud und
Wonne. / O Sonne, die das werte Licht / des Glaubens in mir
zugericht', / wie schön sind deine Strahlen.
4. Ich sehe dich mit Freuden an / und kann mich nicht satt
sehen; / und weil ich nun nichts weiter kann, / bleib ich
anbetend stehen. / O daß mein Sinn ein Abgrund wär / und
meine Seel ein weites Meer, / daß ich dich möchte fassen.

T: Paul Gerhardt 1653
M: Wittenberg 1529

142
ö

1. In dul - ci ju - bi - lo_____ nun sin - get und seid froh:_____ Un - sers Her - zens Won - ne liegt in prae - se - pi - o_____ und leuch - tet wie die Son - ne ma - tris in gre - mi - o._____ Al - pha es et O,_____ Al - pha es et O._____

2. O Jesu parvule, / nach dir ist mir so weh. / Tröst mir mein Gemüte, / o puer optime, / durch alle deine Güte, / o princeps gloriae. / Trahe me post te, / trahe me post te.

3. Ubi sunt gaudia? / ↯ Nirgends mehr denn da, / wo die Engel singen / ↯ nova cantica / ↯ und die Zimbeln klingen / in regis curia. / Eja qualia, / eja qualia!

Übersetzung der lateinischen Worte:

1. mit wohlklingendem Jubel – in der Krippe – auf dem Schoß der Mutter – du bist das Alpha und das Omega (Alpha ist der erste und Omega der letzte Buchstabe im griechischen Alphabet).

2. o Kindlein Jesus – o bester Knabe – o Fürst der Herrlichkeit – zieh mich dir nach.

3. wo sind die Freuden – neue Lieder – am Hof des Königs – ei, was für (Freuden und Lieder).

T und M: 14 Jh.

143

1. Nun freut euch, ihr Chri-sten, sin-get Ju-bel-lie-der und kom-met, o kom-met nach Bet - - le-hem. Chri-stus der Hei-land stieg zu uns her-nie - der.

1.-4. Kommt, las-set uns an-be-ten, kommt, las-set uns an-be-ten, kommt, las-set uns an-be-ten den Kö-nig, den Herrn.

2. O sehet, die Hirten / eilen von den Herden / und suchen das Kind nach des Engels Wort; / gehn wir mit ihnen, Friede soll uns werden.

3. Der Abglanz des Vaters, / Herr der Herren alle, / ist heute erschienen in unserm Fleisch: / Gott ist geboren als ein Kind im Stalle.

4. Kommt, singet dem Herren, / singt, ihr Engelchöre. / Frohlocket, frohlocket, ihr Seligen. / Himmel und Erde bringen Gott die Ehre.

T: EGB 1971 nach „Adeste fideles" des Abbé Borderies um 1790
M: John Reading 17. Jh.

144
ö

1. Jauch- zet, ihr Him- mel, froh- lok- ket, ihr
sin - get dem Her - ren, dem Hei-land der
En - gel, in Chö - ren; Se - het doch da:
Men-schen, zu Eh - ren.
Gott will so freund - lich und nah
zu den Ver - lor - nen sich keh - ren.

2. Jauchzet, ihr Himmel, frohlocket, ihr Enden der Erden. /
Gott und der Sünder, die sollen zu Freunden nun werden. /
Friede und Freud / wird uns verkündiget heut. / Freuet euch,
Hirten und Herden.

3. Sehet dies Wunder, wie tief sich der Höchste hier beuget. /
Sehet die Liebe, die endlich als Liebe sich zeiget. / Gott wird
ein Kind, / träget und hebet die Sünd. / Alles anbetet und
schweiget.

4. Gott ist im Fleische. Wer kann dies Geheimnis verste-
hen? / Hier ist die Pforte des Lebens nun offen zu sehen. /
Gehet hinein, / eins mit dem Kinde zu sein, / die ihr zum
Vater wollt gehen.

5. Treuer Immanuel, werd auch in mir nun geboren. /
Komm doch, mein Heiland, denn ohne dich bin ich verloren. / Wohne in mir, / mache mich eins nun mit dir, / der
mich zum Leben erkoren.

T: Gerhard Tersteegen 1731
M: „Lobe den Herren" Nr. 258

1. Stille Nacht, heilige Nacht! Alles schläft, einsam wacht **145**
nur das traute, heilige Paar. Holder Knab im lockigen Haar:
Schlafe in himmlischer Ruh! Schlafe in himmlischer Ruh!
2. Stille Nacht, heilige Nacht! Gottes Sohn, o wie lacht Lieb
aus deinem göttlichen Mund, da uns schlägt die rettende
Stund: Jesus, in deiner Geburt! Jesus, in deiner Geburt!
3. Stille Nacht, heilige Nacht! Hirten erst kundgemacht;
durch der Engel Halleluja tönt es laut bei ferne und nah:
Jesus der Retter ist da! Jesus der Retter ist da!

T: Josef Mohr 1818 (Urfassung)
M: Franz Xaver Gruber 1818

Erscheinung des Herrn

146
ö

2. Hier liegt es in dem Krippelein, — Krippelein; / ohn Ende
ist die Herrschaft sein. / Halleluja, Halleluja.
3. Die König' aus Saba kamen her, — kamen her; / Gold,
Weihrauch, Myrrhe brachten sie dar. / Halleluja, Halleluja.
4. Sie gingen in das Haus hinein, — Haus hinein / und grüß-
ten das Kind und die Mutter sein. / Halleluja, Halleluja.
5. Sie fielen nieder auf ihre Knie, — ihre Knie / und sprachen:
„Gott und Mensch ist hie." / Halleluja, Halleluja.
6. Für solche gnadenreiche Zeit, — reiche Zeit / sei Gott gelobt in Ewigkeit. / Halleluja, Halleluja.

T: 15. Jh. nach „Puer natus in Betlehem" 14. Jh. / nach Babst 1545 und
Leisentrit 1567
M: bei Lucas Lossius 1553

147

1. Sieh, dein Licht will kom-men, ste-he auf, du Stadt des Herrn; ü-ber dir er-strahlt der Stern, ist der Tag er-glom-men. Wer-de licht, Je-ru-sa-lem, Chri-stus ist er-schie-nen.

2. Christus ist gekommen, / er, der Herrscher, er, der Herr, / der das Reich, die Macht und Ehr / in die Hand genommen. / Freue dich, Jerusalem, / Christus ist erschienen.

3. Christus ist erschienen. / Seht, die Zeit des Heils begann; / alle Völker beten an, / alles wird ihm dienen. / Bete an, Jerusalem, / Christus ist erschienen.

T: Maria Luise Thurmair 1971   M: Markus Jenny 1971

Gemeindeverse
(zur Eröffnung)

148

1   Ein Kind ist uns ge-bo-ren, ein Sohn ist uns ge-schenkt; auf sei-nen Schul-tern ruht das Reich.

VIIa. Q19

2   Der Herr tut Wun-der vor den Au-gen der Völ-ker.

IIc, IVa. Q20

(zum Antwortpsalm)

149
1 Al-le En-den der Er-de schau-en Got-tes Heil.

VIIIa, IIa. Q19

2 (2) Heute ist uns der Heiland geboren: Christus der Herr.
3 (3) Heute erstrahlt ein Licht über uns: Christus der Herr.

Va. Q34

4 Der Herr krönt das Jahr mit sei-nem Se-gen.

VIIIa, IIa. Q18

(zur Bereitung)

5 Der Herr spricht zu mir: Mein Sohn bist du,
ich ha-be dich heu-te ge-zeugt.

IXa, Ia, VIa. Q33

(zur Kommunion)

6 Das Wort wur-de Fleisch und wohn-te bei uns.

IXa, Ia, VIa. Q20

(Darstellung des Herrn)

7 Du bist das Licht, die Völ-ker zu er-
leuch-ten, du dei-nes Vol-kes Herr-lich-keit.

IIa, VIIIa. Q19

150 **Vesper in der Weihnachtszeit**

Eröffnung Nr. 683
Hymnus: Gelobet seist du, Jesu Christ Nr. 130

ERSTER PSALM

151

1 (1) Der Him - mel freu - e sich, und es

2 (2) Der Him - mel freu - e sich, und es

(1) jauch - ze die Er - de, denn der Herr ist

(2) jauch - ze die Er - de, denn der Herr ist

(1) uns ge - bo - ren. Hal - le - lu - ja.

(2) uns er - schie-nen. Hal - le - lu - ja.

IIa. Q48

Psalm 96: Der König und Richter aller Welt

3 II

1. Singet dem Herrn ein neues Lied, *
singt dem Herrn, alle Länder der Erde!

　　2. Singt dem Herrn und preist seinen Namen, *
　　verkündet sein Heil von Tag zu Tag!

3. Erzählt bei den Völkern von seiner Herrlichkeit, *
bei allen Nationen von seinen Wundern!

　　4. Denn groß ist der Herr und hoch zu preisen, *
　　mehr zu fürchten als alle Götter.

5. Alle Götter der Heiden sind nichtig, *
der Herr aber hat den Himmel geschaffen.

　　6. Hoheit und Pracht sind vor seinem Angesicht, *
　　Macht und Glanz in seinem Heiligtum. —

7. Bringt dar dem Herrn, ihr Stämme der Völker, *
bringt dar dem Herrn Lob und Ehre!

　　8. Bringt dar dem Herrn die Ehre seines Namens, *
　　spendet Opfergaben, und tretet ein in sein Heiligtum!

9. In heiligem Schmuck werft euch nieder vor dem Herrn, *
erbebt vor ihm, alle Länder der Erde! —

    10. Verkündet bei den Völkern: *
    Der Herr ist König.

11. Den Erdkreis hat er gegründet, so daß er nicht wankt. *
Er richtet die Nationen so, wie es recht ist. —

    12. Der Himmel freue sich, die Erde frohlocke, *
    es brause das Meer und alles, was es erfüllt!

13. Es jauchze die Flur und was auf ihr wächst! *
Jubeln sollen alle Bäume des Waldes

    14. vor dem Herrn, wenn er kommt, *
    wenn er kommt, um die Erde zu richten.

15. Er richtet den Erdkreis gerecht *
und die Nationen nach seiner Treue. —

    16. Ehre sei dem Vater und dem Sohn *
    und dem Heiligen Geist,

17. wie im Anfang, so auch jetzt und alle Zeit *
und in Ewigkeit. Amen. *Kehrvers*

ZWEITER PSALM
(an Weihnachten)

Seht, un - ser Kö - nig kommt;
er bringt sei - nem Volk den Frie - den.

VIa. Q23

Psalm 72 A: Der Friedenskönig und sein Reich

VI   2

1. Verleih dein Richteramt, o Gott, dem König, *
dem Königssohn gib dein gerechtes Walten!

    2. Er regiere dein Volk in Gerechtigkeit *
    und deine Armen durch rechtes Urteil.

3. Dann tragen die Berge Frieden für das Volk *
und die Höhen Gerechtigkeit. —

4. Er wird Recht verschaffen den Gebeugten im Volk, /
Hilfe bringen den Kindern der Armen, *
er wird die Unterdrücker zermalmen.

5. Er soll leben, solange die Sonne bleibt und der Mond, *
bis zu den fernsten Geschlechtern.

6. Er ströme wie Regen herab auf die Felder, *
wie Regenschauer, die die Erde benetzen.

7. Die Gerechtigkeit blühe auf in seinen Tagen *
und großer Friede, bis der Mond nicht mehr da ist. —

8. Er herrsche von Meer zu Meer, *
vom Strom bis an die Enden der Erde. —

9. Ehre sei dem Vater und dem Sohn *
und dem Heiligen Geist,

10. wie im Anfang, so auch jetzt und alle Zeit *
und in Ewigkeit. Amen. Verse 1–8

Kehrvers

(an Erscheinung des Herrn)

153
1

Wer-de licht, Je - ru - sa - lem, Hal - le - lu - ja,

dein Licht ist uns er - schie - nen, Hal - le - lu - ja.

VIa. Q 29

Psalm 72 B: Der Friedenskönig und sein Reich

2 VI

1. Die Könige von Tarschisch und von den Inseln bringen
Geschenke, *
die Könige von Saba und Seba kommen mit Gaben.

2. Alle Könige müssen ihm huldigen, *
alle Völker ihm dienen. —

3. Denn er rettet den Gebeugten, der um Hilfe schreit, *
den Armen und den, der keinen Helfer hat.

4. Er erbarmt sich des Gebeugten und Schwachen, *
er rettet das Leben der Armen.
5. Von Unterdrückung und Gewalttat befreit er sie, *
ihr Blut ist in seinen Augen kostbar. —
6. Er lebe, und Gold von Saba soll man ihm geben! /
Man soll für ihn allezeit beten, *
stets für ihn Segen erflehen.
7. Im Land gebe es Korn in Fülle. *
Es rausche auf dem Gipfel der Berge.
8. Seine Frucht wird sein wie die Bäume des Libanon. *
Menschen blühn in der Stadt wie das Gras der Erde.
9. Sein Name soll ewig bestehen; *
solange die Sonne bleibt, sprosse sein Name.
10. Glücklich preisen sollen ihn alle Völker *
und in ihm sich segnen. —
11. Gepriesen sei der Herr, der Gott Israels! *
Er allein tut Wunder.
12. Gepriesen sei sein herrlicher Name in Ewigkeit! *
Seine Herrlichkeit erfülle die ganze Erde.
Amen, ja Amen. —
13. Ehre sei dem Vater und dem Sohn *
und dem Heiligen Geist,
14. wie im Anfang, so auch jetzt und alle Zeit *
und in Ewigkeit. Amen.   Verse 10–19

Kehrvers

GESANG
aus dem Neuen Testament – Kolosser 1,12–20

Dankt dem Vater mit Freude,
er schenkt uns seinen Sohn.
VIIIb, IIIb, IIb

(154)

1. Er hat euch wür-dig ge-macht, das Er-be der

Hei-li-gen zu emp-fan-gen, die im Lich-te sind.

2. Er hat uns der Macht der Fin-ster-nis ent-ris-sen

und auf-ge-nommen in das Reich sei-nes ge-

lieb-ten Soh-nes. 3. In ihm haben wir die Er-lö-sung,

die Ver-ge-bung der Sün-den. 4. Er ist das Ebenbild

des un-sicht-ba-ren Got-tes, der Erst-

geborene der gan-zen Schöp-fung. 5. Denn in

ihm wurde alles erschaf-fen im Him-mel und

auf Er-den, das Sicht-ba-re und das Un-sicht-

ba-re, Thro-ne und Herr-schaf-ten, Mäch-te

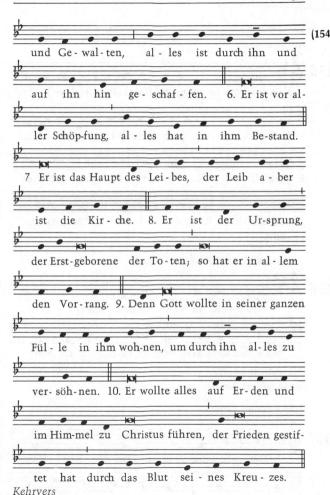

(154)

und Ge-wal-ten, al-les ist durch ihn und auf ihn hin ge-schaf-fen. 6. Er ist vor al-ler Schöp-fung, al-les hat in ihm Be-stand.

7 Er ist das Haupt des Lei-bes, der Leib a-ber ist die Kir-che. 8. Er ist der Ur-sprung, der Erst-ge-bo-re-ne der To-ten; so hat er in al-lem den Vor-rang. 9. Denn Gott wollte in seiner ganzen Fül-le in ihm woh-nen, um durch ihn al-les zu ver-söh-nen. 10. Er wollte alles auf Er-den und im Him-mel zu Christus führen, der Frieden gestif-tet hat durch das Blut sei-nes Kreu-zes.

Kehrvers

M: Heinrich Rohr 1973

LESUNG

Antwortgesang

155

V/A Christus ist ge-bo-ren, Hal-le-lu-ja, Hal-le-lu-ja.

V In ihm ist Gott erschienen. A Hal-le-lu-ja, Hal-le-lu-ja.

V Singt das Lob des Va-ters und des Soh-nes

und des Hei-li-gen Gei-stes. A Christus ist ...

Homilie

ZUM LOBGESANG MARIENS

156

Ju-belt, ihr Lan-de, dem Herrn; al-le

En-den der Er-de schau-en Got-tes Heil.

VIIIa, IIIa. Q19

Magnificat Nr. 127

Schlußgebete Nr. 691

Jahresschluß – Neujahr

157
ö

1. Der du die Zeit in Hän-den hast, Herr,

nimm auch die-ses Jah-res Last und wand-le

sie in Se - gen. Nun von dir selbst in
Je - sus Christ die Mit - te fest ge - wie - sen
ist, führ uns dem Ziel_____ ent - ge - gen.

2. Da alles, was der Mensch beginnt, / vor seinen Augen noch zerrinnt, / sei du selbst der Vollender. / Die Jahre, die du uns geschenkt, / wenn deine Güte uns nicht lenkt, / veralten wie Gewänder.

3. Wer ist hier, der vor dir besteht? / Der Mensch, sein Tag, sein Werk vergeht: / nur du allein wirst bleiben. / Nur Gottes Jahr währt für und für, / drum kehre jeden Tag zu dir, / weil wir im Winde treiben.

4. Der Mensch ahnt nichts von seiner Frist. / Du aber bleibest, der du bist, / in Jahren ohne Ende. / Wir fahren hin durch deinen Zorn, / und doch strömt deiner Gnade Born / in unsre leeren Hände.

5. Und diese Gaben, Herr, allein / laß Wert und Maß der Tage sein, / die wir in Schuld verbringen. / Nach ihnen sei die Zeit gezählt; / was wir versäumt, was wir verfehlt, / darf nicht mehr vor dich dringen.

6. Der du allein der Ewge heißt / und Anfang, Ziel und Mitte weißt / im Fluge unsrer Zeiten: / bleib du uns gnädig zugewandt / und führe uns an deiner Hand, / damit wir sicher schreiten.

T: Jochen Klepper 1938
M: Siegfried Reda 1960
Das Lied kann auch auf die Melodie „O Herz des Königs aller Welt"
Nr. 549 gesungen werden.

158

1. Lob - prei - set all zu die - ser Zeit,
die Son - ne der Ge - rech - tig - keit,

wo Sonn und Jahr sich wen - det,
die al - le Nacht ge - en - det.

1.-3. Dem Herrn, der Tag und Jahr ge - schenkt,

der un - ser Le - ben trägt und lenkt,

sei Dank und Lob ge - sun - gen.

2. Christus hat unser Jahr erneut / und hellen Tag gegeben, / da er aus seiner Herrlichkeit / eintrat ins Erden-
leben.

3. Er ist der Weg, auf dem wir gehn, / die Wahrheit, der wir
trauen. / Er will als Bruder bei uns stehn, / bis wir im Glanz
ihn schauen.

T: nach Heinrich Bone 1852; Str. 3 EGB 1969
M: „Ich steh an deiner Krippe hier" Nr. 141

Die Österliche Bußzeit (Fastenzeit)

159 Mit dem Aschermittwoch beginnt die vierzigtägige Bußzeit zur
Vorbereitung auf die Osterfeier.
Vierzig Jahre ist das Volk des Alten Bundes durch die Wüste gezo-
gen, um das Land der Verheißung geläutert betreten zu können.
Vierzig Tage verbrachte Mose auf dem Berg, um Gottes Gebote
entgegenzunehmen.
Vierzig Tage wanderte Elia fastend und betend durch die Wüste,
bis er am Horeb Gott in geheimnisvoller Weise erfahren durfte.

Vierzig Tage fastete Jesus in der Wüste, widerstand dem Versu-
cher und verkündete dann die Botschaft vom Reich Gottes.
So bereiten auch wir uns alljährlich vierzig Tage lang vor auf die
große Osterfeier der Kirche, um Tod und Auferstehung des Herrn
würdig zu feiern.

Taufe und Buße

In besonderer Weise werden in der österlichen Bußzeit die Taufbewerber auf ihre Taufe in der Osternacht vorbereitet. Mit ihnen
zusammen besinnt sich die Gemeinde der schon Getauften auf
die eigene Taufentscheidung und erneuert sie. Alle hören eifriger
als sonst das Wort Gottes; sie vernehmen darin den Ruf zur
Umkehr und die Aufforderung zu tätiger Liebe. Im Sakrament
der Buße werden sie mit der Kirche und mit Gott versöhnt. Täglich sammelt sich die Gemeinde zur Eucharistie, damit sie wie Elia
in der Kraft der Gottesspeise dem österlichen Ziel zuwandern
kann. So gehen alle mit Christus den Weg nach Jerusalem, den
Weg des Kreuzes zur Auferstehung.

Aschermittwoch und die Fastensonntage

Der gemeinsame Aufbruch zur österlichen Bußzeit erfolgt am
Aschermittwoch. Nach altem Brauch verzichtet man an diesem Tag
auf Fleischspeisen und begnügt sich mit einmaliger Sättigung.
Seinen Namen hat der Tag von der Übung, daß sich alle in einem
eigenen Gottesdienst Asche aufs Haupt streuen lassen zum Aus-
druck ihrer Bereitschaft zu Buße und Umkehr. Die Woche nach
dem ersten Sonntag dient als Quatemberwoche der Einführung
der Gemeinde in die Fastenzeit.
Der erste Sonntag ist geprägt durch das Evangelium von der
Versuchung des Herrn, der zweite Sonntag läßt im Evangelium
von der Verklärung schon das österliche Ziel aufleuchten. Die
Themen der weiteren Sonntage wechseln mit den verschiedenen
Lesejahren. Im ersten Jahr deuten sie die Taufe in den drei großen
Bildern des Johannesevangeliums: vom Wasser des Lebens (Sama-
riterin am Jakobsbrunnen), vom Licht der Welt (Heilung des
Blindgeborenen) und vom Sieg des Lebens über den Tod (Aufer-
weckung des Lazarus).
Die alttestamentlichen Lesungen der Fastensonntage geben alle
Jahre einen Durchblick durch die Heilsgeschichte: die Schöpfung,
die Erwählung und Führung des Gottesvolkes und die Ankündi-
gung des Heils durch die Propheten.

Das Leiden des Herrn

In den Gottesdiensten der Fastenzeit, noch mehr aber im persönlichen Gebet und in gemeinsamen Andachten (Kreuzweg, Ölbergandacht, schmerzhafter Rosenkranz) betrachten wir das bittere Leiden und Sterben Christi. Wir lernen dadurch unseren eigenen Lebensweg verstehen als ein gemeinsames Schicksal mit dem Herrn, der sein Kreuz getragen und dadurch die Welt erlöst hat. Die Bereitschaft, mit dem Herrn für die Rettung der Welt zu leiden, muß sich in tatkräftigem Einsatz gegen Not und Ungerechtigkeit bewähren. Darum gehören die Caritas und die verschiedenen Hilfswerke der Kirche gegen Hunger und Not in der Welt eng zur Fastenzeit.

Umkehr, Buße, Taufe

160

V/A Be - keh - re uns, ver - gib die Sün - de,

schen - ke, Herr, uns neu dein Er - bar - men.

V 1. Der Sohn des Höch-sten kam auf uns - re Er - de,

uns zu er - ret - ten aus der Macht des Bö - sen.

Er ruft die Men-schen in das Reich des Va - ters. Kv

2. Bekehrt euch alle, denn das Reich ist nahe; / in rechter Buße wandelt eure Herzen. / Seid neue Menschen, die dem Herrn gefallen. **Kv**

3. Hört seine Stimme, ändert euer Leben; / suchet das Gute
und laßt ab vom Bösen; / als Gottes Kinder wirket seinen
Frieden. Kv
4. Ihr seid gefunden wie verlorne Schafe, / und in der Taufe
seid ihr neu geboren. / Die Kraft des Geistes macht euch
stark im Glauben. Kv
5. Als Jesu Jünger seid ihr nun gesendet. / Geht hin zu
allen, kündet seine Botschaft; / bringt neue Hoffnung auf die
ganze Erde. Kv
6. Tut Gutes allen, helft den Unterdrückten / und stiftet
Frieden: liebet euren Nächsten. / Dies ist ein Fasten in den
Augen Gottes. Kv
7. Ihr wart einst Knechte, er macht euch zu Kindern; / ihr
wart einst Sklaven, er macht euch zu Freien. / Kehrt
heim zum Vater, kommt zum Mahl der Freude. Kv

T: Walter Röder 1972/1992
M: „Attende, Domine", Frankreich, 17. Jh.

161

1.-3. Got - tes Lamm, Herr Je - su Christ,

1. mit aus - ge-streck-ten Ar - men du am Kreuz
2. du süh-nest uns - re Sün - den. Wer mit Schuld
3. du gibst dich uns hie - nie - den in dem Brot,

1. ge - stor-ben bist: schenk uns dein Er - bar - men.
2. be - la-den ist, wird Er - bar - men fin - den.
3. das Le - ben ist: schenk uns dei - nen Frie - den.

T und M: Erhard Quack 1945
Als Lied zum Agnus Dei geeignet

162

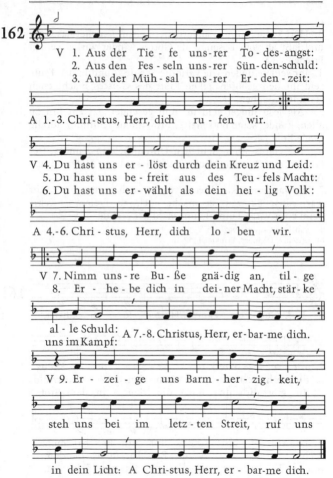

V 1. Aus der Tie - fe uns-rer To - des-angst:
2. Aus den Fes - seln uns-rer Sün-den-schuld:
3. Aus der Müh - sal uns-rer Er - den-zeit:

A 1.-3. Chri - stus, Herr, dich ru - fen wir.

V 4. Du hast uns er - löst durch dein Kreuz und Leid:
5. Du hast uns be - freit aus des Teu - fels Macht:
6. Du hast uns er - wählt als dein hei - lig Volk:

A 4.-6. Chri - stus, Herr, dich lo - ben wir.

V 7. Nimm uns - re Bu - ße gnä - dig an, til - ge
8. Er - he - be dich in dei - ner Macht, stär - ke

al - le Schuld: A 7.-8. Christus, Herr, er - bar-me dich.
uns im Kampf:

V 9. Er - zei - ge uns Barm - her - zig - keit,

steh uns bei im letz - ten Streit, ruf uns

in dein Licht: A Chri-stus, Herr, er - bar-me dich.

T: „Singende Gemeinde" 1961
M: Heinrich Rohr 1961

163 ö

1. Aus tie - fer Not schrei ich zu dir,

Herr Gott, er - hör mein Ru - - fen;

dein gnä - dig Ohr neig her zu mir

und mei - ner Bitt es öff - - ne.

Denn so du willst das se - hen an,

was Sünd und Un - recht ist ge - tan,

wer kann, Herr, vor dir blei - ben?

2. Es steht bei deiner Macht allein, / die Sünde zu vergeben, / auf daß dich fürchte groß und klein, / du einzig Heil
und Leben. / Darum auf Gott will hoffen ich, / auf ihn will
ich verlassen mich / und seinem Wort vertrauen.
3. Und ob es währt bis in die Nacht / und wieder an den
Morgen, / doch soll mein Herz an Gottes Macht / verzweifeln nicht noch sorgen. / Er ist allein der gute Hirt, / der
Israel erlösen wird / aus seinen Sünden allen.

T: Str. 1 ö Martin Luther 1524; Str. 2 und 3 EGB 1972 nach Martin Luther
1524 zu Psalm 130   M: Martin Luther 1524

164
ö

1. Er - bar - me dich, er - barm dich mein, Herr,
durch die gro - ße Gü - te dein. Mach rein mich
bis zum Her-zens-grund; im In - ner - sten mach
mich ge - sund. Denn mei - ne Sün - de brennt
in mir; ja, schul-dig ist mein Herz vor dir.

2. Arm ward ich in die Welt geschickt, / von Anbeginn in
Schuld verstrickt. / Ein fremdes mächtiges Gesetz / trieb
mich dem Bösen in das Netz. / Du weißt, was mich zu-
innerst quält. / Vor dir allein hab ich gefehlt.

3. Herr, schau auf meine Sünde nicht; / wend ab von ihr
dein Angesicht. / Ein reines Herz erschaff in mir; / so weiß
wie Schnee sei es vor dir. / Berühre mich mit deiner Hand, /
die alle Macht des Bösen bannt.

4. Herr, nimm von mir nicht deinen Geist, / der mich den
Weg des Lebens weist, / ihn, der mich treibt zum Guten
hin, / zu Großmut und beständgem Sinn. / Befreie mich
von Schuld und Not, / daß ich dich rühme, Herr, mein Gott.

5. Ja, öffne mir den stummen Mund; / dann tu ich allen
Menschen kund, / was Großes du an mir getan, / wie du
mich nahmst in Gnaden an, / daß, wer dir fern ist, sich
bekehrt / und so in dir auch Heil erfährt.

6. Nimm an, was ich zum Opfer bring: / das Herz, zerschlagen und gering, / den Geist, der seine Ohnmacht
kennt / und dich den Herrn, den Höchsten nennt. / Dann
will ich deiner Güt und Ehr / in Ewigkeit lobsingen, Herr.

T: Maria Luise Thurmair 1971 nach Psalm 51
M: Caspar Ulenberg 1582

165

V 1. Sag ja zu mir, wenn al - les nein sagt,

weil ich so vie - les falsch ge - macht.

Wenn Men - schen nicht ver - zei - hen kön - nen,

nimm du mich an trotz al - ler Schuld.

A 1.-6. Tu mei - nen Mund auf, dich zu lo - ben,

und gib mir dei - nen neu - en Geist.

2. Uns ist das Heil durch dich gegeben; / denn du warst ganz für andre da. / An dir muß ich mein Leben messen; / doch oft setz ich allein das Maß.

3. Gib mir den Mut, mich selbst zu kennen, / mach mich bereit zu neuem Tun. / Und reiß mich aus den alten Gleisen; / ich glaube, Herr, dann wird es gut.

4. Denn wenn du ja sagst, kann ich leben; / stehst du zu mir, dann kann ich gehn, / dann kann ich neue Lieder singen / und selbst ein Lied für andre sein.

5. Zu viele sehen nur das Böse / und nicht das Gute, das geschieht. / Auch das Geringste, das wir geben, / es zählt bei dir, du machst es groß.

6. Drum ist mein Leben nicht vergeblich, / es kann für andre Hilfe sein. / Ich darf mich meines Lebens freuen / und andren Grund zur Freude sein. .

T: Diethard Zils 1971
M: Ignace de Sutter 1959

166
ö

1. O Mensch, be-wein dein Sün-de groß,
Von ei-ner Jung-frau aus-er-korn

der-halb Chri-stus seins Va-ters Schoß
ward er für uns ein Mensch ge-born;

ver-ließ und kam auf Er-den.
er wollt der Mitt-ler wer-den.

Den To-ten er das Le-ben gab,

nahm vie-len ih-re Krank-heit ab,

bis es sich sollt er-fül-len,

daß er für uns ge-op-fert würd,

trüg uns-rer Sün-den schwe-re Bürd

am Kreuz nach Got-tes Wil-len.

2. So laßt uns nun ihm dankbar sein, / daß er für uns litt
solche Pein, / nach seinem Willen leben. / Auch laßt uns
sein der Sünde feind, / weil Gottes Wort so helle scheint, /
Tag und Nacht danach streben, / die Lieb erzeigen jedermann, / die Christus hat an uns getan / mit seinem bittern
Sterben. / O Menschenkind, betracht das recht, / wie Gottes
Zorn die Sünde schlägt, / daß du nicht mögst verderben.

T: nach Sebald Heyden um 1530
M: Matthias Greiter 1525

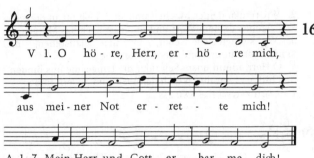

V 1. O hö - re, Herr, er - hö - re mich,

aus mei - ner Not er - ret - te mich!

167

A 1.-7. Mein Herr und Gott, er - bar - me dich!

2. Erbarm dich, Herr, und zeig Geduld,
laß mich vertrauen deiner Huld.
3. Vor deinem heilgen Angesicht
verwirf mich armen Schuldner nicht.
4. Nimm deinen Geist nicht aus mir fort,
schick mir den Beistand durch dein Wort.
5. Ein reines Herz erschaff in mir,
daß würdig sei mein Dienst vor dir.
6. Laß deinen Willen mich verstehn,
den rechten Weg mit Freude gehn.
7. Hilf meiner Schwachheit, hilf mir auf;
führ du zum Ziel des Lebens Lauf.

T: Georg Thurmair 1963
M: Graz 1602

168
ö

1. O Herr, nimm uns-re Schuld, mit der wir uns be-la-sten, und füh-re selbst die Hand, mit der wir nach dir ta-sten.

2. Wir trauen deiner Macht / und sind doch oft in Sorgen. /
Wir glauben deinem Wort und fürchten doch das Morgen.
3. Wir kennen dein Gebot, / einander beizustehen, / und
können oft nur uns und unsre Nöte sehen.
4. O Herr, nimm unsre Schuld, / die Dinge, die uns binden,/
und hilf, daß wir durch dich den Weg zum andern finden.

T und M: Hans-Georg Lotz 1964/1988

169
ö

1. O Herr, aus tie-fer Kla-ge er-heb ich mein Ge-sicht, und was ich bin, das tra-ge ich hin vor dein Ge-richt.

2. Mein Wesen ist am Ende / und trauert wie im Grab; /
es fielen Herz und Hände / von deiner Liebe ab.
3. Nun ist vor allen Sünden / die Finsternis mein Lohn. /
O laß mich heimwärts finden / wie den verlornen Sohn.
4. Gib mir die Liebe wieder, / laß blühn der Gnade Keim /
und führe zu den Brüdern / mich aus dem Elend heim.

T: Georg Thurmair 1935   M: Adolf Lohmann 1935

170
1

V/A Leh - re uns, Herr, dei-nen Wil-len zu tun.

IIb, IIIb. Q23

2

V 1. Du   öff-nest den Blin-den die Au-gen.
V 2. Du   läßt uns - re Schrit - te nicht straucheln.
V 3. Du lehrst uns, in Frei - heit zu le - ben.
V 4. Deine Weisung macht weit uns - re Her - zen.

A 1.-8. Dein Wort, Herr,   zeigt uns   den   Weg.

V Lehre uns, Herr, deinen Willen zu tun.
A Lehre uns, Herr, deinen Willen zu tun.

V 5. Wir hören die Botschaft der Freude.
V 6. Du lehrst uns Erkenntnis und Urteil.
V 7. Dein Gebot wird zum Lied auf unsern Lippen.
V 8. Dir zu folgen ist unsere Freude.

V Lehre uns, Herr, deinen Willen zu tun.
A Lehre uns, Herr, deinen Willen zu tun.

Gemeindeverse
(zur Eröffnung)

171
1

Ich ruf dich an, Herr Gott, er - hö - re mich.

VIIIa, IIa, IIIa. Q24

2

Er - bar - me   dich   mei - ner,   o

Gott,   er - bar - me   dich   mei - - ner.

IVa. Q22

172

1 Ver-scho-ne uns, Herr, und schenk uns neu-es Le-ben, er-bar-me dich un-ser.

IVa. Q19

2 Herr, hilf uns vor dem Bö-sen, das mäch-tig uns be-drängt; wir a-ber bau-en auf dein Wort.

VIIa. Q19

(zum Antwortpsalm)

3 Gott, til-ge mein Ver-gehn, denn du bist reich an Er-bar-men.

Ia, IXa, VIa. Q33

4 Herr, du stehst uns bei in al-ler Not.

VIIIa, IIa. Q33

5 Beim Herrn ist die Huld, bei ihm Er-lö-sung in Fül-le.

IVa. Q17

Ruf vor dem Evangelium

Lob sei dir, Herr, Kö-nig der e - wi-gen Herrlichkeit.

IVa, IIc. Q19

173
1

(Tauferneuerung)

Wer nicht von neu - em ge - bo - ren wird,

kann Got - tes Reich nicht schau - en.

VIa, Ia. Q29

2

Passion

V/A Je - sus Chri - stus ist der Herr

174

zur Eh - re Got - tes des Va - ters.

1. Er war wie Gott, hielt a - ber nicht

dar - an fest, Gott gleich zu sein,

son - dern ent - äu - ßer - te sich, wur - de

wie ein Skla - ve und den Men-schen gleich.

2. Sein Le - ben war das ei - nes Men - schen.

Er er - nied - rig - te sich, war ge - hor - sam

bis zum Tod, bis zum Tod am Kreuz.

3. Dar-um hat ihn Gott ü - ber al - le er-höht

und ihm den Na - men ver - lie - hen,

der je - den Na - men ü - ber - trifft,

4. da - mit vor dem Na - men Je - su

al - le Mäch - te im Him - mel, auf der

Er - de und un - ter der Er - de ih - re

Knie beu-gen und je - de Zun-ge be-kennt:

A Je - sus Chri - stus ist der Herr
zur Eh - re Got - tes des Va - ters.

T: Phil 2,6–11 (ökumenischer Text)
M: Walter Röder 1970

175

V Chri - stus, Got - tes-lamm, A Op - fer am
Kreu - zes-stamm: Herr, er - - bar - me dich.

V Der uns - re Wun - den trug, A den uns - re
Sün - de schlug: Chri - stus, er - bar - me dich.

V Der am Hol - ze starb A und uns
Heil er - warb: Herr, er - - bar - me dich.

T: Maria Luise Thurmair 1964
M: Heinrich Rohr 1952

Gemeindeverse
(zur Eröffnung)

176

1 Im Kreuz Je - su Chri - sti fin-den wir Heil.

Ia, VIa. Q20

(zum Antwortpsalm)

2 Mein Gott, mein Gott, warum hast du mich verlassen?

IIIb, IVg. Q1

Ruf vor dem Evangelium

3 Chri - stus war für uns ge - hor - sam

bis zum Tod, bis zum Tod am Kreuz.

IIb, IVg. Q23

(zur Bereitung)

4 Va - ter, wenn es mög-lich ist, laß den Kelch vor-

ü - ber - gehn; doch ge - sche - he dein Wil - le.

Ia, VIa. Q33

(zur Kommunion)

5 Der Kelch, den wir seg - nen, gibt uns

Ge - mein - schaft im Blu - te Chri - sti.

IIb, IIIb, IVg. Q33

177

So sehr hat Gott die Welt ge - liebt,

daß er sei - nen Sohn für uns hin - gab.

Wer an ihn glaubt, hat teil an sei - nem Le - ben.

IXa. Q26

178
ö

1. Wir dan - ken dir, Herr Je - su Christ,

daß du für uns ge - stor - ben bist

und hast uns durch dein teu - res Blut

ge - macht vor Gott ge - recht und gut.

2. Wir bitten, wahrer Mensch und Gott: / Durch deine
Wunden, Schmach und Spott / erlös uns von dem ewgen
Tod / und tröst uns in der letzten Not.
3. Behüt uns auch vor Sünd und Schand / und reich uns
dein allmächtig Hand, / daß wir im Kreuz geduldig sein, /
getröstet durch dein schwere Pein,
4. und schöpfen draus die Zuversicht, / daß du uns wirst
verlassen nicht, / sondern ganz treulich bei uns stehn, / daß
wir durchs Kreuz ins Leben gehn.

T: Christoph Fischer vor 1568
M: Nikolaus Herman 1551

179
ö

1. O Haupt voll Blut und Wun - den, voll
o Haupt, zum Spott ge - bun - den mit

Schmerz und vol - ler Hohn,
ei - ner Dor - nen - kron,   o

Haupt, sonst schön ge - krö - net mit höch - ster

Ehr und Zier, jetzt a - ber frech ver -

höh - net: ge - grü - ßet seist du mir.

2. Du edles Angesichte, / vor dem sonst alle Welt / erzittert im Gerichte, / wie bist du so entstellt. / Wie bist du so erbleichet, / wer hat dein Augenlicht, / dem sonst ein Licht nicht gleichet, / so schändlich zugericht't?

3. Die Farbe deiner Wangen, / der roten Lippen Pracht / ist hin und ganz vergangen; / des blassen Todes Macht / hat alles hingenommen, / hat alles hingerafft, / und so bist du gekommen / von deines Leibes Kraft.

4. Was du, Herr, hast erduldet, / ist alles meine Last; / ich, ich hab es verschuldet, / was du getragen hast. / Schau her, hier steh ich Armer, / der Zorn verdienet hat; / gib mir, o mein Erbarmer, / den Anblick deiner Gnad.

5. Ich danke dir von Herzen, / o Jesu, liebster Freund, / für deines Todes Schmerzen, / da du's so gut gemeint. / Ach gib, daß ich mich halte / zu dir und deiner Treu / und, wenn ich einst erkalte, / in dir mein Ende sei.

6. Wenn ich einmal soll scheiden, / so scheide nicht von mir. / Wenn ich den Tod soll leiden, / so tritt du dann herfür. / Wenn mir am allerbängsten / wird um das Herze sein, / so reiß mich aus den Ängsten / kraft deiner Angst und Pein.

7. Erscheine mir zum Schilde, / zum Trost in meinem Tod, / und laß mich sehn dein Bilde / in deiner Kreuzesnot. / Da will ich nach dir blicken, / da will ich glaubensvoll / dich fest an mein Herz drücken. / Wer so stirbt, der stirbt wohl.

T: Paul Gerhardt 1656
nach „Salve caput cruentatum" des Arnulf von Löwen vor 1250
M: Hans Leo Haßler 1601 / geistlich Brieg nach 1601

180
ö

1. Herz-lieb-ster Je-su, was hast du ver-bro-chen, daß man ein solch scharf Ur-teil hat ge-spro-chen? Was ist die Schuld, in was für Mis-se-ta-ten bist du ge-ra-ten?

2. Du wirst gegeißelt und mit Dorn gekrönet, / ins Angesicht geschlagen und verhöhnet, / du wirst mit Essig und mit Gall getränket, / ans Kreuz gehenket.

3. Was ist es doch wohl die Ursach solcher Plagen? / Ach, meine Sünden haben dich geschlagen. / Ich, mein Herr Jesu, habe dies verschuldet, / was du erduldet.

4. Wie wunderbarlich ist doch diese Strafe. / Der gute Hirte leidet für die Schafe; / die Schuld bezahlt der Herre, der Gerechte, / für seine Knechte.

T: Johann Heermann 1630
M: Johann Crüger 1640, nach Psalm 23, Genf 1543

181
ö

O hilf, Chri-ste, Got-tes Sohn, durch dein bit-ter Lei-den, daß wir, dir stets un-ter-tan, Sünd und Un-recht mei-den, dei-nen Tod und sein Ur-sach frucht-bar nun be-den-ken, da-für, ob-wohl arm und schwach, dir Dank-op-fer schen-ken.

T: Michael Weiße 1531
M: Leipzig um 1500

182

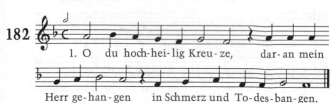

1. O du hoch-hei-lig Kreu-ze, dar-an mein Herr ge-han-gen in Schmerz und To-des-ban-gen.

2. Allda mit Speer und Nägeln / die Glieder sind durch-brochen, / Händ, Füß und Seit durchstochen.

3. Wer kann genug dich loben, / da du all Gut umschlos-sen, / das je uns zugeflossen.

4. Du bist die sichre Leiter, / darauf man steigt zum Leben, / das Gott will ewig geben.

5. Du bist die starke Brücke, / darüber alle Frommen / wohl durch die Fluten kommen.

6. Du bist das Siegeszeichen, / davor der Feind erschricket, / wenn er es nur anblicket.

7. Du bist der Stab der Pilger, / daran wir sicher wallen, / nicht wanken und nicht fallen.

8. Du bist des Himmels Schlüssel, / du schließest auf das Leben, / das uns durch dich gegeben.

9. Zeig deine Kraft und Stärke, / beschütz uns all zusammen / durch deinen heilgen Namen,

10. damit wir, Gottes Kinder, / in Frieden mögen sterben / als seines Reiches Erben.

T: nach Konstanz 1600
M: Straubing 1607

V/A 1. Wer le-ben will wie Gott auf die-ser Er-de,

V muß ster-ben wie ein Wei-zen-korn,

V/A muß ster-ben, um zu le-ben.

183

2. |: Er geht den Weg, den alle Dinge gehen; :|
er trägt das Los, er geht den Weg,
|: er geht ihn bis zum Ende. :|

3. |: Der Sonne und dem Regen preisgegeben, :|
das kleinste Korn in Sturm und Wind
|: muß sterben, um zu leben. :|

4. |: Die Menschen müssen füreinander sterben. :|
Das kleinste Korn, es wird zum Brot,
|: und einer nährt den andern. :|

5. |: Den gleichen Weg ist unser Gott gegangen; :|
und so ist er für dich und mich
|: das Leben selbst geworden. :|

T: Huub Oosterhuis 1965 „Wie als een god wil leven", Übertragung Johannes Bergsma 1969
M: bei Ch. E. H. Coussemaker 1856

184

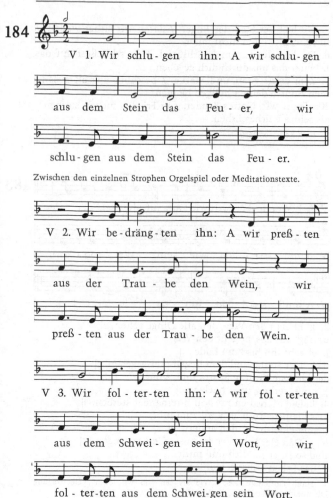

V 1. Wir schlu-gen ihn: A wir schlu-gen aus dem Stein das Feu-er, wir schlu-gen aus dem Stein das Feu-er.

Zwischen den einzelnen Strophen Orgelspiel oder Meditationstexte.

V 2. Wir be-dräng-ten ihn: A wir preß-ten aus der Trau-be den Wein, wir preß-ten aus der Trau-be den Wein.

V 3. Wir fol-ter-ten ihn: A wir fol-ter-ten aus dem Schwei-gen sein Wort, wir fol-ter-ten aus dem Schwei-gen sein Wort.

V 4. Wir ban-den ihn: A wir lern-ten vom Skla-ven die Frei-heit, wir lern-ten vom Skla-ven die Frei-heit.

V 5. Wir durch-bohr-ten ihn: A wir bohr-ten den Quell in der Wü-ste, wir bohr-ten den Quell in der Wü-ste.

V 6. Wir be-gru-ben ihn: A wir sä-ten auf der Er-de den Him-mel, wir sä-ten auf der Er-de den Him-mel.

T: Wilhelm Willms 1972
M: Winfried Offele 1972

Zu den Kreuzweg-Stationen

185

1. Du schweigst, Herr, da der Rich - ter
fei - ge das un - ge - rech - te Ur - teil
fällt; wenn du einst rich - ten wirst, dann
zei - ge dich voll Er - bar - men die - ser Welt.

2. Du hast das Kreuz auf dich genommen, / die schwere Schuld der ganzen Welt; / wenn Not und Ängste auf uns kommen, / sei es dein Kreuz, Herr, das uns hält.

3. O Herr, du wankst und sinkst zur Erde, / die Last der Sünden wirft dich hin; / gib, daß dein Fall mir Stärkung werde, / sooft ich schwach und elend bin.

4. O Mutter, die den Sohn gesehen / am Weg der Schmach und bittern Pein, / erfleh uns Kraft, mit ihm zu gehen / und seinem Kreuze nah zu sein.

5. Es half dir einer, den sie zwangen, / und beugt sich unters Holz der Schmach; / gib, daß wir unser Kreuz umfangen / und dir in Liebe folgen nach.

6. Herr, präge uns dein Angesichte / für immer tief ins Herz hinein, / und wenn es aufstrahlt im Gerichte, / so laß es uns zum Heile sein.

7. Die Kraft verläßt dich, du fällst nieder / zum zweiten Mal; das Kreuz ist schwer. / Ich falle und ich falle wieder; / in meiner Schwachheit hilf mir, Herr.

8. Du redest mahnend mit den Frauen: / „Weint über euch, nicht über mich." / Wenn wir dich einst als Richter schauen, / Herr Jesus, dann erbarme dich.

9. Da liegst du, wie vom Kreuz erschlagen, / erschlagen von der Schuld der Welt. / Hilf mir, im Abgrund nicht verzagen / und hoffen, daß dein Kreuz mich hält.

10. Herr, unsre Schuld hat dich verraten; / sie ist's, die dich in Schande stößt. / Bedecke uns mit deinen Gnaden, / da wir so schmählich dich entblößt.

11. Du wirst, o Herr, ans Kreuz geschlagen, / wirst hingeopfert wie ein Lamm; / du hast die Schuld der Welt getragen / bis an des Kreuzes harten Stamm.

12. Dein Kreuz, o Herr, will ich erheben / und benedeien deinen Tod. / Von diesem Holz kam uns das Leben / und kam uns Freude in die Not.

13. O seht die Mutter voller Schmerzen, / wie sie den Sohn in Armen hält. / Sie fühlt das Schwert in ihrem Herzen, / trägt mit am Leid der ganzen Welt.

14. Er wird der Erde übergeben, / wie man den Weizen bettet ein; / doch wird er auferstehn und leben / und über alles herrlich sein.

T: Maria Luise Thurmair 1959/1972   M: Bertold Hummel 1965

V/A 1. Es sungen drei Engel ein' süßen Gesang,
V/A der in dem hohen Himmel klang.

186

2. Sie sungen, sie sungen alle so wohl,
den lieben Gott wir loben solln.

3. Wir heben an, wir loben Gott,
wir rufen ihn an, es tut uns not.

4. Er speis uns mit dem Himmelsbrot,
das Jesus seinen zwölf Jüngern bot

5. wohl über den Tisch, da Jesus saß,
da er mit ihnen das Abendmahl aß.

6. Judas, der stund wohl nah dabei,
er wollt des Herren Verräter sein,

7. verriet den Herren bis in den Tod,
dadurch der Herr das Leben verlor
8. wohl an dem Kreuze, da er stund,
da er vergoß sein rosenfarbs Blut.
9. Herr Jesu Christ, wir suchen dich;
am heiligen Kreuz, da finden wir dich.
10. Maria, Gotts Mutter, reine Magd,
all unser Not sei dir geklagt.
11. Gott bhüt uns vor der Höllen Pein,
daß wir armen Sünder nicht kommen darein.

T und M: Mainz 1605

187

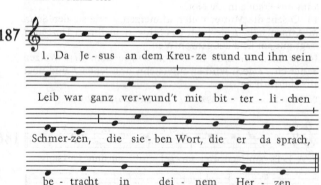

1. Da Je-sus an dem Kreu-ze stund und ihm sein
Leib war ganz ver-wund't mit bit-ter-li-chen
Schmer-zen, die sie-ben Wort, die er da sprach,
be-tracht in dei-nem Her-zen.

2. Zuerst sprach er gar liebereich / zum Vater in dem Himmelreich / mit Kräften und mit Sinnen: / „Vergib, o Gott;
sie wissen nicht, / was sie an mir beginnen."
3. Danach denk der Barmherzigkeit, / die Gott dem Schächer
noch verleiht, / da er sprach mild und süße: / „Fürwahr,
noch heute wirst du sein / bei mir im Paradiese."
4. Der Herr auch seiner Mutter dacht, / da er das dritte
Wort ihr sagt: / „Sieh deinen Sohn hieneben. / Johannes,
nimm der Mutter wahr; / dir sei sie nun gegeben."
5. Zum vierten schrie er in der Pein: / „Ach Gott, ach Gott,
ach Vater mein, / wie hast du mich verlassen!" / Das Elend,
das er leiden mußt, / war über alle Maßen.

6. Nun merket auf das fünfte Wort, / das Jesus rief vom
Kreuze dort / herab mit weher Stimme: / „Mich dürstet
sehr", so klagt der Herr / in seiner Schmerzen Grimme.
7. Das sechste war ein kräftig Wort, / das schloß uns auf
die Himmelspfort / und tröstet manchen Sünder: / „Es ist
vollbracht, mein Leiden groß, / für alle Menschenkinder."
8. Zuletzt rief er vor seinem End: / „O Vater mein, in deine
Händ / ich meinen Geist befehle." / Und neigt' sein Haupt
und starb für uns./ Herr, rette unsre Seele!
9. Wer Jesus ehret immerfort / und oft gedenkt der sieben
Wort, / des wird auch Gott gedenken / und ihm durch
seines Sohnes Tod / das ewig Leben schenken.

T: Wien um 1495 / nach Michael Vehe 1537
M: Wien um 1495 / bei Johannes Leisentrit 1567

188

1. O Trau-rig-keit, o Her-ze - leid! Ist
das denn nicht zu kla - gen: Gott des Va - ters
ei - nigs Kind wird zum Grab ge - tra - gen.

2. O höchstes Gut, unschuldigs Blut! / Wer hätt dies mögen
denken, / daß der Mensch sein' Schöpfer sollt / an das Kreuz
aufhenken.
3. O heiße Zähr, fließ immer mehr! / Wen sollt dies nicht be-
wegen, / weil sich über Christi Tod / auch die Felsen regen.
4. Wie große Pein, Maria rein, / mußt leiden ohne Maßen; /
denn du bist von jedermann / ganz und gar verlassen.
5. Wie schwer ist doch der Sünden Joch, / weil es tut unterdrücken / Gottes Sohn, als er das Kreuz / trug auf seinem
Rücken.
6. O großer Schmerz! O steinern Herz, / steh ab von deinen
Sünden, / wenn du willst nach deinem Tod / Gottes Gnad
empfinden.

T: Friedrich Spee 1628   M: Würzburg 1628

189 Vesper in der Fastenzeit

Eröffnung Nr. 683
Hymnus: Herr Jesus Christ, dich zu uns wend. Nr. 516

ERSTER PSALM

190
1

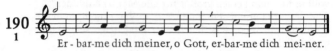

Er - bar-me dich meiner, o Gott, er-bar-me dich mei-ner.

IVa. Q22

Psalm 51: Bitte um Vergebung und Neuschaffung

2   IV

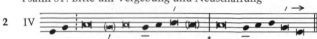

1. Gott sei mir gnädig nach deiner Huld, *
tilge meine Frevel nach deinem reichen Erbarmen!
   2. Wasch meine Schuld von mir ab, *
   und mach mich rein von meiner Sünde!
3. Denn ich erkenne meine bösen Taten, *
meine Sünde steht mir immer vor Augen.
   4. Gegen dich allein habe ich gesündigt, *
   ich habe getan, was dir mißfällt.
5. So behältst du recht mit deinem Urteil, *
rein stehst du da als Richter.
   6. Denn ich bin in Schuld geboren; *
   in Sünde hat mich meine Mutter empfangen. —
7. Verbirg dein Gesicht vor meinen Sünden; *
tilge all meine Frevel!
   8. Erschaffe mir, Gott, ein reines Herz, *
   und gib mir einen neuen, beständigen Geist!
9. Verwirf mich nicht vor deinem Angesicht, *
und nimm deinen heiligen Geist nicht von mir!
   10. Mach mich wieder froh mit deinem Heil; *
   mit einem willigen Geist rüste mich aus! —
11. Herr, öffne mir die Lippen, *
und mein Mund wird deinen Ruhm verkünden.
   12. Schlachtopfer willst du nicht, ich würde sie dir geben; *
   an Brandopfern hast du kein Gefallen.

13. Das Opfer, das Gott gefällt, ist ein zerknirschter Geist, *
ein zerbrochenes und zerschlagenes Herz wirst du, Gott,
nicht verschmähen. —

    14. Ehre sei dem Vater und dem Sohn *
    und dem Heiligen Geist,

15. wie im Anfang, so auch jetzt und alle Zeit *
und in Ewigkeit. Amen.   *Kehrvers*   Verse 3–7. 11–14. 17–19

ZWEITER PSALM

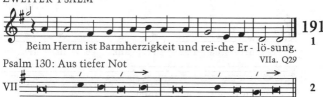

Beim Herrn ist Barmherzigkeit und rei-che Er - lö-sung.   **191**
                                        1

Psalm 130: Aus tiefer Not   VIIa. Q29

                                      2

1. Aus der Tiefe rufe ich, Herr, zu dir: *
Herr, höre meine Stimme!

    2. Wende dein Ohr mir zu, *
    achte auf mein lautes Flehen!

3. Würdest du, Herr, unsere Sünden beachten, *
Herr, wer könnte bestehen?

    4. Doch bei dir ist Vergebung, *
    damit man in Ehrfurcht dir dient. —

5. Ich hoffe auf den Herrn, es hofft meine Seele, *
ich warte voll Vertrauen auf sein Wort.

    6. Meine Seele wartet auf den Herrn *
    mehr als die Wächter auf den Morgen.

7. Mehr als die Wächter auf den Morgen *
soll Israel harren auf den Herrn! —

    8. Denn beim Herrn ist die Huld, *
    bei ihm ist Erlösung in Fülle.

9. Ja, er wird Israel erlösen *
von all seinen Sünden.

    10. Ehre sei dem Vater und dem Sohn *
    und dem Heiligen Geist,

11. wie im Anfang, so auch jetzt und alle Zeit *
und in Ewigkeit. Amen.   *Kehrvers*

Anstelle der vorausgehenden Psalmen kann man den 103. Psalm singen.
Kehrvers: Der Herr vergibt die Schuld. Nr. 742,1, Psalm 103, Nr. 742,3

GESANG
aus dem Neuen Testament: 1 Petr 2,21–24

192

V/A Durch sei - ne Wun - den sind wir ge - heilt.

IIb, IIIb

1. Chri - stus hat für uns ge - lit - ten

und uns ein Bei - spiel ge - ge - ben,

damit wir ihm fol - gen auf sei - nem Weg.

2. Er hat kei - ne Sün - de be - gan - gen,

und in sei - nem Mund war kei - ne Falsch - heit.

3. Als er ge - schmäht wurde, schmäh - te er nicht,

als er litt, droh - te er nicht, sondern überließ

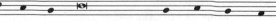

sei - ne Sache dem ge - rech - ten Rich - ter.

4. Er hat uns - re Sünden mit seinem ei - ge -

nen Leib am Holz des Kreu - zes ge - tra - gen,

damit wir tot sind für die Sün - den

und leben für die Ge - rech - tig - keit.

A Durch sei - ne Wun - den sind wir ge - heilt.

M: Walter Röder 1972

LESUNG
Antwortgesang

193

V/A Herr, un - ser Gott, be - keh - re uns;

dein Wort ist Licht und Le - ben.

V Wer die Wahr - heit tut, kommt ans Licht.

A Dein Wort ist Licht und Le - ben.

V Singt das Lob des Vaters und des Soh-nes
und des Hei-li-gen Gei-stes.

A Herr, un-ser Gott, be-keh-re uns;
dein Wort ist Licht und Le-ben.

Homilie

ZUM LOBGESANG MARIENS

194

So sehr hat Gott die Welt ge-liebt,

daß er sei-nen Sohn für uns hin-gab.

Wer an ihn glaubt, hat teil an sei-nem Le-ben.

IXa, Ia, VIa. Q26

Magnificat Nr. 689
Schlußgebete Nr. 691

Die Feier der Karwoche   **195**

Acht Tage vor dem Osterfest ist Jesus feierlich in Jerusalem ein-   **1**
gezogen, um dort nach dem Willen des Vaters für die Menschen
zu sterben und auferweckt zu werden. Darum beginnt mit dem
Palmsonntag die „Heilige Woche". Im Deutschen wird sie meist
„Karwoche" (= Trauerwoche) genannt. Sie ist jedoch mehr: sie
feiert den großen Sieg Christi über Sünde und Tod, wie der Palmsonntag mit dem königlichen Einzug des Herrn zeigt.
Mit der Abendmesse am Donnerstag beginnt das österliche Triduum. Es umfaßt den Karfreitag, den Karsamstag und den Ostersonntag und feiert das Leiden und Sterben, die Grabesruhe und
die Auferstehung Christi.

Palmsonntag

Der Palmsonntag hat seinen Namen von den Palmzweigen, mit   **2**
denen die Kinder von Jerusalem Christus bei seinem Einzug
begrüßt haben. Die Gemeinde zieht an diesem Tag in festlicher
Prozession zum Gotteshaus, um dort in der Eucharistie das Sterben
und den österlichen Sieg des Herrn zu feiern als Ausblick auf das
Oster-Triduum. Bei der Prozession tragen alle gesegnete Zweige;
nach altem Brauch werden die bei der Prozession gebrauchten
Zweige nach Hause mitgenommen und aufgesteckt, damit sie uns
an das von Christus erworbene neue Leben erinnern.

Eröffnungsruf

Ho - san - na   dem Soh - ne   Da - vids!

Q19

Der Priester begrüßt die versammelte Gemeinde und spricht ein Gebet
über die Zweige. Dann wird der Bericht vom Einzug des Herrn nach
einem der vier Evangelisten verkündet. Der anschließenden Prozession geht das reich geschmückte Kreuz voraus, begleitet von
brennenden Kerzen und Weihrauch. In festlichen Gesängen bekennt
sich die Gemeinde zu Christus als ihrem König.

zur Prozession und zum Einzug

197

V/A Ruhm und Preis und Eh - re sei dir, Er - lö - ser und Kö - nig! Ju - belnd rief einst das Volk— sein Ho - si - an - na dir zu.

V 1. Du bist Is - ra - els Kö - nig, Da - vids Ge - schlech - te ent - spros - sen, der im Na - men des Herrn als der Ge - seg - ne - te kommt. Kv

2. Dir lobsingen im Himmel / ewig die seligen Chöre; / so auch preist dich der Mensch, / so alle Schöpfung zugleich. Kv

3. Einst mit Zweigen in Händen / eilte das Volk dir entgegen; / so mit Lied und Gebet / ziehen wir heute mit dir. Kv

4. Dort erklang dir der Jubel, / als du dahingingst zu leiden; / dir, dem König der Welt, / bringen wir hier unser Lob. Kv

5. Hat ihr Lob dir gefallen, / nimm auch das unsre entgegen, / großer König und Herr, / du, dem das Gute gefällt. Kv

T: Theodulf von Orleans um 815 „Gloria, laus et honor",
Übertragung EGB 1971
M: EGB 1971 nach dem Prozessionshymnus 9. Jh.

198

1

Ho-san-na, ho-san-na, ho-san-na in der Hö-he!

Ih, VIIa. Q31

2

Ge-prie-sen, der kommt im Na-men des Herrn.

Ia, IXa, VIa. Q20

199

V Ho - san - na dem Soh - ne Da - vids:
V Du Kö - nig dei - nes Vol - kes:

A Ky - ri - e e - le - i - son.

V Ge - seg - net, der kommt im Na - men des Herrn:
V Ge - seg - net das kom - men - de Reich:

A Chri - ste e - le - i - son.

V Dir sei Herrlichkeit in der Hö - he:
V Sohn Da - vids, erbar - me dich un - ser:

A Ky - ri - e e - le - i - son.

Wo keine Prozession im Freien gehalten werden kann, versammelt
man sich zur Feier des Einzugs Christi am Kirchenportal und zieht
durch das Gotteshaus zum Altar.

200 Die Drei Österlichen Tage vom Leiden, vom Tod und von der Auferstehung des Herrn

Die Feier des Todes und der Auferstehung des Herrn dauert drei volle Tage, vom Donnerstagabend bis zum Sonntagabend. Dieses österliche Triduum bildet den Höhepunkt des Kirchenjahres. Am Donnerstag wird während des Tages keine Messe gefeiert, mit Ausnahme der „Messe zur Ölweihe", in der der Bischof die Öle weiht für Taufe, Firmung, Priesterweihe, Krankensalbung und Altarweihe.

201 Gründonnerstagabend

Am Abend des Gründonnerstags versammelt sich die Gemeinde mit allen ihren Priestern und Diakonen und feiert zum Gedächtnis des Letzten Abendmahles festlich die Eucharistie.

Das Evangelium von der Fußwaschung (Jo 13,1–15) erinnert uns an den Dienst, den der Herr an uns tut und den auch wir einander leisten sollen. Deshalb bringen die Gläubigen zur Gabenbereitung ihre Spende für die Armen. Zur Vertiefung der Verkündigung kann der Priester an Vertretern der Gemeinde die Fußwaschung vornehmen.

Nach der Meßfeier wird der Leib des Herrn in einer schlichten Prozession an den Ort übertragen, wo er für die Kommunion-spendung am Karfreitag aufbewahrt wird. Die Gläubigen halten vor dem heute festlich geschmückten Tabernakel stille Anbetung.

202 Karfreitag

Am Karfreitag und am Karsamstag kennt die Kirche keine Eucha-ristiefeier. Am Nachmittag des Karfreitags versammelt sich die Gemeinde – wenn möglich in der Todesstunde des Herrn – zu einem eigenen Gottesdienst, in dem sie dankbar des Leidens Jesu gedenkt.

Der Karfreitagsgottesdienst besteht aus drei Teilen: Wortgottes-dienst, Kreuzverehrung, Kommunionfeier.

WORTGOTTESDIENST

Nach einer stillen Eröffnung setzt sich die Gemeinde. Mit den Worten des Propheten, des Apostels und des Evangelisten wird das Sterben des Herrn als sein Erlösungssieg gedeutet.

nach der ersten Lesung

203
1

Va - ter, in dei - ne Hän - de emp -

feh - le ich mei - nen Geist.

IVa. Q13

nach der zweiten Lesung

2

Chri - stus war für uns ge - hor - sam

bis zum Tod, bis zum Tod am Kreuz.

IIb, IVg. Q23

In den abschließenden großen Fürbitten betet die Kirche, daß das Leiden des Herrn fruchtbar werde für die ganze Welt.

KREUZVEREHRUNG

Das Kreuz wird herbeigebracht und mit dem Ruf: „Ecce lignum crucis" (Seht das Holz des Kreuzes) dreimal feierlich erhoben. Jeweils nach der Antwort: „Venite adoremus" (Kommt, lasset uns anbeten) knien alle nieder und verehren das Kreuz in der Stille.

204
1

V Ec - ce li - gnum cru - cis, in quo

sa - lus mun - di pe - pén - dit.

A Ve - ní - te ad - o - ré - mus.

2 V Seht das Kreuz, an dem der Herr ge-han-gen,

das Heil der Welt. A Kommt, las-set uns an-be-ten!

Q13

Priester und Gemeinde treten vor das Kreuz und verehren es durch eine Kniebeuge. Sie wollen dadurch dem leidenden Herrn als ihrem König und Sieger huldigen, der durch den Tod am Kreuz den Tod besiegt und der Welt das Leben gebracht hat. Dies sprechen die Gesänge zur Kreuzverehrung deutlich aus, vor allem das „Trishágion". (Nr. 206)

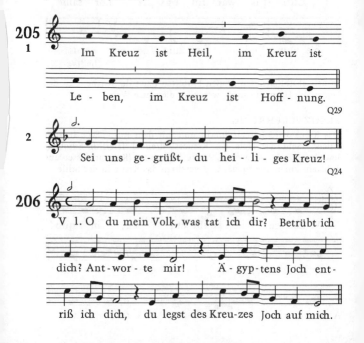

205
1 Im Kreuz ist Heil, im Kreuz ist

Le-ben, im Kreuz ist Hoff-nung.

Q29

2 Sei uns ge-grüßt, du hei-li-ges Kreuz!

Q24

206 V 1. O du mein Volk, was tat ich dir? Betrübt ich

dich? Ant-wor-te mir! Ä-gyp-tens Joch ent-

riß ich dich, du legst des Kreu-zes Joch auf mich.

A 1.–7. Hei - li - ger Gott! Hei - li - ger star - ker Gott!

Hei - li - ger, Un-sterb - li-cher, er-barm dich un - ser!

2. Ich führte dich durch vierzig Jahr / und reichte dir das Manna dar; / das Land des Segens gab ich dir, / und du gibst mir das Kreuz dafür.

3. Was hab ich nicht für dich getan? / Pflanzt dich als meinen Weinberg an, / und du gibst bittern Essig mir, / durchbohrst des Retters Herz dafür.

4. Ich führte dich durchs Rote Meer, / und du durchbohrst mich mit dem Speer. / Der Heiden Macht entriß ich dich, / du übergabst den Heiden mich.

5. Ich nährte in der Wüste dich, / und du, du läßt verschmachten mich; / gab dir den Lebensquell zum Trank, / und du gibst Galle mir zum Dank.

6. Ich schlug den Feind, gab dir sein Land; / und grausam schlägt mich deine Hand. / Das Königszepter gab ich dir, / du gibst die Dornenkrone mir.

7. Ich gab dir Gnaden ohne Zahl; / du schlägst mich an des Kreuzes Pfahl. / O du mein Volk, was tat ich dir? / Betrübt ich dich? Antworte mir!

T: Markus Fidelis Jäck 1817 nach „Popule meus"
M: nach Köln 1844

KOMMUNIONFEIER

Der Altar wird gedeckt und das eucharistische Brot herbeigebracht. Die Gemeinde betet das Vaterunser und empfängt den Leib des Herrn, damit sie auch am Todestag Christi teilhat an der lebenspendenden Frucht seines Sterbens.

Mit einem Gebet und dem Entlassungssegen schließt die Feier. Das Kreuz wird während des Tages zur Verehrung in der Kirche aufgestellt. Mancherorts wird auch das Allerheiligste in einer besonderen Kapelle verehrt.

Karsamstag

Am Karsamstag bleibt der Altar leer. Die Kirche weilt betrachtend
am Grab Christi. Sie sinnt nach über das Geheimnis seines Leidens
und Sterbens.

207 Die Osternacht

In der Osternacht wurden Israels Erstgeborene durch das Blut des
Lammes vor dem Würgengel bewahrt.
In der Osternacht zog das Volk Israel auf dem Weg ins verspro-
chene Land mitten durch das Rote Meer und wurde aus der Macht
seiner Feinde errettet.
In der Osternacht durchschritt Christus das Meer des Leidens und
gelangte in der Auferstehung mit den Seinen in das Reich des
Lebens.
Im Wasser der Taufe hat der Christ denselben Weg begonnen.
Darum versammelt sich in der Osternacht die Gemeinde, um neue
Zuversicht zu gewinnen, daß sie mit Christus an das Ziel der
Pilgerschaft gelangen wird. So erfährt sie in dieser heiligsten Nacht
das Ostergeheimnis in seiner ganzen Fülle:

Durch Dunkel zum Licht
Durch Leid zur Freude
Aus der Gefangenschaft in die Freiheit
Vom Tod zum Leben
Durch das Kreuz zur Auferstehung

Die Feier der Osternacht ist als Nachtwache gestaltet. Wie die
Knechte im Gleichnis (Lk 12,35ff) warten wir, das brennende Licht
in der Hand, bis der Herr kommt und uns an seinen Tisch lädt.
Die Feier wird eröffnet mit dem festlichen Anzünden des Lichtes.
Den Kern der Nachtwache bildet ein langer Wortgottesdienst.
Beim Nahen des Ostertags kommt Christus, der Auferstandene, zu
seiner wartenden Gemeinde; er vereint im Geheimnis der Taufe
neue und alte Glieder seines Leibes und lädt alle an den Tisch,
daß sie mit ihm das österliche Siegesmahl feiern.

ERÖFFNUNG

Die Gemeinde versammelt sich schweigend im Dunkel der Nacht.
Das Osterfeuer wird entfacht und die Osterkerze daran entzündet.

Lichtruf

oder: V Lu - men Chri - sti. A De - o gra - ti - as.

V Chri - stus, das Licht. A Dank sei Gott.

Hinter der brennenden Kerze ziehen alle ins Gotteshaus und entzünden auch ihre Kerzen. Im Glanz der Lichter singt der Diakon das Exsúltet, den Lobgesang auf die Osternacht.

Lied zum Exsúltet

208

1. O Licht der wun - der - ba - ren Nacht,
Licht, das Er - lö - sung uns ge - bracht,

uns herr - lich auf - ge - gan - gen,   du Fun - ke
da wir vom Tod um - fan - gen,

aus des Gra - bes Stein,   du Mor - gen - stern, du

Gna - den - schein, der Wahr - heit Licht und Le - ben!

2. O Licht der lichten Ewigkeit, / das unsre Welt getroffen, / in dem der Menschen Schuld und Leid / darf Auferstehung hoffen. / O Nacht, da Christus unser Licht! / O Schuld, die Gottes Angesicht / uns leuchten läßt in Gnaden!

3. O Licht, viel heller als der Tag, / den Sonnen je entzündet, / das allem, was im Grabe lag, / den Sieg des Lebens kündet./ Du Glanz des Herrn der Herrlichkeit, / du Heil der Welt in Ewigkeit, / voll Freuden und voll Frieden!

T: Georg Thurmair 1963   M: „Nun freue dich, du Christenheit" Nr. 222

WORTGOTTESDIENST

Aus dem Alten Testament sind sieben Lesungen vorgesehen. Auf jeden Fall wird der Durchzug durch das Rote Meer verkündet mit dem Lobpreis des geretteten Volkes:

209
1

Dem Herrn will ich sin - gen,

macht - voll hat er sich kund - ge - tan.

VIIIb, IIb, IIIb. Q19

Auf die Lesung aus dem Propheten antwortet die Gemeinde:

2

All ihr Dür - sten - den, kommt zum Was - ser, kommt und trinkt mit Freu - den!

VIIa, VIIIg. Q23

Die Sehnsucht nach der Taufe spricht sich aus in dem Kehrvers:

3

Mei-ne See - le dür-stet al - le-zeit nach Gott.

Ih, VIIa. Q20

Nach der letzten Lesung aus dem Alten Testament singt die Gemeinde den Lobgesang des Gloria.

Nach der Epistel stimmt der Priester feierlich das Halleluja an.

4

Hal - le - - lu - - ja.

Q43

5

Hal - le - lu - ja, Hal - le - lu - ja, Hal - le - lu - ja.

Q44

TAUFFEIER

Die Täuflinge treten heran. Die Gemeinde betet in der Litanei
für sie (Melodie Nr. 762)

Litanei in der Osternacht   **210**

V/A Kyrie eleison.   oder: V/A Herr, erbarme dich.
V/A Christe eleison.   V/A Christus, erbarme dich.
V/A Kyrie eleison.   V/A Herr, erbarme dich.

V Heilige Maria, Mutter Gottes,   A bitte für uns.
V Heiliger Michael,   A bitte für uns.
V Ihr heiligen Engel Gottes,   A bittet für uns.
V Heiliger Johannes der Täufer
V Heiliger Josef
V Heilige Apostel Petrus und Paulus
V Heiliger Andreas
V Heiliger Johannes
V Heilige Maria Magdalena
V Heiliger Stephanus
V Heiliger Ignatius von Antiochien
V Heiliger Laurentius
V Heilige Perpetua und Felizitas
V Heilige Agnes
V Heiliger Gregor
V Heiliger Augustinus
V Heiliger Athanasius
V Heiliger Basilius
V Heiliger Martin
V Heiliger Benedikt
V Heiliger Franziskus
V Heiliger Dominikus
V Heiliger Franz Xaver
V Heiliger Pfarrer von Ars
V Heilige Katharina von Siena
V Heilige Theresia von Avila
V Alle Heiligen Gottes

V Jesus, sei uns gnädig,   A Herr, befreie uns.
V Von allem Bösen
V Von aller Sünde
V Von der ewigen Verdammnis
V Durch deine Menschwerdung und dein heiliges Leben
V Durch dein Sterben und dein Auferstehn
V Durch die Sendung des Heiligen Geistes

V Wir armen Sünder,   A wir bitten dich, erhöre uns.

Wenn Täuflinge anwesend sind:

V Schenke diesen Erwählten im Wasser der Taufe das neue
Leben

Wenn keine Täuflinge anwesend sind:

V Heilige in deiner Gnade dieses Wasser für die Taufe dei-
ner Kinder
V Jesus, Sohn des lebendigen Gottes
V Christus, höre uns.   A Christus, erhöre uns.

In der Litanei können Namen von Heiligen eingefügt werden,
besonders die Patrone der Kirche oder des Ortes, sowie die Patrone
der Täuflinge.

Dann wird das Taufwasser gesegnet.

211

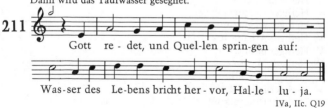

Gott re - det, und Quel-len sprin-gen auf:

Was-ser des Le-bens bricht her - vor, Hal-le - lu - ja.

IVa, IIc. Q19

Die Täuflinge (bei Kleinkindern deren Eltern und Paten) legen
das Taufversprechen ab. Dann wird die Taufe gespendet.
Danach wendet sich der Priester an die Gemeinde und bittet sie,
auch ihrerseits das Taufversprechen zu erneuern. Die Gläubigen
halten dabei ihre brennenden Kerzen in der Hand. Sie antworten:

Ich widersage.
Ich glaube.

Der Priester besprengt die Gemeinde mit dem eben gesegneten
Taufwasser; dazu wird ein Tauflied gesungen.

EUCHARISTIE

In heiliger Freude tritt die Gemeinde nun mit den Neugetauften
an den Altar und feiert in der österlichen Eucharistie bewußter als
sonst den Tod und die Auferstehung des Herrn.
Die Gläubigen nehmen das Osterlicht mit nach Hause. Im Schein
des Osterlichts feiern sie am häuslichen Tisch Ostermahl mit den
Speisen, die in der Kirche gesegnet wurden. Vielfach bringen sie
das Osterlicht auch auf die Gräber.

Osterzeit

Die österliche Freude dauert nicht nur wenige Tage, sie wird sieben **212**
Wochen lang gefeiert und am fünfzigsten Tag („Pfingsten") abgeschlossen. Die Freude äußert sich in dem besonderen Lied dieser
Zeit, dem Halleluja (hebräisch = lobt Gott). Bei allen Gottesdiensten in der österlichen Festzeit brennt die Osterkerze und
macht die Gegenwart des Auferstandenen in seiner Gemeinde
bewußt.
In dieser Zeit der Erfüllung liest die Kirche nur aus Büchern des
Neuen Testaments (vor allem Apostelgeschichte und Offenbarung,
dazu Kolosserbrief und erster Petrusbrief). Ihren besonderen Charakter erhalten die einzelnen Sonntage durch das Evangelium: das
Bekenntnis des Tomas zu Christus, die Erscheinungen des Auferstandenen, der gute Hirt, der wahre Weinstock, die Verheißung
des Heiligen Geistes.
Am vierzigsten Tag feiert die Kirche das Fest Christi Himmelfahrt
entsprechend dem Bericht der Apostelgeschichte, daß Jesus als
unser Anwalt zur Rechten des Vaters erhöht ist. Durch seinen
Geist, den uns Christus am Pfingsttag gesandt hat, um seine Kirche
vor aller Welt zu offenbaren, bleibt und wirkt er in ihrer Mitte bis
ans Ende der Zeit. Er ruft sie Sonntag für Sonntag zusammen,
damit sie, von seinem Geist erfüllt, seinen Dienst an der Welt
weiterführt zur Ehre des Vaters.

213
ö

1. Christ ist er - stan - den von der Mar - ter
al - le. Des solln wir al - le froh sein;
Christ will un - ser Trost sein. Ky - ri - e - leis.

2. Wär er nicht er - stan - den, so wär die Welt ver -
gan - gen. Seit daß er er - stan - den ist, so
freut sich al - les, was da ist. Ky - ri - e - leis.

3. Hal - le - lu - ja, Hal - le - lu - ja,
Hal - le - lu - ja. Des solln wir al - le froh sein;
Christ will un - ser Trost sein. Ky - ri - e - leis.

T: Bayern/Österreich 12. – 15. Jh.
M: Salzburg 1160/1433, Tegernsee 15. Jh., Wittenberg 1529

214

V 1. Chri - stus, Sie - ger ü - ber Schuld und
2. Chri - stus, Sie - ger ü - ber Not und
3. Chri - stus, Sie - ger ü - ber Tod und

1. Sün - de: A Herr, dich ru - fen wir.
2. Lei - den: Herr, dich ru - fen wir.
3. Höl - le: Herr, dich ru - fen wir.

V 4. O - ster-lamm, für uns - re Sün - den ge -
5. O - ster-lamm, ver-klärt im Lich - te des
6. O - ster-lamm, er - höht zur Rech - ten des

4. op - fert: A Dir sei Preis und Ruhm.
5. Him - mels: Dir sei Preis und Ruhm.
6. Va - ters: Dir sei Preis und Ruhm.

V 7. Of - fen - ba - re uns den Sieg des Kreu - zes:
8. Of - fen - ba - re uns die Macht der Lie - be:

A Herr, er - bar - me dich. V 9. Of - fen - ba - re uns das
Herr, er - bar - me dich.

neu - e Le - ben, gib uns teil an dei - ner

Herr-lich-keit: A Chri - stus, er - bar - - me dich.

T: aus „Singende Gemeinde" 1962
M: Heinrich Rohr 1962

215

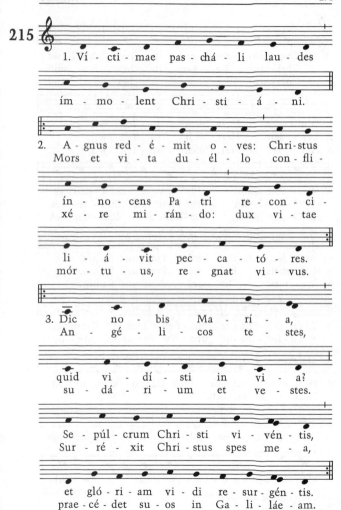

1. Ví - cti - mae pas - chá - li lau - des
ím - mo - lent Chri - sti - á - ni.

2. A - gnus red - é - mit o - ves: Chri - stus
Mors et vi - ta du - él - lo con - fli -

ín - no - cens Pa - tri re - con - ci -
xé - re mi - rán - do: dux vi - tae

li - á - vit pec - ca - tó - res.
mór - tu - us, re - gnat vi - vus.

3. Dic no - bis Ma - rí - a,
An - gé - li - cos te - stes,

quid vi - dí - sti in vi - a?
su - dá - ri - um et ve - stes.

Se - púl - crum Chri - sti vi - vén - tis,
Sur - ré - xit Chri - stus spes me - a,

et gló - ri - am vi - di re - sur - gén - tis.
prae - cé - det su - os in Ga - li - láe - am.

4. Sci - mus Chri - stum sur - re - xís - se a mór - tu - is ve - re: tu no - bis vic - tor Rex, mi - se - ré - re. A - men. Hal - le - lu - ja.

Nach Strophe 2 und 3 und am Schluß kann je eine Strophe von „Christ ist erstanden" Nr. 213 gesungen werden.

T: Wipo von Burgund vor 1050
M: 11. Jh.

216

V 1. Singt das Lob dem O - ster - lam - me,
A bringt es ihm dar, ihr Chri - sten.

V 2. Das Lamm er - löst' die Scha - fe: Chri - stus,
A   Tod und Le - ben, die kämpf-ten   un - be -

der oh - ne Schuld war, ver - söhn - te
greif - li - chen Zwei-kampf; des Le - bens

die Sün - der mit dem Va - ter.
Fürst, der starb, herrscht nun le - bend.

V 3. Ma - ri - a   Mag - da - le - na,
A   sah En - gel in dem Gra - be,

sag uns, was du ge - se - hen.
die Bin - den und das Lin - nen.

Das Grab des Herrn sah ich of - fen
Er lebt, der Herr, mei - ne Hoff - nung,

und Chri - stus von Got - tes Glanz um - flos - sen,
er geht euch vor - an nach Ga - li - lä - a.

V 4. Laßt uns glau - ben, was Ma - ri - a
A   Ja, der Herr ist auf - er - stan - den,

den Jün - gern ver - kün - det. Sie sah den
ist wahr - haft er - stan - den. Du Sie - ger,

Her - ren, den Auf - er - stand - nen.
Kö - nig, Herr, hab Er - bar - men.

A - - men. Hal - le - lu - ja.

T: Wipo von Burgund vor 1050 „Victimae paschali laudes", Übertragung
EGB 1972
M: 11. Jh.

217

1. Wei-het dem O-ster-lamm,
Chri-sten, Ge-sän-ge des Lo-bes! Das
Lamm er-lö-ste die Scha-fe;
Chri-stus, der oh-ne Schuld, ver-söhn-te die
schul-di-ge Welt mit dem Va-ter.

2. Tod und Le-ben strit-ten im
Kampf, wie nie ei-ner war; der
Fürst des Le-bens er-lag dem
Tod; zum Le-ben er-stan-den,—
— tri-um-phiert er als Kö-nig.

(217)

3. Ma - ri - a, sa - ge uns an: Was hast
du auf dem We - ge ge - sehn? Ich
sah das Grab, und Chri - stus sah ich, der
lebt. In sei - ner Klar - heit sah
ich den er - stan - de - nen Herrn.

4. Ich sah das Tuch und die Lin - nen und sah die
En - gel, die sag - ten mir si - che - re
Kun - de. Ja, auf - er - stan - den ist
Chri - stus, er, mei - ne Hoff - nung. Nach Ga - li -
lä - - a geht er den Sei - nen vor - an.

(217)

5. Wir wis - sen: er - stan - den ist Chri - stus, wahr - haft er - stan - den vom Tod._____ Du Sie - ger, du un - ser Kö - - - nig, er - bar - me dich un - se - rer Not._____ A - - - men._____ Hal - le - lu - - ja. _____

Kehrvers

Singt, ihr Christen, singt dem Herrn: Hal - le - lu - ja,

Hal - le - lu - ja, Hal - le - lu - ja! _____

M: Heinrich Rohr 1972

Der Kehrvers kann zu Beginn und am Schluß oder auch nach den einzelnen Strophen gesungen werden.

218
ö

1. Ge-lobt sei Gott im höch-sten Thron samt sei-nem ein-ge-bor-nen Sohn, der für uns hat ge-nug-ge-tan. Hal-le-lu-ja,—— Hal-le-lu-ja,—— Hal-le-lu-ja.

2. Des Morgens früh am dritten Tag, / da noch der Stein am Grabe lag, / erstand er frei ohn alle Klag. / Halleluja, Halleluja, Halleluja.

3. Der Engel sprach: „Nun fürcht' euch nicht, / denn ich weiß wohl, was euch gebricht: / ihr sucht Jesus; den findt ihr nicht. / Halleluja, Halleluja, Halleluja.

4. Er ist erstanden von dem Tod, / hat überwunden alle Not. / Kommt, seht, wo er gelegen hat." / Halleluja, Halleluja, Halleluja.

5. Nun bitten wir dich, Jesu Christ, / weil du vom Tod erstanden bist: / Verleihe, was uns selig ist. / Halleluja, Halleluja, Halleluja.

6. O mache unser Herz bereit, / damit von Sünden wir befreit / dir mögen singen allezeit. / Halleluja, Halleluja, Halleluja.

T: Michael Weiße 1531   M: Melchior Vulpius 1609

219
ö

1. Die gan-ze Welt, Herr Je-su Christ, Hal-le-lu-ja, Hal-le-lu-ja, in dei-ner Ur-ständ fröh-lich ist. Hal-le-lu-ja, Hal-le-lu-ja.

2. Des Himmels Heer im Himmel singt, –
die Christenheit auf Erden klingt. –
3. Jetzt grünet, was nur grünen kann, –
die Bäum zu blühen fangen an. –
4. Es singen jetzt die Vögel all, –
jetzt singt und klingt die Nachtigall. –
5. Der Sonnenschein jetzt kommt herein, –
und gibt der Welt ein' neuen Schein. –
6. Die ganze Welt, Herr Jesu Christ, –
in deiner Urständ fröhlich ist. –

Die erste Strophe kann als Kehrstrophe der Gemeinde nach jeder Vor-
sängerstrophe (2–6) gesungen werden.
T: Friedrich Spee 1623   M: Köln 1623

220

1. Das ist der Tag, den Gott ge-macht, der Freud in al-le Welt ge-bracht. Es freu sich, was sich freu-en kann, denn Wun-der hat der Herr ge-tan.

2. Verklärt ist alles Leid der Welt, / des Todes Dunkel ist erhellt. / Der Herr erstand in Gottes Macht, / hat neues Leben uns gebracht.
3. Wir sind getauft auf Christi Tod / und auferweckt mit ihm zu Gott. / Uns ist geschenkt sein Heilger Geist, / ein Leben, das kein Tod entreißt.
4. Wir schauen auf zu Jesus Christ, / zu ihm, der unsre Hoffnung ist. / Wir sind die Glieder, er das Haupt; / erlöst ist, wer an Christus glaubt.
5. Nun singt dem Herrn das neue Lied, / in aller Welt ist Freud und Fried. / Es freu sich, was sich freuen kann, / denn Wunder hat der Herr getan.

T: nach Heinrich Bone 1851; Strophe 3 und 4 Friedrich Dörr 1972
M: nach Johannes Leisentrit 1567

221

V/A Hal-le-lu-ja, Hal-le-lu-ja, Hal-le-lu-ja.

V 1. Ihr Chri-sten, sin-get hoch-er-freut;

der Herr der ew-gen Herr-lich-keit

ist von dem Tod er-stan-den heut. Hal-le-lu-ja. Kv

2. Die Frauen kamen zu dem Ort, / sie wollten Jesus salben dort: / wer wälzt den Stein vom Grabe fort? / Halleluja. Kv

3. Die Jünger früh am dritten Tag / sehn ängstlich an der Stätte nach, / wo Jesus Christ begraben lag. / Halleluja. Kv

4. Der liebste Jünger Sankt Johann, / er eilt dem Petrus schnell voran, / kam früher bei dem Grabe an. / Halleluja. Kv

5. Ein Engel strahlt im Lichtgewand, / den frommen Frauen macht bekannt, / daß Jesus Christus auferstand. / Halleluja. Kv

6. „Bleibt nicht beim leeren Grabe stehn, / ihr sollt nach Galiläa gehn, / dort werdet ihr den Meister sehn." / Halleluja. Kv

7. Den Jüngern war das Herz so schwer. / In ihre Mitte trat der Herr: / „Der Friede sei mit euch!" sagt er. / Halleluja. Kv

8. Sie sahn den Herrn von Angesicht. / Doch voller Zweifel Tomas spricht: / „Wenn ich nicht sehe, glaub ich nicht." / Halleluja. Kv

9. „Sieh, Tomas, sieh die Seite an, / sieh Händ und Füß, die Male dran, / und glaube doch, was Gott getan." / Halleluja. Kv

10. Am achten Tag er vor ihm stand, / an Jesu Leib die Male fand, / „Mein Herr und Gott", er da bekannt'. / Halleluja. Kv

11. Glückselig alle, die nicht sehn / und dennoch fest im Glauben stehn; / sie werden mit ihm auferstehn. / Halleluja. Kv

12. An diesem Tag, den Gott gemacht, / sei Lob und Ehr und Preis und Macht / dem Allerhöchsten dargebracht. / Halleluja. Kv

T: „O fílii et fíliae" von Jean Tisserand († 1494), Übertragung Christoph Moufang 1865, Neufassung EGB 1972   M: Frankreich 15. Jh.

222

1. Nun freu - e dich, du Chri - sten - heit,
an dem der Herr nach Kreuz und Leid
der Tag, der ist ge - kom - men,
die Schuld von uns ge - nom - men.
Be-freit sind
wir von Angst und Not, das Le - ben hat be -
siegt den Tod: Der Herr ist auf - er - stan - den.

2. An diesem österlichen Tag / laßt uns den Vater loben; / denn er, der alle Ding vermag, / hat seinen Sohn erhoben. / Das ist der Tag, den Gott gemacht; / das Leben ward uns neu gebracht: / Der Herr ist auferstanden.

3. Du lieber Herre Jesu Christ, / da du erstanden heute, / so lobt dich alles, was da ist, / in übergroßer Freude. / Mit dir sind wir von Herzen froh, / wir rufen laut und singen so: / Der Herr ist auferstanden.

T: EGB 1971 nach „Freut euch, alle Christenheit", Mainz um 1410
M: Mainz 1410/1947

223
ö

V 1. Wir wol - len al - le fröh - lich sein
A   Hal - le - lu - ja, Hal - le - lu - ja,

in die - ser ö - ster - li - chen Zeit,
Hal - le - lu - ja, Hal - le - lu - ja.

denn un - ser Heil__ hat Gott__ be - reit'.
Ge - lobt sei Chri - stus, Ma - ri - en Sohn.

2. Es ist erstanden Jesus Christ, / der an dem Kreuz gestorben ist; / ihm sei Lob, Ehr zu aller Frist.

3. Er hat zerstört der Höllen Pfort, / die Seinen all herausgeführt / und uns erlöst vom ewgen Tod.

4. Es singt der ganze Erdenkreis / dem Gottessohne Lob und Preis, / der uns erkauft das Paradeis.

5. Des freu sich alle Christenheit / und lobe die Dreifaltigkeit / von nun an bis in Ewigkeit. / Halleluja, Halleluja, / Halleluja, Halleluja. / Gelobt sei Christus, Marien Sohn.

Das Halleluja kann nach jeder Strophe gesungen werden.
T: Medingen bei Lüneburg um 1380; Strophe 2–5 Eisleben 1568
M: Hohenfurt 1410 / Wittenberg 1573

224

1. Vom To - de heut er - stan - den ist der

heil - ge Her - re Je - sus Christ, der al - ler

Welt ein Trö - ster ist. Hal - le - lu - ja.

2. Die ganze Erde staunt und bebt, / weil Gottes Herrlichkeit anhebt; / der Tod ist tot, das Leben lebt. / Halleluja.

3. Des Herren Sieg bricht in uns ein, / da sprengt er Riegel, Schloß und Stein; / in uns will Christus Sieger sein. / Halleluja.

4. Nun jauchzt und jubelt überall. / Die Welt steht auf von ihrem Fall. / Gott herrscht in uns, er herrscht im All. / Halleluja.

T: nach „Surrexit Christus hodie" Engelberg 1372; Strophe 2–4 Silja Walter 1968   M: Böhmen 15. Jh. / bei Michael Weiße 1531

225
ö

1. Er-schie-nen ist der herr-lich Tag, dran nie-mand gnug sich freu-en mag. Christ, un-ser Herr, heut tri-um-phiert; sein' Feind' er all ge-fan-gen-führt. Hal-le-lu-ja.

2. Die alte Schlange, Sünd und Tod, / die Höll, all Jammer, Angst und Not / hat überwunden Jesus Christ, / der heut vom Tod erstanden ist. / Halleluja.

3. Sein' Raub der Tod mußt geben her; / das Leben siegt' und ward ihm Herr. / Zerstöret ist nun all sein Macht; / Christ hat das Leben wiederbracht. / Halleluja.

4. Die Sonn, die Erd, all Kreatur / alls, was betrübet war zuvor, / das freut sich heut an diesem Tag, / da der Welt Fürst darniederlag. / Halleluja.

5. Drum wollen wir auch fröhlich sein, / das Halleluja singen fein / und loben dich, Herr Jesu Christ; / zu Trost du uns erstanden bist. / Halleluja.

T und M: Nikolaus Herman 1560

226

1. Nun freut euch hier und ü - ber - all,
im Tod bracht er den Tod zu Fall

der Herr ist auf - er - stan - den;
und macht die Höll zu - schan - den.

Des Le - bens Le - ben le - bet noch;

sein Arm hat al - ler Fein - de Joch

mit al - ler Macht zer - bro - chen.

2. Die Morgenröte war noch nicht / mit ihrem Licht vorhanden; / und siehe, da war schon das Licht, / das ewig leucht, erstanden. / Die Sonne war noch nicht erwacht, / da wachte und ging auf voll Macht / die unerschaffne Sonne.

3. O Lebensfürst, o starker Held, / von Gott vorzeit versprochen, / vor dir die Hölle niederfällt, / da du ihr Tor zerbrochen. / Du hast gesiegt und trägst zum Lohn / ein allzeit unverwelkte Kron / als Herr all deiner Feinde.

4. Ich will von Sünden auferstehn, / wie du vom Grab aufstehest; / ich will zum andern Leben gehn, / wie du zum Himmel gehest. / Dies Leben ist doch lauter Tod; / drum komm und reiß aus aller Not / uns in das rechte Leben.

T: nach Paul Gerhardt 1653
M: Johann Crüger 1653

227

V 1. Dan - ket Gott, denn er ist gut;
groß ist al - les, was er tut.

A 1.-12. Sei - ne Huld währt al - le Zeit,
wal - tet bis in E - wig - keit.

2. Preiset Gott und gebt ihm Ehr;
er ist aller Herren Herr. –
3. Er tut Wunder, er allein,
alles rief er in das Sein. –
4. Der durch seiner Allmacht Ruf
Erd und Himmel weise schuf. –
5. Der die Sterne hat gemacht,
Sonn und Mond für Tag und Nacht. –
6. Er hat Israel befreit
aus Ägyptens Dienstbarkeit. –
7. Er zerschlug Pharaos Heer,
führt' das Volk durchs Rote Meer. –
8. Führte es mit starker Hand
durch die Wüste in sein Land. –
9. Dankt ihm, der in dieser Nacht
unsrer Niedrigkeit gedacht. –
10. Der uns nicht verderben ließ,
den Bedrängern uns entriß. –
11. Er speist alles, was da lebt.
Alle Schöpfung ihn erhebt. –
12. Danket Gott, denn er ist gut;
groß ist alles, was er tut. –

T: EGB 1970, nach Psalm 136
M: Genf 1562

Christi Himmelfahrt

228
ö

1. Christ fuhr gen Him - mel. Was sandt er uns her - nie - der? Er sand - te uns den Heil - gen Geist zu Trost der ar - men Chri-sten-heit. Ky - ri - e - leis.

2. Christ fuhr mit Schal - len von sei - nen Jün - gern al - - len. Er seg - net' sie mit sei - ner Hand und sand - te sie in al - le Land. Ky - ri - e - leis.

3. Hal - le - - lu - ja, Hal - le - - lu - - ja, Hal - le - - lu - - ja. Des

solln wir al - le froh ___ sein; Christ will
un - ser Trost ___ sein. Ky - ri - e - leis.

T: Crailsheim 1480; Strophe 2 bei Johannes Leisentrit 1567
M: „Christ ist erstanden" Nr. 213

229

1. Ihr Chri - sten, hoch er - freu - et euch,
der Herr fährt auf zu sei - nem Reich.
Er tri - um - phiert, lob - sin - get ihm,
lob - sin - get ihm mit lau - ter Stimm!

2. Sein Werk auf Erden ist vollbracht, / zerstört hat er des Todes Macht. / Er hat die Welt mit Gott versöhnt / und Gott hat ihn mit Ehr gekrönt.

3. Er ward gehorsam bis zum Tod, / erhöht hat ihn der starke Gott. / Ihm ward zuteil ein Name hehr; / es ruft das All: Du bist der Herr.

4. Die Engel mit Erstaunen sehn, / was Wunder mit der Welt geschehn. / Sie lag im Tod, nun ist sie frei: / im Siege Christi ward sie neu.

5. Er ist das Haupt der Christenheit, / regiert sein Volk in Ewigkeit. / Er triumphiert, lobsinget ihm, / lobsinget ihm mit lauter Stimm!

T: nach Erasmus Alber 1549; Strophe 2–5 nach Johann Samuel Diterich 1765
M: nach Johannes Leisentrit 1584 / Erhard Quack 1941

230
ö

1. Gen Him-mel auf-ge-fah-ren ist, Hal-le-lu - ja, der Eh-ren Kö-nig Je-sus Christ. Hal-le-lu - ja.

2. Er sitzt zu Gottes rechter Hand, / Halleluja, / herrscht über Himmel und alle Land. /Halleluja.

3. Nun ist erfüllt, was gschrieben ist, / Halleluja, / in Psalmen von dem Herren Christ. / Halleluja.

4. Drum jauchzen wir mit großem Schalln, / Halleluja, / dem Herren Christ zum Wohlgefalln. / Halleluja.

5. Der heiligen Dreieinigkeit, / Halleluja, / sei Lob und Preis in Ewigkeit. / Halleluja.

T: Frankfurt/Oder 1601 nach „Coelos ascendit hodie", 16. Jh.
M: Melchior Franck 1627

Gemeindeverse

(zur Eröffnung)

231

Lob - sin - get dem Herrn, der Wun - der voll-bracht; singt ihm ein neu - es Lied. Hal-le-lu - ja, Hal-le-lu - ja.

VIa, VIIg. Q19

232

1. Auf-er-stan-den ist der Herr, Hal-le-lu-ja, Hal-le-lu-ja, Hal-le-lu-ja.
VIIIa, VIIh, IIIa. Q19

2. Sin-get dem Herrn ein neu-es Lied: er ist auf-er-stan-den aus dem Grab.
3. Sin-get dem Herrn ein neu-es Lied: er ist auf-ge-fah-ren in sein Reich.
VIIIb, IVg. Q20

(zum Antwortpsalm)

4. Das ist der Tag, den der Herr ge-macht; laßt uns froh-lok-ken und sei-ner uns freu-en.
VIa, VIIg. Q23

5. Gott steigt em-por, Er-de, jauch-ze, Hal-le-lu-ja,— preist un-sern Herrn!
6. Ju-belt dem Herrn, al-le Lan-de, Hal-le-lu-ja,— preist un-sern Gott!
VIa, VIIg. Q33

233

1 (1) Dan-ket dem Herrn, er ist gü-tig. Hal-le - lu - ja.
2 (2) Ju - belt dem Herrn, al - le Lan-de: Hal-le - lu - ja.

VIa. Q34

(zur Bereitung)

3 Chri-stus ist er - stan-den. Hal - le - lu - ja.

Er hat den Tod be-zwun-gen. Hal-le - lu - ja.

VIh, VIIa. Q29

(zur Kommunion)

4 Chri-stus ist un-ser O-ster-lamm. Hal-le - lu - ja.

Darum kommt und hal-tet Fest-mahl! Hal-le - lu - ja.

VIa, VIIg. Q23

(Dankgesang)

5 (5) Der Herr hat den Tod be-siegt. Hal-le-lu - ja.
6 (6) Der Herr hat sein Volk be-freit. Hal-le-lu - ja.

IVa. Q20

7 Der Herr hat uns be - freit;

auf e - wig be-steht sein Bund.

VIa, VIIg. Q34

Vesper in der Osterzeit   **234**

Eröffnung Nr. 683
Hymnus: Nun freue dich, du Christenheit. Nr. 222

ERSTER PSALM

235
1

Dan - ket dem Herrn, er ist gü - tig. Hal - le - lu - ja.

VIa. Q34

Psalm 118 A und B: Loblied am Festtag

VI   **2**

1. Danket dem Herrn, denn er ist gütig, *
denn seine Huld währt ewig.
    2. So soll Israel sagen: *
    Denn seine Huld währt ewig.
3. So soll das Haus Aaron sagen: *
Denn seine Huld währt ewig.
    4. So sollen alle sagen, die den Herrn fürchten und
    ehren: *
    Denn seine Huld währt ewig. —
5. In der Bedrängnis rief ich zum Herrn; *
der Herr hat mich erhört und mich frei gemacht.
    6. Der Herr ist bei mir, ich fürchte mich nicht. *
    Was können Menschen mir antun?
7. Der Herr ist bei mir, er ist mein Helfer; *
ich aber schaue auf meine Hasser herab.
    8. Besser, sich zu bergen beim Herrn, *
    als auf Menschen zu bauen.
9. Besser, sich zu bergen beim Herrn, *
als auf Fürsten zu bauen. —
    10. Ehre sei dem Vater und dem Sohn *
    und dem Heiligen Geist,
11. wie im Anfang, so auch jetzt und alle Zeit *
und in Ewigkeit. Amen.   *Kehrvers*   Verse 1–9

oder:

3 Hal-le-lu-ja, Hal-le-lu-ja,— Hal-le-lu-ja.

VIa. Q43

4 1. Danket dem Herrn, denn er ist gütig, *
denn seine Huld währt ewig.

> 2. Alle Völker umringen mich; *
> ich wehre sie ab im Namen des Herrn.

3. Sie umringen, ja, sie umringen mich; *
ich wehre sie ab im Namen des Herrn.

> 4. Sie umschwirren mich wie Bienen, /
> wie ein Strohfeuer verlöschen sie, *
> ich wehre sie ab im Namen des Herrn.

5. Sie stießen mich hart, sie wollten mich stürzen; *
der Herr aber hat mir geholfen.

> 6. Meine Stärke und mein Lied ist der Herr; *
> er ist für mich zum Retter geworden. —

7. Frohlocken und Jubel erschallt in den Zelten der
Gerechten: *
„Die Rechte des Herrn wirkt mit Macht!

> 8. Die Rechte des Herrn ist erhoben, *
> die Rechte des Herrn wirkt mit Macht!"

9. Ich werde nicht sterben, sondern leben,*
um die Taten des Herrn zu verkünden.

> 10. Der Herr hat mich hart gezüchtigt, *
> doch er hat mich nicht dem Tod übergeben. —

11. Ehre sei dem Vater und dem Sohn *
und dem Heiligen Geist,

> 12. wie im Anfang, so auch jetzt und alle Zeit *
> und in Ewigkeit. Amen.   *Kehrvers*   Verse 1. 10–18

ZWEITER PSALM

236
1

Das ist der Tag, den der Herr ge-macht;   laßt

uns froh - lok - ken und sei - ner uns freu - en.

VIa. Q23

Psalm 118 C: Dank für die Rettung

2

1. Öffnet mir die Tore zur Gerechtigkeit, *
damit ich eintrete, um dem Herrn zu danken.

    2. Das ist das Tor zum Herrn, *
    nur Gerechte treten hier ein.

3. Ich danke dir, daß du mich erhört hast; *
du bist für mich zum Retter geworden.

    4. Der Stein, den die Bauleute verwarfen, *
    er ist zum Eckstein geworden.

5. Das hat der Herr vollbracht, *
vor unseren Augen geschah dieses Wunder.

    6. Dies ist der Tag, den der Herr gemacht hat; *
    wir wollen jubeln und uns an ihm freuen. —

7. Ach, Herr, bring doch Hilfe! *
Ach, Herr, gib doch Gelingen! —

    8. Gesegnet sei er, der kommt im Namen des Herrn! /
    Wir segnen euch vom Haus des Herrn her. *
    Gott, der Herr, erleuchte uns.

9. Mit Zweigen in den Händen schließt euch zusammen
zum Reigen, *
bis zu den Hörnern des Altars.

    10. Du bist mein Gott, dir will ich danken;*
    mein Gott, dich will ich rühmen. —

11. Danket dem Herrn, denn er ist gütig, *
denn seine Huld währt ewig! —

    12. Ehre sei dem Vater und dem Sohn *
    und dem Heiligen Geist.

13. wie im Anfang, so auch jetzt und alle Zeit *
und in Ewigkeit. Amen.

Verse 19–29

Kehrvers

GESANG aus dem Neuen Testament:
Jesus Christus ist der Herr. — Nr. 174
oder: Amen, Halleluja. — Nr. 686

LESUNG
Antwortgesang

237

V/A Christus ist er - stan - den. Hal - le - lu - ja,
Hal - le - lu - ja. V Er hat den Tod be - zwun - gen.
A Hal - le - lu - ja, Hal - le - lu - ja. V Singt das Lob
des Va - ters und des Soh - nes und des Hei -
li - gen Gei - stes. A Christus ist . . .

Homilie

ZUM LOBGESANG MARIENS

238

Auf - er - stan - den ist der Herr, Hal - le -
lu - ja, Hal - le - lu - ja, Hal - le - lu - ja.

IIIa, VIIIa. Q19

Magnificat Nr. 127
Schlußgebete Nr. 691

Pfingsten — Heiliger Geist

Am Sonntag vor dem Pfingsttag wird als Evangelium das Hohe-
priesterliche Gebet Jesu verkündet. Die anschließende Woche wird
als Quatemberwoche gehalten; gemäß dem Gebet des Herrn wird in
dieser Woche besonders um die Einheit der Kirche gebetet.
Nach dem Beispiel der Apostel und der Frauen und der Mutter Jesu
betet die Kirche in den Tagen zwischen Himmelfahrt und Pfingsten
um den Heiligen Geist, der Kraft und Mut zum Zeugnis für Christus, den Auferstandenen, schenkt. Er allein bringt der Kirche Einheit und brüderliche Gemeinschaft. Diese Pfingstnovene hat viele
der schönen Gebete und Gesänge übernommen, die früher in der
Woche nach Pfingsten standen. Das Gebet um den Heiligen Geist
und seine Gaben ist heute eine besonders dringliche Aufgabe.
Der Pfingsttag schließt als der fünfzigste Tag die Osterzeit ab und
öffnet zugleich das Tor in den Kreis des Jahres und in den Alltag
der Christen, damit auch dieser vom Geist des Herrn geprägt ist.

240

1. Ve - ni, Cre - á - tor Spí - ri - tus, men - tes tu - ó -
rum ví - si - ta: im - ple su - pér - na grá - ti - a,
6. Strophe
quæ tu cre - á - sti pé - cto - ra.   A - men.

2. Qui díceris Paráclitus, / donum Dei altíssimi, / fons vivus,
ignis, cáritas / et spiritális únctio.
3. Tu septifórmis múnere, / dextráe Dei tu dígitus, / tu rite
promíssum Patris / sermóne ditans gúttura.
4. Accénde lumen sénsibus, / infúnde amórem córdibus, /
infírma nostri córporis / virtúte firmans pérpeti.
5. Hostem repéllas lóngius / pacémque dones prótinus; /
ductóre sic te práevio / vitémus omne nóxium.
6. Per te sciámus da Patrem / noscámus atque Fílium, / te
utriúsque Spíritum / credámus omni témpore. / Amen.

T: Hrabanus Maurus zugeschrieben 9. Jh.   M: Kempten um 1000

V Emítte Spíritum tuum, et creabúntur,
A et renovábis fáciem terrae.

Orémus.
Deus, qui corda fidélium Sancti Spíritus illustratióne do-
cuísti, da nobis in eódem Spíritu recta sápere, et de eius semper consolatióne gaudére. Per Christum, Dóminum nostrum.

A Amen.

241

1. Komm, Heil-ger Geist, der Le-ben schafft, er-fül-le uns

mit dei-ner Kraft. Dein Schöpferwort rief uns zûm Sein:

7. Strophe

nun hauch uns Got-tes O-dem ein. A - men.

2. Komm, Tröster, der die Herzen lenkt, / du Beistand, den
der Vater schenkt; / aus dir strömt Leben, Licht und Glut, /
du gibst uns Schwachen Kraft und Mut.

3. Dich sendet Gottes Allmacht aus / im Feuer und in Sturmes Braus; / du öffnest uns den stummen Mund / und
machst der Welt die Wahrheit kund.

4. Entflamme Sinne und Gemüt, / daß Liebe unser Herz
durchglüht / und unser schwaches Fleisch und Blut / in deiner Kraft das Gute tut.

5. Die Macht des Bösen banne weit, / schenk deinen Frieden
allezeit. / Erhalte uns auf rechter Bahn, / daß Unheil uns
nicht schaden kann.

6. Laß gläubig uns den Vater sehn, / sein Ebenbild, den Sohn,
verstehn / und dir vertraun, der uns durchdringt / und uns
das Leben Gottes bringt.

7. Den Vater auf dem ewgen Thron / und seinen auferstand-
nen Sohn, / dich, Odem Gottes, Heilger Geist, / auf ewig
Erd und Himmel preist. / Amen.

T: „Veni Creator Spiritus", Übertragung Friedrich Dörr 1969
M: Kempten um 1000 / Wittenberg 1524 / Mainz 1947

ökumenischer Text

1. Komm, allgewaltig heilger Hauch, / der alle Kreatur be- **242**
lebt; / o komm, erfüll uns bis zum Grund / und bleib in uns,   **ö**
o Heilger Geist.
2. Den Betenden du nahe bist; / in dir teilt Gott sich selber
mit. / Du dringst durch unser ganzes Sein, / entfachst in uns
des Lebens Glut.
3. Der Gaben Vielfalt teilst du aus / und waltest schaffend
fort und fort; / du kommst, wie uns verheißen ist, / tust uns
den Mund zum Zeugnis auf.
4. Erleuchte unser blind Gesicht / und leeren Herzen Liebe
gib. / Wenn du nicht wirkst, vergehen wir; / dein heilig
Wehen macht uns neu.
5. Nimm von uns, was von dir uns trennt, / und gib uns, was
zu dir uns führt; / so wird dein Friede bei uns sein / und
weit muß das Verderben fliehn.
6. Daß Gott dem Vater wir vertraun / und lieben seinen
Sohn, den Herrn, / und dich erfahren, Gott in uns, / dazu hilf
uns, o Heilger Geist. / Amen.

T: „Veni Creator Spiritus", Übertragung Markus Jenny 1971

V Sendest du deinen Geist aus, so werden sie alle erschaffen,
A und du erneust das Gesicht der Erde.

Lasset uns beten.—
Gott, du hast die Herzen deiner Gläubigen durch die Er-
leuchtung des Heiligen Geistes gelehrt. Gib, daß wir in
diesem Geist erkennen, was recht ist, und allezeit seinen
Trost und seine Hilfe erfahren. Darum bitten wir durch
Christus, unsern Herrn.

A Amen.

243

1. Ve - ni   San - cte   Spí - ri - tus
2. Ve - ni   pa - ter   páu - pe - rum,

et   e - mít - te   cáe - li - tus
ve - ni   da - tor   mú - ne - rum,

lu - cis   tu - ae   rá - di - um.
ve - ni   lu - men   cór - di - um.

3. Con - so - lá - tor   óp - ti - me,
4. In   la - bó - re   ré - qui - es,

dul - cis   ho - spes   á - ni - mae,
in   ae - stu   tem - pé - ri - es,

dul - ce   re - fri - gé - ri - um.
in   fle - tu   so - lá - ti - um.

5. O   lux   be - a - tís - si - ma,
6. Si - ne   tu - o   nú - mi - ne

re - ple   cor - dis   ín - ti - ma
ni - hil   est   in   hó - mi - ne,

tu - ó - rum   fi - dé - li - um.
ni - hil   est   in - nó - xi - um.

7. La - va,   quod   est   sór - di - dum,
8. Fle - cte,   quod   est   rí - gi - dum,

ri - ga,   quod   est   á - ri - dum,
fo - ve,   quod   est   frí - gi - dum,

sa - na,   quod   est   sáu - ci - um.
re - ge,   quod   est   dé - vi - um.

9. Da   tu - is   fi - dé - li - bus
10. Da   vir - tú - tis   mé - ri - tum,

in   te   con - fi - dén - ti - bus
da   sa - lú - tis   éx - i - tum,

sa - crum   se - pte - ná - ri - um.
da   per - én - ne   gáu - di - um.

A - - men.   Hal - le - lu - ja.

T: Stephan Langton um 1200
M: Paris um 1200

244
ö

1. Komm her - ab, o Heil - ger Geist,
2. Komm, der al - le Ar - men liebt,

der die fin - stre Nacht zer - reißt,
komm, der gu - te Ga - ben gibt,

strah - le Licht in die - se Welt.
komm, der je - des Herz er - hellt.

3. Höch - ster Trö - ster in der Zeit,
4. in der Un - rast schenkst du Ruh,

Gast, der Herz und Sinn er - freut,
hauchst in Hit - ze Küh - lung zu,

köst - lich Lab - sal in der Not,
spen - dest Trost in Leid und Tod.

5. Komm, o du glück - se - lig Licht,
6. Oh - ne dein le - ben - dig Wehn

fül - le Herz und An - ge - sicht,
kann im Men - schen nichts be - stehn,

dring bis auf der See - le Grund.
kann nichts heil sein noch ge - sund.

7. Was be - fleckt ist, wa - sche rein,
8. Wär - me du, was kalt und hart,

Dür - rem gie - ße Le - ben ein,
lö - se, was in sich er - starrt,

hei - le du, wo Krank - heit quält.
len - ke, was den Weg ver - fehlt.

9. Gib dem Volk, das dir ver - traut,
10. Laß es in der Zeit be - stehn,

das auf dei - ne Hil - fe baut,
dei - nes Heils Voll - en - dung sehn

dei - ne Ga - ben zum Ge - leit.
und der Freu - den E - wig - keit.

A - - men. Hal - le - lu - ja.

T: „Veni sancte spiritus", Übertragung Maria Luise Thurmair und Markus Jenny 1971   M: Paris um 1200

245

1. Komm, Schöp-fer Geist, kehr bei uns ein, be -
such das Herz der Kin-der dein: die dei-ne Macht er-
schaf-fen hat, er-fül-le nun mit dei-ner Gnad.

2. Der du der Tröster wirst genannt, / vom höchsten Gott
ein Gnadenpfand, / du Lebensbrunn, Licht, Lieb und
Glut, / der Seele Salbung, höchstes Gut.

3. O Schatz, der siebenfältig ziert, / o Finger Gottes, der uns
führt, / Geschenk, vom Vater zugesagt, / du, der die Zungen reden macht.

4. Zünd an in uns des Lichtes Schein, / gieß Liebe in die
Herzen ein, / stärk unsres Leibs Gebrechlichkeit / mit
deiner Kraft zu jeder Zeit.

5. Treib weit von uns des Feinds Gewalt, / in deinem Frieden uns erhalt, / daß wir, geführt von deinem Licht, / in
Sünd und Elend fallen nicht.

6. Den Vater auf dem ewgen Thron / lehr uns erkennen
und den Sohn; / dich, beider Geist, sei'n wir bereit / zu
preisen gläubig alle Zeit.

T: „Veni Creator Spiritus", Übertragung Heinrich Bone 1847
M: Köln 1741

246

V Send uns dei-nes Gei-stes Kraft, der die Wel-ten
neu er-schafft: A Chri-stus, Herr, er-bar-me dich.
V Laß uns als Wai-sen nicht, zeig uns des Trösters Licht:

A Chri-stus, er-bar-me dich. V Daß in uns das Herz
ent-brennt, dei-ner Gna-de Reich er-kennt:
A Chri-stus, Herr, er - bar - me dich.

T: Maria Luise Thurmair 1952
M: Heinrich Rohr 1952

247
ö

Komm, Hei - li-ger Geist, Her-re Gott, er-füll mit
dei-ner Gna-den Gut   dei-ner Gläub-gen Herz,
Mut und Sinn. Dein bren-nend Lieb   ent-zünd in
ihn'.   O Herr, durch dei-nes Lich-tes Glanz   zum
Glau-ben   du ver-sam-melt hast   das Volk aus
al - ler Welt Zun-gen. Das sei dir, Herr, zu
Lob ge-sun - gen. Hal-le-lu - ja, Hal-le-lu - ja.

T: Ebersberg um 1480 nach der Antiphon „Veni Sancte Spiritus", 11. Jh.
M: Ebersberg um 1480 / Erfurt 1524

248

1. Nun bit-ten wir den Hei-li-gen Geist

um den rech-ten Glau-ben al-ler-meist,

daß er uns be-hü-te an un-serm

En-de, wenn wir heim-fahrn aus die-sem

E-len-de. Ky-ri-e-leis.

2. Du heller Schein, du lebendig Licht, / Geist des Herrn, der unsre Nacht durchbricht, / laß uns Gott erkennen, ihn Vater nennen / und von Christus uns nimmermehr trennen. / Kyrieleis.

3. Du stille Macht, du verborgne Kraft, / Geist des Herrn, der in uns lebt und schafft, / wohne du uns inne, uns anzutreiben; / bete du in uns, wo wir stumm bleiben. / Kyrieleis.

4. Du mächtiger Hauch, unerschaffne Glut, / Geist des Herrn, gib du uns neuen Mut, / daß wir Gottes Liebe den Menschen künden / und als Schwestern und Brüder uns finden. / Kyrieleis.

5. Erleuchte uns, o ewiges Licht, / hilf, daß alles, was durch uns geschieht, / Gott sei wohlgefällig durch Jesum Christum, / der uns macht heilig durch sein Priestertum. / Kyrieleis.

T: bei Berthold von Regensburg 13. Jh., Strophe 2–4 Maria Luise Thurmair 1972/1994, Strophe 5 nach Michael Vehe 1537
M: 14. Jh. / Neufassung 1970

249

1. Der Geist des Herrn __ er - füllt das All
er krönt mit Ju - - bel Berg und Tal,

mit Sturm und Feu - - ers - glu - ten;
er läßt die Was - - ser flu - ten.

Ganz ü - ber - strömt von Glanz und Licht

er - hebt die Schöp - fung ihr Ge - sicht,

froh - lok - kend: Hal - - le - lu - ja.

2. Der Geist des Herrn erweckt den Geist / in Sehern und
Propheten, / der das Erbarmen Gottes weist / und Heil in
tiefsten Nöten. / Seht, aus der Nacht Verheißung blüht; / die
Hoffnung hebt sich wie ein Lied / und jubelt: Halleluja.

3. Der Geist des Herrn treibt Gottes Sohn, / die Erde zu erlösen; / er stirbt, erhöht am Kreuzesthron, / und bricht die
Macht des Bösen. / Als Sieger fährt er jauchzend heim / und
ruft den Geist, daß jeder Keim / aufbreche: Halleluja.

4. Der Geist des Herrn durchweht die Welt / gewaltig und
unbändig; / wohin sein Feueratem fällt, / wird Gottes Reich
lebendig. / Da schreitet Christus durch die Zeit / in seiner
Kirche Pilgerkleid, / Gott lobend: Halleluja.

T: Maria Luise Thurmair 1941
M: „Zieh an die Macht, du Arm des Herrn" Nr. 304

250
ö

1. Komm, o Trö - ster, Heil - ger Geist,

Licht, das uns den Tag ver - heißt,

Quell, der uns mit Ga - ben speist,

2. komm und lindre unsre Last, / komm, gib in der Mühsal Rast, / komm, sei bei uns Armen Gast.

3. Glut, die unser Herz durchdringt, / Beistand, der zum
Ziel uns bringt, / ohne den uns nichts gelingt,

4. halt uns, wo wir haltlos gehn, / rate, wo wir ratlos
stehn, / sprich du, wo wir sprachlos flehn.

5. Hauch, der Leben uns verleiht, / lenk uns in der Erden-
zeit, / führ uns hin zur Seligkeit.

T: Maria Luise Thurmair 1970   M: Bremen 1633

251

Der Hei - li - ge Geist er - fül - let das All, sein

Hauch durchdringt die Welt: Hal-le-lu - ja, Hal-le-lu - ja.

VIa, IXa, Ia. Q19

252 **Vesper vom Heiligen Geist**

Eröffnung Nr. 683
Hymnus: Komm, Heiliger Geist, der Leben schafft. Nr. 241

ERSTER PSALM

253
1

Sen - de aus dei - nen Geist,

und das Ant - litz der Er - de wird neu.

VIIa. Q39

Psalm 104 C: Lob des Schöpfers

2

1. Herr, wie zahlreich sind deine Werke! /
Mit Weisheit hast du sie alle gemacht, *
die Erde ist voll von deinen Geschöpfen.

2. Sie alle warten auf dich, *
daß du ihnen Speise gibst zur rechten Zeit.

3. Gibst du ihnen, dann sammeln sie ein; *
öffnest du deine Hand, werden sie satt an Gutem.

4. Verbirgst du dein Gesicht, sind sie verstört; /
nimmst du ihnen den Atem, so schwinden sie hin *
und kehren zurück zum Staub der Erde.

5. Sendest du deinen Geist aus, so werden sie alle erschaffen, *
und du erneuerst das Antlitz der Erde. —

6. Ewig währe die Herrlichkeit des Herrn; *
der Herr freue sich seiner Werke.

7. Er blickt auf die Erde, und sie erbebt; *
er rührt die Berge an, und sie rauchen. —

8. Ich will dem Herrn singen, solange ich lebe, *
will meinem Gott spielen, solange ich da bin.

9. Möge ihm mein Dichten gefallen. *
Ich will mich freuen am Herrn.

10. Doch die Sünder sollen von der Erde verschwinden, /
und es sollen keine Frevler mehr dasein. *
Lobe den Herrn, meine Seele! —

11. Ehre sei dem Vater und dem Sohn *
und dem Heiligen Geist,

12. wie im Anfang, so auch jetzt und alle Zeit *
und in Ewigkeit. Amen.   Verse 24. 27–35

Kehrvers

ZWEITER PSALM

254
1

Der Geist des Herrn er-fül-let sie, und al-le

kün-den, was Gott ge-tan. Hal-le-lu-ja.

Va. Q19

Psalm 147: Jerusalem, preise den Herrn

V   2

1. Gut ist es, unserem Gott zu singen; *
schön ist es, ihn zu loben. —

2. Der Herr baut Jerusalem wieder auf, *
er sammelt die Versprengten Israels.

3. Er heilt die gebrochenen Herzen *
und verbindet ihre schmerzenden Wunden.

4. Der Herr hilft den Gebeugten auf *
und erniedrigt die Frevler.

5. Stimmt dem Herrn ein Danklied an, *
spielt unserem Gott auf der Harfe! —

6. Jerusalem, preise den Herrn, *
lobsinge, Zion, deinem Gott!

7. Denn er hat die Riegel deiner Tore fest gemacht, *
die Kinder in deiner Mitte gesegnet;

8. er verschafft deinen Grenzen Frieden, *
und sättigt dich mit bestem Weizen.

9. Er sendet sein Wort zur Erde, *
rasch eilt sein Befehl dahin.

10. Er verkündet Jakob sein Wort, *
Israel seine Gesetze und Rechte.

11. An keinem andern Volk hat er so gehandelt, *
keinem sonst seine Rechte verkündet. —

12. Ehre sei dem Vater und dem Sohn *
und dem Heiligen Geist,

13. wie im Anfang, so auch jetzt und alle Zeit *
und in Ewigkeit. Amen. *Kehrvers* Verse 1–3. 6–7. 12–15. 19–20

GESANG
aus dem Neuen Testament: Amen, Halleluja Nr. 686

LESUNG

Antwortgesang

255

V/A Christus ist erhöht zum Va-ter, Hal-le-lu-ja,

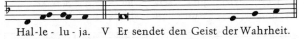

Hal-le - lu - ja. V Er sendet den Geist der Wahrheit.

A Hal-le - lu - ja, Hal-le - lu - ja. V Singt das Lob

des Va - ters und des Soh - nes und des Hei-

li - gen Gei - stes. A Christus ist erhöht . . .

Homilie

ZUM LOBGESANG MARIENS

256

Der Herr hat Gro-ßes an uns ge-tan; wir

wol-len sei - ne Zeu-gen sein. Hal-le - lu - ja.

IXa. Q35

Magnificat Nr. 689
Schlußgebete Nr. 691

Lob und Dank

257
ö

1. Gro - ßer Gott,— wir lo - ben dich;
Vor dir neigt— die Er - de sich

Herr, wir prei - sen dei - ne Stär-ke.
und be - wun-dert dei - ne Wer-ke.

Wie du warst vor al - ler Zeit,

so bleibst du — in E - wig - keit.

2. Alles, was dich preisen kann, / Kerubim und Serafinen / stimmen dir ein Loblied an; / alle Engel, die dir dienen, / rufen dir stets ohne Ruh / „Heilig, heilig, heilig" zu.

3. Heilig, Herr Gott Zebaot! / Heilig, Herr der Himmels-heere! / Starker Helfer in der Not! / Himmel, Erde, Luft und Meere / sind erfüllt von deinem Ruhm; / alles ist dein Eigentum.

4. Der Apostel heilger Chor, / der Propheten hehre Menge / schickt zu deinem Thron empor / neue Lob- und Dank-gesänge; / der Blutzeugen lichte Schar / lobt und preist dich immerdar.

5. Dich, Gott Vater auf dem Thron, / loben Große, loben Kleine. / Deinem eingebornen Sohn / singt die heilige Ge-meinde, / und sie ehrt den Heilgen Geist, / der uns seinen Trost erweist.

6. Du, des Vaters ewger Sohn, / hast die Menschheit ange-nommen, / bist vom hohen Himmelsthron / zu uns auf die Welt gekommen, / hast uns Gottes Gnad gebracht, / von der Sünd uns frei gemacht.

7. Durch dich steht das Himmelstor / allen, welche glauben, offen; / du stellst uns dem Vater vor, / wenn wir kindlich auf dich hoffen; / du wirst kommen zum Gericht, / wenn der letzte Tag anbricht.

8. Herr, steh deinen Dienern bei, / welche dich in Demut bitten. / Kauftest durch dein Blut uns frei, / hast den Tod für uns gelitten; / nimm uns nach vollbrachtem Lauf / zu dir in den Himmel auf.

9. Sieh dein Volk in Gnaden an. / Hilf uns, segne, Herr, dein Erbe; / leit es auf der rechten Bahn, / daß der Feind es nicht verderbe. / Führe es durch diese Zeit, / nimm es auf in Ewigkeit.

10. Alle Tage wollen wir / dich und deinen Namen preisen / und zu allen Zeiten dir / Ehre, Lob und Dank erweisen. / Rett aus Sünden, rett aus Tod, / sei uns gnädig, Herre Gott!

11. Herr, erbarm, erbarme dich. / Laß uns deine Güte schauen; / deine Treue zeige sich, / wie wir fest auf dich vertrauen. / Auf dich hoffen wir allein: / laß uns nicht verloren sein.

T: Ignaz Franz 1771 nach dem „Te Deum", 4. Jh., Nr. 706
M: Wien um 1776 / Heinrich Bone 1852

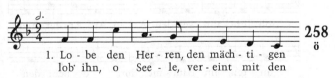

1. Lo - be den Her - ren, den mäch - ti - gen
   lob' ihn, o See - le, ver - eint mit den

258
ö

Kö-nig der Eh-ren; Kom-met zu-hauf, Psal-ter und
himm-li-schen Chö-ren.

Har-fe, wacht auf, las-set den Lob-ge-sang hö-ren.

2. Lobe den Herren, der alles so herrlich regieret, / der dich auf Adelers Fittichen sicher geführet, / der dich erhält, / wie es dir selber gefällt. / Hast du nicht dieses verspüret?

3. Lobe den Herren, der künstlich und fein dich bereitet, / der dir Gesundheit verliehen, dich freundlich geleitet. / In wieviel Not / hat nicht der gnädige Gott / über dir Flügel gebreitet!

4. Lobe den Herren, was in mir ist, lobe den Namen. / Lob ihn mit allen, die seine Verheißung bekamen. / Er ist dein Licht; / Seele, vergiß es ja nicht. / Lob ihn in Ewigkeit. Amen.

T: Joachim Neander 1680
M: Stralsund 1665 / Halle 1741

259

V 1. Er-freu-e dich, Him-mel, er-freu-e dich, Er-de; er-freu-e sich al-les, was fröh-lich kann wer-den. A 1.-6. Auf Er-den hier un-ten, im Him-mel dort o-ben: den gü-ti-gen Va-ter, den wol-len wir lo-ben.

2. Ihr Sonnen und Monde, ihr funkelnden Sterne,
ihr Räume des Alls in unendlicher Ferne:

3. Ihr Tiefen des Meeres, Gelaich und Gewürme,
Schnee, Hagel und Regen, ihr brausenden Stürme:

4. Ihr Wüsten und Weiden, Gebirg und Geklüfte,
ihr Tiere des Feldes, ihr Vögel der Lüfte:
5. Ihr Männer und Frauen, ihr Kinder und Greise,
ihr Kleinen und Großen, einfältig und weise:
6. Erd, Wasser, Luft, Feuer und himmlische Flammen,
ihr Menschen und Engel, stimmt alle zusammen:

T: Straßburg 1697; Strophe 2–5 Maria Luise Thurmair 1963 nach Psalm 148
M: Augsburg 1669 / Bamberg 1691

260

1. Sin-get Lob un-serm Gott, der
in den Him-meln thront, der die Welt
schuf und hält, in uns-rer Mit-te wohnt.
Lob sei ihm. Hal-le-lu-ja.

2. Singet Lob unserm Gott, / der unser Vater ist, / der uns
liebt, Schuld vergibt / durch den Herrn Jesus Christ. / Lob
sei ihm. Halleluja.
3. Singet Lob unserm Gott, / der uns geboten hat, / eins
zu sein, wahr und rein / im Wort und in der Tat. / Lob
sei ihm. Halleluja.
4. Singet Lob unserm Gott, / der uns gerufen hat / in sein
Reich, uns zugleich / annahm an Kindes Statt. / Lob sei
ihm. Halleluja.
5. Singet Lob unserm Gott, / der uns nach dieser Zeit / neu
belebt und erhebt / in seine Herrlichkeit. / Lob sei ihm.
Halleluja.

T: Georg Thurmair 1940/1971
M: Erhard Quack 1941

261

1. Den Her-ren will ich lo-ben, es jauchzt in
denn er hat mich er-ho-ben, daß man mich

Gott mein Geist;
se-lig preist.   An mir und mei-nem Stam-

me hat Gro-ßes er voll-bracht, und hei-lig

ist sein Na-me, ge-wal-tig sei-ne Macht.

2. Barmherzig ist er allen, / die ihm in Ehrfurcht nahn; /
die Stolzen läßt er fallen, / die Schwachen nimmt er an. /
Es werden satt aufstehen, / die arm und hungrig sind; / die
Reichen müssen gehen, / ihr Gut verweht im Wind.
3. Jetzt hat er sein Erbarmen / an Israel vollbracht, / sein
Volk mit mächtgen Armen / gehoben aus der Nacht. / Der
uns das Heil verheißen, / hat eingelöst sein Wort. / Drum
werden ihn lobpreisen / die Völker fort und fort.

T: Maria Luise Thurmair 1954/1971 nach dem Magnificat
M: „O Gott, nimm an die Gaben", Nr. 468
Das Magnificat-Lied kann auch nach der ökumenischen Melodie „Gott, der
nach seinem Bilde" Nr. 74 gesungen werden.

262
ö

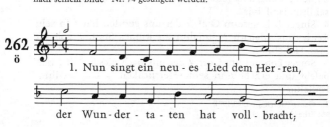

1. Nun singt ein neu-es Lied dem Her-ren,

der Wun-der-ta-ten hat voll-bracht;

kommt, singt, den Sieg des Herrn zu eh - ren,

den uns er - run - gen sei - ne Macht.

Er ließ sein Heil uns schaun aufs neu - e;

Ge - rech - tig - keit ist auf - ge - richt'

als Zei - chen sei - ner Huld und Treu - e

vor al - ler Völ - ker An - ge - sicht.

2. Frohlockt dem Herrn, ihr Lande alle, / mit Freuden singt und preist ihn laut, / daß alle Welt im Jubelschalle / Gott, unsern Herrn und König, schaut. / Frohlockt dem Herrn, ihr Nationen, / ihr Meere und der Berge Grund; / mit allen, die auf Erden wohnen, / macht Gottes Heil den Menschen kund.

3. Es kommt der Herr, der Herr wird kommen; / voll Freude ist der Ströme Lauf. / Frohlocken werden alle Frommen; / die Berge jubeln himmelauf. / Er kommt, das Erdenrund zu richten, / die Völker in Gerechtigkeit. / Er kommt, den Frieden aufzurichten / für alle Zeit und Ewigkeit.

T: Georg Thurmair 1965/1971 nach Psalm 98
M: Genf 1543 / Loys Bourgeois 1551

263

1. Dein Lob, Herr, ruft der Him - mel aus, das blau - e, licht - er - füll - te Haus mit so - viel Zung'n als Ster - nen. Der wei - ße Tag, die schwar - ze Nacht, wann sie ab - wech - seln von der Wacht, sie kün - dens aus den Fer - nen.

2. Kein Land, kein Volk ist auf der Erd, / das nicht allzeit die Kunde hört, / die umhergeht im Reigen. / Vom Aufgang bis zum Niedergang / erhallt ihr Ruf, erschallt ihr Klang, / des Schöpfers Macht zu zeigen.

3. Die Sonne ist des Himmels Ehr, / doch dein Gesetz, Herr, noch viel mehr, / das du uns hast gegeben; / so trostreich, so gerecht und wahr, / so licht und mehr als sonnenklar / erhellt es unser Leben.

4. Behüt mich vor der stolzen Welt, / die allen Sinn dahin gestellt, / von dir mich abzuwenden. / Wann sie nicht wird mein Meister sein, / so bleib ich, durch die Gnade rein, / in deinen guten Händen.

5. Alsdann sei dir all mein Gebet, / das zu dem Thron der Gnade geht, / mehr lieb, als es gewesen. / Du bist mein Schutz, o starker Gott, / du wirst mich ja in aller Not / durch deine Kraft erlösen.

T: nach Albert Curtz 1659 nach Psalm 19   M: Augsburg 1669

264

1. Mein gan - zes Herz er - he - bet dich;
und will in dei - nem Hei - lig - tum,

vor dir will ich mein Lob-lied sin - gen
Herr, dir zum Ruhm mein Op - fer brin - gen.

Dein Na - me strahlt an al - lem Ort,

und durch dein Wort wird hell das Le - ben.

An - be - tung, Ehr und Herr - lich - keit

bin ich be - reit, dir, Gott, zu ge - ben.

2. Dein Name, Herr, ist unser Hort; / du hast dein Wort an
mir erfüllet; / du hast auf mein Gebet gemerkt / und mich
gestärkt, mein Herz gestillet. / Die Völker werden preisen
dich / und Mächtge sich zu dir hin kehren, / wenn sie das
Wort vom ewgen Bund / aus deinem Mund verkünden
hören.

3. Herr, ob den Himmeln thronst du hoch / und siehest
doch die Tiefgebeugten. / In Angst und Widerwärtigkeit /
wird mir allzeit dein Antlitz leuchten. / Mach mich von
allem Elend frei; / denn deine Treu wird niemals enden. /
Du wirst nach deinem ewgen Rat, / Herr, groß an Tat dein
Werk vollenden.

T: EGB 1972 nach älteren Fassungen, nach Psalm 138
M: Lyon 1543 / Loys Bourgeois 1547/1551

265
ö

1. Nun lo-bet Gott im ho-hen Thron, ihr Men-schen al-ler Na-ti-on; hoch prei-set ihn mit Freu-den-schal-le, ihr Völ-ker auf der Er-den al-le.

2. Denn sein Erbarmen, seine Gnad / er über uns gebreitet hat. / Es wird die Wahrheit unsres Herren / in Ewigkeit ohn Ende währen.

3. Lob sei dem Vater und dem Sohn, / dem Heilgen Geist auf gleichem Thron, / im Wesen einem Gott und Herren, / den wir in drei Personen ehren.

T: nach Caspar Ulenberg 1582/1603 nach Psalm 117
M: Genf 1542 / Caspar Ulenberg 1603

266
ö

1. Nun dan-ket al - le Gott mit Her-zen,
   der gro - ße Din - ge tut an uns und

Mund und Hän - den, der uns von Mut-ter-
al - len En - den,

leib und Kin-des-bei-nen an un -

zäh-lig viel zu - gut bis hie-her hat ge - tan.

2. Der ewigreiche Gott / woll uns in unserm Leben / ein immer fröhlich Herz / und edlen Frieden geben / und uns in seiner Gnad / erhalten fort und fort / und uns aus aller Not / erlösen hier und dort.

3. Lob, Ehr und Preis sei Gott / dem Vater und dem Sohne / und Gott dem Heilgen Geist / im höchsten Himmelsthrone, / ihm, dem dreieinen Gott, / wie es im Anfang war / und ist und bleiben wird, / so jetzt und immerdar.

T und M: Martin Rinckart 1636
(Melodiefassung nach Johann Crüger 1647)

267 ö

1. Nun dan-ket all und brin-get Ehr, ihr Men-schen in der Welt, dem, des-sen Lob der En - gel Heer im Him-mel stets ver - meldt.

2. Ermuntert euch und singt mit Schall / Gott, unserm höchsten Gut, / der seine Wunder überall / und große Dinge tut.

3. Er gebe uns ein fröhlich Herz, / erfrische Geist und Sinn / und werf all Angst, Furcht, Sorg und Schmerz / in Meerestiefen hin.

4. Er lasse seinen Frieden ruhn / auf unserm Volk und Land; / er gebe Glück zu unserm Tun / und Heil zu allem Stand.

5. Solange dieses Leben währt, / sei er stets unser Heil, / und wenn wir scheiden von der Erd, / verbleib er unser Teil.

6. Er drücke, wenn das Herze bricht, / uns unsre Augen zu / und zeig uns drauf sein Angesicht / dort in der ewgen Ruh.

T: Paul Gerhardt 1647   M: Johann Crüger 1653, nach Genf 1562

268

1. Singt dem Herrn ein neu - es Lied,
   daß das Trau - ern fer - ne flieht,

nie - mand soll's euch weh - ren;
sin - get Gott zu Eh - ren.

Preist den

Herrn, der nie - mals ruht, der auch heut noch

Wun - der tut, sei - nen Ruhm zu meh - ren!

2. Täglich neu ist seine Gnad / über uns und allen. / Laßt sein Lob durch Wort und Tat / täglich neu erschallen. / Führt auch unser Weg durch Nacht, / bleibt doch seines Armes Macht / über unserm Wallen.

3. Hat er nicht zu aller Zeit / uns bisher getragen / und geführt durch allen Streit? / Sollten wir verzagen? / Seine Schar verläßt er nicht, / und in dieser Zuversicht / darf sie's fröhlich wagen.

4. Darum laßt uns Lob und Preis / vor sein Antlitz bringen / und auf seines Worts Geheiß / neue Lieder singen. / Allsoweit die Sonne sieht, / singt dem Herrn ein neues Lied, / laßt es hell erklingen.

T: Georg A. Kempf 1941   M: Adolf Lohmann 1952

269
ö

1. Nun sa - get Dank und lobt den Her - ren,

denn groß ist sei - ne Freund - lich - keit,

und   sei - ne Gnad und Gü - te   wäh - ren

von   E - wig - keit   zu   E - wig - keit.

Du,   Got - tes Volk, sollst es ver - kün - den:

Groß   ist   des Herrn Barm - her - zig - keit;

er   will sich selbst mit uns ver - bün - den

und   wird   uns   tra - gen durch die   Zeit.

2. Nicht sterben werd ich, sondern leben; / gezüchtigt wurde ich vom Herrn, / dem Tode aber nicht gegeben; / drum rühm ich Gottes Taten gern. / Mit Freuden singen die Gerechten / in neuen Liedern überall: / Gott schafft den Sieg mit seiner Rechten. / Gelobt sei Gott mit Jubelschall.

3. Hoch tut euch auf, ihr heilgen Tore, / ihr Tore der Gerechtigkeit. / Laßt danken uns in hellem Chore / dem großen Herrn der Herrlichkeit. / Laßt jauchzen uns und fröhlich singen: / Dies ist der Tag, den Gott gemacht. / Hilf, Herr, o hilf, laß wohl gelingen. / Ein Wunder hat der Herr vollbracht.

4. Er, der da kommt in Gottes Namen, / sei hochgelobt zu jeder Zeit. / Gesegnet seid ihr allzusammen, / die ihr von Gottes Hause seid. / Nun saget Dank und lobt den Herren, / denn groß ist seine Freundlichkeit, / und seine Gnad und Güte währen / von Ewigkeit zu Ewigkeit.

T: nach Ambrosius Lobwasser 1573 (Str. 1 und 4) und Fritz Enderlin 1952 (Str. 2 und 3) nach Psalm 118   M: „Nun singt ein neues Lied" Nr. 262

270

V/A 1. Kommt her - bei, singt dem Herrn, ruft ihm zu, der uns be - freit.

V Sin - gend laßt uns vor ihn tre - ten, mehr als Wor - te sagt ein Lied.

A Sin - gend laßt uns vor ihn tre - ten, mehr als Wor - te sagt ein Lied.

2. |: Er ist Gott, Gott für uns, / er allein ist letzter Halt. :|
|: Überall ist er und nirgends, / Höhen, Tiefen, sie sind sein. :|

3. |: Ja, er heißt: Gott für uns; / wir die Menschen, die er liebt. :| |: Darum können wir ihm folgen, / können wir sein Wort verstehn. :|

4. |: Wir sind taub, wir sind stumm, / wollen eigne Wege gehn. :| |: Wir erfinden neue Götter / und vertrauen ihnen blind. :|

5. |: Dieser Weg führt ins Nichts, / und wir finden nicht das Glück, :| |: graben unsre eignen Gräber, / geben selber uns den Tod. :|

6. |: Menschen, kommt, singt dem Herrn, / ruft ihm zu, der uns befreit. :| |: Singend laßt uns vor ihn treten, / mehr als Worte sagt ein Lied. :|

T: Diethard Zils nach Psalm 95
M: Volkslied aus Israel

271

A Das ist ein köst-lich Ding, dem Her-ren
dan-ken und lob - sin-gen dei - nem
Na-men; das ist ein köst-lich Ding, dem
Her - ren dan - ken und lob - sin-gen
dei - nem Na - men, du Höch - ster.

V 1. Des Mor-gens dei - ne Gna - de und des
Nachts dei - ne Wahr-heit ver - kün - di -
gen auf den zehn Sai - ten und Psal -
ter, mit Spie - len auf der Har - fe. Kv

2. Du läßt uns fröhlich singen / von den Werken, die,
Herr, deine Hand gemacht. / Wie tief sind deine Gedanken; / du, Höchster, bleibest ewig. Kv

T: Psalm 92,2–6.9
M: Rolf Schweizer 1966

272

V 1. Singt das Lied der Freu-de ü-ber Gott!

A Lobt ihn laut, der euch er-schaf-fen hat.

V Preist ihn, hel-le Ster-ne, lobt ihn, Son-ne, Mond;

auch im Welt-all fer-ne sei-ne Eh-re wohnt.

A Singt das Lied der Freu-de ü-ber Gott!

V 2. Singt das Lied der Freude über Gott!
A Lobt ihn laut, der euch erschaffen hat.
V Preist ihn, ihr Gewitter, Hagel, Schnee und Wind.
Lobt ihn, alle Tiere, die auf Erden sind:
A Singt das Lied der Freude über Gott!

V 3. Singt das Lied der Freude über Gott!
A Lobt ihn laut, der euch erschaffen hat.
V Stimmt mit ein, ihr Menschen, preist ihn, groß und klein,
seine Hoheit rühmen soll ein Fest euch sein:
A Singt das Lied der Freude über Gott!

V 4. Singt das Lied der Freude über Gott!
A Lobt ihn laut, der euch erschaffen hat.
V Er wird Kraft uns geben, Glanz und Licht wird sein,
in das dunkle Leben leuchtet hell sein Schein:
A Singt das Lied der Freude über Gott!

T und M: Dieter Hechtenberg 1968 (T nach Psalm 148)

273

A Sin - get dem Herrn ein neu - es Lied,
denn er tut Wun - der. Sin - get dem Herrn ein
neu - es Lied, denn er tut Wun - der.

V 1. Er sie - get ___ mit sei - ner Rech - ten
und mit sei - nem hei - li - gen Arm. Der
Herr läßt sein Heil ver - kün - di - gen; er
of - fen - bart sei - ne Ge - rech - tig - keit. ___ Kv

2. Du meinst, Gott sei sehr verborgen, / seine Macht sei
klein und gering, / Gott sähe nicht das, was dich bedrückt. /
Sieh auf dein Leben, er hat es bewahrt. Kv
3. Du kennst oftmals deinen Weg nicht, / und du weißt
nicht recht, was du sollst. / Doch da schickt dir Gott die
Hilfe zu: / den einen Menschen, der dich gut versteht. Kv
4. Du mußt nur zu sehen lernen, / wie er dich so väterlich
führt; / auch heute gibt er dir seine Hand. / So greif doch zu
und schlage sie nicht aus. Kv

T: Psalm 98, 1–2; Str. 2–4 Paulus Stein 1963
M: Rolf Schweizer 1963

274

V 1. Dich will ich rüh-men, Herr und Gott, und täg-lich neu dein Lob er-fin-den, will stau-nend dei-ne Grö-ße kün-den, die herr-lich sich den Men-schen bot.____

A 1.-7. Wie gü-tig bist du, Herr und Gott. Du öff-nest dei-ne mil-de Hand und gibst uns al-len Brot.____

2. Herr, unser Gott, wie bist du groß, / von Glanz und Hoheit rings umgeben; / wie voller Wunder ist dein Leben / und deine Werke makellos.

3. Lobsingt dem Herrn, denn er ist gut, / barmherzig allen, die da leben, / im Zürnen langsam, reich im Geben; / gerecht ist alles, was er tut.

4. Herr, unser Gott, dein Wort ist treu / und heilig alle deine Werke. / Du gibst den Schwachen Mut und Stärke, / und die Bedrückten machst du frei.

5. Ja, Herr, wir alle harren dein; / zur rechten Zeit gibst du uns Speise. / Du schenkst auf wunderbare Weise / und sättigst uns mit Brot und Wein.

6. Wer zu ihm ruft, dem ist er nah, / er rettet alle, die ihn lieben; / er hat uns in sein Herz geschrieben / und ist auch für die Ärmsten da.

7. Lobsingt dem Herrn mit mir zugleich, / und was da lebt, es soll ihn ehren. / Denn seine Macht wird ewig währen, / und ohne Ende ist sein Reich.

T: Maria Luise Thurmair 1971, nach Psalm 145
M: Paul Ernst Ruppel 1971

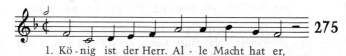

1. Kö-nig ist der Herr. Al-le Macht hat er,

thront auf Ke-ru-bim, al-les bebt vor ihm.

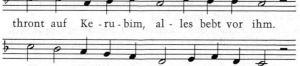

Sei-nes Man-tels Saum füllt den Wel-ten-raum.

Prei-set sei-nen Na-men. Er ist hei-lig. A-men.

275

2. König ist der Herr. Alles Recht schafft er, / gab dem Erdenrund seine Ordnung kund. / Alle, Herr wie Knecht, finden gleiches Recht. / Preiset seinen Namen. Er ist heilig. Amen.

3. König ist der Herr. Groß und gut ist er, / der die Knechtschaft brach, aus der Wolke sprach, / der uns Schutz verleiht, Tag um Tag verzeiht. / Preiset seinen Namen. Er ist heilig. Amen.

T: Maria Luise Thurmair 1971, nach Psalm 99
M: Genf 1562

276
ö

1. Wir glauben Gott im höchsten Thron, wir glauben
Chri-stum, Got-tes Sohn, aus Gott ge-bo-ren
vor der Zeit, all-mäch-tig, all-ge-be-ne-deit.

2. Wir glauben Gott den Heilgen Geist, / den Tröster, der
uns unterweist, / der fährt, wohin er will und mag, / und
stark macht, was daniederlag.

3. Den Vater, dessen Wink und Ruf / das Licht aus Finsternissen schuf, / den Sohn, der annimmt unsre Not, / litt
unser Kreuz, starb unsern Tod.

4. Der niederfuhr und auferstand, / erhöht zu Gottes rechter Hand, / und kommt am Tag, vorherbestimmt, / da alle
Welt ihr Urteil nimmt.

5. Den Geist, der heilig insgemein / läßt Christen Christi
Kirche sein, / bis wir, von Sünd und Fehl befreit, / ihn
selber schaun in Ewigkeit.

T: Rudolf Alexander Schröder 1937
M: Paul Ernst Ruppel 1967

277

1. Sin-get, dan-ket un-serm Gott,
der die Welt er-schuf. Sin-get, dan-ket
un-serm Gott und hört sei-nen Ruf.

2. Lobet täglich unsern Gott, der uns Leben gibt. / Lobet
täglich unsern Gott, der uns alle liebt.
3. Danket gerne unserm Gott, er gibt Wein und Brot. /
Danket gerne unserm Gott, Retter aus der Not.
4. Singet, danket unserm Gott, der die Welt erschuf. / Singet, danket unserm Gott und folgt seinem Ruf.

T: Kurt Rommel 1963
M: Horst Weber 1963

278

A Ich will dir dan - ken, Herr, un - ter
den Völ - - kern; ich will dir lob -
- sin - gen un - ter den Leu - ten.
V 1. Denn dei - ne Gna - - de reicht, so weit
der Him - - mel ist, und dei - ne Wahr -
- heit, so —— weit die Wol - ken gehn. Kv

2. Herr Gott, erhebe weit über den Himmel dich, / und
deine Ehre weit über alle Land. Kv
3. Ehr sei dem Vater, Gott, Ehr sei dem Sohne, Gott, / Ehr
sei dem Heilgen Geist, Gott in Ewigkeit. Kv

T: Psalm 108, 4–6
M: Paul Ernst Ruppel 1964

279

1. Drei - fal - ti - ger ver - borg-ner Gott, ein Licht
aus drei - er Son-nen Glanz, drei Flam-men ei - ner
Lie - bes - glut, Gott Va - ter, Sohn und Heil-ger Geist.

2. Allherrscher du von Ewigkeit, / Gott Vater, der die Welt erschuf, / du lenkst die Werke deiner Hand / und führst uns durch der Zeiten Lauf.

3. Gott Sohn, des Vaters Ebenbild, / du König der erlösten Welt, / in dir wird Gott uns Menschen gleich, / in dir der Mensch zu Gott erhöht.

4. Du Atem Gottes, Heilger Geist, / durchdringst die Welt mit Lebenskraft, / du senkst in uns die Liebe ein, / die alle eint und göttlich macht.

5. Du großer Gott, der in uns wohnt, / hochheilige Dreifaltigkeit, / dich loben und bekennen wir / jetzt und in alle Ewigkeit.

T: Friedrich Dörr 1969   M: Kempten um 1000

280

V 1. Prei - set den Herrn, denn er ist gut.

A 1.- 6. Dan - ket dem Herrn, denn er ist gut.

2. Sein Wort ist Licht auf unserm Weg.
3. Wir sind getauft zu einem Leib.
4. Er wirkt in uns durch seinen Geist.
5. In seinem Mahl gibt er uns Kraft.
6. Er sendet uns in diese Welt.

Lobgesang

281

1

V/A Dan-ket dem Herrn, denn er ist gut.

Hal-le - lu - ja, dan-ket ihm, Hal-le - lu - ja.

2

V 1.All ihr Werke des Herrn, A prei-set den Herrn.

V Ihr Engel des Herrn, A prei - set den Herrn.

2. Sonne und Mond, preiset den Herrn.
Alle Sterne des Himmels, preiset den Herrn.
3. Feuer und Sommersglut, preiset den Herrn.
Kälte und Winter, preiset den Herrn.
4. Tau und Regen, preiset den Herrn.
Blitze und Wolken, preiset den Herrn.   Kv

5. Nächte und Tage, preiset den Herrn.
Licht und Dunkel, preiset den Herrn.
6. Berge und Hügel, preiset den Herrn.
Meere und Ströme, preiset den Herrn.
7. Was auf Erden wächst, preise den Herrn.
Was im Wasser sich regt, preise den Herrn.
8. Ihr Vögel des Himmels, preiset den Herrn.
Ihr wilden und zahmen Tiere, preiset den Herrn.   Kv

9. Ihr Menschen alle, preiset den Herrn.
Völker und Rassen, preiset den Herrn.
10. Frauen und Männer, preiset den Herrn.
Junge und Alte, preiset den Herrn.
11. Arme und Reiche, preiset den Herrn.
Gesunde und Kranke, preiset den Herrn.
12. Ihr Christen alle, preiset den Herrn.
Alles, was atmet, preise den Herrn.   Kv

T: nach dem Lobgesang der drei Jünglinge, Daniel 3   M: Josef Seuffert 1964

Kanon

282

1. Lo-bet und prei-set, ihr Völ-ker, den Herrn;

2. freu-et euch sei-ner und die-net ihm gern.

3. All ihr Völ-ker, lo-bet den Herrn.

T und M: mündlich überliefert

Kanon

283

1. Dan-ket, dan-ket dem Herrn,

2. denn er ist so freund-lich; sei-ne

3. 4. Güt' und Wahr-heit wäh-ret e-wig-lich.

T und M: 18. Jh.

Diese Kanons kann man auch als Kehrvers zum vorstehenden Lobgesang verwenden.

LOBPREIS VOM HEILSWIRKEN GOTTES

284

1

V/A Dan-ket dem Herrn, denn er ist gut.

Sei-ne Gna-de währt durch al-le Zeit.

IVg, IIIb, VIIIb. Q20

Melodie I   (4. Psalmton)

2

V 1. Er   hat   die   <u>Welt</u>   ge - schaf - fen,

2. die Sterne und uns<u>e</u>re Sonne,
3. die Erde und <u>a</u>lles Leben,
4. den Menschen nach seinem <u>Bild</u> und Gleichnis.
5. Er hat den Völkern das <u>Heil</u> bereitet.

A 1.-5. denn   sei - ne   Huld währt   e - wig.

Kehrvers

Melodie II   (3. Psalmton)

3

V 6. Er   hat   den   <u>A</u> - br<u>a</u>ham be - ru - fen,

7. sein Volk be<u>freit</u> v<u>on</u> der Knechtschaft,
8. ihm David zum <u>König</u> gegeben,
9. durch die Prop<u>heten</u> gesprochen.
10. Er hat in Israel alle <u>Völker</u> ge<u>segnet.</u>

A 6.-10. denn   sei - ne   Huld währt   e - wig.

Kehrvers

Melodie I

11. Er ist Mensch gewor<u>den</u> in Jesus.
12. Jesus hat das Reich des Va<u>ters</u> verkündet,
13. Kranke geheilt und Sün<u>der</u> berufen.
14. Er ist am <u>Kreuz</u> gestorben.
15. Er ist auferstanden und wur<u>de</u> verherrlicht.   Kv

4

Melodie II

5 16. Jesus sammelt ein neues Volk aus allen Völkern;
17. er reinigt sein Volk durch sein Wort;
18. er nährt sein Volk auf dem Weg;
19. er schützt sein Volk vor den Feinden.
20. Sein neues Gebot ist die Liebe. Kv

Melodie I

6 21. Christus wird wiederkommen in Herrlichkeit;
22. er wird richten in Gerechtigkeit;
23. er wird alle Tränen trocknen;
24. er wird die Schöpfung vollenden.
25. Gott wird alles in allem sein. Kv

T: Josef Seuffert 1965, nach Psalm 136

DER SONNENGESANG DES HEILIGEN FRANZISKUS

285
1

V/A Höch - ster, all - mäch - ti - ger, gu - ter Herr,

dein sind Eh - re, Lob und Ruhm und al - ler Se - gen.

V Du allein bist würdig, sie zu empfangen, und kein
Mensch ist würdig, dich zu nennen, o Höchster. Kv

2

V/A Ge - lobt seist du, mein Herr!

V Mit all deinen Geschöpfen,
vor allem mit der edlen Schwester Sonne.
Sie bringt uns den Tag und das Licht,
sie ist schön und strahlt in mächtigem Glanz,
von dir, du Höchster, ein Gleichnis. Kv

V/A Gelobt seist du, mein Herr!
V Durch Bruder Mond und die Sterne.
Du hast sie am Himmel gebildet,
klar und kostbar und schön. Kv

V/A Gelobt seist du, mein Herr!
V Durch Bruder Wind und die Luft,
durch bewölkten und heiteren Himmel und jegliches Wetter;
so erhältst du deine Geschöpfe am Leben.   Kv

V/A Gelobt seist du, mein Herr!
V Durch Schwester Wasser,
so nützlich und demütig,
so köstlich und keusch.   Kv

V/A Gelobt seist du, mein Herr!
V Durch Bruder Feuer;
mit ihm erleuchtest du uns die Nacht.
Er ist schön und freundlich, gewaltig und stark.   Kv

V/A Gelobt seist du, mein Herr!
V Durch unsre Schwester, die Mutter Erde;
sie trägt und erhält uns,
bringt vielerlei Früchte hervor
und Kräuter und bunte Blumen.   Kv

V/A Gelobt seist du, mein Herr!
V Durch alle, die vergeben in deiner Liebe,
die Krankheit und Trübsal ertragen.
Selig, die dulden in Frieden;
sie werden von dir, o Höchster, gekrönt.   Kv

V/A Gelobt seist du, mein Herr!
V Durch unsern Bruder, den leiblichen Tod;
kein lebender Mensch kann ihm entrinnen.
Weh denen, die sterben in tödlichen Sünden.
Selig, die der Tod trifft in deinem heiligsten Willen;
denn der zweite Tod kann ihnen nichts antun.   Kv

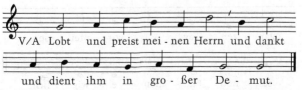

V/A Lobt   und preist mei - nen Herrn und dankt
und dient ihm   in   gro - ßer De - mut.

T: Franz von Assisi, Übertragung EGB 1973   M: Kurt Knotzinger 1973

Gemeindeverse

286

1   Sin - get dem Herrn, ja sin - get ihm! Preist sei - nen Na - men, macht kund sein Heil. Hal - le - lu - ja.

Va. Q19

2   Jauch - zet Gott, al - le Lan - de, singt sei - nes Na - mens Eh - re; herr - li - ches Lob brin - get ihm dar. Hal - le - lu - ja.

Va. Q1

3   Wir rüh - men uns in Gott den gan - zen Tag; wir prei - sen sei - nen Na - men e - wig - lich.

Vg. Q37

Lob - sin - get Gott, dem Herrn;
dankt ihm für al - le sei - ne Wohl - tat.

Ia. Q20

287
1

Hung - ri - ge ü - ber - häuft er mit
Gu - tem, Rei - che läßt er leer aus - gehn.

Vb, VIg. Q22

2

Vertrauen und Bitte

Der Mensch kann heute viel wirksamer als früher die Welt gestal- **288**
ten. Trotzdem kommt er oft genug an Grenzen, wo er seine Ohnmacht spürt. Er bleibt im tiefsten abhängig von Gott, dem Schöpfer
und Erhalter des Lebens. Ihm vertraut sich der Christ an in frohen
und schweren Stunden. Er trägt ihm im Gebet seine eigenen Sorgen
vor und die Ängste und Nöte der ganzen Menschheit. Er weiß, daß
Gott das Leid nicht aus der Welt nimmt und die Probleme nicht für
ihn löst; aber er vertraut darauf, daß Gott bei denen, die ihn lieben,
alles zum Guten führt.

Nach altem Brauch sind in besonderer Weise die Tage vor Christi
Himmelfahrt dem Bittgebet geweiht. Vielerorts zieht man an den
Bittagen über die Felder und bittet um Gottes Segen für das tägliche
Brot; man betet auf den Straßen, an den Arbeitsstätten und in der
Kirche um Gottes Segen für die tägliche Arbeit der Menschen.

Es gibt auch besondere Orte des Gebetes, zu denen die Gläubigen
in ihren Sorgen wallfahren.

289

1. Herr, dei - ne Güt ist un - be - grenzt, sie
Fest wie die Ber - ge steht dein Bund, dein

reicht, so weit der Him - mel glänzt, so weit die
Sinn ist tief wie Mee - res Grund, kein Mensch kann

Wol - ken ge - hen. Du hast in Treu - e auf uns
ihn ver - ste - hen.

acht, wir sind ge - bor - gen Tag und Nacht

im Schat - ten dei - ner Flü - gel. Du öff - nest

dei - nes Him - mels Tor, da quillt dein Ü - ber -

fluß her - vor und sät - tigt Tal und Hü - gel.

2. Bei dir, Herr, ist des Lebens Quell; / der Trübsal Wasser
machst du hell, / tränkst uns am Bach der Wonnen. / Dein
Glanz erweckt das Angesicht, / in deinem Licht schaun wir
das Licht, / du Sonne aller Sonnen. / Herr, halte uns in
deiner Huld, / hilf uns, daß wir dich mit Geduld / in
deinem Tun erkennen. / Vor allem Bösen uns bewahr, /
denn nicht Gewalt und nicht Gefahr, / nichts soll von dir
uns trennen.

T Maria Luise Thurmair 1971 nach Psalm 36
M: „O Mensch, bewein dein Sünde groß" Nr. 166

290

1. Gott wohnt in einem Lichte, dem keiner nahen kann. Von seinem Angesichte trennt uns der Sünde Bann. Unsterblich und gewaltig ist unser Gott allein, will König tausendfaltig, Herr aller Herren sein.

2. Und doch bleibt er nicht ferne, / ist jedem von uns nah. / Ob er gleich Mond und Sterne / und Sonnen werden sah, / mag er dich doch nicht missen / in der Geschöpfe Schar, / will stündlich von dir wissen / und zählt dir Tag und Jahr.

3. Auch deines Hauptes Haare / sind wohl von ihm gezählt. / Er bleibt der Wunderbare, / dem kein Geringstes fehlt. / Den keine Meere fassen / und keiner Berge Grat, / hat selbst sein Reich verlassen, / ist dir als Mensch genaht.

4. Er macht die Völker bangen / vor Welt- und Endgericht / und trägt nach dir Verlangen, / läßt auch den Ärmsten nicht. / Aus seinem Glanz und Lichte / tritt er in deine Nacht; / und alles wird zunichte, / was dir so bange macht.

5. Nun darfst du in ihm leben / und bist nie mehr allein, / darfst in ihm atmen, weben / und immer bei ihm sein. / Den keiner je gesehen / noch künftig sehen kann, / will dir zur Seite gehen / und führt dich himmelan.

T: Jochen Klepper 1938   M: „Gott ist dreifaltig einer" Nr. 489

291

1. Wer un - term Schutz des Höch - sten steht,
   wer auf die Hand des Va - ters schaut,

im Schat - ten des __ All - mächt - gen geht,
sich sei - ner Ob - hut an - ver - traut,

der spricht zum Herrn voll Zu - ver - sicht:

„Du mei - ne Hoff - nung und mein Licht,

mein Hort, mein lie - ber Herr __ und Gott,

dem ich will trau - en in __ der Not."

2. Er weiß, daß Gottes Hand ihn hält, / wo immer ihn Gefahr umstellt; / kein Unheil, das im Finstern schleicht, /
kein nächtlich Grauen ihn erreicht. / Denn seinen Engeln
Gott befahl, / zu hüten seine Wege all, / daß nicht sein Fuß
an einen Stein / anstoße und verletzt mög sein.

3. Denn dies hat Gott uns zugesagt: / Wer an mich glaubt,
sei unverzagt, / weil jeder meinen Schutz erfährt; / und wer
mich anruft, wird erhört. / Ich will mich zeigen als sein
Gott, / ich bin ihm nah in jeder Not; / des Lebens Fülle
ist sein Teil, / und schauen wird er einst mein Heil.

T: EGB 1972 nach Psalm 91
M: nach Michael Vehe 1537

292
ö

1. Herr, dir ist nichts ver - bor - gen; du
Das Ge - stern, Heut und Mor - gen wird

schaust mein We - sen ganz. Du
hell in dei - nem Glanz.

kennst mich bis zum Grund; ob ich mag

ruhn, ob ge - hen, ob sit - zen o - der

ste - hen, es ist dir al - les kund.

2. Wenn ich zum Himmel flöge, / ich könnt dir nicht entfliehn; / wenn ich zum Abgrund zöge, / ich fände dich
darin. / Trüg mich das Morgenrot / bis zu der Erde Enden, /
du hieltest mich in Händen / im Leben und im Tod.

3. Und wollt ich mich verhüllen / in Finsternis und Nacht, /
du wirst sie ganz erfüllen / mit deines Lichtes Pracht. / Du
kennst das Dunkel nicht; / die Nacht wird dir zum Tage, /
und wo ich Dunkel sage, / da ist vor dir nur Licht.

4. Du hast geformt mein Wesen / schon in der Mutter
Schoß. / Du schaust all meine Blößen, / hast mir bestimmt
mein Los. / Und wollt ich zählen, Herr, / und deine Pläne
fassen, / ich müßte davon lassen; / sie sind wie Sand am
Meer.

5. Dir will ich Dank bezeugen, / der herrlich mich gemacht, /
und mich voll Staunen neigen / vor deiner Werke Pracht. /
Du, der mich prüft und kennt, / halt mich in deinem
Segen, / leit mich auf ewgen Wegen / bis an ein selig End.

T: Maria Luise Thurmair 1971, nach Psalm 139
M: Caspar Ulenberg 1582

293
ö

1. Auf dich al - lein ich bau - e,
Da ich auf dich ver - trau - e,

du lie - ber treu - er Gott.
ver - laß mich nicht ___ in Not.

Du, Herr, kannst mich er - lö - sen aus Sün - de

und Ge - fahr. Er - ret - te mich vom

Bö - sen; dein Recht mach of - fen - bar.

2. Dein Ohr in Huld mir neige, / schick eilends Hilfe her; /
dein Treue mir erzeige, / reiß mich aus Ängsten schwer. /
Sei mir in diesen Tagen / ein Fels, ein sichres Haus, / dahin
ich flieh ohn Zagen; / hilf mir in Gnaden aus.

3. Es steht in deinen Händen / die Zeit und Lebensfrist; /
du kannst mein Unglück wenden, / wie es dein Wille ist. /
O Herr, in deine Hände / befehl ich meinen Geist, / daß du
mich dem Elende, / mein treuer Gott, entreißt.

4. Der Herr sei hochgepriesen, / der Wunderbares tat / und
der mir Gnad erwiesen / in seiner festen Stadt. / Drum, die
ihr habt Vertrauen / und unverzagten Mut, / seid wohlge-
trost ohn Grauen: / Gott ist gerecht und gut.

T: Caspar Ulenberg 1582 / EGB 1971, nach Psalm 31
M: Donauwörth 1546

294
ö

1. Was Gott tut, das ist wohl - ge -
   wie er fängt sei - ne Sa - chen

tan, es bleibt ge - recht sein Wil - le;
an, will ich ihm hal - ten stil - le.

Er ist mein Gott, der in der

Not mich wohl weiß zu ___ er - hal -

ten; drum laß ich ihn nur ___ wal - ten.

2. Was Gott tut, das ist wohlgetan; / er wird mich nicht
betrügen. / Er führet mich auf rechter Bahn, / so laß ich mir
genügen / an seiner Huld und hab Geduld; / er wird mein
Unglück wenden, / es steht in seinen Händen.

3. Was Gott tut, das ist wohlgetan; / er ist mein Licht und
Leben, / der mir nichts Böses gönnen kann / ich will mich
ihm ergeben / in Freud und Leid. Es kommt die Zeit, / da
öffentlich erscheinet, / wie treulich er es meinet.

4. Was Gott tut, das ist wohlgetan; / dabei will ich verbleiben. / Es mag mich auf die rauhe Bahn / Not, Tod und
Elend treiben, / so wird Gott mich ganz väterlich / in
seinen Armen halten; / drum laß ich ihn nur walten.

T: Samuel Rodigast 1675
M: Severus Gastorius 1679

295

1. Wer nur den lie - ben Gott läßt wal - ten
den wird er wun - der - bar er - hal - ten
und hof - fet auf ihn al - le - zeit,
in al - ler Not und Trau - rig - keit.
Wer Gott dem Al - ler - höch - sten traut, der
hat auf kei - nen __ Sand ge - baut.

2. Was helfen uns die schweren Sorgen, / was hilft uns unser
Weh und Ach? / Was hilft es, daß wir alle Morgen / beseuf-
zen unser Ungemach? / Wir machen unser Kreuz und Leid /
nur größer durch die Traurigkeit.

3. Sing, bet und geh auf Gottes Wegen, / verricht das Deine
nur getreu / und trau des Himmels reichem Segen, / so wird
er bei dir werden neu. / Denn welcher seine Zuversicht /
auf Gott setzt, den verläßt er nicht.

T und M: Georg Neumark 1657, Fassung J. S. Bach

Ökumenische Fassung

296
ö

1. Wer nur den lie - ben Gott läßt wal - ten
den wird er wun - der - bar er - hal - ten
und hof - fet auf ihn al - le - zeit,
in al - ler Not und Trau - rig - keit.

Wer Gott dem Al - ler - höch - sten traut,

der hat auf kei - nen Sand ge - baut.

297
ö

1. Gott liebt die - se Welt, und wir sind sein

Ei - gen. Wo - hin er uns stellt, sol - len

wir es zei - gen: Gott liebt die - se Welt.

2. Gott liebt diese Welt. Er rief sie ins Leben. / Gott ist's, der erhält, was er selbst gegeben. / Gott gehört die Welt.

3. Gott liebt diese Welt. Feuerschein und Wolke / und das heilge Zelt sagen seinem Volke: / Gott ist in der Welt.

4. Gott liebt diese Welt. Ihre Dunkelheiten / hat er selbst erhellt. Im Zenit der Zeiten / kam sein Sohn zur Welt.

5. Gott liebt diese Welt. Durch des Sohnes Sterben / hat er uns bestellt zu des Reiches Erben. / Gott erneut die Welt.

6. Gott liebt diese Welt. In den Todesbanden / keine Macht ihn hält. Christus ist erstanden: / Leben für die Welt.

7. Gott liebt diese Welt. Er wird wiederkommen, / wann es ihm gefällt, nicht nur für die Frommen, / nein, für alle Welt.

8. Gott liebt diese Welt, und wir sind sein Eigen. / Wohin er uns stellt, sollen wir es zeigen: / Gott liebt diese Welt.

T und M: Walter Schulz 1962

298

V 1. Herr, un - ser Herr, wie bist du zu -
ge - gen und wie un - sag - bar nah bei uns.

A All - zeit bist du um uns ___ in Sor - ge,
in dei - ner Lie - be birgst du uns.

2. Du bist nicht fern, denn die zu dir beten, / wissen, daß
du uns nicht verläßt. / Du bist so menschlich in unsrer
Mitte, / daß du wohl dieses Lied verstehst.

3. Du bist nicht sichtbar für unsre Augen, / und niemand
hat dich je gesehn. / Wir aber ahnen dich und glauben, /
daß du uns trägst, daß wir bestehn.

4. Du bist in allem ganz tief verborgen, / was lebt und sich
entfalten kann. / Doch in den Menschen willst du wohnen, /
mit ganzer Kraft uns zugetan.

5. Herr, unser Herr, wie bist du zugegen, / wo nur auf
Erden Menschen sind. / Bleib gnädig so um uns in Sorge, /
bis wir in dir vollkommen sind.

T: Huub Oosterhuis „Heer, onze Heer" 1965, Übertragung Peter Pawlowsky
und Nikolaus Greitemann 1969   M: Niederländische Volksweise

299

1. Manchmal ken - nen wir Got - tes Wil - len,
manch - mal ken - nen wir nichts. Er -
leuch - te uns, Herr, wenn die Fra - gen kom - men.

2. Manchmal sehen wir Gottes Zukunft, manchmal sehen wir nichts. / Bewahre uns, Herr, wenn die Zweifel kommen.

3. Manchmal spüren wir Gottes Liebe, manchmal spüren wir nichts. / Begleite uns, Herr, wenn die Ängste kommen.

4. Manchmal wirken wir Gottes Frieden, manchmal wirken wir nichts. / Erwecke uns, Herr, daß dein Friede kommt.

T: Kurt Marti / Arnim Juhre 1966   M: Felicitas Kukuck 1967

300

1. Solang es Menschen gibt auf Erden, / so lang die Erde Früchte trägt, / so lang bist du uns allen Vater; wir danken dir für das, was lebt.

2. Solang die Menschen Worte sprechen, / solang dein Wort zum Frieden ruft, / solang hast du uns nicht verlassen. / In Jesu Namen danken wir.

3. Du nährst die Vögel in den Bäumen, / du schmückst die Blumen auf dem Feld; / du machst ein Ende meinem Sorgen, / hast alle Tage schon bedacht.

4. Du bist das Licht, schenkst uns das Leben; / du holst die Welt aus ihrem Tod, / gibst deinen Sohn in unsre Hände. / Er ist das Brot, das uns vereint.

5. Darum muß jeder zu dir rufen, / den deine Liebe leben läßt: / Du, Vater, bist in unsrer Mitte, / machst deinem Wesen uns verwandt.

T: Huub Oosterhuis 1959 „Zolang er mensen zijn op aarde", Übertragung Dieter Trautwein 1966/1972   M: Tera de Marez Oyens-Wansink 1959

301
ö

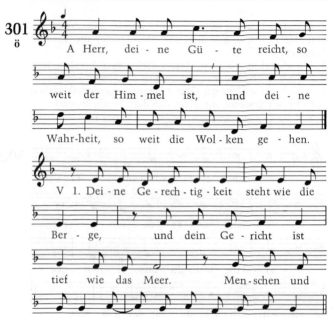

A Herr, dei - ne Gü - te reicht, so weit der Him - mel ist, und dei - ne Wahr-heit, so weit die Wol - ken ge - hen.

V 1. Dei - ne Ge - rech - tig - keit steht wie die Ber - ge, und dein Ge - richt ist tief wie das Meer. Men - schen und Tie - ren willst ⎯ du, Herr, ein Hel - fer sein. Kv

2. Was deine Güte ist, lehr mich begreifen, / und deine Wahrheit mach mir bekannt; / denn ich verstehe nichts, wenn du es mir nicht sagst. Kv

3. Täglich umgeben mich Worte und Stimmen, / aber ich höre gar nicht mehr hin; / denn deine Stimme höre ich nicht mehr heraus. Kv

4. Wenn ich nichts hören kann, hilf mir dich rufen; / hilf mir dich hören, wenn du mich rufst; / hilf mir gehorchen, wenn du mich berufen willst. Kv

5. Dein Wort der Wahrheit ist unsre Bewahrung; / aus deinem Leben leben wir auch; / und wir erkennen erst in deinem Licht das Licht. Kv

T: Psalm 36,6; Str. 2–5 Gerhard Valentin 1965   M: Herbert Beuerle 1965

302

1. Er - hör, o Gott, mein Fle - hen, hab auf mein Be - ten acht. Du sahst von fern mich ste - hen, ich rief aus dunk - ler Nacht. Auf ei - nes Fel - sens Hö - he er - heb mich gnä - dig - lich. Auf dich ich hof-fend se - he: du lenkst und lei - test mich.

2. Du bist gleich einem Turme, / den nie der Feind bezwang. / Ich weiche keinem Sturme, / bei dir ist mir nicht bang. / In deinem Zelt bewahren / willst du mich immerdar. / Mich hütet vor Gefahren / dein schirmend Flügelpaar.

3. Mein Bitten hast erhöret, / mein Gott, in Gnaden du. / Wer deinen Namen ehret, / dem fällt dein Erbe zu. / So schenke langes Leben / dem, der sich dir geweiht; / wollst Jahr um Jahr ihm geben, / ihn segnen allezeit.

4. Vor Gottes Angesichte / steh er in Ewigkeit. / Es wird ja nie zunichte / des Herrn Barmherzigkeit. / So will dein Lied ich singen, / wie ich es dir versprach, / mein Lobesopfer bringen / von neuem Tag um Tag.

T: Edith Stein 1936 nach Psalm 61
M: Lyon 1547

303

1. In Got-tes Na-men fah-ren wir, nach sei-ner Gnad be-geh-ren wir. Ver-leih uns die aus Gü-tig-keit, o hei-li-ge Drei-fal-tig-keit. Ky-ri-e-lei-son.

2. In Gottes Namen fahren wir, / zu Gott dem Vater rufen wir. / Behüt uns, Herr, vorm ewgen Tod / und sei uns Hilf in aller Not. / Kyrieleison.

3. In Gottes Namen fahren wir, / zu Jesus Christus flehen wir, / daß er durch all die Marter sein / uns mache von der Sünde rein. —

4. In Gottes Namen fahren wir, / vom Heilgen Geist begehren wir, / daß er mit seiner Gnade Schein / uns allzeit woll im Herzen sein. —

5. In Gottes Namen fahren wir, / zu dir, Maria, kommen wir. / Bitt du für uns am Himmelsthron, / erlang uns Gnad bei deinem Sohn. —

6. In Gottes Namen fahren wir, / die lieben Heilgen bitten wir, / daß sie durch Christus, unsern Herrn, / des Vaters Huld für uns begehrn. —

7. In Gottes Namen fahren wir, / an dich allein, Herr, glauben wir. / Behüt uns vor des Teufels List, / der uns allzeit entgegen ist. —

8. In Gottes Namen fahren wir, / auf seine Tröstung hoffen wir. / Gib Frieden uns in dieser Zeit, / wend von uns alles Herzeleid. —

9. In Gottes Namen fahren wir, / auf seine Hilfe harren wir. / Die Frucht der Erde uns bewahr / und schenk uns ein gesegnet Jahr. —

10. In Gottes Namen fahren wir, / kein andern Helfer
wissen wir. / Vor Krankheit, Krieg und Hungersnot / behüt
uns, lieber Herre Gott. —

11. In Gottes Namen fahren wir, / dein Reich, o Herr,
begehren wir. / Bewahr dein Kirch vor falscher Lehr / und
unser Herz zur Wahrheit kehr. —

12. In Gottes Namen fahren wir, / dich, Herr, allein anbeten wir. / Vor allem Übel uns bewahr / und hilf uns zu
der Heilgen Schar. —

T: 15. Jh. / bei Michael Vehe 1537   M: bei Johann Leisentrit 1567

304

1. Zieh an die Macht,— du Arm des Herrn, wohl-
Noch hilfst du dei - nem Vol-ke gern, wie

auf und hilf — uns strei - ten.   Wir sind im
du ge - tan — vor Zei - ten.

Kamp-fe Tag und Nacht; o Herr, nimm gnä - dig

uns in acht und steh uns an — der Sei - ten.

2. Mit dir, du starker Heiland du, / muß uns der Sieg gelingen. / Wohl gilt's zu streiten immerzu, / bis einst wir dir
lobsingen. / Nur Mut, die Stund ist nimmer weit, / da wir
nach allem Kampf und Streit / die Lebenskron erringen.

3. Herr, du bist Gott. In deine Hand / o laß getrost uns
fallen. / Wie du uns Hilfe zugesandt, / so hilfst du fort noch
allen, / die dir vertraun und deinem Bund / und freudig
dir von Herzensgrund / ihr Loblied lassen schallen.

T: Friedrich Oser 1865   M: Melchior Vulpius 1609

305

1. V Gott der Va - ter, steh uns bei und
   A mach uns al - ler Sün - den frei und

laß uns nicht ver - der - ben;
hilf uns se - lig ster - ben.

V Vor dem Teu - fel uns be - hüt durch ei - nen
A Wir be - fehln uns dir, Herr Gott, in al - len

rech - ten Glau - ben; be - wah - re uns in
un - sern Nö - ten, daß du vor Sünd und

dei - ner Güt ein un - be - grenzt Ver - trau - en.
ew - gem Tod wollst gnä - dig uns be - hü - ten.

V Ky - ri - e - lei - son, A Christ e - lei - son.

Ge - lo - bet seist du e - wig - lich.

2. Jesus Christus, steh uns bei ...
3. Heilger Geist, steh du uns bei ...

T: 15. Jh. / bei Michael Vehe 1537
M: bei Leonhard Kleber 1524 / bei Michael Vehe 1537

306

V 1. O Gott, streck aus dein mil - de Hand
und seg - ne gnä - dig Leut und Land;
auch hal - te nach der Gü - te dein
mit den ver - dien - ten Pla - gen ein.

A 1.–6. Er - barm dich un - ser, o heil - ger Gott,
du un - sterb - li - cher, du star - ker Gott.

2. Vergiß, o Gott, was wir getan, / sieh unsre Missetat nicht
an. / Laß alle Schuld vergeben sein, / denk an die große
Liebe dein.

3. Laß aller Menschen Tun gedeihn, / ihr Werk von dir
behütet sein. / Sei jedem nah mit deiner Kraft, / daß er
getreu das Rechte schafft.

4. Herr, segne auch mit deiner Hand, / was wächst und
reift in unsrem Land. / Wend ab Frost, Blitz und Hagel-
schlag / und alles, was uns schaden mag.

5. Behüt die Welt vor Krieg und Streit, / vor Hunger, Krankheit, Haß und Neid. / Gib, daß in Fried und Einigkeit / dir
diene alle Christenheit.

6. Gott Vater, schau vom hohen Thron / auf deinen lieben
einzgen Sohn. / Er zeigt dir sein vergossnes Blut; / das
komm, o Vater, uns zugut.

T: Köln 1642 / EGB 1971
M: Jakob Gippenbusch 1642

307

1. O ew - ger Gott, wir bit - ten dich, gib
gib, daß wir stets ein - mü - tig - lich nach

Frie - den un - sern Ta - gen;
dei - nem Wil - len fra - gen. Denn, Herr, es

ist kein and - rer Gott, der für uns strei - tet

in der Not, denn du, o Gott, __ al - lei - ne.

2. O gütger Gott, wir bitten dich, / gib Frieden unserm Leben; / verleih uns Hilfe gnädiglich, / dem Feind zu widerstreben. / Denn niemand ist in dieser Welt, / der Frieden
stiftet und erhält / denn du, o Gott, alleine.
3. O gnädger Gott, wir bitten dich, / du wollest uns vergeben, / daß wir allhier so freventlich / durch Schuld in
Unfried leben. / Mach uns von allen Sünden rein, / so
werden wir friedfertig sein / durch dich, o Gott, alleine.
4. O starker Gott, wir bitten dich, / laß uns im Frieden
sterben; / erzeig dich uns ganz väterlich, / auf daß wir nicht
verderben. / Durch Jesus Christus, unsern Herrn, / im Heilgen Geist wir das begehrn / von dir, o Gott, alleine.

T: nach Caspar Querhamer 1537
M: bei Michael Vehe 1537

308

V/A 1. Gott, mein Gott, war - um hast du mich ver -

las - sen? __ V So sang einst Kö - nig Da - vid,

hör - test du ihn? ___ So schrie einst Kö - nig

Da - vid, hal - fest du ihm? ___ A Gott, mein Gott,

war - um hast du mich ver - las - sen?

2. Gott, mein Gott, warum gibst du keine Antwort? / So
sang einst König David, so klage auch ich, / ein Schatten
und kein Mensch mehr; ferne bist du. / Gott, mein Gott,
warum gibst du keine Antwort?
3. Gott, mein Gott, warum hast du mich verlassen? / So
schrie der Welten Christus, blutend am Kreuz, / ein Spott
den Leuten allen, – hörtest du ihn? / Gott, mein Gott,
warum hast du mich verlassen?
4. Gott, mein Gott, warum gibst du keine Antwort? / So
rufe ich mit David, – höre auf uns! / Du hörtest doch auf
Christus, schreiend am Kreuz? / Gott, mein Gott, stärke
meinen armen Glauben.

T und M: Friedemann Gottschick 1965

309

Da pa - cem, Dó - mi - ne, in di - é - bus

no-stris, qui - a non est á - li - us ___ qui pu -

gnet pro no - bis, ni - si tu De - us no - ster.
T und M: 9. Jh.

310
ö

Ver - leih uns Frie - den gnä - dig - lich, Herr Gott, zu un - sern Zei - ten. Es ist doch ja kein and - rer nicht, der für uns könn - te strei - ten, denn du un - ser Gott al - lei - ne.

T: Martin Luther 1529 nach „Da pacem, Domine", Nr. 309
M: Einsiedeln 12. Jh. / Wittenberg 1529

311
ö

V Mit lau - ter Stim - me ruf ich zum Herrn,
A Herr, er - bar - me dich mei - ner, V mit lau - ter Stimme be - schwör ich den Herrn. A Herr, er - bar - me dich mei - ner. V Ich gie - ße vor ihm mei - nen Kum - mer aus, A Herr, er - bar - me dich mei - ner, V breit mei - ne

Angst vor sein An - ge - sicht. A Herr, er -
bar - me dich mei - ner. V Be - drängt ist mir im
In - nern der Geist, A Herr, er - bar - me dich mei - ner,
V du ____ a - ber kennst mei - nen Weg.
A Herr, er - bar - me dich mei - ner. V Ich
ru - fe, ____ o Herr, zu dir; A Herr, er -
bar - me dich mei - ner, V mei - ne Zu - flucht, sag
ich, bist du, A Herr, er - bar - me dich mei - ner,
V mein An - teil in der Le - ben - di - gen Land.

dreimal

A Herr, er - bar - me dich mei - ner.

T: Psalm 142, 1–4a und 6 in der Übersetzung von Romano Guardini
M: Peter Janssens 1965

351 Die Feier der heiligen Messe

Jesus Christus hat die Menschen nicht nur von ihren Sünden erlöst; aus Liebe hat er sie zugleich in die innigste Gemeinschaft mit sich und dem Vater hineingenommen. Er hat uns zu Kindern Gottes gemacht und dadurch untereinander zu Brüdern. Die Heilige Schrift nennt diese Gemeinschaft „Reich Gottes" und „ewiges Leben".

1 DAS ZEICHEN DES MAHLES

Christus hat das Himmelreich und das ewige Leben mit einem Gastmahl verglichen. Er hat das Mahl zu einem Zeichen der Gemeinschaft mit sich gemacht. Mit seinen Jüngern hat er Mahl gehalten; beim Hochzeitsmahl in Kana hat er Wasser in Wein verwandelt; in der Wüste hat er die Hungernden gesättigt. Das Brot, das er ihnen gab, war ein Zeichen für das Brot vom Himmel, das er selber ist.

Als er am Abend vor seinem Leiden mit den Jüngern das Paschamahl feierte, hat er verwirklicht, was er vorher in Zeichen und Reden angekündigt hatte. In den verwandelten Gaben von Brot und Wein reichte er ihnen seinen Leib und sein Blut und damit sich selbst als Speise zum ewigen Leben. Dabei gab er ihnen den Auftrag und die Vollmacht: „Tut dies zu meinem Gedächtnis!"

2 DIE FEIER DES HERRENMAHLES

Diesen Auftrag erfüllt die Kirche in der Feier der heiligen Messe: Die Gläubigen versammeln sich am Tisch des Herrn; wie die Jünger beim Abendmahl hören sie die Botschaft und singen das Lob der Großtaten Gottes. So feiern sie die „Danksagung", die Eucharistie. Von den ersten Christen wird berichtet (Apg 2,42): „Sie beharrten in der Lehre der Apostel und in der Gemeinschaft, im Brechen des Brotes und in den Gebeten." Und das Zweite Vatikanische Konzil sagt: „Seither hat die Kirche niemals aufgehört, sich zur Feier des Pascha-Mysteriums zu versammeln, dabei zu lesen, was in den Schriften von ihm geschrieben steht (Lk 24,27), die Eucharistie zu feiern, in der Sieg und Triumph seines Todes dargestellt werden, und zugleich Gott für die unsagbar große Gabe Dank zu sagen in Christus Jesus zum Lob seiner Herrlichkeit (Eph 1,12). All das aber geschieht in der Kraft des Heiligen Geistes" (Lit. Konst. Nr. 6).

DAS OPFER CHRISTI 3

Christus gibt beim letzten Abendmahl seinen Leib, der für uns dahingegeben ist, und sein Blut, das er für uns vergossen hat, und damit sich selbst als Speise des ewigen Lebens. So steht das letzte Abendmahl in unlösbarem Zusammenhang mit dem heilbringenden Tod des Herrn, mit dem Kreuzesopfer, das in jeder heiligen Messe gegenwärtig wird.

In seiner Selbsthingabe an den Vater, in seinem Gehorsam bis zum Tod am Kreuz ist Christus der Hohepriester des Neuen Bundes; er hat uns ein für allemal mit Gott verbunden. So hat Gott ihn erhöht und zur Quelle unseres Heiles gemacht.

UNSERE TEILNAHME AM OPFER CHRISTI 4

Der erhöhte Herr, verborgen unter den Seinen zugegen, nimmt die Gläubigen in seine Opferhingabe hinein. Durch ihn lernt die Kirche, sich selber Gott darzubringen und den Brüdern zu dienen. Sie nimmt teil am Hinübergang des Herrn in das verklärte Leben (Pascha). Durch Christus darf sie sich in der Kraft des Geistes dem Vater hingeben und wird vom Vater mit ihm und in ihm angenommen. Das ist das neue Leben des Christen.

So ist die heilige Messe „eucharistia", die große Danksagung der Kirche für das Heilswerk Gottes in Christus Jesus. Dabei ist Christus selbst gegenwärtig in den Gläubigen, die sich zum Gottesdienst versammeln, in seinem Wort, das er im Wortgottesdienst an uns richtet; gegenwärtig ist er in seinem Opfer, wie er sich dem Vater opfert für das Leben der Welt, für seinen Leib, die Kirche, und für jeden von uns; gegenwärtig ist er schließlich in seinem Fleisch und in seinem Blut. Wir selbst sollen uns bei der heiligen Messe mit Christus verbinden in der Hingabe an den Vater und für die Brüder. In der heiligen Kommunion werden wir hineingenommen in den Tod und in die Auferstehung Christi. Darum schreibt der Apostel Paulus: „So oft ihr von diesem Brot eßt und aus dem Kelch trinkt, verkündet ihr den Tod des Herrn, bis er kommt" (1 Kor 11,26).

ZEICHEN DER KOMMENDEN HERRLICHKEIT 5

Darum ist jede heilige Messe ein Zeichen der kommenden Herrlichkeit: inmitten unserer Welt ist der verklärte Herr unter uns, nehmen wir teil am Mahl, in welchem das himmlische Hochzeitsmahl bereits gefeiert wird. So vereint uns die volle Teilnahme an der heiligen Messe mit der ganzen Kirche und mit Christus; sie gibt uns durch das Wort Gottes, durch die Hingabe an Christus und durch das Brot des Lebens Kraft, im täglichen Dienst, in Wort und Werk Zeugen für Christus zu sein. Darum sagt das Konzil vom Gottesdienst: „Mit Recht gilt also die Liturgie als der Vollzug des Priesteramtes Christi; durch sinnfällige Zeichen wird in ihr sowohl die Heiligung des Menschen in je eigener Weise bewirkt, als auch von dem mystischen Leib Jesu Christi, das heißt dem Haupt und den Gliedern, der gesamte öffentliche Kult vollzogen. Infolgedessen ist jede liturgische Feier als Werk Christi, des Priesters, und seines Leibes, der die Kirche ist, in vorzüglichem Sinne heilige Handlung, deren Wirksamkeit kein anderes Tun der Kirche an Rang und Maß erreicht" (Lit. Konst. Nr. 7).

352 Der Aufbau der Meßfeier

Die heilige Messe hat zwei Hauptteile: den Wortgottesdienst und die Eucharistie.
Der Wortgottesdienst umfaßt Schriftlesungen mit Auslegung, Antwortgesänge und Gebet. Der eucharistische Teil besteht aus der Gabenbereitung, aus dem Hochgebet und der Kommunion.
Das Ganze wird eingerahmt von einem eigenen Eröffnungsteil und von der Entlassung.

1 ERÖFFNUNG
Einzug
G e s a n g
Begrüßung der Gemeinde und Einführung
Das allgemeine Schuldbekenntnis
K y r i e
G l o r i a
Tagesgebet

2 WORTGOTTESDIENST
Erste Lesung
A n t w o r t p s a l m (erster Zwischengesang)
Zweite Lesung

Hallelujaruf (zweiter Zwischengesang)
Evangelium
Homilie
Credo
Fürbitten

EUCHARISTIEFEIER   3

GABENBEREITUNG
Gesang
Herbeibringen der Gaben, Opfergang
Zurüstung des Altares
Händewaschung
Gabengebet

HOCHGEBET
Der Priester spricht das große Dankgebet über Brot und
Wein; die Gaben werden Leib und Blut Christi (Wandlung).
Die Gemeinde beteiligt sich durch zustimmende Rufe:
Sanctus ... Deinen Tod ... Amen.

KOMMUNION
Vater unser
Friedensgebet
Brechung des Brotes — Agnus Dei
Kommunionspendung — Kommuniongesang
Besinnung und Dankhymnus
Schlußgebet

ENTLASSUNG   4
Vermeldungen und Hinweise
Segen und Entlassung

In den folgenden Text der Feier der Gemeindemesse sind in
Kursivschrift Gebete und Lesungen eingefügt. Sie sollen Aufbau
und Inhalt der Meßfeier besser verdeutlichen.

353 Die Feier der Gemeindemesse

Eröffnung

1   EINZUG – GESANG ZUR ERÖFFNUNG

Die Gemeinde versammelt sich. Darauf tritt der Priester an den Altar. Er wird begleitet von denen, die bei der Meßfeier einen besonderen Dienst am Altar oder Ambo versehen. Das sind in der Regel ein Lektor (zwei Lektoren), ein Kantor und ein oder mehrere Ministranten (oder Akolythen).

Während des Einzugs wird der Gesang zur Eröffnung gesungen.

Der Priester verehrt gemeinsam mit seiner Begleitung den Altar und küßt ihn. Danach kann der Priester den Altar inzensieren. Nach der Verehrung des Altares gehen der Priester und seine Begleitung zu den Sitzen.

Alle stehen und machen das Kreuzzeichen. Der Priester spricht:
Im Namen des Vaters und des Sohnes und des Heiligen Geistes. Amen.

2   BEGRÜSSUNG DER GEMEINDE – EINFÜHRUNG

Der Gemeinde zugewendet, breitet der Priester die Hände aus und begrüßt die Gemeinde, indem er singt oder spricht:
Der Herr sei mit euch. (Bischof: Der Friede sei mit euch.)

oder
Die Gnade unseres Herrn Jesus Christus, die Liebe Gottes, des Vaters, und die Gemeinschaft des Heiligen Geistes sei mit euch.

oder ein anderes Begrüßungswort.

Die Gemeinde antwortet:
Und mit deinem Geiste.

Der Priester, der Diakon oder ein anderer dazu Beauftragter kann eine knappe Einführung in die Feier geben.

DAS ALLGEMEINE SCHULDBEKENNTNIS **3**

Jede der drei Formen besteht aus Einladung, Sündenbekenntnis und Vergebungsbitte. Vor dem Sündenbekenntnis hält man eine kurze Stille zur Besinnung. Der Text der Einladung kann auch anders formuliert werden. An bestimmten Tagen kann das allgemeine Schuldbekenntnis entfallen.

Form A **4**

P Brüder und Schwestern, damit wir die heiligen Geheimnisse in rechter Weise feiern können, wollen wir bekennen, daß wir gesündigt haben.

P Wir sprechen das Schuldbekenntnis:
A Ich bekenne Gott, dem Allmächtigen,
und allen Brüdern und Schwestern,
daß ich Gutes unterlassen und Böses getan habe
– ich habe gesündigt in Gedanken, Worten und Werken
(alle schlagen an die Brust)

durch meine Schuld, durch meine Schuld,
durch meine große Schuld.
Darum bitte ich die selige Jungfrau Maria,
alle Engel und Heiligen
und euch, Brüder und Schwestern,
für mich zu beten bei Gott, unserem Herrn.

P Der allmächtige Gott erbarme sich unser. Er lasse uns die Sünden nach und führe uns zum ewigen Leben. A Amen.

Form B **5**

P Brüder und Schwestern, bevor wir das Wort Gottes hören und das Opfer Christi feiern, wollen wir uns bereiten und Gott um Vergebung unserer Sünden bitten.

P Erbarme dich, Herr, unser Gott, erbarme dich.
A Denn wir haben vor dir gesündigt.
P Erweise, Herr, uns deine Huld.
A Und schenke uns dein Heil.

(353) P Nachlaß, Vergebung und Verzeihung unserer Sünden gewähre uns der allmächtige und barmherzige Herr. A Amen.

Die Formen A und B können durch ein Bußlied ersetzt werden.

6 Form C

Bei dieser Form können den Kyrie-Rufen frei formulierte Christus-
Anrufungen vorausgeschickt werden; die nachstehenden Anrufungen sind als Beispiel zu verstehen.
Wird Form C gesprochen, kann auch mit „Herr, erbarme dich unser"
geantwortet werden.

P Zu Beginn dieser Meßfeier wollen wir uns besinnen und
das Erbarmen des Herrn auf uns herabrufen.

V Herr Jesus Christus, du bist vom Vater gesandt,

zu   heilen,   was   verwundet   ist:
oder:

V/A Kyrie eleison, V/A Herr, erbarme dich.

V Du bist gekommen, die Sünder zu berufen:
oder:

V/A Christe eleison, V/A Christus, erbarme dich.

V Du bist zum Vater heimgekehrt, um für uns einzustehn:
oder:

V/A Kyrie eleison, V/A Herr, erbarme dich.

P Der Herr erbarme sich unser, er nehme von uns Sünde **(353)**
und Schuld, damit wir mit reinem Herzen diese Feier begehen. A Amen.

An Sonntagen kann an die Stelle des Allgemeinen Schuldbekennt-
nisses das sonntägliche Taufgedächtnis (Besprengung mit Weihwasser) treten (siehe Nr. 424).

KYRIE   7

Es folgen die Kyrie-Rufe (falls sie nicht schon vorausgegangen sind).
                                     oder

V Kyrie eleison.	V Herr, erbarme dich (unser).
A Kyrie eleison.	A Herr, erbarme dich (unser).
V Christe eleison.	V Christus, erbarme dich (unser).
A Christe eleison.	A Christus, erbarme dich (unser).
V Kyrie eleison.	V Herr, erbarme dich (unser).
A Kyrie eleison.	A Herr, erbarme dich (unser).

Die Kyrie-Rufe können durch Texte ausgeweitet werden (Kyrie-
Litanei). „Gotteslob" enthält zahlreiche Beispiele. In dieser Form
können die Kyrie-Rufe auch als Eröffnungsgesang dienen. Ein
Beispiel (vergl. Nr. 495,1):

V *Herr Jesus, Sohn des lebendigen Gottes:*   8
A *Kyrie eleison.*
V *Du Mittler des Neuen Bundes:*
A *Kyrie eleison.*
V *Herr Christus, du hast für uns getragen Kreuz und Leiden:*
A *Christe eleison.*
V *Du bist für uns auferstanden von den Toten:*
A *Christe eleison.*
V *Herr Jesus, du Herr deiner Kirche:*
A *Kyrie eleison.*
V *Du Hoffnung der ganzen Erde:*
A *Kyrie eleison.*

Die Kyrie-Rufe können auch in Verbindung mit einem Eröffnungs-
lied gesungen werden. (vergl. Nr. 499).

354 GLORIA

An den Sonntagen außerhalb der Advents- und Fastenzeit, an Hochfesten, Festen und bei anderen festlichen Gottesdiensten folgt das Gloria:

1 Ehre sei Gott in der Höhe
   und Friede auf Erden den Menschen seiner Gnade.

   Wir loben dich,
   wir preisen dich,
   wir beten dich an,
   wir rühmen dich und danken dir,
   denn groß ist deine Herrlichkeit:
   Herr und Gott, König des Himmels,
   Gott und Vater, Herrscher über das All,
   Herr, eingeborener Sohn, Jesus Christus.

   Herr und Gott, Lamm Gottes, Sohn des Vaters,
   du nimmst hinweg die Sünde der Welt:
   erbarme dich unser;
   du nimmst hinweg die Sünde der Welt:
   nimm an unser Gebet;
   du sitzest zur Rechten des Vaters:
   erbarme dich unser.

   Denn du allein bist der Heilige,
   du allein der Herr,
   du allein der Höchste:
   Jesus Christus,
   mit dem Heiligen Geist,
   zur Ehre Gottes des Vaters. Amen.

Lateinischer Text Nr. 402

TAGESGEBET   2

Der Priester lädt zum Gebet ein. Er singt oder spricht:
Lasset uns beten.

Nach einer kurzen Stille, in der sich alle zum Gebet sammeln, breitet der Priester die Hände aus und singt oder spricht das Tagesgebet.

Heiliger Gott, wir haben uns im Namen deines Sohnes ver-
sammelt, und er ist in unsrer Mitte. Laß uns einstimmen in
das Opfer des Lobes, das er dir darbringt, und mach uns
würdig für diesen frohen Dienst. Darum bitten wir durch
Jesus Christus, deinen Sohn, unseren Herrn und Gott, der in
der Einheit des Heiligen Geistes mit dir lebt und herrscht in
alle Ewigkeit. A Amen.

Wortgottesdienst   **355**

ERSTE LESUNG UND ERSTER ZWISCHENGESANG   1

Der Lektor geht zum Ambo und trägt die erste Lesung vor. Alle
hören sitzend zu.

Lesung aus dem Buch Jesaja (55,10–11)
Wie Regen und Schnee vom Himmel fallen und dorthin
nicht zurückkehren, sondern die Erde tränken, daß sie keimt
und sproßt, daß sie Samen bringt dem Sämann und Brot als
Speise, so ist es auch mit meinem Wort, das von meinem
Munde ausgeht: Es kehrt nicht erfolglos zu mir zurück, son-
dern bewirkt, was ich will, und führt aus, wozu ich es sende.

Wo nach der Lesung ein Zuruf der Gemeinde üblich ist, fügt der
Lektor an:

L Wort des lebendi-gen Got-tes. A Dank sei Gott.

Danach kann eine kurze Stille folgen.

(355) ANTWORTPSALM

2   Dann trägt der Kantor (Psalmist) als ersten Zwischengesang den
Antwortpsalm vor. Die Gemeinde übernimmt den Kehrvers.

V   Herr, du hast Worte ewigen Lebens.

A   Herr, du hast Wor - te   e - wi - gen   Le - bens.

IIa. Q33

V   Die Weisung des Herrn ist vollkommen,
    sie erquickt den Menschen.
    Das Gesetz des Herrn ist verläßlich,
    den Unwissenden macht es weise.
A   Herr, du hast Worte ewigen Lebens.

V   Das Gebot des Herrn ist lauter,
    es erleuchtet die Augen.
    Die Befehle des Herrn sind richtig,
    sie erfreuen das Herz.
A   Herr, du hast Worte ewigen Lebens.

V   Sie sind kostbarer als Gold,
    als Feingold in Menge.
    Sie sind süßer als Honig,
    als Honig aus Waben.
A   Herr, du hast Worte ewigen Lebens.

3   ZWEITE LESUNG UND ZWEITER ZWISCHENGESANG

Folgt eine zweite Lesung, so wird auch sie durch einen Lektor vom
Ambo aus vorgetragen. Sie wird, wenn üblich, in der gleichen Weise
abgeschlossen wie die erste Lesung.

Lesung aus dem ersten Korintherbrief (12,3–5)
Keiner, der aus dem Geist Gottes redet, sagt: Jesus sei ver-
flucht! Und keiner kann sagen: Jesus ist der Herr!, wenn er
nicht aus dem Heiligen Geist redet. Es gibt verschiedene
Gnadengaben, aber nur einen Geist. Es gibt verschiedene
Dienste, aber nur einen Herrn.

Auf die zweite Lesung folgt als zweiter Zwischengesang das Halle- **(355)**
luja bzw. der an dessen Stelle vorgesehene andere Gesang (Nr.
173,1 und 176,3). Der Hallelujaruf darf entfallen, wenn er nicht
gesungen werden kann.

HALLELUJARUF   **4**

V Halleluja, (Halleluja, Halleluja).

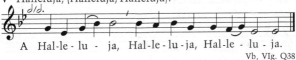

A Hal-le - lu - ja, Hal-le - lu - ja, Hal-le - lu - ja.

Vb, VIg. Q38

V *Himmel und Erde werden vergehn; aber deine Worte*
werden nicht vergehn.
A Halleluja, (Halleluja, Halleluja).   Melodien Nr. 530–532

EVANGELIUM   **5**

Der Priester kann Weihrauch einlegen.
Der Diakon, der das Evangelium verkündet, verneigt sich vor dem
Priester und erbittet mit leiser Stimme den Segen:
Ich bitte um den Segen.
Der Priester spricht, ebenfalls leise, die Segensworte:
Der Herr sei in deinem Herzen und auf deinen Lippen, da-
mit du sein Evangelium würdig verkündest. Im Namen des
Vaters und des Sohnes + und des Heiligen Geistes.
Diakon: Amen.

Ist kein Diakon da, verkündet der Priester selbst das Evangelium.
Er verneigt sich vor dem Altar und spricht leise:
Heiliger Gott, reinige mein Herz und meine Lippen, damit
ich dein Evangelium würdig verkünde.

Der Diakon oder der Priester (holt das Evangelienbuch vom Altar
und) geht zum Ambo; Ministranten (mit Kerzen und Weihrauch)
begleiten ihn. Am Ambo:

Diakon (Priester):   Gemeinde:

Der Herr sei mit euch.   Und mit deinem Geiste.

Diakon (Priester):

+ Aus dem heiligen Evangelium   nach   N.

Dabei bezeichnet er das Buch und sich selbst auf Stirn, Mund und
Brust mit dem Kreuzzeichen.

Gemeinde:

Ehre sei dir,   o   Herr.

Wird Weihrauch verwendet, so inzensiert der Diakon (Priester)
zunächst das Buch; dann verkündet er das Evangelium.

*Nachdem man Johannes ins Gefängnis geworfen hatte, ging
Jesus nach Galiläa und verkündete das Evangelium Gottes:
Die Zeit ist erfüllt, und das Reich Gottes ist nahe. Bekehrt
euch und glaubt an das Evangelium.*   (Mk 1,14–15)

Wo nach dem Evangelium ein Zuruf der Gemeinde üblich ist,
fügt der Diakon (Priester) an:

Evangelium unseres Herrn   Je - sus Chri - stus.

A Lob   sei   dir, Chri - stus.

Danach küßt der Diakon (Priester) das Buch und spricht leise:
Herr, durch dein Evangelium nimm hinweg unsere Sünden.

6   HOMILIE

Die Homilie ist ein Teil der Liturgie. Sie ist an allen Sonntagen
und gebotenen Feiertagen vorgeschrieben, sonst empfohlen.

CREDO   **356**

An Sonntagen, an Hochfesten und bei anderen festlichen Gottesdiensten folgt das Credo.

(P   Wir sprechen das Große Glaubensbekenntnis.)

(A)   Wir glauben an den einen Gott,
den Vater, den Allmächtigen,
der alles geschaffen hat, Himmel und Erde,
die sichtbare und die unsichtbare Welt.
Und an den einen Herrn Jesus Christus,
Gottes eingeborenen Sohn,
aus dem Vater geboren vor aller Zeit:
Gott von Gott, Licht vom Licht,
wahrer Gott vom wahren Gott,
gezeugt, nicht geschaffen,
eines Wesens mit dem Vater;
durch ihn ist alles geschaffen.
Für uns Menschen und zu unserem Heil
ist er vom Himmel gekommen,

Zu den folgenden Worten verbeugen sich alle (An Weihnachten
und am Hochfest der Verkündigung des Herrn kniet man nieder).

hat Fleisch angenommen
durch den Heiligen Geist
von der Jungfrau Maria
und ist Mensch geworden.
Er wurde für uns gekreuzigt
unter Pontius Pilatus,
hat gelitten und ist begraben worden,
ist am dritten Tage auferstanden nach der Schrift
und aufgefahren in den Himmel.
Er sitzt zur Rechten des Vaters
und wird wiederkommen in Herrlichkeit,
zu richten die Lebenden und die Toten;
seiner Herrschaft wird kein Ende sein.
Wir glauben an den Heiligen Geist,
der Herr ist und lebendig macht,

der aus dem Vater und dem Sohn hervorgeht,
der mit dem Vater und dem Sohn
angebetet und verherrlicht wird,
der gesprochen hat durch die Propheten,
und die eine, heilige, katholische
und apostolische Kirche.
Wir bekennen die eine Taufe
zur Vergebung der Sünden.
Wir erwarten die Auferstehung der Toten
und das Leben der kommenden Welt. Amen.

Lateinischer Text des Credo Nr. 423.
Anstelle des Großen Glaubensbekenntnisses kann das Apostolische Glaubensbekenntnis gesprochen werden, siehe Nr. 2,5.

357 FÜRBITTEN (ALLGEMEINES GEBET)

Als „Allgemeines Gebet der Gläubigen" umfassen sie die Anliegen der Weltkirche und der Ortsgemeinde, die Regierenden, die Notleidenden, alle Menschen und das Heil der ganzen Welt. Sie werden vom Priester eingeleitet und abgeschlossen. Die einzelnen Anliegen können vom Diakon, Lektor, Kantor oder anderen vorgetragen werden.

Beispiel

P *Zu Christus, unserm Herrn, der sich hingegeben hat für die Rettung der Menschen, wollen wir beten:*
V *Für alle, die das Wort Gottes verkünden.* STILLE
V *Christus, höre uns.* A *Christus, erhöre uns.*
V *Für die Mächtigen der Erde, die Verantwortung tragen für den Frieden.* STILLE
V *Christus, höre uns.* A *Christus, erhöre uns.*
V *Um Rettung von Krankheit, Hunger und Krieg.* STILLE
V *Christus, höre uns.* A *Christus, erhöre uns.*
V *In den Sorgen und Nöten, die jeden von uns bedrängen.*
STILLE
V *Christus, höre uns.* A *Christus, erhöre uns.*
P *Denn du, Herr Jesus, bist der Freund der Menschen; dich preisen wir mit dem Vater und dem Geist in Ewigkeit.*
A *Amen.*

Fürbittrufe: **358**

V Schenke der Welt deinen Frieden:

A Wir bit-ten dich, er-hö-re uns.

V Chri-stus, hö-re uns. A Chri-stus, er-hö-re uns.

V Lasset zum Herrn uns be-ten:

A Herr, er-bar-me dich. Chri-stus, er-bar-me dich. Herr, er-bar-me dich.

Weitere Akklamationen zu den Fürbitten in den Litaneien Nr. 762 und 770

359 Eucharistiefeier

Gabenbereitung

1 GESANG ZUR GABENBEREITUNG

Das Herbeibringen und die Bereitung der Gaben können von einem geeigneten Gesang oder von Orgelspiel begleitet werden oder auch in der Stille geschehen.

2 HERBEIBRINGEN DER GABEN

Es empfiehlt sich, daß die Gläubigen ihre Teilnahme durch eine Gabe bekunden. Sie können durch Vertreter Brot und Wein für die Eucharistie oder selber andere Gaben herbeibringen, die für die Bedürfnisse der Kirche und der Armen bestimmt sind. Auch die Geldkollekte ist eine solche Gabe.

3 ZURÜSTUNG DES ALTARES

Die Ministranten (Akolythen) bringen den Kelch mit Korporale und Kelchtüchlein und das Meßbuch zum Altar. Der Priester nimmt die Schale mit dem Brot, hält sie über den Altar und spricht leise:

Gepriesen bist du, Herr, unser Gott, Schöpfer der Welt. Du schenkst uns das Brot, die Frucht der Erde und der menschlichen Arbeit. Wir bringen dieses Brot vor dein Angesicht, damit es uns das Brot des Lebens werde.

(Gepriesen bist du in Ewigkeit, Herr, unser Gott.)

Der Priester stellt die Schale auf das Korporale.

Der Priester gießt Wein und ein wenig Wasser in den Kelch und spricht leise:

Wie das Wasser sich mit dem Wein verbindet zum heiligen Zeichen, so lasse uns dieser Kelch teilhaben an der Gottheit Christi, der unsere Menschennatur angenommen hat.

Der Priester nimmt den Kelch, hält ihn über den Altar und spricht leise:

Gepriesen bist du, Herr, unser Gott, Schöpfer der Welt. Du
schenkst uns den Wein, die Frucht des Weinstocks und der
menschlichen Arbeit. Wir bringen diesen Kelch vor dein Angesicht, damit er uns der Kelch des Heiles werde.
(Gepriesen bist du in Ewigkeit, Herr, unser Gott.)

Er stellt den Kelch auf das Korporale.

Der Priester verneigt sich und spricht leise:
Herr, wir kommen zu dir mit reumütigem Herzen und mit
demütigem Sinn. Nimm uns an und gib, daß unser Opfer
dir gefalle.

Der Priester kann die Gaben und den Altar inzensieren; anschließend inzensiert der Diakon oder ein Ministrant (Akolyth) den
Priester und die Gemeinde.

HÄNDEWASCHUNG   4

Zur Händewaschung an der Seite des Altares spricht der Priester
leise:
Herr, wasche ab meine Schuld,
von meinen Sünden mach mich rein.

EINLADUNG ZUM GABENGEBET   5

Der Priester steht, der Gemeinde zugewandt, in der Mitte des Altares
und spricht:
Lasset uns beten zu Gott, dem allmächtigen Vater, daß er die
Gaben der Kirche annehme zu seinem Lob und zum Heil der
ganzen Welt.
oder:
P Lasset uns beten.
Oder eine andere geeignete Gebetseinladung.
Alle verharren eine kurze Zeit in stillem Gebet.
oder:
P Betet, Brüder und Schwestern, daß mein und euer Opfer   6
Gott, dem allmächtigen Vater, gefalle.
A Der Herr nehme das Opfer an aus deinen Händen / zum
Lob und Ruhm seines Namens, / zum Segen für uns und
seine ganze heilige Kirche.

7   GABENGEBET

Der Priester breitet die Hände aus und trägt das Gabengebet
vor.

*Herr, unser Gott, wir bringen das Brot dar, das aus vielen
Körnern bereitet, und den Wein, der aus vielen Trauben
gewonnen ist. Schenke deiner Kirche, was die Gaben geheimnisvoll bezeichnen: die Einheit und den Frieden. Darum
bitten wir durch Christus, unseren Herrn. A Amen.*

360 Eucharistisches Hochgebet

Das Eucharistische Hochgebet wird vom Priester laut und vernehm-
lich vorgetragen und von der Gemeinde mit dem Zuruf Amen abgeschlossen. Die mit Melodien versehenen Teile können gesungen
werden. Im folgenden wird das Hochgebet II abgedruckt.

Die Hochgebete I, III und IV s. Nr. 367–369.

Der Priester beginnt das Eucharistische Hochgebet. Er breitet die
Hände aus und singt oder spricht:

1

P Der Herr sei mit euch.   A Und mit dei-nem
Gei-ste.   P Er-he-bet die Her-zen. A Wir ha-ben
sie beim Herrn.   P Las-set uns dan-ken dem Herrn,
un-serm Gott.   A Das ist wür-dig und recht.

Der Priester singt oder spricht die Präfation.

In Wahrheit ist es würdig und recht, dir, Herr, heiliger Vater, immer und überall zu danken durch deinen geliebten Sohn Jesus Christus. Er ist dein Wort, durch ihn hast du alles erschaffen. Ihn hast du gesandt als unseren Erlöser und Heiland: Er ist Mensch geworden durch den Heiligen Geist, geboren von der Jungfrau Maria. Um deinen Ratschluß zu erfüllen und dir ein heiliges Volk zu erwerben, hat er sterbend die Arme ausgebreitet am Holze des Kreuzes. Er hat die Macht des Todes gebrochen und die Auferstehung kundgetan. Darum preisen wir dich mit allen Engeln und Heiligen und singen vereint mit ihnen das Lob deiner Herrlichkeit:

Zum Schluß der Präfation faltet er die Hände. Gemeinsam mit der Gemeinde singt er das Sanctus.

Heilig, heilig, heilig   **2**
Gott, Herr aller Mächte und Gewalten.
Erfüllt sind Himmel und Erde
von deiner Herrlichkeit.
Hosanna in der Höhe.
Hochgelobt sei,
der da kommt im Namen des Herrn.
Hosanna in der Höhe.

oder

Sanctus, Sanctus, Sanctus Dóminus Deus Sábaoth.   **3**
Pleni sunt caeli et terra glória tua.
Hosánna in excélsis.
Benedíctus qui venit in nómine Dómini.
Hosánna in excélsis.

Der Priester breitet die Hände aus und spricht:
Ja, du bist heilig, großer Gott, du bist der Quell aller Heilig-   **4**
keit.

An Sonn- und Festtagen kann hier ein kurzes Gebet aus dem Meßbuch eingefügt werden.

(360) (Darum bitten wir dich:) Sende deinen Geist auf diese Gaben herab und heilige sie, damit sie uns werden Leib + und Blut deines Sohnes, unseres Herrn Jesus Christus.

Denn am Abend, an dem er ausgeliefert wurde und sich aus freiem Willen dem Leiden unterwarf, nahm er das Brot und sagte Dank, brach es, reichte es seinen Jüngern und sprach:

NEHMET UND ESSET ALLE DAVON: DAS IST MEIN LEIB, DER FÜR EUCH HINGEGEBEN WIRD.

Der Priester zeigt der Gemeinde die konsekrierte Hostie, dann legt er sie auf die Hostienschale und macht eine Kniebeuge.

Ebenso nahm er nach dem Mahl den Kelch, dankte wiederum, reichte ihn seinen Jüngern und sprach:

NEHMET UND TRINKET ALLE DARAUS: DAS IST DER KELCH DES NEUEN UND EWIGEN BUNDES, MEIN BLUT, DAS FÜR EUCH UND FÜR ALLE VERGOSSEN WIRD ZUR VERGEBUNG DER SÜNDEN. TUT DIES ZU MEINEM GEDÄCHTNIS.

Er zeigt der Gemeinde den Kelch, dann stellt er ihn auf das Korporale und macht eine Kniebeuge.

Dann spricht oder singt er (oder der Diakon):

5

P Ge-heim-nis des Glau-bens: A Dei-nen Tod, o

Herr, ver-kün-den wir, und dei-ne Auf-er-ste-hung

prei-sen wir, bis du kommst in Herr-lich-keit.

oder   **(360)**

P Ge-heim-nis des Glau-bens: A Dei-nen Tod, o

Herr, ver-kün-den wir, und dei-ne Auf-er-ste-hung

prei-sen wir, bis du kommst in Herr-lich-keit.

Darum, gütiger Vater, feiern wir das Gedächtnis des Todes   **7**
und der Auferstehung deines Sohnes und bringen dir so das
Brot des Lebens und den Kelch des Heiles dar. Wir danken
dir, daß du uns berufen hast, vor dir zu stehen und dir zu
dienen. Wir bitten dich: Schenke uns Anteil an Christi Leib
und Blut, und laß uns eins werden durch den Heiligen Geist.

Gedenke deiner Kirche auf der ganzen Erde, und vollende
dein Volk in der Liebe, vereint mit unserem Papst N.,
unserem Bischof N. und allen Bischöfen, unseren Priestern
und Diakonen und mit allen, die zum Dienst in der Kirche
bestellt sind.

An bestimmten Tagen und bei verschiedenen Anlässen kann hier
eine besondere Bitte aus dem Meßbuch eingefügt werden.

Gedenke (aller) unserer Brüder und Schwestern, die entschlafen sind in der Hoffnung, daß sie auferstehen. Nimm sie und
alle, die in deiner Gnade aus dieser Welt geschieden sind, in
dein Reich auf, wo sie dich schauen von Angesicht zu Angesicht.
Vater, erbarme dich über uns alle, damit uns das ewige
Leben zuteil wird in der Gemeinschaft mit der seligen Jungfrau und Gottesmutter Maria, mit deinen Aposteln und
mit allen, die bei dir Gnade gefunden haben von Anbeginn
der Welt, daß wir dich loben und preisen durch deinen
Sohn Jesus Christus.

Er erhebt Hostienschale und Kelch (wenn ein Diakon mitwirkt,
erhebt dieser den Kelch) und singt oder spricht:

Nach der Doxologie und dem Amen der Gläubigen stellt der Priester Hostienschale und Kelch wieder auf das Korporale.

361 Kommunion

GEBET DES HERRN

Der Priester lädt zum Gebet des Herrn ein:
Dem Wort unseres Herrn und Erlösers gehorsam und getreu
seiner göttlichen Weisung wagen wir zu sprechen:

oder
Lasset uns beten, wie der Herr uns zu beten gelehrt hat.

oder
Wir heißen Kinder Gottes und sind es. Darum beten wir
voll Vertrauen:

oder
Wir haben den Geist empfangen, der uns zu Kindern Gottes
macht. Darum wagen wir zu sprechen:

Oder eine andere geeignete Einladung.

Priester und Gemeinde singen oder sprechen gemeinsam:

362
ö

A Va - ter un - ser im Him-mel, Ge - hei - ligt

wer - de dein Na - me. Dein Reich kom - me.

Dein Wil - le ge - sche - he, wie im Him - mel

so auf Er - den. Un - ser täg - li - ches Brot

gib uns heu - te. Und ver - gib uns un - sere Schuld,

wie auch wir ver - ge - ben un-sern Schul-di - gern.

Und füh - re uns nicht in Ver - su - chung,

son-dern er - lö - se uns von dem Bö - sen.

Zweite Melodie

363

Va - ter un - ser im Him - mel (A - men),

Geheiligt wer - de dein Na - me (A - men).

Dein Reich kom - me (A - men). Dein Wil - le

ge - sche - he, wie im Himmel so auf Er - den

(A - men). Unser tägliches Brot gib uns heu - te

(A - men). Und ver - gib uns un - se - re Schuld,

wie auch wir vergeben un - sern Schul - di - gern

(A - men). Und führe uns nicht in Ver - su - chung,

son - dern er - löse uns von dem Bö - sen.

Der Priester spricht oder singt:

364 Erlöse uns, Herr, allmächtiger Vater, von allem Bösen und
gib Frieden in unseren Tagen. Komm uns zu Hilfe mit

deinem Erbarmen und bewahre uns vor Verwirrung und
Sünde, damit wir voll Zuversicht das Kommen unseres
Erlösers Jesus Christus erwarten.

A Denn dein ist das Reich und die Kraft und
die Herr-lich-keit in E-wig-keit. A-men.

1
ö

FRIEDENSGEBET

2

Der Priester lädt nun mit folgenden oder ähnlichen Worten zum
Friedensgebet ein:

Der Herr hat zu seinen Aposteln gesagt: Frieden hinterlasse
ich euch, meinen Frieden gebe ich euch. Deshalb bitten wir:
Herr Jesus Christus, schau nicht auf unsere Sünden, sondern
auf den Glauben deiner Kirche und schenke ihr nach deinem Willen Einheit und Frieden.

Der Gemeinde zugewandt, breitet der Priester die Hände aus und
singt oder spricht:

P Der Frie-de des Herrn sei al-le-zeit
mit euch. A Und mit dei-nem Gei-ste.

3

Der Diakon oder der Priester kann dazu auffordern, in einer den
örtlichen Gewohnheiten entsprechenden Weise einander die Bereitschaft zu Frieden und Versöhnung zu bekunden; etwa:
Gebt einander ein Zeichen des Friedens und der Versöhnung.

4 BRECHUNG DES BROTES

Der Priester bricht die Hostie über die Schale in mehrere Teile zum Zeichen, daß alle von demselben Brot essen und an dem einen Leib Christi teilhaben. Es können auch mehrere große Hostien gebrochen werden. Ein kleines Fragment der Hostie senkt er in den Kelch. Dabei spricht er leise:

Das Sakrament des Leibes und Blutes Christi schenke uns ewiges Leben.

Inzwischen wird der Gesang zur Brechung (Agnus Dei) gesungen bzw. gesprochen:

5 Lamm Gottes, du nimmst hinweg die Sünde der Welt:
erbarme dich unser.
Lamm Gottes, du nimmst hinweg die Sünde der Welt:
erbarme dich unser.
Lamm Gottes, du nimmst hinweg die Sünde der Welt:
gib uns deinen Frieden.

Falls die Brechung länger andauert, kann der Ruf öfter wiederholt werden. Der letzte Ruf schließt: Gib uns deinen Frieden.

oder

6 Agnus Dei, qui tollis peccáta mundi: miserére nobis.
Agnus Dei, qui tollis peccáta mundi: miserére nobis.
Agnus Dei, qui tollis peccáta mundi: dona nobis pacem.

Stilles Gebet des Priesters vor der Kommunion

7 Herr Jesus Christus, Sohn des lebendigen Gottes, dem Willen des Vaters gehorsam, hast du im Heiligen Geist durch deinen Tod der Welt das Leben geschenkt. Erlöse mich durch deinen Leib und dein Blut von allen Sünden und allem Bösen. Hilf mir, daß ich deine Gebote treu erfülle, und laß nicht zu, daß ich jemals von dir getrennt werde.

oder

Herr Jesus Christus, der Empfang deines Leibes und Blutes bringe mir nicht Gericht und Verdammnis, sondern Segen und Heil.

EINLADUNG ZUR KOMMUNION   **365**

1

Der Priester macht eine Kniebeuge, nimmt ein Stück der Hostie, hält es über die Schale und spricht, zur Gemeinde gewendet, laut:
Seht das Lamm Gottes, das hinwegnimmt die Sünde der Welt.

Gemeinsam mit der Gemeinde spricht er einmal:
Herr, ich bin nicht würdig, daß du eingehst unter mein Dach, aber sprich nur ein Wort, so wird meine Seele gesund.

Der Priester kann hinzufügen:
Selig, die zum Hochzeitsmahl des Lammes geladen sind.

Oder einen anderen Kommunionvers aus dem Meßbuch, vor allem den der Tagesmesse.

KOMMUNIONSPENDUNG

2

Zum Altar gewandt, empfängt der Priester den Leib und das Blut Christi.
Danach teilt er die Kommunion aus. Er zeigt jedem Kommunikanten die Hostie, indem er sie ein wenig emporhebt, und spricht:
Der Leib Christi.

Der Kommunikant antwortet:
Amen.
und empfängt die Kommunion.

In gleicher Weise teilen auch Diakon, Akolyth und Kommunionhelfer die Kommunion aus.
Wenn der Kelch gereicht wird, spricht der Kommunionspender:
Das Blut Christi.

Der Kommunikant antwortet:
Amen.
Der Spender reicht ihm den Kelch. Der Kommunikant nimmt ihn in die Hand und trinkt daraus. Der Spender wischt den Kelchrand mit dem Purifikatorium ab.

GESANG ZUR KOMMUNION

3

Während der Priester den Leib des Herrn empfängt, wird der Kommuniongesang angestimmt.

4 Reinigung der Gefäße

Nach der Kommunionausteilung purifiziert (reinigt) der Priester (Diakon, Akolyth) die Hostienschale über dem Kelch und dann auch den Kelch. Unterdessen betet er still:

Was wir mit dem Mund empfangen haben, Herr, das laß uns mit reinem Herzen aufnehmen, und diese zeitliche Speise werde uns zur Arznei der Unsterblichkeit.

Der Priester (Diakon, Akolyth) kann die Gefäße auch nach der Messe reinigen.

5 BESINNUNG UND DANKHYMNUS

Nach der Kommunionausteilung kann der Priester an·seinen Sitz zurückkehren. Auch kann man einige Zeit in stillem Gebet verweilen. Es empfiehlt sich, einen Dankpsalm oder ein Loblied zu singen. Für das stille Gebet siehe Nr. 372—375

6 SCHLUSSGEBET

Der Priester steht am Altar oder am Sitz. Er singt oder spricht:
Lasset uns beten.
Falls schon vorher eine Zeit der stillen Besinnung gegeben war, folgt sofort das Gebet. Der Priester breitet die Hände aus und singt oder spricht das Schlußgebet.

Barmherziger Gott, du hast uns alle mit dem Brot vom Himmel gestärkt. Erfülle uns mit dem Geist deiner Liebe, damit wir ein Herz und eine Seele werden. Darum bitten wir durch Christus, unseren Herrn. A Amen.

366 Entlassung

1 VERLAUTBARUNGEN

Wenn noch kurze Verlautbarungen für die Gemeinde zu machen sind, werden sie hier eingefügt.

SEGEN UND ENTLASSUNG   **2**

Es folgt die Entlassung. Der Priester, zur Gemeinde gewandt, breitet
die Hände aus und singt oder spricht:
P   Der Herr sei mit euch.
A   Und mit deinem Geiste.

Der Priester segnet die Gemeinde, indem er singt oder spricht:
P   Es segne euch der allmächtige Gott,
der Vater + und der Sohn und der Heilige Geist.
A   Amen.

An bestimmten Tagen bzw. zu bestimmten Anlässen kann der
Priester statt des einfachen Segens eine mehrgliedrige Segensformel
(die Gemeinde antwortet nach jedem Abschnitt mit „Amen") oder
das Gebet über die Gläubigen oder den Wettersegen sprechen.

Der Bischof kann dem Segen vorausschicken: **3**
B   *Der Name des Herrn sei gepriesen*
A   *von nun an bis in Ewigkeit.*
B   *Unsere Hilfe ist im Namen des Herrn,*
A   *der Himmel und Erde erschaffen hat.*

Der Diakon (oder der Priester selbst) singt oder spricht, zur Gemeinde gewandt, mit gefalteten Händen:

   **4**

P   Ge - het   hin   in   Frie - den.
A   Dank sei Gott, dem Herrn.

In der Osterzeit bzw. bis zum Weißen Sonntag:

   **5**

P   Ge - het   hin   in   Frie - den.   Hal - le -
A   Dank sei Gott   dem Herrn.   Hal - le -

lu - ja,   Hal - le - - lu - - ja.
lu - ja,   Hal - le - - lu - - ja.

Wenn der Entlassungsruf gesungen wird, kann das doppelte Halleluja in der ganzen Osterzeit hinzugefügt werden.

Wie zu Beginn des Gottesdienstes küßt der Priester den Altar. Gemeinsam mit allen, die bei der Meßfeier einen besonderen Dienst versehen haben, macht er die vorgesehene Ehrenbezeigung und kehrt zur Sakristei zurück.

Folgt unmittelbar auf die Meßfeier eine andere liturgische Feier, so endet die Meßfeier mit dem Schlußgebet ohne den Schlußsegen und die Entlassung.

367 Erstes Hochgebet

DER RÖMISCHE MESSKANON

Nach der Präfation und dem Sanctus spricht der Priester:

Dich, gütiger Vater, bitten wir durch deinen Sohn, unseren Herrn Jesus Christus: Nimm diese heiligen, makellosen Opfergaben an und + segne sie. Wir bringen sie dar vor allem für deine heilige katholische Kirche in Gemeinschaft mit deinem Diener, unserem Papst N., mit unserem Bischof N. und mit allen, die Sorge tragen für den rechten, katholischen und apostolischen Glauben. Schenke deiner Kirche Frieden und Einheit, behüte und leite sie auf der ganzen Erde.

Gedenke deiner Diener und Dienerinnen N. N. (für die wir heute besonders beten) und aller, die hier versammelt sind. Herr, du kennst ihren Glauben und ihre Hingabe; für sie bringen wir dieses Opfer des Lobes dar, und sie selber weihen es dir für sich und für alle, die ihnen verbunden sind, für ihre Erlösung und für ihre Hoffnung auf das unverlierbare Heil. Vor dich, den ewigen, lebendigen und wahren Gott, bringen sie ihre Gebete und Gaben.

In Gemeinschaft mit der ganzen Kirche gedenken wir deiner Heiligen. Wir ehren vor allem Maria, die glorreiche, allzeit jungfräuliche Mutter unseres Herrn und Gottes Jesus Christus. Wir ehren ihren Bräutigam, den heiligen Josef; deine heiligen Apostel und Märtyrer: Petrus und Paulus, Andreas (Jakobus, Johannes, Tomas, Jakobus, Philippus, Bartolomäus, Mattäus, Simon und Taddäus, Linus, Kletus, Klemens, Xystus, Kornelius, Cyprianus, Laurentius, Chrysogonus, Johannes und Paulus, Kosmas und Damianus) und alle deine Heiligen; blicke auf ihr heiliges Leben und Sterben und gewähre uns auf ihre Fürsprache in allem deine Hilfe und deinen Schutz.

Das folgende Gebet hat an bestimmten Tagen und bei verschiedenen Feiern eine besondere Form.

Nimm gnädig an, o Gott, diese Gaben deiner Diener und deiner ganzen Gemeinde; ordne unsere Tage in deinem Frieden, rette uns vor dem ewigen Verderben und nimm uns auf in die Schar deiner Erwählten.

Schenke, o Gott, diesen Gaben Segen in Fülle und nimm sie zu eigen an. Mache sie uns zum wahren Opfer im Geiste, das dir wohlgefällt: zum Leib und Blut deines geliebten Sohnes, unseres Herrn Jesus Christus.

Am Abend vor seinem Leiden nahm er das Brot in seine heiligen und ehrwürdigen Hände, erhob die Augen zum Himmel, zu dir, seinem Vater, dem allmächtigen Gott, sagte dir Lob und Dank, brach das Brot, reichte es seinen Jüngern und sprach:

NEHMET UND ESSET ALLE DAVON: DAS IST MEIN LEIB, DER FÜR EUCH HINGEGEBEN WIRD.

Ebenso nahm er nach dem Mahl diesen erhabenen Kelch in seine heiligen und ehrwürdigen Hände, sagte dir Lob und Dank, reichte den Kelch seinen Jüngern und sprach:

NEHMET UND TRINKET ALLE DARAUS: DAS IST DER KELCH DES NEUEN UND EWIGEN BUNDES, MEIN BLUT, DAS FÜR EUCH UND FÜR ALLE VERGOSSEN WIRD ZUR VERGEBUNG DER SÜNDEN. TUT DIES ZU MEINEM GEDÄCHTNIS.

Geheimnis des Glaubens:
A Deinen Tod, o Herr, verkünden wir, und deine Auferstehung preisen wir, bis du kommst in Herrlichkeit.

Darum, gütiger Vater, feiern wir, deine Diener und dein heiliges Volk, das Gedächtnis deines Sohnes, unseres Herrn Jesus Christus. Wir verkünden sein heilbringendes Leiden, seine Auferstehung von den Toten und seine glorreiche Himmelfahrt. So bringen wir aus den Gaben, die du uns geschenkt hast, dir, dem erhabenen Gott, die reine, heilige und makellose Opfergabe dar: das Brot des Lebens und den Kelch des ewigen Heiles.

Blicke versöhnt und gütig darauf nieder und nimm sie an wie einst die Gaben deines gerechten Dieners Abel, wie das Opfer unseres Vaters Abraham, wie die heilige Gabe, das reine Opfer deines Hohenpriesters Melchisedech.

Wir bitten dich, allmächtiger Gott: Dein heiliger Engel trage diese Opfergabe auf deinen himmlischen Altar vor deine göttliche Herrlichkeit; und wenn wir durch unsere Teilnahme am Altar den heiligen Leib und das Blut deines Sohnes empfangen, erfülle uns mit aller Gnade und allem Segen des Himmels.

Gedenke auch deiner Diener und Dienerinnen (N. und N.), die uns vorangegangen sind, bezeichnet mit dem Siegel des Glaubens, und die nun ruhen in Frieden. — Wir bitten dich: Führe sie und alle, die in Christus entschlafen sind, in das Land der Verheißung, des Lichtes und des Friedens.

Auch uns, deinen sündigen Dienern, die auf deine reiche
Barmherzigkeit hoffen, gib Anteil und Gemeinschaft mit
deinen heiligen Aposteln und Märtyrern: Johannes, Stepha-
nus, Mattias, Barnabas (Ignatius, Alexander, Marzellinus,
Petrus, Felizitas, Perpetua, Agatha, Luzia, Agnes, Cäcilia,
Anastasia) und mit allen deinen Heiligen; wäge nicht unser
Verdienst, sondern schenke gnädig Verzeihung und gib uns
mit ihnen das Erbe des Himmels.

Darum bitten wir dich durch unseren Herrn Jesus Christus.
Denn durch ihn erschaffst du immerfort all diese guten Gaben, gibst ihnen Leben und Weihe und spendest sie uns.

DURCH IHN UND MIT IHM UND IN IHM IST DIR, GOTT,
ALLMÄCHTIGER VATER, IN DER EINHEIT DES HEILIGEN
GEISTES ALLE HERRLICHKEIT UND EHRE JETZT UND IN
EWIGKEIT! A AMEN.

Drittes Hochgebet   368

Nach der Präfation und dem Sanctus spricht der Priester:

Ja, du bist heilig, großer Gott, und alle deine Werke verkünden dein Lob. Denn durch deinen Sohn, unseren Herrn
Jesus Christus, und in der Kraft des Heiligen Geistes erfüllst
du die ganze Schöpfung mit Leben und Gnade. Bis ans Ende
der Zeiten versammelst du dir ein Volk, damit deinem
Namen das reine Opfer dargebracht werde vom Aufgang
der Sonne bis zum Untergang.

Hier kann an bestimmten Tagen die Erwähnung des Festgeheim-
nisses aus dem Meßbuch eingefügt werden.

(Darum bitten wir dich, allmächtiger Gott:) Heilige unsere
Gaben durch deinen Geist, damit sie uns werden + Leib und

(368) Blut deines Sohnes, unseres Herrn Jesus Christus, der uns aufgetragen hat, dieses Geheimnis zu feiern. Denn in der Nacht, da er verraten wurde, nahm er das Brot und sagte Dank, brach es, reichte es seinen Jüngern und sprach:

NEHMET UND ESSET ALLE DAVON: DAS IST MEIN LEIB, DER FÜR EUCH HINGEGEBEN WIRD.

Ebenso nahm er nach dem Mahl den Kelch, dankte wiederum, reichte ihn seinen Jüngern und sprach:

NEHMET UND TRINKET ALLE DARAUS: DAS IST DER KELCH DES NEUEN UND EWIGEN BUNDES, MEIN BLUT, DAS FÜR EUCH UND FÜR ALLE VERGOSSEN WIRD ZUR VERGEBUNG DER SÜNDEN. TUT DIES ZU MEINEM GEDÄCHTNIS.

Geheimnis des Glaubens:
A Deinen Tod, o Herr, verkünden wir, und deine Auferstehung preisen wir, bis du kommst in Herrlichkeit.

Darum, gütiger Vater, feiern wir das Gedächtnis deines Sohnes: Wir verkünden sein heilbringendes Leiden, seine glorreiche Auferstehung und Himmelfahrt und erwarten seine Wiederkunft. So bringen wir dir mit Lob und Dank dieses heilige und lebendige Opfer dar.

Schau gütig auf die Gabe deiner Kirche. Denn sie stellt dir das Lamm vor Augen, das geopfert wurde und uns nach deinem Willen mit dir versöhnt hat. Stärke uns durch den Leib und das Blut deines Sohnes und erfülle uns mit seinem Heiligen Geist, damit wir ein Leib und ein Geist werden in Christus.

Er mache uns auf immer zu einer Gabe, die dir wohlgefällt, damit wir das verheißene Erbe erlangen mit deinen Auserwählten, mit der seligen Jungfrau und Gottesmutter Maria, mit deinen Aposteln und Märtyrern (mit dem – der – heiligen N.: Tagesheiliger oder Patron) und mit allen Heiligen, auf deren Fürsprache wir vertrauen.

Barmherziger Gott, wir bitten dich: Dieses Opfer unserer **(368)** Versöhnung bringe der ganzen Welt Frieden und Heil. Beschütze deine Kirche auf ihrem Weg durch die Zeit und stärke sie im Glauben und in der Liebe: deinen Diener, unseren Papst N., unseren Bischof N. und die Gemeinschaft der Bischöfe, unsere Priester und Diakone, alle, die zum Dienst in der Kirche bestellt sind, und das ganze Volk deiner Erlösten.

An bestimmten Tagen und bei verschiedenen Anlässen kann hier eine besondere Bitte aus dem Meßbuch eingefügt werden.

Erhöre, gütiger Vater, die Gebete der hier versammelten Gemeinde und führe zu dir auch alle deine Söhne und Töchter, die noch fern sind von dir.

Erbarme dich (aller) unserer verstorbenen Brüder und Schwestern und aller, die in deiner Gnade aus dieser Welt geschieden sind. Nimm sie auf in deine Herrlichkeit. Und mit ihnen laß auch uns, wie du verheißen hast, zu Tische sitzen in deinem Reich.

Darum bitten wir dich durch unseren Herrn Jesus Christus. Denn durch ihn schenkst du der Welt alle guten Gaben.

DURCH IHN UND MIT IHM UND IN IHM IST DIR, GOTT, ALLMÄCHTIGER VATER, IN DER EINHEIT DES HEILIGEN GEISTES ALLE HERRLICHKEIT UND EHRE JETZT UND IN EWIGKEIT! A AMEN

369 Viertes Hochgebet

Präfation

In Wahrheit ist es würdig, dir zu danken, heiliger Vater. Es ist recht, dich zu preisen. Denn du allein bist der lebendige und wahre Gott. Du bist vor den Zeiten und lebst in Ewigkeit. Du wohnst in unzugänglichem Lichte. Alles hast du erschaffen, denn du bist die Liebe und der Ursprung des Lebens. Du erfüllst deine Geschöpfe mit Segen und erfreust sie alle mit dem Glanz deines Lichtes. Vor dir stehen die Scharen der Engel und schauen dein Angesicht. Sie dienen dir, Tag und Nacht, nie endet ihr Lobgesang. Mit ihnen preisen auch wir deinen Namen, durch unseren Mund rühmen dich alle Geschöpfe und künden voll Freude das Lob deiner Herrlichkeit.   A Heilig, heilig, heilig

Wir preisen dich, heiliger Vater, denn groß bist du, und alle deine Werke künden deine Weisheit und Liebe.
Den Menschen hast du nach deinem Bild geschaffen und ihm die Sorge für die ganze Welt anvertraut. Über alle Geschöpfe sollte er herrschen und allein dir, seinem Schöpfer, dienen.
Als er im Ungehorsam deine Freundschaft verlor und der Macht des Todes verfiel, hast du ihn dennoch nicht verlassen, sondern voll Erbarmen allen geholfen, dich zu suchen und zu finden.
Immer wieder hast du den Menschen deinen Bund angeboten und sie durch die Propheten gelehrt, das Heil zu erwarten.

So sehr hast du die Welt geliebt, heiliger Vater, daß du deinen eingeborenen Sohn als Retter gesandt hast, nachdem die Fülle der Zeiten gekommen war. Er ist Mensch geworden durch den Heiligen Geist, geboren von der Jungfrau Maria. Er hat wie wir als Mensch gelebt, in allem uns gleich außer der Sünde.

Den Armen verkündete er die Botschaft vom Heil, den Gefangenen Freiheit, den Trauernden Freude.
Um deinen Ratschluß zu erfüllen, hat er sich dem Tod überliefert, durch seine Auferstehung den Tod bezwungen und das Leben neu geschaffen.

Damit wir nicht mehr uns selber leben, sondern ihm, der für uns gestorben und auferstanden ist, hat er von dir, Vater, als erste Gabe für alle, die glauben, den Heiligen Geist gesandt, der das Werk deines Sohnes auf Erden weiterführt und alle Heiligung vollendet.

So bitten wir dich, Vater: der Geist heilige diese Gaben, damit sie uns werden Leib + und Blut unseres Herrn Jesus Christus, der uns die Feier dieses Geheimnisses aufgetragen hat als Zeichen des ewigen Bundes.

Da er die Seinen liebte, die in der Welt waren, liebte er sie bis zur Vollendung. Und als die Stunde kam, da er von dir verherrlicht werden sollte, nahm er beim Mahl das Brot und sagte Dank, brach das Brot, reichte es seinen Jüngern und sprach:

NEHMET UND ESSET ALLE DAVON: DAS IST MEIN LEIB, DER FÜR EUCH HINGEGEBEN WIRD.

Ebenso nahm er den Kelch mit Wein, dankte wiederum, reichte den Kelch seinen Jüngern und sprach:

NEHMET UND TRINKET ALLE DARAUS: DAS IST DER KELCH DES NEUEN UND EWIGEN BUNDES, MEIN BLUT, DAS FÜR EUCH UND FÜR ALLE VERGOSSEN WIRD ZUR VERGEBUNG DER SÜNDEN. TUT DIES ZU MEINEM GEDÄCHTNIS.

Geheimnis des Glaubens:
A Deinen Tod, o Herr, verkünden wir, und deine Auferstehung preisen wir, bis du kommst in Herrlichkeit.

Darum, gütiger Vater, feiern wir das Gedächtnis unserer Erlösung. Wir verkünden den Tod deines Sohnes und sein Hinabsteigen zu den Vätern, bekennen seine Auferstehung und Himmelfahrt und erwarten sein Kommen in Herrlichkeit.

So bringen wir dir seinen Leib und sein Blut dar, das Opfer, das dir wohlgefällt und der ganzen Welt Heil bringt.

Sieh her auf die Opfergabe, die du selber deiner Kirche bereitet hast, und gib, daß alle, die Anteil erhalten an dem einen Brot und dem einen Kelch, ein Leib werden im Heiligen Geist, eine lebendige Opfergabe in Christus zum Lob deiner Herrlichkeit.

Herr, gedenke aller, für deren Heil wir das Opfer darbringen. Wir bitten dich für unseren Papst N., unseren Bischof N. und die Gemeinschaft der Bischöfe, für unsere Priester und Diakone und für alle, die zum Dienst in der Kirche bestellt sind, für alle, die ihre Gaben spenden, für die hier versammelte Gemeinde, für dein ganzes Volk und für alle Menschen, die mit lauterem Herzen dich suchen.

Wir empfehlen dir auch jene, die im Frieden Christi heimgegangen sind, und alle Verstorbenen, um deren Glauben niemand weiß als du. Gütiger Vater, gedenke, daß wir deine Kinder sind, und schenke uns allen das Erbe des Himmels in Gemeinschaft mit der seligen Jungfrau und Gottesmutter Maria, mit deinen Aposteln und mit allen Heiligen. Und wenn die ganze Schöpfung von der Verderbnis der Sünde und des Todes befreit ist, laß uns zusammen mit ihr dich verherrlichen in deinem Reich durch unseren Herrn Jesus Christus. Denn durch ihn schenkst du der Welt alle guten Gaben.

DURCH IHN UND MIT IHM UND IN IHM IST DIR, GOTT, ALLMÄCHTIGER VATER, IN DER EINHEIT DES HEILIGEN GEISTES ALLE HERRLICHKEIT UND EHRE JETZT UND IN EWIGKEIT! A AMEN.

Kommunionfeier

370

Die christliche Gemeinde lebt von der sonntäglichen Versammlung. Wenn in dieser nicht die Eucharistie gefeiert werden kann, soll eine Kommunionfeier gehalten werden. Der Leiter einer solchen Versammlung muß vom Bischof beauftragt sein. Er braucht eine entsprechende Ausbildung. Wenn werktags eine Kommunionfeier gehalten wird, gelten für sie die gleichen Voraussetzungen.

Man kann die Kommunionfeier als Wortgottesdienst mit anschließender Kommunion bezeichnen. Sie wird folgendermaßen aufgebaut sein: Eröffnung – Verkündigung des Wortes – Gemeindegebet (nicht nur Fürbitten) – Kommunion – Entlassung.

ERÖFFNUNG   **1**
Gesang
Gruß
Einführung
Christusrufe
Gebet

Beispiel für ein Gebet:

Herr Jesus Christus, du hast gesagt: Wo zwei oder drei in meinem Namen beisammen sind, da bin ich mitten unter ihnen. Siehe, wir haben uns hier in deinem Namen versammelt. Hilf uns, deinem Wort zu folgen und aus der Kraft des Mahles zu leben, das du uns gibst. Du lebst mit dem Vater im Heiligen Geist in Ewigkeit. A Amen.

VERKÜNDIGUNG DES WORTES GOTTES   **2**
Lesung (evtl. mit Einführung)
Meditation (Antwortgesang, Orgelspiel, Stille)
Evangelium
Homilie
Glaubensbekenntnis

(370) GEMEINDEGEBET
  3   Lob – Dank – Buße – Bitte – Lobpreis

Beispiel:
Lob
Lasset uns beginnen, Gott zu loben durch Jesus Christus im
Heiligen Geist:
V Ehre sei Gott in der Höhe
A und Friede auf Erden den Menschen seiner Gnade. / Wir
loben dich, / wir preisen dich, / wir beten dich an, / wir rüh-
men dich und danken dir, denn groß ist deine Herrlichkeit: /
Herr und Gott, König des Himmels, / Gott und Vater, Herr-
scher über das All, / Herr, eingeborener Sohn, Jesus Chri-
stus, / Herr, Heiliger Geist.

Dank
V Nun danket Gott gemeinsam für die allen widerfahrenen
Wohltaten und für das, was jeder von uns von Gott erhalten
hat:
A Wir sagen dir Dank, o Herr, für deinen heiligen Namen, /
dem du eine Wohnung bereitet hast in unseren Herzen, / und
für die Erkenntnis und den Glauben und die Unsterblich-
keit, / die du uns geoffenbart hast durch Jesus, deinen Sohn. /
Vor allem danken wir dir, daß du so mächtig bist; / dir sei
Lob und Dank in Ewigkeit.

Buße und Bitte
Nach dem Dank müssen wir uns vor Gott anklagen ob un-
serer Sünden, ihn um Heilung und Vergebung bitten:
V Gedenke, o Herr, deiner Kirche. Mache sie frei von allem
Bösen und vollkommen in deiner Liebe.   STILLE
V Christus, höre uns. A Christus, erhöre uns.
– Sammle sie aus allen Enden der Erde in dein Reich, das du
ihr bereitet hast.
– Vereinige uns mit allen, die dir geheiligt sind.
– Festige uns in der Wahrheit durch deinen Heiligen Geist.
– Bewahre uns in deinem heiligen Dienste.
– Verleihe den Völkern Frieden in Gerechtigkeit.
– Führe alle Menschen in deine Heiligkeit.–

Lobpreis   (370)
Unser Gebet mündet wieder in den Lobpreis Gottes durch
Jesus Christus im Heiligen Geist:
A Denn du allein bist der Heilige, / du allein der Herr, / du
allein der Höchste, Jesus Christus, / mit dem Heiligen Geist,
zur Ehre Gottes des Vaters. Amen.

KOMMUNION   4
Gemeinschaft mit der Kirche

Beispiel:
Vater im Himmel, im Namen Jesu, deines Sohnes und unseres Bruders, haben wir uns hier versammelt als die kleine
Gemeinde von N. Wir stehen in Gemeinschaft mit der
Pfarrgemeinde N., mit unserem Bischof N., mit unserem
heiligen Vater N., und mit allen Gemeinden der katholischen Kirche. Wir denken auch an die von uns getrennten
Christen und an alle Menschen guten Willens. Wir sind
verbunden mit unseren verstorbenen Verwandten und
Freunden und mit allen, die im Frieden Christi heimgegangen sind. Wir wissen uns eins mit den Engeln und Heiligen,
besonders mit Maria, der Mutter unseres Herrn, mit den
Aposteln und mit dem(r) heiligen N. (Pfarrpatron, Tagesheiliger).

Gemeinschaft untereinander
Auch untereinander sind wir in Christus Brüder und Schwestern. Darum bringen wir unsere Gaben und bedenken, wie
wir in der kommenden Woche einander beistehen und
helfen können. – Zuerst aber wollen wir einander vergeben.
                                                                        STILLE

Einsammeln der Gaben   STILLE

Dem Wort unseres Herrn und Erlösers gehorsam und getreu
seinem Auftrag, wagen wir zu sprechen:
Vater unser im Himmel ...
Erlöse uns, Herr ...
Denn dein ist das Reich ...

Gemeinschaft mit Christus (Kommunion)
Seht das Lamm Gottes . . .
Herr, ich bin nicht würdig . . .

Spendung der Kommunion

Danksagung
Gesang oder meditatives Gebet

5 ENTLASSUNG
Mitteilungen
Segensbitte

Beispiel:
Der Herr segne und behüte uns. Er lasse sein Antlitz über
uns leuchten und sei uns gnädig. Es segne uns der allmächtige und barmherzige Gott, der Vater + und der Sohn und
der Heilige Geist. Amen.

Schlußlied (Mariengruß)

371 Krankenkommunion

Seit den ersten Tagen der Kirche nehmen die Kranken an
der Eucharistiefeier der Gemeinde teil. Da sie selbst nicht
zur Versammlung kommen können, bringt man ihnen die
Kommunion ins Haus. Wenn dies nicht in Verbindung mit
dem Sonntagsgottesdienst geschehen kann, bringt der Priester (Diakon oder ein Kommunionhelfer) zu einem geeigneten Zeitpunkt während der Woche die Kommunion in die
Häuser der Kranken. Dort wird ein Tisch vorbereitet mit
weißer Decke, mit Kreuz, Kerzen und Weihwasser, und, wenn
möglich, mit Blumenschmuck. Die Hausgemeinschaft soll
nach Möglichkeit an der Kommunionfeier teilnehmen. Diese
ist folgendermaßen aufgebaut: Begrüßung, Bußakt (oder
Beichte), Schriftwort, Gebet, Kommunion, Dank, Segenswort.
Wenn ein Kranker das Haus längere Zeit nicht verlassen
hat, kann die Messe auch in der Wohnung gefeiert wer-

den. An sogenannten Krankentagen werden die Kranken – soweit möglich – zu einer gemeinsamen Eucharistiefeier zusammengebracht. Sie erfahren so die Liebe des Herrn und die Begegnung mit der Gemeinde.

Siehe „Der Christ in der Krankheit" Nr. 75; Gebete in Krankheit Nr. 10

Texte zu Gebet und Meditation   **372**

Die folgenden Gebete und Gedanken beziehen sich unmittelbar auf die heilige Kommunion. Sie sollen der Besinnung dienen, nicht nur vor oder nach der Kommunion, sondern auch bei einem Kirchenbesuch während des Tages oder in einigen ruhigen Minuten zu Hause. Da viele gewohnt sind, bei jeder Eucharistiefeier zu kommunizieren, ist solche Besinnung von Nutzen.

O heiliges Mahl, in dem wir Christus genießen. Wir begehen das Gedächtnis seines Leidens, unser Herz wird erfüllt mit Gnade, und wir erhalten das Unterpfand der künftigen Herrlichkeit.   Antiphon von Fronleichnam   **1**

Ist der Kelch des Segens, über den wir den Segen sprechen, nicht Teilhabe am Blut Christi? Ist das Brot, das wir brechen, nicht Teilhabe am Leib Christi?   1 Kor 10,16   **2**

Wie mich der lebendige Vater gesandt hat und wie ich durch den Vater lebe, so wird auch jeder, der mich ißt, durch mich leben.   Joh 6,57   **3**

Ich bin das Brot des Lebens. Eure Väter haben in der Wüste das Manna gegessen und sind gestorben. Aber wer das Brot ißt, das vom Himmel herabkommt, stirbt nicht. Ich bin das lebendige Brot, das vom Himmel herabgekommen ist. Wer von diesem Brot ißt, wird leben in Ewigkeit. Und das Brot, das ich geben werde, ist mein Fleisch für das Leben der Welt.   Joh 6,48–51   **4**

373
1 Ihr wißt, daß ihr nicht um einen vergänglichen Preis losgekauft wurdet, nicht um Silber oder Gold, sondern mit dem
kostbaren Blut Christi, des Lammes ohne Fehl und Makel.

1 Pt 1,18–19

2 So oft ihr von diesem Brot eßt und aus dem Kelch trinkt,
verkündet ihr den Tod des Herrn, bis er kommt.   1 Kor 11,26

3 So lebe nun nicht mehr ich, sondern Christus lebt in mir.

Gal 2,20

4 Ein Brot ist es. Darum sind wir viele ein Leib; denn wir alle
haben teil an dem einen Brot.   1 Kor 10,17

5 Wir danken dir, Vater, für das Leben und die Erkenntnis,
die du uns kundgetan durch Jesus, deinen Sohn. Wie dies
Brot, das wir gegessen haben, in den Körnern zerstreut war
über die Hügel und nun zu einem geworden ist, so werde
von den Enden der Erde deine Kirche vereint in deinem
Reich. Du hast alles geschaffen und gibst Speise und Trank,
den Menschen zur Erquickung. Uns aber hast du geistliche
Speise gegeben und ewiges Leben durch Jesus, deinen Sohn.
Gedenke, Herr, deiner Kirche. Entreiße sie dem Bösen und
vollende sie in deiner Liebe. Bringe sie heim von allen vier
Winden in dein Reich. – Denn dein ist das Reich und die
Kraft und die Herrlichkeit in Ewigkeit. Amen.

Zwölfapostellehre, 2. Jh.

6 Wir preisen dich, unsichtbarer Vater, du Spender ewigen
Lebens. Du bist der Urquell jeder Gnade und jeder Wahr-
heit. Du liebst die Menschen und bist der Freund der Armen.
Durch die Einkehr deines geliebten Sohnes bei uns läßt du
dich mit allen versöhnen und ziehst alle an dich.
Mache aus uns lebendige Menschen. Gib uns den Geist des
Lichtes, daß wir dich und Jesus Christus, den du gesandt hast,
erkennen. Gib uns den Heiligen Geist, damit wir deine un-
ergründlichen Geheimnisse künden und erklären können.
Aus uns möge reden Jesus, der Herr, und der Heilige Geist.

Durch uns soll er dich lobpreisen. Denn du bist erhaben über **374**
jede Macht und Gewalt und Kraft und Herrschaft.   Serapion

Die Eucharistie ist unser tägliches Brot. Seine innere Kraft   **1**
ist die Einheit: Wir werden aufgenommen in seinen Leib,
werden seine Glieder und sind so das, was wir empfangen.
                                                    Augustinus

Wir, die wir das Geheimnis des Todesleidens des Herrn   **2**
feiern, müssen selbst nachahmen, was wir tun. Nur dann
wird Christus in Wahrheit für uns Opfergabe sein vor Gott,
wenn wir uns selbst zu einer Opfergabe machen.
                                              Gregor der Große

Wie groß ist die Liebe Christi, die alle zu sich beruft: Kommt   **3**
alle zu mir, die ihr mühselig und beladen seid; ich will euch
erquicken. So bietet er sich dar und wünscht aus Liebe zu
uns, die Lasten aller und jedes einzelnen zu tragen. Daher
wirf mit großem Vertrauen deine Sünden in den Abgrund
seiner Liebe.   Petrus Canisius

„Steh auf und iß! Sonst ist der Weg zu weit für dich." Dies   **4**
Wort, einst zu Elija gesprochen, gilt auch für uns. In der
Kraft dieser Speise können wir die Wege gehn, die vor uns
liegen, und wir können aushalten, wenn wir geführt werden,
wohin wir nicht wollen.

Ich komme wie ein Kranker zum Arzt des Lebens, wie ein   **5**
Unreiner zur Quelle des Erbarmens, wie ein Blinder zum
Licht der ewigen Klarheit, wie ein Armer zum Herrn des
Himmels und der Erde. Barmherziger Gott, gib, daß ich
nicht nur äußerlich das Sakrament des Leibes und Blutes
des Herrn empfange, sondern auch innerlich dessen Wesen
und Kraft, daß ich verdiene, seinem geheimnisvollen Leib
einverleibt zu werden.
Liebreichster Vater, laß mich deinen geliebten Sohn, den ich
jetzt auf dem Weg dieses Lebens verhüllt empfange, einst
mit unverhülltem Angesicht ewig schauen.   Thomas von Aquin

375 Willkommen seist du, heiliger Leib, von Gott zu uns ge-
1 sandt in diese arme Zeit. – Stärke im Glauben das Innere
meines Herzens, sei ein Helm des Heils und ein Zeichen
auf meiner Stirn: daß das Wort in meinem Mund wahr sei
und guter Wille in meinem Herzen; daß mich Keuschheit
umgürte und Treue, und daß Festigkeit sei in meinen Werken. – Laß mich beharrlich Gutes tun bis ans Ende und führe
mich einst in Freuden in deinen ewigen Frieden.

aus dem Mittelalter

2 Mein Gott, mein Erlöser, bleibe bei mir. Fern von dir müßte
ich welken und verdorren. Zeigst du dich mir wieder, blühe
ich auf in neuem Leben. – Du bist das Licht, das nie ver-
löscht, die Flamme, die immer lodert. – Vom Glanz deines
Lichtes beschienen, werde ich selber Licht, um anderen zu
leuchten. Ich bin nur wie ein Glas, durch das du den anderen
scheinst. Laß mich zu deinem Ruhm deine Wahrheit und
deinen Willen verkünden, – nicht durch viele Worte, sondern durch die stille Kraft der tätigen Liebe – wie deine
Heiligen – durch meines Herzens aufrichtige Liebe zu dir.

John Henry Newman

3 Das Mahl des Herrn soll uns in Liebe verbinden – mit Jesus
– untereinander – mit denen, die mit uns leben und arbeiten. – Wir danken dem Herrn für sein Gebot: Liebet einander. – Wir danken ihm für das Gleichnis vom guten Sama-
riter. – Wir danken Gott für seine Frage: „Kain, wo ist dein
Bruder Abel?" – Wir danken dem Vater für den Sohn, denn
niemand hat eine größere Liebe. – Wir danken für den
Geist, der uns treibt, Gutes zu tun und nicht müde zu
werden.

4 Gott, wir brechen das Brot füreinander – und wir empfangen den Leib Jesu Christi, deines Sohnes. – Wir bitten dich,
laß uns aus seiner Kraft in Liebe und Frieden leben; – dann
wird er selber unter uns sein, – dann werden wir sein Leib
– in dieser Welt bis in Ewigkeit. Amen.

Lateinische Akklamationen und Gesänge   **376**

nach der ersten Lesung

L Ver-bum Dó-mi-ni.　A De-o grá-ti-as.

nach der zweiten Lesung

L Ver-bum Dó-mi-ni.　A De-o grá-ti-as.

vor dem Evangelium

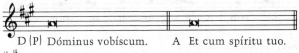

D (P) Dóminus vobíscum.　A Et cum spíritu tuo.

D (P) Léctio sancti Evangélii secún - dum　N...

A Glória ti - bi　Dó - mi - ne.

nach dem Evangelium

D (P) Ver-bum Dó-mi-ni.　A Laus ti - bi Chri-ste. ——

zu den Fürbitten

V ... 　/ 　exaudíre 　di - gné - ris.

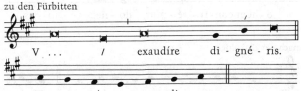

A Te　ro - gá - mus, au - di　nos.

zum Hochgebet, vor der Präfation

377
1

P Dó-mi-nus vo-bís-cum. A Et cum spí-ri-tu tu-o.

P Sur-sum cor-da. A Ha-bé-mus ad Dó-mi-num.

P Grá-ti-as a-gá-mus Dó-mi-no De-o

no-stro. A Di-gnum et iu-stum est.

nach der Konsekration

oder:

2

P My-sté-ri-um fí-de-i. My-sté-ri-um fí-de-i.

A Mor-tem tu-am an-nun-ti-á-mus,

Dó-mi-ne, et tu-am re-sur-re-cti-

ó-nem con-fi-té-mur, do-nec vé-ni-as.

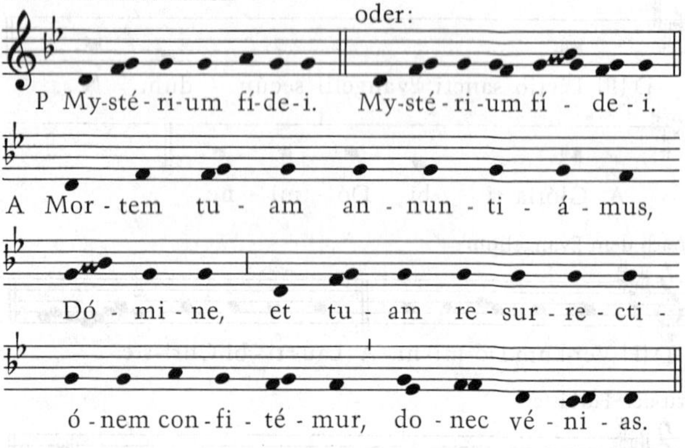

nach der Doxologie

3

P ... per ó-mni-a sáe-cu-la sae-cu-ló-rum. A A-men.

Gebet des Herrn

378

A Pa - ter no - ster, qui es in cae - lis;

san - cti - fi - cé - tur no - men tu - um;

ad - vé - ni - at re - gnum tu - um; fi - at

vo - lún - tas tu - a, si - cut in cae - lo,

et in ter - ra. Pa - nem no - strum

co - ti - di - á - num da no - bis hó - di - e;

et di - mít - te no - bis dé - bi - ta no - stra,

si - cut et nos di - mít - ti - mus de - bi - tó -

ri - bus no - stris; et ne nos in - dú - cas in

ten - ta - ti - ó - nem; sed lí - be - ra nos a ma - lo.

nach dem „Libera nos"

P ... Salvatóris no - stri Ie - su Chri - sti.

A Qui - a tu - um est re - gnum, et

po - té - stas, et gló - ri - a in sáe - cu - la.

Friedenswunsch

379
1

P Pax Dó - mi - ni sit sem - per vo - bís - cum.

A Et cum spí - ri - tu tu - o.

zur Entlassung

2

P (D) I - te, mis - sa est. A De - o grá - ti - as.

3

P (D) I - te, mis - sa est, Hal - le -
A De - o grá - ti - as, Hal - le -

lu - ja, Hal - le - - lu - - ja.
lu - ja, Hal - le - - lu - - ja.

MESSGESÄNGE

Lateinische Meßgesänge

Erste Choralmesse — Missa mundi

V/A Ký - ri - e   e - lé - i - son.

V/A Chri - ste   e - lé - i - son.

V/A Ký - ri - e   e - lé - i - son.

Wenn man jeden Ruf dreimal singt, werden beide Wiederholungen von A gesungen; der 9. Ruf lautet dann:

A Ký - ri - e   e - lé - i - son. ___

Vat. XVI

Gló - ri - a   in   ex - cél - sis   De - o.

V Et   in   ter - ra   pax   ho - mí - ni - bus

bo - nae vo - lun - tá - tis. A Lau - dá - mus te.

V Be - ne - dí - ci - mus te. A Ad - o - rá - mus te.

V Glo - ri - fi - cá - mus te. A Grá - ti - as á - gi - mus
ti - bi pro - pter ma - gnam gló - ri - am tu - am.

V Dó - mi - ne De - us, Rex cae - lé - stis, De - us
Pa - ter o - mní - po - tens. A Dó - mi - ne Fi - li
u - ni - gé - ni - te, Je - su Chri - ste.

V Dó - mi - ne De - us, A - gnus De - i,
Fí - li - us Pa - tris. A Qui tol - lis
pec - cá - ta mun - di, mi - se - ré - re no - bis.

V Qui tol - lis pec - cá - ta mun - di, sús - ci - pe
de - pre - ca - ti - ó - nem no - stram. A Qui se - des
ad déx - te - ram Pa - tris, mi - se - ré - re no - bis.

V Quó-ni-am tu so-lus san-ctus. A Tu so-lus
Dó-mi-nus. V Tu so-lus Al-tís-si-mus,
Je-su Chri-ste. A Cum San-cto Spí-ri-tu,
in gló-ri-a De-i Pa-tris. A-men.

Vat. XV

403

San-ctus, San-ctus, San-ctus
Dó-mi-nus De-us Sá-ba-oth. Ple-ni
sunt cae-li et ter-ra gló-ri-a
tu-a. Ho-sán-na in ex-cél-sis.
Be-ne-dí-ctus qui ve-nit in nó-mi-ne
Dó-mi-ni. Ho-sán-na in ex-cél-sis.

404

V A - gnus De - i, A qui tol - lis pec - cá - ta

mun - di: mi - se - ré - re no - bis.

V A - gnus De - i, A qui tol - lis pec - cá - ta

mun - di: mi - se - ré - re no - bis.

V A - gnus De - i, A qui tol - lis pec - cá - ta

mun - di: do - na no - bis pa - cem.

Vat. XVIII

Zweite Choralmesse – de Angelis

405

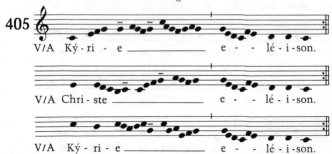

V/A Ký - ri - e _____ e - - lé - i - son.

V/A Chri - ste _____ e - - lé - i - son.

V/A Ký - ri - e _____ e - - lé - i - son.

Wenn man jeden Ruf dreimal singt, werden beide Wiederholungen
von A gesungen; der 9. Ruf lautet dann:

A Ký-ri-e _____ e - lé-i-son.

406

Gló-ri-a in ex-cél-sis De-o.

V Et in ter-ra pax ho-mí-ni-bus

bo-nae vo-lun-tá-tis. A Lau-dá-mus te.

V Be-ne-dí-ci-mus te. A Ad-o-rá-

mus te. V Glo-ri-fi-cá-mus te.

A Grá-ti-as á-gi-mus ti-bi

pro-pter ma-gnam gló-ri-am tu-am.

V Dó-mi-ne De-us, Rex cae-lé-stis,

De-us Pa-ter o-mní-po-tens.

A Dó - mi - ne Fí - li u - ni - gé - ni - te,

Je - su Chri - ste. V Dó - mi - ne De - us,

A - gnus De - i, Fí - li - us— Pa - tris.

A Qui tol - lis pec - cá - ta mun - di,

mi - se - ré - re no - bis. V Qui tol - lis

pec - cá - ta mun - di, sú - sci - pe

de - pre - ca - ti - ó - nem no - stram.

A Qui se - des ad déx - te - ram Pa - tris,

mi - se - ré - re no - bis. V Quó - ni - am

tu so - lus san - ctus. A Tu so - lus Dó - mi - nus.

V Tu so-lus Al-tís-si-mus, Je-su Chri-ste.

A Cum San-cto Spí-ri-tu, in gló-ri-a

De-i Pa-tris. A - men.

407

San - ctus, San-ctus, San - ctus

Dó - mi-nus De-us Sá - - - - ba-oth.

Ple-ni sunt cae-li et ter-ra

gló-ri-a tu-a. Ho-sán-na

in ex-cél - sis. Be-ne-dí-ctus

qui ve-nit in nó-mi-ne Dó-mi-ni.

Ho-sán - na in ex-cél - - sis.

408 V A - gnus De - i, A qui tol - lis pec-cá - ta mun - di: mi - se - ré - re _ no - bis.

V A - gnus De - i, A qui tol - lis pec-cá - ta mun - di: mi - se - ré - re _ no - bis.

V A - gnus De - i, A qui tol - lis pec-cá - ta mun - di: do - na no - bis _ pa - cem.

409 V I - te, _ mis - sa est.
A De - o _ grá - ti - as.

Vat. VIII

Dritte Choralmesse – Lux et origo

410 V/A Ký - ri - e _ e - lé - i - son.

V/A Chri - ste _ e - lé - i - son.

V/A Ký - ri - e _ e - lé - i - son.

Wenn man jeden Ruf dreimal singt, werden beide Wiederholungen
von A gesungen; der 9. Ruf lautet dann:

A Ký-ri - e _____ e - lé - i - son.

411

Glo - ri - a in ex - cél - sis De - o.

V Et in ter - ra pax ho - mí - ni - bus

bo - nae vo - lun - tá - tis. A Lau-dá-mus te.

V Be - ne - dí - ci - mus te. A Ad - o - rá -

mus te. V Glo - ri - fi - cá - mus te. ____

A Grá - ti - as á - gi - mus ti - bi

pro - pter ma - gnam gló - ri - am tu - am.

V Dó - mi - ne De - us, Rex cae - lé - stis,

De - us Pa - ter o - mní - po - tens.

A Dó - mi - ne Fí - li u - ni - gé - ni - te,

Je - su Chri - ste. V Dó - mi - ne De - us,

A - gnus De - i, Fí - li - us Pa - tris.

A Qui tol - lis pec - cá - ta mun - di,

mi - se - ré - re no - bis. V Qui tol - lis

pec - cá - ta mun - di, sús - ci - pe

de - pre - ca - ti - ó - nem no - stram.

A Qui se - des ad déx - te - ram Pa - tris,

mi - se - ré - re no - bis. V Quó - ni - am

tu so - lus san - ctus. A Tu so - lus Dó - mi - nus.

V Tu so - lus Al - tis - sí - mus, Je - su Chri - ste.

A Cum San - cto Spí - ri - tu, in gló - ri - a

De - i Pa - tris. A - - men.

412

San - ctus, San - ctus, San - ctus

Dó - mi - nus De - us Sá - ba - oth.

Ple - ni sunt cae - li et ter - ra

gló - ri - a tu - a. Ho - sán - na

in ex - cél - sis. Be - ne - dí - ctus

qui ve - nit in nó - mi - ne Dó - mi - ni.

Ho - sán - na in ex - cél - sis.

413

V A - gnus De - i, A qui tol - lis pec - cá - ta

mun - di: mi - se - ré - re no - bis.

V A - gnus De - i, A qui tol - lis pec - cá - ta

mun - di: mi - se - ré - re no - bis.

V A - gnus De - i, A qui tol - lis pec - cá - ta

mun - di: do - na no - bis pa - cem.

414

V I - te, _____ mis - sa est.
A De - o _____ grá - ti - as.

Vat. I

Vierte Choralmesse – Adventus et Quadragesima

415

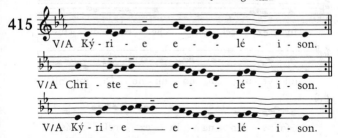

V/A Ký - ri - e e - lé - i - son.

V/A Chri - ste _____ e - lé - i - son.

V/A Ký - ri - e _____ e - lé - i - son.

Wenn man jeden Ruf dreimal singt, werden beide Wiederholungen
von A gesungen; der 9. Ruf lautet dann:

416

A Ký-ri-e _____ e - lé - i - son.

San - ctus, San - ctus, San - ctus

Dó - mi - nus De - us Sá - ba - oth.

Ple - ni sunt cae - li et ter - ra

gló - ri - a tu - a. Ho -

sán - na _____ in ex - cél - sis.

Be - ne - dí - ctus qui ve - nit

in nó - mi - ne Dó - mi - ni.

Ho - sán - na _____ in ex - cél - sis.

417 V Agnus Dei, A qui tollis peccáta mundi: miserére nobis.

V Agnus Dei, A qui tollis peccáta mundi: miserére nobis.

V Agnus Dei, A qui tollis peccáta mundi: dona nobis pacem.

418 V Ite, missa est.
A Deo grátias.

Vat. XVII

Fünfte Choralmesse – Alme pater

419 V Kýrie eléison.

A Kýrie eléison.

V Kýrie eléison.

A Chri - ste e - lé - i - son. V Chri - ste

e - lé - i - son. A Chri - ste e - lé - i - son.

V Ký - ri - e ___ e - lé - i - son. A Ký - ri - e

e - lé - i - son. V Ký - ri - e ___

A ___ e - lé - i - son.

420

San - ctus, San - ctus, San - ctus

Dó - mi - nus De - us Sá - ba - oth.

Ple - ni sunt cae - li et ter - ra

gló - ri - a tu - a. Ho - sán - na in ex - cél - sis.

Be - ne - dí - ctus qui ve - nit in nó - mi - ne

Dó - mi - ni. Ho - sán - na in ex - cél - sis.

421

V Agnus Dei, A qui tol - lis pec-cá - ta
mun - di: mi - se - ré - re no - bis.

V Agnus De - i, A qui tol - lis pec-cá - ta
mun - di: mi - se - ré - re no - bis.

V A - gnus De - i, A qui tol - lis pec-cá - ta
mun - di: do - na no - bis pa - cem.

422

V I - te, ___ mis - sa est.
A De - o ___ grá - ti - as.

Vat. X

Credo

423

Cre - do in u - num De - um,

V Pa - trem o - mni - po - tén - tem, fa - ctó-rem cae - li

et ter - rae, vi - si - bí - li - um ó - mni - um

et in-vi-si-bí - li - um. A Et in
u - num Dó - mi - num Je - sum Chri - stum,
Fí - li - um De - i u - ni - gé - ni - tum,
V et ex Pa - tre na - tum an - te ó - mni - a
sáe - cu - la. A De - um de De - o, lu - men
de lú - mi - ne, De - um ve - rum de
De - o ve - ro, V gé - ni - tum, non fa - ctum,
con - sub - stan - ti - á - lem Pa - tri: per quem
ó - mni - a fa - cta sunt. A Qui pro - pter
nos hó - mi - nes et pro - pter no - stram
sa - lú - tem de - scén - dit de cae - lis.

(423)

V Et in-car-ná-tus est de Spí-ri-tu San-cto

ex Ma-rí-a Vír-gi-ne, Et ho-mo fa-ctus est.

A Cru-ci-fí-xus é-ti-am pro no-bis

sub Pón-ti-o Pi-lá-to; pas-sus et se-púl-

tus est, V et re-sur-ré-xit tér-ti-a di-e,

se-cún-dum Scri-ptú-ras, A et a-scén-dit

in cae-lum, se-det ad déx-te-ram Pa-tris.

V Et í-te-rum ven-tú-rus est cum gló-ri-a,

ju-di-cá-re vi-vos et mór-tu-os, cu-jus

re-gni non e-rit fi-nis. A Et in Spí-ri-tum

San-ctum, Dó-mi-num et vi-vi-fi-cán-tem:

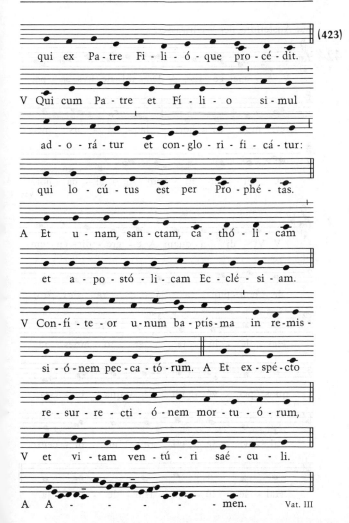

(423)

qui ex Pa - tre Fi - li - ó - que pro - cé - dit.

V Qui cum Pa - tre et Fí - li - o   si - mul

ad - o - rá - tur et con - glo - ri - fi - cá - tur:

qui lo - cú - tus est per Pro - phé - tas.

A Et u - nam, san - ctam, ca - thó - li - cam

et a - po - stó - li - cam Ec - clé - si - am.

V Con - fí - te - or u - num ba - ptís - ma in re - mis -

si - ó - nem pec - ca - tó - rum. A Et ex - spé - cto

re - sur - re - cti - ó - nem mor - tu - ó - rum,

V et vi - tam ven - tú - ri saé - cu - li.

A A - - - - - - men.   Vat. III

zur Austeilung des Weihwassers

424

1 A - spér-ge me, A Dó - mi - ne, hys - só - po, et mun - dá - bor: la - vá - bis me, et su - per ni - vem de - al - bá - bor.

Vat.

2 Vi - di a - quam A e - gre - di - én - tem de tem - plo, a lá - te - re dex - tro, Hal - le - lú - ja: et o - mnes ad quos per - vé - nit a - qua i - sta, sal - vi fa - cti sunt, et di - cent: Hal - le - lú - ja, Hal - le - lú - ja.

Vat.

Deutsche Meßgesänge

Alban-Messe

425

V/A Herr, er - bar - me dich.

V/A Chri - stus, er - bar - me dich.

V/A Herr, er - bar - me dich.

Wenn man jeden Ruf dreimal singt, werden beide Wiederholungen von A gesungen; der 9. Ruf lautet dann:

A Herr, er - bar - me dich.

426

Eh - re sei Gott in der Hö - he

V und Frie-de auf Er - den den Men-schen sei - ner

Gna - de. A Wir lo-ben dich, wir prei-sen dich,

wir be - ten dich an, wir rüh-men dich und

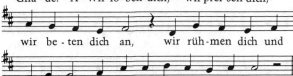

dan-ken dir, denn groß ist dei - ne Herr-lich-keit:

V Herr und Gott, Kö-nig des Him-mels, Gott und

Va-ter, Herr-scher ü-ber das All,

A Herr, ein-ge-bo-re-ner Sohn, Je-sus Chri-stus.

V Herr und Gott, Lamm Got-tes, Sohn des Va-ters,

A du nimmst hin-weg die Sün-de der Welt:

er-bar-me dich un-ser; V du nimmst hin-weg

die Sün-de der Welt: nimm an un-ser Ge-bet;

A du sit-zest zur Rech-ten des Va-ters:

er-bar-me dich un-ser. V Denn du al-lein

bist der Hei-li-ge, A du al-lein der Herr,

V du al-lein der Höch-ste: Je-sus Chri-stus,

A mit dem Hei - li - gen Geist, zur Eh - re

Got - tes des Va - ters. A - - men.

427

Hei - lig, hei - lig, hei - lig Gott, Herr al - ler

Mäch-te und Ge - wal - ten. Er-füllt sind Him-mel und

Er - de von dei-ner Herr-lich-keit. Ho - san-na in der

Hö - he. Hoch-ge - lobt sei, der da kommt im

Na-men des Herrn. Ho - san - na in der Hö-he.

428

V Lamm Got - tes, A du nimmst hin-weg die

Sün - de der Welt: er - bar - me dich un - ser.

V Lamm Got - tes, A du nimmst hin-weg die

Sün - de der Welt: gib uns dei - nen Frie - den.

M: Heinrich Rohr 1943/1972

Florian-Messe

429

V/A Herr, er - bar - me dich un - ser.

V/A Chri - stus, er - bar - me dich un - ser.

V/A Herr, er - bar - me dich un - ser.

430

Eh - re sei Gott in der Hö - he

V und— Frie - de auf Er - den den Men - schen

sei - ner Gna - de. A Wir lo - ben dich,

V wir prei - sen dich, A wir be - ten dich an,

V wir— rüh - men dich und dan - ken dir,

denn groß ist dei - ne Herr - lich - keit:

A Herr und Gott, Kö - nig des Him - mels,

Gott und Va - ter, Herr - scher ü - ber das All,

V Herr, ein-ge-bo-re-ner Sohn, Je-sus Chri-stus.

A Herr und Gott, Lamm Got-tes, Sohn des Va-ters,

V du nimmst hin-weg die Sün-de der Welt:

er-bar-me dich un-ser; A du nimmst hin-weg

die Sün-de der Welt: nimm an— un-ser Ge-bet;

V du sit-zest zur Rech-ten des Va-ters,

er-bar-me dich un-ser. A Denn du al-lein

bist der Hei-li-ge, du al-lein— der Herr,

V du al-lein der Höch-ste: Je-sus Chri-stus,

A mit dem Hei-li-gen Geist, zur Eh-re Got-tes

des Va-ters. A-   -   -   men.

431

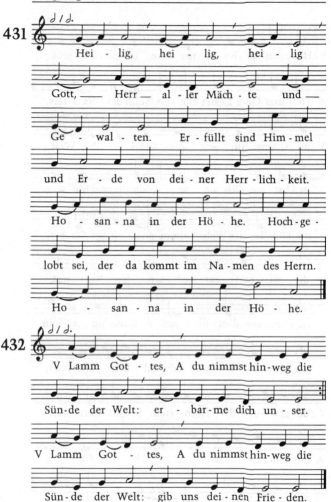

Hei - lig, hei - lig, hei - lig

Gott, — Herr — al - ler Mäch - te und —

Ge - wal - ten. Er - füllt sind Him - mel

und Er - de von dei - ner Herr - lich - keit.

Ho - san - na in der Hö - he. Hoch - ge -

lobt sei, der da kommt im Na - men des Herrn.

Ho - san - na in der Hö - he.

432

V Lamm Got - tes, A du nimmst hin - weg die

Sün - de der Welt: er - bar - me dich un - ser.

V Lamm Got - tes, A du nimmst hin - weg die

Sün - de der Welt: gib uns dei - nen Frie - de.

M: Josef Kronsteiner 1945/1972

Leopold-Messe

V/A Herr, er-bar-me dich un-ser. V/A Chri-stus, er-bar-me dich un-ser. V/A Herr, er-bar-me dich un-ser.

433

Hei-lig, hei-lig, hei-lig Gott, Herr al-ler Mäch-te und Ge-wal-ten. Er-füllt sind Him-mel und Er-de von dei-ner Herr-lich-keit. Ho-san-na in der Hö-he. Hoch-ge-lobt sei, der da kommt im Na-men des Herrn. Ho-san-na in der Hö-he.

434

V Lamm Got-tes, A du nimmst hin-weg die Sün-de der Welt: er-bar-me dich un-ser.
V Lamm Got-tes, A du nimmst hin-weg die Sün-de der Welt: gib uns dei-nen Frie-den.

435

M: Vinzenz Goller 1937 (1972)

Paulus-Messe

436

V/A Herr, er - bar - me dich. V/A Chri - stus, er -

bar - me dich. V/A Herr, er - bar - me dich.

Wenn man jeden Ruf dreimal singt, werden beide Wiederholungen
von A gesungen; der 9. Ruf lautet dann:

A Herr, er - bar - me dich un - ser.

437

Eh - re sei Gott in der Hö - he

V und Frie - de auf Er - den den Men-schen

sei - ner Gna - de. A Wir lo - ben dich,

wir prei - sen dich, wir be - ten dich an,

V wir rüh - men dich und dan - ken dir,

denn groß ist dei - ne Herr - lich - keit:

A Herr und Gott, Kö - nig des Him-mels, Gott und

Va - ter, Herr-scher ü - ber das All,

V Herr, ein-ge-bo-re-ner Sohn, Je-sus Chri-stus.

Herr und Gott, Lamm Got-tes, Sohn des Va-ters,

A du nimmst hin-weg die Sün-de der Welt: er-bar-me

dich un-ser; V du nimmst hin-weg die Sün-de

der Welt: nimm an un-ser Ge-bet; A du sit-zest

zur Rech-ten des Va-ters: er-bar-

me dich un-ser. V Denn du al-lein bist der

Hei-li-ge, du al-lein der Herr, A du al-

lein der Höch-ste: Je-sus Chri-stus,

V mit dem Hei-li-gen Geist, zur Eh-re

Got-tes des Va-ters. A A-men.

438

Hei - lig, hei - lig, hei - lig Gott, Herr al - ler
Mäch - te und Ge - wal - ten. Er - füllt
sind Him - mel und Er - de von dei - ner
Herr - lich - keit. Ho - san - na in der Hö - he.
Hoch - ge - lobt sei, der da kommt im Na - men
des Herrn. Ho - san - na in der Hö - he.

439

V Lamm Got - tes, du nimmst hin - weg die
Sün - de der Welt: A er - bar - me dich un - ser.
V Lamm Got - tes, du nimmst hin - weg die
Sün - de der Welt: A gib uns dei - nen Frie - den.

M: Heino Schubert 1965/1972

Mainzer Dom-Messe

V/A Herr, er - bar - me dich. V/A Chri - stus,

er - bar - me dich. V/A Herr, er - bar - me dich.

Wenn man jeden Ruf dreimal singt, werden beide Wiederholungen von A gesungen; der 9. Ruf lautet dann:

A Herr, er - bar - - - me dich. ____

440

V Hei - lig, hei - lig, hei - lig, Herr, du Gott der

Scha - ren. A Hosanna dir in der Hö - he. V Der du

herr-schest vom höch-sten Thro - ne: A Ho-san-na

dir in der Hö - he. V Dei-ner Herrlichkeit voll sind

Him - mel und Er - de. A Ho-san-na dir in der

Hö-he. V Hochgelobt, der da kommt im Na-men des

Herrn. A Ho-san-na dir in der Hö - he.

441

442

V Chri - stus, Got - tes Lamm, A der du hin - weg - nimmst die Sün - de der Welt: er - bar - me dich un - ser.

V Chri - stus, Got - tes Lamm, A der du hin - weg - nimmst die Sün - de der Welt: gib uns den Frie - - - den.

M: Heinrich Rohr 1964

Allerheiligen-Messe

443

V/A Herr, er - bar - me dich.

V/A Chri - stus, er - bar - me dich.

V/A Herr, er - bar - me dich.

M: Hermann Schroeder 1965

444

Eh - re sei Gott in der Hö - he

V und Frie - de auf Er - den den Men-schen sei - ner

Gna - de. A Wir lo - ben dich,

V wir prei-sen dich, A wir be - ten dich an,

V wir rüh - men dich und dan - ken dir, denn

groß ist dei - ne Herr - lich - keit:

A Herr und ___ Gott, Kö - nig des

Him - mels, Gott und Va - ter, Herr-scher

ü - ber das All, Herr, ein - ge - bo - re - ner

Sohn, Je - sus Chri - - stus.

V Herr und Gott, Lamm Got - tes, Sohn des Va - ters,

A du nimmst hin - weg die Sün - de der Welt:

er - bar - me dich un - ser; V du

nimmst hin - weg die Sün - de der Welt: nimm

an un - ser Ge - bet; A du sit - zest zur

Rech - ten des Va - ters: er - bar - me dich

un - ser. V Denn du al - lein bist der

Hei - li - ge, A du al - lein der Herr, V du al -

lein der Höch - ste: Je - sus Chri - stus,

A mit dem Hei - li - gen Geist, zur Eh - re

Got - tes des Va - ters. A - men.

M: Heinrich Rohr 1951/1972

445

Hei - lig, hei - lig, hei - lig

Gott, Herr al - ler Mäch - te und Ge - wal - ten.

Er - füllt sind Him - mel und Er - de von dei - ner

Herr - lich - keit. Ho - san - na in __ der __ Hö - he.

Hoch - ge - lobt sei, der da kommt im Na - men

des Herrn. Ho - san - na in __ der __ Hö - he.

M: Hermann Schroeder 1965/1972

446

V Chri - stus, Got - tes Lamm, der du hinwegnimmst

die Sün - de der Welt: A er - bar - me dich un - ser.

V Chri - stus, Got - tes Lamm, der du hinwegnimmst

die Sün - de der Welt: A gib uns dei - nen Frie - den.

M: Fritz Schieri 1957

Das Apostolische Glaubensbekenntnis II

447

Ich glau-be an Gott, (A) den Va-ter, den All-mäch-ti-gen, den Schöp-fer des Him-mels und der Er-de, (V) und an Je-sus Chri-stus, sei-nen ein-ge-bo-re-nen Sohn, un-sern Herrn, (A) emp-fan-gen durch den Hei-li-gen Geist, ge-bo-ren von der Jung-frau Ma-ri-a, (V) ge-lit-ten un-ter Pon-ti-us Pi-la-tus, ge-kreu-zigt, ge-stor-ben und be-gra-ben, hin-ab-ge-stie-gen in das Reich des To-des, (A) am drit-ten Ta-ge auf-er-stan-den von den To-ten,

auf - ge - fah - ren   in   den   Him - mel;

(V) er   sitzt   zur   Rech - ten   Got - tes,   des   all -

mäch - ti - gen   Va - ters;   (A) von   dort   wird   er

kommen,   zu   rich - ten   die   Le - ben - den   und   die

To - ten.   (V) Ich   glau - be   an   den   Hei - li - gen

Geist,   die   hei - li - ge   ka - tho - li - sche

Kir - che,   (A) Ge - meinschaft der   Hei - li - gen,

Ver - ge - bung   der   Sün - den,   Auf - er -

ste - hung   der   To - ten   und   das

e - wi - ge   Le - ben.   A - men, A - men.

M: Karl Norbert Schmid 1972

Das Apostolische Glaubensbekenntnis III

448

Ich glau - be an Gott, V den Va - ter, den All - mäch - ti - gen, den Schöp - fer des Himmels und der Er - de, A - A - men, wir glau - ben. - V und an Je - sus Chri - stus, sei - nen ein - ge - bo - re - nen Sohn, un - sern Herrn, A - A - men, wir glau - ben. - V empfangen durch den Hei - li - gen Geist, ge - bo - ren von der Jung - frau Ma - ri - a, A - A - men, wir glau - ben. - V ge - lit - ten un - ter Pon - ti - us Pi - la - tus, ge - kreu - zigt, ge - stor - ben und be - gra - ben, A - A - men, wir glau - ben. - V hin - ab - ge - stie - gen in das Reich des To - des, am drit - ten Ta - ge

auf-er-stan-den von den To-ten, A -Amen, wir glauben.-

V auf-ge-fah-ren in den Him-mel; er sitzt zur

Rech-ten Got-tes, des all-mäch-ti-gen Va-ters;

A -A-men, wir glau-ben.- V von dort wird er kom-men,

zu rich-ten die Le-ben-den und die To-ten.

A -A-men, wir glau-ben.- V Ich glau-be an den Hei-

li-gen Geist, die hei-li-ge ka-tho-li-sche Kir-che,

Gemeinschaft der Hei-li-gen, A -Amen, wir glauben.-

V Ver-ge-bung der Sün-den, Auf-er-ste-hung

der To-ten und das e - - - -

wi-ge Le - ben. A -A-men, wir glau-ben.-

M: Fritz Schieri 1972
Die Akklamation „Amen, wir glauben" kann entfallen, außer am Ende.
Dann singt man die Abschnitte abwechselnd zwischen V und A.

Das große Glaubensbekenntnis

449

Wir glau - ben an den ei - nen Gott,

V den Va - ter, den All - mäch - ti - gen, der al - les

ge - schaf - fen hat, Him - mel und Er - de,

die sicht - ba - re und die un - sicht - ba - re Welt.

A Und an den ei - nen Herrn Je - sus Chri - stus,

Got - tes ein - ge - bo - re - nen Sohn, aus dem

Va - ter ge - bo - ren vor al - ler Zeit: V Gott von Gott,

Licht vom Licht, wah - rer Gott vom wah - ren Gott.

Ge - zeugt, nicht ge - schaf - fen, ei - nes We - sens

mit dem Va - ter; durch ihn ist al - les ge - schaf - fen.

A Für uns Men-schen und zu un-serm Heil

ist er vom Him-mel ge-kom-men, hat Fleisch

an-ge-nom-men durch den Hei-li-gen Geist

von der Jung-frau Ma-ri-a und ist

Mensch ge-wor-den. V Er wur-de für

uns ge-kreu-zigt un-ter Pon-ti-us

Pi-la-tus, hat ge-lit-ten und ist

be-gra-ben wor-den, A ist am drit-ten

Ta-ge auf-er-stan-den nach der Schrift

und auf-ge-fah-ren in den Him-mel.

Er sitzt zur Rech-ten des Va-ters

V und wird wie - der - kom - men in Herr - lich - keit,

zu rich - ten die Le - ben - den und die To - ten;

sei - ner Herr - schaft wird kein En - de sein.

A Wir glau - ben an den Hei - li - gen Geist,

der Herr ist und le - ben - dig macht, der aus

dem Va - ter und dem Sohn her - vor - geht,

V der mit dem Va - ter und dem Sohn

an - ge - be - tet und ver - herr - licht wird,

der ge - spro - chen hat durch die Pro - phe - ten,

A und die ei - ne, hei - li - ge, ka - tho -

li - sche und a - po - sto - li - sche Kir - che.

V Wir be-ken-nen die ei-ne Tau-fe zur Ver-ge-bung der Sün-den. A Wir er-war-ten die Auf-er-ste-hung der To-ten und das Le-ben der kommen-den Welt. A - - - - men.

M: Heinrich Kahlefeld; nach Credo III, 1972

450 ö

Wir glau-ben an Gott Va-ter, den Schöp-fer al-ler Welt, und an Chri-stus, un-sern Her-ren, der für uns Mensch ge-wor-den ist und den Tod er-lit-ten hat am Kreuz. Auf-er-stan-den von den To-ten, auf-ge-fah-ren in den Him-mel, wird er wie-der-kom-men zum Ge-richt.

Wir glau-ben an Gott den Trö - ster, den Geist, der
le-ben-dig macht, und die ei - ne hei - li - ge
Kir - che und das e - wi - ge Le - ben. A - men.

T: EGB 1970 nach dem Credo   M: 15. Jh. / Wittenberg 1524

Kyrie-Rufe

451

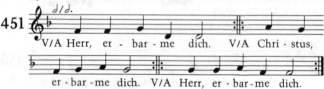

V/A Herr, er - bar - me dich. V/A Chri - stus,
er - bar - me dich. V/A Herr, er - bar-me dich.

Wenn man jeden Ruf dreimal singt, werden beide Wiederholungen
von A gesungen; der 9. Ruf lautet dann:

A Herr, er - bar - me dich.

M: Josef Friedrich Doppelbauer 1967

452

V/A Herr, er - bar - me dich. V/A Chri - stus,
er - bar - me dich. V/A Herr, er - bar - me dich.

Wenn man jeden Ruf dreimal singt, werden beide Wiederholungen
von A gesungen; der 9. Ruf lautet dann:

A Herr, er - bar - me dich un - ser.

M: Fritz Schieri 1957

453

V Herr, er - bar - me dich.

A Herr, er - bar - me dich.   Herr, er - bar - me dich.

V Chri-stus, er-barme dich. A Chri-stus, er-barme dich.

Christus, er-barme dich. V Herr, er - bar - me dich.

A Herr, er - bar - me dich.   Herr, er - bar - me dich.

M: Erhard Quack 1964

454

V Herr, er - bar - me dich un - ser. A Herr, er -

bar - me dich un - ser.   Herr, er - bar - me dich

un - ser. V Christ, er - bar - me dich un - ser.

A Christ, er - bar - me dich un - ser. Christ, er -

bar-me dich un - ser. V Herr, er-bar-me dich un-ser.

A Herr, er -barme dich un-ser. Herr, er-barme dich un-ser.

M: Erhard Quack 1941

Gloriagesänge

455

Eh - re sei Gott in der Hö - he

A und Frie - de auf Er - den den Menschen sei - ner

Gna - de. V Wir lo - ben dich, wir prei - sen dich,

wir be - ten dich an, wir rüh - men dich und

dan - ken dir, denn groß ist dei - ne Herr - lich - keit:

A Herr und Gott, Kö - nig des Him - mels, Gott und

Va - ter, Herr - scher ü - ber das All, Herr,

ein - ge - bo - re - ner Sohn, Je - sus Chri - stus.

V Herr und Gott, Lamm Got - tes, Sohn des Va - ters,

du nimmst hin - weg die Sün - de der Welt: er - bar - me

dich un - ser; du nimmst hin - weg die Sün - de der Welt:

nimm an un - ser Ge - bet; du sit - zest zur

Rech - ten des Va - ters: er - bar - me dich un - ser.

A Denn du al - lein bist der Hei - li - ge,

du al - lein der Herr, du al - lein der Höch - ste:

Je - sus Chri - stus, mit dem Hei - li - gen Geist,

zur Eh - re Got - tes des Va - ters.   A - men.

M: Albrecht Kronenberger 1972 nach einem Lektionston

456

Eh - re dir, Gott im heil - gen Thron, Frie - de

der Welt durch dei - nen Sohn; Lob, Preis und Dank

sei dei - nem Na - men.   Herr Chri - stus, der die

Schuld ver - zeiht, du bist er - höht in Herr - lich - keit,

eins mit dem Geist und Va - ter.   A - men.

T: Erhard Quack 1965, nach dem Gloria   M: Caspar Ulenberg 1582

457
ö

1. Al - lein Gott in der Höh sei Ehr
dar - um, daß nun und nim - mer - mehr

und Dank für sei - ne Gna - de,
uns rüh - ren kann — kein Scha - de.

Ein Wohl - ge - fal - len Gott an uns hat;

nun ist groß Fried ohn Un - ter - laß,

all Fehd hat nun ein En - - de.

2. Wir loben, preisen, anbeten dich; / für deine Ehr wir
danken, / daß du, Gott Vater, ewiglich / regierst ohn alles
Wanken. / Ganz ungemessen ist deine Macht, / allzeit geschieht, was du bedacht. / Wohl uns solch eines Herren!
3. O Jesu Christ, Sohn eingeborn / des allerhöchsten
Vaters, / Versöhner derer, die verlorn, / du Stiller unsers
Haders. / Lamm Gottes, heiliger Herr und Gott, / nimm an
die Bitt aus unsrer Not. / Erbarm dich unser. Amen.

T: Nikolaus Decius 1522 nach dem Gloria
M: Nikolaus Decius 1522 nach dem Gloria Nr. 411

458

Herr, Gott im Him - mel, dir sei Eh - re,
Wir prei - sen dich, all - mäch - ger Va - ter,

den Men - schen Frie - de weit und breit.
denn groß ist dei - ne Herr - lich - keit.

Er - barm dich un - ser, du Lamm Got - tes,

hör un - ser Be - ten, Chri - stus, Herr!

Denn du bist hei - lig, du der Höch - ste

zu Got - tes, dei - nes Va - ters, Ehr.

T: Maria Luise Thurmair 1970 nach dem Gloria
M: Otmar Faulstich 1971

Sanctus

459

Hei - lig, hei - lig, hei - lig Gott, Herr al - ler

Mäch - te und Ge - wal - ten. Er - füllt sind

Him - mel und Er - de von dei - ner Herr - lich - keit.

Ho - san - na in der Hö - he. Hoch - ge -

lobt sei, der da kommt im Na - men des Herrn.

Ho - san - na, ho - san - na in der Hö - he.

M: Heinrich Rohr 1972

Agnus-Dei-Gesänge

460

V Lamm Got - tes, A du nimmst hin - weg die
Sün - de der Welt: er - bar - me dich un - ser.

V Lamm Got - tes, A du nimmst hin - weg die
Sün - de der Welt: er - bar - me dich un - ser.

V Lamm Got - tes, A du nimmst hin - weg die
Sün - de der Welt: gib uns dei - nen Frie - den.

M: Fritz Schieri 1972

461

V Lamm Got - tes, A du nimmst hin - weg die
Sün - de der Welt: er - bar - me dich un - ser.

V Lamm Got - tes, A du nimmst hin - weg die
Sün - de der Welt: gib uns dei - nen Frie - den.

M: Heinrich Rohr 1951

Erste Reihe

zur Eröffnung

462

Zu dir, o Gott, er - he - ben wir
die See - le mit Ver - trau - en.
Dein Volk er - freu - et sich in dir,
wollst gnä - dig nie - der - schau - en.
Laß leuch - ten, Herr, dein An - ge - sicht,
er - füll uns mit der Gna - de Licht
und schenk uns dein Er - bar - men.

2. Herr, zeige uns die Wege dein / und lehr uns deine
Pfade. / Ganz nahe laß dein Wort uns sein / voll Wahrheit und voll Gnade. / Nimm du hinweg der Sünde
Schuld, / mit unsrer Schwachheit hab Geduld / und schenk
uns dein Erbarmen.

T: EGB 1972 nach Heinrich Bone 1851
M: nach Caspar Ulenberg 1582

Kyrie-Ruf

463

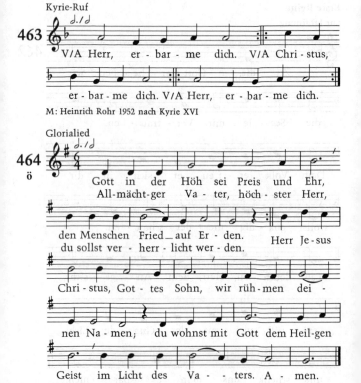

V/A Herr, er - bar - me dich. V/A Chri - stus,

er - bar - me dich. V/A Herr, er - bar - me dich.

M: Heinrich Rohr 1952 nach Kyrie XVI

Glorialied

464
ö

Gott in der Höh sei Preis und Ehr,
All - mächt - ger Va - ter, höch - ster Herr,

den Menschen Fried — auf Er - den.
du sollst ver - herr - licht wer - den.   Herr Je - sus

Chri - stus, Got - tes Sohn, wir rüh - men dei -

nen Na - men; du wohnst mit Gott dem Heil - gen

Geist im Licht des Va - - ters. A - men.

T: EGB 1970 nach dem Gloria
M: Augsburg 1659

zum Antwortpsalm

465

Herr, du hast Wor - te e - wi - gen Le - bens.

IIb, IVg. Q33

Halleluja-Ruf

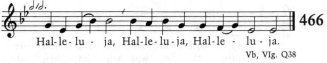

466

Hal-le-lu - ja, Hal-le-lu-ja, Hal-le - lu - ja.

Vb, VIg. Q38

zum Glaubensbekenntnis

467

Wir glau-ben an den ei - nen Gott,

den Va - ter, der er-schuf die Welt,

den Sohn, der für uns litt den Tod,

den Heil - gen Geist, der uns er - hält.

Wir glau-ben an die Kirch al - lein,

die ei - nig, hei - lig, all - ge - mein,

und an des Lei - bes Auf - er - stehn

und ew - ges Le - ben in den Höhn. A - men.

T: Limburg 1931
M: Innsbruck 1588 / Erhard Quack 1941

zur Bereitung der Gaben

468

O Gott, nimm an die Ga - ben, die
nimm al - les, was wir ha - ben, zu

du uns hast ver - liehn; Be - rei - te Herz und
dei - nem Lo - be hin.

Hän - de, daß wür - dig wir be - gehn das

Op - fer oh - ne En - de, das du dir aus - er - sehn.

T: Mainz 1947 / EGB 1972
M: Melchior Teschner 1613

469
ö

Hei - lig ist Gott in Herr - lich - keit; sein

Ruhm er - füllt die Himmel weit. Lob - sin - get, ju - belt

ihm. Ho - san - na. Preis ihm, der kommt in uns - re

Zeit. Lob - sin - get, ju - belt ihm. Ho - san - na.

T: Erhard Quack 1965 nach dem Sanctus
M: Caspar Ulenberg 1582

Agnus Dei

470 ö

O Lamm Got - tes un - schul - dig,

am Stamm des Kreu - zes ge - schlach - tet,

all - zeit er - fun - den ge - dul - dig,

wie - wohl du wa - rest ver - ach - tet,

all Sünd hast du ge - tra - gen,

sonst müß - ten wir ver - za - gen.

1. Er - barm dich un - ser, o Je - su.
2. Gib dei - nen Frie - den, o Je - su.

T: Nikolaus Decius um 1522
M: Nikolaus Decius 1522 / Gemeinsame Kirchenlieder 1973

zur Kommunion

471

Ko - stet und seht, wie gut der Herr.

Hal - le - lu - ja. Hal - le - lu - ja.

„tonus irregularis", VIa. Q38

472

1. O Je - - su, all mein Le - ben bist du, oh - ne dich nur Tod. Mei - ne Nah - rung bist du, oh - ne dich nur Not. Mei - ne Freu - de bist du, oh - ne dich nur Leid. Mei - ne Ru - he bist du, oh - ne dich nur Streit, o Je - su.

2. O Jesu, / all mein Glaube bist du, Ursprung allen Lichts. / Meine Hoffnung bist du, Heiland des Gerichts. / Meine Liebe bist du, Trost und Seligkeit. / All mein Leben bist du, Gott der Herrlichkeit, / o Jesu.

T: Schulgesangbuch Fulda, Hannover 1838; Str. 2 Georg Thurmair 1938
M: Hannover 1838 / Köln 1853

Dankgesang

473
ö

1. Im Frie-den dein, o Her-re mein, laß ziehn mich mei-ne Stra-ßen. Wie mir dein Mund ge-ge-ben kund, schenkst Gnad du oh-ne Ma-ßen, hast mein Ge-sicht das sel-ge Licht, den Hei-land, schau-en las-sen.

2. Mir armem Gast bereitet hast / das reiche Mahl der Gnaden. / Das Lebensbrot stillt Hungers Not, / heilt meiner Seele Schaden. / Ob solchem Gut jauchzt Sinn und Mut / mit alln, die du geladen.

3. O Herr, verleih, daß Lieb und Treu / in dir uns all verbinden, / daß Hand und Mund zu jeder Stund / dein Freundlichkeit verkünden, / bis nach der Zeit den Platz bereit / an deinem Tisch wir finden.

T: Friedrich Spitta 1899 nach Johann Englisch vor 1530
M: Wolfgang Dachstein vor 1530

Zweite Reihe

zur Eröffnung

474
ö

1. Nun jauchzt dem Her - ren, al - le Welt.

Kommt her, zu sei - nem Dienst euch stellt;

kommt mit Froh - lok - ken, säu - met nicht,

kommt vor sein hei - lig An - ge - sicht.

2. Erkennt, daß Gott ist unser Herr, / der uns erschaffen ihm zur Ehr, / und nicht wir selbst; durch Gottes Gnad / ein jeder Mensch sein Leben hat.

3. Wie reich hat uns der Herr bedacht, / der uns zu seinem Volk gemacht. / Als guter Hirt ist er bereit, / zu führen uns auf seine Weid.

4. Die ihr nun wollet bei ihm sein, / kommt, geht zu seinen Toren ein / mit Loben durch der Psalmen Klang, / zu seinem Hause mit Gesang.

5. Dankt unserm Gott, lobsinget ihm, / rühmt seinen Namen mit lauter Stimm; / lobsingt und danket allesamt. / Gott loben, das ist unser Amt.

6. Er ist voll Güt und Freundlichkeit, / voll Lieb und Treu zu jeder Zeit. / Sein Gnad währt immer dort und hier / und seine Wahrheit für und für.

7. Gott Vater in dem höchsten Thron / und Jesus Christus, seinem Sohn, / dem Tröster auch, dem Heilgen Geist, / sei immerdar Lob, Ehr und Preis.

T: nach Cornelius Becker 1602 und Hannover 1646 nach Psalm 100
M: 14. Jahrhundert / Hamburg 1598 / Hannover 1646

Kyrie-Ruf

475

V Herr, er-bar-me dich. A Herr, er-bar-me dich.

Herr, er-bar-me dich. V Chri-stus, er-bar-me dich.

A Chri - stus, er - bar - me dich. Chri - stus, er -

bar - me dich. V Herr, er - bar - me dich.

A Herr, er-bar-me dich. Herr, er-bar-me dich.

M: Ronald Bisegger 1965

Glorialied

476

Dir Gott im Him-mel Preis und Ehr, den
All-mächt-ger Va - ter, Kö - nig, Herr, du

Men-schen Fried auf Er - den. Herr Christ,
sollst ver-herr-licht wer-den.

Lamm Got-tes, er-bar-me dich; du bist der Höch-ste

e - wig-lich im Reich des Va-ters. A - men.

T: EGB 1970 nach dem Gloria
M: „Allein Gott in der Höh sei Ehr" Nr. 457

zum Antwortpsalm

477

Preiset den Herrn zu al-ler Zeit, denn er ist gut.

Vb, VIg. Q34

Halleluja-Ruf

478

Hal - le - lu - ja, Hal - le - lu - ja.

VIa. Q39

Das Apostolische Glaubensbekenntnis I

479

Ich glau - be an Gott, A den Va - ter, den

All-mäch-ti-gen, den Schöp-fer des Him-mels

und der Er - de, V und an Je - sus Chri - stus,

sei-nen ein - ge - bo - re - nen Sohn, un-sern Herrn,

A emp-fan-gen durch den Hei - li - gen Geist,

ge - bo - ren von der Jung-frau Ma - ri - a,

V ge - lit - ten un - ter Pon - tius Pi - la - tus,

ge - kreu - zigt, ge - stor - ben und be - gra - ben,

hin - ab - ge - stie - gen in das Reich des To - des,

A am drit - ten Ta - ge auf - er - stan - den von den

To - ten, auf - ge - fah - ren in den Him - mel;

V er sitzt zur Rech - ten Got - tes, des all - mäch -

ti - gen Va - ters; A von dort wird er kom - men,

zu rich - ten die Le - ben - den und die To - ten.

V Ich glau - be an den Hei - li - gen Geist,

die hei - li - ge ka - tho - li - sche Kir - che,

Ge - meinschaft der Hei - li - gen, A Ver - ge - bung

der Sün - den, Auf - er - ste - hung der To - ten

und das e - wi - ge Le - ben. A - men.

M: Josef Seuffert 1963/1973

zur Bereitung

480

1. Wir weihn der Er - de Ga - ben dir,
das Op - fer hoch - er - ha - ben wird

Va - ter, Brot und Wein;
Chri - stus sel - ber sein. Er schenkt dir hin sein

Le - ben, ge - hor - sam bis zum Tod, uns

Ar - me zu er - he - ben aus tie - fer Schuld und Not.

2. Sieh gnädig auf uns nieder, / die wir in Demut nahn; /
nimm uns als Christi Glieder / mit ihm zum Opfer an. /
Laß rein uns vor dir stehen, / von seinem Blut geweiht, /
durch Kreuz und Tod eingehen / in deine Herrlichkeit.

T: Petronia Steiner 1945/1993
M: vor 1526 / Michael Töpler 1832

Sanctus

481

Hei - lig, hei - lig, hei - lig ist Gott, der

Herr der Mäch - te. Er - füllt sind Him - mel und

Er - de von sei - ner Herr - lich - keit.

Ho - san - na in der Hö - he.

Ge - be - ne - deit ___ sei, der da

kommt im Na - men des Herrn. Ho -

san - na, ho - san - na in der Hö - he.

M: Erhard Quack 1947

Agnus Dei

482 ö

V Chri - ste, du Lamm Got - tes, A der du trägst

die Sünd der Welt, er - barm dich un - ser.

V Chri - ste, du Lamm Got - tes, A der du trägst

die Sünd der Welt, gib uns dei - nen

Frie - den. A - - - - men. ___

M: Braunschweig 1528

zur Kommunion

483

V/A Wir rüh-men dich, Kö-nig der Herr-lich-keit;

V/A denn du gibst uns Spei-se zur rech-ten Zeit.

2. Du sättigst in Güte alles, was lebt,
was hungernd zu dir seine Hände erhebt.
3. Du Heiland, der Labung den Dürstenden gibt,
Erlöser, der uns bis zum Ende geliebt.
4. Du warst überliefert dem bitteren Tod;
nun gibst du dich selber im heiligen Brot.
5. Du trankest den Kelch voller Ängste und Leid;
nun reichst du den Becher der Herrlichkeit.
6. Sooft wir nun essen von diesem Brot,
verkünden wir, Christus, deinen Tod.
7. Du Nahrung auf unserer Pilgerschaft,
der Müden Labsal, der Kranken Kraft.
8. In dir ist das Leben durch ewige Zeit,
du Manna der Unsterblichkeit.
9. Du Quell, der in unsere Wüste sich gießt,
du Strom, der ins ewige Leben fließt.
10. Herr, dein ist die Ehre und Weisheit und Macht;
dir, Höchster, sei unser Lob dargebracht.

T: Albert Höfer 1967   M: „Es sungen drei Engel" Nr. 186

Dankgesang

484
1

Ju - belt, ihr Lan - de, dem Herrn; al - le

En - den der Er - de schau - en Got - tes Heil.

VIIIa. Q19

Psalm 98: Ein neues Lied auf den Richter und Retter

1. Singet dem Herrn ein neues Lied, *
denn er hat wunderbare Taten vollbracht!
        2. Er hat mit seiner Rechten geholfen *
        und mit seinem heiligen Arm.
3. Der Herr hat sein Heil bekannt gemacht, *
und sein gerechtes Wirken enthüllt vor den Augen der
Völker.
        4. Er dachte an seine Huld *
        und an seine Treue zum Hause Israel.
5. Alle Enden der Erde *
sahen das Heil unsres Gottes. —
        6. Jauchzt vor dem Herrn, alle Länder der Erde, *
        freut euch, jubelt und singt!
7. Spielt dem Herrn auf der Harfe, *
auf der Harfe zu lautem Gesang!
        8. Zum Schall der Trompeten und Hörner *
        jauchzt vor dem Herrn, dem König! —
9. Es brause das Meer und alles, was es erfüllt, *
der Erdkreis und seine Bewohner.
        10. In die Hände klatschen sollen die Ströme, *
        die Berge sollen jubeln im Chor
11. vor dem Herrn, wenn er kommt, *
um die Erde zu richten.
        12. Er richtet den Erdkreis gerecht, *
        die Nationen so, wie es recht ist. —
13. Ehre sei dem Vater und dem Sohn *
und dem Heiligen Geist,
        14. wie im Anfang, so auch jetzt und alle Zeit *
        und in Ewigkeit. Amen.
Kehrvers

Dritte Reihe

zur Eröffnung – Kyrie-Litanei

485

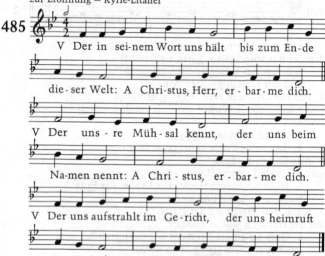

V Der in sei-nem Wort uns hält bis zum En-de

die-ser Welt: A Chri-stus, Herr, er-bar-me dich.

V Der uns-re Müh-sal kennt, der uns beim

Na-men nennt: A Chri-stus, er-bar-me dich.

V Der uns aufstrahlt im Ge-richt, der uns heimruft

in sein Licht: A Chri-stus, Herr, er-bar-me dich.

T: Maria Luise Thurmair 1958 M: Heinrich Rohr 1950

Glorialied

486

Preis und Eh - re Gott dem Her - ren,
Herr, wir lo - ben, Herr, wir dan - ken,

Frie - de soll den Men - schen sein.
be - ten an den Na - men dein.

Je - sus Chri - stus, Got - tes Lamm, hö - re

gnä - dig un - ser Fle - hen.   Eh - re sei dir

mit dem Geist und dem Va - ter in den Hö - hen.

T: Maria Luise Thurmair 1962 nach dem Gloria   M: Heinrich Rohr 1962

zum Antwortpsalm

Der Herr ist mein Licht und mein Heil.   **487**

IVa. Q5

Halleluja-Ruf

Hal - le - lu - ja, Hal - le - lu - ja, Hal - le - lu - ja.   **488**

Ia. Q19

zum Glaubensbekenntnis

Gott ist drei - fal - tig ei - ner; der Va - ter   **489**

schuf die Welt,   der Sohn hat uns er - lö - set,

der Geist uns aus - er - wählt. Dies glaub ich, und so

leb ich und will im Tod ver - traun, daß ich in

mei - nem Lei - be   soll mei - nen Gott an - schaun.

T: Maria Luise Thurmair 1943   M: Straßburg 1539 / Genf 1542

zur Bereitung

490

1. Was uns die Er - de Gu - tes spen - det,

was uns - rer Hän - de Fleiß voll - bracht,

was wir be - gon - nen und voll - en - det,

sei, Gott und Herr, zu dir ge - bracht.

2. Wir legen unsre Gaben nieder / als Lob und Dank vor deinem Thron. / Herr, schenk sie uns verwandelt wieder / in Jesus Christus, deinem Sohn.

3. Wie Wein und Wasser sich verbinden, / so gehen wir in Christus ein; / wir werden die Vollendung finden / und seiner Gottheit teilhaft sein.

T: Friedrich Dörr 1971
M: Genf 1543

Sanctuslied

491

Hei - lig, hei - lig, hei - lig, Herr,

Gott der Mäch - te. Erd und Him -

mel sind dei - ner Eh - re voll.

Ho - si - an - na in der Hö - -
he. Hoch - ge - lobt sei, der da
kommt im Na - men des Her - ren.
Ho - si - an - na in der Hö - he.

M: nach dem Choralbuch Steinau 1726

Agnus Dei

492

V Lamm Got - tes, du nimmst hin - weg die
Sün - de der Welt: A er - bar - me dich un - ser.

V Lamm Got - tes, du nimmst hin - weg die
Sün - de der Welt: A gib uns dei - nen Frie - den.

M: Erhard Quack 1964

zur Kommunion

493
ö

V 1. Lob sei dem Herrn, Ruhm sei-nem Na-men!

Hö - ret es all und freut euch in ihm.

A 1.-8. Ko - stet und seht, wie gü - tig der Herr.

Al - len wird Heil, die ihm ver - traun.

2. Suchet den Herrn, er wird euch retten;
alle Bedrängnis nimmt er von euch.
3. Naht euch dem Herrn, Freude im Antlitz;
rufet ihn an, er neigt sich euch zu.
4. Schaut auf den Herrn; seht, seine Engel
walten um euch, zur Rettung gesandt.
5. Fürchtet den Herrn, ihr seine Frommen;
denn die ihn fürchten, leiden nicht Not.
6. So spricht der Herr: Lasset das Böse,
suchet den Frieden, jaget ihm nach.
7. Hofft auf den Herrn, er ist bei allen,
die in des Herzens Drangsal ihm nahn.
8. Danket dem Herrn, unserm Erlöser.
Nie geht zugrunde, wer auf ihn baut.

T: Erhard Quack und Manuel Thomas 1940/1967 nach Psalm 34
M: Erhard Quack 1940

Dankgesang

494 ö

1. Gott sei ge‑lo‑bet und ge‑be‑ne‑
   mit sei‑nem Flei‑sche und mit sei‑nem

dei‑et, der uns sel‑ber hat ge‑spei‑set
Blu‑te; das gib uns, Herr Gott, zu‑gu‑te.

Ky‑ri‑e‑lei‑ ‑ son. 1.–3. Herr, du

nah‑mest mensch‑li‑chen Leib an, der von

dei‑ner Mut‑ter Ma‑ri‑a___ kam.

Durch dein Fleisch und dein Blut hilf uns,

Herr, aus al‑ler Not. Ky‑ri‑e‑lei‑ ‑ son.

2. Dein heilger Leib ist in den Tod gegeben, / daß wir alle
dadurch leben. / Nicht größre Güte konnte er uns schen‑
ken; / dabei wir solln sein gedenken. / Kyrieleison.

3. Gott geb uns allen seiner Gnade Segen, / daß wir gehn
auf seinen Wegen / in rechter Lieb und brüderlicher Treue, /
daß die Speis uns nicht gereue. / Kyrieleison.

T: nach Medingen um 1350, Str. 2 und 3 nach Martin Luther 1524
M: Mainz um 1400, Einschaltstrophe zu „Lauda Sion"

Vierte Reihe

zur Eröffnung – Kyrie-Litanei

495
1

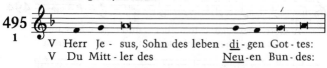

V Herr Je - sus, Sohn des leben - di - gen Got - tes:
V Du Mitt - ler des Neu - en Bun - des:

A Ky - ri - e e - le - i - son.
A Ky - ri - e e - le - i - son.

V Herr Chri - stus, du hast für uns getragen Kreuz und
V Du bist für uns auferstanden von den

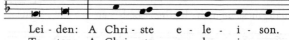

Lei - den: A Chri - ste e - le - i - son.
To - ten: A Chri - ste e - le - i - son.

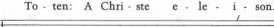

V Herr Je - sus, du Herr dei - ner Kir - che:
V Du Hoff - nung der gan - zen Er - de:

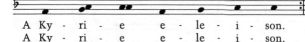

A Ky - ri - e e - le - i - son.
A Ky - ri - e e - le - i - son.

T und M: Singende Gemeinde 1963, Kyrieruf XVI

Weitere Texte zu diesem Modell:

Advent, Wiederkunft des Herrn

2 V Herr Jesus, du König aller Menschen: A Kyrie eleison.
V Du Menschensohn zur Rechten des Vaters: A Kyrie ...

V Du wirst wiederkommen in Herrlichkeit: A Christe ...
V Du richtest die Lebenden und die Toten: A Christe ...

V Du schaffst einen neuen Himmel und eine <u>neue</u> Erde:
A Kyrie ...
V Du vernichtest den <u>Tod</u> für immer: A Kyrie ...

Weihnachtszeit, Maria

V Herr Jesus, du Sohn des <u>ewi</u>gen Vaters: A Kyrie eleison.   3
V Du Kind der Jung<u>frau</u> Maria: A Kyrie ...

V Du Wort, das Fleisch geworden in <u>uns</u>rer Mitte:
A Christe ...
V Du Licht, in unserm Dun<u>kel</u> erschienen: A Christe ...

V Du Heiland der Ar<u>men</u> und Kranken: A Kyrie ...
V Du Retter aus <u>Tod</u> und Sünde: A Kyrie ...

Fastenzeit, Buße

V Herr Jesus, du rufst die Men<u>schen</u> zur Umkehr: 4
A Kyrie eleison.
V Du sagst uns die <u>frohe</u> Botschaft: A Kyrie ...

V Herr Christus, du wendest <u>dich</u> den Sün<u>dern</u> zu:
A Christe ...
V Du bringst uns die Verge<u>bung</u> des Vaters: A Christe ...

V Herr Jesus, du schenkst uns <u>neues</u> Leben: A Kyrie ...
V Du läßt uns <u>mit</u> dir auf<u>erstehn</u>: A Kyrie ...

Osterzeit

V Herr Jesus, du Erstgeborner <u>von</u> den Toten: A Kyrie ...   5
V Du rufst auch <u>uns</u> zum Leben: A Kyrie ...

V Laß uns tot sein <u>für</u> die Sünde: A Christe ...
V Laß uns leben nach <u>deinem</u> Beispiel: A Christe ...

V Du sitzest zur Rech<u>ten</u> des Vaters: A Kyrie ...
V Wir sollen <u>deine</u> Zeugen <u>sein</u>: A Kyrie ...

Friede

V Herr Jesus, du bist <u>unser</u> Friede: A Kyrie eleison.   6
V Du führst zusammen, <u>was</u> getrennt ist: A Kyrie ...

V Du bringst uns die Verge<u>bung</u> des Vaters: A Christe ...
V Du birgst uns in <u>Got</u>tes Treue: A Christe ...

V Herr Jesus, du rufst uns, <u>dir</u> zu folgen: A Kyrie ...
V Mach auch uns zu Kin<u>dern</u> des Friedens: A Kyrie ...

Heilige, Leben aus dem Glauben

7 V Herr Jesus, du rufst die Menschen, <u>dir</u> zu folgen:
A Kyrie eleison.
V Du sendest sie als <u>deine</u> Boten: A Kyrie ...

V Du gibst ihnen Mut, dich <u>zu</u> bekennen: A Christe ...
V Den Armen und Kranken bringen sie <u>deine</u> Liebe.
A Christe ...

V Herr Jesus, du Freund <u>deiner</u> Freunde: A Kyrie ...
V Du bist verherrlicht in <u>deinen</u> Heiligen: A Kyrie ...

Tod und Vollendung

8 V Herr Jesus, auferstanden <u>von</u> den Toten:
A Kyrie eleison.
V Dein Kreuz ist un<u>sere</u> Hoffnung: A Kyrie ...

V Du reinigst uns <u>von</u> der Sünde: A Christe ...
V Du gibst den Toten e<u>wiges</u> Leben: A Christe ...

V Du wirst wiederkom<u>men</u> in Herrlichkeit: A Kyrie ...
V Du sammelst die Menschen im <u>Reich</u> des Vaters:
A Kyrie ...

zum Antwortpsalm

496
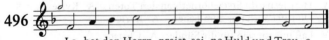
Lo - bet den Herrn, preist sei - ne Huld und Treu - e.

Vc, VIa. Q40

Sanctus

497
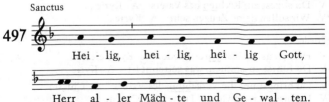
Hei - lig, hei - lig, hei - lig Gott,

Herr al - ler Mäch - te und Ge - wal - ten.

Er - füllt sind Him - mel und Er - de von

dei - ner Herr - lich - keit. Ho - san - na

in der Hö - he. Hoch - ge - lobt sei,

der da kommt im Na - men des Herrn.

Ho - san - na in der Hö - he.

M: EGB 1972 nach Sanctus Nr. 403

Agnus Dei

498

V Lamm Got - tes, A du nimmst hin - weg die

Sün - de der Welt: er - bar - me dich un - ser.

V Lamm Got - tes, A du nimmst hin - weg die

Sün - de der Welt: gib uns dei - nen Frie - den.

M: EGB 1972 nach Agnus Dei Nr. 404

Fünfte Reihe

zur Eröffnung

499 ö

(V) Eh-re sei dir, Chri-ste, der du lit-test Not,

an dem Stamm des Kreu-zes für uns bit-tern Tod,

herr-schest mit dem Va-ter in der E-wig-keit:

Hilf uns ar-men Sün-dern zu der Se-lig-keit.

A Ky-ri-e e-lei - son. V Chri-ste

e-lei - son. A Ky-ri-e e-lei - son.

V Chri-ste e-lei - son. A Ky-ri-e e-lei - son.

T und M: Salzburg 14 Jh.

Oder ein anderes Lied, das mit dem Kyrie-Ruf verbunden ist:
Sei uns willkommen, Nr. 131; Gelobet seist du, Jesu Christ, Nr. 130;
Christ ist erstanden, Nr. 213; Christ fuhr gen Himmel, Nr. 228;
Nun bitten wir den Heiligen Geist, Nr. 248; Sonne der Gerechtig-
keit, Nr. 644.

Halleluja-Ruf

500

Hal-le - lu - ja, Hal-le - lu - ja, Hal-le - lu - ja.

VIa. Q1

Sanctus

501

Hei - - - lig, hei - - lig,

hei - - lig Gott, Herr al-ler Mäch-te und Ge-

wal-ten. Er-füllt sind Him-mel und Er-de von

deiner Herrlichkeit. Ho-san-na in der Hö-he.

Hoch-ge-lobt sei, der da kommt im Na-men des

Herrn. Ho-san-na in der Hö - - he.

M: Heinrich Rohr 1951/1972

Agnus Dei

502

V Chri-ste, du Lamm Got-tes, du

trägst der Welt Schuld: A er-barm dich un-ser.

V Chri-ste, du Lamm Got-tes, du

trägst der Welt Schuld: A gib uns den Frie-den.

M: Graz 1602

zur Kommunion

503

1. O wun-der-ba-re Spei-se auf die-ser Pil-ger-rei-se, o Man-na, Him-mels-brot, wollst un-sern Hun-ger stil-len, mit Gna-den uns er-fül-len, uns ret-ten vor dem ew - gen Tod.

2. Du hast für uns dein Leben, / o Jesu, hingegeben / und gibst dein Fleisch und Blut / zur Speise und zum Tranke. / Wer preist mit würdgem Danke / dies unschätzbare, ewge Gut!

3. „Kommt alle, die auf Erden / von Not bedränget werden", / so spricht dein eigner Mund, / „ich will euch wiedergeben / mit meinem Blut das Leben. / Dies ist der neue, ewge Bund."

4. O Herr, was wir hier schauen / in Glauben und Vertrauen, / das zeige uns im Licht, / und laß es einst geschehen, / daß ewig wir dich sehen / von Angesicht zu Angesicht.

T: „O esca viatorum" 1649, Übertragung Würzburg 1649 / EGB 1970
M: „O Welt, ich muß dich lassen" Nr. 659

Sechste Reihe — mit Kindern

zur Eröffnung (1)

504

O Herr, wir loben und prei-sen dich und dan-ken dir von Her-zen.

Advent
Du kommst zu uns, weil du uns liebst;
wir loben dich, Herr Jesus.

Weihnachten
Wir loben dich, Herr Jesus Christ,
weil du für uns geboren bist.

Erscheinung des Herrn
Wir loben dich, Herr Jesus Christ;
du bist zu uns gekommen.

Fastenzeit
Wir loben dich, Herr Jesus Christ;
denn du verzeihst uns allen.

Passionszeit
O Herr, du hast uns am Kreuz erlöst;
wir danken dir von Herzen.

Osterzeit
Wir loben dich, Herr Jesus Christ;
du bist vom Tod erstanden.

Himmelfahrt
Wir loben dich, Herr Jesus Christ;
du bist der große König.

Pfingsten
Du schenkst uns deinen Heiligen Geist;
wir danken dir, Herr Jesus.

An den letzten Sonntagen nach Pfingsten
Du kommst in Macht und Herrlichkeit;
wir preisen dich, Herr Jesus.

T: Josef Klein, Heinrich Rohr 1969   M: Heinrich Rohr 1969

zur Eröffnung (2)

505

V/A 1. Du hast uns, Herr, ge-ru-fen, und dar-um sind wir hier. V Wir sind jetzt dei-ne Gä-ste und dan-ken dir. A Wir sind jetzt dei-ne Gä-ste und dan-ken dir.

2. |: Du legst uns deine Worte und deine Taten vor. :| |: Herr, öffne unsre Herzen und unser Ohr. :|

3. |: Herr, sammle die Gedanken und schick uns deinen Geist, :| |: der uns das Hören lehrt und dir folgen heißt. :|

T und M: Kurt Rommel 1967

Kyrie-Ruf

506

V 1. Christus, Herr, er-bar-me dich. A Christus, Herr, er-bar-me dich. Chri-stus, Herr, er-bar-me dich.
V Chri-stus, er-bar-me dich. A Chri-stus, er-bar-me dich. Chri-stus, er-bar-me dich.

V 2. Ky-ri-e e-lé-i-son. A Ky-ri-e e-lé-i-son. Ky-ri-e e-lé-i-son.
V Chri-ste e-lé-i-son. A Chri-ste e-lé-i-son. Chri-ste e-lé-i-son.

V Chri-stus, Herr, er-bar-me dich. A Chri-stus, Herr, er -
V Ky - ri - e   e - lé - i - son. A Ky - ri - e   e -

bar - me dich.   Chri-stus, Herr, er - bar - me dich.
lé - i - son.   Ky - ri - e   e - lé - i - son.

M: Heinrich Rohr 1952

Gloriagesang

507

V/A Eh - re sei Gott im Him-mel und auf Er - den.

V Dich will ich   lo - ben,   dich will ich   prei - sen.

A Ehre sei Gott im Himmel und auf Erden.

V Dir will ich singen, dir will ich danken. A Ehre ...
V Gott, unser Vater, du bist allmächtig. A Ehre ...
V Herr Jesus Christus, du unser König. A Ehre ...
V Herr, du bist heilig, du bist barmherzig. A Ehre ...
V König im Himmel, König auf Erden. A Ehre ...
V Du bist der Höchste immer und ewig. A Ehre ...

T: Josef Klein, Heinrich Rohr 1969   M: Heinrich Rohr 1969

nach der Lesung

508

Dein Wort, o Herr, ge - lei - tet uns

auf   al - len   un - se - ren   We - gen.

Q36

Halleluja-Ruf

509

Hal - le - lu - ja, Hal - le - lu - ja.

Sanctus IIb. Q22

510

V/A Hei-lig, hei - lig, hei - - - lig.

V 1. Du bist der Herr der Scha -

ren, der Herr der gan - zen Welt.

A Heilig, heilig, heilig.

V/A Ho - san - na, wir lo - ben dich,

Ho - san - na, gro - ßer Gott!

V 2. All deine Werke künden: Du bist groß und schön.
A Hosanna ...
V 3. Du sendest uns den Heiland, Jesus, deinen Sohn.
A Hosanna ...
V 4. Er kommt in deinem Namen. Ihm sei Lob und Preis!
A Hosanna ...

T: Josef Klein, Heinrich Rohr 1969 M: Heinrich Rohr 1969

Agnus Dei

511

V Herr Je - sus! V 1. Du bist das

Lamm, das die Sün - den von uns nimmt:

A 1.-5. O komm, o komm, Herr   Je - sus!

V 2. Du bist der Herr, der uns seinen Frieden bringt:
V 3. Du bist der Hirt, der uns hier zusammenführt:
V 4. Du bist der König, der machtvoll wiederkommt:
V 5. Du bist das Brot, das der Welt das Leben gibt:

T: Josef Klein, Heinrich Rohr 1969   M: Heinrich Rohr 1969

zur Kommunion

Je-sus ist bei uns. Er sagt: Frie-de sei mit euch.

VIa. Q41

Dankgesang (1)

513

Sin - get dem Herrn!   Sin-get ihm mit Freu-den!

Prei - set ihn und   dan - ket un - serm Gott!

VIh. Q36

Dankgesang (2)

Melodie: Du hast uns, Herr, gerufen (Nr. 505)

514

1. |: Wenn wir jetzt weitergehen, dann sind wir nicht allein. :| |: Der Herr hat uns versprochen, bei uns zu sein. :|
2. |: Wir nehmen seine Worte und Taten mit nach Haus :| |: und richten unser Leben nach seinem aus. :|
3. |: Er hat mit seinem Leben gezeigt, was Liebe ist. :| |: Bleib bei uns heut und morgen, Herr Jesu Christ. :|

T: Kurt Rommel 1967

Allgemeine Eröffnungsgesänge

515

(V) 1. O Hei-land, Herr der Herr-lich-keit,
(V) 2. Du Gott und Hei-land Je-sus Christ,

1. zeig uns dei-ne Huld al-le-zeit
2. vor dir un-ser Herz schul-dig ist.

1. und laß dein Wort uns na-he sein;
2. Wir kla-gen uns des Bö-sen an

1. so wird dein Volk in dir sich freun.
2. und daß wir Gu-tes nicht ge-tan.

(A) 1.-2. Herr, un-ser Gott, er-barm dich.

Herr Je-sus Christ, er-bar-me dich.

Herr, un-ser Gott, er-bar-me dich.

T: Erhard Quack 1970 M: Johann Leisentrit 1584

516
ö

1. Herr Je-su Christ, dich zu uns wend,

dein' Heil-gen Geist du zu uns send;

mit   Hilf   und   Gnad   er   uns   re-gier
und   uns   den   Weg   zur   Wahr-heit   führ.

2. Tu auf den Mund zum Lobe dein, / bereit das Herz zur
Andacht fein, / den Glauben mehr, stärk den Verstand, /
daß uns dein Nam werd wohlbekannt.

3. Ehr sei dem Vater und dem Sohn, / dem Heilgen Geist
in einem Thron; / der heiligen Dreifaltigkeit / sei Lob und
Preis in Ewigkeit.

T: Altenburg 1648, Str. 3 Gotha 1651   M: Görlitz 1648

517

V/A 1. Herr Je-sus, öff-ne un-sern Mund.
V/A Ge-lobt seist du aus Her-zens-grund.

2. Gelobt sei deiner Gottheit Macht,
die uns Erlösung hat gebracht.

3. Gelobt seist du, o Licht der Welt,
das aller Menschen Weg erhellt.

4. Gelobt sei deines Mundes Wort,
das Leben zeuget fort und fort.

5. Gelobt sei deines Mahles Brot,
darin zum Leben wird dein Tod.

6. Gelobt sei, Herr, dein Kreuz und Leid,
das allem Leiden Kraft verleiht.

7. Gelobt sei deines Todes Not,
die unsre Rettung ist im Tod.

8. Gelobt seist du, o guter Hirt,
der uns zu gutem Ende führt.

V und A können auch strophenweise abwechseln

T: Georg Thurmair 1963   M: Wien 1552 / Prag 1581

518

V 1. Herr Jesus, König ewiglich,

A Kyrie eleison,

V wir flehn zu dir, erbarme dich.

A Christe eleison.

Kyrie eleison.

Gelobt sei Gott in__ Ewigkeit.

2. Herr Jesus, Gott und Mensch zugleich, –
richt auf in uns dein Himmelreich. –
3. Herr Jesus, tilge unsre Schuld; –
erzeig uns Sündern deine Huld. –
4. Zur wahren Buße kehr uns hin; –
zum guten Kampf stärk unsern Sinn. –

5. Mach hell in uns des Glaubens Licht; –
laß in der Welt uns irren nicht. –
6. Stärk unsre Hoffnung in der Zeit, –
daß uns aufleucht die Ewigkeit. –
7. Entzünd in uns der Liebe Glut; –
mach uns von ganzem Herzen gut. –

8. Erfülle uns mit deinem Geist, –
der uns den Weg der Wahrheit weist. –
9. Send deinen Geist, den Geist der Kraft, –
der in uns betet, wirkt und schafft. –

10. Die Völker, die im Finstern gehn, –
laß deines Lichtes Aufgang sehn. –
11. Birg unsre Welt in deiner Hand; –
gib Frieden allem Volk und Land. –
12. Herr Jesus, deiner Kirche Haupt, –
mach eins das Volk, das an dich glaubt. –

13. Die Toten führe in dein Licht; –
sei ihnen gnädig beim Gericht. –
14. Herr Jesus, Herr der Ewigkeit, –
kürz ab die Leiden dieser Zeit. –
15. Komm, Herr, zum Ende dieser Zeit –
in deiner Macht und Herrlichkeit. –

T: Maria Luise Thurmair 1962
M: bei Johann Koler 1601

(V) 1. Komm her, freu dich mit uns, tritt ein;
denn der Herr will un - ter uns sein, er will
un - ter den Men-schen sein. (A) 1.-3. Komm her,
freu dich, der Herr will un - ter uns sein.

519

2. Komm her, öffne dem Herrn dein Herz; / deinem Nächsten
öffne das Herz, / und erkenne in ihm den Herrn.
3. Komm her, freu dich mit uns, nimm teil, / an des Herrn
Gemeinschaft nimm teil; / er will unter den Menschen
sein.

T und M: Charles Heap 1971/1994, nach einem amerikanischen Lied

520

1. Lieb-ster Je - su, wir sind hier, dich und
len - ke Sin - nen und Be - gier hin zu

dein Wort an - zu - hö - ren; daß die Her-zen
dei - nen Him-mels - leh - ren,

von der Er-den ganz zu dir ge - zo-gen wer-den.

2. Unser Wissen und Verstand / ist mit Finsternis um-hüllet, / wo nicht deines Geistes Hand / uns mit hellem Licht erfüllet. / Gutes denken, tun und dichten / mußt du selbst in uns verrichten.

3. O du Glanz der Herrlichkeit, / Licht vom Licht, aus Gott geboren, / mach uns allesamt bereit, / öffne Herzen, Mund und Ohren; / unser Bitten, Flehn und Singen / laß, Herr Jesu, wohl gelingen.

T: Tobias Clausnizer 1663
M: Johann Rudolf Ahle 1664 / Wolfgang Karl Briegel 1687

521

1. Herr, gib uns Mut zum Hö - ren auf

das, was du uns sagst. Wir dan - ken

dir, daß du es mit uns wagst.

2. Herr, gib uns Mut zum Glauben an dich, den einen Herrn. / Wir danken dir; denn du bist uns nicht fern.

T und M: Kurt Rommel 1964

Kyrie-Litaneien

522

V Je - sus Chri - stus,   für uns als Mensch
V Je - sus Chri - stus,   für uns am Kreuz
V Je - sus Chri - stus,   für uns vom Tod

ge - bo - ren.   A Herr, er - bar - me dich.
ge - stor - ben.   A Herr, er - bar - me dich.
er - stan - den.   A Herr, er - bar - me dich.

V Herr Je - sus,   du schenkst uns
V Herr Je - sus,   du führst uns
V Herr Je - sus,   du nährst uns

dei - nen Hei - li - gen Geist.
durch dein hei - li - ges Wort.
durch dein hei - li - ges Mahl.

A Chri - stus, er - bar - me dich.
A Chri - stus, er - bar - me dich.
A Chri - stus, er - bar - me dich.

V Je - sus Chri - stus,   du sit - zest zur Rech -
V Je - sus Chri - stus,   du wirst einst in Herr -
V Je - sus Chri - stus,   das Reich ü - ber - gibst

ten des Va - ters. A Herr, er - bar - me dich.
lich - keit kom - men. A Herr, er - bar - me dich.
du dem Va - ter. A Herr, er - bar - me dich.

T und M: Josef Seuffert 1964

523

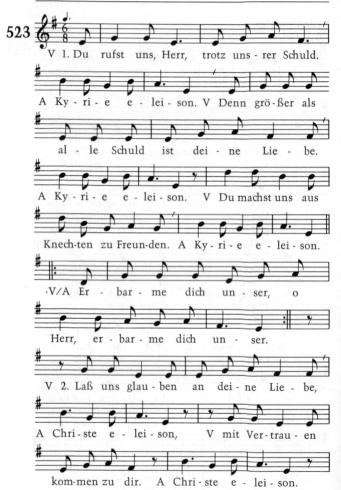

V 1. Du rufst uns, Herr, trotz uns - rer Schuld.

A Ky - ri - e e - lei - son. V Denn grö - ßer als

al - le Schuld ist dei - ne Lie - be.

A Ky - ri - e e - lei - son. V Du machst uns aus

Knech-ten zu Freun-den. A Ky - ri - e e - lei - son.

V/A Er - bar - me dich uns - er, o

Herr, er - bar - me dich un - ser.

V 2. Laß uns glau - ben an dei - ne Lie - be,

A Chri - ste e - lei - son, V mit Ver - trau - en

kom-men zu dir. A Chri - ste e - lei - son.

V Du machst uns aus Knech-ten zu Freun-den.

A Chri - ste e - lei - son. V/A Er - bar - me dich

un - ser, o Herr, er - bar - me dich un - ser.

V 3. Komm uns zu Hil - fe, daß wir nicht

wan - ken. A Ky - ri - e e - lei - son.

V Was uns auch zu - stößt, sei du un - ser Halt.

A Ky - ri - e e - lei - son. V Du macht uns aus

Knech-ten zu Freun-den. A Ky - ri - e e - lei - son.

V/A Er - bar - me dich un - ser, o

Herr, er - bar - me dich un - ser.

T: Johannes Bergsma 1971   M: Josef Stein 1971

524

V Gott des Va-ters ew-ger Sohn, A der du
kommst vom Him-mels-thron: Chri-stus, Herr, er-
bar-me dich. V Auf-gang des wah-ren Lichts,
A Kö-nig des Welt-ge-richts: Chri-stus, er-
bar-me dich. V Frie-de, der zur
Er-de kam, A Wort, das un-ser Fleisch annahm: Chri-stus, Herr, er-bar-me dich.

T: Maria Luise Thurmair 1952
M: Heinrich Rohr 1952

Gemeindeverse zur Eröffnung

525

Auf, laßt uns ju-beln dem Herrn,
vor sein An-ge-sicht kom-men mit Dank!

Ia. Q31

526

1. Wir sind Gottes Volk und ziehn zum Haus des Vaters.
VIIIb, IVg. Q33

2. Sin-get dem Herrn ein neu-es Lied, sin-get dem Herrn, prei-set sei-nen Na - - - men.
VIIIb, IIb. Q17

3. Seht, un-ser Kö-nig kommt; er bringt sei-nem Volk den Frie-den.
VIa. Q23

4. Herr, wir ru-fen zu dir: Gib Frie-den der Welt.
VIa. Q23

5. Herr, er-he-be dich, hilf uns und mach uns frei.
Ia. Q23

6. All ihr Dür-sten-den, kommt zum Was-ser, kommt und trinkt mit Freu-den.
VIIa, VIIIg. Q23

Gemeindeverse zum Antwortpsalm

527

1 Sin - get dem Herrn und prei - set sei - nen Na - men.

VIIg. Q39

2 Dein Er - bar - men, o Herr,

will ich in E - wig - keit prei - sen.

VIIIb, IVg. Q1

3 Mei - ne See - le, prei - se den Herrn.

Ih, IIg. Q39

4 Der Herr ist mein Hirt, ich lei - de nicht Not.

VIIIb, IIb. Q39

5 Der Herr vergibt die Schuld und rettet unser Leben.

IVa. Q23

6 Herr, du zogst mich em - por. Herr, mein

Gott, ich will dir dan - ken auf e - wig.

IIg, IXh. Q20

7 Be - hü - te mich, Gott, denn ich ver - trau - e auf dich.

IVa. Q20

528

1 Du nimmst mich, Herr, bei der Hand und
führst mich nach dei - nem Wil - len.
Ia. Q1

2 Der Herr hat uns be - freit;
er schenkt uns neu - es Le - ben.
IIIb, IVg. Q23

3 Ich ge - he mei - nen Weg
vor Gott im Lan - de der Le - ben - den.
VIa. Q33

4 Mei - ne Au - gen schau - en al - le - zeit zum Herrn.
Ih, IIg. Q20

5 Wohl euch, die ihr seht, die ihr hört und ver - steht.
VIa, VIIg. Q35

6 Der Herr schenkt sei - nem Volk den Frie - den.
IIb, IVg. Q23

529

1 Rich-te uns wie-der auf, Gott, un-ser Heil.

IIb, IVg. Q33

2 Zu dir, Herr, er-he-be ich mei-ne See-le.

Ia, IXa. Q24

3 (3) Gott, sei uns gnä-dig, ma-che uns frei.

4 (4) Herr, gib uns Frie-den, schenk uns dein Heil.

Ia. Q20

5 Hört auf die Stim-me des
   Herrn, ver-schließt ihm nicht das Herz.

IVa. Q33

6 Kün-det den Völ-kern die Herr-lich-keit des Herrn.

IIb, VIIg, IVg. Q33

7 Herr, dei-ne Wer-ke dan-ken dir,
   die Völ-ker sol-len dich prei-sen.

Ih, VIh. Q20

8 Herr, du bist Kö-nig ü-ber al-le Welt.

VIIIb, IVg. Q20

Halleluja-Rufe

530

1 Hal-le-lu-ja,   Hal-le-lu-ja, Hal-le-lu-ja.
Ia. Q19

2 Hal - le - lu - ja,   Hal - le - lu - ja.
IIb. Q22

3 Hal-le-lu - ja, Hal-le-lu-ja, Hal-le - lu-ja.
IIIb, IVg. Q33

4 Hal-le - lu - ja,   Hal-le - lu-ja, Hal-le - lu-ja.
IVa. Q33

5 Hal-le - lu - ja,   Hal-le - lu-ja, Hal-le - lu-ja.
IVa. Q42

6 Hal-le-lu - ja, Hal-le-lu-ja, Hal-le - lu-ja.
Vb, VIg. Q38

7 Hal-le-lu-ja,   Hal-le-lu-ja, ___ Hal-le - lu - ja.
VIa. Q43

8 Hal - le - lu - ja,   Hal - le - lu - ja.
VIa, Vc. Q39

531

532

1 V Hal-le - lu - ja, A Hal-le - lu - ja.
IVa, VIIIc. Q20

2 V Hal-le - - lu - ja, A Hal-le - - -
lu - - ja.
VIIIa, VIIh. Q20

3 Hal-le - lu - ja.
(★)
IIa. Q43

4 Hal-le - lu - ja.
(★)
IVa. Q43

5 Hal - le - - - lu - - ja.
(★)
Vg. Q43

6 Hal - le - - lu - ja.
(★)
VIIIb. Q43

7 Hal - le - lu - ja,   Hal - le - lu - ja.
IIb, IIIb. Q44

Zur Gabenbereitung

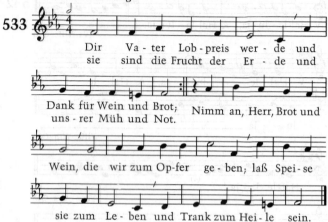

533

Dir Va - ter Lob - preis wer - de und
sie sind die Frucht der Er - de und

Dank für Wein und Brot; Nimm an, Herr, Brot und
uns - rer Müh und Not.

Wein, die wir zum Op - fer ge - ben; laß Spei - se

sie zum Le - ben und Trank zum Hei - le sein.

T: Maria Luise Thurmair 1973
M: „Herr, dir ist nichts verborgen" Nr. 292

Gemeindeverse

534

Herr, wir brin - gen in Brot und Wein

un - se - re Welt zu dir.

Du schenkst uns dei - ne Ge - gen - wart

im ö - ster - li - chen Mahl.

535
1

Brin - get, ihr Völ - ker, her - bei,

was euch kost - bar und herr - lich ist.

Vb, VIg. Q33

2
3
4

(2) Laß dir ge - fal - len, Herr und
(3) Mit sei - nen Flü - geln schirmt dich
(4) Die Wei - sung Got - tes ist ge -

Gott, die Ga - ben dei - nes Vol - kes,
Gott, bei ihm bist du ge - bor - gen,
recht, gibt Freu - de uns und Frie - den;

und ver - zei - he uns al - le Schuld.
sei - ne Treu - e ist dir ein Schild.
dar - um fol - gen wir dir, o Herr.

Ia. Q19

Kommuniongesänge

Gemeindeverse

5

Der Herr er-nährt uns mit dem Bro-te des Le-bens.

IIb, IVg. Q20

6

Der Herr ist mein Hirt; er

führt mich an Was - ser des Le - bens.

IXa, VIa. Q23

536

1 Herr, du rufst uns zu dei - nem Mahl;

Sün - der lädst du ein zum Tisch.

VIIIc, IVa. Q35

2 Wer all - zeit lebt in dei - ner Lie - be,

bringt sei - ne Frucht zur rech - ten Zeit.

VIIa, VIIIg. Q19

3 Der Geist des Herrn er - fül - let sie, und

al - le kün - den, was Gott ge - tan. Hal - le - lu - ja.

Va. Q19

4 Hal-le-lu - ja, Hal-le-lu - ja, Hal-le - lu-ja.

Va, VIfis. Q44

537

1. Beim letz - ten A - bend - mah - le, die

Nacht vor sei - nem Tod, nahm Je - sus

in dem Saa - le Gott dan-kend Wein und Brot.

2. „Nehmt", sprach er, „trinket, esset: / das ist mein Fleisch, mein Blut, / damit ihr nie vergesset, / was meine Liebe tut."
3. Dann ging er hin, zu sterben / aus liebevollem Sinn, / gab, Heil uns zu erwerben, / sich selbst zum Opfer hin.

T: Christoph von Schmid 1807
M: „Christus, der ist mein Leben" Nr. 662

538

1. O heil-ger Leib des Herrn,   für un-ser Heil und Le-ben am Kreuz da-hin-ge - ge - ben, hier bist du uns nicht fern: o heil-ger Leib des Herrn.

2. Du willst uns Speise sein, / um mit uns schon auf Erden / ein Leib und Geist zu werden / im Mahl von Brot und Wein: / du willst uns Speise sein.
3. Du unser Osterlamm, / du hast dein Blut vergossen; / dein Herz ist aufgeschlossen, / aus dem uns Leben kam: / du unser Osterlamm.
4. Du wahres Himmelsbrot, / vom Vater uns gegeben, / wer dich ißt, der wird leben; / du weckst ihn auf vom Tod: / du wahres Himmelsbrot.
5. Du Hirt, von Gott gesandt, / um sicher durch die Zeiten / das Volk des Herrn zu leiten / in das verheißne Land: / du Hirt, von Gott gesandt.
6. Du bist das Licht der Welt. / Du bist zu uns gekommen, / und die dich aufgenommen, / die sind durch dich erhellt: / du bist das Licht der Welt.
7. O Licht vom ewgen Licht, / du lebst in uns verborgen, / bis uns der helle Morgen / der Herrlichkeit anbricht: / o Licht vom ewgen Licht.

T: Friedrich Dörr 1954/1971   M: Hans Kulla 1956

539

1.-4. Wir al - le es - sen von ei - nem Brot.

1.-4. Wir al - le trin - ken aus ei - nem Kelch.

1. So hat es der Herr zu - erst ge - tan.
2. Der Herr ist bei uns, und wir sind sein.
3. Herr, hilf uns zu tei - len, was du schenkst.
4. Wann kommst du, o Herr, in Herr - lich - keit?

T: Lothar Zenetti 1969   M: Ingrid Hirschfeldt 1969

540

1. Sei ge - lobt, Herr Je - sus Christ, in dem
wun - der - ba - ren Bro - te, das die Frucht aus
dei - nem To - de, uns ein neu - es Le - ben ist.

2. Sei gelobt, Herr Jesus Christ. / Du hast dich dem Kreuz ergeben, / uns zur Sühne, uns zum Leben, / und die Schuld der Welt gebüßt.

3. Sei gelobt, Herr Jesus Christ. / Du bist in der Welt geblieben, / uns zu heilen, uns zu lieben, / bis die Welt vergangen ist.

4. Sei gelobt, Herr Jesus Christ. / Nimm zum Dank auch unser Leben, / das wir ganz zum Opfer geben, / bis es deiner würdig ist.

T: Georg Thurmair 1943   M: Erhard Quack 1944

Fronleichnam

541

1. Tan-tum er-go sa-cra-mén-tum ve-ne-
ré-mur cér-nu-i, et an-tí-quum
do-cu-mén-tum no-vo ce-dat rí-tu-i;
prae-stet fi-des sup-ple-mén-tum sén-su-
2. Strophe
um de-féc-tu-i. A - - - men.

2. Genitóri Genitóque / laus et jubilátio, / salus, honor, virtus quoque / sit et benedíctio. / Procedénti ab utróque / compar sit laudátio. / Amen.

542

1. Sakrament der Liebe Gottes: / Leib des Herrn, sei hoch verehrt, / Mahl, das uns mit Gott vereinigt, / Brot, das unsre Seele nährt, / Blut, in dem uns Gott besiegelt / seinen Bund, der ewig währt.

2. Lob und Dank sei Gott dem Vater, / der das Leben uns verheißt, / seinem Wort, dem ewgen Sohne, / der im Himmelsbrot uns speist; / auch der Born der höchsten Liebe / sei gelobt, der Heilge Geist. / Amen.

T: Thomas von Aquino 1263/64, Übertragung Friedrich Dörr 1970
M: Luxemburg 1768

V Panem de caelo praestitísti eis.

A Omne delectaméntum in se habéntem.

V Orémus. – Deus, qui nobis sub sacraménto mirábili passiónis tuae memóriam reliquísti: tríbue, quáesumus, ita nos córporis et sánguinis tui sacra mystéria venerári, ut redemptiónis tuae fructum in nobis júgiter sentiámus. Qui vivis et regnas in sáecula saeculórum. A Amen.

V Brot vom Himmel hast du ihnen gegeben.
A Das alle Erquickung in sich birgt.

V Lasset uns beten. – Herr Jesus Christus, im wunderbaren Sakrament des Altares hast du uns das Gedächtnis deines Leidens und deiner Auferstehung hinterlassen. Gib uns die Gnade, die heiligen Geheimnisse deines Leibes und Blutes so zu verehren, daß uns die Frucht der Erlösung zuteil wird. Der du lebst und herrschest in Ewigkeit.
A Amen.

543
544

1. Pan - ge, lin - gua, glo - ri - ó - si
1. Das Ge - heim - nis laßt uns kün - den,

cór - po - ris my - sté - ri - um, san - gui -
das uns Gott im Zei - chen bot: Je - su

nís - que pre - ti - ó - si, quem in mun - di
Leib, für uns - re Sün - den hin - ge - ge - ben

pré - ti - um fruc - tus ven - tris ge - ne - ró - si
in den Tod, Je - su Blut, in dem wir fin - den

6. Strophe

rex ef - fú - dit gén - ti - um.   A - men.
Heil und Ret - tung aus der Not.

2. Nobis datus, nobis natus / ex intácta Vírgine, / et in mundo conversátus, / sparso verbi sémine, / sui moras incolátus / miro clausit órdine.

3. In suprémae nocte coenae / recúmbens cum frátribus, / **(543)**
observáta lege plene / cibis in legálibus, / cibum turbae
duodénae / se dat suis mánibus.
4. Verbum caro panem verum / verbo carnem éfficit, /
fitque sánguis Christi merum; / et, si sensus déficit, / ad
firmándum cor sincérum / sola fides súfficit.
5. Tantum ergo sacraméntum / venerémur cérnui, / et
antíquum documéntum / novo cedat rítui; / praestet fides
suppleméntum / sénsuum deféctui.
6. Genitóri Genitóque / laus et jubilátio, / salus, honor,
virtus quoque / sit et benedíctio; / procedénti ab utróque /
compar sit laudátio. Amen.

2. Von Maria uns geboren, / ward Gott Sohn uns Men- **(544)**
schen gleich, / kam zu suchen, was verloren, / sprach das
Wort vom Himmelreich, / hat den Seinen zugeschworen: /
Allezeit bin ich bei euch.
3. Auf geheimnisvolle Weise / macht er dies Versprechen
wahr; / als er in der Jünger Kreise / bei dem Osterlamme
war, / gab in Brot und Wein zur Speise / sich der Herr den
Seinen dar.
4. Gottes Wort, ins Fleisch gekommen, / wandelt durch
sein Wort den Wein / und das Brot zum Mahl der Frommen, / lädt auch die Verlornen ein. / Der Verstand verstummt beklommen, / nur das Herz begreift's allein.
5. Gott ist nah in diesem Zeichen: / kniet hin und betet
an. / Das Gesetz der Furcht muß weichen, / da der neue
Bund begann; / Mahl der Liebe ohnegleichen: / nehmt im
Glauben teil daran.
6. Gott dem Vater und dem Sohne / singe Lob, du Christenheit; / auch dem Geist auf gleichem Throne / sei der
Lobgesang geweiht. / Bringet Gott im Jubeltone / Ehre,
Ruhm und Herrlichkeit. Amen.

T: Thomas von Aquino 1263/64, Übertragung Maria Luise Thurmair 1969
M: 12. Jh.

545

V 1. Lobe, Zion, deinen Hirten;
A Laß dein Lob zum Himmel dringen;

dem Erlöser der Verirrten
ihn zu rühmen, ihm zu singen,

stimme Dank und Jubel an.
hat kein Mensch genug getan.

V 2. Er ist uns im Brot gegeben,
A Brot, mit dem der Herr im Saale

Brot, das lebt und spendet Leben,
dort beim österlichen Mahle

Brot, das Ewigkeit verheißt,
die zwölf Jünger hat gespeist.

V 3. Lobt und preist, singt Freudenlieder;
A da der Herr zu Tisch geladen

festlich kehrt der Tag uns wieder,
und dies heilge Mahl der Gnaden

jener Tag von Brot und Wein,
setzte zum Gedächtnis ein.

V 4. Was bei je - nem Mahl ge - sche - hen,
A   Wie der Herr uns auf - ge - tra - gen,

sol - len heu - te wir be - ge - hen
wei - hen wir, Gott Dank zu sa - gen,

und ver - kün - den sei - nen Tod.
nun zum Op - fer Wein und Brot.

V 5. Seht das Brot, der En - gel Spei - se,
A   A - brams Op - fer hats ge - deu - tet,

Brot auf uns - rer Pil - ger - rei - se,
war im Man - na vor - be - rei - tet,

das den Hun - ger wahr - haft stillt.
fand im O - ster - lamm sein Bild.

V 6. Gu - ter Hirt, du Brot des Le - bens,
A   Die du hier zu Tisch ge - la - den,

wer dir traut, hofft nicht ver - ge - bens,
ruf auch dort zum Mahl der Gna - den

geht ge - trost durch die - se Zeit.   A - men. Hal - le - lu - ja.
in des Va - ters Herrlichkeit.

T: Thomas von Aquino 1263/64, Fronleichnam-Sequenz „Lauda Sion Sal-
vatorem", Übertragung Maria Luise Thurmair 1972   M: Frankreich 12. Jh.

546

1. Gott-heit tief ver-bor-gen, be-tend nah ich dir. Un-ter die-sen Zei-chen bist du wahr-haft hier. Sieh, mit gan-zem Her-zen schenk ich dir mich hin, weil vor sol-chem Wun-der ich nur Ar-mut bin.

2. Augen, Mund und Hände täuschen sich in dir, / doch des Wortes Botschaft offenbart dich mir. / Was Gott Sohn gesprochen, nehm ich glaubend an; / er ist selbst die Wahrheit, die nicht trügen kann.

3. Einst am Kreuz verhüllte sich der Gottheit Glanz, / hier ist auch verborgen deine Menschheit ganz. / Beide sieht mein Glaube in dem Brote hier; / wie der Schächer ruf ich, Herr, um Gnad zu dir.

4. Kann ich nicht wie Tomas schaun die Wunden rot, / bet ich dennoch gläubig: „Du mein Herr und Gott!" / Tief und tiefer werde dieser Glaube mein, / fester laß die Hoffnung, treu die Liebe sein.

5. Denkmal, das uns mahnet an des Herren Tod! / Du gibst uns das Leben, o lebendig Brot. / Werde gnädig Nahrung meinem Geiste du, / daß er deine Wonnen koste immerzu.

6. Gleich dem Pelikane starbst du, Jesu mein; / wasch in deinem Blute mich von Sünden rein. / Schon ein kleiner Tropfen sühnet alle Schuld, / bringt der ganzen Erde Gottes Heil und Huld.

7. Jesus, den verborgen jetzt mein Auge sieht, / stille mein
Verlangen, das mich heiß durchglüht: / laß die Schleier
fallen einst in deinem Licht, / daß ich selig schaue, Herr,
dein Angesicht.

T: Thomas von Aquino 13. Jh., „Adoro te devote", Übertragung Petronia
Steiner 1951
M: Frankreich 17./18. Jh.

547

1. Das Heil der Welt, Herr Jesus Christ,
wahr-haf-tig hier zu-ge-gen ist;
im Sa-kra-ment das höch-ste Gut
ver-bor-gen ist mit Fleisch und Blut.

2. Hier ist das wahre Osterlamm, / das für uns starb am
Kreuzesstamm; / es nimmt hinweg der Sünden Schuld /
und schenkt uns wieder Gottes Huld.
3. Das wahre Manna, das ist hie, / davor der Himmel
beugt die Knie; / hier ist das rechte Himmelsbrot, / das
wendet unsres Hungers Not.
4. O was für Lieb, Herr Jesus Christ, / den Menschen hier
erwiesen ist! / Wer die genießt in dieser Zeit, / wird leben
in all Ewigkeit.

T und M: Köln 1638

Jesus Christus

548

1. I Die ei-nen for-dern Wun-der, die an-dern su-chen Wis-sen-schaft: Wir ver-kün-den Chri-stus den Ge-kreu-zig-ten. II Die ei-nen neh-men Är-ger-nis, die an-dern ru-fen: Tor-heit! Wir ver-kün-den Chri-stus den Ge-kreu-zig-ten. A Al-len, die be-ru-fen sind, ist er Got-tes Kraft.

2. I Was der Welt ver-ächt-lich scheint, was nichts gilt, wählt Gott. Wir ver-kün-den Chri-stus den Ge-kreu-zig-ten. II Wo die Welt nur Schwä-che sieht, er-weist sich Got-tes Kraft.

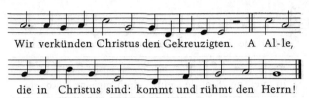

Wir verkünden Christus den Gekreuzigten. A Al-le,

die in Christus sind: kommt und rühmt den Herrn!

T und M: Walter Röder 1971 (Text nach 1 Kor 1,22–30)

549

1. O Herz des Kö-nigs al-ler Welt, des Herr-schers in dem Him-mels-zelt, dich grüßt mein Herz in Freu-den. Du Trä-ger al-ler Bürd und Last, du al-ler Mü-den Ruh und Rast, du Trost in al-len Lei - - - den!

2. Ach, wie bezwang und drang dich doch / dein edle Lieb, ins bittre Joch / der Schmerzen dich zu geben, / da du dich neigtest in den Tod, / zu retten aus der Todesnot / mich und mein armes Leben.

3. Laß deine Flamm und starke Glut / durch all mein Herze, Geist und Mut / mit allen Kräften dringen. / Laß deine Lieb und Freundlichkeit / zur Gegenlieb und Dankbarkeit / mich armen Sünder bringen.

T: nach Paul Gerhardt 1656
M: bei Christoph Hecyrus 1581 / Erhard Quack 1941

550

1. O lie-ber Je-su, denk ich dein, strömt Glück in mei-ne See-le ein; doch mei-ne höch-ste Freu-de ist, wenn du, o Je-su, bei mir bist.

2. Kein Lied so sehr zu Herzen dringt, / kein Klang, kein Ton so lieblich klingt, / kein Name bringt so reichen Lohn / als Jesus Christus, Gottes Sohn.

3. Du tröstest den, der Buße tut, / gibst dem, der bittet, neuen Mut; / dich suchen nimmt von uns das Leid, / dich finden, welche Seligkeit.

4. Kein Wort, o Jesu, würdig preist / die Güte, die du uns erweist. / Nur wer sich ganz in dich versenkt, / verspürt, was deine Liebe schenkt.

5. O Jesu, der uns Freude bringt, / du Quell, aus dem uns Kraft entspringt, / Licht, das uns Gottes Liebe zeigt, / die alles Sehnen übersteigt.

6. Du unser Glück in dieser Zeit, / du Sonne unsrer Ewigkeit, / in dir erstrahlt der Gottheit Schein; / laß uns mit dir verherrlicht sein.

T: „Jesu dulcis memoria" 12. Jh., Übertragung Friedrich Dörr 1969
M: Antiphonale Romanum 1912

551
ö

1. Schönster Herr Je-su, Herrscher al-ler Her-ren, Got-tes und Ma-ri-en Sohn, dich will ich lie-ben, dich will ich eh-ren, mei-ner See-le Freud und Kron.

2. Alle die Schönheit Himmels und der Erden / ist gefaßt in dir allein. / Keiner soll immer lieber mir werden / als du, liebster Jesu mein.

3. Schön ist der Monde, schöner ist die Sonne, / schön sind auch die Sterne all. / Jesus ist feiner, Jesus ist reiner / als die Engel allzumal.

4. Schön sind die Blumen, schöner sind die Menschen / in der frischen Jugendzeit; / sie müssen sterben, müssen verderben, / Jesus bleibt in Ewigkeit.

5. Schönster Herr Jesu, bei uns gegenwärtig / durch dein Wort und Sakrament, / Jesu, dich bitt ich: Herr, sei uns gnädig / jetzt und auch am letzten End.

T und M: Münster 1677

552

1. Al - les Le - ben ist dun - kel. Kei - ner weiß, wo er en - det. Je - der sehnt sich nach Glück. Gott hat ein Herz für den Men - schen: Je - sus ward ei - ner von uns.

2. Jesus lebt' unser Leben. / Jesus trug unsre Sünden. / Jesus starb unsern Tod. / Gott hat ein Herz für den Menschen: / Jesus ist einer von uns.

3. Mitten in Jesu Worten, / mitten in Jesu Taten / schlägt dies Herz für die Welt. / Gott hat ein Herz für den Menschen: / Jesus ist dieses Herz.

T: Maria Luise Thurmair 1971
M: Wolfram Menschick 1973

553

1. Du Kö-nig auf dem Kreu-zes-thron, Herr Je-sus Christus, Gottes Sohn: dein Herz, verwundet und be-trübt, hat uns bis in den Tod ge-liebt.

2. Die dich verworfen und verhöhnt, / hast du geheiligt und versöhnt; / im Tod hast du, o Schmerzensmann, / dein göttlich Herz uns aufgetan.

3. O Quell, der unser Leben nährt, / o Herz, das sich für uns verzehrt, / schließ uns in deine Liebe ein / und laß uns immer bei dir sein.

T: Friedrich Dörr 1972   M: Caspar Ulenberg 1582

554
ö

1. Wie schön leuch-tet der Mor-gen-stern, voll Gnad und Wahr-heit von dem Herrn uns herr-lich auf-ge-gan-gen.
Du Sohn Da-vids aus Ja-kobs Stamm, mein Kö-nig und mein Bräu-ti-gam, du hältst mein Herz ge-fan-gen.
Lieb-lich, freund-lich, schön und präch-tig, groß und mäch-tig, reich an Ga-ben, hoch und wun-der-bar er-ha-ben.

2. Du meine Perl, du werte Kron, / wahr' Gottes und Marien
Sohn, / ein König hochgeboren! / Mein Kleinod du, mein
Preis und Ruhm, / dein ewig Evangelium, / das hab ich mir
erkoren. / Herr, dich such ich. / Hosianna. Himmlisch Man-
na, das wir essen, / deiner kann ich nicht vergessen.

3. Gieß sehr tief in mein Herz hinein, / du leuchtend Klein-
od, edler Stein, / die Flamme deiner Liebe / und gib, daß
ich an deinem Leib, / dem auserwählten Weinstock, bleib /
ein Zweig in frischem Triebe. / Nach dir steht mir / mein
Gemüte, ewge Güte, bis es findet / dich, des Liebe mich
entzündet.

4. Von Gott kommt mir ein Freudenschein, / wenn du mich
mit den Augen dein / gar freundlich tust anblicken. / Herr
Jesu, du mein trautes Gut, / dein Wort, dein Geist, dein
Leib und Blut / mich innerlich erquicken. / Nimm mich
freundlich / in dein Arme und erbarme dich in Gnaden. /
Auf dein Wort komm ich geladen.

5. Herr Gott Vater, mein starker Held, / du hast mich ewig
vor der Welt / in deinem Sohn geliebet. / Er hat mich ganz
sich angetraut, / er ist nun mein, ich seine Braut; / drum
mich auch nichts betrübet. / Eja, eja, / himmlisch Leben wird
er geben mir dort oben. / Ewig soll mein Herz ihn loben.

6. Stimmt die Saiten der Kitara / und laßt die süße Musica /
ganz freudenreich erschallen, / daß ich möge mit Jesus
Christ, / der meines Herzens Bräutgam ist, / in steter Liebe
wallen. / Singet, springet, / jubilieret, triumphieret, dankt
dem Herren. / Groß ist der König der Ehren.

7. Wie bin ich doch so herzlich froh, / daß mein nun ist das
A und O, / der Anfang und das Ende. / Er wird mich doch
zu seinem Preis / aufnehmen in das Paradeis; / des schlag
ich in die Hände. / Amen, Amen, / komm, du schöne Freu-
denkrone, säum nicht lange. / Deiner wart ich mit Verlangen.

T: nach Philipp Nicolai 1599
M: Philipp Nicolai 1599

Nach biblischem Zeugnis (Offenbarung 19,7; 21,2.9; 22,17; Epheserbrief
5, 22–24) darf sich die Kirche als Braut Christi verstehen; das gleiche kann
auch für den einzelnen Christen gelten. So gießt der Dichter hier sein

Christuslob in die Form eines „geistlichen Brautliedes", dessen Bilder er vor allem dem 45. Psalm („zur Königshochzeit") und den genannten Schriftstellen entnimmt. Deshalb wird im ganzen Lied Christus in der Sprache der bräutlichen Liebe angeredet.

555
ö

1. Mor - gen - stern der fin - stern Nacht, der die Welt voll Freu - den macht, Je - su mein, komm her - ein, leucht in mei - nes Her - zens Schrein, leucht in mei - nes Her - zens Schrein.

2. Schau, dein Himmel ist in mir, / er begehrt dich, seine Zier. / Säume nicht, o mein Licht, / komm, komm, eh der Tag anbricht, / komm, komm, eh der Tag anbricht.

3. Deines Glanzes Herrlichkeit / übertrifft die Sonne weit; / du allein, Jesu mein, / bist, was tausend Sonnen sein, / bist, was tausend Sonnen sein.

4. Du erleuchtest alles gar, / was jetzt ist und kommt und war; / voller Pracht wird die Nacht, / weil dein Glanz sie angelacht, / weil dein Glanz sie angelacht.

5. Deinem freudenreichen Strahl / wird gedienet überall; / schönster Stern, weit und fern / ehrt man dich als Gott den Herrn, / ehrt man dich als Gott den Herrn.

6. Ei nun, güldnes Seelenlicht, / komm herein und säume nicht. / Komm herein, Jesu mein, / leucht in meines Herzens Schrein, / leucht in meines Herzens Schrein.

T: Angelus Silesius (Johann Scheffler) 1657
M: Georg Joseph 1657

556

1. Völ - ker al - ler Land, schla - get Hand in
Hand; Gott mit Ju - bel preist, der da
Kö - nig heißt, auf der Er - de
weit herrscht in Herr-lich-keit, der die Völ-ker
beugt, sei - ne Macht be - zeugt, uns ge -
schenkt das Land, ei - gen sei - ner Hand,
und zum Er - be gibt al - len, die er liebt.

2. Gott in seinem Sieg auf zum Himmel stieg. / Der Posaune
Schall mächtig füllt das All. / Singt dem Herrn, ja singt,
Lob und Opfer bringt. / König ist nur er, unser Gott und
Herr. / Singt ein Ehrenlied ihm, der auf uns sieht, / der des
Erdreichs Herr und des Himmels Ehr.

3. Gott tritt auf den Plan, tritt die Herrschaft an, / waltend
ringsumher als der Völker Herr. / Er, der herrlich thront,
hoch im Himmel wohnt, / lenkt der Völker Sinn zu dem
Volke hin, / das er auserwählt, dem er sich vermählt, / das
sein Eigentum. Ihm sei Preis und Ruhm.

T: Georg Thurmair 1964/1971 nach Psalm 47
M: Loys Bourgeois 1551

557
ö

1. Du höch - stes Licht, du ew - ger
Schein, du Gott und treu - er Her - re
mein, von dir der Gna - den Glanz aus -
geht und leuch - tet schön so früh wie spät.

2. Das ist der Herre Jesus Christ, / der ja die göttlich Wahrheit ist, / mit seiner Lehr hell scheint und leucht', / bis er die Herzen zu sich zeucht.

3. Er ist das Licht der ganzen Welt, / das jedem klar vor Augen stellt / den hellen, schönen, lichten Tag, / an dem er selig werden mag.

4. Zuletzt hilf uns zur heilgen Stadt, / die weder Nacht noch Tage hat, / da du, Gott, strahlst voll Herrlichkeit, / du schönstes Licht in Ewigkeit.

5. O Sonn der Gnad ohn Niedergang, / nimm von uns an den Lobgesang, / auf daß erklinge diese Weis / zum Guten uns und dir zum Preis.

T: Johannes Zwick vor 1542
M: Gsb. der Böhmischen Brüder, Nürnberg 1544
Str. 2: „zeucht" ist eine alte Form von „zieht".

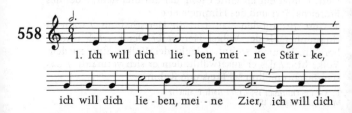

558

1. Ich will dich lie - ben, mei - ne Stär - ke,
ich will dich lie - ben, mei - ne Zier, ich will dich

lie - ben mit dem Wer - ke und im - mer -
wäh - ren - der Be - gier; ich will dich lie - ben,
schön-stes Licht, bis mir das Her - - - ze bricht.

2. Ich will dich lieben, o mein Leben, / als meinen aller-
besten Freund; / ich will dich lieben und erheben, / solange
mich dein Glanz bescheint; / ich will dich lieben, Gottes
Lamm, / das starb am Kreuzesstamm.

3. Ach, daß ich dich so spät erkannte, / du hochgelobte
Schönheit du, / daß ich nicht eher mein dich nannte, / du
höchstes Gut, du wahre Ruh; / es ist mir leid, ich bin
betrübt, / daß ich so spät geliebt.

4. Ich lief verirrt und war verblendet, / ich suchte dich und
fand dich nicht, / ich hatte mich von dir gewendet / und
liebte das geschaffne Licht. / Nun aber ist's durch dich geschehn, / daß ich dich hab ersehn.

5. Ich danke dir, du wahre Sonne, / daß mir dein Glanz hat
Licht gebracht; / ich danke dir, du Himmelswonne, / daß
du mich froh und frei gemacht; / ich danke dir, du güldner
Mund, / daß du mich machst gesund.

6. Erhalte mich auf deinen Stegen / und laß mich nicht
mehr irregehn; / laß meinen Fuß auf deinen Wegen / nicht
straucheln oder stillestehn; / erleucht mir Leib und Seele
ganz, / du starker Himmelsglanz.

7. Ich will dich lieben, meine Krone, / ich will dich lieben,
meinen Gott; / ich will dich lieben sonder Lohne / auch in
der allergrößten Not; / ich will dich lieben, schönstes Licht, /
bis mir das Herze bricht.

T: Angelus Silesius (Johann Scheffler) 1657
M: Georg Joseph 1657

559
ö

1. Mein schön-ste Zier___ und Klein-od bist auf Er-den du, Herr Je - su Christ; dich will ich las-sen wal-ten und al-le-zeit in Lieb und Leid in mei-nem Her-zen hal - - - ten.

2. Dein Lieb und Treu vor allem geht, / kein Ding auf Erd so fest besteht, / das muß ich frei bekennen. / Drum soll nicht Tod, / nicht Angst, nicht Not / von deiner Lieb mich trennen.

3. Dein Wort ist wahr und trüget nicht / und hält gewiß, was es verspricht, / im Tod und auch im Leben. / Du bist nun mein, / und ich bin dein, / dir hab ich mich ergeben.

4. Der Tag nimmt ab. Ach schönste Zier, / Herr Jesu Christ, bleib du bei mir; / es will nun Abend werden. / Laß doch dein Licht / auslöschen nicht / bei uns allhier auf Erden.

T: Leipzig 1597
M: Leipzig 1581 / bei Sethus Calvisius 1594

560

1. Ge - lobt seist du, Herr Je - su Christ, ein Kö - nig al - ler Eh - - ren; dein Reich ohn al - le Gren-zen ist,

ohn En - de muß es wäh - ren.

Christ - kö - nig, Hal - le - lu - ja, Hal - le - lu - ja.

2. Das All durchtönt ein mächtger Ruf: / „Christ A und O
der Welten!" / Das Wort, das sie zu Anfang schuf, / wird
bis ans Ende gelten. / Christkönig, Halleluja, Halleluja.
3. Auch jeder Menschenseele Los / fällt, Herr, von deinen
Händen, / und was da birgt der Zeiten Schoß, / du lenkst
es aller Enden. / Christkönig, Halleluja, Halleluja.
4. O sei uns nah mit deinem Licht, / mit deiner reichen
Gnade, / und wenn du kommst zu dem Gericht, / Christ,
in dein Reich uns lade. / Christkönig, Halleluja, Halleluja.

T: nach Guido Maria Dreves 1886
M: Josef Venantius von Wöß 1928

Gemeindeverse

So spricht der Herr: Ich bin der

Weg, die Wahr - heit und das Le - ben.

Vb, VIg. Q33

561
1

Dein sind die Him - mel, dein ist die Er - de;

e - wig - lich wäh - ret dein Reich. ___

IIb. Q19

2

562 Lob dir, Chri-stus, Kö-nig und Er-lö-ser!

Ia, IIIc. Q19

Lobpreis und Fürbitte

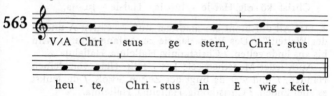

563 V/A Chri - stus ge - stern, Chri - stus heu - te, Chri - stus in E - wig - keit.

Fürbitten können aus den folgenden Strophen ausgewählt und durch andere ergänzt werden.

1. V/A Er - hö - re uns, Chri-stus! V Der heiligen Kir-che Gottes Heil und Le - ben. Du Hei - land der Welt, A stär - ke und schüt - ze sie.

V Heilige <u>Ma</u> - ri - a, A bit - te für uns.
V Heili - - <u>ger</u> Jo - sef, A bit - te für uns.
V Alle Heili - <u>gen</u> Got - tes, A bit - tet für uns. Kv

2. V/A Erhöre uns, Christus! V Dem heiligen Vater Papst N. / Heil und Leben. Du Heiland der Welt, A stärke und schütze ihn.
V Heilig<u>er</u> Petrus, A bitte für ihn.
V Heilig<u>er</u> Gregor, A bitte für ihn.
V Ihr heilig<u>en</u> Päpste, A bittet für ihn. Kv

3. V/A Erhöre uns, Christus! V Unserem Bischof N. / Heil und Leben. Du Heiland der Welt, A stärke und schütze ihn.
V Heiliger Paulus, A bitte für ihn.
V Ihr heiligen Apostel, A bittet für ihn.
V Ihr heiligen Bischöfe, A bittet für ihn. Kv

4. V/A Erhöre uns, Christus! V Den Völkern der Erde / Heil und Leben. Du Heiland der Welt, A stärke und schütze sie.
V Heiliger Thomas Morus, A bitte für uns.
V Heiliger Klaus von Flüe, A bitte für uns.
V Ihr heiligen Führer der Völker, A bittet für uns. Kv

5. V/A Erhöre uns, Christus! V Der verfolgten Kirche / Heil und Leben. Du Heiland der Welt, A stärke und schütze sie.
V Heiliger Stephanus, A bitte für sie.
V Heiliger Laurentius, A bitte für sie.
V Ihr heiligen Märtyrer, A bittet für sie. Kv

6. V/A Erhöre uns, Christus! V Den Hungernden und Kranken / Heil und Leben. Du Heiland der Welt, A stärke und schütze sie.
V Heilige Elisabeth, A bitte für sie.
V Heiliger Vinzenz, A bitte für sie.
V Ihr Freunde der Armen und Kranken, A bittet für sie. Kv

Schlußdoxologie

7. V Ihm   allein   sei   die   Herrschaft,
   V Dem   Kö - - - nig   der   Völker
   V Sein   Friede komme ü - ber   uns;

Macht   und Ge-walt A jetzt und in E-wig-keit.
sei Eh - re und Ruhm A jetzt und in E-wig-keit.
es kom-me sein Reich A jetzt und in E-wig-keit. Kv

T und M: nach den „Laudes Hincmari" 8./9. Jh., EGB 1973

Christus-Rufe

564

V/A Chri - stus Sie - - ger, Chri - stus
Kö - - nig, Chri - stus Herr in E - wig - keit.

V 1. Kö-<u>nig</u> des Welt-alls, A wir hul-di-gen dir.
König der Völker
König des Friedens
Kö<u>nig</u> der Zeiten
Kö<u>nig</u> der Herr<u>lich</u>keit Kv

2. Ab<u>glanz</u> des Vaters
Ur<u>bild</u> der Schöpfung
<u>Sohn</u> der Jungfrau
Zeu<u>ge</u> der Wahrheit
<u>Herr</u> und Meister Kv

3. <u>Freund</u> der Armen
Hei<u>land</u> der Kranken
Ret<u>ter</u> der Sünder
Bru<u>der</u> der Menschen
Hoff<u>nung</u> der Erde Kv

4. Lamm, für <u>uns</u> geopfert
<u>Mann</u> der Schmerzen
Mitt<u>ler</u> des Bundes
Erlöser und Heiland
<u>Herr</u> des Lebens Kv

5. <u>Licht</u> der Menschen
<u>Brot</u> des Lebens
<u>Quelle</u> der Gnade
Haupt <u>deiner</u> Kirche
<u>Weg</u> zum Vater Kv

T: EGB 1973 M: „Christus vincit" bei Beat Reiser „Laudes festivae" 1940

565

1. Komm, Herr Jesus, komm zur Er - de
daß die Zeit be - en - det wer - de

und er - fül - le dein Ge - richt,
und die E - wig - keit an - bricht.

Sprich dein Ur - teil voll Er - bar - men,

rich - te in Barm - her - zig - keit;

ret - te uns mit star - ken Ar - men

in die lich - te E - wig - keit.

2. Komm, Herr Jesus, komm zur Erde / und erlöse uns vom
Tod, / daß dies Leben ewig werde / und befreit von jeder
Not. / Nimm uns all in deine Hände; / unser Leben bist nur
du. / Du bist unser Trost am Ende; / führe uns dem Himmel zu.
3. Komm, Herr Jesus, komm zur Erde, / stoß das Böse aus
der Welt, / daß die Liebe sichtbar werde, / die uns schuf
und uns erhält. / Laß das Irdische vergehen / vor dem Glanz
der Ewigkeit; / laß die neue Welt erstehen, / göttlich und
voll Herrlichkeit.

T: Georg Thurmair 1939
M: Erhard Quack 1950/1968

566

1.-2. Hebt eu - er Haupt, ihr To - re all;
denn Ein - zug hält mit Ju - bel - schall

ur - al - te Pfor - ten, weicht dem Her - ren,
der gro - ße Kö - nig al - ler Eh - ren.

1. Wer ist der Kö - nig al - ler Ehr?
2. Wer ist der Kö - nig al - ler Ehr?

1. Es ist der Mäch - ti - ge, der Herr,
2. Es ist der Herr - li - che, der Herr,

1. der Held, der stark sein Volk re - gie - ret,
2. Gott Ze - ba - ot, Herr al - ler Her - ren,

1. ge - wal - tig es zum Sie - ge füh - ret.
2. er ist der Kö - nig al - ler Eh - ren.

T: nach Caspar Ulenberg 1582 / EGB 1971 nach Psalm 24 B
M: Caspar Ulenberg 1582

567

1. Der Herr bricht ein um Mit - ter-nacht;
jetzt ist noch al - les still.
O E - lend, daß schier nie - mand
wacht und ihm be - geg - nen will.

2. Er hat es uns zuvor gesagt / und einen Tag bestellt. / Er kommt, wann niemand nach ihm fragt, / noch es für möglich hält.

3. Wie liegt die Welt so blind und tot. / Sie schläft in Sicherheit / und meint, des großen Tages Not / sei noch so fern und weit.

4. Wer waltet als ein kluger Knecht / im Hause so getreu, / daß, wenn der Herr kommt, er gerecht / und nicht zu strafen sei?

5. So wach denn auf, mein Geist und Sinn, / und schlummre ja nicht mehr. / Blick täglich auf sein Kommen hin, / als ob es heute wär.

6. Dein Teil und Heil ist schön und groß. / Auf, auf, du hast's in Macht. / Ergreif im Glauben du das Los, / das Gott dir zugedacht.

7. Der Herr bricht ein um Mitternacht; / jetzt ist noch alles still. / Wohl dem, der nun bereit sich macht / und ihm begegnen will.

T: nach Johann Christoph Rube 1712
M: Johann Crüger 1640

568

1. Komm, Herr Je - su, komm, führ die Welt zum En - de, daß der Trä - nen-strom sich in Freu - de wen - de. Brenn das Haus der Zeit hin in dei - nen Feu - ern; wol - le es er - neu - ern in der E - wig - keit.

2. Alle Kreatur liegt mit uns in Wehen; / dein Erbarmen nur läßt sie heil erstehen. / Was da wehrlos ist und im Bann des Bösen, / komm, es zu erlösen, komm, Herr Jesu Christ.

3. Nüchtern und bereit laß uns, Herr, hier leben / und in Lauterkeit von dir Zeugnis geben. / Wie es dir gefällt, laß uns sein und handeln, / daß wir selbst uns wandeln und erneun die Welt.

4. Komm, du Menschensohn, laß dein Reich erscheinen; / denn vor deinem Thron wird sich alles einen. / Friedvoll, neu und fromm steigt herauf die Erde: / Amen, daß es werde, komm, Herr Jesu, komm.

T: Maria Luise Thurmair 1951/1973
M: Heinrich Rohr 1951

IV. Gemeinschaft der Heiligen

Maria   569

Der Jahreskreis entfaltet das Geheimnis unserer Erlösung durch Christus. Dabei tritt auch Maria in den Blick der Kirche, denn sie ist aufs engste mit dem Heilswerk Christi verbunden. Sie hat ihn nicht nur geboren, sondern hat vor allen anderen den Ruf Gottes vernommen und befolgt. Darum sagt Jesus zu der Frau, die Maria als seine Mutter selig preist: „Ja, selig, die das Wort Gottes hören und es befolgen" (Lk 11,28). So ist sie in gläubigem Gehorsam seine und unsere Mutter geworden.

Die ältesten Marienfeste sind darum als Herrenfeste entstanden:

25. März	Verkündigung des Herrn (Mariä Verkündigung)
2. Februar	Darstellung des Herrn im Tempel (Mariä Lichtmeß)
1. Januar	Gedächtnis der Mutter des Herrn

Wegen ihrer engen Verbindung mit Christus hat Gott Maria vom ersten Augenblick ihres Daseins an vor der Erbsünde bewahrt und ihr nach dem Tod als erster die endgültige Vollendung des Menschen in Christus geschenkt. Daran erinnern zwei Feste:

8. Dezember	Hochfest der unbefleckt empfangenen Jungfrau Maria
15. August	Mariä Aufnahme in den Himmel (Mariä Himmelfahrt)

Weitere volkstümliche Marienfeste:

2. Juli	Mariä Heimsuchung
8. September	Mariä Geburt
12. September	Mariä Namen
7. Oktober	Unsere Liebe Frau vom Rosenkranz

In jeder Woche ist der Samstag in besonderer Weise dem Gedächtnis Mariens geweiht. Der Monat Mai ist durch Marienandachten (Maiandachten) ausgezeichnet. Vor allem im Oktober sind die Gläubigen eingeladen, den Rosenkranz zu beten.

Die Kirche schließt ihr tägliches Stundengebet mit einem Abendgruß an Maria. Auch die Volksandachten werden gern mit einem Marienlied beschlossen. Seit 1456 erinnert das Ave-Läuten (Engel des Herrn) dreimal am Tag an die Menschwerdung Gottes im Schoß der seligsten Jungfrau Maria. (s. Nr. 2,7)

570

Sal - ve, Re - gí - na, ma - ter mi - se - ri - cór -
di - ae; vi - ta, dul - cé - do et spes no - stra,
sal - ve. Ad te cla - má - mus, éx - su - les fí - li - i
E - vae. Ad te su - spi - rá - mus, ge - mén - tes
et flen - tes in hac la - cri - má - rum val - le.
E - ia er - go, ad - vo - cá - ta no - stra, il - los
tu - os mi - se - ri - cór - des ó - cu - los ad nos
con - vér - te. Et Je - sum, be - ne - dí - ctum fru - ctum
ven - tris tu - i, no - bis post hoc ex - sí - li - um
o - stén - de. O cle - mens, o pi - a,
o dul - cis Vir - go Ma - ri - a.

T: 11. Jh.   M: 17. Jh. nach Henri Du Mont

571

Sei ge-grüßt, o Kö-ni-gin, Mut-ter der Barm-
her-zig-keit, un-ser Le-ben, uns-re Won-ne und
uns-re Hoff-nung, sei ge-grüßt! Zu dir ru-fen
wir ver-bann-te Kin-der E-vas; zu dir seuf-zen wir
trau-ernd und wei-nend in die-sem Tal____ der
Trä-nen. Wohl-an__ denn, uns-re Für-spre-che-rin,
wen-de dei-ne barm-her-zi-gen Au-gen uns
zu, und nach die-sem E-lend zei-ge uns
Je-sus, die ge-be-ne-dei-te Frucht dei-nes
Lei-bes. O____ gü-ti-ge, o____ mil-de,
o____ sü--ße Jung-frau Ma-ri-a.

T: Übertragung des „Salve Regina"   M: Heinrich Rohr 1949

572

V Sal - ve! A l. Ma - ri - a, Kö - ni - gin,

Mut - ter und Hel - fe - rin, Ma - ri - a,

sal - ve! Du uns - res Le - bens Freud,

Trost in Ver - las - sen - heit, Ma - ri - a, sal - ve!

2. Dich rufen allzumal in diesem Tränental wir Evas Kinder; / weinen so manche Stund, klagen aus Herzensgrund wir armen Sünder.

3. Maria, hohe Frau, barmherzig auf uns schau, zu uns dich neige. / Jesus, den wir gesucht, ihn, deines Leibes Frucht, dereinst uns zeige.

T: Maria Luise Thurmair 1969 nach dem Salve-Regina-Lied im Rheinfelsischen Gesangbuch 1666
M: Rheinfelsisches Gesangbuch, Augsburg 1666

573

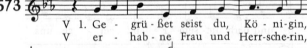

V 1. Ge - grü - ßet seist du, Kö - ni - gin,
V er - hab - ne Frau und Herr-sche-rin,

A o___ Ma - ri - a, 1.-6. Freut euch, ihr Ke -ru-bim,
A o___ Ma - ri - a!

lob-singt, ihr Se - ra- fim, grü - ßet eu - re

Kö - ni-gin: Sal - ve, sal - ve, sal - ve, Re - gi - na!

2. O Mutter der Barmherzigkeit, –
du unsres Lebens Süßigkeit, –
3. Du unsre Hoffnung, sei gegrüßt, –
die du der Sünder Zuflucht bist, –
4. Wir Kinder Evas schrein zu dir, –
aus Tod und Elend rufen wir, –
5. O mächtige Fürsprecherin, –
bei Gott sei unsre Helferin, –
6. Dein mildes Auge zu uns wend, –
und zeig uns Jesus nach dem End, –

T: Köln 1852 nach dem Salve-Regina-Lied von Johann Georg Seidenbusch
1687
M: Mainz 1712

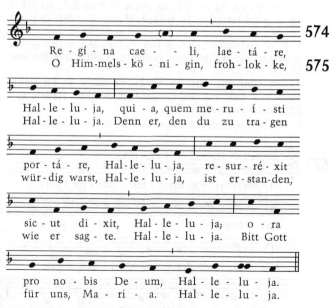

574
Re - gí - na cae - - li, lae - tá - re,

575
O Him - mels - kö - ni - gin, froh - lok - ke,

Hal - le - lu - ja, qui - a, quem me - ru - í - sti
Hal - le - lu - ja. Denn er, den du zu tra - gen

por - tá - re, Hal - le - lu - ja, re - sur - ré - xit
wür - dig warst, Hal - le - lu - ja, ist er - stan - den,

sic - ut di - xit, Hal - le - lu - ja; o - ra
wie er sag - te. Hal - le - lu - ja. Bitt Gott

pro no - bis De - um, Hal - le - lu - ja.
für uns, Ma - ri - a. Hal - le - lu - ja.

T: Rom um 1170   M: 16. Jh., vereinfachte Fassung der M. aus dem 12. Jh.

576

V 1. Freu dich, du Him-mels-kö-ni-gin, –

A Freu dich, Ma - ri - a! – V freu dich, das

Leid ist all da - hin. Hal - le - lu - ja.

A Bitt Gott für uns, Ma - ri - a.

2. Den du zu tragen würdig warst, / – Freu dich, Maria! – / der Heiland lebt, den du gebarst. Halleluja. / Bitt Gott für uns, Maria.

3. Er ist erstanden von dem Tod, / – Freu dich, Maria! – / wie er gesagt, der wahre Gott. Halleluja. / Bitt Gott für uns, Maria.

4. Bitt Gott für uns, so wird's geschehn, / – Freu dich, Maria! – / daß wir mit Christus auferstehn. Halleluja. / Bitt Gott für uns, Maria.

T: nach Konstanz 1600, nach „Regina caeli" 12. Jh.   M: Konstanz 1600

577

1. Ma - ri - a, Mut - ter uns - res Herrn,

o Him-mels-pfort, o Mee - res - stern,

hilf der be - dräng - ten Chri - sten - heit

auf ih - rem We - ge durch die Zeit.

2. Ein Staunen die Natur erfaßt, / daß du den Herrn geboren hast, / den Herrn und Schöpfer aller Welt, / der dich
erschaffen und erwählt.

3. So trat der Engel bei dir ein: / „Gegrüßet seist du, Jungfrau rein." / „Ave Maria" singen wir, / „sei benedeit, Gott
ist mit dir."

4. O Mutter, reich an Güt und Huld, / erbarme dich: wir
sind in Schuld. / Steh du uns bei an Gottes Thron / und
zeig uns Jesus, deinen Sohn.

T: Maria Luise Thurmair 1969 nach dem Alma-Redemptoris-Mater-Lied
von Franz Josef Weinzierl 1816
M: Speyerer Gesangbuch, Köln 1599

578

1. Meer - stern, sei ge - grü - ßet, Got - tes
ho - he Mut - ter, all - zeit rei - ne
Jung - frau, se - lig Tor zum Him - mel!

2. Du nahmst an das AVE / aus des Engels Munde. / Wend
den Namen EVA, / bring uns Gottes Frieden.

3. Zeige dich als Mutter, / denn dich wird erhören, / der
auf sich genommen, / hier dein Sohn zu werden.

4. Jungfrau ohnegleichen, / Gütige vor allen, / uns, die
wir erlöst sind, / mach auch rein und gütig.

5. Lös der Schuldner Ketten, / mach die Blinden sehend, /
allem Übel wehre, / jeglich Gut erwirke.

6. Gib ein lautres Leben, / sicher uns geleite, / daß wir einst
in Freuden / Jesus mit dir schauen.

7. Lob sei Gott dem Vater, / Christ, dem Höchsten, Ehre /
und dem Heilgen Geiste: / dreifach e i n e Preisung.

T: EGB 1971 nach „Ave maris stella" 9. Jh.
M: nach dem Antiphonale Romanum 1912

579

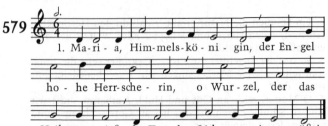

1. Ma - ri - a, Him - mels - kö - ni - gin, der En - gel
ho - he Herr - sche - rin, o Wur - zel, der das
Heil ent - sprießt, du Tor des Lich - tes, sei ge - grüßt!

2. Freu dich, du bist an Ehren reich, / dir ist an Gnaden keine gleich. / Ach bitt für uns an Gottes Thron / bei Jesus, deinem lieben Sohn.

T: Rottenburger Gesangbuch 1867 nach „Ave Regina caelorum" um 1100
M: Nikolaus Herman 1562

580

V/A 1. „A - ve Ma - ri - a, gra - ti - a ple - na."
2. „Sie - he, du sollst ei - nen Sohn emp - fan - gen;
3. „En - gel, sag an, wie soll das nur wer - den,

V 1. So grüßt' der En - gel die Jung - frau Ma - ri - a,
2. da - nach trägt Him - mel und Er - de Ver - lan - gen,
3. da ich kein'n Mann er - ken - ne auf Er - den,

V/A 1. da er von dem Herrn die Bot - schaft bracht.
2. daß du die Mutter des Herrn sollst sein."
3. in die - ser Welt so weit und breit?"

4. „Der Heilge Geist wird über dich kommen, / gleichwie der Tau kommt über die Blumen; / also will Gott geboren sein."
5. Maria hört' des Höchsten Begehren. / Sie sprach: „Ich bin die Magd des Herren; / nach deinem Wort geschehe mir."
6. Nun wolln wir danken, preisen und loben / den Herrn im Himmel so hoch da droben, / daß er uns all erlöset hat.

T: nach Paderborn 1617   M: Paderborn 1617

581

1. A - ve Ma - ri - a kla - re, du lich - ter Mor - gen - stern! Du bist ein Freud für - wah - re des Him - mels und der Erd, er - wählt von E - wig - keit, zu sein die Mut-ter Got - tes zum Trost der Chri-sten - heit.

2. Ohn Sünd bist du empfangen, / wie dich die Kirche ehrt, / bist von der falschen Schlangen / geblieben unversehrt. / O Jungfrau rein und zart, / dein Lob kann nicht aussprechen, / was je erschaffen ward.

3. Ein Gruß ward dir gesendet / vom allerhöchsten Gott, / durch Gabriel vollendet, / der war des Grußes Bot. / „Du sollst ein Mutter sein, / ein Jungfrau sollst du bleiben, / ein Jungfrau keusch und rein.

4. Es wird dich übertauen / des Allerhöchsten Kraft, / Gesegnete der Frauen, / in reiner Jungfrauschaft. / Gott selbst, er wird dein Sohn; / du sollst ihn Jesus nennen, / und ewig ist sein Thron."

5. Da sprach die Jungfrau reine: / „Ich bin des Herren Magd. / Sein Will gescheh alleine. / Es sei, wie du gesagt." / Christ wohnt' in ihrem Schoß, / gar lieblich ruht' er drinnen; / ihr Freude, die war groß.

6. Dies Lob sei dir gesungen, / Frau, hochgebenedeit. / Von dir ist uns entsprungen / der Brunn der Seligkeit. / Empfiehl uns deinem Sohn / und bitte für uns Sünder / allzeit an Gottes Thron.

T und M: Olmütz um 1500 / Mainz 1947

582

1. O Ma - ri - a, sei ge-grüßt, die du vol-ler Gna - - de bist; sei ge-grüßt, du höch-ste Zier: Gott der Herr ist selbst mit dir.

2. Du bist nun gebenedeit / vor den Frauen allezeit. / Lob dem, der dich heimgesucht, / Jesus, deines Leibes Frucht.
3. Mutter Gottes, liebe Frau, / auf uns arme Sünder schau; / bitt für uns bei deinem Sohn, / daß er uns im Tod verschon.

T: nach Philipp von Schönborn 1656
M: Böhmen 1467 / Michael Weiße 1531

583

V 1. A - ve Ma - ri - a zart, du ed - ler Ro - sen-gart, li - li - en - weiß, ganz oh - ne Scha - den, A ich grü - ße dich zur Stund mit Ga - bri - e - lis Mund: A - ve, die du bist vol-ler Gna - den.

2. Du hast des Höchsten Sohn, Maria rein und schön, in deinem keuschen Schoß getragen, / den Heiland Jesus Christ, der unser Retter ist aus aller Sünd und allem Schaden.
3. Denn nach dem Sündenfall wir warn verstoßen all und sollten ewig sein verloren. / Da hast du, reine Magd, wie dir vorhergesagt, uns Gottes Sohn zum Heil geboren.

4. Darum, o Mutter mild, befiehl uns deinem Kind, bitt, daß es unser Sünd verzeihe, / endlich nach diesem Leid die ewig Himmelsfreud durch dich, Maria, uns verleihe.

T und M: Johann Georg Braun 1675

584

1. Chri - sti   Mut - ter stand mit Schmer-zen
Durch die   See - le vol - ler   Trau - er,

bei dem   Kreuz und weint'   von   Her - zen,
schnei-dend   un - ter   To - des - schau - er

als   ihr   lie - ber Sohn   da   hing.
jetzt   das   Schwert des   Lei - dens   ging.

2. Welch ein Schmerz der Auserkornen, / da sie sah den Eingebornen, / wie er mit dem Tode rang. / Angst und Jammer, Qual und Bangen, / alles Leid hielt sie umfangen, / das nur je ein Herz durchdrang.

3. Ach, für aller Menschen Schulden / sah sie ihn die Marter dulden, / Geißeln, Dornen, Spott und Hohn, / sah ihn trostlos und verlassen / an dem blutgen Kreuz erblassen, / ihren lieben einzgen Sohn.

4. Drücke deines Sohnes Wunden, / wie du selber sie empfunden, / heilge Mutter, in mein Herz. / Daß ich weiß, was ich verschuldet, / was dein Sohn für mich erduldet, / gib mir teil an deinem Schmerz.

5. Christus, laß bei meinem Sterben / mich mit deiner Mutter erben / Sieg und Preis nach letztem Streit. / Wenn der Leib dann sinkt zur Erde, / gib mir, daß ich teilhaft werde / deiner selgen Herrlichkeit.

T: Jacopone da Todi „Stabat Mater dolorosa" vor 1306, Übertragung nach Heinrich Bone 1847/EGB 1968/1970 (Strophe 5)/AGL 1994
M: Köln 1638

585

1. Laßt uns er - freu - en herz - lich sehr,
Ma - ri - a seufzt und weint nicht mehr.

Hal - le - lu - ja,
Hal - le - lu - ja.   Ver-schwun-den sind die

Ne - bel all, Hal - le - lu - ja,   jetzt glänzt

der lie - ben Son - ne Strahl. Hal - le - lu - ja.

Hal - le - lu - ja, Hal - le - lu - ja, Hal - le - lu - ja.

2. Wo ist, o freudenreiches Herz, Halleluja, / wo ist dein
Weh, wo ist dein Schmerz? Halleluja. / Wie wohl ist dir,
o Herz, wie wohl; Halleluja, / nun bist du aller Freuden
voll. Halleluja ...

3. Sag an, Maria, Jungfrau rein, Halleluja, / kommt das
nicht von dem Sohne dein? Halleluja. / Ach ja, dein Sohn
erstanden ist; Halleluja, / kein Wunder, daß du fröhlich bist.
Halleluja ...

4. Aus seinen Wunden fließen her, Halleluja, / fünf Freu-
denseen, fünf Freudenmeer. Halleluja. / Die Freud sich über
dich ergoß, Halleluja, / und durch dein Herz die Freude
floß. Halleluja ...

5. Dein Herz nun ganz in Freuden schwimmt, Halleluja, /
und zu und zu die Freude nimmt. Halleluja. / Ach, nun
vergiß auch unser nit, Halleluja, / und teil auch uns ein
Tröpflein mit. Halleluja ...

T: Friedrich Spee 1623
M: Köln 1623

586

V/A Gruß dir, Mut-ter, in Got-tes Herr-lich-keit,

Mut-ter Got-tes, Mut-ter der Chri-sten-heit,

Stern der Hoffnung und Quell der Se-lig-keit. Gruß dir,

Mut-ter, reich an Barm-her-zig-keit, o Ma-ri-a.

V 1. Du Ma-ri-a bist Got-tes treu-e Magd,

hast auf sein Wort im Glau-ben Ja ge-sagt.

Se-lig bist du, weil du ihm ganz ver-traut, du Magd

des Herrn, du Mut-ter und du Braut, o Ma-ri-a. Kv

2. Gruß dir, Jungfrau, du Gottes heilges Zelt. / In deinem
Schoß barg sich der Herr der Welt, / der herrscht zur Rechten
auf des Vaters Thron; / der Schöpfung Herr und König ward
dein Sohn, o Maria. Kv

3. Hilf, o Mutter, Zuflucht in allem Leid, / sei unser Trost
und Quell der Fröhlichkeit. / Auf Gottes Wort laß gläubig
uns vertraun, / bis wir mit dir den Herrn im Lichte schaun,
o Maria. Kv

4. Gott der Vater schuf dich nach seinem Plan. / Es nahm der
Sohn aus dir die Menschheit an. / Die Kraft des Geistes hat dich
ganz erfüllt; / die Liebe Gottes ist in dir enthüllt, o Maria. Kv

T: „Salve, mater misericordiae" 14. Jh., Übertragung Joseph Klein 1951/1973
nach früheren Gsb M: französische Karmelitinnen, vor Solesmes 1901

587

1. Ma-ri-a auf-ge-nom-men ist — Hal-le-lu-ja — zu ih-rem Soh-ne Je-sus Christ. Hal-le-lu-ja.

2. Ihr Sohn, der Tod und Grab besiegt, —
er läßt im Tod die Mutter nicht. —
3. Im Himmel ist sie Königin —
und aller Welt ein Trösterin. —
4. O Zeichen groß: ihr Kleid die Sonn, —
ihr Schuh der Mond, zwölf Stern ihr Kron. —
5. O große Freud, o Seligkeit! —
Stimm ein, o ganze Christenheit! —
6. Gelobt sei die Dreifaltigkeit, —
der eine Gott in Ewigkeit. —

T: nach Heinrich Bone 1847
M: Konstanz 1613

588

1. Sagt an, wer ist doch die-se, die
die ü-berm Pa-ra-die-se als
vor dem Tag auf-geht,
Mor-gen-rö-te steht? Sie kommt hervor aus Fer-nen, ge-ziert mit Mond und
Ster-nen, im Son-nen-glanz er-höht.

2. Sie ist die edle Rose, / ganz schön und auserwählt, / die
Magd, die makellose, / die sich der Herr vermählt. / O eilet,
sie zu schauen, / die schönste aller Frauen, / die Freude aller
Welt.
3. Du strahlst im Glanz der Sonne, / Maria, hell und rein; /
von deinem lieben Sohne / kommt all das Leuchten dein. /
Durch diesen Glanz der Gnaden / sind wir aus Todes Schatten / kommen zum wahren Schein.

T: Johann Khuen 1638 / EGB 1972
M: bei Joseph Clauder 1631 / bei Heinrich Meier 1647

589

1. Al - le Ta - ge sing und sa - ge
Lob der Him - mels - kö - ni - gin;
ih - re Gna - den, ih - re Ta - ten
ehr, o Christ, mit Herz und Sinn.

2. Auserlesen ist ihr Wesen, / Mutter sie und Jungfrau war. /
Preis sie selig, überselig; / groß ist sie und wunderbar.
3. Gotterkoren hat geboren / sie den Heiland aller Welt, /
der gegeben Licht und Leben / und den Himmel offen hält.
4. Ihre Ehren zu vermehren, / sei von Herzen stets bereit. /
Benedeie sie und freue / dich ob ihrer Herrlichkeit.

T: nach Heinrich Bone 1847 nach „Omni die dic Mariae" des Bernhard
von Morlas, † 1140
M: Ingolstadt 1613

zum freudenreichen Rosenkranz

590

1.-5. Ma - ri - a, sei ge - grüßt mit dei - nem lie - ben Sohn, 1. den du emp - fan - gen hast, vom Va - ter aus - er - wählt und mit dem Geist ver - mählt.

1.-5. Bitt Gott für uns, Ma - ri - a!

2. — den du getragen hast / voll Freud auf deinem Gang / wohl das Gebirg entlang.

3. — den du geboren hast / in einem armen Stall / zum Heil der Menschen all.

4. — den du geopfert hast, / im Tempel dargestellt, / das Licht der ganzen Welt.

5. — den du gefunden hast / im Tempel wohlbewahrt, / wo er sich offenbart.

zum schmerzhaften Rosenkranz

591 1. — der für uns Blut geschwitzt, / verraten und allein / in Todesangst und Pein.

2. — den man mit Geißeln schlug, / so daß sein Blut hinfloß, / das er für uns vergoß.

3. — der für uns Dornen trug, / zu Hohn und Spott gekrönt / und von der Welt verhöhnt.

4. — dem man das Kreuz auflud / zu dreimal schwerem Fall / und Wunden ohne Zahl.

5. — der an dem Kreuze starb / und uns durch seinen Tod / versöhnet hat mit Gott.

zum glorreichen Rosenkranz

1. — der aus dem Grab erstand, / befreit von allem Leid / in lichter Herrlichkeit. **592**

2. — der in den Himmel fuhr, / als Gott und Mensch zugleich / herrscht in des Vaters Reich.

3. — der uns den Geist gesandt, / dem Sohn und Vater gleich, / mit Gnaden überreich.

4. — der dich zum Himmel nahm, / von Sünde unberührt / zur Seligkeit geführt.

5. — der herrlich dich gekrönt, / dir große Macht verleiht / zum Heil der Christenheit.

T: Georg Thurmair 1940/1970
M: Christian Lahusen 1947

V 1.-5. Kö - ni - gin im Him - mel - reich, A freu dich, Ma - ri - a! V 1. Den du hast emp - fan - gen, der ist von dem To - de auf - er - stan - den. A 1.-5. Bitt Gott für uns. Hal - le - lu - ja.

593

2. — Den du hast getragen, der ist zu den Himmeln aufgefahren.

3. — Den du hast geboren, der hat seinen Geist herabgesendet.

4. — Dem du hast gedienet, der hat in den Himmel dich erhoben.

5. — Dem im Leid du folgtest, der hat dich mit Ehr und Ruhm gekrönet.

T: Johann Leisentrit 1567; Str. 3–5 Petronia Steiner 1947
M: Frankfurt am Main 1565

594

1. Ma - ri - a, dich lie - ben ist
dir wur - de die Fül - le der

all - zeit mein Sinn; du Jung-frau, auf
Gna - den ver - liehn:

dich hat der Geist sich ge - senkt; du

Mut-ter hast uns den Er - lö - ser ge-schenkt.

2. Dein Herz war der Liebe des Höchsten geweiht; / du warst für die Botschaft des Engels bereit. / Du sprachst: „Mir geschehe, wie du es gesagt. / Dem Herrn will ich dienen, ich bin seine Magd."

3. Du Frau aus dem Volke, von Gott ausersehn, / dem Heiland auf Erden zur Seite zu stehn, / kennst Arbeit und Sorge ums tägliche Brot, / die Mühsal des Lebens in Armut und Not.

4. Du hast unterm Kreuze auf Jesus geschaut; / er hat dir den Jünger als Sohn anvertraut. / Du Mutter der Schmerzen, o mach uns bereit, / bei Jesus zu stehen in Kreuz und in Leid.

5. Du Mutter der Gnaden, o reich uns die Hand / auf all unsern Wegen durchs irdische Land. / Hilf uns, deinen Kindern, in Not und Gefahr; / mach allen, die suchen, den Sohn offenbar.

6. Von Gott über Engel und Menschen gestellt, / erfleh uns das Heil und den Frieden der Welt. / Du Freude der Erde, du himmlische Zier: / du bist voll der Gnade, der Herr ist mit dir.

T: Friedrich Dörr 1972
M: Paderborn 1765

595

1. Ma - ri - a, breit den Man - tel aus,

mach Schirm und Schild für uns dar - aus;

laß uns dar - un - ter si - cher stehn,

bis al - le Stürm vor - ü - ber - gehn.

1.-4. Pa - tro - nin vol - ler Gü - te,

uns al - le zeit be - hü - te.

2. Dein Mantel ist sehr weit und breit, / er deckt die ganze Christenheit, / er deckt die weite, weite Welt, / ist aller Zuflucht und Gezelt.

3. Maria, hilf der Christenheit, / dein Hilf erzeig uns allezeit; / komm uns zu Hilf in allem Streit, / verjag die Feind all von uns weit.

4. O Mutter der Barmherzigkeit, / den Mantel über uns ausbreit; / uns all darunter wohl bewahr / zu jeder Zeit in aller Gfahr.

T und M: nach Innsbruck 1640

596

1. A - ve, ma - ris stel - la, ___ De - i
ma - ter al - ma at - que sem - per vir - go, ___
7. Strophe
fe - lix cae - li por - ta. A - men.

2. Sumens illud „Ave" / Gabriélis ore, / funda nos in pace, / mutans Evae nomen.

3. Solve vincla reis, / profer lumen caecis, / mala nostra pelle, / bona cuncta posce.

4. Monstra te esse matrem, / sumat per te precem / qui pro nobis natus / tulit esse tuus.

5. Virgo singuláris, / inter omnes mitis, / nos culpis solútos / mites fac et castos.

6. Vitam praesta puram, / iter para tutum, / ut vidéntes Jesum / semper collaetémur.

7. Sit laus Deo Patri, / summo Christo decus, / Spirítui Sancto / honor, tribus unus. Amen.

T: St. Gallen 9. Jh.   M: 11. / 12. Jh.

Gemeindeverse
zur Eröffnung

597
1

In Gott, meinem Hei-land, ju-belt mein Geist.

Ia, VIa, IXa. Q20

zum Antwortpsalm

2

In mei-nem Gott ju - belt mein Herz.

Vb, VIg. Q18

zur Kommunion

Se - lig der Mensch, der trägt den Herrn, den Sohn des e - wi - gen Va - ters.

VIa, IXa. Q19

Vesper an Marienfesten 599

Eröffnung Nr. 683
Hymnus: Meerstern, sei gegrüßet Nr. 578

ERSTER PSALM

Sei ge - grüßt, Ma - ri - a, voll der Gna - de. Der Herr ist mit dir.

IVa, Ih. Q41

Psalm 85: Bitte um das verheißene Heil

IV

1. Einst hast du, Herr, dein <u>Land</u> begnadet *
und Jakobs <u>Unglück</u> gewendet,
   2. hast deinem Volk die <u>Schuld</u> vergeben, *
   all sei<u>ne</u> Sünden zuge<u>deckt</u>,
3. hast zurückgezogen deinen ga<u>nzen</u> Grimm *
und deinen <u>glühenden</u> Zorn ge<u>dämpft</u>. —
   4. Gott, unser Retter, richte uns <u>wieder</u> auf, *
   laß von deinem <u>Unmut</u> gegen uns ab!

5. Willst du uns ewig zürnen, *
soll dein Zorn dauern von Geschlecht zu Geschlecht?
  6. Willst du uns nicht wieder beleben, *
    so daß dein Volk sich an dir freuen kann?
7. Erweise uns, Herr, deine Huld, *
und gewähre uns dein Heil! —
    8. Ich will hören, was Gott redet: /
    Frieden verkündet der Herr seinem Volk und seinen
    Frommen, *
      den Menschen mit redlichem Herzen.
9. Sein Heil ist denen nahe, die ihn fürchten. *
Seine Herrlichkeit wohne in unserm Land!
    10. Es begegnen einander Huld und Treue; *
      Gerechtigkeit und Friede küssen sich.
11. Treue sproßt aus der Erde hervor; *
Gerechtigkeit blickt vom Himmel hernieder.
    12. Auch spendet der Herr dann Segen, *
      und unser Land gibt seinen Ertrag.
13. Gerechtigkeit geht vor ihm her, *
und Heil folgt der Spur seiner Schritte. —
    14. Ehre sei dem Vater und dem Sohn *
    und dem Heiligen Geist,
15. wie im Anfang, so auch jetzt und alle Zeit *
und in Ewigkeit. Amen.
Kehrvers

ZWEITER PSALM

601
1

Sie - he,   ich bin die Magd des Herrn;

mir ge - scheh nach dei - nem Wort.

IIIa, IIa. Q12

Psalm 57: Geborgenheit im Schutz Gottes

1. Mein Herz ist bereit, o Gott, /
mein Herz ist bereit, *
ich will dir singen und spielen.

    2. Wach auf, meine Seele, /
    wacht auf, Harfe und Saitenspiel! *
    Ich will das Morgenrot wecken.

3. Ich will dich vor den Völkern preisen, Herr, *
dir vor den Nationen lobsingen.

    4. Denn deine Güte reicht, so weit der Himmel ist, *
    deine Treue, so weit die Wolken ziehn.

5. Erheb dich über die Himmel, o Gott; *
deine Herrlichkeit erscheine über der ganzen Erde. —

    6. Ehre sei dem Vater und dem Sohn *
    und dem Heiligen Geist,

7. wie im Anfang, so auch jetzt und alle Zeit *
und in Ewigkeit. Amen.   Verse 8–12
Kehrvers

GESANG
aus dem Neuen Testament: Nr. 154

LESUNG
Antwortgesang

V/A Ge-grü-ßet seist du, Ma-ri-a;
du bist voll der Gna-de.
V Du bist ge-seg-net unter den Frau-en.

A Du bist voll der Gna - de.

V Singt das Lob des Vaters und des Soh - nes

und des Hei - li - gen Gei - stes. A Ge - grü - ßet...

Homilie

ZUM LOBGESANG MARIENS

603

Der Herr hat Gro - ße an dir ge - tan;

al - le Völ - ker prei - sen dich se - lig.

IIIa, VIIIa. Q12

Magnificat Nr. 127
Schlußgebete Nr. 691

604 Engel und Heilige — Leben aus dem Glauben

In den Lauf des Herrenjahres sind die Gedenktage der Heiligen
eingefügt. Das Leben der Heiligen spiegelt auf verschiedene Weise
den Lebensweg Christi. Sie haben mit ihm gelebt und gelitten
und sind mit ihm verherrlicht.

An ihren Gedenktagen hören wir das Wort Gottes, das auch uns
zu einem Leben aus dem Glauben und aus der Liebe befähigt.
Wir feiern die Eucharistie, in der Christus uns auf seinen Weg
mitnimmt. Wir vertrauen der Fürbitte der Heiligen bei Gott und
nehmen uns ihr Leben und ihren Dienst zum Vorbild.

Mit den Heiligen werden in jeder Messe die Engel genannt, denn
sie stehen allezeit vor Gott; mit ihnen preisen wir den Vater
durch den gemeinsamen Herrn Jesus Christus.

Engel

605

1. Gott, al - ler Schöp-fung heil - ger Herr,
zu dei - nes Rei - ches Glanz und Ehr
hast du der En - gel Schar be - stellt,
für ho - he Dien - ste sie er - wählt.

2. Sie stehen weit um deinen Thron; / du bist ihr Leben,
ihre Kron. / Gewaltig ruft ihr strahlend Heer: / Wer ist wie
Gott – wer ist wie er?

3. Stets schauen sie dein Angesicht / und freuen sich in deinem Licht. / Dein Anblick macht sie stark und rein; / dein
heilger Odem hüllt sie ein.

4. Mit Weisheit sind sie angetan; / sie brennen, leuchten,
beten an. / Ein großes Lob ertönt im Chor: / ihr „Heilig,
Heilig" steigt empor.

5. Du sendest sie als Boten aus: / dein Wort geht in die
Welt hinaus. / Groß ist in ihnen deine Kraft; / dein Arm
sind sie, der Wunder schafft.

6. Sie kämpfen wider Stolz und List, / sie weisen, wo kein
Ausweg ist, / sie retten aus Gefahr und Not, / was schwach
ist und vom Feind bedroht.

7. Allzeit laß Engel um uns sein; / durch sie geleite groß
und klein, / bis wir mit ihnen dort im Licht / einst stehn
vor deinem Angesicht.

T: Ernst Hofmann 1971
M: Loys Bourgeois 1551

606

V 1. Un - ü - ber - wind - lich star - ker Held, –
A Sankt Mi - cha - el! – V komm uns zu Hilf, zieh
mit zu Feld! A 1.–5. Hilf uns im Strei - te, zum
Sieg uns lei - te, Sankt Mi - cha - el!

2. Die Kirch dir anbefohlen ist; –
du unser Schutz- und Schirmherr bist.

3. Du bist der himmlisch Bannerherr; –
die Engel sind dein Königsheer.

4. Den Drachen du ergriffen hast –
und unter deinen Fuß gefaßt.

5. Beschütz mit deinem Schild und Schwert –
die Kirch, den Hirten und die Herd.

T: Friedrich Spee 1621   M: Antwerpen 1614 / Köln 1623

607

1. Laßt uns den En - gel prei - sen, der
auf Er - den mit uns rei - sen und
wie ein Bru - der still
uns be - hü - ten will.   Er schaut in ew - gen
Freu - den das a - bend - lo - se Licht und
will auch uns ge - lei - ten vor Got - tes An - ge - sicht.

2. Laßt uns dem Engel neigen / in Demut Herz und Sinn. /
Er wird den Weg uns zeigen / zum Berg des Herren hin; /
er wird auf seinen Händen / uns tragen wunderbar / und
wird den Feind abwenden / und bannen die Gefahr.

3. Laßt uns den Engel bitten, / daß er ein jedes Herz / mit
seinen sichern Schritten / geleite himmelwärts, / daß keines
sich verhärte / und falle in den Tod, / daß er als Weg-
gefährte / uns trage durch die Not.

4. Laßt uns zum Engel schauen, / wenn auf dem letzten
Gang / durch Todesnot und Grauen / wird unserm Herzen
bang. / Er wird die Flügel breiten / und uns aus dem
Gericht / in Frieden heimgeleiten / vor Gottes Angesicht.

T: Maria Luise Thurmair 1941/1970
M: „O Gott, nimm an die Gaben" Nr. 468

Heilige

608

V 1. Ihr Freun-de Got-tes all-zu-gleich,
er-fleht am Thro-ne al-le-zeit

ver-herr-licht hoch im Him-mel-reich,
uns Gna-de und Barm-her-zig-keit.

A 1.-5. Helft uns in die-sem Er-den-tal,

daß wir durch Got-tes Gnad und Wahl

zum Him-mel kom-men all-zu-mal.

2. Vor allen du, o Königin, / Maria, milde Herrscherin, /
ihr Engelchöre voller Macht, / die ihr habt treulich auf uns
acht:

3. Ihr Patriarchen hochgeborn / und ihr Propheten auserkorn, / o ihr Apostel allesamt, / erwählt zu solchem hohen Amt:

4. O ihr gekrönten Märtyrer / und der Bekenner großes Heer, / o Schar der Jungfraun, Gott geweiht, / ihr Fraun, zu treuem Dienst bereit:

5. Wir bitten euch, durch Christi Blut / für uns bei Gott stets Fürsprach tut; / der heiligsten Dreifaltigkeit / tragt vor die Not der Christenheit.

T: nach Friedrich Spee 1623   M: Innsbruck 1588

Josef

609

1. Sankt Jo - sef, Sproß aus Da - vids Stamm,
Nach Got - tes Plan — ein En - gel kam,

ge - recht und fromm im Le - ben!
Ver - hei - ßung dir — zu ge - ben:

„Nimm dei - ne Braut; sie trägt — den Sohn,

der herr - schen wird auf Da - vids Thron

und der sein Volk er - löst."

2. Du nimmst den Ruf im Glauben an, / erfüllst den Dienst mit Schweigen. / An deiner Hand wächst der heran, / vor dem sich Engel beugen. / Er tritt aus deiner Hut heraus / und bleibt in seines Vaters Haus. / Und du erkanntest ihn.

3. Wie du Maria und ihr Kind / in deinem Schutz geborgen, / wirst du, solang wir Pilger sind, / für Christi Kirche
sorgen. / Daß sie erstarke und gedeih / und Christus in ihr
mächtig sei: / dazu, Sankt Josef, hilf!

T: EGB 1973   M: „Herr, sei gelobt durch deinen Knecht" Nr. 612

Apostel

610

1. Ge-lobt sei Gott in al-ler Welt, ge-
die er zu Bo-ten hat be-stellt, die

lobt durch die zwölf Zeu-gen,
Tag und Nacht nicht schwei-gen.   Er selbst hat

sie hin-aus-ge-sandt, daß al-les Volk

und je-des Land das Wort des Heils er-fah-re.

2. Sie gingen hin durch Volk und Land, / die Botschaft zu
verkünden, / daß Jesus Christ vom Tod erstand, / den
neuen Bund zu gründen, / daß uns der Vater so geliebt /
und in dem Sohn das Wort uns gibt / durch seiner Zeugen
Worte.

3. Voll Mut bezeugten sie den Herrn, / wohin sie immer
kamen, / ertrugen Schmach und Schläge gern / für Jesu
Christi Namen, / erlitten Zwang und Ungemach / und
folgten ihrem Meister nach / und sind für ihn gestorben.

4. Sie sind der Kirche fester Grund, / darauf wir sicher
stehen; / durch sie wird allen Zeiten kund / des Heilgen
Geistes Wehen. / Zwölf Fischer holen Menschen ein, / zwölf
Säer Gottes Wort ausstreun, / zwölf Hirten halten Wache.

T: Maria Luise Thurmair 1970   M: Erhard Quack 1970

Märtyrer

611

1. In Ju - bel, Herr, wir dich er - he - ben
die sich mit ih - rem gan - zen Le - ben
ob dei - ner Zeu - gen Herr - lich - keit,
dir treu bis in den Tod ge - weiht.
Du warst ihr Glau - be, Je - su Christ,
du warst ihr Glau - be und ihr
höch - stes Gut. Um dei - net -
wil - len ga - ben sie ihr Blut.

2. Ihr Leben haben sie verloren, / zur Erde fiel es samen-gleich; / aus ihrem Blute sind geboren / die neuen Zeugen für dein Reich. / Wie lautres Gold sind sie geprüft, / wie lautres Gold nahm sie der Herr zu sich / als ein voll-kommen Opfer ewiglich.

3. O selig, die den Kampf vollendet, / die widerstanden bis zum Tod. / Ihr Trauern hat der Herr gewendet, / des Lebens Kron er ihnen bot. / Mit ihrem Herrn, den sie geliebt, / mit ihrem Herrn, dem sie gefolgt im Leid, / stehn sie als Sieger in der Herrlichkeit.

T: Maria Luise Thurmair 1940
M: Erhard Quack 1970

Bekenner

612

1. Herr, sei ge - lobt — durch dei - nen Knecht,
   der klug war, wach - sam und ge - recht,
   der dir ge - dient — im Le - ben,
   in Treu - e dir — er - ge - ben.
   Im Her - zen trug er dein — Ge - bot,
   und sei - nes Le - bens Maß und Lot
   war die Ge - rech - tig - keit.

2. In deiner Kraft hat er gewagt, / zu widerstehn dem
Bösen, / blieb festen Muts und unverzagt, / so hart der Streit
gewesen. / Er hat gesiegt durch deine Macht; / er hat des
Lebens Lauf vollbracht, / den guten Kampf gekämpft.

3. Du hast ihm Reichtum zugeteilt, / daß er den Armen
spende. / Er hat der Herzen Not geheilt, / gefüllt die leeren
Hände. / Was du ihm gabst, hat er gemehrt; / darum auch
hast du ihm gewährt, / im Überfluß zu stehn.

4. Selig der Knecht, der wachend war / bei seines Herren
Kommen. / Der Herr hat ihn für immerdar / an seinen
Tisch genommen, / bedient ihn selbst bei seinem Mahl. /
Der Knecht ist nun im Königssaal, / ist ewig Gottes
Freund.

T: Maria Luise Thurmair 1940/1970
M: Erhard Quack 1940

Jungfrauen

613

1. Gott sei durch euch ge - prie - sen,
euch hat er Huld er - wie - sen,

ihr Jung - fraun aus - er - wählt;
da er sich euch ver - mählt.
Ihr

habt den Ruf ver - nom - men zur mit - ter -

nächt-gen Zeit, und als der Herr ge -

kom - men, da fand er euch be - reit.

2. Ihr habt in eurem Leben / auf Gott allein geschaut; /
ihr wart ihm ganz ergeben / wie ihrem Herrn die Braut. /
Ihr seid der Welt ein Zeichen, / das Gott uns allen bot: /
in Liebe ohnegleichen / schenkt sich ein Mensch an Gott.

3. Ihr Jungfraun, seid gepriesen: / ihr macht es offenbar, /
daß mächtig sich erwiesen, / was hier ohnmächtig war; /
und die uns töricht schienen, / sind weise, kühn und groß. /
Gott selbst vermählt sich ihnen, / und herrlich ist ihr Los.

T: Maria Luise Thurmair 1972   M: „Gott, der nach seinem Bilde" Nr. 74

Leben aus dem Glauben

614
ö

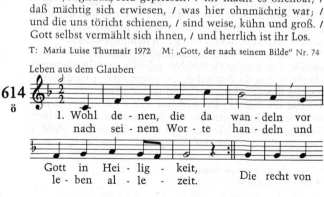

1. Wohl de - nen, die da wan - deln vor
nach sei - nem Wor - te han - deln und

Gott in Hei - lig - keit,
le - ben al - le - zeit.
Die recht von

Her - zen su - chen Gott und sei - ner Wei - sung
fol - gen, sind stets bei ihm in Gnad.

2. Lehr mich den Weg zum Leben, / führ mich nach deinem
Wort, / so will ich Zeugnis geben / von dir, mein Heil und
Hort. / Durch deinen Geist, Herr, stärke mich, / daß ich
dein Wort festhalte, / von Herzen fürchte dich.

3. Dein Wort, Herr, nicht vergehet; / es bleibet ewiglich, /
so weit der Himmel gehet, / der stets beweget sich. / Dein
Wahrheit bleibt zu aller Zeit / gleichwie der Grund der
Erde, / durch deine Hand bereit't.

T: nach Cornelius Becker 1602   M: Heinrich Schütz 1661

615

1. Al - les mei - nem Gott zu Eh - ren
   Got - tes Lob und Ehr zu meh - ren,

in der Ar - beit, — in der Ruh!
ich ver - lang und — al - les tu.

Mei - nem Gott nur will — ich — ge - ben
Leib und Seel, mein gan - zes — Le - ben.

Gib, o Je - su, Gnad da - zu;
gib, o Je - su, — Gnad da - zu.

2. Alles meinem Gott zu Ehren, / alle Freude, alles Leid! / Weiß ich doch, Gott wird mich lehren, / was mir dient zur Seligkeit. / Meinem Gott nur will ich leben, / seinem Willen mich ergeben. / Hilf, o Jesu, allezeit; / hilf, o Jesu, allezeit.

3. Alles meinem Gott zu Ehren, / dessen Macht die Welt regiert, / der dem Bösen weiß zu wehren, / daß das Gute mächtig wird. / Gott allein wird Frieden schenken, / seines Volkes treu gedenken. / Hilf, o Jesu, guter Hirt; / hilf, o Jesu, guter Hirt.

T: Duderstadt 1724, Str. 2 und 3 Georg Thurmair 1963
M: Bamberg 1732 / bei Melchior Ludolf Herold 1808

616
ö

1. „Mir nach", spricht Chri - stus, un - ser Held, „mir
   Ver - leug - net euch, ver - laßt die Welt, folgt

nach, ihr Chri - sten al - le!
mei - nem Ruf und Schal - le; nehmt eu - er Kreuz und

Un - ge - mach auf euch, folgt mei - nem Wan - del nach.

2. Ich bin das Licht. Ich leucht euch für / mit meinem heilgen Leben. / Wer zu mir kommt und folget mir, / darf nicht im Finstern schweben. / Ich bin der Weg, ich weise wohl, / wie man wahrhaftig wandeln soll.

3. Fällt's euch zu schwer? Ich geh voran, / ich steh euch an der Seite. / Ich kämpfe selbst, ich brech die Bahn, / bin alles in dem Streite. / Ein böser Knecht, der still kann stehn, / sieht er voran den Feldherrn gehn.

4. Wer seine Seel zu finden meint, / wird sie ohn mich verlieren. / Wer sie um mich verlieren scheint, / wird sie nach Hause führen. / Wer nicht sein Kreuz nimmt und folgt mir, / ist mein nicht wert und meiner Zier."

5. So laßt uns denn dem lieben Herrn / mit unserm Kreuz
nachgehen / und wohlgemut, getrost und gern / in allen
Leiden stehen. / Wer nicht gekämpft, trägt auch die Kron /
des ewgen Lebens nicht davon.

T: Angelus Silesius (Johannes Scheffler) 1668
M: Bartholomäus Gesius 1605 / Johann Hermann Schein 1628
Anmerkung: „Welt" (Strophe 1) wird vom Dichter hier als Inbegriff des
Gottwidrigen verstanden (1. Johannesbrief 2,15–17). Fern davon, Welt-
flucht zu predigen, ruft sein Lied gerade zur Bewährung der Nachfolge
Jesu in der Welt auf. – „Seele" (Strophe 4) bedeutet hier „Leben"
(Mattäus 10,38–39).

617

2. Überall ist er uns nah, menschlich uns zugegen. / Uner-
kannt kommt er zu uns auf verborgnen Wegen.
3. Gott von Gott und Licht vom Licht, der die Welt um-
hütet, / ist in menschlicher Gestalt unser aller Bruder.
4. Tut einander Gutes nur, so wie er geduldig; / bleibt um
seinetwillen euch keine Liebe schuldig.
5. Freuet euch, von Sorge frei; tragt vor ihn die Bitte, / daß
er uns ganz nahe sei, wohn in unsrer Mitte.

T: Huub Oosterhuis 1964, Übertragung Nicolas Schalz 1971
M: Bernard Huijbers 1964

618
ö

1. Brich dem Hung - ri - gen dein Brot.

Die im E - lend wan - dern, füh - re in dein

Haus hin - ein; trag die Last —— der an - dern.

2. Brich dem Hungrigen dein Brot; / du hast's auch empfangen. / Denen, die in Angst und Not, / stille Angst und Bangen.

3. Der da ist des Lebens Brot, / will sich täglich geben, / tritt hinein in unsre Not, / wird des Lebens Leben.

4. Dank sei dir, Herr Jesu Christ, / daß wir dich noch haben / und daß du gekommen bist, / Leib und Seel zu laben.

5. Brich uns Hungrigen dein Brot, / Sündern wie den Frommen, / und hilf, daß an deinen Tisch / wir einst alle kommen.

T: Martin Jentzsch 1951
M: Gerhard Häußler 1953

619

V 1. Was ihr dem ge - ring - sten Men - schen
denn er nahm als un - ser Bru - der

tut, das habt ihr ihm ge - tan; A 1.-3. Mit - ten
je - des Men - schen Zü - ge an.

un - ter uns steht er un - er - kannt.

2. Man verhöhnt ihn bei den Leuten, Böses dichtet man
ihm an; / er wird überall verdächtigt, wo er sich nicht
wehren kann.
3. Immer ist er unter denen, die gekreuzigt worden sind; /
in unmenschlichen Systemen lebt er wehrlos wie ein Kind.

T: Herbert Schaal 1968/1972
M: aus Island

620

V 1. Das Wei - zen - korn muß ster - ben, sonst
bleibt es ja al - lein; der ei - ne
lebt vom an - dern, für sich kann
kei - ner sein. A 1.- 4. Ge - heim - nis des
Glau - bens: im Tod ist das Le - ben.

2. So gab der Herr sein Leben, / verschenkte sich wie Brot. /
Wer dieses Brot genommen, / verkündet seinen Tod.
3. Wer dies Geheimnis feiert, / soll selber sein wie Brot; /
so läßt er sich verzehren / von aller Menschennot.
4. Als Brot für viele Menschen / hat uns der Herr erwählt; /
wir leben füreinander, / und nur die Liebe zählt.

T: Lothar Zenetti 1971
M: Johann Lauermann 1972

621

1. Ich steh vor dir mit lee-ren Hän-den, Herr;
fremd wie dein Na-me sind mir dei-ne
We-ge. Seit Men-schen le-ben, ru-fen
sie nach Gott; mein Los ist Tod, hast
du nicht an-dern Se-gen? Bist du der
Gott, der Zu-kunft mir ver-heißt? Ich
möch-te glau-ben, komm mir doch ent-ge-gen.

2. Von Zweifeln ist mein Leben übermannt, / mein Unvermögen hält mich ganz gefangen. / Hast du mit Namen mich
in deine Hand, / in dein Erbarmen fest mich eingeschrieben? / Nimmst du mich auf in dein gelobtes Land? /
Werd ich dich noch mit neuen Augen sehen?

3. Sprich du das Wort, das tröstet und befreit / und das
mich führt in deinen großen Frieden. / Schließ auf das
Land, das keine Grenzen kennt, / und laß mich unter deinen
Kindern leben. / Sei du mein täglich Brot, so wahr du
lebst. / Du bist mein Atem, wenn ich zu dir bete.

T: Huub Oosterhuis 1964 „Ik sta voor U in leegte en gemis", Übertragung Lothar
Zenetti 1974/1987
M: Bernard Huijbers 1964

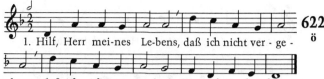

622
ö

1. Hilf, Herr mei-nes Le-bens, daß ich nicht ver-ge-

bens, daß ich nicht ver-ge-bens hier auf Er-den bin.

2. Hilf, Herr meiner Tage, / daß ich nicht zur Plage, / daß
ich nicht zur Plage meinem Nächsten bin.

3. Hilf, Herr meiner Stunden, / daß ich nicht gebunden, /
daß ich nicht gebunden an mich selber bin.

4. Hilf, Herr meiner Seele, / daß ich dort nicht fehle, / daß
ich dort nicht fehle, wo ich nötig bin.

5. Hilf, Herr meines Lebens, / daß ich nicht vergebens, / daß
ich nicht vergebens hier auf Erden bin.

T: Gustav Lohmann 1962; Str. 3: Markus Jenny 1970   M: Hans Puls 1962

623

1. Wor-auf sol-len wir hö-ren, sag uns, wor-
auf? So vie-le Ge-räu-sche, wel-ches ist
wich-tig? So vie-le Be-wei-se, wel-cher ist richtig? So vie-le Re-den! Ein Wort ist wahr.

2. Wohin sollen wir gehen, sag uns, wohin? / So viele
Termine, welcher ist wichtig? So viele Parolen, welche ist
richtig? So viele Straßen! / Ein Weg ist wahr.

3. Wofür sollen wir leben, sag uns, wofür? / So viele
Gedanken, welcher ist wichtig? So viele Programme, welches
ist richtig? So viele Fragen! / Die Liebe zählt.

T: Lothar Zenetti 1971   M: Peter Kempin 1971

624

V/A 1.–3. Auf dein Wort, Herr, laß uns ver-
trau-en; stär-ke un-sern Glau-ben.

V 1. Un-ser Herr, das Wort — des Frie-dens,
Doch hat er den Weg — ge-wie-sen,

stirbt noch im-mer un - ge-hört.
der al-lein zum Frie - den führt. Kv

2. Wie am Leib die vielen Glieder / sind wir füreinander da, / denn als Schwestern und als Brüder / sind wir stets einander nah. Kv

3. Drum wird Nächstenliebe zeigen, / wer zu seinen Freunden zählt. / Niemand darf sein Wort verschweigen / für den Frieden in der Welt. Kv

T: Herbert Schaal 1968/1972/1992
M: Kehrvers aus Israel, Vorsänger-Strophe Winfried Offele 1971

Gemeindeverse

625
1

Su-chet das Gu-te, nicht das Bö-se;

ihr wer-det le-ben, der Herr ist mit euch. —

IIb, IIIb, VIIIb. Q18

2

U-bi cá-ri-tas et a-mor, De-us i-bi est.

VIa, IXa. Q43

626

1
Groß und ge - wal - tig ist der Herr;
wir wol - len sei - ne Zeu - gen sein.
VIIa, VIIIg. Q40

2
Der Herr gibt ein Bei - spiel;
kommt, wir fol - gen ihm nach.
IVa, IIIc. Q20

3
Herr, wer darf Gast sein in dei-nem Zelt,
wer darf wei - len auf dei-nem hei - li - gen Berg?
IVa, IIc. Q33

4
Dies ist mein Ge - bot: Lie - bet ein -
an - der, wie ich euch ge - liebt.
VIh, VIIa. Q7

5
Ein neu - es Ge - bot gibt uns der Herr:
ein - an - der zu lie - ben, wie er uns ge - liebt.
Ia, VIa, IXa. Q10

627

1

Mein Le - ben lob - sin - ge Gott dem Herrn,

lo - be den Herrn al - le Zeit. Hal - le - lu - ja.

IVa, IIIc. Q19

2

Die Freu - de an Gott, Hal - le - lu - ja,

ist un - se - re Kraft. Hal - le - lu - ja.

Vc, VIa. Q23

628 Vesper an Heiligenfesten

Eröffnung Nr. 683
Hymnus: Ihr Freunde Gottes Nr. 608

ERSTER PSALM

629

1

Dei - ne Hei - li - gen krönst du

mit Eh - re und Herr - lich - keit.

VIIg, VIa, IXa. Q24

Psalm 8: Herrlichkeit des Schöpfers — Würde des Menschen

2   VII

1. Herr, unser Herrscher, /
wie gewaltig ist dein Name auf der ganzen Erde, *
über den Himmel breitest du deine Hoheit aus. —

2. Aus dem Mund der Kinder und Säuglinge schaffst du
dir Lob, /

deinen Gegnern zum Trotz; *
deine Feinde und Widersacher müssen verstummen.
3. Seh' ich den Himmel, das Werk deiner Finger, *
Mond und Sterne, die du befestigt: —

4. Was ist der Mensch, daß du an ihn denkst, *
des Menschen Kind, daß du dich seiner annimmst? —
5. Du hast ihn nur wenig geringer gemacht als Gott, *
hast ihn mit Herrlichkeit und Ehre gekrönt.

6. Du hast ihn als Herrscher eingesetzt über das Werk
deiner Hände, *
hast ihm alles zu Füßen gelegt. —
7. Herr, unser Herrscher, *
wie gewaltig ist dein Name auf der ganzen Erde! —

8. Ehre sei dem Vater und dem Sohn *
und dem Heiligen Geist,
9. wie im Anfang, so auch jetzt und alle Zeit *
und in Ewigkeit. Amen. | *Kehrvers*   Verse 2–7. 10

ZWEITER PSALM

Wohl dem Men-schen, der Got-tes We-ge geht.

IVa. Q18

Psalm 112: Segen der Gottesfurcht

1. Wohl dem Mann, der den Herrn fürchtet und ehrt *
und sich herzlich freut an seinen Geboten.

2. Seine Nachkommen werden mächtig im Land, *
das Geschlecht der Redlichen wird gesegnet.
3. Wohlstand und Reichtum füllen sein Haus, *
sein Heil hat Bestand für immer.

4. Den Redlichen erstrahlt im Finstern ein Licht: *
der Gnädige, Barmherzige und Gerechte. —

5. Wohl dem Mann, der gütig und zum Hel<u>fen</u> bereit ist, *
der das Seine ord<u>net</u>, wie es recht ist.

    6. Niemals gerät <u>er</u> ins Wanken; *
    ewig denkt man <u>an</u> den Gerechten.

7. Er fürchtet sich nicht <u>vor</u> Verleumdung; *
sein Herz ist fest, er <u>ver</u>traut auf den Herrn.

    8. Sein Herz ist getrost, er fürch<u>tet</u> sich nie, *
    denn bald wird er herabschauen auf <u>sei</u>ne Bedränger.

9. Reichlich gibt er den Armen, /
sein Heil hat Be<u>stand</u> für immer; *
er ist <u>mäch</u>tig und hoch geehrt.

    10. Voll Verdruß sieht es der Frevler, /
    er knirscht mit den Zähnen und <u>geht</u> zugrunde. *
    Zunichte werden die <u>Wün</u>sche der Frevler. ——

11. Ehre sei dem Vater <u>und</u> dem Sohn *
und <u>dem</u> Heiligen Geist,

    12. wie im Anfang, so auch <u>jetzt</u> und alle <u>Zeit</u> *
    und in <u>Ewig</u>keit. Amen.   *Kehrvers*

GESANG
aus dem Neuen Testament: Mt 5,3–10
Die acht Seligkeiten

631

1   V/A Freut euch und ju-belt, denn eu-er Lohn ist groß.

2   1. Se-lig, die arm sind vor Gott, denn für sie
ist das Him-mel-reich. 2. Se-lig, die traurig sind, denn sie wer-den ge-trö-stet.
3. Se-lig, die voll Sanft-mut sind,

denn sie er - ben das Land.   4. Se - lig, die hun -

gern und dür - sten nach der Ge - rech - tig - keit,

denn sie wer - den ge - sät - tigt.

5. Se - lig, die barm - her - zig sind,   denn

sie fin - den Er - bar - men.   6. Se - lig, die lau -

te - ren Her - zens sind,   denn sie wer -

den Gott schau - en.   7. Se - lig, die dem

Frie - den die - nen,   denn sie wer - den Kin -

der Got - tes ge - nannt.   8. Se - lig, die man

ver - folgt, weil sie die Ge - rech - tig - keit su -

chen,   denn für sie ist das Him - mel - reich. Kv

T: Mt 5,3–10, Übertragung EGB 1972   M: Bertold Hummel 1972

LESUNG

Antwortgesang

632

V/A Du hast uns er - löst mit dei - nem Blut

aus al - len Spra - chen, Stäm - men und Völ - kern.

V Du rufst uns in das Reich dei - nes Va - ters.

A Aus al - len Spra - chen, Stäm - men und Völ - kern.

V Singt das Lob des Va - ters und des Soh - nes

und des Hei - li - gen Gei - stes. A Du hast uns er - löst...

Homilie

ZUM LOBGESANG MARIENS

633

Wie herr - lich ist das Reich: mit

Chri - stus freun sich al - le Hei - li - gen.

IXa, Ia, VIa. Q6

Magnificat Nr. 689

Schlußgebete Nr. 691

Kirche

634
ö

1. Dank sei dir, Va - ter, für das ew - ge
Le - ben und für den Glau-ben, den du uns ge -
ge - ben, daß wir in Je - sus Chri - stus
dich er - ken - nen und Va - ter nen - nen.

2. Jedes Geschöpf lebt von der Frucht der Erde; / doch daß
des Menschen Herz gesättigt werde, / hast du vom Himmel
Speise uns gegeben / zum ewgen Leben.

3. Wir, die wir alle essen von dem Mahle / und die wir
trinken aus der heilgen Schale, / sind Christi Leib, sind
seines Leibes Glieder, / Schwestern und Brüder.

4. Aus vielen Körnern ist e i n Brot geworden: / so führ
auch uns, o Herr, aus allen Orten / zu e i n e r Kirche durch
dein Wort zusammen / in Jesu Namen.

5. In e i n e m Glauben laß uns dich erkennen, / in e i n e r
Liebe dich den Vater nennen; / eins laß uns sein wie
Beeren einer Traube, / daß die Welt glaube.

6. Gedenke, Herr, die Kirche zu erlösen, / sie zu befreien
aus der Macht des Bösen, / als Zeugen deiner Liebe uns zu
senden / und zu vollenden.

T: Maria Luise Thurmair 1970/1987
M: Johann Crüger 1640

635

1. Ich bin ge-tauft und Gott ge-weiht
das Sie-gel der Drei-ei-nig-keit

durch Chri-sti Kraft und Zei-chen;
wird nie-mals von mir wei-chen.

Gott hat mir sei-nen Geist ge-schenkt,

ich bin in Chri-stus ein-ge-senkt

und in sein Reich er-ho-ben,

um e-wig ihn zu lo-ben.

2. Aus Wasser und dem Heilgen Geist / bin ich nun
neu geboren; / Gott, der die ewge Liebe heißt, / hat mich
zum Kind erkoren. / Ich darf ihn rufen „Vater mein"; / er
setzte mich zum Erben ein. / Von ihm bin ich geladen /
zum Gastmahl seiner Gnaden.

3. Christus der Herr hat mich erwählt, / ihm soll ich
fortan leben. / Ihm will ich dienen in der Welt / und
Zeugnis für ihn geben. / So leb ich nicht mehr mir allein, /
sein Freund und Jünger darf ich sein. / Ich trage seinen
Namen; / sein bleib ich ewig. Amen.

T: Friedrich Dörr 1970
M: Caspar Ulenberg 1603

A 1. Seg-ne die-ses Kind und hilf uns, ihm zu hel-fen,
daß es se-hen lernt mit sei-nen ei-gnen Au-gen
V das Ge-sicht sei-ner Mut-ter und die
Far-ben der Blu-men und den Schnee auf den
Ber-gen und das Land der Ver-hei-ßung.

636

A 2. Segne dieses Kind und hilf uns, ihm zu helfen, / daß
es hören lernt mit seinen eignen Ohren / V auf den Klang
seines Namens, auf die Wahrheit der Weisen, / auf die
Sprache der Liebe und das Wort der Verheißung.

A 3. Segne dieses Kind und hilf uns, ihm zu helfen, / daß
es greifen lernt mit seinen eignen Händen / V nach der
Hand seiner Freunde, nach Maschinen und Plänen, / nach
dem Brot und den Trauben und dem Land der Verheißung.

A 4. Segne dieses Kind und hilf uns, ihm zu helfen, / daß
es reden lernt mit seinen eignen Lippen / V von den
Freuden und Sorgen, von den Fragen der Menschen, / von
den Wundern des Lebens und dem Wort der Verheißung.

A 5. Segne dieses Kind und hilf uns, ihm zu helfen, / daß
es gehen lernt mit seinen eignen Füßen / V auf den Straßen der Erde, auf den mühsamen Treppen, / auf den Wegen
des Friedens in das Land der Verheißung.

A 6. Segne dieses Kind und hilf uns, ihm zu helfen, / daß
es lieben lernt mit seinem ganzen Herzen.

T: Lothar Zenetti 1971
M: Erna Woll 1971

637
ö

1. Laßt uns loben, freudig loben Gott den Herrn, der uns erhoben und so wunderbar erwählt; der uns aus der Schuld befreite, mit dem neuen Leben weihte, uns zu seinem Volke zählt;

2. der im Glauben uns begründet, / in der Liebe uns entzündet, / uns in Wahrheit neu gebar, / daß wir so in seinem Namen / und durch ihn zum Leben kamen, / unvergänglich, wunderbar;

3. daß wir allen Zeugnis geben, / die da sind und doch nicht leben, / sich betrügen mit dem Schein. / Laßt den Blinden uns und Tauben / Herz und Zunge aus dem Glauben, / aus der Liebe Zeugen sein.

T: Georg Thurmair 1948/AÖL 1993   M: Erhard Quack 1948/1971

638

1. Nun singe Lob, du Christenheit, dem Vater, Sohn und Geist, der allerort und allezeit sich gütig uns erweist,

2. der Frieden uns und Freude gibt, / den Geist der Heiligkeit, / der uns als seine Kirche liebt, / ihr Einigkeit
verleiht.
3. Er lasse uns Geschwister sein, / der Eintracht uns er-
freun, / als seiner Liebe Widerschein / die Christenheit
erneun.
4. Du guter Hirt, Herr Jesus Christ, / steh deiner Kirche
bei, / daß über allem, was da ist, / e i n Herr, e i n Glaube
sei.
5. Herr, mache uns im Glauben treu / und in der Wahrheit
frei, / daß unsre Liebe immer neu / der Einheit Zeugnis sei.

T: Georg Thurmair (1964)1967/AÖL 1991
M: „Nun danket all und bringet Ehr" Nr. 267

639

1. Ein Haus voll Glo - rie schau - et weit ü - ber
al - le Land, aus ew gem Stein er -
bau - et von Got - tes Mei - ster - hand.
Gott, wir lo - ben dich, Gott, wir prei - sen dich. O
laß im Hau - se dein uns all ge - bor - gen sein.

2. Auf Zion hoch gegründet / steht Gottes heilge Stadt, /
daß sie der Welt verkündet, / was Gott gesprochen hat. /
Herr, wir rühmen dich, / wir bekennen dich; / denn du
hast uns bestellt / zu Zeugen in der Welt.

3. Die Kirche ist erbauet / auf Jesus Christ allein. / Wenn sie auf ihn nur schauet, / wird sie im Frieden sein. / Herr, dich preisen wir, / auf dich bauen wir; / laß fest auf diesem Grund / uns stehn zu aller Stund.

4. Seht Gottes Zelt auf Erden! / Verborgen ist er da; / in menschlichen Gebärden / bleibt er den Menschen nah. / Herr, wir danken dir, / wir vertrauen dir; / in Drangsal mach uns frei / und steh im Kampf uns bei.

5. Sein wandernd Volk will leiten / der Herr in dieser Zeit; / er hält am Ziel der Zeiten / dort ihm sein Haus bereit. / Gott, wir loben dich, / Gott, wir preisen dich. / O laß im Hause dein / uns all geborgen sein.

T: Joseph Mohr 1876, Str. 2–5 Hans W. Marx 1972
M: Joseph Mohr 1876

640

1. Gott ruft sein Volk zu-sam-men rings auf dem Er-den-rund, eint uns in Chri-sti Na-men zu ei-nem neu-en Bund. Wir sind des Herrn Ge-mein-de und fei-ern sei-nen Tod. In uns lebt, der uns ein-te; er bricht mit uns das Brot.

2. In göttlichem Erbarmen / liebt Christus alle gleich; / die Reichen und die Armen / beruft er in sein Reich. / Als Schwestern und als Brüder / sind wir uns nicht mehr fern: / ein Leib und viele Glieder / in Christus, unserm Herrn.

3. Neu schafft des Geistes Wehen / das Angesicht der Welt / und läßt ein Volk erstehen, / das er sich auserwählt. / Hilf, Gott, daß einig werde / dein Volk in dieser Zeit: / ein Hirt und eine Herde, / vereint in Ewigkeit.

T: Friedrich Dörr (1972)1975/AGL 1994
M: „Gott ist dreifaltig einer" Nr. 489

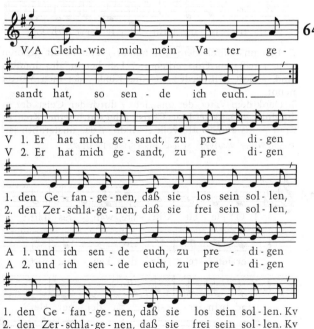

641

V/A Gleich - wie mich mein Va - ter gesandt hat, so sen - de ich euch. ____

V 1. Er hat mich ge - sandt, zu pre - di - gen
V 2. Er hat mich ge - sandt, zu pre - di - gen

1. den Ge - fan - ge - nen, daß sie los sein sol - len,
2. den Zer - schla - ge - nen, daß sie frei sein sol - len,

A 1. und ich sen - de euch, zu pre - di - gen
A 2. und ich sen - de euch, zu pre - di - gen

1. den Ge - fan - ge - nen, daß sie los sein sol - len. Kv
2. den Zer - schla - ge - nen, daß sie frei sein sol - len. Kv

T: Joh 20,21 / Luk 4,18
M: Paul Ernst Ruppel 1963

642

1. Ei-ne gro-ße Stadt er-steht, die vom
Him-mel nie-der-geht in die Er-den-zeit.
Mond und Son-ne braucht sie nicht; Je-sus
Chri-stus ist ihr Licht, ih-re Herr-lich-keit.

2. Laß uns durch dein Tor herein / und in dir geboren sein, / daß uns Gott erkennt. / Laß herein, die draußen sind; / Gott heißt jeden von uns Kind, / der dich Mutter nennt.

3. Dank dem Vater, der uns zieht / durch den Geist, der in dir glüht; / Dank sei Jesus Christ, / der durch seines Kreuzes Kraft / uns zum Gottesvolk erschafft, / das unsterblich ist.

T: Silja Walter 1966/1993   M: Josef Anton Saladin 1965/1972

643

1. O Je-su Chri-ste, wah-res Licht,
er-leuch-te, die dich ken-nen nicht,
und brin-ge sie zu dei-ner Herd,
daß ih-re Seel auch se-lig werd.

2. Laß alle, die im Finstern gehn, / die Sonne deiner Gnade sehn; / und wer den Weg verloren hat, / den suche du mit deiner Gnad.

3. Den Tauben öffne das Gehör, / die Stummen richtig reden lehr, / daß sie bekennen mögen frei, / was ihres Herzens Glaube sei.

4. Erleuchte, die da sind verblendt, / bring heim, die sich von dir getrennt; / versammle, die zerstreuet gehn, / und stärke, die im Zweifel stehn.

5. So werden alle wir zugleich / auf Erden und im Himmelreich / hier zeitlich und dort ewiglich / für solche Gnade preisen dich.

T: nach Johann Heermann 1630   M: nach Nürnberg 1676

644
ö

1. Son - ne der Ge - rech - tig - keit, ge - he auf zu uns - rer Zeit; brich in dei - ner Kir - che an, daß die Welt es se - hen kann. Er - barm dich, Herr.

2. Weck die tote Christenheit / aus dem Schlaf der Sicherheit, / daß sie deine Stimme hört, / sich zu deinem Wort bekehrt. / Erbarm dich, Herr.

3. Schaue die Zertrennung an, / der sonst niemand wehren kann; / sammle, großer Menschenhirt, / alles, was sich hat verirrt. / Erbarm dich, Herr.

4. Tu der Völker Türen auf; / deines Himmelreiches Lauf / hemme keine List noch Macht. / Schaffe Licht in dunkler Nacht. / Erbarm dich, Herr.

5. Gib den Boten Kraft und Mut, / Glauben, Hoffnung, Liebesglut, / und laß reiche Frucht aufgehn, / wo sie unter Tränen sä'n. / Erbarm dich, Herr.

6. Laß uns deine Herrlichkeit / sehen auch in dieser Zeit / und mit unsrer kleinen Kraft / suchen, was den Frieden schafft. / Erbarm dich, Herr.

7. Laß uns eins sein, Jesu Christ, / wie du mit dem Vater bist, / in dir bleiben allezeit / heute wie in Ewigkeit. / Erbarm dich, Herr.

T: nach einem von Otto Riethmüller (1932) aus älteren Strophen zusammengestellten Lied
M: Nürnberg 1556 / Eibenschütz 1566

Gemeindeverse

645
1 Tu es Petrus, et super hanc petram
aedificabo ecclesiam meam.
VIIa. Q43

2 Wir sind Gottes Volk und
ziehn zum Haus des Vaters.
VIIIa. Q33

3 Wo Güte und Liebe, da wohnet Gott.
VIIIb. Q17

646

1
Freut euch: wir sind Gottes
Volk, er - wählt durch sei - ne Gna - de.
Vb, VIg. Q33

2
Ihr seid ein hei - li - ges Volk,
ein Volk, Gott zu ei - gen.
Vc, VIa. Q41

3
Wir sind auf Chri - stus ge -
tauft; in ihm laßt uns le - - ben.
VIIg, VIa. Q45

4
Herr, führ uns zusammen, daß wir eins sind in dir.
IIIc, IVa. Q20

5
Geht in al - le Welt, Hal - le - lu - ja,
und seid mei - ne Zeu - gen. Hal - le - lu - ja.
VIh. Q41

647

1. So spricht der Herr: Blei-bet in mei-ner Lie-be.

Vb, VIg. Q49

2. In - mit-ten dei-ner Kir-che, Herr und Gott, emp-fan-gen wir dein Er-bar-men.

IIb, VIg. Q19

3. Voll-en-de, o Gott, vom Him-mel her, was Gro-ßes du an uns ge-tan.

Hal-le-lu - ja, — Hal-le-lu - ja.

VIIIb, IIIb. Q46

648 **Vesper an Kirchweih**

Eröffnung: Nr. 683
Hymnus: Eine große Stadt ersteht. Nr. 642
oder: Nun singe Lob, du Christenheit. Nr. 638

ERSTER PSALM

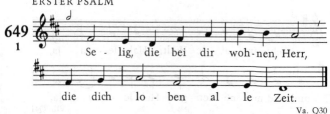

649

1. Se - lig, die bei dir woh-nen, Herr, die dich lo - ben al - le Zeit.

Va. Q30

Psalm 84: Freude am Heiligtum

1. Wie liebenswert ist deine Wohnung, Herr der
Heerscharen! / Meine Seele verzehrt sich in Sehnsucht *
nach dem Tempel des Herrn.
  2. Mein Herz und mein Leib jauchzen ihm zu, *
  ihm, dem lebendigen Gott.
3. Auch der Sperling findet ein Haus /
und die Schwalbe ein Nest für ihre Jungen – *
deine Altäre, Herr der Heerscharen, mein Gott
und mein König.
    4. Wohl denen, die wohnen in deinem Haus, *
    die dich allezeit loben! —
5. Wohl den Menschen, die Kraft finden in dir, *
wenn sie sich zur Wallfahrt rüsten.
      6. Ziehen sie durch das trostlose Tal, /
      wird es für sie zum Quellgrund, *
      und Frühregen hüllt es in Segen.
7. Sie schreiten dahin mit wachsender Kraft; *
dann schauen sie Gott auf dem Zion. —
      8. Herr der Heerscharen, höre mein Beten, *
      vernimm es, Gott Jakobs!
9. Gott, sieh her auf unsern Schild, *
schau auf das Antlitz deines Gesalbten! —
      10. Denn ein einziger Tag in den Vorhöfen deines
      Heiligtums * ist besser als tausend andere.
11. Lieber an der Schwelle stehen im Haus meines Gottes *
als wohnen in den Zelten der Frevler.
      12. Denn Gott der Herr ist Sonne und Schild. *
      Er schenkt Gnade und Herrlichkeit;
13. der Herr versagt denen, die rechtschaffen sind, keine Gabe.*
Herr der Heerscharen, wohl dem, der dir vertraut! —
      14. Ehre sei dem Vater und dem Sohn *
      und dem Heiligen Geist,
15. wie im Anfang, so auch jetzt und alle Zeit *
und in Ewigkeit. Amen.   *Kehrvers*

ZWEITER PSALM

650
1

Ge - hei - ligt hat der Herr sein Volk;

Gott ist in uns - rer Mit - te.

VIIa, VIh, VIIIg. Q35

Psalm 46: Gott, unsre Burg

2 VII

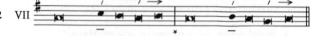

1. Gott ist uns Zuflucht und Stärke, *
ein bewährter Helfer in allen Nöten.

2. Darum fürchten wir uns nicht, wenn die Erde auch
wankt, *
wenn Berge stürzen in die Tiefe des Meeres,

3. wenn seine Wasserwogen tosen und schäumen *
und vor seinem Ungestüm die Berge erzittern.

4. Der Herr der Heerscharen ist mit uns, *
der Gott Jakobs ist unsre Burg. —

5. Die Wasser eines Stromes erquicken die Gottesstadt, *
des Höchsten heilige Wohnung.

6. Gott ist in ihrer Mitte, darum wird sie niemals
wanken; *
Gott hilft ihr, wenn der Morgen anbricht.

7. Völker toben, Reiche wanken, *
es dröhnt sein Donner, da zerschmilzt die Erde.

8. Der Herr der Heerscharen ist mit uns, *
der Gott Jakobs ist unsre Burg. —

9. Kommt und schaut die Taten des Herrn, *
der Furchtbares vollbringt auf der Erde.

10. Er setzt den Kriegen ein Ende *
bis an die Grenzen der Erde;

11. er zerbricht die Bogen, zerschlägt die Lanzen, *
im Feuer verbrennt er die Schilde.

12. „Laßt ab und erkennt, daß ich Gott bin, *
    erhaben über die Völker, erhaben auf Erden!"
13. Der Herr der Heerscharen ist mit uns, *
der Gott Jakobs ist unsre Burg. ——
    14. Ehre sei dem Vater und dem Sohn *
    und dem Heiligen Geist,
15. wie im Anfang, so auch jetzt und alle Zeit *
und in Ewigkeit. Amen.
Kehrvers

GESANG
aus dem Neuen Testament: Amen, Halleluja. Nr. 686
LESUNG
Antwortgesang

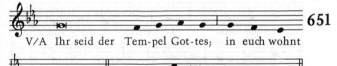

651

V/A Ihr seid der Tem-pel Got-tes; in euch wohnt

Got-tes Geist. V Ihr seid auf-erbaut in Chri-stus.

A In euch wohnt Got-tes Geist. V Singt das

Lob des Vaters und des Soh-nes und des

Hei-li-gen Gei-stes. A Ihr seid der Tem-pel . . .

Homilie

Magnificat Nr. 688 oder Nr. 256
Schlußgebete Nr. 691

Tod und Vollendung

652

V Jesus starb den Tod, den alle Menschen sterben. A Herr, erbarme dich.
V Im Tod hat er den Tod besiegt, das Leben neu geschaffen. A Christus, erbarme dich.
V Er stirbt unsern Tod und schenkt uns sein Leben. A Herr, erbarme dich.

T und M: Walter Röder 1972

653

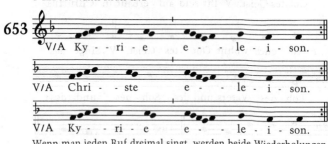

V/A Kyrie eleison.
V/A Christe eleison.
V/A Kyrie eleison.

Wenn man jeden Ruf dreimal singt, werden beide Wiederholungen von A gesungen; der 9. Ruf lautet dann:

A Kyrie eleison.

Missa pro defunctis

654
ö

V Mit-ten wir im Le-ben sind— mit dem Tod um-fan——gen. A Wer ist, der uns Hil-fe bringt, daß wir Gnad er-lan——gen? V Das bist du, Herr, al-lei——ne. A Uns reu-et uns-re Mis-se-tat,—— die dich, Herr, er-zür-net hat. V Hei-li-ger Her-re Gott, A hei-li-ger star-ker Gott, V hei-li-ger barm-her-zi-ger Hei-land, du e-wi-ger Gott, A laß uns nicht ver-sin-ken in des bit-tern To-des Not. Ky-ri-e-lei-son.

T: Salzburg 1456 / Martin Luther 1524 nach „Media vita in morte sumus"
11. Jh.　M: Salzburg 1456 / Wittenberg 1524

655

1. Wir sind mit-ten im Le-ben zum Ster-ben be-stimmt; was da steht, das wird fal-len. Der Herr gibt und nimmt.

2. Wir gehören für immer / dem Herrn, der uns liebt; / was auch soll uns geschehen, / er nimmt und er gibt.
3. Wir sind mitten im Sterben / zum Leben bestimmt; / was da fällt, soll erstehen. / Er gibt, wenn er nimmt.

T: Lothar Zenetti 1970
M: Herbert Beuerle 1970

656
ö

1. Wir sind nur Gast auf Er-den und wan-dern oh-ne Ruh mit man-cher-lei Be-schwer-den der e-wi-gen Hei-mat zu.

2. Die Wege sind verlassen, / und oft sind wir allein. / In diesen grauen Gassen / will niemand bei uns sein.
3. Nur einer gibt Geleite, / das ist der Herre Christ; / er wandert treu zur Seite, / wenn alles uns vergißt.
4. Gar manche Wege führen / aus dieser Welt hinaus. / O daß wir nicht verlieren / den Weg zum Vaterhaus.
5. Und sind wir einmal müde, / dann stell ein Licht uns aus, / o Gott, in deiner Güte; / dann finden wir nach Haus.

T: Georg Thurmair 1935
M: Adolf Lohmann 1935

1. Ach wie flüch-tig, ach wie nich-tig ist der Men-schen Le - ben! Wie ein Ne - bel bald ent - ste - het und auch wie - der bald ver - ge - het, so ist un - ser Le - ben, se - het.

657

2. Ach wie nichtig, ach wie flüchtig / sind der Menschen Tage! / Wie ein Strom beginnt zu rinnen / und mit Laufen nicht hält innen, / so fährt unsre Zeit von hinnen.

3. Ach wie flüchtig, ach wie nichtig / ist der Menschen Freude! / Wie sich wechseln Stund und Zeiten, / Licht und Dunkel, Fried und Streiten, / so sind unsre Fröhlichkeiten.

4. Ach wie nichtig, ach wie flüchtig / ist der Menschen Schönheit! / Wie ein Blümlein bald vergehet, / wenn ein rauhes Lüftlein wehet, / so ist unsre Schönheit, sehet.

5. Ach wie flüchtig, ach wie nichtig / ist der Menschen Glücke! / Wie sich eine Kugel drehet, / die bald da, bald dorten stehet, / so ist unser Glücke, sehet.

6. Ach wie nichtig, ach wie flüchtig, / sind der Menschen Schätze! / Es kann Glut und Flut entstehen, / dadurch, eh wir uns versehen, / alles muß zu Trümmern gehen.

7. Ach wie flüchtig, ach wie nichtig / ist der Menschen Prangen! / Der in Purpur hoch vermessen / ist als wie ein Gott gesessen, / dessen wird im Tod vergessen.

8. Ach wie nichtig, ach wie flüchtig / sind der Menschen Sachen! / Alles, alles, was wir sehen, / das muß fallen und vergehen. / Wer Gott fürcht', wird ewig stehen.

T: Michael Franck 1652
M: nach Michael Franck 1652

658
ö

1. Wenn mein Stündlein vorhanden ist und soll hinfahrn mein Stra-ße, so g'leit du mich, Herr Je-su Christ, mit Hilf mich nicht ver-las-se. Mein Seel an mei-nem letz-ten End be-fehl ich dir in dei-ne Händ, du wollst sie mir____ be-wah-ren.

2. Ich bin ein Glied an deinem Leib, / des tröst ich mich von Herzen; / von dir ich ungeschieden bleib / in Todesnot und Schmerzen. / Wenn ich gleich sterb, so sterb ich dir; / ein ewig Leben hast du mir / mit deinem Tod erworben.

3. Weil du vom Tod erstanden bist, / werd ich im Grab nicht bleiben; / mein höchster Trost dein Auffahrt ist, / Todsfurcht kann sie vertreiben. / Denn wo du bist, da komm ich hin, / daß ich stets bei dir leb und bin. / Drum fahr ich hin mit Freuden.

T: Nikolaus Herman vor 1561   M: Frankfurt am Main 1569

659

1. O Welt, ich muß dich las-sen, ich fahr da-hin mein Stra-ßen ins e-wig Va-ter-land. Mein' Geist will ich auf-ge-ben,

da - zu   mein Leib   und   Le - ben

le - gen in Got - tes   gnä - - dig Hand.

2. Mein Zeit ist nun vollendet, / der Tod das Leben endet, /
Sterben ist mein Gewinn. / Kein Bleiben ist auf Erden, /
das Ewge muß mir werden, / mit Fried und Freud ich fahr
dahin.

3. Auf Gott steht mein Vertrauen, / sein Antlitz will ich
schauen / wahrhaft durch Jesum Christ, / der für mich ist
gestorben, / des Vaters Huld erworben / und so mein Mittler worden ist.

T: Nürnberg 1555   M: bei Heinrich Isaak vor 1517

660

1. Nun läs-sest du, o Herr, mich aus der
Welt Be-schwer   in   dei-nen Frie-den ge - hen,
läßt hier und al - ler - ort   ge - treu nach
dei-nem Wort Barm - her - zig - keit ge - sche - hen.

2. Denn meine Augen sahn, / was deine Huld getan, / das
Heil uns zu bereiten. / Vor aller Angesicht / kam nun das
wahre Licht, / die Völker zu geleiten;

3. ein Licht, das aller Nacht / Erleuchtung hat gebracht, /
dich, Höchster, zu erkennen, / des große Wundertat / dein
Volk gewürdigt hat, / dich seinen Herrn zu nennen.

T: Georg Thurmair 1966   M: Loys Bourgeois 1547 / 1551

661

1. Den Men-schen, die aus die-ser Zeit
gib in der fro-hen E - wig-keit,

im Glau-ben sind ge-schie-den,
Herr un - ser Gott, den Frie - den.   Laß doch

dein freund-lich strah-lend Licht die Fin-ster-nis

zer-streu - en,   daß sie vor dei - nem

An - ge-sicht sich dei - ner e - wig freu - en.

2. O Gott, du Quell der Gütigkeit, / erhöre unser Beten; / beende ihrer Buße Zeit / und laß sie vor dich treten. / Barmherzigkeit in ihrem Leid / wollst ihnen, Herr, erweisen, / damit sie in der Seligkeit / all deine Liebe preisen.

T: nach Melchior Ludolf Herold 1808   M: München 1637

662

1. Chri - stus, der ist mein Le - ben, Ster -

ben ist mein Ge - winn. Ihm will ich

mich er - ge - ben; mit Fried fahr ich da - hin.

2. Mit Freud fahr ich von dannen / zu Christ, dem Bruder mein, / auf daß ich zu ihm komme / und ewig bei ihm sei.

3. Ich hab nun überwunden / Kreuz, Leiden, Angst und Not; / durch seine heilgen Wunden / bin ich versöhnt mit Gott.

4. Wenn meine Kräfte brechen, / mein Atem geht schwer aus / und kann kein Wort mehr sprechen, / Herr, nimm mein Seufzen auf.

5. Wenn mein Herz und Gedanken / zergehen wie ein Licht, / das hin und her tut wanken, / wenn ihm die Flamm gebricht,

6. alsdann laß sanft und stille, / o Herr, mich schlafen ein / nach deinem Rat und Willen, / wenn kommt mein Stündelein.

7. In dir, Herr, laß mich leben / und bleiben allezeit, / so wirst du mir einst geben / des Himmels Wonn und Freud.

T: Jena 1609   M: Melchior Vulpius 1609

663

V/A We-der Tod noch Le-ben tren-nen uns— von Got-tes Lie-be, die in Je-sus Chri-stus ist.—

V 1. Wenn ich ge-stor-ben bin und ver-lo-ren,
wenn ich ver-lo-ren bin und ver-las-sen,
V 2. Wenn ich ver-las-sen bin und ver-ges-sen,
wenn ich ver-ges-sen bin und ver-gan-gen,

1. wird man mich sen-ken in dei-ne Er-de;
wirst du mich hal-ten in dei-nen Hän-den. Kv
2. wirst du mich nen-nen bei mei-nem Na-men;
wirst du mich ber-gen in dei-ner Treu-e. Kv

T: Lothar Zenetti 1971   M: Erna Woll 1971

664

1

E - wi - ge Freu - de schen - ke ih - nen,

Herr, die du zu dir ge - ru - fen,

daß sie im To - de nicht ver - gehn,

in dei - ner Kraft einst auf - er - stehn,

wenn du die Welt voll - en - dest.

Ia, VIa. Q15

2

E - wi - ges Le - ben schen - ke

ih - nen, o Herr, es leuch - te

ih - nen das e - wi - ge Licht.

VIa. Q23

V. Wortgottesdienst
Stundengebet
Andacht

Die christliche Gemeinde versammelt sich am Sonntag zur Eucha- **665**
ristie; sie feiert auch am Werktag die heilige Messe. Daneben gibt
es eine Vielfalt weiterer Gottesdienstformen. Ein Teil von ihnen
findet sich im zweiten Abschnitt dieses Buches (Sakramente, Bußgottesdienste, Begräbnis).
Im folgenden Abschnitt werden die Gottesdienstformen behandelt,
in denen das Wort im Mittelpunkt steht: der Wortgottesdienst,
das Stundengebet, die Andacht.

Wortgottesdienst

Der Wortgottesdienst wird von der Verkündigung der Heiligen
Schrift geprägt. Die Antwort der Gemeinde kommt als wesent-
liches Element hinzu.
Der Wortgottesdienst hat mannigfache Formen.
Das Hauptgewicht kann auf der Lesung des Wortes liegen, oder
auf der Auslegung (Predigt) oder der Meditation.
Der Gottesdienst ist zu vielen Anlässen und zu jeder Tageszeit
möglich und kann unterschiedliche Dauer haben.
Die Grundform des Wortgottesdienstes ist durch die Struktur
Wort/Antwort vorgegeben:
Eröffnung – Lesung – Gesang – Auslegung – Gebet – Entlassung.

Die Gesänge und Gebete dieses Buches sind vielfältig für den
Wortgottesdienst verwendbar. Ausgeführte Modelle bietet es nicht,
weil für den Wortgottesdienst im Gegensatz zur Andacht der
Wechsel der Texte typisch ist.

Morgenlieder

666
ö

1. All Mor-gen ist ganz frisch und neu
des Her-ren Gnad und gro-ße Treu;
sie hat kein End den lan-gen Tag,
drauf je-der sich ver-las-sen mag.

2. O Gott, du schöner Morgenstern, / gib uns, was wir von
dir begehrn: / Zünd deine Lichter in uns an, / laß uns an
Gnad kein' Mangel han.

3. Treib aus, o Licht, all Finsternis; / behüt uns, Herr, vor
Ärgernis, / vor Blindheit und vor aller Schand, / und reich
uns Tag und Nacht dein Hand,

4. zu wandeln als am lichten Tag, / damit, was immer sich
zutrag, / wir stehn im Glauben bis ans End / und bleiben
von dir ungetrennt.

T: Johannes Zwick um 1541   M: Johann Walter 1541

667
ö

1. Die hel-le Sonn leucht' jetzt her-für, fröhlich vom Schlaf auf-ste-hen wir. Gott Lob, der uns in
die-ser Nacht be-hüt' hat vor des Teu-fels Macht.

2. Herr Christ, den Tag uns auch behüt / vor Sünd und
Schand durch deine Güt, / und laß die lieben Engel dein /
uns Hüter heut und Wächter sein,
3. daß unser Herz in Ghorsam leb, / deim Wort und Willen
nicht widerstreb, / daß wir dich stets vor Augen han / in
allem, was wir fangen an.
4. Laß unser Werk geraten wohl, / was jeder heut ausrich-
ten soll, / daß unser Arbeit, Müh und Fleiß / gereich zu
deim Lob, Ehr und Preis.

T: Nikolaus Herman 1560   M: Melchior Vulpius 1609

668

1. Mor-gen-glanz der E-wig-keit, Licht vom
schick uns die-se Mor-gen-zeit dei-ne

un-er-schaff-nen Lich-te,   und ver-
Strah-len zu Ge-sich-te,

treib durch dei-ne__ Macht uns-re Nacht.

2. Such uns heim mit deiner Kraft, / o du Aufgang aus
der Höhe, / daß der Sünde bittre Haft / und des Zweifels
Not vergehe. / Gib uns Trost und Zuversicht durch dein
Licht.
3. Birg in deiner treuen Hut / alle, die den Tag erleben; /
schenke den Verzagten Mut, / daß sie sich gestärkt erheben, / deinem Licht entgegenschaun und vertraun.
4. Licht, das keinen Abend kennt, / leucht uns, bis der Tag
sich neiget. / Christus, wenn der Himmel brennt / und dein
Zeichen groß aufsteiget, / führ uns heim aus dem Gericht
in dein Licht.

T: Str. 1 Christian Knorr von Rosenroth (1636–1689), Str. 2–4 Maria Luise
Thurmair 1969   M: Halle 1704

669
ö

1. Aus mei - nes Her - zens Grun - de sag
in die - ser Mor - gen - stun - de, da -
ich dir Lob und Dank___ dir, Gott in
zu mein Le - ben lang,___
dei - nem Thron,___ zu Lob und Preis und
Eh - ren durch Chri - stum, un - sern
Her - ren, dein' ein - ge - bor - nen Sohn.___

2. Der du mich hast aus Gnaden / in der vergangnen
Nacht / vor Gfahr und allem Schaden / behütet und be-
wacht, / demütig bitt ich dich, / wollst mir mein Sünd vergeben, / womit in diesem Leben / ich hab erzürnet dich.

3. Gott will ich lassen raten, / denn er all Ding vermag. /
Er segne meine Taten / an diesem neuen Tag. / Ihm hab
ich heimgestellt / mein' Leib, mein Seel, mein Leben / und
was er sonst gegeben; / er mach's, wie's ihm gefällt.

T: nach Georg Niege um 1586   M: vor 1598 / Eisleben 1598

670

1. Lie - ber Gott, ich bin hier; für den Mor - gen
dank ich dir. Be - schütz mich heu - te,
mei - ne Freun - de, al - le Kin - der,

al - le Leu - te. Lie - ber Gott,

ich bin hier; für den Mor-gen dank ich dir.

2. Lieber Gott, wir sind hier; für die Liebe danken wir, /
die uns das Leben, Mut und Freude, / alles Gute hat gegeben. / Lieber Gott, wir sind hier; für die Liebe danken wir.

T: Rosemarie Harbert 1970, Str. 2 Anneliese Lissner 1971
M: Heinz Gert Freimuth 1971

671
ö

1. Lo - bet den Her - ren al - le, die ihn

eh - ren; laßt uns mit Freu - den sei - nem Na - men

sin - gen und Preis und Dank zu sei - nem

Al - tar brin - gen. Lo - bet den Her - ren.

2. Der unser Leben, das er uns gegeben, / in dieser Nacht
so väterlich bedecket / und aus dem Schlaf uns fröhlich
auferwecket. / Lobet den Herren.
3. Daß unsre Sinnen wir noch brauchen können / und
Händ und Füße, Zung und Lippen regen, / das haben wir
zu danken seinem Segen. / Lobet den Herren.
4. O treuer Hüter, Brunnen aller Güter, / ach laß doch ferner über unser Leben / bei Tag und Nacht dein Huld und
Güte schweben. / Lobet den Herren.

5. Gib, daß wir heute, Herr, durch dein Geleite / auf unsern
Wegen unverhindert gehen / und überall in deiner Gnade
stehen. / Lobet den Herren.
6. Treib unsern Willen, dein Wort zu erfüllen; / hilf uns
gehorsam wirken deine Werke, / und wo wir schwach sind,
da gib du uns Stärke. / Lobet den Herren.
7. Herr, du wirst kommen und all deine Frommen, / die
sich bekehren, gnädig dahin bringen, / da alle Engel ewig,
ewig singen: / Lobet den Herren.

T: Paul Gerhardt 1653
M: Johann Crüger 1653

672 Das Stundengebet

Seit ältesten Zeiten versammelt sich die Gemeinde regelmäßig am
Morgen und am Abend, um das Lob Gottes zu singen und seinen
Segen für den beginnenden Tag und die beginnende Nacht zu
erbitten.
Das Gebet am Abend heißt Vesper, das Gebet am Morgen wird
Laudes genannt.
Im klösterlichen Leben wurden auch weitere Stunden des Tages
durch gemeinsames Beten geheiligt. Von diesen »Horen« hat sich
im Leben der Gemeinde nur das Nachtgebet (Komplet) durch-
gesetzt.
Weil den Gemeinden das regelmäßige gemeinsame Stundengebet
kaum möglich ist, verrichten es wenigstens die Priester und Dia-
kone für die ihnen anvertrauten Gemeinden. Es ist aber der aus-
drückliche Wunsch der Kirche, daß die Vesper der Sonn- und
Feiertage wieder in den Gemeinden gesungen wird.
Vesper und Laudes beginnen mit dem Eröffnungsruf und dem
Hymnus, der in den Geist der Gebetsstunde einstimmt. Darauf
werden drei Psalmen oder biblische Gesänge im Wechsel gesungen.
In der Mitte steht die Verkündigung des Gotteswortes mit Antwortgesang und womöglich einer Auslegung. Darauf wird in der
Vesper der Lobgesang Mariens (Magnificat) angestimmt, in den
Laudes der Lobgesang des Zacharias (Benedictus). Beide schließen
mit (Für-)Bitten, Vater unser, Tagesgebet und Segen.

Laudes   **673**

Eröffnung, wie in der Vesper, Nr. 683, mit Hymnus, Nr. 675.

Wird mit dem Invitatórium (Weckruf) eröffnet, so lautet der
Eingangs-Versikel (ohne nachfolgendes „Ehre sei dem Vater"):

V   Herr, öffne meine Lippen.
A   Damit mein Mund dein Lôb verkünde.

INVITATORIUM

674

1. Der Herr wird kommen als Kö - nig.

Kommt, wir be - ten ihn an.   Ia, VIa. Q35

Auf die gleiche Melodie kann man je nach dem Fest, der Zeit des
Kirchenjahres oder dem Anlaß einen der folgenden Texte singen:

2. Der Herr ist uns geboren. Kommt, wir beten ihn an.

3. Der Herr ist uns erschienen. –

4. Der Herr vergibt die Sünden. –

5. Der Herr erstand vom Grabe. –

6. Der Herr fuhr auf zum Himmel. –

7. Der Herr hat den Geist gesendet. –

8. Den Herrn in unsrer Mitte: –

9. Den Hirten seines Volkes: –

10. Den ewigen Hohenpriester: –

11. Den großen Herrn und König: –

12. Den Sohn der Jungfrau Maria: –

13. Den Meister seiner Jünger: –

14. Der Herr gibt alles Gute. –

15. Der Herr erbarmt sich unser. –

16. Der Herr gibt uns den Frieden. –

Zu diesem Kehrvers singen die Kantoren Verse aus dem Psalm 95
oder aus einem anderen passenden Psalm.

HYMNUS

675

1. Chri - stus, du Son - ne uns - res Heils,

ver - treib in uns die dunk - le Nacht,

daß mit dem Licht des neu - en Tags

4. Strophe

auch un - ser Herz sich neu er - hellt.   A - men.

2. Du schenkst uns diese gute Zeit; / gib Klarheit unsern
Augen, Herr, / und führe uns auf deinem Weg, / daß wir
nicht in die Irre gehn.

3. Es kommt der Tag, dein Tag erscheint, / der alles neu
erblühen macht, / der Tag, der unsre Freude ist, / durch den
du uns mit dir versöhnst.

4. Du gütige Dreieinigkeit, / dich bete an die ganze Welt. /
Laß uns, von deiner Huld erneut, / dich preisen durch ein
neues Lied. Amen.

T: „Iam Christe sol justitiae" 6. Jh., Übertragung EGB 1972
M: Einsiedeln 12. Jh.

oder ein anderes geeignetes Lied

ERSTER PSALM

676
1

Mei-ne See - le dür-stet nach dir, mein Gott.

IIa. Q33

Psalm 63: Sehnsucht nach Gott

1. Gott, du mein Gott, dich suche ich, *
meine Seele dürstet nach dir.

   2. Nach dir schmachtet mein Leib *
   wie dürres, lechzendes Land ohne Wasser.

3: Darum halte ich Ausschau nach dir im Heiligtum, *
um deine Macht und Herrlichkeit zu sehen.

   4. Denn deine Huld ist besser als das Leben; *
   darum preisen dich meine Lippen. —

5. Ich will dich rühmen mein Leben lang,*
in deinem Namen die Hände erheben.

   6. Wie an Fett und Mark wird satt meine Seele, *
   mit jubelnden Lippen soll mein Mund dich preisen.

7. Ich denke an dich auf nächtlichem Lager *
und sinne über dich nach, wenn ich wache.

   8. Ja, du wurdest meine Hilfe; *
   jubeln kann ich im Schatten deiner Flügel.

9. Meine Seele hängt an dir, *
deine rechte Hand hält mich fest. —

   10. Ehre sei dem Vater und dem Sohn *
   und dem Heiligen Geist,

11. wie im Anfang, so auch jetzt und alle Zeit *
und in Ewigkeit. Amen.

Kehrvers   Verse 2–9

GESANG
aus dem Alten Testament

Preist den drei-fal-ti-gen Gott, den Va-ter, den
Sohn und den Hei - - - li-gen Geist.

IXa. Q41

Lobgesang aus Daniel 3,52—56

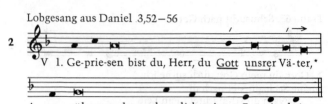

V 1. Ge-prie-sen bist du, Herr, du Gott unsrer Vä-ter, *

A ge - rühmt und ver - herr-lich in E - wig-keit.

V 2. Gepriesen sei dein heiliger, herrlicher Name, *
A gerühmt und verherrlicht in Ewigkeit.
V 3. Gepriesen bist du im Tempel deiner heiligen
Herrlichkeit, *
A gerühmt ...
V 4. Gepriesen bist du, der auf Keruben thront und in
Tiefen schaut, *
A gerühmt ...
V 5. Gepriesen bist du auf dem Thron deiner Herrschaft, *
A gerühmt ...
V 6. Gepriesen bist du am Gewölbe des Himmels, *
A gerühmt ... *Kehrvers*

DRITTER PSALM

678

Al - les, was at - met, lo - - be den Herrn.

VIIa. Q6

Psalm 150: Der große Lobpreis

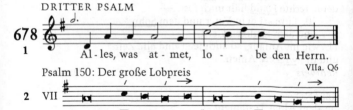

1. Lobet Gott in seinem Heiligtum, *
lobt ihn in seiner mächtigen Feste!
2. Lobt ihn für seine großen Taten, *
lobt ihn in seiner gewaltigen Größe!
3. Lobt ihn mit dem Schall der Hörner, *
lobt ihn mit Harfe und Zither!
4. Lobt ihn mit Pauken und Tanz, *
lobt ihn mit Flöten und Saitenspiel!

5. Lobt ihn mit <u>he</u>llen Zimbeln, *
lobt ihn mit <u>kli</u>ngenden Zimbeln!
    6. <u>Al</u>les, was atmet, *
    <u>lo</u>be den Herrn! —
7. Ehre sei dem <u>Va</u>ter und dem Sohn *
und dem <u>Hei</u>ligen Geist,
    8. wie im Anfang, so auch <u>jetzt</u> und alle <u>Zeit</u> *
    und in <u>E</u>wigkeit. Amen.   *Kehrvers*

LESUNG

Antwortgesang

679

V/A Chri-stus, du Sohn des leben-di-gen Got-tes, er-bar-me dich un-ser. V Du sit-zest zur <u>Rech</u>-ten des Va-ters. A Er-bar-me dich un-ser. V Singt das Lob des Vaters und des Soh-nes und des Hei-li-gen Gei-stes. A Chri-stus, du Sohn ...

Der Vorsängervers kann je nach der Zeit des Kirchenjahres oder dem Fest entsprechend wechseln:

Advent
  + Du <u>kommst</u> in <u>un</u>sre Welt.
Weihnachten und Marienfeste
  Du bist geboren aus Ma<u>ri</u>a der Jungfrau.
Fastenzeit
  Du rufst uns in das <u>Reich</u> des Vaters.

Leiden des Herrn
   Du warst gehorsam bis zum <u>Tod</u> am Kreuze.
Osterzeit
   Du bist vom <u>Tod</u> erstanden.
Pfingsten
   Du sendest uns den <u>Geist</u> der Wahrheit.
Dreifaltigkeit
   Du bist eins mit dem <u>Vater</u> und dem Geist.
Fronleichnam
   Du gibst dich uns als <u>Brot</u> des Lebens.
Herz Jesu
   + Du bist <u>gütig</u> von Herzen.
Heilige
   In dir rühmen sich <u>alle</u> Heiligen.
Totengedenken
   Du bringst den <u>Toten</u> das Leben.
Buße
   + Du <u>Freund</u> der Sünder.
Friede
   + Du bist <u>unser</u> Friede.

(Homilie)

LOBGESANG DES ZACHARIAS

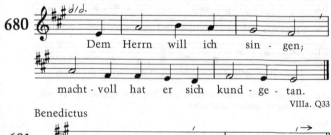

680 Dem Herrn will ich sin-gen;
macht-voll hat er sich kund-ge-tan.

VIIIa. Q33

Benedictus

681 VIII

1. Gepriesen sei der Herr, der Gott <u>Israels!</u> *
Denn er hat sein Volk besucht und ihm Erlö<u>sung</u> geschaffen;

2. er hat uns einen starken Retter erweckt *
   im Hause seines Knechtes David.
3. So hat er verheißen von alters her *
durch den Mund seiner heiligen Propheten.
    4. Er hat uns errettet vor unsern Feinden *
    und aus der Hand aller, die uns hassen;
5. er hat das Erbarmen mit den Vätern an uns vollendet /
und an seinen heiligen Bund gedacht, *
an den Eid, den er unserm Vater Abraham geschworen hat;
     6. er hat uns geschenkt, daß wir, aus Feindeshand
     befreit, /
     ihm furchtlos dienen in Heiligkeit und Gerechtigkeit *
     vor seinem Angesicht all unsre Tage. —
7. Und du, Kind, wirst Prophet des Höchsten heißen; /
denn du wirst dem Herrn vorangehn *
und ihm den Weg bereiten.
    8. Du wirst sein Volk mit der Erfahrung des Heils
    beschenken *
    in der Vergebung der Sünden.
9. Durch die barmherzige Liebe unseres Gottes *
wird uns besuchen das aufstrahlende Licht aus der Höhe,
    10. um allen zu leuchten, die in Finsternis sitzen und
    im Schatten des Todes, *
    und unsre Schritte zu lenken auf den Weg des
    Friedens. —
11. Ehre sei dem Vater und dem Sohn *
und dem Heiligen Geist,
    12. wie im Anfang, so auch jetzt und alle Zeit *
    und in Ewigkeit. Amen.   Lk 1,68–79
Kehrvers

Bitten, Vater unser, Tagesgebet und Abschluß wie in der Vesper, Nr. 691

682 Sonntagsvesper

Eröffnung

683

V O Gott, komm mir zu Hil - fe.

A Herr, ei - le, mir zu hel - fen.

Ehre sei dem Vater und dem Sohn und dem Hei - li -

gen Geist. Wie im Anfang, so auch jetzt und al - le

Zeit und in E - wig-keit. A - men. Hal - le - lu - ja.

Das Halleluja entfällt in der Fastenzeit.

Hymnus: Ein geeignetes Lied, z. B. Nr. 557 oder Nr. 701

Erste Psalmenreihe

ERSTER PSALM

684
1

Je - sus Chri - - stus, du bist

Prie - ster auf e - wig, Herr und Kö - -

nig zur Rech - ten Got - tes des Va - ters.

IIa, IVh, Q41

Psalm 110: Einsetzung des priesterlichen Königs

1. So spricht der Herr zu meinem Herrn: /
Setze dich mir zur Rechten, *
und ich lege dir deine Feinde als Schemel unter die Füße.

   2. Vom Zion strecke der Herr das Zepter deiner
   Macht aus: *
   „Herrsche inmitten deiner Feinde!"

3. Dein ist die Herrschaft am Tag deiner Macht, *
wenn du erscheinst in heiligem Schmuck;

   4. ich habe dich gezeugt noch vor dem Morgenstern, *
   wie den Tau in der Frühe. —

5. Der Herr hat geschworen, und nie wird's ihn reuen: *
Du bist Priester auf ewig nach der Ordnung Melchisedeks. —

   6. Der Herr steht dir zur Seite; *
   er zerschmettert Könige am Tage seines Zornes.

7. Er trinkt aus dem Bach am Weg; *
so kann er von neuem das Haupt erheben. —

   8. Ehre sei dem Vater und dem Sohn *
   und dem Heiligen Geist,

9. wie im Anfang, so auch jetzt und alle Zeit *
und in Ewigkeit. Amen.   Verse 1–5.7

Kehrvers

ZWEITER PSALM

Der Herr hat uns be - freit;

auf e - wig be - steht sein Bund.

VIa. Q34

Psalm 111: Gedenken an die Wunder Gottes

2 VI

1. Den Herrn will ich preisen von ganzem Herzen *
im Kreis der Frommen, inmitten der Gemeinde. —
    2. Groß sind die Werke des Herrn, *
    kostbar allen, die sich an ihnen freuen.
3. Er waltet in Hoheit und Pracht, *
seine Gerechtigkeit hat Bestand für immer. —
    4. Er hat ein Gedächtnis an seine Wunder gestiftet, *
    der Herr ist gnädig und barmherzig.
5. Er gibt denen Speise, die ihn fürchten, *
an seinen Bund denkt er auf ewig.
    6. Er hat seinem Volk seine machtvollen Taten
    kundgetan, *
    um ihm das Erbe der Völker zu geben.
7. Die Werke seiner Hände sind gerecht und beständig, *
all seine Gebote sind verläßlich.
    8. Sie stehen fest für immer und ewig, *
    geschaffen in Treue und Redlichkeit.
9. Er gewährte seinem Volk Erlösung /
und bestimmte seinen Bund für ewige Zeiten. *
Furchtgebietend ist sein Name und heilig. —
    10. Die Furcht des Herrn ist der Anfang der Weisheit; /
    alle, die danach leben, sind klug. *
    Sein Ruhm hat Bestand für immer. —
11. Ehre sei dem Vater und dem Sohn *
und dem Heiligen Geist,
    12. wie im Anfang, so auch jetzt und alle Zeit *
    und in Ewigkeit. Amen.
Kehrvers

GESANG
aus dem Neuen Testament – Offb 9,1–2.5–7

686

V/A A - men, Hal - le - lu - ja.

1. Das Heil und die Herrlichkeit und die Macht ist
bei un-serm Gott. Die Urteile seines Gerichts sind
wahr und ge-recht. A A - men, Hal - le - lu - ja.

2. Preist un-sern Gott, all sei - ne Knech-te, und die ihn
fürch-ten, klein und groß! A A-men, Hal-le- lu - ja.

3. Der Herr ist Kö - nig ge - wor - den, Gott, der
Herr-scher des Alls. A A - men, Hal - le - lu - ja.

4. Wir wol - len uns freu - en und ju - beln
und ihm allein die Eh - re er - wei - sen.
A A - men, Hal - le - lu - ja.

5. Denn ge - kommen ist die Hoch - zeit des

Lam - mes, und seine Frau hat sich schön

ge-macht. A A - men, Hal - le - lu - ja.

6. Preist un-sern Gott, all sei - ne Knech-te, und die ihn

fürch-ten, klein und groß! A A-men, Hal-le - lu - ja.

LESUNG

Antwortgesang

687

V/A Dein Wort ist Licht und Wahr-heit;

es leuch - tet mir auf all mei - nen We - gen.

V Le - ben und Freu - de gibt es

mei - nem Her - zen. A Es leuch - tet

mir auf all mei - nen We - gen.

V Singt das Lob des Va - ters und des Soh - nes

und des Hei - li - gen Gei - stes. A Dein Wort ist ...

Homilie

LOBGESANG MARIENS

Dan - ket dem Herrn, er hat uns er - höht;

688
ö

Gro - ßes hat er an uns ge - tan.

IXa. Q34

Magnificat – deutsch

IX

689
ö

1. Meine Seele preist die Größe des Herrn, *
und mein Geist jubelt über Gott, meinen Retter.

   2. Denn auf die Niedrigkeit seiner Magd hat er geschaut. *
   Siehe, von nun an preisen mich selig alle Geschlechter!

3. Denn der Mächtige hat Großes an mir getan, *
und sein Name ist heilig.

   4. Er erbarmt sich von Geschlecht zu Geschlecht *
   über alle, die ihn fürchten.

5. Er vollbringt mit seinem Arm machtvolle Taten: *
er zerstreut, die im Herzen voll Hochmut sind;

   6. er stürzt die Mächtigen vom Thron *
   und erhöht die Niedrigen.

7. Die Hungernden beschenkt er mit seinen Gaben *
und läßt die Reichen leer ausgehn.

   8. Er nimmt sich seines Knechtes Israel an *
   und denkt an sein Erbarmen,

9. das er unsern Vätern verheißen hat, *
Abraham und seinen Nachkommen auf ewig. —
    10. Ehre sei dem Vater und dem Sohn *
    und dem Heiligen Geist,
11. wie im Anfang, so auch jetzt und alle Zeit *
und in Ewigkeit. Amen.   Lk 1,46–55
Kehrvers

Magnificat – lateinisch

690

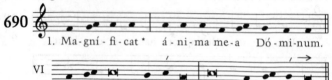

    1. Ma - gní - fi - cat * á - ni - ma me - a   Dó - mi - num.

    2. Et exsultávit spíritus meus *
    in Deo salutári meo.
3. Quia respéxit humilitátem ancíllae suae, *
ecce enim ex hoc beátam me dicent omnes generatiónes.
    4. Quia fecit mihi magna, qui potens est, *
    et sanctum nomen eius.
5. Et misericórdia eius a progénie in progénies *
timéntibus eum.
    6. Fecit poténtiam in bráchio suo, *
    dispérsit supérbos mente cordis sui.
7. Depósuit poténtes de sede, *
et exaltávit húmiles.
    8. Esuriéntes implévit bonis, *
    et dívites dimísit ináness.
9. Suscépit Israel, púerum suum, *
recordátus misericórdiae suae.
    10. Sicut locútus est ad patres nostros, *
    Abraham et sémini eius in sáecula. —
11. Glória Patri et Fílio, *
et Spirítui Sancto.
    12. Sicut erat in princípio, et nunc et semper *
    et in sáecula saeculórum. Amen.

Fürbitten

VATER UNSER

691

Z Laßt uns be - ten, wie der Herr uns ge - lehrt hat:

A Va - ter un - ser im Him - mel. Ge - hei - ligt

wer - de dein Na - me. Dein Reich kom - me.

Dein Wil - le ge - sche - he, wie im Him - mel

so auf Er - den. Un - ser täg - li - ches Brot

gib uns heu - te. Und ver - gib uns un - sere Schuld,

wie auch wir ver - ge - ben un - sern Schul - di - gern.

Und füh - re uns nicht in Ver - su - chung,

son - dern er - lö - se uns von dem Bö - sen.

(Denn dein ist das Reich und die Kraft und die

Herr - lich - keit in E - wig - keit. A - men.)

In den Laudes und der Vesper entfällt der abschließende Lobpreis
(Doxologie).

Tagesgebet
Abschluß
Bischof, Priester und Diakon entlassen wie in der Meßfeier,
Nr. 366,2–5.
Steht ein Laie der Feier vor, erfolgt keine Entlassung. Die Segensbitte
lautet dann:

V Der Herr seg - ne uns, er be - wah - re uns

vor Un - heil und führe uns zum e - wi - gen

Le - ben. A A - men.

Zweite Psalmenreihe

ERSTER PSALM

692
1

Der Herr ist un - ser Frie - de;

bei ihm sind wir ge - bor - gen.

VIIIa. Q33

Psalm 122: Wallfahrt nach Jerusalem

2 VIII

1. Ich freute mich, als man mir sagte: *
„Zum Haus des Herrn wollen wir pilgern."
    2. Schon stehen wir in deinen Toren, Jerusalem: /
    Jerusalem, du starke Stadt, *
    dicht gebaut und fest gefügt.

3. Dorthin ziehen die Stämme hinauf, die Stämme des
Herrn, *
den Namen des Herrn zu preisen. —
    4. Erbittet für Jerusalem Frieden! *
    Wer dich liebt, sei in dir geborgen!
5. Friede wohne in deinen Mauern, *
in deinen Häusern Geborgenheit!
    6. Wegen meiner Brüder und Freunde *
    will ich sagen: In dir sei Friede!
7. Wegen des Hauses des Herrn, unseres Gottes, *
will ich dir Glück erflehen. —
    8. Ehre sei dem Vater und dem Sohn *
    und dem Heiligen Geist,
9. wie im Anfang, so auch jetzt und alle Zeit *
und in Ewigkeit. Amen.   Verse 1–4. 6–9
Kehrvers

ZWEITER PSALM

693
1

Ge - prie - sen sei der Herr von nun an bis in E - wig - keit.

IVa. Q46

Psalm 113: Gottes Hoheit und Huld

2

1. Lobet, ihr Knechte des Herrn, *
lobt den Namen des Herrn!
    2. Der Name des Herrn sei gepriesen *
    von nun an bis in Ewigkeit!
3. Vom Aufgang der Sonne bis zum Untergang *
sei der Name des Herrn gelobt!
    4. Der Herr ist erhaben über alle Völker, *
    seine Herrlichkeit überragt die Himmel. —

5. Wer gleicht dem Herrn, unserm Gott, *
im Himmel und auf Erden,

    6. ihm, der in der Höhe thront, *
    der hinabschaut in die Tiefe,

7. der den Schwachen aus dem Staub emporhebt *
und den Armen erhöht, der im Schmutz liegt?

    8. Er gibt ihm einen Sitz bei den Edlen, *
    bei den Edlen seines Volkes.

9. Die Frau, die kinderlos war, läßt er im Hause wohnen; *
sie wird Mutter und freut sich an ihren Kindern. —

    10. Ehre sei dem Vater und dem Sohn *
    und dem Heiligen Geist,

11. wie im Anfang, so auch jetzt und alle Zeit *
und in Ewigkeit. Amen.   *Kehrvers*

GESANG
aus dem Neuen Testament: Phil 2,6–11

V/A Jesus Christus ist der Herr zur Ehre Gottes des Vaters.

1. Er war wie Gott, hielt aber nicht daran fest, Gott gleich zu sein, sondern entäußerte sich, wurde wie ein Sklave und den Menschen gleich.

2. Sein Le - ben war das ei - nes Men - schen.

Er er - nied - rig - te sich, war ge - hor - sam

bis zum Tod, bis zum Tod am Kreuz.

3. Dar-um hat ihn Gott ü - ber al - le er-höht

und ihm den Na - men ver - lie - hen,

der je - den Na - men ü - ber - trifft,

4. da - mit vor dem Na - men Je - su

al - le Mäch - te im Him - mel, auf der

Er - de und un - ter der Er - de ih - re

Knie beu- gen und je - de Zun- ge be-kennt: Kv

M: Walter Röder 1970

Fortsetzung der Vesper siehe Nr. 687–691

695 **Komplet** – Das Nachtgebet der Kirche

Eröffnung siehe Nr. 683

Man kann die Komplet mit einer Gewissenserforschung beginnen. Diese kann vor oder nach der Eröffnung oder nach dem Hymnus stehen.

Hymnus

696
ö

1. Be - vor des Ta - ges Licht ver - geht,

o Herr der Welt, hör dies Ge - bet:

Be - hü - te uns in die - ser Nacht

3. Strophe

durch dei - ne gro - ße Güt und Macht. A - men.

2. Hüllt Schlaf die müden Glieder ein, / laß uns in dir geborgen sein / und mach am Morgen uns bereit / zum Lobe deiner Herrlichkeit.

3. Dank dir, o Vater reich an Macht, / der über uns voll Güte wacht / und mit dem Sohn und Heilgen Geist / des Lebens Fülle uns verheißt. Amen.

T: Friedrich Dörr 1969 nach „Te lucis ante terminum" 5./6. Jh.
M: Kempten um 1000

oder ein anderes Abendlied

PSALMEN

Man singt die Psalmen 4 und 134, oder den Psalm 91, Nr. 698

697
1

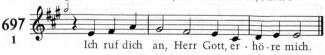

Ich ruf dich an, Herr Gott, er - hö - re mich.

VIIIa. Q24

Psalm 4: Gottes Schutz in der Nacht

VIII   2

1. Wenn ich rufe, erhöre mich, *
Gott, du mein Retter!
    2. Du hast mir Raum geschaffen, als mir angst war. *
    Sei mir gnädig, und hör auf mein Flehen! —
3. Ihr Mächtigen, wie lange noch schmäht ihr meine Ehre, *
warum liebt ihr den Schein und sinnt auf Lügen?
    4. Erkennt doch: Wunderbar handelt der Herr an den
    Frommen; *
    der Herr erhört mich, wenn ich zu ihm rufe.
5. Ereifert ihr euch, so sündigt nicht! *
Bedenkt es auf eurem Lager, und werdet stille!
    6. Bringt rechte Opfer dar, *
    und vertraut auf den Herrn! —
7. Viele sagen: „Wer läßt uns Gutes erleben?" *
Herr, laß dein Angesicht über uns leuchten!
    8. Du legst mir größere Freude ins Herz, *
    als andere haben bei Korn und Wein in Fülle.
9. In Frieden leg' ich mich nieder und schlafe ein; *
denn du allein, Herr, läßt mich sorglos ruhen. —
    10. Ehre sei dem Vater und dem Sohn *
    und dem Heiligen Geist,
11. wie im Anfang, so auch jetzt und alle Zeit *
und in Ewigkeit. Amen.
Kehrvers

Es schließt sich sofort der folgende Psalm an.

Psalm 134: Nächtliches Loblied im Tempel   3

1. Wohlan, nun preiset den Herrn, *
all ihr Knechte des Herrn,
    2. die ihr steht im Hause des Herrn, *
    zu nächtlicher Stunde.

3. Erhebt eure Hände zum Heiligtum, *
und preiset den Herrn!

    4. Es segne dich der Herr vom Zion her, *
    der Herr, der Himmel und Erde gemacht hat. —

5. Ehre sei dem Vater und dem Sohn *
und dem Heiligen Geist,

    6. wie im Anfang, so auch jetzt und alle Zeit *
    und in Ewigkeit. Amen.

Kehrvers

Der Herr ist na-he al-len, die ihn ru-fen.

VIIIa, IIa. Q2

Psalm 91: Zuflucht bei Gott

1. Wer im Schutz des Höchsten wohnt *
und ruht im Schatten des Allmächtigen,

    2. der sagt zum Herrn: „Du bist für mich Zuflucht
    und Burg, *
    mein Gott, dem ich vertraue." —

3. Er rettet dich aus der Schlinge des Jägers *
und aus allem Verderben.

    4. Er beschirmt dich mit seinen Flügeln, /
    unter seinen Schwingen findest du Zuflucht, *
    Schild und Schutz ist dir seine Treue.

5. Du brauchst dich vor dem Schrecken der Nacht nicht
zu fürchten, *
noch vor dem Pfeil, der am Tag dahinfliegt,

    6. nicht vor der Pest, die im Finstern schleicht, *
    vor der Seuche, die wütet am Mittag.

7. Fallen auch tausend zu deiner Seite, /
dir zur Rechten zehnmal tausend, *
so wird es doch dich nicht treffen.

8. Ja, du wirst es sehen mit eigenen Augen, *
wirst zuschauen, wie den Frevlern vergolten wird.
9. Denn der Herr ist deine Zuflucht, *
du hast dir den Höchsten als Schutz erwählt. —
    10. Dir begegnet kein Unheil, *
    kein Unglück naht deinem Zelt.
11. Denn er befiehlt seinen Engeln, *
dich zu behüten auf all deinen Wegen.
    12. Sie tragen dich auf ihren Händen, *
    damit dein Fuß nicht an einen Stein stößt;
13. du schreitest über Löwen und Nattern, *
trittst auf Löwen und Drachen. —
    14. „Weil er an mir hängt, will ich ihn retten; *
    ich will ihn schützen, denn er kennt meinen Namen.
15. Wenn er mich anruft, dann will ich ihn erhören. /
Ich bin bei ihm in der Not, *
befreie ihn und bringe ihn zu Ehren.
    16. Ich sättige ihn mit langem Leben *
    und lasse ihn schauen mein Heil." —
17. Ehre sei dem Vater und dem Sohn *
und dem Heiligen Geist,
    18. wie im Anfang, so auch jetzt und alle Zeit *
    und in Ewigkeit. Amen.
Kehrvers

KURZE LESUNG

Gott hat uns nicht für das Gericht seines Zornes bestimmt,
sondern dafür, daß wir durch unsern Herrn Jesus Christus
das Heil erlangen. Er ist für uns gestorben, damit wir vereint mit ihm leben, ob wir wachen oder schlafen.

                                                    1 Thess 5, 9–10

oder ein anderer Schrifttext.

Antwortgesang

699

V/A In dei - ne Hän - de leg ich voll Ver -
trau - en mei - nen Geist. V Du hast mich er - löst,
Herr, du treu - er Gott. A In dei - ne Hän - de...
V Singt das Lob des Va - ters und des Soh - nes
und des Hei - li - gen Gei - stes. A In dei - ne Hän - de...

LOBGESANG DES SIMEON

700
1

(V) Sei un - ser Heil, o Herr, der - weil wir
wa - chen, (A) be - hü - te uns, da wir schla - fen,
auf daß wir wa - chen mit Chri - stus und ru -
hen in Frie - den. (Osterzeit: Hal - le - lu - ja.)

IIIa. Q43

oder:

Sei un-ser Heil, Herr, im Wa-chen;

be-hü-te uns im Schla-fen.

Nunc dimíttis Lk 2,29–32   IIIa. Q28

1. Nun läßt du, Herr, deinen Knecht, *
wie du gesagt hast, in Frieden scheiden.

   2. Denn meine Augen haben das Heil gesehen, *
   das du vor allen Völkern bereitet hast,

3. ein Licht, das die Heiden erleuchtet, *
und Herrlichkeit für dein Volk Israel. —

   4. Ehre sei dem Vater und dem Sohn *
   und dem Heiligen Geist,

5. wie im Anfang, so auch jetzt und alle Zeit *
und in Ewigkeit. Amen. *Kehrvers*

Gebet

Lasset uns beten. – Wir bitten dich, gütiger Vater, schenk
uns in dieser Nacht das Licht deiner Gegenwart; laß uns,
deine Diener, in Frieden schlafen und wecke uns morgen in
deinem Namen, damit wir gesund und froh einen neuen,
von deinem Licht erfüllten Tag beginnen: Durch Christus,
unsern Herrn. A Amen.

Segen

Eine ruhige Nacht und ein gutes Ende gewähre uns der allmächtige Herr. A Amen.

Die Komplet schließt mit einem Gruß an Maria. Man singt eine
der Marianischen Antiphonen Nr. 570 bis 579 oder ein anderes
Marienlied.

Abendlieder

701

1. An-ge-langt an der Schwel-le des A-bends,

schau-en wir Chri-stus, das e-wi-ge Licht, und

prei-sen durch ihn den Va-ter im Geist.

2. Du bist der Weg, die Wahr-heit, das Le-ben,

Ab-bild und Spie-gel des e-wi-gen Va-ters.

Du bist der Hei-li-ge, du un-ser Herr.

3. Ja, es ist wür-dig, dich zu be-sin-gen,

Got-tes Sohn, Ur-he-ber e-wi-gen Le-bens;

die gan-ze Schöp-fung schul-det dir Lob.

T: Vinzenz Stebler 1970
M: Karl Norbert Schmid 1972

702
ö

1. Be-vor die Son - ne sinkt, will ich den Tag be-den-ken. Die Zeit, sie eilt da-hin; wir____ hal-ten nichts in Hän-den.

2. Bevor die Sonne sinkt, / will ich das Sorgen lassen. / Mein Gott, bei dir bin ich / zu keiner Stund vergessen.
3. Bevor die Sonne sinkt, / will ich dir herzlich danken. / Die Zeit, die du mir läßt, / will ich dir Lieder singen.
4. Bevor die Sonne sinkt, / will ich dich herzlich bitten: / Nimm du den Tag zurück / in deine guten Hände.

T: Christa Weiß und Kurt Rommel 1967
M: Martin Striebel und Kurt Schmid 1967

703

1. In___ die-ser Nacht sei du mir Schirm und Wacht; o___ Gott, durch dei-ne Macht wollst mich be-wah-ren vor Sünd und Leid, vor Sa-tans List und Neid. Hilf___ mir im letz-ten Streit, in Tods-ge-fah-ren.

2. O Jesu mein, die heilgen Wunden dein / mir sollen Ruhstatt sein für meine Seele. / In dieser Ruh schließ mir die Augen zu; / den Leib und alles Gut ich dir befehle.

3. O große Frau, Maria, auf mich schau; / mein Herz ich dir vertrau in meinem Schlafen. / Auch schütze mich, Sankt Josef, väterlich. / Schutzengel, streit für mich mit deinen Waffen.

T: Köln 1727
M: nach Düsseldorf 1759

704

1. Christus, du bist der helle Tag; dein Glanz durchbricht die dunkle Nacht. Du Gott des Lichtes kündest uns das Licht, das wahrhaft selig macht.

2. Nimm gnädig, guter Herr und Gott, / uns diese Nacht in deine Hut; / laß uns in dir geborgen sein: / In deinem Frieden ruht sich's gut.

3. Gib, daß nichts Arges uns bedrängt, / der böse Feind uns nicht verführt, / und laß nicht zu, daß Geist und Leib / vor deinem Auge schuldig wird.

4. Dieweil die müden Glieder ruhn, / bleib unser Herz dir zugewandt. / Wir sind dein Volk, das dir vertraut: / beschütze uns mit starker Hand.

5. Sei deiner Diener eingedenk, / die du mit deinem Blut erkauft. / Stärk uns durch deines Leidens Kraft; / wir sind auf deinen Tod getauft.

6. Dir sei, Gott Vater, Sohn und Geist, / die Ruhe dieser
Nacht geweiht. / Umfängt uns einst des Todes Nacht, / führ
uns ins Licht der Herrlichkeit.

T: „Christe, qui lux es et dies" 6. Jh., Übertragung Friedrich Dörr 1969
M: Frankfurt am Main um 1557

705
ö

1. Hin - un - ter ist ___ der Son - ne Schein;
die fin - stre Nacht ___ bricht stark her - ein.
Leucht uns, Herr Christ, du wah - res Licht;
laß uns im Fin - - - stern tap - pen nicht.

2. Dir sei Dank, daß du uns den Tag / vor Schaden, Gfahr
und mancher Plag / durch deine Engel hast behüt' / aus
Gnad und väterlicher Güt.

3. Womit wir heut erzürnet dich, / dasselb verzeih uns
gnädiglich / und rechn es unsrer Seel nicht zu; / laß schlafen
uns mit Fried und Ruh.

4. Dein' Engel uns zur Wach bestell, / daß uns der böse
Feind nicht fäll. / Vor Schrecken, Angst und Feuersnot /
behüte uns, o lieber Gott.

T: Nikolaus Herman 1560
M: Melchior Vulpius 1609

Weitere Abendlieder: Mein schönste Zier, Nr. 559; Nun lässest du,
o Herr, Nr. 660; Bevor des Tages Licht vergeht, Nr. 696.

706 Te Deum

1. Die Schöpfung huldigt Gott

V Dich, Gott, lo - ben wir, A dich, Herr, prei - sen wir. I Dir, dem ewi - gen Va - ter, hul - digt das Er - den - rund. II Dir rufen die En - gel al - le, dir Himmel und Mäch - te ins - ge - samt, I die Kerubim dir und die Se - ra - fim, mit niemals en - den - der Stim - me zu: A Hei - - lig, V hei - - lig, A hei - lig der Herr, der Gott der Scha - ren! Voll sind Himmel und Er - de von dei - ner ho - hen Herr - lich - keit.

2. Die Kirche preist den dreifaltigen Gott

I Dich preist der glor - rei - che Chor der A -
po - stel; II dich der Pro - phe - ten lob - wür -
di - ge Zahl; I dich der Mär - ty - rer leuch -
ten - des Heer; II dich preist über das Er - den -
rund die hei - li - ge Kir - che; I dich, den
Va - ter un - er - meß - ba - rer Ma - je - stät;
II dei - nen wah - ren und ein - zi - gen Sohn;
A und den Hei - li - gen Für - spre - cher Geist.

3. Lobpreis Jesu Christi

I Du König der Herr - lich - keit, Chri - stus.

II Du bist des Va - ters all - e - wi - ger Sohn.

(706)

I Du hast der Jung - frau Schoß nicht ver-schmäht,

bist Mensch geworden, den Men - schen zu be -

frei - en. II Du hast bezwungen des To - des

Sta - chel und denen, die glau-ben, die Reiche der

Him-mel auf - ge - tan. I Du sit - zest zur Rech -

ten Got - tes in dei - nes Va - ters Herr-lich-keit.

II Als Richter, so glau - ben wir, kehrst du einst

wie-der. I Dich bitten wir denn, komm dei - nen

Die - nern zu Hil - fe, die du erlöst mit

kost - ba - rem Blut. A In der e - wi - gen Herr -

lich-keit zäh - le uns dei-nen Hei - li - gen zu.

4. Bitten (Dieser Teil kann entfallen)   **(706)**

I Rette dein Volk, o Herr, und segne dein Erbe; II und führe sie und erhebe sie bis in Ewigkeit.

I An jedem Tag benedeien wir dich II und loben in Ewigkeit deinen Namen, ja, in der ewigen Ewigkeit.

I In Gnaden wollest du, Herr, an diesem Tag uns ohne Schuld bewahren. II Erbarme dich unser, o Herr, erbarme dich unser. I Laß über uns dein Erbarmen geschehn, wie wir gehofft auf dich.

A Auf dich, o Herr, habe ich meine Hoffnung gesetzt. In Ewigkeit werde ich nicht zuschanden.

T: Te Deum, 4. Jh., Übertragung Romano Guardini 1950
M: EGB 1974 nach den gregorianischen Modellen

707 Psalmen

Im Buch der Psalmen sind die Lieder Israels gesammelt, das Gotteslob des Alten Bundes. Jesus hat diese Lieder im Gottesdienst mitgesungen, er hat sie mit den Aposteln beim Letzten Abendmahl als Lobpreis angestimmt und hat noch am Kreuz mit den Worten der Psalmen gebetet. Kein Buch des Alten Bundes ist im Neuen Testament so oft zitiert wie die Psalmen.

Auch der heutige Mensch kann sich in den Psalmen wiederfinden. Sie lehren ihn die biblische Art des Betens (vgl. Nr. 1). Im Psalm lehnt sich der Mensch auf gegen widriges Schicksal, er schreit seine Not hinaus und fragt nach dem Sinn des Lebens: „Denk ich an Gott, dann muß ich seufzen; sinne ich nach, dann ist mein Geist verzagt" (Ps 77,4). Im Psalm jubelt der Mensch seine Freude hinaus, er preist den mächtigen Gott, der ihn rettet: „Ihr Völker alle, klatscht in die Hände, jauchzet Gott zu mit lautem Jubel" (Ps 47,2). Im Psalm bekennt der Mensch seine Schuld vor Gott und bittet um Vergebung: „Gegen dich allein habe ich gesündigt; wasch meine Schuld von mir ab" (Ps 51,6.4).

Im Psalm bekennt der Mensch sein Vertrauen auf Gott, seine Hoffnung auf den endgültigen Sieg der Gerechtigkeit und Treue: „Alle, die ihn lieben, behütet der Herr, doch alle Frevler vernichtet er" (Ps 145,20).

Die Kirche hat sich von Anfang an die Psalmen Davids zu eigen gemacht, weil ihr in diesen Liedern Christus begegnet ist. Er selbst hat gesagt: „Alles muß in Erfüllung gehen, was im Gesetz des Mose und in den Propheten und Psalmen über mich geschrieben steht" (Lk 24,44). So darf die Kirche in den Psalmen zusammen mit Christus, ihrem Haupt, zum Vater beten: „Mein Gott, mein Gott, warum hast du mich verlassen . . . Ich will deinen Namen meinen Brüdern verkünden, inmitten der Gemeinde dich preisen" (Ps 22,2. 23). Die Kirche ruft in den Psalmen auch zu Christus als ihrem Herrn: „Lobe den Herrn, meine Seele! Der Herr öffnet den Blinden die Augen, er richtet die Gebeugten auf" (Ps 146,1.8).

Im Gottesdienst der Kirche begegnen uns die Psalmen vor allem in zwei Funktionen: als Antwortgesang nach der Lesung und als Gemeindegesang im Stundengebet. Der Antwortpsalm will die gehörte Lesung vertiefen. Der Kantor trägt Psalmverse vor, die Gemeinde stimmt in den Gesang ein durch einen Kernsatz, den sie nach jeder Psalmstrophe wiederholt. Diese Kantorenpsalmen finden sich in einem eigenen Vorsängerbuch.

Im Stundengebet singt die Gemeinde selber den Psalm im Wechsel zweier Gruppen. In diesem gegenchörigen Psallieren stimmt die ganze Gemeinde einmütig in das Lob Gottes ein. Die ständige Wiederholung einer einfachen melodischen Formel schafft einen Zustand betrachtenden Betens. Nicht immer wird jeder jedes Wort des Psalmes mitvollziehen, er wird aber trotzdem getragen von dem gemeinsamen Gebet.

Die Psalmen werden so für jede Gemeinde, aber auch für die Gruppen und Familien und für den einzelnen zu einer Quelle geistlichen Lebens.

In der folgenden Auswahl von Psalmen für den Gemeindegesang ist die Psallierweise jeweils über dem Psalm angegeben. Die Gliederung der Psalmen in Sinnstrophen ist durch einen längeren Gedankenstrich angedeutet. Beim Singen achte man darauf, daß die Atempause in der Mitte eines jeden Verses (beim Asteriskus *) nicht zu kurz gerät. Beim Wechsel von einem Vers zum andern soll dagegen keine Pause entstehen.

PSALM 1: Die beiden Wege

708
1

Wohl dem Men-schen, der Got-tes We-ge geht.

IVa. Q18

2 IV

1. Wohl dem Mann, der nicht dem Rat der Frevler folgt, /
nicht auf dem Weg der Sünder geht, *
nicht im Kreis der Spötter sitzt,
    2. sondern Freude hat an der Weisung des Herrn, *
    über seine Weisung nachsinnt bei Tag und bei Nacht.
3. Er ist wie ein Baum, *
der an Wasserbächen gepflanzt ist,
    4. der zur rechten Zeit seine Frucht bringt *
    und dessen Blätter nicht welken.
5. Alles, was er tut, *
wird ihm gut gelingen. —
    6. Nicht so die Frevler: *
    Sie sind wie Spreu, die der Wind verweht.
7. Darum werden die Frevler im Gericht nicht bestehen *
noch die Sünder in der Gemeinde der Gerechten.
    8. Denn der Herr kennt den Weg der Gerechten, *
    der Weg der Frevler aber führt in den Abgrund. —
9. Ehre sei dem Vater und dem Sohn *
und dem Heiligen Geist,
    10. wie im Anfang, so auch jetzt und alle Zeit *
    und in Ewigkeit. Amen. *Kehrvers*

PSALM 2: Der Herr und sein Gesalbter

709
1

Dient dem Herrn in Furcht; wohl

al - len, die ihm ver - traun.

IIa. Q30

II   2

1. Warum toben die Völker, *
warum machen die Nationen vergebliche Pläne?
   2. Die Könige der Erde stehen auf, /
   die Großen haben sich verbündet *
   gegen den Herrn und seinen Gesalbten.
3. „Laßt uns ihre Fesseln zerreißen *
und von uns werfen ihre Stricke!"
   4. Doch er, der im Himmel thront, lacht, *
   der Herr verspottet sie. —
5. Dann aber spricht er zu ihnen im Zorn, *
in seinem Grimm wird er sie erschrecken:
   6. „Ich selber habe meinen König eingesetzt *
   auf Zion, meinem heiligen Berg." —
7. Den Beschluß des Herrn will ich kundtun. /
Er sprach zu mir: „Mein Sohn bist du.*
Heute habe ich dich gezeugt.
   8. Fordre von mir, und ich gebe dir die Völker
   zum Erbe, *
   die Enden der Erde zum Eigentum.
9. Du wirst sie zerschlagen mit eiserner Keule, *
wie Krüge aus Ton wirst du sie zertrümmern." —
   10. Nun denn, ihr Könige, kommt zur Einsicht, *
   laßt euch warnen, ihr Gebieter der Erde!
11. Dient dem Herrn in Furcht, *
und küßt ihm mit Beben die Füße,
   12. damit er nicht zürnt *
   und euer Weg nicht in den Abgrund führt.
13. Denn wenig nur, und sein Zorn ist entbrannt. *
Wohl allen, die ihm vertrauen! —
   14. Ehre sei dem Vater und dem Sohn *
   und dem Heiligen Geist,
15. wie im Anfang, so auch jetzt und alle Zeit *
und in Ewigkeit. Amen.
Kehrvers

PSALM 4: Nr. 697

PSALM 8: Herrlichkeit des Schöpfers — Würde des Menschen

710

1

Herr, un - ser Herr - scher, wie ge - wal - tig

ist dein Na - me auf der gan - zen Er - de.

VIIa. Q26

2   VII

1. Herr, unser Herrscher, /
wie gewaltig ist dein Name auf der ganzen Erde; *
über den Himmel breitest du deine Hoheit aus. —

   2. Aus dem Mund der Kinder und Säuglinge schaffst du
   dir Lob, /

   deinen Gegnern zum Trotz; *
   deine Feinde und Widersacher müssen verstummen.

3. Seh' ich den Himmel, das Werk deiner Finger, *
Mond und Sterne, die du befestigt: —

   4. Was ist der Mensch, daß du an ihn denkst, *
   des Menschen Kind, daß du dich seiner annimmst? —

5. Du hast ihn nur wenig geringer gemacht als Gott, *
hast ihn mit Herrlichkeit und Ehre gekrönt.

   6. Du hast ihn als Herrscher eingesetzt über das Werk
   deiner Hände, *

   hast ihm alles zu Füßen gelegt. —

7. Herr, unser Herrscher, *
wie gewaltig ist dein Name auf der ganzen Erde! —

   8. Ehre sei dem Vater und dem Sohn *
   und dem Heiligen Geist,

9. wie im Anfang, so auch jetzt und alle Zeit *
und in Ewigkeit. Amen.
Kehrvers

Verse 2–7. 10

PSALM 12: Falschheit der Menschen — Treue Gottes

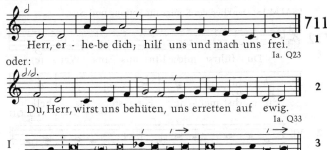

Herr, er - he-be dich; hilf uns und mach uns frei.

711
1

Ia. Q23

oder:

Du, Herr, wirst uns behüten, uns erretten auf ewig.

2

Ia. Q33

I

3

1. Hilf doch, o Herr, die Frommen schwinden dahin, *
unter den Menschen gibt es keine Treue mehr.

    2. Sie lügen einander an, einer den andern, *
    mit falscher Zunge und zwiespältigem Herzen
    reden sie. —

3. Der Herr vertilge alle falschen Zungen, *
jede Zunge, die vermessen redet.

    4. Sie sagen: „Durch unsre Zunge sind wir mächtig; *
    unsre Lippen sind unsre Stärke. Wer ist uns überlegen?"

5. Die Schwachen werden unterdrückt, die Armen seufzen. /
Darum spricht der Herr: „Jetzt stehe ich auf, *
dem Verachteten bringe ich Heil." —

    6. Die Worte des Herrn sind lautere Worte, /
    Silber, geschmolzen im Ofen, *
    von Schlacken geschieden, geläutert siebenfach.

7. Du, Herr, wirst uns behüten *
und uns vor diesen Leuten für immer erretten,

    8. auch wenn die Frevler frei umhergehn *
    und unter den Menschen die Gemeinheit groß wird. —

9. Ehre sei dem Vater und dem Sohn *
und dem Heiligen Geist,

    10. wie im Anfang, so auch jetzt und alle Zeit *
    und in Ewigkeit. Amen.

Kehrvers

PSALM 15: Kehrvers Nr. 626,3, Verse im Vorsängerbuch

PSALM 18: Danklied des Königs für Rettung und Sieg

712
1

Du führst mich hin - aus ins Wei - te;

du machst mei - ne Fin - ster - nis hell.

VIa. Q11

2 VI

1. Ich will dich rühmen, Herr, meine Stärke, *
Herr, du mein Fels, meine Burg, mein Retter,
    2. mein Gott, meine Feste, in der ich mich berge, *
    mein Schild und sicheres Heil, meine Zuflucht.
3. Mich umfingen die Fesseln des Todes, *
mich erschreckten die Fluten des Verderbens.
    4. In meiner Not rief ich zum Herrn *
    und schrie zu meinem Gott. —
5. Er griff aus der Höhe herab und faßte mich, *
zog mich heraus aus gewaltigen Wassern.
    6. Er führte mich hinaus ins Weite, *
    er befreite mich, denn er hatte an mir Gefallen. —
7. Du, Herr, läßt meine Leuchte erstrahlen, *
mein Gott macht meine Finsternis hell.
    8. Mit dir erstürme ich Wälle, *
    mit meinem Gott überspringe ich Mauern.
9. Du schaffst meinen Schritten weiten Raum, *
meine Knöchel wanken nicht.
    10. Darum will ich dir danken, Herr, vor den Völkern, *
    ich will deinem Namen singen und spielen. —
11. Ehre sei dem Vater und dem Sohn *
und dem Heiligen Geist,
    12. wie im Anfang, so auch jetzt und alle Zeit *
    und in Ewigkeit. Amen.   Verse 2–3. 5.7ab. 17. 20. 29–30. 37. 50
Kehrvers

PSALM 19 A: Lob der Schöpfung

713

1

Die Him - mel rüh - men
die Herr - lich - keit Got - tes.

VIIIa. Q30

2

1. Die Himmel rühmen die Herrlichkeit Gottes, *
vom Werk seiner Hände kündet das Firmament.

    2. Ein Tag sagt es dem andern, *
    eine Nacht tut es der andern kund,

3. ohne Worte und ohne Reden, *
unhörbar bleibt ihre Stimme.

    4. Doch ihre Botschaft geht in die ganze Welt hinaus, *
    ihre Kunde bis zu den Enden der Erde.

5. Dort hat er der Sonne ein Zelt gebaut. *
Sie tritt aus ihrem Gemach hervor wie ein Bräutigam;

    6. sie frohlockt wie ein Held *
    und läuft ihre Bahn.

7. Am einen Ende des Himmels geht sie auf /
und läuft bis ans andere Ende; *
nichts kann sich vor ihrer Glut verbergen. ——

    8. Ehre sei dem Vater und dem Sohn *
    und dem Heiligen Geist,

9. wie im Anfang, so auch jetzt und alle Zeit *
und in Ewigkeit. Amen.   Verse 2–7
Kehrvers

PSALM 19 B: Lob des Gesetzes

714

Herr, du hast Wor - te e - wi - gen Le - bens.

IIa. Q33

II

1. Die Weisung des Herrn ist vollkommen und gut, *
sie erquickt den Menschen.

   2. Das Gesetz des Herrn ist verläßlich, *
   den Unwissenden macht es weise.

3. Die Befehle des Herrn sind richtig, *
sie erfreuen das Herz;

   4. das Gebot des Herrn ist lauter, *
   es erleuchtet die Augen.

5. Die Furcht des Herrn ist rein, *
sie besteht für immer.

   6. Die Urteile des Herrn sind wahr, *
   gerecht sind sie alle.

7. Sie sind kostbarer als Gold, als Feingold in Menge. *
Sie sind süßer als Honig, als Honig aus Waben. —

   8. Auch dein Knecht läßt sich von ihnen warnen; *
   wer sie beachtet, hat reichen Lohn.

9. Wer bemerkt seine eigenen Fehler? *
Sprich mich frei von Schuld, die mir nicht bewußt ist!

   10. Behüte deinen Knecht auch vor vermessenen
   Menschen; *
   sie sollen nicht über mich herrschen.

11. Dann bin ich ohne Makel *
und rein von schwerer Schuld.

   12. Die Worte meines Mundes mögen dir gefallen, /
   was ich im Herzen erwäge, stehe dir vor Augen, *
   Herr, mein Fels und mein Erlöser. —

13. Ehre sei dem Vater und dem Sohn *
und dem Heiligen Geist,

   14. wie im Anfang, so auch jetzt und alle Zeit *
   und in Ewigkeit. Amen.   *Kehrvers*   Verse 8–15

PSALM 22 A: Gottverlassenheit und Heilsgewißheit

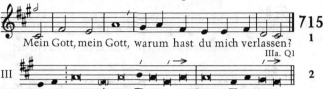

Mein Gott, mein Gott, warum hast du mich verlassen?

715

1

2

1   Mein Gott, mein Gott, warum hast du mich verlassen, *
bist fern meinem Schreien, den Worten meiner Klage?

2. Mein Gott, ich rufe bei Tag, doch du gibst keine
Antwort; *
ich rufe bei Nacht und finde doch keine Ruhe. —

3. Aber du bist heilig, *
du thronst über dem Lobpreis Israels.

4. Dir haben unsre Väter vertraut, *
sie haben vertraut, und du hast sie gerettet.

5. Zu dir riefen sie und wurden befreit, *
dir vertrauten sie und wurden nicht zuschanden. —

6. Ich aber bin ein Wurm und kein Mensch, *
der Leute Spott, vom Volk verachtet.

7. Alle, die mich sehen, verlachen mich, *
verziehen die Lippen, schütteln den Kopf:

8. „Er wälze die Last auf den Herrn, *
der soll ihn befreien!

9. Der reiße ihn heraus, *
wenn er an ihm Gefallen hat!"

10. Du bist es, der mich aus dem Schoß meiner
Mutter zog, *
mich barg an der Brust der Mutter.

11. Von Geburt an bin ich geworfen auf dich, *
vom Mutterleib an bist du mein Gott.

12. Sei mir nicht fern, denn die Not ist nahe, *
und niemand ist da, der hilft. —

13. Ehre sei dem Vater und dem Sohn *
und dem Heiligen Geist,

14. wie im Anfang, so auch jetzt und alle Zeit *
und in Ewigkeit. Amen.   *Kehrvers*   Verse 2–12

PSALM 22 B

716
1

Herr, bleibe mir nicht fern und ei-le mir zu Hil- fe!

IIIa. Q23

2 III

1. Ich bin hingeschüttet wie Wasser, /
gelöst haben sich all meine Glieder. *
Mein Herz ist in meinem Leib wie Wachs zerflossen.

> 2. Meine Kehle ist trocken wie eine Scherbe, /
> die Zunge klebt mir am Gaumen, *
> du legst mich in den Staub des Todes.

3. Viele Hunde umlagern mich, /
eine Rotte von Bösen umkreist mich. *
Sie durchbohren mir Hände und Füße.

> 4. Man kann all meine Knochen zählen; *
> sie gaffen und weiden sich an mir.

5. Sie verteilen unter sich meine Kleider *
und werfen das Los um mein Gewand. —

> 6. Du aber, Herr, halte dich nicht fern! *
> Du, meine Stärke, eil mir zur Hilfe!

7. Entreiße mein Leben dem Schwert, *
mein einziges Gut aus der Gewalt der Hunde!

> 8. Rette mich vor dem Rachen des Löwen, *
> vor den Hörnern der Büffel rette mich Armen! —

9. Ehre sei dem Vater und dem Sohn *
und dem Heiligen Geist,

> 10. wie im Anfang, so auch jetzt und alle Zeit *
> und in Ewigkeit. Amen. *Kehrvers*

Verse 15–22

PSALM 22 C

717
1

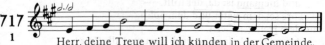

Herr, deine Treue will ich künden in der Gemeinde.

IIIa. Q30

III   2

1. Ich will deinen Namen meinen Brüdern verkünden, *
inmitten der Gemeinde dich preisen.

    2. Die ihr den Herrn fürchtet, preist ihn, /
    ihr alle vom Stamm Jakobs, rühmt ihn; *
    erschauert alle vor ihm, ihr Nachkommen Israels!

3. Denn er hat nicht verachtet, *
nicht verabscheut das Elend des Armen.

    4. Er verbirgt sein Gesicht nicht vor ihm; *
    er hat auf sein Schreien gehört.

5. Deine Treue preise ich in großer Gemeinde; *
ich erfülle meine Gelübde vor denen, die Gott fürchten.

    6. Die Armen sollen essen und sich sättigen; /
    den Herrn sollen preisen, die ihn suchen. *
    Aufleben soll euer Herz für immer. —

7. Alle Enden der Erde sollen daran denken /
und werden umkehren zum Herrn: *
Vor ihm werfen sich alle Stämme der Völker nieder.

    8. Denn der Herr regiert als König; *
    er herrscht über die Völker.

9. Vor ihm allein sollen niederfallen die Mächtigen der
Erde, *
vor ihm sich alle niederwerfen, die in der Erde ruhen.

    10. Meine Seele, sie lebt für ihn; *
    mein Stamm wird ihm dienen.

11. Vom Herrn wird man dem künftigen Geschlecht
erzählen; /
seine Heilstat verkündet man dem kommenden Volk; *
denn ér hat das Werk getan. —

    12. Ehre sei dem Vater und dem Sohn *
    und dem Heiligen Geist,

13. wie im Anfang, so auch jetzt und alle Zeit *
und in Ewigkeit. Amen.   Verse 23–32
Kehrvers

PSALM 23: Der Herr mein Hirte

718
1

Der Herr ist mein Hirt; er
führt mich an Was-ser des Le-bens.

VIa. Q23

2 VI

1. Der Herr ist <u>mein</u> Hirte, *
<u>nichts</u> wird mir fehlen.

    2. Er läßt mich lagern auf grü<u>nen</u> Auen *
    und führt mich zum Ru<u>he</u>platz am Wasser.

3. Er stillt mein <u>Ver</u>langen; *
er leitet mich auf rechten Pfaden, <u>treu</u> seinem Namen. —

    4. Muß ich auch wandern in finste<u>rer</u> Schlucht, *
    ich <u>fürch</u>te kein Unheil;

5. denn du bist <u>bei</u> mir, *
dein Stock und dein Stab geben mir Zu<u>ver</u>sicht. —

    6. Du deckst mir den <u>Tisch</u> *
    vor den <u>Au</u>gen meiner Feinde.

7. Du salbst mein Haupt <u>mit</u> Öl, *
du füllst mir <u>reich</u>lich den Becher.

    8. Lauter Güte und Huld werden mir folgen <u>mein</u>
    Leben <u>lang</u>, *
    und im Haus des Herrn darf ich <u>woh</u>nen für
    <u>lan</u>ge Zeit. —

9. Ehre sei dem Vater und <u>dem</u> Sohn *
und <u>dem</u> Heiligen Geist,

    10. wie im Anfang, so auch jetzt <u>und</u> alle <u>Zeit</u> *
    und in <u>E</u>wigkeit. Amen.

Kehrvers

PSALM 24: Nr. 122

PSALM 27: Gemeinschaft mit Gott

Der Herr ist mein Licht und mein Heil.

719

1. Der Herr ist mein Licht und mein Heil: *
Vor wem sollte ich mich fürchten?

   2. Der Herr ist die Kraft meines Lebens: *
   Vor wem sollte mir bangen?

3. Dringen Frevler auf mich ein, *
um mich zu verschlingen,

   4. meine Bedränger und Feinde, *
   sie müssen straucheln und fallen. —

5. Nur eines erbitte ich vom Herrn, *
danach verlangt mich:

   6. Im Haus des Herrn zu wohnen *
   alle Tage meines Lebens,

7. die Freundlichkeit des Herrn zu schauen *
und nachzusinnen in seinem Tempel.

   8. Denn er birgt mich in seinem Haus *
   am Tage des Unheils;

9. er beschirmt mich im Schutz seines Zeltes, *
er hebt mich auf einen Felsen empor.

   10. Ich will Opfer darbringen in seinem Zelt, Opfer mit
   Jubel; *
   dem Herrn will ich singen und spielen. —

11. Vernimm, o Herr, mein lautes Rufen; *
sei mir gnädig und erhöre mich!

   12. Mein Herz denkt an dein Wort: „Sucht mein Angesicht!" *
   Dein Angesicht, Herr, will ich suchen.

13. Verbirg nicht dein Gesicht vor mir; /
weise deinen Knecht im Zorn nicht ab! *
Du wurdest meine Hilfe.

14. Verstoß mich <u>nicht</u>, verlaß <u>mich nicht</u>, *
   du <u>Gott</u> meines Heiles!
15. Wenn mich auch Vater und Mu<u>tter</u> verlassen, *
<u>der</u> Herr nimmt mich auf. —
   16. Zeige mir, Herr, <u>dei</u>nen Weg; *
   leite mich auf ebener Bahn <u>trotz</u> meiner Feinde!
17. Ich aber bin ge<u>wiß</u>, zu schauen *
die Güte des Herrn <u>im</u> Land der Le<u>ben</u>den. —
   18. Hoffe auf den Herrn, <u>und</u> sei stark! *
   Hab festen Mut <u>und</u> hoffe <u>auf</u> den Herrn! —
19. Ehre sei dem Vater <u>und</u> dem Sohn *
und <u>dem</u> Heiligen Geist,
   20. wie im Anfang, so auch <u>jetzt</u> und <u>alle Zeit</u> *
   und in <u>Ewigkeit.</u> Amen.   Verse 1–2. 4–5. 6c–11. 13–14
Kehrvers

PSALM 28: Hilferuf in Todesgefahr und Dank für Erhörung

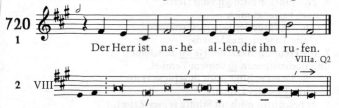

Der Herr ist na - he al - len, die ihn ru - fen.

VIIIa. Q2

1. Zu dir rufe ich, Herr, mein <u>Fels</u>.*
Wende dich nicht <u>schweigend</u> ab <u>von mir!</u>
   2. Denn wolltest du <u>schweigen</u>, *
   würde ich denen gleich, die <u>längst</u> begraben <u>sind</u>.
3. Höre mein lautes Flehen, wenn ich zu dir <u>schreie</u>, *
wenn ich die Hände zu deinem Allerheilig<u>sten</u> erhebe. —
   4. Der Herr sei ge<u>priesen</u>! *
   Denn er hat mein lautes <u>Flehen</u> erhört.
5. Der Herr ist meine Kraft und mein <u>Schild</u>, *
mein <u>Herz</u> vertraut ihm.
   6. Mir wurde geholfen. Da jubelte mein <u>Herz</u>; *
   ich will ihm dan<u>ken</u> mit <u>meinem</u> Lied.

7. Der Herr ist die Stärke seines <u>Vol</u>kes, *
er ist Schutz und Heil für sei<u>nen</u> Gesalbten.

    8. Hilf deinem Volk, und segne dein <u>Er</u>be, *
    führe und trage <u>es</u> in Ewigkeit! —

9. Ehre sei dem Vater und dem <u>Sohn</u> *
und dem <u>Hei</u>ligen Geist,

    10. wie im Anfang, so auch jetzt und <u>alle</u> Zeit *
    und in <u>E</u>wigkeit. Amen.   Verse 1–2. 6–9

Kehrvers

PSALM 32: Freude über die Vergebung

721

1

2

1. Wohl dem, dessen Fre<u>vel</u> vergeben *
und dessen <u>Sün</u>de bedeckt ist.

    2. Wohl dem Menschen, dem der Herr die Schuld <u>nicht</u>
    zur Last legt *
    und dessen <u>Herz</u> keine Falschheit <u>kennt</u>. —

3. Solang' ich es verschwieg, waren meine <u>Glie</u>der matt, *
den ganzen Tag <u>muß</u>te ich stöhnen.

    4. Denn deine Hand lag schwer auf mir bei Tag <u>und</u> bei
    Nacht; *
    meine Lebenskraft war verdorrt wie durch <u>die</u> Glut des
    Sommers.

5. Da bekannte ich dir <u>mei</u>ne Sünde *
und verbarg nicht <u>länger</u> meine Schuld vor <u>dir</u>.

    6. Ich sagte: Ich will dem Herrn meine Fre<u>vel</u> bekennen.*
    Und du hast mir <u>die</u> Schuld vergeben. —

7. Darum soll jeder Fromme in der Not zu dir beten; *
fluten hohe Wasser heran, ihn werden sie nicht erreichen.

8. Du bist mein Schutz, bewahrst mich vor Not; *
du rettest mich und hüllst mich in Jubel. —

9. „Ich unterweise dich und zeige dir den Weg, den du
gehen sollst. *
Ich will dir raten; über dir wacht mein Auge."

10. Werdet nicht wie Roß und Maultier, *
die ohne Verstand sind.

11. Mit Zaum und Zügel muß man ihr Ungestüm
bändigen, *
sonst folgen sie dir nicht.

12. Der Frevler leidet viele Schmerzen, *
doch wer dem Herrn vertraut, den wird er mit seiner
Huld umgeben. —

13. Freut euch am Herrn und jauchzt, ihr Gerechten, *
jubelt alle, ihr Menschen mit redlichem Herzen! —

14. Ehre sei dem Vater und dem Sohn *
und dem Heiligen Geist,

15. wie im Anfang, so auch jetzt und alle Zeit *
und in Ewigkeit. Amen.
Kehrvers

PSALM 33: Loblied auf den mächtigen und gütigen Gott

1. Ihr Gerechten, jubelt vor dem Herrn; *
für die Frommen ziemt es sich, Gott zu loben.

2. Preist den Herrn mit der Zither, *
    spielt für ihn auf der zehnsaitigen Harfe!
3. Singt ihm ein neues Lied, *
greift voll in die Saiten und jubelt laut! —
    4. Denn das Wort des Herrn ist wahrhaftig, *
    all sein Tun ist verläßlich.
5. Er liebt Gerechtigkeit und Recht, *
die Erde ist erfüllt von der Huld des Herrn. —
    6. Der Ratschluß des Herrn bleibt ewig bestehen, *
    die Pläne seines Herzens überdauern die Zeiten.
7. Wohl dem Volk, dessen Gott der Herr ist, *
die Nation, die er sich zum Erbteil erwählt hat. —
    8. Der Herr blickt herab vom Himmel, *
    er sieht auf alle Menschen.
9. Von seinem Thronsitz schaut er nieder *
auf alle Bewohner der Erde.
    10. Der ihre Herzen gebildet hat, *
    er achtet auf all ihre Taten.
11. Dem König hilft nicht sein starkes Heer, *
der Held rettet sich nicht durch große Stärke.
    12. Nichts nützen die Rosse zum Sieg, *
    mit all ihrer Kraft können sie niemand retten.
13. Doch das Auge des Herrn ruht auf allen, die ihn
fürchten und ehren, *
die nach seiner Güte ausschaun;
    14. denn er will sie dem Tod entreißen *
    und in der Hungersnot ihr Leben erhalten. —
15. Unsre Seele hofft auf den Herrn, *
er ist für uns Schild und Hilfe.
    16. Ja, an ihm freut sich unser Herz, *
    wir vertrauen auf seinen heiligen Namen.
17. Laß deine Güte über uns walten, o Herr, *
denn wir schauen aus nach dir. —
    18. Ehre sei dem Vater und dem Sohn *
    und dem Heiligen Geist,
19. wie im Anfang, so auch jetzt und alle Zeit *
und in Ewigkeit. Amen.   Verse 1–5. 11–22
Kehrvers

PSALM 34: Unter Gottes Schutz

723

Ko - stet und seht, wie gut der Herr.

Hal - le - lu - ja, Hal - le - lu - ja.

oder:

Prei - set den Herrn zu

al - ler Zeit, denn er ist gut.

1. Ich will den Herrn allezeit preisen; *
immer sei sein Lob in meinem Mund.

   2. Meine Seele rühme sich des Herrn; *
   die Armen sollen es hören und sich freuen.

3. Verherrlicht mit mir den Herrn, *
laßt uns gemeinsam seinen Namen rühmen.

   4. Ich suchte den Herrn, und er hat mich erhört, *
   er hat mich all meinen Ängsten entrissen.

5. Blickt auf zu ihm, so wird euer Gesicht leuchten, *
und ihr braucht nicht zu erröten.—

   6. Da ist ein Armer; er rief, und der Herr erhörte ihn. *
   Er half ihm aus all seinen Nöten.

7. Der Engel des Herrn umschirmt alle, die ihn fürchten
und ehren, *
und er befreit sie.

8. Kostet und seht, wie gütig der <u>Herr</u> ist; *
wohl dem, der zu <u>ihm</u> sich flüchtet!
9. Fürchtet den Herrn, ihr seine <u>Heiligen</u>; *
denn wer ihn fürchtet, leidet <u>keinen</u> Mangel.
10. Reiche müssen darben und <u>hungern</u>; *
wer aber den Herrn sucht, braucht kein <u>Gut</u>
zu entbehren. —
11. Kommt, ihr Kinder, hört mir <u>zu</u>! *
Ich will euch in der Furcht des <u>Herrn</u> unterweisen.
12. Wer ist der Mensch, der das <u>Leben</u> liebt *
und gute <u>Tage zu</u> sehen wünscht?
13. Bewahre deine Zunge vor <u>Bösem</u> *
und deine Lippen vor <u>falscher</u> Rede!
14. Meide das Böse und tu das <u>Gute</u>; *
suche Frieden und <u>jage</u> ihm nach! —
15. Die Augen des Herrn blicken auf die <u>Gerechten</u>, *
seine Ohren <u>hören</u> ihr Schreien.
16. Das Antlitz des Herrn richtet sich gegen die <u>Bösen</u>, *
um ihr Andenken von der <u>Erde zu</u> tilgen.
17. Schreien die Gerechten, so hört sie der <u>Herr</u>; *
er entreißt sie <u>all ihren</u> Ängsten.
18. Nahe ist der Herr den zerbrochenen <u>Herzen</u>, *
er hilft denen <u>auf</u>, die <u>zerknirscht</u> sind. —
19. Der Gerechte muß viel <u>leiden</u>, *
doch allem wird der <u>Herr</u> ihn entreißen.
20. Er behütet all seine <u>Glieder</u>, *
nicht eines von ihnen <u>wird</u> zerbrochen.
21. Den Frevler wird seine Bosheit <u>töten</u>; *
wer den Gerechten <u>haßt</u>, muß es büßen.
22. Der Herr erlöst seine <u>Knechte</u>; *
straflos bleibt, wer zu <u>ihm</u> sich flüchtet. —
23. Ehre sei dem Vater und dem <u>Sohn</u> *
und dem <u>Heiligen</u> Geist,
24. wie im Anfang, so auch jetzt und <u>alle</u> Zeit *
und in <u>Ewigkeit</u>. Amen.
Kehrvers

PSALM 36: Gott, die Quelle des Lebens

Kehrvers kann entfallen

724

1   Hal-le-lu - ja, Hal-le-lu - ja, Hal - le-lu - ja.

IXa. Q33

2   1. Herr, deine Gü - te reicht, so weit der Himmel ist,*

dei - ne Treue, so weit die Wol - ken ziehn.

2. Deine Ge - rech - tigkeit steht wie die Ber - ge

Got - tes, deine Urteile sind tief wie das Meer;*

Herr, du hilfst Men - schen und Tie - ren.

3. Gott, wie köst-lich ist dei - ne Huld!* Die Menschen

bergen sich im Schat - ten dei - ner Flü - gel,

4. sie la - ben sich am Reichtum dei - nes Hau - ses;*

du tränkst sie mit dem Strom dei - ner Won-nen.

5. Denn bei dir ist die Quel-le des Le-bens,*

in dei-nem Licht schau-en wir das Licht.

6. Ehre sei dem Va-ter und dem Sohn

und dem Hei-li-gen Geist* wie im

An-fang, so auch jetzt und al-le Zeit

und in E-wig-keit. A-men. Kv

Verse 6–10

PSALM 40: Opfer und Lob

725

1 Herr, deine Treue will ich künden in der Gemeinde.

Ia, IXa. Q30

2 I

oder

3 IX

1. Ich hoffte, ja ich hoffte auf den Herrn. *
Da neigte er sich mir zu und hörte mein Schreien.
  2. Er zog mich herauf aus der Grube des Grauens, *
  aus Schlamm und Morast.

3. Er stellte meine Füße auf den Fels, *
machte fest meine Schritte.

    4. Er legte mir ein neues Lied in den Mund, *
    einen Lobgesang auf ihn, unsern Gott.

5. Viele werden es sehen, sich in Ehrfurcht neigen *
und auf den Herrn vertrauen. —

    6. Wohl dem Mann, der auf den Herrn
    sein Vertrauen setzt, *
    sich nicht zu den Stolzen hält noch zu treulosen
    Lügnern.

7. Zahlreich sind die Wunder, die du getan hast, /
und deine Pläne mit uns; *
Herr, mein Gott, nichts kommt dir gleich.

    8. Wollte ich von ihnen künden und reden, *
    es wären mehr, als man zählen kann. —

9. An Schlacht- und Speiseopfern hast du kein Gefallen, *
Brand- und Sündopfer forderst du nicht.

    10. Doch das Gehör hast du mir eingepflanzt; /
    darum sage ich: Ja, ich komme. *
    In dieser Schriftrolle steht, was an mir geschehen ist.

11. Deinen Willen zu tun, mein Gott, macht mir Freude, *
deine Weisung trag' ich im Herzen.

    12. Gerechtigkeit verkünde ich in großer Gemeinde, *
    meine Lippen verschließe ich nicht; Herr, du weißt es.

13. Deine Gerechtigkeit verberge ich nicht im Herzen, *
ich spreche von deiner Treue und Hilfe,

    14. ich schweige nicht über deine Huld und Wahrheit *
    vor der großen Gemeinde. —

15. Du, Herr, verschließ mir nicht dein Erbarmen, *
deine Huld und Wahrheit mögen mich immer behüten! —

    16. Ehre sei dem Vater und dem Sohn *
    und dem Heiligen Geist,

17. wie im Anfang, so auch jetzt und alle Zeit *
und in Ewigkeit. Amen.   Verse 2–12

Kehrvers

PSALM 42/43: Sehnsucht nach dem lebendigen Gott

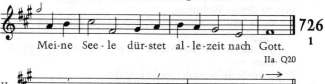

Mei-ne See-le dür-stet al-le-zeit nach Gott.

IIa. Q20

726

1

2

1. Wie der Hirsch lechzt nach frischem Wasser, *
so lechzt meine Seele, Gott, nach dir.

   2. Meine Seele dürstet nach Gott, *
   nach dem lebendigen Gott.

3. Wann darf ich kommen *
und Gottes Antlitz schauen?

   4. Tränen waren mein Brot bei Tag und bei Nacht; /
   denn man sagt zu mir den ganzen Tag: *
   Wo ist nun dein Gott?

5. Das Herz geht mir über, wenn ich daran denke: /
wie ich zum Haus Gottes zog in festlicher Schar, *
mit Jubel und Dank in feiernder Menge. ——

   6. Meine Seele, warum bist du betrübt *
   und bist so unruhig in mir?

7. Harre auf Gott; denn ich werde ihm noch danken, *
meinem Gott und Retter, auf den ich schaue. ——
Kehrvers

1. Verschaff mir Recht, o Gott, /   **3**
und führe meine Sache gegen ein treuloses Volk! *
Rette mich vor bösen und tückischen Menschen!

   2. Denn du bist mein starker Gott. *
   Warum hast du mich verstoßen?

3. Warum muß ich trauernd umhergehn *
von meinem Feind bedrängt?

   4. Sende dein Licht und deine Wahrheit, *
   damit sie mich leiten;

5. sie sollen mich führen zu deinem heiligen Berg *
und zu deiner Wohnung.

    6. So will ich zum Altar Gottes treten, zum Gott meiner
Freude. *
    Jauchzend will ich dich auf der Harfe loben, Gott, mein
Gott. —

7. Meine Seele, warum bist du betrübt *
und bist so unruhig in mir?

    8. Harre auf Gott; denn ich werde ihm noch danken, *
meinem Gott und Retter, auf den ich schaue. —

9. Ehre sei dem Vater und dem Sohn *
und dem Heiligen Geist,

    10. wie im Anfang, so auch jetzt und alle Zeit *
und in Ewigkeit. Amen.   Verse 42, 2–6; 43, 1–5

Mei-ne See-le dür-stet al-le-zeit nach Gott.

PSALM 46: Nr. 650

PSALM 47: Gott, der König aller Völker

727

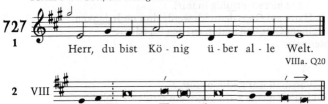

1

Herr, du bist Kö-nig ü-ber al-le Welt.

VIIIa. Q20

2 VIII

1. Ihr Völker alle, klatscht in die Hände; *
jauchzt Gott zu mit lautem Jubel!

    2. Denn furchtgebietend ist der Herr, der Höchste, *
ein großer König über die ganze Erde.

3. Er wählt unser Erbland für uns aus, *
den Stolz Jakobs, den er liebt. —

4. Gott stieg empor unter Jubel, *
   der Herr beim Schall der Hörner.
5. Singt unsrem Gott, ja singt ihm! *
Spielt unsrem König, spielt ihm!
   6. Denn Gott ist König der ganzen Erde. *
   Spielt ihm ein Psalmenlied!
7. Gott wurde König über alle Völker, *
Gott sitzt auf seinem heiligen Thron.
   8. Die Fürsten der Völker sind versammelt *
   als Volk des Gottes Abrahams.
9. Denn Gott gehören die Mächte der Erde, *
er ist hoch erhaben. —
   10. Ehre sei dem Vater und dem Sohn *
   und dem Heiligen Geist,
11. wie im Anfang, so auch jetzt und alle Zeit *
und in Ewigkeit. Amen.   Verse 2–3. 5–10
Kehrvers

PSALM 49: Vergänglichkeit des Menschen

728
1

Hängt eu-er Herz nicht an Reich-tum;

sam - melt euch Schät - ze bei Gott.

IIa. Q11

II   **2**

1. Hört dies an, ihr Völker alle, *
vernehmt es, alle Bewohner der Erde!
   2. Ihr Leute aus dem Volk und vom Adel, *
   Reiche und Arme zusammen! —
3. Warum soll ich mich in bösen Tagen fürchten, *
wenn mich der Frevel tückischer Feinde umgibt?

4. Sie verlassen sich ganz auf ihren Besitz *
und rühmen sich ihres großen Reichtums.
5. Loskaufen kann doch keiner den andern *
noch an Gott für ihn ein Sühnegeld zahlen
6. –für das Leben ist jeder Kaufpreis zu hoch; *
für immer muß man davon abstehn, –
7. damit er auf ewig weiterlebt *
und niemals das Grab schaut.
8. Denn man sieht: Weise sterben, /
genauso gehen Tor und Narr zugrunde, *
sie müssen andern ihren Reichtum lassen.
9. Das Grab ist ihr Haus auf ewig, /
ist ihre Wohnung für immer, *
ob sie auch Länder nach ihren Namen benannten.
10. Der Mensch bleibt nicht in seiner Pracht, *
er gleicht dem Vieh, das verstummt. ——
11. So geht es denen, die auf sich selbst vertrauen, *
und so ist das Ende derer, die sich in großen Worten
gefallen.
12. Der Tod führt sie auf seine Weide wie Schafe, *
sie stürzen hinab zur Unterwelt.
13. Geradewegs sinken sie hinab in das Grab; *
ihre Gestalt zerfällt, die Unterwelt wird ihre Wohnstatt.
14. Doch Gott wird mich loskaufen aus dem Reich
des Todes; *
ja, er nimmt mich auf, ——
15. Laß dich nicht beirren, wenn einer reich wird *
und die Pracht seines Hauses sich mehrt;
16. denn im Tod nimmt er das alles nicht mit, *
seine Pracht steigt nicht mit ihm hinab.
17. Preist er sich im Leben auch glücklich *
und sagt zu sich: „Man lobt dich, weil du dir's wohl
sein läßt",
18. so muß er doch zur Schar seiner Väter hinab, *
die das Licht nie mehr erblicken.
19. Der Mensch in Pracht, doch ohne Einsicht, *
er gleicht dem Vieh, das verstummt.——

20. Ehre sei dem Vater und dem Sohn *
und dem Heiligen Geist,
21. wie im Anfang, so auch jetzt und alle Zeit *
und in Ewigkeit. Amen.   Verse 2–3. 6–21

Kehrvers

PSALM 50: Der rechte Gottesdienst

Bring dem Höch-sten als Op-fer dein Lob.

Ia. Q25

729
1

I

2

1. Der Gott der Götter, der Herr, spricht, /
er ruft der Erde zu *
vom Aufgang der Sonne bis zum Untergang.

2. „Höre, mein Volk, ich rede. /
Israel, ich klage dich an, *
ich, der ich dein Gott bin.

3. Nicht wegen deiner Opfer rüge ich dich, *
deine Brandopfer sind mir immer vor Augen.

4. Doch nehme ich von dir Stiere nicht an *
noch Böcke aus deinen Hürden.

5. Denn mir gehört alles Getier des Waldes, *
das Wild auf den Bergen zu Tausenden.

6. Bring Gott als Opfer dein Lob, *
und erfülle dem Höchsten deine Gelübde!

7. Rufe mich an am Tag der Not; *
dann rette ich dich, und du wirst mich ehren.

8. Wer Opfer des Lobes bringt, ehrt mich; *
wer rechtschaffen lebt, dem zeig' ich mein Heil!" —

9. Ehre sei dem Vater und dem Sohn *
und dem Heiligen Geist,

10. wie im Anfang, so auch jetzt und alle Zeit *
und in Ewigkeit. Amen.   Verse 1. 7–10. 14–15. 23

Kehrvers

PSALM 51: Nr. 190 und Nr. 85

PSALM 57: Geborgenheit im Schutz Gottes

730

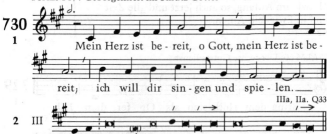

Mein Herz ist be - reit, o Gott, mein Herz ist be -

reit; ich will dir sin - gen und spie - len. ___

IIIa, IIa. Q33

2 III

1. Mein Herz ist bereit, o Gott, /
mein Herz ist bereit, *
ich will dir singen und spielen.

    2. Wach auf, meine Seele! /
    Wacht auf, Harfe und Saitenspiel! *
    Ich will das Morgenrot wecken.

3. Ich will dich vor den Völkern preisen, Herr, *
dir vor den Nationen lobsingen.

    4. Denn deine Güte reicht, so weit der Himmel ist, *
    deine Treue, so weit die Wolken ziehn.

5. Erheb dich, über die Himmel o Gott; *
deine Herrlichkeit erscheine über der ganzen Erde. —

    6. Ehre sei dem Vater und dem Sohn *
    und dem Heiligen Geist,

7. wie im Anfang, so auch jetzt und alle Zeit *
und in Ewigkeit. Amen.   *Kehrvers*   Verse 8–12

PSALM 63: Nr. 676

PSALM 65: Dank für Gottes Gaben

731

Der Herr krönt das Jahr mit sei-nem Se - gen.

VIIIa. Q18

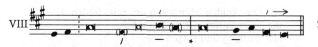

VIII   2

1. Dir gebührt Lobgesang, Gott, auf dem Zion, *
dir erfüllt man Gelübde.
   2. Du erhörst die Gebete: /
   Alle Menschen kommen zu dir *
   unter der Last ihrer Sünden.
3. Unsre Schuld ist zu groß für uns, *
du wirst sie vergeben.
    4. Wohl denen, die du erwählst und in deine
    Nähe holst, *
    die in den Vorhöfen deines Heiligtums wohnen.
5. Wir wollen uns am Gut deines Hauses sättigen, *
am Gut deines heiligen Tempels.
    6. Du vollbringst erstaunliche Taten, *
    erhörst uns in Treue, du Gott unsres Heiles,
7. du Zuversicht aller Enden der Erde, *
und der fernsten Gestade. ——
    8. Du gründest die Berge in deiner Kraft, *
    du gürtest dich mit Stärke.
9. Du stillst das Brausen der Meere, *
das Brausen ihrer Wogen, das Tosen der Völker.
    10. Alle, die an den Enden der Erde wohnen, /
    erschauern vor deinen Zeichen;*
    Ost und West erfüllst du mit Jubel. ——
11. Du sorgst für das Land und tränkst es; *
du überschüttest es mit Reichtum.
    12. Der Bach Gottes ist reichlich gefüllt, *
    du schaffst ihnen Korn; so ordnest du alles.
13. Du tränkst die Furchen, ebnest die Schollen, *
machst sie weich durch Regen, segnest ihre Gewächse.
    14. Du krönst das Jahr mit deiner Güte, *
    deinen Spuren folgt Überfluß.
15. In der Steppe prangen die Auen, *
die Höhen umgürten sich mit Jubel.

16. Die Weiden schmücken sich mit Herden, /
die Täler hüllen sich in Korn. *
Sie jauch<u>ze</u>n und singen. —
17. Ehre sei dem Vater und dem <u>Sohn</u> *
und dem <u>Hei</u>ligen Geist,

18. wie im Anfang, so auch jetzt und <u>alle</u> Zeit *
und in <u>E</u>wigkeit. Amen.

Der Herr krönt das Jahr mit sei-nem Se - gen.

PSALM 67: Dank für den Segen Gottes

732
1

Die Völ - ker sol - len dir dan-ken, o Gott,

dan - ken sol - len dir die Völ - ker al - le.

IIIa. Q33

2   III

1. Gott sei uns <u>gnä</u>dig und segne <u>uns</u>! *
Er lasse über uns sein Angesicht leuchten,

2. damit auf Erden sein <u>Weg</u> erkannt wird *
und unter allen <u>Völ</u>kern sein Heil.
Kehrvers (= 3. Psalmvers)
4. Die Nationen sollen sich <u>freuen</u> und jubeln. *
Denn du richtest den <u>Erd</u>kreis gerecht.

5. Du richtest die <u>Völ</u>ker nach Recht *
und regierst die Natio<u>nen</u> auf Erden.
Kehrvers (= 6. Psalmvers)

7. Das Land gab <u>sei</u>nen Ertrag. *
Es segne uns <u>Gott</u>, unser Gott!

    8. Es <u>seg</u>ne uns Gott! *
    Alle Welt fürch<u>te</u> und eh<u>re</u> ihn!

Kehrvers

9. Ehre sei dem <u>Va</u>ter <u>u</u>nd dem Sohn *
und dem <u>Hei</u>ligen Geist,

    10. wie im Anfang, so auch <u>jetzt</u> und al<u>le</u> Zeit *
    und in Ewigkeit. Amen.

Kehrvers

PSALM 71: Zuflucht bei Gott bis ins Alter

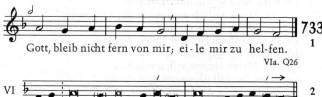

Gott, bleib nicht fern von mir; ei-le mir zu hel-fen.

VIa. Q26

733
1

VI

2

1. Herr, ich suche Zuflucht <u>bei</u> dir. *
Laß mich <u>doch</u> niemals scheitern!

    2. Reiß mich heraus und rette mich in deiner
    Ge<u>rech</u>tigkeit, *
    wende dein Ohr <u>mir</u> zu und hilf mir!

3. Sei mir ein siche<u>rer</u> Hort, *
zu dem <u>ich</u> allzeit kommen <u>darf</u>.

    4. Du hast mir versprochen <u>zu</u> helfen, *
    denn du bist <u>mein</u> Fels und mei<u>ne</u> Burg. —

5. Herr, mein Gott, du bist ja mei<u>ne</u> Zuver<u>sicht</u>, *
meine <u>Hoff</u>nung von Jugend <u>auf</u>.

    6. Vom Mutterleib an stütze ich mich auf dich, /
    vom Mutterschoß an bist du mein <u>Be</u>schützer; *
    dir gilt <u>mein</u> Lobpreis alle<u>zeit</u>!

7. Für viele bin ich wie ein Gezeichneter, *
du aber bist meine starke Zuflucht.

    8. Mein Mund ist erfüllt von deinem Lob, *
    von deinem Ruhm den ganzen Tag.—

9. Verwirf mich nicht, wenn ich alt bin, *
verlaß mich nicht, wenn meine Kräfte schwinden!

    10. Gott, bleib doch nicht fern von mir! *
    Mein Gott, eile mir zu Hilfe.

11. Auch wenn ich alt und grau bin, *
o Gott, verlaß mich nicht.

    12. Du ließest mich viel Angst und Not erfahren. /
    Belebe mich neu, *
    führe mich herauf aus den Tiefen der Erde!

13. Bring mich wieder zu Ehren! *
Du wirst mich wiederum trösten. —

    14. Dann will ich dir danken mit Saitenspiel *
    und deine Treue preisen,

15. mein Gott, du Heiliger Israels, *
ich will dir auf der Harfe spielen.

    16. Meine Lippen sollen jubeln, /
    denn dir will ich singen und spielen, *
    meine Seele, die du erlöst hast, soll jubeln. —

17. Ehre sei dem Vater und dem Sohn *
und dem Heiligen Geist,

    18. wie im Anfang, so auch jetzt und alle Zeit *
    und in Ewigkeit. Amen.   Verse 1–3. 5–9. 12. 18. 20–23

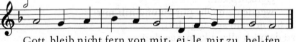

Gott, bleib nicht fern von mir; ei - le mir zu hel - fen.

PSALM 72: Nr. 152/153

PSALM 77: Gottes Weg mit seinem Volk

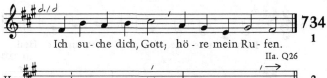

Ich su-che dich, Gott; hö-re mein Ru-fen.

734

1

IIa. Q26

II

2

1. Ich rufe zu Gott, ich schreie, *
ich rufe zu Gott, bis er mich hört.

   2. Am Tag meiner Not suche ich den Herrn; /
   unablässig erhebe ich nachts meine Hände, *
   meine Seele läßt sich nicht trösten.

3. Denke ich an Gott, muß ich seufzen; *
sinne ich nach, dann will mein Geist verzagen. —

   4. Du läßt mich nicht mehr schlafen; *
   ich bin voll Unruhe und kann nicht reden.

5. Ich sinne nach über die Tage von einst, *
ich will denken an längst vergangene Jahre.

   6. Mein Herz grübelt bei Nacht, *
   ich sinne nach, es forscht mein Geist. —

7. Wird der Herr mich denn auf ewig verstoßen *
und mir niemals mehr gnädig sein?

   8. Hat seine Huld für immer ein Ende, *
   ist seine Verheißung aufgehoben für alle Zeiten?

9. Hat Gott seine Gnade vergessen, *
im Zorn sein Erbarmen verschlossen? —

   10. Da sagte ich mir: „Das ist mein Schmerz, *
   daß die Rechte des Höchsten so anders handelt."

11. Ich denke an die Taten des Herrn, *
ich will denken an deine früheren Wunder.

   12. Ich erwäge all deine Werke *
   und will nachsinnen über deine Taten. —

13. Ehre sei dem Vater und dem Sohn *
und dem Heiligen Geist,

   14. wie im Anfang, so auch jetzt und alle Zeit *
   und in Ewigkeit. Amen. *Kehrvers*   Verse 2–13

PSALM 80: Israel, Gottes Weinstock

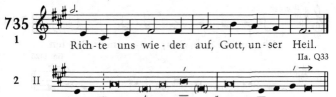

735

1. Rich-te uns wie-der auf, Gott, un-ser Heil.

IIa. Q33

2 II

1. Du Hirte Israels, höre! *
Der du auf den Kerubim thronst, erscheine!
  2. Biete deine gewaltige Macht auf, *
  und komm uns zu Hilfe!
3. Gott, richte uns wieder auf! *
Laß dein Angesicht leuchten, dann ist uns geholfen. —
  4. Herr, Gott der Heerscharen, wie lange noch
  zürnst du, *
  während dein Volk zu dir betet?
5. Du hast sie gespeist mit Tränenbrot, *
sie überreich getränkt mit Tränen.
  6. Du machst uns zum Spielball der Nachbarn, *
  und unsere Feinde verspotten uns.
7. Gott der Heerscharen, richte uns wieder auf! *
Laß dein Angesicht leuchten, dann ist uns geholfen. —
  8. Du hobst in Ägypten einen Weinstock aus, *
  du hast Völker vertrieben, ihn aber eingepflanzt.
9. Du schufst ihm weiten Raum; *
er hat Wurzeln geschlagen und das ganze Land erfüllt.
  10. Sein Schatten bedeckte die Berge, *
  seine Zweige die Zedern Gottes.
11. Seine Ranken trieb er hin bis zum Meer *
und seine Schößlinge bis zum Eufrat.
  12. Warum rissest du seine Mauern ein? *
  Alle, die des Weges kommen, plündern ihn aus.
13. Der Eber aus dem Wald wühlt ihn um, *
die Tiere des Feldes fressen ihn ab.
  14. Gott der Heerscharen, wende dich uns wieder zu! *
  Blick vom Himmel herab und sieh auf uns!

15. Sorge für diesen Weinstock *
und für den Garten, den deine Rechte gepflanzt hat. —
   16. Die ihn im Feuer verbrannten wie Kehricht, *
   sie sollen vergehen vor deinem drohenden Angesicht.
17. Deine Hand schütze den Mann zu deiner Rechten, *
den Menschensohn, den du für dich groß und stark gemacht.
   18. Erhalt uns am Leben! *
   Dann wollen wir deinen Namen anrufen und nicht von
   dir weichen.
19. Herr, Gott der Heerscharen, richte uns wieder auf! *
Laß dein Angesicht leuchten, dann ist uns geholfen. —
   20. Ehre sei dem Vater und dem Sohn *
   und dem Heiligen Geist,
21. wie im Anfang, so auch jetzt und alle Zeit *
und in Ewigkeit. Amen.   *Kehrvers*

PSALM 84: Nr. 649

PSALM 85: Nr. 123 und Nr. 600

PSALM 90: Der ewige Gott — der vergängliche Mensch

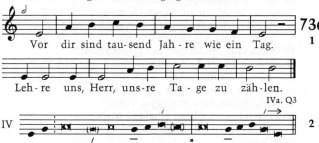

Vor dir sind tau-send Jah-re wie ein Tag.

Leh-re uns, Herr, uns-re Ta-ge zu zäh-len.

736
1

IVa. Q3

IV

2

1. Herr, du warst unsre Zuflucht *
von Geschlecht zu Geschlecht.
   2. Ehe die Berge geboren wurden,
   die Erde entstand und das Weltall, *
   bist du, o Gott, von Ewigkeit zu Ewigkeit. —
3. Du läßt die Menschen zurückkehren zum Staub *
und sprichst: „Kommt wieder, ihr Menschen!"

4. Denn tausend Jahre sind für dich wie der Tag,
der gestern vergangen ist, *
wie eine Wache in der Nacht.
5. Von Jahr zu Jahr säst du die Menschen aus; *
sie gleichen dem sprossenden Gras.
6. Am Morgen grünt es und blüht, *
am Abend wird es geschnitten und welkt. —
7. Denn wir vergehen durch deinen Zorn, *
werden vernichtet durch deinen Grimm.
8. Du hast unsere Sünden vor dich hingestellt, *
unsere geheime Schuld in das Licht deines Angesichts.
9. Denn all unsere Tage gehn hin unter deinem Zorn, *
wir beenden unsere Jahre wie einen Seufzer.
10. Unser Leben währt siebzig Jahre, *
und wenn es hoch kommt, sind es achtzig.
11. Das Beste daran ist nur Mühsal und Beschwer, *
rasch geht es vorbei, wir fliegen dahin.
12. Wer kennt die Gewalt deines Zornes *
und fürchtet sich vor deinem Grimm?
13. Unsere Tage zu zählen, lehre uns! *
Dann gewinnen wir ein weises Herz. —
14. Herr, wende dich uns doch endlich zu! *
Hab Mitleid mit deinen Knechten!
15. Sättige uns am Morgen mit deiner Huld! *
Dann wollen wir jubeln und uns freuen all unsre Tage.
16. Erfreue uns so viele Tage, wie du uns gebeugt hast, *
so viele Jahre, wie wir Unglück erlitten.
17. Zeig deinen Knechten deine Taten *
und ihren Kindern deine erhabene Macht!
18. Es komme über uns die Güte des Herrn, unsres
Gottes! /
Laß das Werk unsrer Hände gedeihen, *
ja, laß gedeihen das Werk unsrer Hände! —
19. Ehre sei dem Vater und dem Sohn *
und dem Heiligen Geist,
20. wie im Anfang, so auch jetzt und alle Zeit
und in Ewigkeit. Amen.
Kehrvers

PSALM 91: Nr. 698

PSALM 92: Loblied auf die Treue Gottes

Wie schön ist es, dem Herrn zu dan-ken.

Ia. Q34

1. Wie schön ist es, dem Herrn zu danken, *
deinem Namen, du Höchster, zu singen,

   2. am Morgen deine Huld zu verkünden *
   und in den Nächten deine Treue

3. zur zehnsaitigen Laute, zur Harfe, *
zum Klang der Zither.

   4. Denn du hast mich durch deine Taten froh
   gemacht; *
   Herr, ich will jubeln über die Werke deiner Hände.

5. Wie groß sind deine Werke, o Herr, *
wie tief deine Gedanken! —

   6. Ein Mensch ohne Einsicht erkennt das nicht, *
   ein Tor kann es nicht verstehen.

7. Herr, du bist der Höchste, *
du bleibst auf ewig.

   8. Doch deine Feinde, Herr, wahrhaftig, deine
   Feinde vergehen; *
   auseinander getrieben werden alle, die Unrecht tun. —

9. Der Gerechte gedeiht wie die Palme, *
er wächst wie die Zedern des Libanon.

   10. Gepflanzt im Hause des Herrn, *
   gedeihen sie in den Vorhöfen unseres Gottes.

11. Sie tragen Frucht noch im Alter *
und bleiben voll Saft und Frische;

   12. sie verkünden: Gerecht ist der Herr;
   mein Fels ist er, an ihm ist kein Unrecht. —

13. Ehre sei dem Vater und dem Sohn *
und dem Heiligen Geist,

14. wie im Anfang, so auch jetzt und alle Zeit *
und in Ewigkeit. Amen.   Verse 2–7. 9–10. 13–16

Wie schön ist es, dem Herrn zu dan - ken.

PSALM 93: Das Königtum Gottes

738

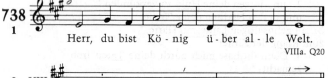

Herr, du bist Kö - nig ü - ber al - le Welt.

VIIIa. Q20

1. Der Herr ist König, bekleidet mit Hoheit; *
der Herr hat sich bekleidet und mit Macht umgürtet.

2. Der Erdkreis ist fest gegründet, *
nie wird er wanken.

3. Dein Thron steht fest von Anbeginn, *
du bist seit Ewigkeit.

4. Fluten erheben sich, Herr, /
Fluten erheben ihr Brausen, *
Fluten erheben ihr Tosen.

5. Gewaltiger als das Tosen vieler Wasser, /
gewaltiger als die Brandung des Meeres *
ist der Herr in der Höhe. ——

6. Deine Gesetze sind fest und verläßlich; /
Herr, deinem Haus gebührt Heiligkeit *
für alle Zeiten. ——

7. Ehre sei dem Vater und dem <u>Sohn</u> *
und dem <u>Hei</u>ligen Geist,
    8. wie im Anfang, so auch jetzt und <u>alle</u> <u>Zeit</u> *
    und in E<u>wig</u>keit. Amen.
Kehrvers

PSALM 94: Gott, Richter der Welt

1. Erhebe dich, du <u>Richter der</u> Erde, *
vergilt den <u>Stol</u>zen ihr Tun!
    2. Sie führen <u>fre</u>che Reden, *
    alle, die <u>Un</u>recht tun, brüsten sich.
3. Herr, sie zer<u>tre</u>ten dein Volk, *
sie unter<u>drücken</u> dein Erbteil.
    4. Sie bringen die <u>Wit</u>wen und <u>Wai</u>sen um *
    und <u>mor</u>den die Fremden.
5. Sie denken: Der Herr <u>sieht</u> es ja nicht, *
der Gott <u>Ja</u>kobs merkt es nicht. —
    6. Begreift doch, ihr <u>To</u>ren im Volk! *
    Ihr Unvernünftigen, wann <u>wer</u>det ihr klug?
7. Sollte der nicht hören, der das <u>Ohr</u> gepflanzt hat, *
sollte der nicht sehen, der das <u>Auge</u> ge<u>formt</u> hat?

8. Sollte der nicht strafen, der die Völker erzieht, *
er, der die Menschen Erkenntnis lehrt?

9. Der Herr kennt die Gedanken der Menschen: *
sie sind nichts als ein Hauch. —

10. Wohl dem Mann, den du, Herr, erziehst, *
den du mit deiner Weisung belehrst.

11. Ja, der Herr wird sein Volk nicht verstoßen *
und niemals sein Erbe verlassen.

12. Nun spricht man wieder Recht nach Gerechtigkeit; *
ihr folgen alle Menschen mit redlichem Herzen. —

13. Wer sich für mich gegen die Frevler erheben, *
wer steht für mich ein gegen den, der Unrecht tut?

14. Wäre nicht der Herr meine Hilfe, *
bald würde ich im Land des Schweigens wohnen.

15. Wenn ich sage: „Mein Fuß gleitet aus", *
dann stützt mich, Herr, deine Huld.

16. Mehren sich die Sorgen des Herzens, *
so erquickt dein Trost meine Seele. —

17. Kann sich mit dir der bestechliche Richter verbünden, *
der willkürlich straft, gegen das Gesetz?

18. Sie wollen das Leben des Gerechten vernichten *
und verurteilen schuldlose Menschen.

19. Doch meine Burg ist der Herr, *
mein Gott ist der Fels meiner Zuflucht. —

20. Ehre sei dem Vater und dem Sohn *
und dem Heiligen Geist,

21. wie im Anfang, so auch jetzt und alle Zeit *
und in Ewigkeit. Amen.   Verse 2. 4–12. 14–22

Kehrvers

PSALM 96: Der König und Richter aller Welt

740
1

Kün-det den Völkern die Herrlichkeit des Herrn.

IIa. Q33

1. Singet dem Herrn ein neu̱es Li̱ed, *
singt dem Herrn alle Läṉder der Erde!
   2. Singt dem Herrn und preist seinen Na̱men, *
   verkündet sein Heil von Ta̱g zu̱ Tag!
3. Erzählt bei den Völkern von seiner Herṟlicẖkei̱t, *
bei allen Nationen von sei̱nen Wundern!
   4. Denn groß ist der Herr und hoch zu prei̱sen, *
   mehr zu fürchten als a̱lle Götter.
5. Alle Götter der Heiden sind nicẖtig, *
der Herr aber hat den Him̱mel geschaffen.
   6. Hoheit und Pracht sind vor seinem Aṉge̱sicẖt, *
   Macht und Glanz in sei̱nem Heiligtu̱m. —
7. Bringt dar dem Herrn, ihr Stämme der Vöḻker, *
bringt dar dem Herrn Lo̱b und Ehre!
   8. Bringt dar dem Herrn die Ehre seines Na̱mens, *
   spendet Opfergaben und tretet ein i̱n sein Heiligtum!
9. In heiligem Schmuck werft euch nieder vor dem Heṟrn, *
erbebt vor ihm, alle Läṉder der Erde! —
   10. Verkündet bei den Vöḻkern: *
   Der Heṟr ist König.
11. Den Erdkreis hat er gegründet, so daß er nicht waṉkt. *
Er richtet die Nationen so, wi̱e es recht ist. —
   12. Der Himmel freue sich, die Erde froẖlo̱cke, *
   es brause das Meer und alles, wa̱s es erfüllt!
13. Es jauchze die Flur und was auf ihr wäcẖst! *
Jubeln sollen alle Bäu̱me des Waldes
   14. vor dem Herrn, wenn er kom̱mt, *
   wenn er kommt, um die Eṟde zu richten.
15. Er richtet den Erdkreis ge̱recẖt *
und die Nationen nach sei̱ner Treue. —
   16. Ehre sei dem Vater und dem So̱hn *
   und dem Hei̱ligen Geist,
17. wie im Anfang, so auch jetzt und a̱lle̱ Zeit *
und in Ewigkeit. Amen.
Kehrvers

PSALM 98: Nr. 484

PSALM 100: Lobgesang der Gemeinde beim Einzug ins Heiligtum

741

1 Freut euch, wir sind Got - tes Volk,
er - wählt durch sei - ne Gna - de.

Va. Q33

2 V

1. Jauchzt vor dem Herrn, alle Länder der Erde! /
Dient dem Herrn mit Freude! *
Kommt vor sein Antlitz mit Jubel!
    2. Erkennt: Der Herr allein ist Gott. /
    Er hat uns geschaffen, wir sind sein Eigentum, *
    sein Volk und die Herde seiner Weide. —
3. Tretet mit Dank durch seine Tore ein! /
Kommt mit Lobgesang in die Vorhöfe seines Tempels! *
Dankt ihm, preist seinen Namen!
    4. Denn der Herr ist gütig, /
    ewig währt seine Huld, *
    von Geschlecht zu Geschlecht seine Treue. —
5. Ehre sei dem Vater und dem Sohn *
und dem Heiligen Geist,
    6. wie im Anfang, so auch jetzt und alle Zeit *
    und in Ewigkeit. Amen.
Kehrvers

PSALM 103: Der gütige und verzeihende Gott

742

1

Der Herr ver - gibt die Schuld
und ret - tet un - ser Le - ben.

oder: IVa. Q23

2

Lo - be den Herrn, mei - ne See - le, für
al - les, was er dir Gu - tes tut.

IVa. Q30

IV

3

1. Lobe den Herrn, meine Seele, *
und alles in mir seinen heiligen Namen!

   2. Lobe den Herrn, meine Seele, *
   und vergiß nicht, was er dir Gutes getan hat:

3. der dir all deine Schuld vergibt *
und all deine Gebrechen heilt;

   4. der dein Leben vor dem Untergang rettet *
   und dich mit Huld und Erbarmen krönt;

5. der dich dein Leben lang mit seinen Gaben sättigt; *
wie dem Adler wird dir die Jugend erneuert. —

   6. Der Herr vollbringt Taten des Heiles, *
   Recht verschafft er allen Bedrängten.

7. Er hat Mose seine Wege kundgetan, *
den Kindern Israels seine Werke.

   8. Der Herr ist barmherzig und gnädig, *
   langmütig und reich an Güte.

9. Er wird nicht immer zürnen, *
nicht ewig im Groll verharren.

   10. Er handelt an uns nicht nach unsern Sünden *
   und vergilt uns nicht nach unsrer Schuld.

11. Denn so hoch der Himmel über der Erde ist, *
so hoch ist seine Huld über denen, die ihn fürchten.

   12. So weit der Aufgang entfernt ist vom Untergang, *
   so weit entfernt er die Schuld von uns.

13. Wie ein Vater sich seiner Kinder erbarmt, *
so erbarmt sich der Herr über alle, die ihn fürchten. —

   14. Denn er weiß, was wir für Gebilde sind; *
   er denkt daran: Wir sind nur Staub.

15. Des Menschen Tage sind wie Gras, *
er blüht wie die Blume des Feldes.

   16. Fährt der Wind darüber, ist sie dahin; *
   der Ort, wo sie stand, weiß von ihr nichts mehr.

17. Doch die Huld des Herrn währt immer und ewig *
für alle, die ihn fürchten und ehren;

   18. sein Heil erfahren noch Kinder und Enkel; /
   alle, die seinen Bund bewahren, *
   an seine Gebote denken und danach handeln. —

19. Der Herr hat seinen Thron errichtet im Himmel,*
seine königliche Macht beherrscht das All.

   20. Lobt den Herrn, ihr seine Engel, /
   ihr starken Helden, die seine Befehle vollstrecken, *
   seinen Worten gehorsam!

21. Lobt den Herrn, all seine Scharen, *
seine Diener, die seinen Willen vollziehen!

   22. Lobt den Herrn, all seine Werke, /
   an jedem Ort seiner Herrschaft! *
   Lobe den Herrn, meine Seele! —

23. Ehre sei dem Vater und dem Sohn *
und dem Heiligen Geist,

   24. wie im Anfang, so auch jetzt und alle Zeit *
   und in Ewigkeit. Amen.

Kehrvers

PSALM 103: in Kurzfassung Nr. 83

PSALM 104 A: Lob des Schöpfers

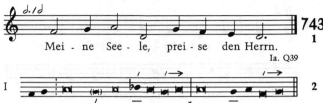

Mei - ne See - le, prei - se den Herrn.

743

1

Ia. Q39

2

1. Lobe den Herrn, meine Seele! /
Herr, mein Gott, wie groß bist du! *
Du bist mit Hoheit und Pracht bekleidet.

    2. Du hüllst dich in Licht wie in ein Kleid, *
    du spannst den Himmel aus wie ein Zelt.

3. Du verankerst die Balken deiner Wohnung im Wasser. /
Du nimmst dir die Wolken zum Wagen, *
du fährst einher auf den Flügeln des Sturmes.

    4. Du machst dir die Winde zu Boten *
    und lodernde Feuer zu deinen Dienern. —

5. Du hast die Erde auf Pfeiler gegründet; *
in alle Ewigkeit wird sie nicht wanken.

    6. Einst hat die Urflut sie bedeckt wie ein Kleid, *
    die Wasser standen über den Bergen.

7. Sie wichen vor deinem Drohen zurück, *
sie flohen vor der Stimme deines Donners.

    8. Da erhoben sich Berge und senkten sich Täler *
    an den Ort, den du für sie bestimmt hast.

9. Du hast den Wassern eine Grenze gesetzt, /
die dürfen sie nicht überschreiten; *
nie wieder sollen sie die Erde bedecken. —

    10. Ehre sei dem Vater und dem Sohn *
    und dem Heiligen Geist,

11. wie im Anfang, so auch jetzt und alle Zeit *
und in Ewigkeit. Amen.   Verse 1–9
Kehrvers

PSALM 104 B

744
1

Wie groß sind dei - ne Wer - ke, Herr.

Al - le hast du in Weis - heit ge - macht.

VIa. Q17

2 VI

1. Du läßt die Quellen hervorsprudeln in den Tälern, *
sie eilen zwischen den Bergen dahin.

    2. Allen Tieren des Feldes spenden sie Trank, *
die Wildesel stillen ihren Durst daraus.

3. An den Ufern wohnen die Vögel des Himmels, *
aus den Zweigen erklingt ihr Gesang.

    4. Du tränkst die Berge aus deinen Kammern, *
aus deinen Wolken wird die Erde satt. —

5. Du läßt Gras wachsen für das Vieh, *
auch Pflanzen für den Menschen, die er anbaut,

    6. damit er Brot gewinnt von der Erde *
und Wein, der das Herz des Menschen erfreut;

7. damit sein Gesicht von Öl erglänzt *
und Brot das Menschenherz stärkt.

    8. Die Bäume des Herrn trinken sich satt, *
die Zedern des Libanon, die er gepflanzt hat.

9. In ihnen bauen die Vögel ihr Nest, *
auf den Zypressen nistet der Storch.

    10. Die hohen Berge gehören dem Steinbock, *
dem Klippdachs bieten die Felsen Zuflucht. —

11. Du hast den Mond gemacht als Maß für die Zeiten, *
die Sonne weiß, wann sie untergeht.

    12. Du sendest Finsternis, und es wird Nacht, *
dann regen sich alle Tiere des Waldes.

13. Die jungen Löwen brüllen <u>nach</u> Beute, *
sie verlangen von <u>Gott</u> ihre Nahrung.

    14. Strahlt die Sonne dann auf, so schleichen <u>sie</u> heim *
und lagern sich in <u>ihren</u> Verstecken.

15. Nun geht der Mensch hinaus an <u>sein</u> Tagwerk, *
an seine Ar<u>beit</u> bis zum Abend. —

    16. Ehre sei dem Vater und <u>dem</u> Sohn *
und <u>dem</u> Heiligen Geist,

17. wie im Anfang, so auch jetzt <u>und</u> alle <u>Zeit</u> *
und in <u>Ewigkeit.</u> Amen.   Verse 10–23
Kehrvers

PSALM 104 C: Nr. 253

PSALM 110: Nr. 684

PSALM 111: Nr. 685

PSALM 112: Nr. 630

PSALM 113: Nr. 693

PSALM 115: Gott und die Götter

Ver-traut auf den Herrn; er ist Hel-fer und Schild.

IXa. Q30

745

1

IX

2

1. Nicht uns, o Herr, bring zu Ehren, /
nicht uns, sondern <u>deinen</u> Namen,*
in deiner <u>Huld</u> und Treue!

    2. Warum sollen die <u>Völker</u> sagen: *
„Wo <u>ist</u> denn ihr Gott?"

3. Unser <u>Gott</u> <u>ist</u> im Himmel; *
alles, was ihm gefällt, <u>das</u> vollbringt er. —

    4. Die Götzen der Völker sind nur <u>Silber</u> und Gold, *
ein Mach<u>werk</u> von Mensch<u>enh</u>and.

5. Sie haben einen Mund und reden nicht, *
Augen und sehen nicht;

    6. sie haben Ohren und hören nicht, *
    eine Nase und riechen nicht;

7. mit ihren Händen können sie nicht greifen, /
mit den Füßen nicht gehen, *
sie bringen keinen Laut hervor aus ihrer Kehle.

    8. Die sie gemacht haben, sollen ihrem Machwerk
    gleichen, *
    alle, die den Götzen vertrauen. —

9. Israel, vertrau auf den Herrn! *
Er ist für euch Helfer und Schild.

    10. Haus Aaron, vertrau auf den Herrn! *
    Er ist für euch Helfer und Schild.

11. Alle, die ihr den Herrn fürchtet, vertraut auf den
Herrn! *
Er ist für euch Helfer und Schild. —

    12. Der Herr denkt an uns, er wird uns segnen, /
    er wird das Haus Israel segnen, *
    er wird das Haus Aaron segnen.

13. Der Herr wird alle segnen, die ihn fürchten, *
segnen Kleine und Große.

    14. Es mehre euch der Herr, *
    euch und eure Kinder!

15. Seid gesegnet vom Herrn,*
der Himmel und Erde gemacht hat! —

    16. Der Himmel ist der Himmel des Herrn, *
    die Erde aber gab er den Menschen.

17. Tote können den Herrn nicht mehr loben, *
keiner, der ins Schweigen hinabfuhr.

    18. Wir aber preisen den Herrn *
    von nun an bis in Ewigkeit. —

19. Ehre sei dem Vater und dem Sohn *
und dem Heiligen Geist,

    20. wie im Anfang, so auch jetzt und alle Zeit *
    und in Ewigkeit. Amen.

Kehrvers

PSALM 116 A: Rettung in Todesnot

746
1

Beim Herrn ist Barmherzigkeit und rei-che Er-lö-sung.

oder:

VIIa. Q29

2

Ich weiß, daß mein Er-lö-ser lebt;

er schafft mich neu___ am Jüng-sten Tag.

VIIa. Q27

VII

3

1. Ich liebe den Herrn; *
denn er hat mein lautes Flehen gehört
    2. und sein Ohr mir zugeneigt *
    an dem Tag, als ich zu ihm rief. —
3. Mich umfingen die Fesseln des Todes, /
mich befielen die Ängste der Unterwelt, *
mich trafen Bedrängnis und Kummer.
    4. Da rief ich den Namen des Herrn an: *
    „Ach Herr, rette mein Leben!"
5. Der Herr ist gnädig und gerecht, *
unser Gott ist barmherzig.
    6. Der Herr behütet die schlichten Herzen; *
    ich war in Not, und er brachte mir Hilfe. —
7. Komm wieder zur Ruhe, mein Herz! *
Denn der Herr hat dir Gutes getan.
    8. Ja, du hast mein Leben dem Tod entrissen, /
    meine Tränen getrocknet, *
    meinen Fuß bewahrt vor dem Gleiten.
9. So gehe ich meinen Weg vor dem Herrn *
im Land der Lebenden. —

10. Ehre sei dem Vater und dem Sohn *
und dem Heiligen Geist,

11. wie im Anfang, so auch jetzt und alle Zeit *
und in Ewigkeit. Amen.   Verse 1–9

Kehrvers

PSALM 116 B: Lied zum Dankopfer

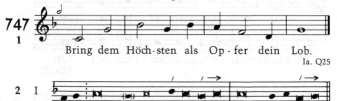

747
1

Bring dem Höch-sten als Op-fer dein Lob.

Ia. Q25

2 I

1. Voll Vertrauen war ich, auch wenn ich sagte: *
Ich bin so tief gebeugt.

   2. In meiner Bestürzung sagte ich: *
   Die Menschen lügen alle. —

3. Wie kann ich dem Herrn all das vergelten, *
was er mir Gutes getan hat?

   4. Ich will den Kelch des Heils erheben *
   und anrufen den Namen des Herrn.

5. Ich will dem Herrn meine Gelübde erfüllen *
offen vor seinem ganzen Volk. —

   6. Kostbar ist in den Augen des Herrn *
   das Sterben seiner Frommen.

7. Ach Herr, ich bin doch dein Knecht, /
dein Knecht bin ich, der Sohn deiner Magd. *
Du hast meine Fesseln gelöst. —

   8. Ich will dir ein Opfer des Dankes bringen *
   und anrufen den Namen des Herrn.

9. Ich will dem Herrn meine Gelübde erfüllen *
offen vor seinem ganzen Volk,

   10. in den Vorhöfen am Hause des Herrn, *
   in deiner Mitte, Jerusalem. —

11. Ehre sei dem Vater und dem Sohn *
und dem Heiligen Geist,
    12. wie im Anfang, so auch jetzt und alle Zeit *
    und in Ewigkeit. Amen.   *Kehrvers*   Verse 10–19

PSALM 117: Aufruf an die Völker zum Lob Gottes

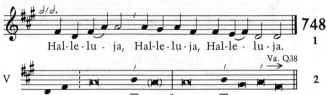

748
1

2

1. Lobet den Herrn, alle Völker, *
preist ihn, alle Nationen!
    2. Denn mächtig waltet über uns seine Huld, *
    die Treue des Herrn währt in Ewigkeit. —
3. Ehre sei dem Vater und dem Sohn *
und dem Heiligen Geist,
    4. wie im Anfang, so auch jetzt und alle Zeit *
    und in Ewigkeit. Amen.   *Kehrvers*

Lateinischer Text

749

1. Laudáte Dóminum, omnes gentes, *
collaudáte eum, omnes pópuli.
    2. Quóniam confirmáta est super nos misericórdia ejus, *
    et véritas Dómini manet in aetérnum.
3. Glória Patri et Fílio, *
et Spirítui Sancto.
    4. Sicut erat in princípio, et nunc et semper,
    et in sáecula saeculórum. Amen.

PSALM 118 A und B: Nr. 235
PSALM 118 C: Nr. 236

PSALM 119 A: Freude an Gottes Wort

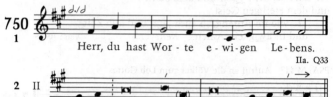

750
1
Herr, du hast Wor - te e - wi - gen Le - bens.

IIa. Q33

2 II

1. Wohl denen, deren Weg ohne Tadel ist, *
die leben nach der Weisung des Herrn.

2. Wohl denen, die seine Vorschriften befolgen *
und ihn suchen von ganzem Herzen.

3. Halte mich fern vom Weg der Lüge; *
begnade mich mit deiner Weisung!

4. Gib mir Einsicht, damit ich deiner Weisung folge *
und mich an sie halte aus ganzem Herzen.

5. Mein Leben ist ständig in Gefahr, *
doch ich vergesse nie deine Weisung.

6. Das ist mein Trost im Elend: *
Deine Verheißung spendet mir Leben.

7. Herr, dein Wort bleibt auf ewig, *
es steht fest wie der Himmel.

8. Deine Gerechtigkeit bleibt ewig Gerechtigkeit, *
deine Weisung ist Wahrheit.

9. Alle, die deine Weisung lieben, empfangen Heil
in Fülle; *
es trifft sie kein Unheil.

10. Ich freue mich über deine Verheißung. *
Laß meine Seele leben, damit sie dich preisen kann! —

11. Ehre sei dem Vater und dem Sohn *
und dem Heiligen Geist,

12. wie im Anfang, so auch jetzt und alle Zeit *
und in Ewigkeit. Amen.

Kehrvers   Verse 1. 2. 29. 34. 109. 50. 89. 142. 165. 162a. 175a

PSALM 119 B: Dein Wort — mein Licht

Dies ist mein Ge-bot: Lie-bet ein-an - der, wie ich euch ge - liebt.

VIa. Q7

VI

1. Herr, öffne mir die Augen *
für das Wunderbare an deiner Weisung!

    2. Ich habe meine Freude an deinen Gesetzen,*
    dein Wort will ich nicht vergessen.

3. Deinen Vorschriften neige mein Herz zu, *
doch nicht der Habgier!

    4. Ich will deiner Weisung beständig folgen, *
    auf immer und ewig.

5. Auch wenn mich die Stricke der Frevler fesseln, *
vergesse ich deine Weisung nicht.

    6. Wäre nicht dein Gesetz meine Freude, *
    ich wäre zugrunde gegangen in meinem Elend.

7. Dein Wort ist meinem Fuß eine Leuchte, *
ein Licht für meine Pfade.

    8. Festige meine Schritte, wie du es verheißen hast! *
    Laß kein Unrecht über mich herrschen!

9. Das Wesen deines Wortes ist Wahrheit, *
deine gerechten Urteile haben alle auf ewig Bestand.

    10. Meine Zunge soll deine Verheißung besingen, *
    denn deine Gebote sind alle gerecht. —

11. Ehre sei dem Vater und dem Sohn *
und dem Heiligen Geist,

    12. wie im Anfang, so auch jetzt und alle Zeit *
    und in Ewigkeit. Amen.

Kehrvers   Verse 18. 16. 36. 44. 61. 92. 105. 133. 160. 172

PSALM 121: Der Wächter Israels

752
1

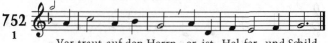

Ver-traut auf den Herrn; er ist Hel-fer und Schild.

IXa. Q30

2   IX

1. Ich hebe meine Augen auf zu den Bergen: *
Woher kommt mir Hilfe?

2. Meine Hilfe kommt vom Herrn, *
der Himmel und Erde gemacht hat. —

3. Er läßt deinen Fuß nicht wanken; *
er, der dich behütet, schläft nicht.

4. Nein, der Hüter Israels *
schläft und schlummert nicht.

5. Der Herr ist dein Hüter, der Herr gibt dir Schatten, *
er steht dir zur Seite.

6. Bei Tag wird dir die Sonne nicht schaden *
noch der Mond in der Nacht. —

7. Der Herr behüte dich vor allem Bösen, *
er behüte dein Leben.

8. Der Herr behüte dich, wenn du fortgehst und
wiederkommst, *
von nun an bis in Ewigkeit. —

9. Ehre sei dem Vater und dem Sohn *
und dem Heiligen Geist,

10. wie im Anfang, so auch jetzt und alle Zeit *
und in Ewigkeit. Amen.

Kehrvers

PSALM 122: Nr. 692

PSALM 126: Tränen und Jubel

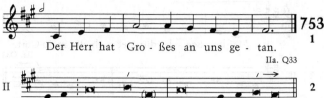

Der Herr hat Gro - ßes an uns ge - tan.

IIa. Q33

1. Als der Herr das Los der Gefangenschaft Zions wendete, *
da waren wir alle wie Träumende.
   2. Da war unser Mund voll Lachen *
   und unsere Zunge voll Jubel.
3. Da sagte man unter den andern Völkern: *
„Der Herr hat an ihnen Großes getan."
   4. Ja, Großes hat der Herr an uns getan. *
   Da waren wir fröhlich. —
5. Wende doch, Herr, unser Geschick, *
wie du versiegte Bäche wieder füllst im Südland!
   6. Die mit Tränen säen, *
   werden mit Jubel ernten.
7. Sie gehen hin unter Tränen *
und tragen den Samen zur Aussaat.
   8. Sie kommen wieder mit Jubel *
   und bringen ihre Garben ein. —
9. Ehre sei dem Vater und dem Sohn *
und dem Heiligen Geist,
   10. wie im Anfang, so auch jetzt und alle Zeit *
   und in Ewigkeit. Amen.
Kehrvers

PSALM 130: Nr. 82 und Nr. 191

PSALM 134: Nr. 697,3

PSALM 136: Kehrvers Nr. 284,1; Verse im Vorsängerbuch

PSALM 137: An den Strömen Babels

754
1

Mei-ne See - le dür-stet nach dir, mein Gott.

IIa. Q33

2 II

1. An den Strömen von Babel,/ da saßen wir und weinten, *
wenn wir an Zion dachten.

    2. Wir hängten unsere Harfen *
    an die Weiden in jenem Land. —

3. Dort verlangten von uns die Zwingherren Lieder, /
unsere Peiniger forderten Jubel: *
„Singt uns Lieder vom Zion!"

    4. Wie könnten wir singen die Lieder des Herrn, *
    fern, auf fremder Erde?

5. Wenn ich dich je vergesse, Jerusalem, *
dann soll mir die rechte Hand verdorren!

    6. Die Zunge soll mir am Gaumen kleben,
    wenn ich an dich nicht mehr denke, *
    wenn ich Jerusalem nicht zu meiner höchsten Freude
    erhebe. —

7. Ehre sei dem Vater und dem Sohn *
und dem Heiligen Geist,

    8. wie im Anfang, so auch jetzt und alle Zeit *
    und in Ewigkeit. Amen. *Kehrvers*   Verse 1–6

PSALM 139: Der Mensch vor dem allwissenden Gott

755
1

Herr, du kennst mein Herz;

bei dir bin ich ge - bor - gen.

IVa. Q16

1. Herr, du hast mich erforscht und du kennst mich. /
Ob ich sitze oder stehe, du weißt von mir. *
Von fern erkennst du meine Gedanken.

    2. Ob ich gehe oder ruhe, es ist dir bekannt; *
    du bist vertraut mit all meinen Wegen.

3. Noch liegt mir das Wort nicht auf der Zunge — *
du, Herr, kennst es bereits.

    4. Du umschließt mich von allen Seiten *
    und legst deine Hand auf mich. ——

5. Zu wunderbar ist für mich dieses Wissen, *
zu hoch, ich kann es nicht begreifen.

    6. Wohin könnte ich fliehen vor deinem Geist, *
    wohin mich vor deinem Angesicht flüchten?

7. Steige ich hinauf in den Himmel, so bist du dort; *
bette ich mich in der Unterwelt, bist du zugegen.

    8. Nehme ich die Flügel des Morgenrots *
    und lasse mich nieder am äußersten Meer,

9. auch dort wird deine Hand mich ergreifen *
und deine Rechte mich fassen.

    10. Würde ich sagen: „Finsternis soll mich bedecken, /
    statt Licht soll Nacht mich umgeben", *
    auch die Finsternis wäre für dich nicht finster,

11. die Nacht würde leuchten wie der Tag, *
die Finsternis wäre wie Licht. ——

    12. Denn du hast mein Inneres geschaffen, *
    mich gewoben im Schoß meiner Mutter.

13. Ich danke dir, daß du mich so wunderbar
gestaltet hast. *
Ich weiß: Staunenswert sind deine Werke.

    14. Als ich geformt wurde im Dunkeln, /
    kunstvoll gewirkt in den Tiefen der Erde, *
    waren meine Glieder dir nicht verborgen.

15. Deine Augen sahen, wie ich entstand; *
in deinem Buch war schon alles verzeichnet;

16. meine Tage waren <u>schon</u> gebildet, *
als noch keiner <u>von</u> ihnen da war.

17. Wie schwierig sind für mich, o Gott, dei<u>ne</u> Gedanken, *
wie ge<u>wal</u>tig ist <u>ih</u>re Zahl!

18. Wollte ich sie zählen, es wären mehr <u>als</u> der Sand. *
Käme ich bis zum Ende, wäre ich <u>noch</u> immer bei dir. —

19. Erforsche mich, Gott, und erken<u>ne</u> mein Herz, *
prüfe mich und er<u>ken</u>ne mein Denken!

20. Sieh her, ob ich auf dem Weg bin, <u>der</u> dich kränkt, *
und leite mich auf <u>dem</u> altbewährten Weg! —

21. Ehre sei dem Vater <u>und</u> dem Sohn *
und <u>dem</u> Heiligen Geist,

22. wie im Anfang, so auch <u>jetzt</u> und alle <u>Zeit</u> *
und in <u>E</u>wigkeit. Amen.   Verse 1–18. 23–24

Kehrvers

PSALM 142: Hilferuf in schwerer Bedrängnis

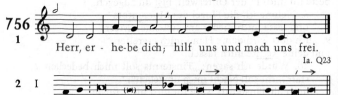

756
1

Herr, er - he-be dich; hilf uns und mach uns frei.

Ia. Q23

2 I

1. Mit lauter Stimme <u>schrei</u> ich zum Herrn, *
laut flehe ich zum <u>Herrn</u> um Gnade.

2. Ich schütte vor <u>ihm</u> mei<u>ne</u> Klagen aus, *
eröff<u>ne</u> ihm mei<u>ne</u> Not.

3. Wenn auch mein <u>Geist</u> in mir ver<u>zagt</u>, *
du <u>kennst</u> meinen Pfad.

4. Auf dem <u>Weg</u>, den ich gehe, *
legten <u>sie</u> mir Schlingen. —

5. Ich blicke nach <u>rechts</u> und schau<u>e</u> aus, *
doch niemand ist da, der <u>mich</u> beachtet.

6. Mir ist jede <u>Zuflucht</u> ge<u>nommen</u>, *
niemand fragt nach <u>meinem</u> Leben. —

7. Herr, ich schreie zu dir, /
ich sage: Meine Zuflucht bist du, *
mein Anteil im Land der Lebenden.

8. Vernimm doch mein Flehen, *
denn ich bin arm und elend.

9. Meinen Verfolgern entreiß mich; *
sie sind viel stärker als ich.

10. Führe mich heraus aus dem Kerker, *
damit ich deinen Namen preise.

11. Die Gerechten scharen sich um mich, *
weil du mir Gutes tust. —

12. Ehre sei dem Vater und dem Sohn *
und dem Heiligen Geist,

13. wie im Anfang, so auch jetzt und alle Zeit *
und in Ewigkeit. Amen.   *Kehrvers*

PSALM 145 A: Gottes Größe und Güte

1. Ich will dich rühmen, mein Gott und König, *
und deinen Namen preisen immer und ewig;

2. ich will dich preisen Tag für Tag *
und deinen Namen loben immer und ewig. —

3. Groß ist der Herr und hoch zu loben, *
seine Größe ist unerforschlich.

4. Ein Geschlecht verkünde dem andern den Ruhm
deiner Werke *
und erzähle von deinen gewaltigen Taten.

5. Sie sollen vom herrlichen Glanz deiner Hoheit reden; *
ich will deine Wunder besingen.
    6. Sie sollen sprechen von der Gewalt deiner
    erschreckenden Taten; *
    ich will von deinen großen Taten berichten.
7. Sie sollen die Erinnerung an deine große Güte wecken *
und über deine Gerechtigkeit jubeln. —
    8. Der Herr ist gnädig und barmherzig, *
    langmütig und reich an Gnade.
9. Der Herr ist gütig zu allen, *
sein Erbarmen waltet über all seinen Werken.
    10. Danken sollen dir, Herr, all deine Werke *
    und deine Frommen dich preisen.
11. Sie sollen von der Herrlichkeit deines Königtums reden, *
sollen sprechen von deiner Macht,
    12. den Menschen deine machtvollen Taten verkünden *
    und den herrlichen Glanz deines Königtums.
13. Dein Königtum ist ein Königtum für ewige Zeiten, *
deine Herrschaft währt von Geschlecht zu Geschlecht. —
    14. Ehre sei dem Vater und dem Sohn *
    und dem Heiligen Geist,
15. wie im Anfang, so auch jetzt und alle Zeit *
und in Ewigkeit. Amen.   Verse 1—13b
Kehrvers

PSALM 145 B: Aller Augen warten auf dich

758
1

Al - ler Au - gen   war - ten auf dich;

du gibst ih - nen Spei - se zu ih - rer Zeit.

Ia. Q4

I   2

1. Der Herr ist treu in all seinen Worten, *
voll Huld in all seinen Taten.

    2. Der Herr stützt alle, die fallen, *
    und richtet alle Gebeugten auf.

3. Aller Augen warten auf dich, *
und du gibst ihnen Speise zur rechten Zeit.

    4. Du öffnest deine Hand *
    und sättigst alles, was lebt, nach deinem Gefallen. —

5. Gerecht ist der Herr in allem, was er tut, *
voll Huld in all seinen Werken.

    6. Der Herr ist allen, die ihn anrufen, nahe, *
    allen, die zu ihm aufrichtig rufen.

7. Die Wünsche derer, die ihn fürchten, erfüllt er, *
er hört ihr Schreien und rettet sie.

    8. Alle, die ihn lieben, behütet der Herr, *
    doch alle Frevler vernichtet er. —

9. Mein Mund verkünde das Lob des Herrn.*
Alles, was lebt, preise seinen heiligen Namen immer und
ewig! —

    10. Ehre sei dem Vater und dem Sohn *
    und dem Heiligen Geist.

11. wie im Anfang, so auch jetzt und alle Zeit *
und in Ewigkeit. Amen.   Verse 13c–21
Kehrvers

PSALM 146: Gott, Herr und Helfer

    Lo - be   den Herrn, mei - ne   See - le,

759
1

für   al - les, was er dir Gu - tes tut.

IVa. Q30

(759)
2 IV

1. Lobe den Herrn, meine Seele! /
Ich will den Herrn loben, solange ich lebe, *
meinem Gott singen und spielen, solange ich da bin. —

    2. Verlaßt euch nicht auf Fürsten, *
    auf Menschen, bei denen es doch keine Hilfe gibt!

3. Haucht der Mensch sein Leben aus /
und kehrt er zurück zur Erde, *
dann ist es aus mit all seinen Plänen. —

    4. Wohl dem, dessen Halt der Gott Jakobs ist *
    und der seine Hoffnung auf den Herrn, seinen Gott,
    setzt.

5. Der Herr hat Himmel und Erde gemacht, /
das Meer und alle Geschöpfe; *
er hält ewig die Treue.

    6. Recht verschafft er den Unterdrückten, /
    den Hungernden gibt er Brot; *
    der Herr befreit die Gefangenen.

7. Der Herr öffnet den Blinden die Augen, *
er richtet die Gebeugten auf.

    8. Der Herr beschützt die Fremden *
    und verhilft den Waisen und Witwen zu ihrem Recht.

9. Der Herr liebt die Gerechten, *
doch die Schritte der Frevler leitet er in die Irre. —

    10. Der Herr ist König auf ewig, *
    dein Gott, Zion, herrscht von Geschlecht zu
    Geschlecht. —

11. Ehre sei dem Vater und dem Sohn *
und dem Heiligen Geist,

    12. wie im Anfang, so auch jetzt und alle Zeit *
    und in Ewigkeit. Amen.

Kehrvers

PSALM 147: Jerusalem, preise den Herrn

Gut ist's, dem Herrn zu dan - ken, dei - nem

Na - men auf - zu - spie - len, Höch - ster.
VIa. Q14

VI   2

1. Der Herr baut Jerusalem wieder auf,*
er sammelt die Versprengten Israels.

  2. Er heilt die gebrochenen Herzen *
    und verbindet ihre schmerzenden Wunden.

3. Der Herr hilft den Gebeugten auf *
und erniedrigt die Frevler.

  4. Stimmt dem Herrn ein Danklied an, *
    spielt unserem Gott auf der Harfe! ––

5. Jerusalem, preise den Herrn, *
lobsinge, Zion, deinem Gott!

  6. Denn er hat die Riegel deiner Tore fest gemacht, *
    die Kinder in deiner Mitte gesegnet;

7. er verschafft deinen Grenzen Frieden *
und sättigt dich mit bestem Weizen.

  8. Er sendet sein Wort zur Erde, *
    rasch eilt sein Befehl dahin.

9. Er verkündet Jakob sein Wort, *
Israel seine Gesetze und Rechte.

  10. An keinem andern Volk hat er so gehandelt, *
    keinem sonst seine Rechte verkündet. ––

11. Ehre sei dem Vater und dem Sohn *
und dem Heiligen Geist,

  12. wie im Anfang, so auch jetzt und alle Zeit *
    und in Ewigkeit, Amen.   Verse 2–3. 6–7. 12–15. 19–20

Kehrvers

PSALM 148: Gott im Himmel und auf der Erde

761

1   Him-mel und   Er - de,   lo - bet den Herrn.

IIa. Q11

2   II

1. Lobt den Herrn vom Himmel her, * lobt ihn in den Höhen:
    2. Lobt ihn, all seine Engel, * lobt ihn, all seine Scharen;
3. lobt ihn, Sonne und Mond, *
lobt ihn, all ihr leuchtenden Sterne;
    4. lobt ihn, alle Himmel *
    und ihr Wasser über dem Himmel!
5. Loben sollen sie den Namen des Herrn; *
denn er gebot, und sie waren erschaffen.
    6. Er stellte sie hin für immer und ewig, *
    er gab ihnen ein Gesetz, das sie nicht übertreten. —
7. Lobt den Herrn, ihr auf der Erde; *
ihr Seeungeheuer und all ihr Tiefen,
    8. Feuer und Hagel, Schnee und Nebel, *
    du Sturmwind, der sein Wort vollzieht;
9. ihr Berge und all ihr Hügel, *
ihr Fruchtbäume und alle Zedern;
    10. ihr wilden Tiere und alles Vieh, *
    Kriechtiere und gefiederte Vögel;
11. ihr Könige der Erde und alle Völker, *
ihr Fürsten und alle Richter auf Erden;
    12. ihr jungen Männer und auch ihr Mädchen, *
    ihr Alten mit den Jungen.
13. Loben sollen sie den Namen des Herrn; /
denn sein Name allein ist erhaben, *
seine Hoheit strahlt über Erde und Himmel. —
    14. Ehre sei dem Vater und dem Sohn *
    und dem Heiligen Geist,
15. wie im Anfang, so auch jetzt und alle Zeit *
und in Ewigkeit. Amen.   *Kehrvers*

Verse 1–13

PSALM 150: Nr. 678

Litaneien

Die Litaneien werden in der Regel eröffnet mit dem Kyrie-Ruf, mit „Christus, höre uns" oder mit der Anrufung der Dreifaltigkeit. Man kann auch zwei oder alle drei Eröffnungsrufe an den Anfang stellen.

Allerheiligen-Litanei   **762**

Sie wird auch Große Litanei genannt. Die verschiedenen Fassungen dieser Litanei (siehe z. B. Nr. 210) werden auf die untenstehenden Melodiemodelle gesungen.

1

I   V/A Herr, er - bar - me dich. V/A Chri - stus,

er - bar - me dich. V/A Herr, er - bar - me dich.

oder:

2

V/A Ky - ri - e   e - le - i - son. V/A Chri - ste

e - le - i - son. V/A Ky - ri - e   e - le - i - son.

3

II   V Christus, hö - re uns. A Christus, er - hö - re uns.

4

III   V Gott Vater im Himmel, A er-bar-me dich un-ser.

       Gott Sohn, Erlöser der Welt
       Gott Heiliger Geist
       Heiliger dreifaltiger Gott

(762)
5

V Heilige Ma - ri - a, A bit - te(t) für uns.

Heiliger <u>Mi</u>cha<u>el</u>
Heiliger <u>Ga</u>bri<u>el</u>
Heiliger <u>Ra</u>fa<u>el</u>
Ihr heiligen <u>En</u>gel

Heiliger <u>A</u>bra<u>ham</u>
Heiliger <u>Mo</u>se
Heiliger Johannes der <u>Täu</u>fer
Heiliger <u>Jo</u>sef
Ihr heiligen Patriarchen und Proph<u>e</u>ten

Heiliger <u>Pe</u>trus
Heiliger <u>Pau</u>lus
Heiliger An<u>dre</u>as
Heiliger Jo<u>han</u>nes
Ihr heiligen Apostel und Evange<u>li</u>sten

Heiliger <u>Gre</u>gor
Heiliger Ig<u>na</u>ti<u>us</u>
Ihr heiligen Päpste und <u>Bi</u>schö<u>fe</u>

Heiliger Hiero<u>ny</u>mus
Heiliger Lau<u>ren</u>ti<u>us</u>
Heiliger Pfarrer von <u>Ars</u>
Ihr heiligen Diakone und <u>Prie</u>ster

Heiliger Atha<u>na</u>si<u>us</u>
Heiliger Augu<u>sti</u>nus
Heilige The<u>re</u>si<u>a</u>
Ihr heiligen Lehrer der <u>Kir</u>che

Heiliger Ste<u>pha</u>nus
Heilige <u>Ag</u>nes
Ihr heiligen <u>Mär</u>ty<u>rer</u>

Heiliger Be<u>ne</u>dikt
Heiliger Fran<u>zis</u>kus
Heilige <u>Kla</u>ra
Ihr heiligen Jungfrauen und <u>Mön</u>che

Heiliger Thomas Morus   (762)
Heilige Monika
Ihr heiligen Väter und Mütter

Ihr Heiligen unsres Landes
Ihr Heiligen unsres Bistums
Ihr heiligen Bekenner
Alle Heiligen Gottes

Heilige (Tagesheilige, Patrone, Landesheilige, Bistumsheilige) können entsprechend eingefügt werden.

V Jesus, sei uns gnä-dig; A Herr, be-frei-e uns.

Sei uns barmherzig
Von allem Bösen
Von aller Sünde

Von der Versuchung durch den Teufel
Von Zorn, Haß und allem bösen Willen
Von Süchtigkeit und Unzucht
Von Stolz und Hochmut
Von Spott und Verrat
Von Gleichgültigkeit und Trägheit
Von Schwermut und Verzweiflung
Von Verblendung des Geistes
Von Verhärtung des Herzens
Von Unwetter und Katastrophen
Von Hunger, Krieg und Krankheit
Von der Vergiftung der Erde
Von einem plötzlichen Tode
Von der ewigen Verdammnis

Durch deine Geburt und dein heiliges Leben
Durch dein Leiden und Sterben
Durch deine Auferstehung und Himmelfahrt
Durch die Sendung des Heiligen Geistes
Durch deine Gegenwart bis zum Ende der Zeit
Am Tag deiner Wiederkunft

(762)
7

V Wir ar-men Sün-der, A wir bit-ten dich, er-hö-re uns.

Schütze deine Kirche und leite sie
Erleuchte den Papst, unsern Bischof und alle Hirten
Erfülle alle Glieder der Kirche mit der Kraft des Heiligen
Geistes
Erneuere deine Kirche im Glauben, in der Hoffnung und
in der Liebe
Öffne den Ungläubigen die Ohren für deine Botschaft
Stärke deine Kirche in Bedrängnis und Verwirrung
Gib ihren Feinden Einsicht und Umkehr
Führe dein Volk zur Einheit
Schenke den Völkern der Erde Frieden und Freiheit
Bewahre sie vor Mißbrauch der Macht und allem Unrecht
Laß alle Menschen teilhaben an den Gütern der Erde
Erfülle uns mit Liebe und Barmherzigkeit
Segne alle, die uns Gutes tun
Daß die Eheleute fest bleiben in Treue
Daß Eltern und Kinder einander verstehen

Mach uns bereit zu Buße und Umkehr
Daß wir in deinem Dienste bleiben
Daß du uns wachend findest bei deinem Kommen
Gib den Verstorbenen das ewige Leben

8

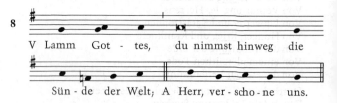

V Lamm Got - tes, du nimmst hinweg die

Sün - de der Welt; A Herr, ver - scho - ne uns.

V Lamm Gottes, du nimmst hinweg die Sünde der Welt;
A Herr, erhöre uns.
V Lamm Gottes, du nimmst hinweg die Sünde der Welt;
A Herr, erbarme dich.

Lasset uns beten. – Barmherziger Gott, du hilfst deinen Dienern in ihrer Not und erhörst ihr Bitten. Wir danken dir,
denn du hast uns Barmherzigkeit erwiesen. Bewahre uns vor
Unheil und schenke uns Freude in deinem Dienst. Durch
Christus, unsern Herrn. A Amen.

Namen-Gottes-Litanei   763

Der folgende Gebetstext hat einen anderen Charakter als die tra-
ditionellen Litaneien. Er ist eine Betrachtung, bei der man am besten nach den einzelnen Abschnitten kurze Zeit Stille hält.
a und b bedeuten zwei Gruppen, zwei Vorbeter oder rechte und
linke Seite.

V Unsere Hilfe ist im Namen des Herrn,   1
A der Himmel und Erde gemacht hat.
V Sein Name wird angerufen in jedem Augenblick,
   a bei allen Völkern,
   b in allen Sprachen der Erde,
V Unsere Hilfe ist im Namen des Herrn,
A der Himmel und Erde gemacht hat.
V So wird zu ihm gerufen:
   a Gott, Jahwe, Theós, Déus,
   b Bósche, God, Dieu.
V Gott mit tausend Namen, von denen jeder dich nennt
   und keiner dich faßt.
A Dein Name werde geheiligt,
V nicht verschwiegen,
   a sondern geredet und geschrien,
   b gedacht und aufgeschrieben,
   a b gerufen und gesungen.
A Dein Name werde geheiligt.   STILLE

V Höchster   2
   a Lebendiger
   b Vater
   a Herr
   b Schöpfer der Welt
   a Herrscher über das All
   b Dreifaltiger

(763) V Heiliger
     a Heiliger Starker
     b Heiliger Unsterblicher
     a Anfang und Ende
     b Höhe und Tiefe
     a Licht, Fels, Burg, König, Hirt
     b Säule von Feuer, wandernde Wolke
   V Gott in tausend Bildern, von denen keines dich beschreibt.
   A Dein Name werde geheiligt,
     a nicht mißbraucht,
     b nicht im Gerede verschwendet,
     a b sondern angebetet.
   A Dein Name werde geheiligt.   STILLE

3   V Name aller Namen
     a Gott Abrahams, Isaaks und Jakobs
     b Gott deines Volkes
     a Gott unsrer Ahnen
     b Gott unsrer Kinder
     a Lieber Gott
     b Gott im Himmel
     a in unzugänglichem Licht
     b in unsrer Mitte
     a mitten in uns
     b ausgeliefert unserer Laune
     a ausgeliefert unserm Spott
     b ausgeliefert unserm Schweigen
     a ausgeliefert unserm Reden
   A Dein Name werde geheiligt,
   V nicht ausgelöscht,
     a sondern weitergesagt an die Kinder unsrer Kinder.
     b Deine Gegenwart – eine Botschaft, die nicht stirbt.
   A Dein Name werde geheiligt.   STILLE

V Gott, wir bitten dich: (763)
   Mit deiner Treue   A bleibe bei uns, Herr.   4
   mit dem Schatten deiner Flügel
   mit deinen Engeln
   mit deinen Wundern
   den Sinn deiner Worte   A laß uns erfahren, Herr.
   daß du uns erhörst
   in der Einsamkeit   A zeige dich, Gott.
   in Augenblicken des Glücks
   im Leiden
   im Tod
   in einer Welt ohne Gott
   in allem, was sich ereignet
V Du unser Heil
   a unser Befreier
   b unsere Hoffnung
   a unsere Zuflucht
   b unsere Freude
A Dein Name werde geheiligt.
   a Deine Gegenwart – eine Botschaft, die nicht stirbt,
   b eingeprägt unsren Herzen.

V Hört die Worte, die uns überliefert sind: 5
   Kein Mensch hat Gott je gesehen. Der einzige Sohn, der
   im Schoß des Vaters ist, der hat Kunde von ihm gebracht.
   Wer ihn sieht, sieht den Vater.
V Lamm Gottes, du nimmst hinweg die Sünde der Welt;
A Herr, verschone uns.
V Lamm Gottes, du nimmst hinweg die Sünde der Welt;
A Herr, erhöre uns.
V Lamm Gottes, du nimmst hinweg die Sünde der Welt;
A Herr, erbarme dich.

Litanei von der Gegenwart Gottes   **764**

Die folgende Litanei wird wie die Psalmen in der Vesper gesungen: entweder abwechselnd zwischen zwei Seiten oder abwechselnd zwischen Vorsänger bzw. Chor und allen.

(764)
1

1. Sei hier zu-ge- - gen, Licht uns-res Le- - bens.

2. Sei hier zugegen | in unsrer Mitte.
3. Lös unsre Blindheit, | daß wir dich sehen.
4. Mach unsre Sinne | wach für dein Kommen.
5. Zeig deine Nähe, | daß wir dich spüren.
6. Weck deine Stärke, | komm und befreie uns.

2

7. Sei hier zu-ge- - gen, da-mit wir le- - ben.

8. Sei hier zugegen, | stark wie ein Feuer.
9. Flamme und Leben, | Gott bei den Menschen.
10. Komm und befreie uns, | damit wir leben.
11. Komm uns zu retten wie | Licht in der Frühe.
12. Komm wie der helle Tag, | Licht unsern Augen.

3

13. Sei hier zu-ge- - gen mit dei-nem Le- - ben,

14. in unsrer Mitte, | Gott bei den Menschen.
15. Herr aller Mächte, | Gott für die Menschen.
16. Zeig uns dein Angesicht, | gib uns das Leben.
17. Oder bist du, o Gott, | ein Gott der Toten?
18. Komm, sei uns nahe, | damit wir leben.

4

19. O-der bist du, __ o Gott, kein Gott der Men - schen?

20. Komm und erleuchte uns, | komm und befreie uns.
21. Du Licht am Morgen, | komm und befreie uns.
22. Gott für uns alle, | heute und morgen.
23. Tausend Geschlechter | währt deine Treue.
24. Du bist auch heute ein | Gott für die Menschen.

(764)
5

25. Du bist uns na - he seit Men-schen-ge-den - ken.

26. Gott, du bist heilig. | Wer kann dich sehen?
27. Unendlich fern von uns | und doch so nahe.
28. Doch du bist nicht der Gott, | den wir uns denken;
29. läßt dich nicht finden, | bist wie ein Fremder,
30. und deine Torheit ist | weiser als Menschen.

6

31. Und dei-ne Ohn - macht ist stär-ker als Men - schen.

32. Wer bist du, Gott? | Wie ist dein Name?
33. Heiliger Gott, un - - | sterblicher Gott.
34. Sei hier zugegen, | laß uns nicht sterben.
35. Gott, was ist ohne dich | für mich der Himmel?
36. Gib deinen Namen uns, ein | Zeichen des Lebens.

7

37. Wenn du nicht da — bist, was soll ich auf Er - den?

38. Sei du uns gnädig | und hab Erbarmen.
39. Sei unser Atem, sei | Blut in den Adern.
40. Sei unsre Zukunft, | sei unser Vater.
41. Denn in dir leben wir, | in dir bestehen wir.
42. In deinem Licht | können wir sehen.

8

43. Sei du uns gnä - - dig und laß uns hof - - fen.

44. Denn du bist Gott, warum | müssen wir sterben?
45. Denn nicht die Toten | sprechen von dir,
46. die Toten alle | in ihrer Stille.
47. Doch wir, die leben, | rufen nach dir
48. an diesem Tag, | in dieser Nacht,

(764)
9

49. schrein dei-nen Na - men und wollen dich se - hen,

50. warten auf dich,	wissen es selber nicht,
51. wollen dich sehen	wirklich und nahe.
52. Alle die Lebenden	warten und hoffen.
53. Tu deine Hand auf, so	sind wir gesättigt.
54. Kehr dich nicht ab von uns.	Laß uns nicht sterben.

10

55. Laß uns nicht fal - - len zu-rück in den Staub. ___

56. Send deinen Geist aus,	Neues zu schaffen.
57. Flamme des Lebens,	Licht unsres Lichtes.
58. Send deinen Geist aus,	neu uns zu schaffen.
59. Tiefe des Herzens,	Licht unsres Lichtes.
60. Send deinen Geist aus,	neu uns zu schaffen.

11

61. Gib die-ser Er - - de ein neu-es An - ge-sicht.

62. Mit allen Menschen,	wo sie auch leben,
63. mit all den Menschen,	die je geboren,
64. mit all den Vielen,	die niemand zählen kann,
65. rufen wir dich:	Sei hier zugegen.
66. In dieser Stunde,	Gott, sei uns nahe.

12

67. An die-sem Ort ___ sei un-ser Frie - - de.

68. In unsern Häusern	wohne der Friede.
69. Auf unsern Tischen	Brot für den Frieden.
70. Für unsre Kinder	sei du die Zukunft.
71. Licht der Verheißung,	Menschen in Frieden.
72. Wie lange müssen wir	noch auf dich warten?

13

73. Er-schei-ne wie - - der und schaf-fe den Frie - den.

74. Wie lange müssen wir | noch auf dich warten?
75. Erscheine wieder, da - - | mit wir bestehen.
76. Licht, das uns leuchtet, | gib neues Leben.
77. Wie lange müssen wir | noch auf dich warten?
78. Licht, das uns leuchtet, | Licht unsres Lebens.
79. Auf dich vertrauen wir, | auf den Lebendigen.
80. Könntest du jemals Ver - | trauen enttäuschen?

T: Huub Oosterhuis, Übertragung Lothar Zenetti   M: Bernard Huijbers

Jesus-Litanei   **765**

I   V/A Herr, erbarme dich.   II   V Christus, höre uns.   **1**
     V/A Christus, erbarme dich.   A Christus, erhöre uns.
     V/A ·Herr, erbarme dich.

III   V Gott Vater im Himmel,   A erbarme dich unser.
          Gott Sohn, Erlöser der Welt
          Gott Heiliger Geist
          Heiliger dreifaltiger Gott

       V Jesus, Sohn des lebendigen Gottes,   A erbarme dich   **2**
          Jesus, Bild des Vaters   unser.
          Jesus, Sohn der Jungfrau Maria
          Jesus, Strahl des ewigen Lichtes
          Jesus, Gott und Mensch

          Jesus, Verkünder des Reiches Gottes
          Jesus, Fürst des Friedens
          Jesus, ewige Weisheit
          Jesus, lebendiges Wort
          Jesus, Hoherpriester

          Jesus, Menschensohn
          Jesus, gerechter Richter
          Jesus, Vater der Zukunft
          Jesus, unser König

(765)

Du gehorsamer Jesus
Du geduldiger Jesus
Du eifernder Jesus
Du mutiger Jesus
Du liebender Jesus

Jesus, unser Herr
Unser Heiland
Unser Erlöser
Unser Freund
Unser Lehrer
Unser Vorbild

Jesus, Bruder der Armen
Jesus, Freund der Sünder
Jesus, Hilfe der Kranken
Jesus, guter Hirt

Jesus, du Grundstein
Jesus, du Weizenkorn
Jesus, du Weinstock
Jesus, Brot, von dem wir leben
Jesus, Licht, durch das wir sehen
Jesus, Weg, auf dem wir gehen
Jesus, Wahrheit, die wir glauben
Jesus, Tür, durch die wir gehen
Jesus, unser Leben

3 V Jesus, sei uns gnädig, A Herr, befreie uns.
Sei uns barmherzig
Von allem Bösen
Von Schuld und Sünde
Von den Angriffen des Teufels
Von der Versuchung, deinen Weg zu verlassen
Vom ewigen Tode

Durch deine Geburt und dein Leben
Durch deine Botschaft
Durch dein Gebot der Liebe
Durch deine Macht, zu vergeben
Durch deine Kraft, zu heilen

Durch dein Kreuz und Leiden   (765)
Durch deine Verlassenheit
Durch deinen Tod am Kreuze
Durch deinen Abstieg in das Reich des Todes
Durch deine Auferstehung und Himmelfahrt
Durch den Trost des Heiligen Geistes
Durch deine Gegenwart
Durch deine Wiederkunft

V Lamm Gottes, du nimmst hinweg die Sünde der Welt;   4
A Herr, verschone uns.
V Lamm Gottes, du nimmst hinweg die Sünde der Welt;
A Herr, erhöre uns.
V Lamm Gottes, du nimmst hinweg die Sünde der Welt;
A Herr, erbarme dich.

V So spricht Jesus: Ich bin das Brot des Lebens. Wer zu mir   5
kommt, wird nicht hungern, und wer an mich glaubt, wird
nicht mehr durstig sein.
A Ich bin das Licht der Welt. / Wer mir nachfolgt, wird nicht
im Finstern wandeln, / sondern das Licht des Lebens haben.
V Ich bin die Tür. Wer durch mich eingeht, wird gerettet.
A Ich bin der gute Hirt. / Ich kenne die Meinen und die
Meinen kennen mich.
V Ich bin die Auferstehung und das Leben. Wer an mich
glaubt, wird leben, auch wenn er stirbt.
A Ich bin der Weg, die Wahrheit und das Leben. / Niemand
kommt zum Vater, außer durch mich.
V Ich bin der Weinstock, ihr seid die Rebzweige.
A Wer in mir bleibt und in wem ich bleibe, / der bringt
reiche Frucht.

Lasset uns beten. – Herr Jesus Christus, wir bitten dich:
Erhalte in uns den Glauben, daß deine Worte sich an uns
erfüllen. Gib uns das Feuer deiner Liebe, so daß wir dich
und unsere Mitmenschen aufrichtig lieben können, und laß
uns nicht aufhören, deinen Namen anzurufen. Der du lebst
und herrschst jetzt und in Ewigkeit.   A **Amen.**

766 Litanei vom Leiden Jesu

1

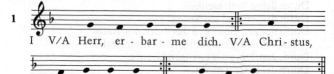

I V/A Herr, er-bar-me dich. V/A Chri-stus,

er-bar-me dich. V/A Herr, er-bar-me dich.

2

II V Christus, hö-re uns. A Christus, er-hö-re uns.

3

III V Gott Va-ter im Himmel, A er-bar-me dich un-ser.

> Gott Sohn, Erlöser der Welt
> Gott Heiliger Geist
> Heiliger dreifaltiger Gott

4

V Jesus, Mann der Schmerzen, Hoherpriester des

neu-en Bundes, Lamm Gottes, du nimmst hinweg die

Sün-de der Welt, A er-bar-me dich un-ser.

V Jesus, am Ölberg bis zum Tode betrübt,
mit blutigem Schweiß bedeckt,
ergeben in den Willen des Vaters,
du nimmst hinweg die Sünde der Welt,
A erbarme dich unser.

V Jesus, von Judas verraten,
von den Jüngern verlassen,
von Petrus verleugnet, du nimmst . . .

V Jesus, der Freiheit beraubt,
von Geißelhieben zerschlagen,
mit Dornen gekrönt und verspottet, –

V Jesus, von falschen Zeugen angeklagt,
vom Hohen Rat verworfen,
verurteilt zum Tode, –

V Jesus, mit dem Kreuz beladen,
wie ein Lamm zur Schlachtbank geführt,
gestürzt unter der Last des Kreuzes, –

V Jesus, der Kleider beraubt,
ans Kreuz geschlagen,
zu den Verbrechern gezählt, –

V Jesus, vom Durst gequält,
mit Galle und Essig getränkt,
in Verlassenheit gestoßen, –

V Jesus, gehorsam bis zum Tod,
am Kreuz gestorben,
von der Lanze durchbohrt, –

V Jesus, ins Grab gelegt,
abgestiegen in das Reich des Todes,
auferstanden in Herrlichkeit, –

V/A Im Kreuz ist Heil, im Kreuz ist Leben, im Kreuz ist Hoff-nung.

(766)
5

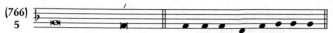

V Wir armen Sünder, A wir bit-ten dich, er-hö-re uns.

Führe uns durch dein Leiden zu Umkehr und Buße
Befrei uns von unsern Sünden
Mach uns bereit, dir zu folgen
Hilf uns, unser Kreuz zu tragen
Gib uns Geduld im Leiden
Schenke den Kranken Gesundheit
Führe uns durch das Kreuz zur ewigen Freude
Laß die Verstorbenen bei dir im Paradiese sein
Führe die Welt zur Vollendung

V/A Im Kreuz ist Heil, im Kreuz ist Leben,
im Kreuz ist Hoffnung.

6

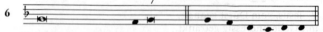

V Daß wir einander verzeihen, A hilf uns, wir bitten dich.

Daß wir den Feinden vergeben
Daß wir dir auf dem Weg der Gewaltlosigkeit folgen
Daß wir dich in jedem Menschen erkennen
Daß wir die Verachteten annehmen als Brüder
Daß wir in den Geschlagenen dein Antlitz erkennen
Daß wir die erlösende Kraft deines Leidens erfahren
Daß wir nicht aufhören zu hoffen

V/A Im Kreuz ist Heil, im Kreuz ist Leben,
im Kreuz ist Hoffnung.

Lasset uns beten. — Allmächtiger und barmherziger Gott,
durch das heilbringende Leiden und Sterben deines Sohnes
hast du uns neu geschaffen; wir bitten dich: erhalte in uns
das Werk deines Erbarmens, durch ihn, Christus, unsern
Herrn. A Amen.

Litanei vom Heiligsten Sakrament   **767**

I   V/A   Herr, erbarme dich.   II   V   Christus, höre uns.   **1**
    V/A   Christus, erbarme dich.   A   Christus, erhöre uns.
    V/A   Herr, erbarme dich.

III   V   Gott Vater im Himmel,   A   erbarme dich unser.
         Gott Sohn, Erlöser der Welt
         Gott Heiliger-Geist
         Heiliger dreifaltiger Gott

      V   Christus, du Brot des Lebens,   A   erbarme dich unser.   **2**
         Du Gott und Mensch
         Du Verborgener
         Du in unsrer Mitte
         Du Osterlamm
         Du Opfer für die Welt
         Du Quelle der Gnade
         Du unsere Nahrung
         Du unsere Freude
         Du Heil der Kranken
         Du Trost der Trauernden
         Du Kraft der Sterbenden
         Du unsere Hoffnung
         Du Brot vom Himmel

      V   Durch deinen Leib, der für uns geopfert ist,   **3**
                                   A   Herr, befreie uns.
         Durch dein Blut, das für uns vergossen ist
         Durch dieses Zeichen deiner Liebe
         Durch dieses Zeichen deiner Treue
         Durch deine Auferstehung und Himmelfahrt
         Durch deine Gegenwart
         Bei deiner Wiederkunft

      V   Wir armen Sünder,   A   wir bitten dich, erhöre uns.   **4**
         Daß wir stark werden im Glauben
         Daß wir deinen Tod verkünden
         Daß wir deine Auferstehung preisen
         Daß wir nach deinem Mahl verlangen
         Daß wir an deinem Tisch vereint sind

Daß keiner von uns dich verraten wird
Daß wir deinen Weg erkennen
Daß wir den Weg gehen in der Kraft deiner Speise
Führe uns zum Hochzeitsmahl des ewigen Lebens

5 V Lamm Gottes, du nimmst hinweg die Sünde der Welt;
A Herr, verschone uns.
V Lamm Gottes, du nimmst hinweg die Sünde der Welt;
A Herr, erhöre uns.
V Lamm Gottes, du nimmst hinweg die Sünde der Welt;
A Herr, erbarme dich.

Lasset uns beten. — Herr, unser Gott, in diesem wunderbaren Sakrament feiern wir das Leiden und die Auferstehung deines Sohnes. Laß uns seinen heiligen Leib und sein heiliges Blut so empfangen und verehren, daß uns die Frucht der Erlösung zuteil wird durch Christus, unsern Herrn. A Amen.

768 Herz-Jesu-Litanei

1 I V/A Herr, erbarme dich. II V Christus, höre uns.
   V/A Christus, erbarme dich. A Christus, erhöre uns.
   V/A Herr, erbarme dich.

   III V Gott Vater im Himmel, A erbarme dich unser.
        Gott Sohn, Erlöser der Welt
        Gott Heiliger Geist
        Heiliger dreifaltiger Gott

2 V Du Herz des Sohnes Gottes, A erbarme dich unser.
    Herz Jesu, im Schoß der Jungfrau Maria vom Heiligen Geist gebildet
    Herz Jesu, mit dem Worte Gottes wesenhaft vereinigt
    Herz Jesu, unendlich erhaben
    Herz Jesu, du heiliger Tempel Gottes
    Herz Jesu, du Zelt des Allerhöchsten
    Herz Jesu, du Haus Gottes und Pforte des Himmels
    Herz Jesu, du Feuerherd der Liebe
    Herz Jesu, du Wohnstatt der Gerechtigkeit und Liebe

Du Herz voll Güte und Liebe
Herz Jesu, du Abgrund aller Tugenden
Herz Jesu, würdig allen Lobes
Herz Jesu, du König und Mitte aller Herzen
Herz Jesu, in dem alle Schätze der Weisheit und Erkenntnis sind
Herz Jesu, in dem die ganze Fülle der Gottheit wohnt
Herz Jesu, das dem Vater wohlgefällt
Herz Jesu, aus dessen Gnade wir alle empfangen
Herz Jesu, du Sehnsucht der Schöpfung von Anbeginn

Du Herz, geduldig und voll Erbarmen
Herz Jesu, reich für alle, die dich anrufen
Herz Jesu, du Quell des Lebens und der Heiligkeit
Herz Jesu, du Sühne für unsere Sünden
Herz Jesu, mit Schmach gesättigt
Herz Jesu, wegen unsrer Missetaten zerschlagen
Herz Jesu, bis zum Tode gehorsam

Du Herz, durchbohrt von der Lanze
Herz Jesu, du Quelle allen Trostes
Herz Jesu, unsere Auferstehung und unser Leben
Herz Jesu, unser Friede und unsere Versöhnung
Herz Jesu, du Opferlamm für die Sünder
Herz Jesu, du Rettung aller, die auf dich hoffen
Herz Jesu, du Hoffnung aller, die in dir sterben
Herz Jesu, du Freude aller Heiligen

V Lamm Gottes, du nimmst hinweg die Sünde der Welt;   3
A Herr, verschone uns.
V Lamm Gottes ... A Herr, erhöre uns.
V Lamm Gottes ... A Herr, erbarme dich.

V Jesus, gütig und selbstlos von Herzen,
A bilde unser Herz nach deinem Herzen.

Lasset uns beten. — Gütiger Gott, aus dem geöffneten Herzen
deines Sohnes kommt die Fülle des Erbarmens. Hilf uns, daß
wir seine Liebe nicht ohne Antwort lassen. Darum bitten
wir durch ihn, Christus, unsern Herrn. A Amen.

769 Lauretanische Litanei

1

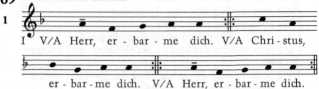

I V/A Herr, er - bar - me dich. V/A Chri - stus,

er - bar - me dich. V/A Herr, er - bar - me dich.

2

II V Christus, hö - re uns. A Christus, er - hö - re uns.

3

III V Gott Vater im <u>Him</u>mel, A er-bar-me dich un-ser.

    Gott Sohn, Erlöser <u>der</u> Welt

    Gott Heilige<u>r</u> Geist

    Heiliger dreifaltige<u>r</u> Gott

4

  V Heili - <u>ge</u> Ma - ri - a, A bit - te für uns.

    Heilige <u>Mut</u>ter Gottes

    Hei<u>li</u>ge Jungfrau

    <u>Mut</u>ter Christi

    Mut<u>ter</u> der Kirche

    Mutter der gött<u>li</u>chen Gnade

    Mut<u>ter</u>, du Reine

    Mut<u>ter</u>, du Keusche

    Mutter <u>ohne</u> Makel

    Mutter, du <u>viel</u> Geliebte

    Mut<u>ter</u>, so wunde<u>r</u>bar

    Mutter des <u>gu</u>ten Rates

    Mutter der <u>schönen</u> Liebe

    Mut<u>ter</u> des Schöpfers

    Mutter <u>des</u> Erlösers

    Du <u>kluge</u> Jungfrau

    Jungfrau, von den Völ<u>kern</u> gepriesen

Jungfrau, mächtig zu helfen
Jungfrau voller Güte
Jungfrau, du Magd des Herrn

V Du Spiegel der Gerechtigkeit,   A bit - te für uns.

Du Sitz der Weisheit
Du Ursache unserer Freude
Du Kelch des Geistes
Du kostbarer Kelch
Du Kelch der Hingabe
Du geheimnisvolle Rose
Du starker Turm Davids
Du elfenbeinerner Turm
Du goldenes Haus
Du Bundeslade Gottes
Du Pforte des Himmels
Du Morgenstern
Du Heil der Kranken
Du Zuflucht der Sünder
Du Trost der Betrübten
Du Hilfe der Christen

V Du Köni - gin der En - gel,   A bit - te für uns.

Du Königin der Patriarchen
Du Königin der Propheten
Du Königin der Apostel
Du Königin der Märtyrer
Du Königin der Bekenner
Du Königin der Jungfrauen
Du Königin aller Heiligen
Du Königin, ohne Erbschuld empfangen
Du Königin, aufgenommen in den Himmel
Du Königin vom heiligen Rosenkranz
Du Königin der Familie
Du Königin des Friedens

7

V Lamm Got - tes, du nimmst hin - weg die
Sün - de der Welt; A Herr, ver - scho - ne uns.

V Lamm Gottes, du nimmst hinweg die Sünde der Welt;
A Herr, erhöre uns.
V Lamm Gottes, du nimmst hinweg die Sünde der Welt;
A Herr, erbarme dich.

Lasset uns beten. — Gütiger Gott, du hast allen Menschen
Maria zur Mutter gegeben; höre auf ihre Fürsprache; nimm
von uns die Traurigkeit dieser Zeit, dereinst aber gib uns
die ewige Freude. Durch Christus, unsern Herrn. A Amen.

770 Litanei für die Verstorbenen

1

I V/A Herr, er - bar - me dich. V/A Chri - stus,
er - bar - me dich. V/A Herr, er - bar - me dich.

2

II V Christus, hö - re uns. A Christus, er - hö - re uns.

3

III V Gott Va-ter im Himmel, A er-bar-me dich un-ser.

Gott Sohn, Erlöser der Welt
Gott Heiliger Geist
Heiliger dreifaltiger Gott

V Heilige Maria, aufgenommen in den Him-mel,

A bit-te(t) für sie (ihn).

> Du unsere Mutter
> Du Zuflucht der Sünder
> Du Trost der Trauernden
>
> Heiliger Josef
> Heiliger Michael
> Heilige(r) N. (Namenspatron des Verstorbenen)
> Ihr Heiligen unseres Landes
> Alle Heiligen Gottes

Melodie Nr. 360,5–6

V Deinen Tod, o Herr, verkünden wir, A und deine Auferstehung preisen wir, bis du kommst in Herrlichkeit.

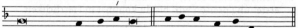

V Jesus, am Kreuz gestorben, A erbarme dich ihrer (seiner).

> Hinabgestiegen zu den Toten
> Auferstanden in Herrlichkeit
> Du Kraft für die Sterbenden
> Du Tür zum Leben und einzige Hoffnung

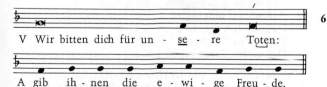

V Wir bitten dich für un-se-re Toten:

A gib ih-nen die e-wi-ge Freu-de.

> Reinige sie von ihrer Schuld
> Ergänze, was ihrem Leben fehlt
> Vollende sie im Reich des Vaters

(770) V Deinen Tod, o Herr, verkünden wir, A und deine Auferstehung preisen wir, bis du kommst in Herrlichkeit.

7

V Jesus, sei <u>uns</u> gnädig: A Herr und Gott, be - frei · e uns.

Sei uns <u>barm</u>herzig
Von al<u>lem</u> Bösen
Von al<u>ler</u> Sünde
Von Haß <u>und</u> Feindschaft
Von der Angst vor <u>dem</u> Tod
Von der Angst vor <u>dem</u> Leben

Durch dein Kreuz <u>und</u> Leiden
Durch die Hingabe dei<u>nes</u> Lebens
Durch dein Blut, das für uns <u>ver</u>gossen ist
Durch deine Auferstehung zu neu<u>em</u> Leben
Durch dein Kommen, das wir <u>er</u>warten

V Deinen Tod, o Herr, verkünden wir, A und deine Auferstehung preisen wir, bis du kommst in Herrlichkeit.

8

V Wir armen <u>Sün</u>der, A wir bit-ten dich, er-hö-re uns.

Daß wir unsere Sünden be<u>reu</u>en
Daß wir einander ver<u>zei</u>hen
Daß wir an dich <u>glau</u>ben
Daß wir auf dich <u>hof</u>fen
Daß wir dich <u>lie</u>ben
Daß wir in dir <u>le</u>ben
Daß unsere Toten bei dir <u>le</u>ben

V Lasset uns beten, wie der Herr uns gelehrt hat:
A Vater unser im Himmel ... Denn dein ist das Reich ...

Melodie Nr. 362, 363, 691

Andachten 771

Die folgenden Andachten sind gedacht als Hilfen für die Gemeinde, die sich an Sonn- und Festtagen und sonstigen Anlässen zum Gebet im Gotteshaus versammelt. Sie wollen ebenso dem gemeinsamen Gebet in Familien und Gruppen dienen wie dem besinnlichen Beten des einzelnen.

Die Abschnitte der Andachten können dabei in verschiedener Weise eingesetzt werden. Man kann eine Andacht nehmen, wie sie vorliegt, oder man wählt einzelne Stücke aus, etwa eines mit dem allgemeinen Thema und dazu eines mit dem Thema des besonderen Anlasses. Auch ein Einzelstück zusammen mit dem Eröffnungs- und Schlußteil oder zusammen mit einer entsprechenden Litanei oder einem Rosenkranzgesätz kann eine Andacht ergeben, ebenso Abschnitte verschiedener Andachten.

Die Andacht wird regelmäßig mit einem geeigneten Lied oder sonstigen Eröffnungsgesang (Invitatórium) begonnen, sie wird vielerorts mit einem Mariengruß abgeschlossen. Die einzelnen Teile jeder Andacht werden durch Gesang, zum Beispiel durch die Strophen eines durchgehenden Liedes, voneinander abgesetzt. Bei einigen Andachten können die Wechselteile gesungen werden.

Der Gebetsteil der Andachten mündet in der Regel aus in das Gebet des Herrn.

Bei entsprechendem Anlaß wird zur Andacht oder zu ihrem Schlußteil das Allerheiligste zur Verehrung ausgesetzt und der sakramentale Segen gegeben.

Andacht im Advent 772

Die großen Antiphonen

Die sieben letzten Tage des Advents sind durch die sogenannten O-Antiphonen ausgezeichnet. Jesus wird unter sieben Titeln angerufen, die dem Messias im Alten Bund gegeben werden. In der folgenden Andacht wird diese Tradition der Kirche aufgegriffen. Man kann auch vom 17. bis 23. Dezember an jedem Tag eine Kurzandacht halten, etwa in der Familie. Dann schließt man jeden Text mit dem Schlußgebet oder mit dem „Engel des Herrn".

(772) V Schon die frühe Kirche hat gerufen: Maranatá, komm, Herr Jesus. Wir wollen uns diesem Ruf anschließen und machen uns die Adventsrufe der Kirche zu eigen, die der Sprache des Alten Testamentes entnommen sind.

Lied Nr. 112, 1. Str.

1 O SAPIENTIA – O WEISHEIT (17. Dezember)

V O Weisheit, hervorgegangen aus Gottes Mund, mächtig wirkst du in aller Welt, und freundlich ordnest du alles. Komm, o Herr, und lehre uns den Weg der Einsicht.

L Die Weisheit ist der Widerschein des ewigen Lichts, der ungetrübte Spiegel von Gottes Kraft, das Bild seiner Vollkommenheit. Sie ist nur eine und vermag doch alles; ohne sich zu ändern, erneuert sie alles. Von Geschlecht zu Geschlecht tritt sie in heilige Seelen ein und schafft Freunde Gottes und Propheten; denn Gott liebt nur den, der mit der Weisheit zusammenwohnt. Sie ist schöner als die Sonne.

(Weish 7,26–29a) STILLE

V Jesus, unser Meister, du Wort des Vaters, hilf uns, daß wir dich verstehen. Ohne dich gehen wir in die Irre.

A Komm, o Herr, / und lehre uns den Weg der Einsicht.

V Erleuchte die Lehrer, Schriftsteller, Journalisten und alle, die andere lehren. Gib ihnen gute Gedanken und den Geist des Friedens.

A Komm, o Herr, / und lehre uns den Weg der Einsicht.

V Hilf allen, die sich mühen, die Unwissenheit so vieler Menschen zu beenden. Hilf den Menschen, falsche Lehren zu erkennen, und verleihe uns die Gabe der Unterscheidung.

A Komm, o Herr, / und lehre uns den Weg der Einsicht.

Lied Nr. 112, 2. Str.

2 O ADONAI – O HERR (18. Dezember)

V O Herr und Fürst des Hauses Israel, du bist dem Mose erschienen in der Flamme des Dornbuschs und gabst ihm das

Gesetz am Sinai. Komm, o Herr, und erlöse uns mit starkem **(772)** Arm.

L Mose sagte zu ganz Israel: Du sollst auf die Stimme des Herrn, deines Gottes, hören und auf seine Gebote und Gesetze achten. Dieses Gebot, auf das ich dich heute verpflichte, geht nicht über deine Kraft und ist nicht fern von dir. Nein, das Wort ist ganz nah bei dir. Es ist in deinem Mund und in deinem Herzen. (Dtn 30,10a.11.14)

STILLE

V Jesus unser Gott, in dir ist das Gesetz des Mose erfüllt. Dein neues Gebot führt uns in die Freiheit.
A Komm, o Herr, / und erlöse uns mit starkem Arm.
V Dein Wort will uns von Haß und Zwietracht befreien. Dein Gesetz offenbart die Güte im Herzen Gottes.
A Komm, o Herr, / und erlöse uns mit starkem Arm.
V Laß die Völker der Erde den Krieg überwinden und mach sie zum neuen Haus Israel, das dein Gesetz befolgt.
A Komm, o Herr, / und erlöse uns mit starkem Arm.

Lied Nr. 112, 3. Str.

O RADIX JESSE – O WURZEL JESSE (19. Dezember) **3**

V O Wurzel Jesse, gesetzt zum Zeichen für die Völker. Vor dir verstummen die Mächtigen, dich rufen die Völker. Komm, o Herr, und erlöse uns; zögere nicht länger.

L An jenem Tag wird der Sproß aus der Wurzel Isais (Jesses) zum Signal für die Nationen; die Völker suchen ihn auf. Er sammelt die vertriebenen Israeliten und führt nach Hause die Zerstreuten Judas von den vier Enden der Erde. (Jes 11,10.12) STILLE

V Herr Jesus, wir sind das neue Israel, das Volk Gottes, das du gerufen hast. Wir sind uneins durch Vorurteile und Streit.
A Komm, o Herr, und erlöse uns, / zögere nicht länger.
V Die Christenheit ist gespalten. Wir können uns allein aus dieser Not nicht befreien.
A Komm, o Herr, und erlöse uns, / zögere nicht länger.

(772) V Die Kirche soll das Zeichen deines Heils unter den Völkern sein. Das kann sie nur, wenn sie dein Wort hält und einig ist.

A Komm, o Herr, und erlöse uns, / zögere nicht länger.

Lied Nr. 112, 4. Str.

4 O CLAVIS DAVID – O SCHLÜSSEL DAVIDS (20. Dezember)

V O Schlüssel Davids und Zepter des Hauses Israel. Du öffnest und niemand schließt, du schließest und niemand öffnet. Komm, o Herr, befreie aus dem Kerker den Gefangenen, der da sitzt in Finsternis und im Schatten des Todes.

L Ich lege ihm den Schlüssel des Hauses David auf die Schulter; was er öffnet, kann niemand verschließen, und was er verschließt, kann niemand mehr öffnen. Ich schlage ihn an einer festen Stelle der Mauer als Nagel ein. – Ich habe ihn geschaffen, den Gefangenen zu sagen: Kommt heraus!, und denen, die in der Finsternis sind: Kommt ans Licht!

(Jes 22,22–23; 49,8–9) STILLE

V Herr Jesus, du hast durch deinen Tod die Tür zum Leben aufgetan, die niemand mehr schließen kann.

A Komm, o Herr, / befreie uns aus der Finsternis / und dem Schatten des Todes.

V Du kannst uns von den Ketten der Schuld befreien. In aller Verstrickung und Anfechtung sehen wir dein Licht.

A Komm, o Herr, / befreie uns aus der Finsternis / und dem Schatten des Todes.

V Du erbarmst dich aller, die im Schatten leben. Du bist auf der Seite der Unterdrückten.

A Komm, o Herr, / befreie uns aus der Finsternis / und dem Schatten des Todes.

Lied Nr. 112, 5. Str.

5 O ORIENS – O AUFGANG (21. Dezember)

V O Aufgang, Glanz des ewigen Lichtes, du Sonne der Gerechtigkeit. Komm, o Herr, und erleuchte uns, die wir sitzen in Finsternis und im Schatten des Todes.

L Ich, der Herr, habe dich gerufen, denn ich handle ge- **(772)**
recht, ich fasse dich an der Hand. Ich habe dich geschaffen
und dazu bestimmt, was ich meinem Volk verhieß, zu vollbringen, und ein Licht für die anderen Völker zu sein: blinde
Augen zu öffnen, Gefangene aus dem Kerker zu holen und
alle, die im Dunkel sitzen, aus ihrer Haft zu befreien.

                                             (Jes 42,6–7)   STILLE

V Herr Jesus, in dir ist der neue Tag aufgegangen, der die
Angst vertreibt und uns alles neu sehen läßt.
A Komm, o Herr, und erleuchte uns.
V Du bist die Sonne der Gerechtigkeit, die uns alles Unrecht
erkennen läßt. Auch unsere bösen Taten machst du offenbar.
A Komm, o Herr, und erleuchte uns.
V Du bist das Licht des Lebens; mach uns zu Kindern des
Lichtes.
A Komm, o Herr, und erleuchte uns.

Lied Nr. 112, 6. Str.

O REX GENTIUM – O KÖNIG DER VÖLKER (22. Dezember)   6

V O König der Völker, den sie alle ersehnen. Du Eckstein,
der das Getrennte eint. Komm, o Herr, und befreie den
Menschen, den du aus Erde geschaffen.

L Ich schaute in den Gesichten der Nacht: Da kam mit den
Wolken des Himmels einer wie ein Menschensohn. Er ge-
langte bis zu dem Hochbetagten und wurde vor ihn geführt.
Ihm wurden Herrschaft und Würde und Königtum gegeben.
Alle Völker, Nationen und Sprachen müssen ihm dienen.
Seine Herrschaft ist eine ewige, unvergängliche Herrschaft.
Sein Reich geht niemals unter.   (Dan 7,13–14)
                                                    STILLE
V Herr Jesus, die Menschen sind wie Schafe, die keinen
Hirten haben. Du bist gekommen, sie zu sammeln und ihnen
Hoffnung zu geben.
A Komm, o Herr, und befreie den Menschen.
V Du rufst die Völker zur Einheit, du bietest ihnen deinen
Frieden an. Du heilst die Risse der Erde.

(772) A Komm, o Herr, und befreie den Menschen.
V Du kommst, Menschensohn, der den Tod besiegt, und bringst uns das Reich des Friedens, das kein Ende kennt.
A Komm, o Herr, und befreie den Menschen.

Lied Nr. 112, 7. Str.

7 O IMMANUEL – O GOTT MIT UNS (23. Dezember)

V O Immanuel, Gott mit uns. Du König und Lehrer, du Sehnsucht der Völker und ihr Heiland. Komm, o Herr, und erlöse uns, Herr, unser Gott.

L Große, gewaltige Wasser bedecken dein Land, Immanuel. – Tobt, ihr Völker! Ihr werdet doch besiegt. Horcht auf, ihr Enden der Erde! Rüstet nur! Ihr werdet doch besiegt. Macht nur Pläne! Sie werden zunichte. Denn Gott ist mit uns. – Das Volk, das im Dunkel lebt, sieht ein helles Licht. Denn uns wurde ein Kind geboren, ein Sohn wurde uns geschenkt. Seine Herrschaft ist groß und der Friede hat kein Ende. (Jes 8,8–10; 9,1.5–6)

STILLE

V Herr Jesus, Gott ist nicht fern. Er ist uns ganz nah in dir. Du bist Immanuel, der „Gott mit uns", den Israel ersehnte.
A Komm, o Herr, und erlöse uns.
V Du bist bei uns. Wenn Gott mit uns ist, wer kann dann gegen uns sein? Wir brauchen uns nicht zu fürchten.
A Komm, o Herr, und erlöse uns.
V Das Reich Gottes ist mitten unter uns. Laß es uns im Glauben erkennen und einst erfahren in der Herrlichkeit.
A Komm, o Herr, und erlöse uns.

Lied Nr. 112, 8. Str.

8 V Lasset uns beten. – Herr, unser Gott, sieh auf uns Menschen, die dem Tod verfallen sind. Wir bitten dich: Rette uns durch die Ankunft deines Sohnes, und laß uns zur ewigen Gemeinschaft mit unserm Erlöser gelangen, der mit dir lebt und herrscht in Ewigkeit. A Amen.

(Schlußgesang Nr. 120,2).

V Der Herr ist in unsrer Mitte, er bleibt bei uns, wenn wir
auseinandergehn. Er bleibe bei uns auf unsern Wegen durch
die Tage, dann sind es Wege, die zum Vater führen. Sein
Reich wird kommen und uns retten von Not und Tod.
Es segne euch der allmächtige Gott, der Vater und der Sohn
und der Heilige Geist. A Amen.

Andacht zur Weihnachtszeit   773

HEUTE IST CHRISTUS GEBOREN   1

V Ich verkünde euch eine große Freude: Heute ist der Retter geboren in der Stadt Davids, Christus, der Herr.
A Laßt uns nach Betlehem gehen /
und sehen, was der Herr uns kundgetan.
V Heute leuchtet uns auf der ersehnte Tag; das Heil ist
gekommen, die Erlösung. Heute singen die Engel vom Him-
mel, heute jubeln die Gerechten:
A Ehre sei Gott in der Höhe /
und Friede den Menschen seiner Gnade.
V Das Wort ist Fleisch geworden und hat unter uns gewohnt.
Der herrlich und mächtig als Gott, ist Mensch unter Men-
schen.
A Christus ist uns geboren, /
kommt, wir beten ihn an.
V Welch wunderbarer Tausch, welch große Gabe: Gott wird
Mensch, nimmt an unser Wesen, damit wir von seiner Gott-
heit empfangen. Kinder Gottes sind wir, Christus ist unser
Bruder.
A Für uns Menschen und zu unserm Heil /
ist er vom Himmel gekommen.

(773) GOTT IN JESUS, EINER AUS UNS

2

V Das Wort ist Fleisch geworden, ein Mensch dieser Erde. In allem ist uns Christus gleich, ausgenommen die Sünde.

A Das Wort ist Fleisch geworden /
und hat unter uns gewohnt.

V Herrlich und mächtig als Gott, behielt er die Macht nicht für sich, noch den Glanz seines göttlichen Wesens. Er nimmt die Knechtsgestalt an, um Mensch unter Menschen zu sein.

A Er ist nicht gekommen, sich bedienen zu lassen, /
sondern zu dienen.

V Maria und Josef legten ihn in eine Krippe, weil in der Herberge kein Platz für sie war. Obdachlos ist unser Herr, Gast bei denen, die keine Heimat haben.

A Er kam in sein Eigentum, /
aber die Seinen nahmen ihn nicht auf.

V Herodes trachtete dem Kind nach dem Leben; Jesus wurde ein Verfolgter. Er tut den Willen des Vaters, gehorsam bis zum Tod am Kreuz.

A So hat Gott die Welt geliebt, /
daß er seinen Sohn für uns hingab.

3   **MUTTER DES HERRN**

V Dich, Maria, grüßen wir, erhabene Mutter des Erlösers. Du hast ihn getragen und geboren, den die Welt nicht fassen kann.

A Der Herr hat Großes an dir getan; /
selig preisen dich alle Geschlechter.

V Von Urbeginn, bevor die Erde war, vor aller Zeit bist du erwählt. Kein Geschöpf ist dir an Würde gleich; dein Kind ist Gottes Sohn.

A Gegrüßet seist du, Maria, voll der Gnade, /
der Herr ist mit dir.

V Josef, Sohn Davids, scheue dich nicht, Maria als deine Frau zu dir zu nehmen; denn das Kind, das sie erwartet, ist vom Heiligen Geist.

A Du bist gebenedeit unter den Frauen, /   (773)
und gebenedeit ist die Frucht deines Leibes.
V Du bist die Mutter der Christenheit. Trag unsere Bitten
hin zu ihm, der für uns Mensch geworden. Empfiehl uns
deinem Sohn.
A Dich, Maria, grüßen wir, / erhabene Mutter des Erlösers.

HEILIGE FAMILIE (Sonntag nach Weihnachten)   **4**

V Ein Kind ist uns geboren, ein Sohn ist uns geschenkt.
Es freut sich der Vater des Gerechten; frohlocken darf, die
ihn gebar.
A Wir grüßen euch, /
Jesus, Maria, Josef.
V Sie kehrten nach Galiläa zurück in ihre Stadt Nazaret.
Das Kind wuchs und wurde kräftig. Es galt als Sohn des
Zimmermanns.
A Gott erfüllte ihn mit Weisheit, /
und seine Gnade ruhte auf ihm.
V Ihr kennt die Liebestat unseres Herrn Jesus Christus: er,
der reich war, wurde unseretwegen arm, um uns durch seine
Armut reich zu machen.
A Selig, die arm sind vor Gott; /
ihnen gehört das Himmelreich.
V Vor allem liebt einander, denn die Liebe hält alles zu-
sammen. In eurem Herzen herrsche der Friede Christi, dazu
seid ihr berufen als die Glieder des einen Leibes.
A Erleuchte uns, Herr, durch das Beispiel der Heiligen
Familie. / Lenke unsere Schritte auf den Weg des Friedens.

OFFENBARUNG DURCH DIE WEISEN (6. Januar)   **5**

V Das Licht geht auf über Jerusalem. Der Herr ist uns
erschienen. Weise kommen vom Osten und bringen die
Botschaft vom neugeborenen König.
A Der Herr ist erschienen; / ihr Völker, betet ihn an!

(773) V Der Stern, den sie im Morgenland gesehn, ging vor ihnen her. Sie fanden das Kind und seine Mutter. Sie fielen nieder und beteten an.

A Der Herr ist erschienen; / ihr Völker, betet ihn an!

V Sie kamen nicht mit leeren Händen. Sie brachten ihre Gaben: Gold, Weihrauch und Myrrhe dem Herrscher, Gott und Erlöser.

A Der Herr ist erschienen; / ihr Völker, betet ihn an!

V Er herrscht von Meer zu Meer, vom Strom bis an die Enden der Erde. Durch ihn sollen Segen empfangen alle Völker, ihn sollen sie preisen, jetzt und ewig.

A Der Herr ist erschienen; / ihr Völker, betet ihn an!

6 OFFENBARUNG BEI DER TAUFE (Sonntag nach Erscheinung)

V Der Himmel öffnet sich. Über dem Wasser erklingt die Stimme des Vaters, leuchtet des Sohnes Herrlichkeit, spendet Leben die Liebe des Heiligen Geistes.

A Dieser ist mein geliebter Sohn, /
an ihm habe ich meine Freude. / Ihn sollt ihr hören.

V Johannes tauft den Herrn, der Knecht den Meister. Die Wasserquellen werden geheiligt, da Christus dem Erdkreis erscheint.

A Kommt und schöpft lebendiges Wasser /
aus den Quellen des Heils.

V Christus wird im Jordan getauft, und die ganze Welt wird geheilt. Aus Wasser und Geist wird ein neues Volk geboren.

A Er hat uns aus der Finsternis in sein wunderbares Licht berufen.

V Der Täufer bezeugt das Lamm Gottes, das hinwegnimmt die Schuld der Welt. Christus hat uns geliebt und uns reingewaschen in seinem Blut.

A Freut euch, ihr Getauften; /
ihr seid für Gottes Reich erwählt.

DARSTELLUNG DES HERRN (2. Februar)   **(773)**
                                                               7

V Seht, zu seinem Tempel kommt der Herr, freu dich und
juble, Zion. Schmücke dein Brautgemach, eile dem Herrn
entgegen.
A Volk Gottes, mach dich bereit. /
Christus, den König, nimm auf.
V Maria, die heilige Jungfrau, geht zum Tempel; sie weiht
ihr Kind Gott, dem Herrn. Simeon wird erfüllt vom Heiligen
Geist, er nimmt es in seine Arme und preist Gott.
A Meine Augen haben das Heil gesehen, /
das du vor allen Völkern bereitet hast.
V Nun läßt du, Herr, deinen Knecht, wie du gesagt hast,
in Frieden scheiden. Denn meine Augen haben das Heil
gesehen, das du vor allen Völkern bereitet hast.
A Ein Licht, das die Heiden erleuchtet, /
und Herrlichkeit für dein Volk Israel.
V Lobsinget dem Herrn, denn Großes hat er getan! Kund
sei es auf der ganzen Erde! Jauchzt und jubelt, ihr Bewohner
der heiligen Stadt. Denn groß ist in eurer Mitte der Heilige
Israels.
A Kundgemacht hat der Herr sein Heil, /
das er vor allen Völkern bereitet.

774 Andacht für die Fastenzeit

1 ERÖFFNUNG

V Es heißt beim Propheten: Zur rechten Zeit erhöre ich dich; am Tag des Heils komme ich dir zu Hilfe.
A Jetzt ist sie da, die rechte Zeit; / jetzt ist er da, der Tag des Heils.
V Wir bitten euch an Christi Statt: Laßt euch mit Gott versöhnen! Er hat den, der die Sünde nicht kannte, für uns zur Sünde gemacht, damit wir in ihm Gerechtigkeit Gottes würden.
A Jetzt ist sie da, die rechte Zeit; / jetzt ist er da, der Tag des Heils.
V Wach auf, Schläfer, und steh auf von den Toten, und Christus wird dein Licht sein.
A Jetzt ist sie da, die rechte Zeit; / jetzt ist er da, der Tag des Heils.

L Jahr für Jahr lädt uns die Kirche in der Fastenzeit ein, daß wir uns rüsten für die Feier von Tod und Auferstehung des Herrn. Sie ruft uns vor allem zur Umkehr und zur Erneuerung unseres christlichen Lebens durch das Wort Gottes. Sie mahnt uns in dieser Zeit zum Gebet und zu Werken der Liebe, sie ruft uns zu den Sakramenten, die das Leben der Gnade in uns erneuern. So führt uns Gott durch Buße und Entsagung zur österlichen Freude.

V Lasset uns beten. — Herr, unser Gott, deine Gnade komme uns zuvor und begleite uns, damit alles, was wir tun, von dir seinen Anfang nehme und durch dich vollendet werde. Durch Christus, unsern Herrn.   A Amen.

2 RUF ZUR UMKEHR (1. Sonntag)

L So spricht der Prophet: Werft alle Vergehen von euch, mit denen ihr euch belastet habt! Schafft euch ein neues Herz und einen neuen Geist. Warum wollt ihr sterben? Ich habe doch kein Gefallen am Tod des Menschen; Wort Gottes des Herrn. Kehrt um, damit ihr lebt. —   (Ez 18,31–32)

L So spricht der Apostel: Legt den alten Menschen ab und erneuert euren Geist und Sinn! Zieht den neuen Menschen an, der nach Gottes Bild geschaffen ist, damit ihr wahrhaft gerecht und heilig lebt. —   (Eph 4,22a. 23–24)

L So spricht Jesus: Die Zeit ist erfüllt, und das Reich Gottes ist nahe. Bekehrt euch und glaubt an das Evangelium.
    (Mk 1,15)

STILLE

V Hört auf die Stimme des Herrn, verschließt ihm nicht das Herz.
A Hört auf die Stimme des Herrn, / verschließt ihm nicht das Herz.
V Wir gehen viele Wege, die in die Irre führen. Der Herr ruft uns auf den Weg, der zum Leben führt.
A Hört auf die Stimme des Herrn, / verschließt ihm nicht das Herz.
V Wir hören viele Worte, die uns betrügen und belügen. Der Herr sagt uns das Wort der Wahrheit, das Wort aus dem Munde Gottes, von dem wir leben können.
A Hört auf die Stimme des Herrn, / verschließt ihm nicht das Herz.
V Wir sehen viele Lichter, die uns täuschen und verführen. Der Herr ruft uns, ihm zu folgen; er ist das Licht. Wer ihm nachfolgt, wird das Licht des Lebens haben.
A Hört auf die Stimme des Herrn, / verschließt ihm nicht das Herz.

V Lasset uns beten. – Herr Jesus Christus, du hast gesagt: Ich bin der Weg, die Wahrheit und das Leben; wer mir folgt, bleibt nicht im Finstern.
A Hilf uns, daß wir uns zu dir bekehren und neue Menschen werden. / Denn du bist unser Herr und Meister, / dich preisen wir in Ewigkeit. Amen.

(774) KAMPF GEGEN DAS BÖSE (2. Sonntag)

3 V Wer getauft ist, ist für die Sünde tot. Daher darf uns das Böse nicht unentschieden und gleichgültig lassen. In der Auseinandersetzung, die durch alle Zeiten und alle Länder, alle Gemeinschaften und durch jedes einzelne Menschenherz geht, sollen wir auf der Seite des Guten stehen.

L Vergeltet nicht Böses mit Bösem, sondern seid allen Menschen gegenüber auf das Gute bedacht.

A Wir wollen Gott den Herrn anbeten und ihm allein dienen.

V Wir sind in der Firmung mit der Kraft Gottes ausgerüstet worden. Der Geist des Herrn macht uns fähig, dem Bösen zu widerstehen.

L Laß dich nicht vom Bösen besiegen, sondern besiege das Böse mit dem Guten.

A Wir wollen Gott den Herrn anbeten und ihm allein dienen.

V Die Kommunion verbindet uns mit Christus und untereinander. Diese Gemeinschaft erneuert in uns die Kräfte des Guten.

L Achtet darauf, daß ihr die Gabe Gottes nicht vergeblich empfangt.

A Wir wollen Gott den Herrn anbeten und ihm allein dienen.

V Die Buße schenkt uns Gottes Vergebung. Wir können wieder neu beginnen.

L Die Stunde ist gekommen, vom Schlaf aufzustehen. Denn jetzt ist das Heil näher als zu der Zeit, da wir gläubig wurden.

A Wir wollen Gott den Herrn anbeten und ihm allein dienen.   STILLE

L Der Apostel mahnt uns, die Gaben Gottes im Kampf gegen das Böse einzusetzen: Seid standhaft und gürtet euch mit der Wahrheit; legt als Panzer die Gerechtigkeit an, und zieht als Schuhe die Bereitschaft an, für das Evangelium vom Frieden zu kämpfen! Vor allem greift zum Schild des Glaubens! Mit ihm könnt ihr alle feurigen Geschosse des

Bösen auslöschen. Nehmt den Helm des Heils und das **(774)**
Schwert des Geistes, das ist das Wort Gottes. Hört nicht
auf zu beten! Betet jederzeit im Geist; seid wachsam, harrt
aus und bittet für alle Heiligen.   (Eph 6,14–18)

V Wir beten um die Gabe der Unterscheidung und um
die Erkenntnis des Guten.
A Herr, sende uns den Geist der Erkenntnis.
V Wir beten um die Kraft, dem Bösen zu widerstehen.
A Herr, sende uns den Geist der Stärke.
V Wir bitten, daß wir den Glanz des Guten vor der Welt
sichtbar machen können.
A Herr, sende uns den Geist der Heiligkeit.

ERNEUERUNG DER TAUFE (3. Sonntag)   **4**

L Der Engel Gottes führte mich zum Eingang des Tempels,
und ich sah, wie unter der Tempelschwelle Wasser hervor-
strömte und nach Osten floß. Er sagte zu mir: Dieses
Wasser fließt in das Meer des schmutzigen Wassers. So
wird das Wasser gesund. Wohin der Fluß kommt, dort
bleibt alles am Leben.   (Ez 47,1.8–9)
V Wir preisen dich, Gott, allmächtiger Vater; denn du hast
das Wasser geschaffen, damit es reinigt und belebt. In der
Taufe ist es ein Zeichen, daß wir gereinigt werden von aller
Schuld.
A Wir loben dich, wir preisen dich. —

L An beiden Ufern des Flusses wachsen alle Arten von
Obstbäumen. Ihr Laub wird nicht welken und sie werden
nie ohne Frucht sein. Jeden Monat tragen sie frische Früch-
te, denn das Wasser des Flusses kommt aus dem Heiligtum.
                                                      (Ez 47,12)
V Wir preisen dich, Gott, allmächtiger Vater; denn du hast
uns im Wasser der Taufe zu neuem Leben geboren. In der
Kraft deines Geistes dürfen wir Frucht bringen für dein
Reich.
A Wir loben dich, wir preisen dich. —

(774) L Jesus sagt: Wer das Wasser trinkt, das ich ihm geben werde, wird nicht mehr durstig sein; vielmehr wird das Wasser, das ich ihm gebe, in ihm zur Quelle werden, die Wasser für das ewige Leben ausströmt.   (Joh 4,14)

V Wir preisen dich, Gott, allmächtiger Vater; denn du läßt uns trinken aus den Quellen des Heiles und stillst unseren Durst nach Leben.

A Wir loben dich, wir preisen dich. —

L Das Wort des Herrn erging an mich: Ich sammle euch aus allen Ländern. Ich gieße reines Wasser über euch, damit ihr rein werdet. Ich schenke euch ein neues Herz und gebe euch einen neuen Geist. Ihr werdet mein Volk sein, und ich werde euer Gott sein.   (Ez 36,24–26.28)

V Wir preisen dich, Gott, allmächtiger Vater; denn du hast uns in deinem Sohn Jesus Christus zu deinem Volk geeint. Aus seiner geöffneten Seite sind Blut und Wasser geflossen zum Zeichen, daß aus seinem Tod und seiner Auferstehung die Kirche hervorgehen sollte.

A Wir sind in einem Geist zu einem Leib getauft.

V Du erfüllst die Getauften mit dem Geist deiner Liebe und machst sie frei. Du sendest sie als Zeugen der frohen Botschaft Christi in die Welt.

A Wir sind in einem Geist zu einem Leib getauft.

V Wir bitten dich: erneuere in uns die Freude, daß wir auf den Namen Jesu, deines Sohnes, getauft sind.

A Erneuere in uns den Glauben, / daß wir neue Menschen geworden sind durch die Taufe.

V Erneuere in uns die Hoffnung auf die Vollendung des Heils, das uns in Christus geschenkt ist.

A Erneuere in uns die Liebe, / die durch den Geist ausgegossen ist in unsere Herzen.

V Denn wir wurden mit Christus begraben durch die Taufe auf seinen Tod, damit auch wir, wie er von den Toten auferweckt wurde, in dieser neuen Wirklichkeit leben.

A Wir preisen dich in Ewigkeit. Amen.

FREUDE AN DER KIRCHE (4. Sonntag)   **(774)**
                                                              5

V Freut euch: wir sind Gottes Volk, erwählt durch seine
Gnade.

A Freut euch: wir sind Gottes Volk, / erwählt durch seine
Gnade.

V Freue dich, Jerusalem; kommt alle zusammen, die ihr
Jerusalem liebt. Die ihr Leid getragen, seid fröhlich von
Herzen. Frohlocket und trinket euch satt an der Quelle
des Trostes, die in Fülle euch fließt.

A Freut euch: wir sind Gottes Volk, / erwählt durch seine
Gnade.

L Dieses Gottesvolk der Zukunft sieht Johannes im Bild
der heiligen Stadt: Der Engel sprach zu mir: Komm! Ich
will dir die Braut zeigen, die Frau des Lammes. Und er
zeigte mir die heilige Stadt Jerusalem, die von Gott aus
dem Himmel herabsteigt in der Herrlichkeit Gottes. Die
Stadt hat zwölf Grundsteine; auf ihnen stehen die zwölf
Namen der zwölf Apostel des Lammes. Die Stadt braucht
weder Sonne noch Mond, die ihr Licht spenden. Denn die
Herrlichkeit Gottes erleuchtet sie, und ihre Leuchte ist das
Lamm. Die Völker werden in ihrem Licht einhergehen.
                                                (Offb 21,9–11.14.23–24)
                                                              STILLE

V Der Herr liebt seine Stadt; sie ist gegründet auf heiligen
Bergen.*
Großes sagt man von dir, du Stadt unseres Gottes.

(r) Jedes Land und jede Stadt *
will ich zu denen zählen, die dich verehren.

(l) Die Völker in allen Ländern der Erde, *
sie alle sind in dir geboren.

(r) Und man wird sagen vom Zion: „Jeder ist dort geboren. *
Der Höchste selbst hat Zion gegründet."

(l) Der Herr wird in das Buch der Völker schreiben: *
„Alle sind dort geboren."

A Und beim Festtanz wird man singen: *
„All meine Quellen entspringen in dir."   (nach Psalm 87)

(774) V Herr Jesus Christus, deine Kirche ist berufen, ein neues Volk zu sein, das unterwegs ist zum himmlischen Jerusalem.

A Laß uns glauben an die Zukunft der Kirche; / laß uns ihr Ziel erkennen.

V Deine Kirche ist berufen, das Zeichen des neuen Jerusalem unter den Völkern zu sein.

A Laß uns eins sein, damit die Welt glaube.

V Deine Kirche ist berufen, bei allen Völkern deine Ankunft vorzubereiten.

A Hilf, daß deine Botschaft an keinem Ort der Erde verstummt.

V Deine Kirche ist auferbaut auf dem Fundament der Apostel.

A Hilf uns, den Glauben zu bewahren / und immer wieder zu erneuern.

V Du liebst deine Kirche bis zur Vollendung.

A Hilf uns, Boten deiner Liebe zu sein.

V Wir glauben an die eine, heilige, katholische und apostolische Kirche.

A Wir erwarten die Auferstehung der Toten / und das Leben der kommenden Welt.

6 DIENST AM NÄCHSTEN (5. Sonntag)

L So spricht der Herr: Das ist ein Fasten, wie ich es liebe: die Fesseln Unschuldiger zu lösen; jedes Joch zu zerbrechen, den Hungrigen dein Brot zu geben, die Armen aufzunehmen, die keine Wohnung haben; wenn du einen Nackten siehst, ihn zu bekleiden und deinen Bruder nicht im Stich zu lassen.   (Jes 58,6–7)

V Denn ich war hungrig, und ihr habt mir zu essen gegeben;

A ich war durstig, / und ihr habt mir zu trinken gegeben;

V ich war obdachlos, und ihr habt mich aufgenommen;   **(774)**
A ich war nackt, / und ihr habt mich bekleidet;
V ich war krank, und ihr habt mich besucht;
A ich war im Gefängnis, / und ihr seid zu mir gekommen.
V Das ist ein Fasten, wie Gott es liebt.
A Was ihr für einen meiner geringsten Brüder getan habt, /
das habt ihr für mich getan.

L Meine Brüder, was nützt es, wenn einer sagt, er habe
Glauben, aber es fehlen die Taten? Wenn ein Bruder oder
eine Schwester ohne Kleidung ist und ohne das tägliche
Brot und einer von euch zu ihnen sagt: Geht in Frieden,
wärmt und sättigt euch, ihr gebt ihnen aber nicht, was der
Körper braucht — was nützt das? So ist auch der Glaube für
sich allein tot, wenn ihm keine Taten folgen.   (Jak 2,14a.15–17)

V Denn ich war hungrig, und ihr habt mir nichts zu essen
gegeben;
A ich war durstig, / und ihr habt mir nichts zu trinken ge-
geben;
V ich war obdachlos, und ihr habt mich nicht aufgenom-
men;
A ich war nackt, / und ihr habt mich nicht bekleidet;
V ich war krank, und ihr habt mich nicht besucht;
A ich war im Gefängnis, / und ihr seid nicht zu mir ge-
kommen.

L Gib dem Hungrigen dein Brot und mach den Darbenden
satt! Dann geht in der Finsternis dein Licht auf. Du gleichst
einem bewässerten Garten, einer nie versiegenden Quelle.
Du baust die uralten Trümmerstätten wieder auf, die
Grundmauern stellst du wieder her.   (Jes 58,10–12)

A Wenn wir unser Antlitz von keinem Armen wenden, /
dann wirst auch du, o Gott, das Antlitz von uns nicht abwenden.   STILLE

(774) V Wir begleiten die Gaben, die wir geben, mit unserer Fürbitte für die Menschen, die in Armut und Unwissenheit leben.

Wir beten für die Völker in Lateinamerika, Afrika, Asien und Ozeanien:

A Herr, befreie sie von Hunger, Krankheit und Krieg.

V Für die Machthaber und die Reichen in den Ländern der Dritten Welt:

A Herr, gib ihnen Einsicht in das, was dem Wohl ihrer Völker dient.

V Für die reichen Völker:

A Herr, laß sie großzügig und klug helfen.

V Für unsere Entwicklungshelfer:

A Herr, mache sie zu Boten des Friedens / und zu Kündern der frohen Botschaft.

V Für uns selbst:

A Herr, laß uns durch unsere Gaben beitragen zum Frieden / und zum Heil der Welt.

V Vater im Himmel, segne die Menschheit, die du erschaffen hast. Führe sie zum Heil durch Christus, unsern Herrn.

A Amen.

7 BEREITSCHAFT ZUM KREUZ (6. Sonntag)

V Das Kreuz ist das Zeichen des Christentums. Es ist das Zeichen unserer Erlösung. Wir sollen zu ihm aufschauen, uns zu ihm bekennen; denn der daran hängt, bringt der Welt das Leben.

A Sei uns gegrüßt, du heiliges Kreuz.

L Der Sohn Gottes stieg herab, und durch den Tod befreite er uns vom Tod. Vom Tod überwältigt, überwältigte er den Tod. Er hängte den Tod am Kreuz auf und befreite uns, die den Tod verdient haben. —— (Augustinus, Johanneskommentar)

V Heiliges Kreuz, an dem der Tod bezwungen.

A Sei uns gegrüßt, du heiliges Kreuz.

L Schon im Alten Bund wird das Kreuz als Zeichen des **(774)**
Lebens angekündigt: Der Herr schickte Giftschlangen unter
das Volk. Sie bissen die Menschen und viele Israeliten star-
ben. Da betete Mose für das Volk. Der Herr antwortete Mose: Mach dir eine Schlange und hänge sie an einer Signalstange auf! Jeder, der gebissen wird, wird am Leben bleiben,
wenn er sie ansieht. Mose machte also eine Schlange aus
Kupfer und hängte sie an einer Signalstange auf. Wenn
nun jemand von einer Schlange gebissen wurde und er zu
der Kupferschlange aufblickte, so blieb er am Leben. —
                                                   (Num 21,6–9)

V Heiliges Kreuz, gepflanzt als Baum des Lebens.
A Sei uns gegrüßt, du heiliges Kreuz.

L Wer ist die erhöhte Schlange? Der Tod des Herrn am
Kreuz. Der Biß der Schlange ist tödlich. Der Tod des Herrn
spendet Leben. Darum wollen wir auf Christus am Kreuz
schauen, um von den Bissen der Sünde geheilt zu werden.
Das Vorbild, die eherne Schlange, bewahrte das irdische
Leben; das Kreuz Christi schenkt ewiges Leben. —
                                   (Augustinus, Johanneskommentar)

V Heiliges Kreuz, Zeichen des Sieges.
A Sei uns gegrüßt, du heiliges Kreuz.

L Jesus sagte zu Nikodemus: Wie Mose die Schlange in der
Wüste erhöht hat, so muß der Menschensohn erhöht werden, damit jeder, der glaubt, in ihm das ewige Leben hat.
Gott hat die Welt so geliebt, daß er seinen einzigen Sohn
hingab, damit jeder, der an ihn glaubt, nicht verlorengeht,
sondern das ewige Leben hat.   (Joh 3,14–15)

V Heiliges Kreuz, Zeichen der Liebe.
A Sei uns gegrüßt, du heiliges Kreuz.   STILLE

V Laßt uns aufschauen zum Herrn, der am Kreuz angenagelt ist. — Das Kreuz verkündet uns, daß wir durch das
Blut Jesu Christi erlöst sind. Der Herr stärke unseren Glauben, daß im Kreuz allein das Heil ist. —

(774) Jesus Christus, für uns am Kreuz gestorben, durch die heilige Wunde deiner rechten Hand

A erbarme dich unser.

V Wenn wir das Kreuzzeichen machen, segnen wir uns und die anderen. Der Herr gebe uns ein bereites Herz, damit wir den Segen nicht vergeblich empfangen. –

Jesus Christus, für uns am Kreuz gestorben, durch die heilige Wunde deiner linken Hand

A erbarme dich unser.

V Das Zeichen des Kreuzes finden wir in den Kirchen, in unseren Wohnungen und an vielen anderen Orten. Der Herr helfe uns, daß wir dem Kreuz in unserem Alltag nicht ausweichen. –

Jesus Christus, für uns am Kreuz gestorben, durch die heilige Wunde deines rechten Fußes

A erbarme dich unser.

V Das Kreuz wird geschmäht und verachtet. Es wird mißbraucht. Der Herr gebe uns die Kraft, uns zu ihm und seinem Kreuz zu bekennen. –

Jesus Christus, für uns am Kreuz gestorben, durch die heilige Wunde deines linken Fußes

A erbarme dich unser.

V Das Zeichen des Kreuzes verkündet uns, daß wir hineingenommen sind in das Geheimnis des Leidens Christi. Der Herr helfe uns, daß wir unser Kreuz auf uns nehmen und ihm nachfolgen. –

Jesus Christus, für uns am Kreuz gestorben, durch die heilige Wunde deiner Seite

A erbarme dich unser.

V Lasset uns beten. – Herr Jesus Christus, Sohn des lebendigen Gottes, dem Willen des Vaters gehorsam hast du im Heiligen Geist durch deinen Tod der Welt das Leben geschenkt; erlöse uns von allen Sünden und allem Bösen. Hilf, daß wir deine Gebote treu erfüllen, und laß nicht zu, daß wir uns jemals von dir trennen, der du lebst und herrschest in Ewigkeit. A Amen.

Der Kreuzweg **775**

V Herr Jesus Christus, wir sind gekommen, um betend deinen Kreuzweg nachzugehen, den du vom Haus des Pilatus bis hinauf nach Golgota gegangen bist.
Dankbar betrachten wir das große Erbarmen, mit dem du unsern Ungehorsam gesühnt und unsere Sünden getilgt hast. In dieses Erbarmen empfehlen wir unsere Lieben und alle Menschen und auch uns selber mit unsern Sünden und unserm Leid.

Heiliger Gott!
Heiliger, starker Gott!
Heiliger, unsterblicher Gott!

A Erbarme dich unser.

1. STATION: Jesus wird zum Tode verurteilt **1**

V Wir beten dich an, Herr Jesus Christus, und preisen dich.
A Denn durch dein heiliges Kreuz hast du die Welt erlöst.
L Der Richter der Welt steht vor dem Gericht der Menschen. Haßerfüllt verlangt die verhetzte Menge seinen Tod. Aus Menschenfurcht fällt Pilatus das ungerechte Urteil. Jesus aber steht gebunden da und schweigt. ——

V Er lästerte nicht, da er gelästert wurde, und drohte nicht, da er litt.
A Er überließ sich dem, der ihn ungerecht verurteilte.
V Er ist geopfert worden, weil er selbst es gewollt hat.
A Seinen Mund hat er nicht aufgetan. STILLE

L Wie oft ziehen wir Menschen Gott auch heute zur Verantwortung, weil seine Gedanken nicht unsere Gedanken, seine Wege nicht unsere Wege sind.
V Herr Jesus, um uns zu retten, hast du das Todesurteil des Pilatus schweigend angenommen. Wir bitten dich:
A Erbarme dich über uns und über die ganze Welt.

(775) **2. STATION: Jesus nimmt das Kreuz auf seine Schultern**

2

V Wir beten dich an, Herr Jesus Christus, und preisen dich.
A Denn durch dein heiliges Kreuz hast du die Welt erlöst.
L Die Soldaten bringen das Kreuz. Freiwillig nimmt es der Herr auf seine Schultern. Er will den bitteren Kelch trinken, den der Vater reicht. ——

V Er hat unsere Krankheiten getragen
A und unsere Schmerzen auf sich geladen.
V Wie ein Lamm ist er zum Schlachten geführt worden.
A Er schwieg wie ein Schaf, / das vor seinem Scherer verstummt.   STILLE

L Nur wer sein Kreuz auf sich nimmt und Jesus nachfolgt, der kann sein Jünger sein, in der Mühsal des Berufes, in der Last der Arbeit, in Kreuz und Leiden.
V Herr Jesus, du hast willig das Kreuz getragen, das die Sünde der Menschen dir auferlegt hat. Wir bitten dich:
A Erbarme dich über uns und über die ganze Welt.

3 **3. STATION: Jesus fällt zum ersten Mal unter dem Kreuz**

V Wir beten dich an, Herr Jesus Christus, und preisen dich.
A Denn durch dein heiliges Kreuz hast du die Welt erlöst.
L Die Last ist schwer, der Weg steinig, der Herr zu Tode ermattet. Er schwankt und fällt. Doch er wird emporgerissen und zum Weitergehen gezwungen. ——

V Wir hielten ihn für gezeichnet, von Gott geschlagen und gebeugt.
A Er wurde durchbohrt wegen unserer Missetaten, / zerschlagen wegen unserer Vergehen.
V Keine Gestalt hatte er und keine Schönheit,
A ein Mann der Schmerzen, mit Krankheit vertraut.   STILLE

L Wie oft versagen wir Menschen in unserm Dienst. Gott aber will, daß wir den ganzen Weg gehen.
V Herr Jesus, du bist nach dem ersten Fall aufgestanden und hast deine Last weitergeschleppt. Wir bitten dich:
A Erbarme dich über uns und über die ganze Welt.

4. STATION: Jesus begegnet seiner Mutter   **(775)**

                                                                    4

V Wir beten dich an, Herr Jesus Christus, und preisen dich.
A Denn durch dein heiliges Kreuz hast du die Welt erlöst.
L Die Mutter steht am Weg, den der Sohn mit seinem
schweren Kreuz geht. Ihre Blicke begegnen sich. Sie erkennt
seine Qual und trägt alles Leid mit ihm. —

V Meine Augen sind dunkel geworden vor Weinen;
A denn fort ging von mir, der mein Tröster war.
V Stark wie der Tod ist die Liebe;
A viele Wasser der Trübsal können sie nicht löschen.
                                                              STILLE

L Noch immer leidet Christus in unserer Welt, in den
Gliedern seines Leibes, in seinen Brüdern und Schwestern.
Mit ihnen leidet Maria, seine und unsere Mutter.
V Herr Jesus, du sahst deine Mutter voller Leid am Kreuz-
weg stehen. Wir bitten dich:
A Erbarme dich über uns und über die ganze Welt.

5. STATION: Simon von Zyrene hilft Jesus das Kreuz tragen   **5**

V Wir beten dich an, Herr Jesus Christus, und preisen dich.
A Denn durch dein heiliges Kreuz hast du die Welt erlöst.
L Der Herr vermag die Kreuzeslast nicht mehr zu tragen.
Da zwingen die Soldaten einen Mann, der vom Feld kommt
und eben vorübergeht, Jesus das Kreuz nachzutragen. —

V Wer mein Jünger sein will, verleugne sich selbst.
A Er nehme sein Kreuz auf sich und folge mir nach.
V Einer trage des anderen Last.
A So erfüllt ihr Christi Gesetz.   STILLE

L Wir Menschen fürchten das Kreuz. Selbst Petrus, der
Jünger Jesu, schreckte davor zurück. Und doch ist in keinem
anderen Zeichen Heil außer im Kreuz.
V Herr Jesus, du hast Simon von Zyrene als Helfer ange-
nommen, mit dir das Kreuz zu tragen. Wir bitten dich:
A Erbarme dich über uns und über die ganze Welt.

(775) 6. STATION: Veronika reicht Jesus das Schweißtuch

6

V Wir beten dich an, Herr Jesus Christus, und preisen dich.
A Denn durch dein heiliges Kreuz hast du die Welt erlöst.
L Veronika sieht Jesu Leid und die Roheit der Soldaten.
Sie fragt nicht, was die Menschen denken. Mutig dringt
sie durch die Menge und bietet dem Herrn das Schweißtuch
dar, in das er sein Antlitz drückt. —

V Zu dir redet mein Herz: ich suche dein Antlitz.
A Zeige uns dein Antlitz, und wir werden gerettet.
V Weise nicht im Zorn deinen Knecht zurück.
A Halte dein Angesicht vor uns nicht verborgen.   STILLE

L Bewegt uns das Leid des andern? Sehen wir Christi zer-
schundenes Angesicht in unsern leidenden Schwestern und
Brüdern?
V Herr Jesus, voll Güte hast du dein heiliges Angesicht im
Schweißtuch der Veronika nachgebildet. Wir bitten dich:
A Erbarme dich über uns und über die ganze Welt.

7 7. STATION: Jesus fällt zum zweiten Mal unter dem Kreuz

V Wir beten dich an, Herr Jesus Christus, und preisen dich.
A Denn durch dein heiliges Kreuz hast du die Welt erlöst.
L Die Schwäche und die Schmerzen des Herrn nehmen immer mehr zu. Er fällt ein zweites Mal, schwerer und
schmerzlicher als zuvor. Mit großer Anstrengung steht er
auf, um sein Opfer zu vollenden. —

V Ich aber bin ein Wurm und kein Mensch.
A Der Leute Spott bin ich und des Volkes Verachtung.
V Alle, die mich sehen, verspotten mich.
A Ihre Lippen höhnen, und sie schütteln den Kopf.   STILLE

L Wie oft fallen wir in die alten Sünden und Fehler; wir
haben keine Kraft und keine Ausdauer im Guten.

V Herr Jesus, im Übermaß der Schmerzen bist du ein zwei- **(775)**
tes Mal für uns unter dem Kreuz zu Boden gesunken. Wir
bitten dich:
A Erbarme dich über uns und über die ganze Welt.

8. STATION: Jesus begegnet den weinenden Frauen **8**

V Wir beten dich an, Herr Jesus Christus, und preisen dich.
A Denn durch dein heiliges Kreuz hast du die Welt erlöst.
L Am Weg stehen Frauen, die den gequälten Herrn be-
weinen. Er aber denkt voll Mitleid an das Unheil, das über
sie kommen wird. —

V Weint nicht über mich.
A Weint über euch und eure Kinder.
V Ihr werdet zu den Bergen sagen: Fallt über uns!
A Und zu den Hügeln: Bedeckt uns! STILLE

L Wir sehen meist nur das äußere Leid und übersehen
die tiefere Not, die von der Sünde kommt. Wir spüren nur
den eigenen Schmerz und übersehen die Not der andern.
V Herr Jesus, mitten im eigenen Leid hast du an all die
kommende Not der Mütter und Kinder deines Volkes gedacht. Wir bitten dich:
A Erbarme dich über uns und über die ganze Welt.

9. STATION: Jesus fällt zum dritten Mal unter dem Kreuz **9**

V Wir beten dich an, Herr Jesus Christus, und preisen dich.
A Denn durch dein heiliges Kreuz hast du die Welt erlöst.
L Der Herr ist zu Tode erschöpft und bricht zum dritten
Mal unter der Last des Kreuzes zusammen. Doch er will
das Werk vollenden, das der Vater ihm aufgetragen hat. So
rafft er sich mit letzter Kraft noch einmal auf. —

V In den Staub gebeugt ist meine Seele.
A Mein Leib ist zu Boden getreten.
V Die Schuld der Menschen hat sich über mich gehäuft.
A Sie drückt mich nieder wie eine schwere Last. STILLE

(775) L Auch wir sind noch nicht am Ziel; wir sind unterwegs, oft einsam und verlassen. Die Stunde, da alles umsonst scheint und uns der letzte Mut verläßt, kann auch für uns kommen.

V Herr Jesus, du bist ein drittes Mal unter der Last unserer Sünden zu Boden gestürzt und hast dich wieder aufgerafft. Wir bitten dich:

A Erbarme dich über uns und über die ganze Welt.

10 10. STATION: Jesus wird seiner Kleider beraubt

V Wir beten dich an, Herr Jesus Christus, und preisen dich.
A Denn durch dein heiliges Kreuz hast du die Welt erlöst.
L Zu Tod ermattet ist der Herr auf dem Kalvarienberg angekommen. Die Soldaten reißen ihm vor allem Volk die Kleider vom Leib, und die Wunden der Geißelung beginnen von neuem zu bluten. —

V Sie teilen unter sich meine Kleider.
A Sie werfen das Los um mein Gewand.
V Von der Fußsohle bis zum Scheitel ist nichts Heiles an mir,
A nur Striemen und Wunden. STILLE

L Wie oft mißachten und verachten wir den andern; wir stellen ihn bloß und lassen nichts Gutes an ihm.
V Herr Jesus, du hast auch die letzte Schmach des Verbrechertodes für uns tragen wollen. Wir bitten dich:
A Erbarme dich über uns und über die ganze Welt.

11 11. STATION: Jesus wird an das Kreuz genagelt

V Wir beten dich an, Herr Jesus Christus, und preisen dich.
A Denn durch dein heiliges Kreuz hast du die Welt erlöst.
L Die Soldaten werfen Jesus zu Boden. Sie durchbohren seine Hände und Füße und schlagen ihn ans Kreuz. Dann richten sie es empor. Jetzt ist das Wort erfüllt: „Wenn ich von der Erde erhöht bin, werde ich alle an mich ziehen." —

V Sie haben meine Hände und Füße durchbohrt.   **(775)**
A Sie haben alle meine Gebeine gezählt.
V Sie haben mir Galle unter die Speise gemischt,
A in meinem Durst mich mit Essig getränkt.   STILLE

L Auch wir sind oft gebunden an Menschen, wir sind ge-
fesselt an Aufgaben, denen wir entrinnen möchten. Christus gibt uns die Kraft, sie in der Freiheit der Liebe zu erfüllen.
V Herr Jesus, du hast dich für uns ans Kreuz nageln lassen.
Wir bitten dich:
A Erbarme dich über uns und über die ganze Welt.

12. STATION: Jesus stirbt am Kreuz   **12**

V Wir beten dich an, Herr Jesus Christus, und preisen dich.
A Denn durch dein heiliges Kreuz hast du die Welt erlöst.
L Der Herr hängt angenagelt am Holz des Kreuzes. Er
betet für seine Peiniger. Um die neunte Stunde schreit er
mit lauter Stimme: „Mein Gott, mein Gott, warum hast du
mich verlassen?" Und sterbend betet er: „Es ist vollbracht.
Vater, in deine Hände befehle ich meinen Geist." ――

V Dein Kreuz, o Herr, verehren wir, und deine heilige
Auferstehung rühmen und preisen wir.
A Denn durch das Holz des Kreuzes / ist Freude gekommen
in alle Welt.
V Der Herr sei uns gnädig und segne uns.
A Er lasse sein Angesicht über uns leuchten / und schenke
uns sein Heil.   STILLE

L Es gibt kein sinnloses Leid mehr für den, der an Christus
glaubt. Auch im tiefsten Abgrund ist der Gekreuzigte bei
ihm.
V Herr Jesus, dem Willen des Vaters gehorsam, bist du
am Kreuz für das Heil der Menschen gestorben. Wir bitten
dich:
A Erbarme dich über uns und über die ganze Welt.

(775) 13. STATION: Jesus wird vom Kreuz abgenommen und in den
13 Schoß seiner Mutter gelegt

V Wir beten dich an, Herr Jesus Christus, und preisen dich.
A Denn durch dein heiliges Kreuz hast du die Welt erlöst.
L Der Herr hat ausgelitten. Josef von Arimatäa hat voll
Trauer und Ehrfurcht den Leib des Herrn vom Kreuz herab-
genommen. Dann legen sie Jesus in den Schoß Mariens,
seiner betrübten Mutter. —

V Ihr alle, die ihr vorüberkommt, gebt acht
A und schaut, ob ein Schmerz dem meinen gleicht.
V Siehe, ich bin die Magd des Herrn.
A Mir geschehe nach deinem Wort.   STILLE

L Auch wir begegnen immer wieder dem Tod. Menschen,
die uns nahestehen, sterben. Der eigene Tod kommt unaus-
weichlich auf uns zu.
V Herr Jesus, dein toter Leib wurde in den Schoß deiner
Mutter gelegt. Wir bitten dich:
A Erbarme dich über uns und über die ganze Welt.

14 14. STATION: Der heilige Leichnam Jesu wird in das Grab gelegt

V Wir beten dich an, Herr Jesus Christus, und preisen dich.
A Denn durch dein heiliges Kreuz hast du die Welt erlöst.
L Sie legen den Leib des Herrn in das Grab; doch der Tod
kann ihn nicht festhalten. Aus dem Grab ersteht das Leben;
die neue Schöpfung ist vollbracht. —

V Wenn das Weizenkorn nicht in die Erde fällt und stirbt,
bleibt es allein.
A Wenn es aber stirbt, / bringt es reiche Frucht.
V Gesät wird in Verweslichkeit, auferweckt in Unverwes-
lichkeit.
A Gesät wird in Schwachheit, / auferweckt in Kraft.   STILLE

L Wir sollen nicht trauern wie die andern, die keine Hoffnung haben. Denn Christus ist auferweckt von den Toten
als Erstling der Entschlafenen. Und wie in Adam alle sterben, so werden in Christus alle lebendig gemacht.

V Herr Jesus, du hast das Schicksal des Grabes mit uns
geteilt; doch am dritten Tag bist du auferstanden von den
Toten. Wir bitten dich:
A Erbarme dich über uns und über die ganze Welt.

V Heiliger Gott!   **15**
Heiliger, starker Gott!
Heiliger, unsterblicher Gott!
A Erbarme dich unser.

GESANG

V Allmächtiger, ewiger Gott, wir danken dir, daß du durch
den Tod und die Auferstehung deines Sohnes unser Leben
erneuert hast. Gib, daß wir durch die Teilnahme am Kreuzweg bereit werden, unser Kreuz geduldig und beharrlich
zu tragen und dir treu zu dienen. Schenke allen, für die
wir gebetet haben, deine Gnade und führe unsere Verstorbenen zur Auferstehung. Durch Christus, unsern Herrn.
A Amen.

Die sieben Worte Jesu am Kreuz   **776**

Eröffnung

Lied Nr. 187, 1. Str.

V Herr, wir wollen die Worte betrachten, die du in der
Stunde deines Todes gesprochen hast.
A Himmel und Erde werden vergehn; / aber deine Worte
werden nicht vergehn.
V Heute, da ihr meine Stimme hört, verschließt nicht euer
Herz.
A Himmel und Erde werden vergehn; / aber deine Worte
werden nicht vergehn.
V Deine Worte, Herr, sind Geist und Leben; du allein
hast Worte des ewigen Lebens.
A Himmel und Erde werden vergehn; / aber deine Worte
werden nicht vergehn.

(776) ERSTES WORT: Vater, vergib ihnen, denn sie wissen nicht, was
1   sie tun

Lied Nr. 187, 2. Str.

L Sie kamen zu der Stelle, die Kalvaria (Schädel) genannt
wird. Dort kreuzigten sie ihn und die Verbrecher, den einen
zur Rechten, den anderen zur Linken. Jesus aber betete:
Vater, vergib ihnen, denn sie wissen nicht, was sie tun.

(Lk 23,33.34a)

V Jesus erlebt das Böse, das Menschen tun, am eigenen
Leib. Soldaten töten ihn auf grausame Weise. Er bittet für
sie um Vergebung. Und er entschuldigt sie vor dem Vater.
Für ihn gehören die Bösen zu den Menschen, die sein
Erbarmen brauchen. Es fehlt ihnen an Erkenntnis. – Auch
wir sollen vergeben und um Vergebung bitten.   STILLE

V Stephanus sah Jesus zur Rechten Gottes und sprach:
Herr, rechne ihnen diese Sünde nicht an.
A Vergib uns unsere Schuld, / wie auch wir vergeben un-
sern Schuldigern.
V Herr Jesus Christus, du hast uns am Kreuz ein Beispiel
gegeben, daß wir verzeihen sollen. Laß uns dir ähnlich wer-
den wie dein Zeuge Stephanus, und gib uns die Kraft, denen
zu vergeben, die uns Böses tun.
A Denn du bist gütig und freundlich / zu uns allen, die wir
Sünder sind. / Wir preisen dich in Ewigkeit.

2   ZWEITES WORT: Heute noch wirst du mit mir im Paradies sein

Lied Nr. 187, 3. Str.

L Einer der Verbrecher, die neben ihm hingen, sagte: Uns
geschieht recht, wir erhalten den Lohn für unsere Taten,
dieser aber hat nichts Unrechtes getan. Dann sagte er:
Jesus, denk an mich, wenn du in deiner Macht als König
kommst! Jesus erwiderte ihm: Amen, ich sage dir: Heute
noch wirst du mit mir im Paradies sein.   (Lk 23,41–43)

V Jesus ist unser Bruder. Er ist „Immanuel", der „Gott mit **(776)**
uns". Mit den Verbrechern geht er bis in den Tod. — Weil
er mit uns geht, können wir auch mit ihm gehen. Sein Weg
führt ins Leben. Das ist auch unser Weg.   STILLE

V Wenn wir mit Christus gestorben sind, werden wir auch
mit ihm leben.
A Wenn wir untreu sind, so bleibt er doch treu; / denn er
kann sich selbst nicht verleugnen.
V Herr Jesus Christus, du hast das Los des Sterbens mit
allen Menschen geteilt. Laß uns an deine Verheißung glau-
ben, daß wir mit dir leben werden. Sei du mit uns in der
Stunde des Todes.
A Denn du bist der Weg, die Wahrheit und das Leben. /
Wir preisen dich in Ewigkeit.

DRITTES WORT: Dies ist dein Sohn — dies ist deine Mutter   **3**

Lied Nr. 187, 4. Str.

L Als Jesus seine Mutter sah und bei ihr den Jünger, den
er liebte, sagte er zu seiner Mutter: Frau, dies ist dein Sohn.
Dann sagte er zu dem Jünger: Dies ist deine Mutter.

(Joh 19,26—27a)

V Jesus sagt den beiden Menschen, die ihm am nächsten
stehen, daß auch sie einander nahestehen. Durch ihn sind
sie miteinander verwandt. — Im Blut Jesu sind auch wir
miteinander verwandt, und auch der Fernste ist unser Bruder.   STILLE

V Einer ist euer Meister. Ihr alle aber seid Brüder.
A Nehmt einander an, / wie auch Christus uns angenommen hat.
V Herr Jesus Christus, deine Mutter ist auch unsere Mutter,
deine Brüder sind unsere Brüder. Laß uns so leben, wie es
dieser „Gemeinschaft der Heiligen" entspricht.
A Denn du bist der Stammvater eines neuen Volkes, / das
von deinem Fleisch und Blut ist. / Wir preisen dich in Ewigkeit.

(776) VIERTES WORT: Mein Gott, mein Gott, warum hast du mich
4 verlassen

Lied Nr. 187, 5. Str.

L Um die neunte Stunde schrie Jesus laut: Eli, Eli, lema
sabachtáni? Das heißt: Mein Gott, mein Gott, warum hast
du mich verlassen? Einige von denen, die dabeistanden und
es hörten, sagten: Er ruft nach Elija. (Mt 27,46—47)

V Der Mensch Jesus von Nazaret, Sohn Gottes und Sohn
Marias, hängt ganz allein zwischen Himmel und Erde. Alle
Einsamkeit und alle Hoffnungslosigkeit des Lebens ist hier
wie in einem Brennpunkt zusammengefaßt. Die Grenze,
an der das Unmenschliche beginnt, ist überschritten. Jesus
schreit in Worten, die der ganzen Menschheit gehören: „Eli,
Eli, lema sabachtáni!" STILLE

V Ich aber bin ein Wurm und kein Mensch, der Leute
Spott, vom Volk verachtet.
A Wenn ich von der Erde erhöht bin, / werde ich alle an
mich ziehen.
V Herr Jesus Christus, du bist hinabgestiegen in die Hölle
der Einsamkeit und Gottverlassenheit. Hilf uns, die „Ab-
wesenheit Gottes" zu ertragen. Hilf uns, daß wir nie aufhören, nach Gott zu rufen.
A Denn du kennst die Not der Menschen. / Du hast sie an
dich gezogen. / Wir preisen dich in Ewigkeit.

5 FÜNFTES WORT: Ich bin durstig

Lied Nr. 187, 6. Str.

L Weil Jesus wußte, daß schon alles vollbracht war, sagte
er, damit die Schrift erfüllt wurde: Ich bin durstig. Es stand
dort ein Gefäß mit Essigwasser; sie steckten einen Schwamm,
der damit gefüllt war, auf einen Ysopzweig und hielten ihn
an seinen Mund. (Joh 19,28—29)

V Alle Sehnsucht dieser Erde ist enthalten in dem Wort: **(776)**
„Ich bin durstig." Und alle Enttäuschung ist in dem Essig,
der die Lippen Jesu benetzte. – Die Sehnsucht des Menschen-
herzens ist größer als die Erfüllung, wie die Erde sie geben
kann.   STILLE

V Meine Kehle ist trocken wie eine Scherbe; sie reichen
mir Essig für den Durst.
A Selig, die hungern und dürsten nach der Gerechtigkeit, /
denn sie werden gesättigt.
V Herr Jesus Christus, du rufst die Dürstenden zum Was-
ser des Lebens. Führe uns zu dieser Quelle und stille den
Durst.
A Denn du wirst alle Sehnsucht erfüllen. / Du hast uns die
Freiheit der Kinder Gottes erworben. / Wir preisen dich in
Ewigkeit.

SECHSTES WORT: Es ist vollbracht   **6**

Lied Nr. 187, 7. Str.

L Als Jesus von dem Essigwasser genommen hatte, sprach
er: Es ist vollbracht!   (Joh 19,30a)

V In diesem Wort verkündet Jesus das Geheimnis seines
Todes. Der Ostertag leuchtet in ihm auf. Im Augenblick
des Todes ist das Leben geboren. – Nicht nur vom Ende
des Leidens spricht Jesus, sondern vom Weg zum Leben,
den er freigemacht hat.   STILLE

V Wenn das Weizenkorn in die Erde fällt und stirbt, bringt
es viele Frucht.
A Aufleben soll euer Herz für immer, / denn der Herr hat
das Werk vollbracht.
V Herr Jesus Christus, du hast den Weg freigemacht aus
dem Tod zum Leben, aus der Finsternis in das Licht. – Hilf
uns, als Kinder des Lichtes zu leben.
A Denn du führst dein Volk zum Leben. / Wir preisen
dich in Ewigkeit.

(776) SIEBTES WORT: Vater, in deine Hände lege ich meinen Geist

7 Lied Nr. 187, 8. Str.

L Die Sonne verdunkelte sich. Der Vorhang im Tempel riß mitten durch, und Jesus rief laut: Vater, in deine Hände lege ich meinen Geist. Nach diesen Worten starb er.

(Lk 23, 45–46)

V Noch einmal ruft Jesus den Vater. Er vertraut sich ihm ganz an. Es war seine Speise, den Willen dessen zu tun, der ihn gesandt hat. Sein Wort am Kreuz offenbart dieses Geheimnis seiner Person. — Auch wir sollen so sprechen, im Leben und in der Stunde des Todes. STILLE

V Christus war für uns gehorsam bis zum Tod, bis zum Tod am Kreuz.
A Wer den Willen meines Vaters tut, / der ist mir Mutter, Schwester und Bruder.
V Herr Jesus Christus, du hast dich ganz dem Vater anvertraut, im Leben und im Tod. — Laß uns dir ähnlich werden, damit der Wille des Vaters auch an uns geschehe.
A Denn du bist der Sohn des Vaters, / der Bote seines Willens. / Wir preisen dich in Ewigkeit.

8 Abschluß

V Im Kreuz ist Heil, im Kreuz ist Leben, im Kreuz ist Hoffnung.

(Nr. 205,1)

A Im Kreuz ist Heil, / im Kreuz ist Leben, / im Kreuz ist Hoffnung.
V Dein Kreuz, o Herr, verehren wir, und deine Auferstehung preisen wir.
A Im Kreuz ist Heil ...
V Denn seht, durch das Holz des Kreuzes kam Freude in alle Welt.
A Im Kreuz ist Heil ...
V Sei gegrüßt, o Kreuz des Herrn, du unsere einzige Hoffnung.
A Im Kreuz ist Heil ...

Andacht für die Osterzeit   **777**

Eröffnung   **1**

L Nur kurze Zeit waren die Jünger von Jesus getrennt.
Vor seinem Leiden tröstete er sie: Noch kurze Zeit, dann
seht ihr mich nicht mehr, und wieder eine kurze Zeit, dann
werdet ihr mich schauen. – Jetzt seid ihr traurig, aber ich
werde euch wiedersehen; dann wird euer Herz sich freuen
und eure Freude wird euch niemand nehmen. – (Joh 16, 16.22)

V Sein Tod am Kreuz war nicht das Ende. Dieser Tod war
der Anfang des neuen Lebens. Von jetzt an ist der österliche
Christus bei ihnen „alle Tage bis zur Vollendung der
Welt". –

V Das ist der Tag, den der Herr gemacht.
A Laßt uns frohlocken und seiner uns freuen.
V Danket dem Herrn, denn er ist gütig,
A und seine Huld währt ewig.
V Wir werden nicht sterben, wir leben
A und verkünden die Werke des Herrn.

V Lasset uns beten. – Herr Jesus Christus, wir danken dir,
daß du für uns gestorben und auferstanden bist. Durch
deinen Tod hast du den Tod vernichtet und durch deine
Auferstehung das Leben neu geschaffen. Vermehre in uns
den Glauben an das neue Leben. Öffne uns für die österliche
Botschaft, damit uns die Augen aufgehen für die Herrlichkeit deiner Auferstehung. Der du lebst und herrschest in
Ewigkeit. A Amen.

SELIG, DIE AN DIE AUFERSTEHUNG GLAUBEN   **2**

L Jesus sagte zu Tomas: Leg deinen Finger hierher und
sieh meine Hände; nimm deine Hand und lege sie in meine
Seite und sei nicht ungläubig, sondern gläubig! Tomas
antwortete ihm: Mein Herr und mein Gott! Jesus sprach
zu ihm: Weil du mich gesehen hast, glaubst du. Selig sind,
die nicht sehen und doch glauben!   (Joh 20,27–29)
                                                         STILLE

(777) V Singet dem Herrn ein neues Lied; er ist auferstanden
aus dem Grab.   (Nr. 232,2)

A Singet dem Herrn ein neues Lied; / er ist auferstanden
aus dem Grab.

(r) Vernimm, o Herr, mein lautes Rufen; *
sei mir gnädig und erhöre mich.

(l) Mein Herz denkt an dein Wort: /
„Suchet mein Angesicht." *
Dein Angesicht, Herr, will ich suchen.

(r) Herr, ich vertrau auf dich; *
ich sage: Du bist mein Gott.

(l) Laß dein Angesicht leuchten über deinem Knecht; *
hilf mir in deiner Güte.

(r) Ich suchte den Herrn und er hat mich erhört; *
er hat mich all meinen Ängsten entrissen.

(l) Blickt auf zu ihm, und euer Gesicht wird leuchten, *
und ihr braucht nicht zu erröten.

A Singet dem Herrn ein neues Lied; / er ist auferstanden
aus dem Grab.

L Jesus sehen, ihm begegnen wollen, das ist ein verständ-
licher Wunsch. Der Herr weist Tomas nicht zurück. Er
sieht ja den ehrlichen Willen, er spürt seine Sehnsucht
nach Gewißheit, nach Sicherheit, nach innerer Ruhe und
Geborgenheit. Doch eine solche innere Erfüllung geht weit
hinaus über Sehen und Hören, über tastendes Greifen. Jesus führt ihn weiter. Aber nicht mit Gewalt. Er geht auf
Tomas ein: Lege deine Hand in meine Seite. Dann aber
nennt er ihm das größere Glück: an den Auferstandenen
glauben.   STILLE

V Die Leute fragten Jesus: Was müssen wir tun, um die
Werke Gottes zu vollbringen? Er sagte: Ihr tut das Werk
Gottes, wenn ihr an den glaubt, den er gesandt hat.

A Ich glaube, Herr; / hilf meinem Unglauben.

V Jesus sagte zu Marta: Ich bin die Auferstehung und das
Leben. Wer an mich glaubt, wird leben, auch wenn er stirbt.
Und jeder, der lebt und an mich glaubt, wird in Ewigkeit
nicht sterben.

A Ich glaube, Herr; / hilf meinem Unglauben.   (777)

V Am letzten großen Tag des Festes stand Jesus da und
rief: Wer durstig ist, komme zu mir und trinke. Wer an
mich glaubt, dem gilt, was die Schrift gesagt hat: Aus seinem
Innern werden Ströme von lebendigem Wasser hervorfließen.

A Ich glaube, Herr; / hilf meinem Unglauben.

V Lasset uns beten. – Herr Jesus Christus, führe uns aus
der Not des Suchens und Zweifelns zur Geborgenheit im
Glauben, damit wir dich bekennen als unsern Herrn und
Gott. Dir sei Ehre und Lobpreis in Ewigkeit. A Amen.

DER HERR IST MITTEN UNTER UNS   **3**

L Die Jünger drängten Jesus und sagten: Bleib bei uns; es
wird bald Abend, der Tag hat sich schon geneigt. Da ging
er mit hinein, um bei ihnen zu bleiben. Und als er sich
mit ihnen zum Essen niedergesetzt hatte, nahm er das
Brot, sprach den Segen, brach es und gab es ihnen. Da gingen
ihnen die Augen auf, und sie erkannten ihn –, doch auf
einmal war er nicht mehr zu sehen. Und sie sagten zueinander: Brannte uns nicht das Herz, als er unterwegs mit
uns redete und uns den Sinn der Schrift erklärte?

                                      [Lk 24,29–32]   STILLE

V Singet dem Herrn, ja singet ihm; preist seinen Namen,
macht kund sein Heil. Halleluja.   [Nr. 286,1]

A Singet dem Herrn, ja singet ihm; / preist seinen Namen, / macht kund sein Heil. Halleluja.

(r) Auferstanden ist Christus, er, meine Hoffnung; *
     nach Galiläa geht er den Seinen voran.

(l) Sucht den Herrn, da er sich finden läßt; *
     ruft ihn an, da er nahe ist.

(r) Meine Seele klebt am Boden; *
     durch dein Wort belebe mich.

(l) Dein Wort ist meinem Fuß eine Leuchte, *
     für meine Pfade ein Licht.

(777) (r) Wohl dem Volk, dessen Gott der Herr ist, *
die Nation, die er sich zum Erbteil erwählte.

(l) Wir, dein Volk, wollen dir ewig danken, *
deinen Ruhm verkünden von Geschlecht zu Geschlecht.

A Singet dem Herrn, ja singet ihm; / preist seinen Namen / macht kund sein Heil. Halleluja.

L Sie haben ihn nicht erkannt — und doch war er da — und ist bei ihnen geblieben, auch als sie ihn nicht mehr sahen. Der Auferstandene lebt in den Menschen, die von seinem Wort getroffen sind; er ist bei denen, die in seinem Namen versammelt sind. Darum konnte er seine Menschengestalt ihren Blicken entziehen — hier in Emmaus — und bei seiner Himmelfahrt.

STILLE

V Bleibe bei uns, weil es Abend wird und der Tag sich neigt.

A Wo ist ein Gott, der seinem Volk so nahe ist wie unser Gott?

V Wo zwei oder drei in meinem Namen versammelt sind, da bin ich mitten unter ihnen.

A Wo ist ein Gott, der seinem Volk so nahe ist wie unser Gott?

V Die Worte, die ich zu euch gesprochen habe, sind Geist und Leben.

A Wo ist ein Gott, der seinem Volk so nahe ist wie unser Gott?

V Wer mein Fleisch ißt und mein Blut trinkt, der bleibt in mir, und ich bleibe in ihm.

A Wo ist ein Gott, der seinem Volk so nahe ist wie unser Gott?

V Lasset uns beten. — Herr Jesus Christus, dankbar bekennen wir: du bist mitten unter uns. Wir bitten dich, bleibe bei uns; bleibe bei uns mit deiner Gnade und Güte, mit deinem Trost und Segen. Bleibe bei uns, wenn der Abend des Lebens kommt. Sei uns Licht und Speise auf dem Weg in die ewige Heimat. Du bist König in Ewigkeit. A Amen.

WIR SIND MIT IHM AUFERSTANDEN   **(777)**
                                                        4

L Wißt ihr nicht, daß wir, die wir auf Christus Jesus getauft wurden, auf seinen Tod getauft sind? Wir wurden mit
ihm begraben durch die Taufe auf den Tod, damit so, wie
Christus durch die Herrlichkeit des Vaters von den Toten
auferweckt wurde, auch wir in dieser neuen Wirklichkeit
leben. Wenn wir nämlich mit der Gestalt seines Todes
vereinigt worden sind, dann werden wir es auch mit der
Gestalt seiner Auferstehung sein.   (Röm 6,3–5)

                                                    STILLE

V Der Herr hat uns befreit; auf ewig besteht sein Bund.
A Der Herr hat uns befreit; / auf ewig besteht sein Bund.
                                                (Nr. 233,7)

(r) Herr, du zeigst mir den Pfad zum Leben; *
    vor deinem Angesicht ist Freude in Fülle.
(l) Mich umfingen die Fesseln des Todes, /
    mich befielen die Ängste der Unterwelt, *
    mich trafen Bedrängnis und Kummer.
(r) Da rief ich den Namen des Herrn an: *
    „Ach Herr, rette mein Leben!"
(l) Komm wieder zur Ruhe, mein Herz. *
    Denn der Herr hat dir Gutes getan.
(r) Ja, du hast mein Leben dem Tod entrissen, /
    meine Tränen getrocknet, *
    meinen Fuß bewahrt vor dem Gleiten.
(l) So gehe ich meinen Weg vor dem Herrn *
    im Land der Lebenden.
A Der Herr hat uns befreit; / auf ewig besteht sein Bund.

L Jesus ist auferstanden. Sein Tod und seine Auferstehung
waren vor fast 2000 Jahren. Dennoch sind sie nicht Ver-
gangenheit. Durch seinen Tod hat Christus den Tod überwunden und das Leben erworben, für sich und für uns.
Er lebt; er stirbt nicht mehr. Er ist den Menschen aller
Zeiten, auch unserer Zeit, gegenwärtig. Er ist gegenwärtig
als der Gestorbene und Auferstandene. Tod und Auferstehung gehören untrennbar zusammen. Wer leben will, muß
sterben. Mit Christus sterben, heißt: ewig leben.   STILLE

(777) V Wir glauben: wenn wir mit Christus gestorben sind, so werden wir auch mit ihm leben.

A Denn wenn wir mit ihm gleichförmig geworden sind im Tod, / so werden wir es auch in der Auferstehung sein.

V Gott, der reich ist an Erbarmen, hat uns zusammen mit Christus lebendig gemacht.

A In ihm sind wir auferstanden durch den Glauben an die Macht Gottes, / der ihn von den Toten auferweckt hat.

V Wer in Christus ist, der ist eine neue Schöpfung.

A Das Alte ist vergangen; / Neues ist geworden.

V Aus Gnade sind wir gerettet.

A Und unser Leben ist mit Christus verborgen in Gott.

V Lasset uns beten. — Herr Jesus Christus, hilf uns, dich zu erkennen, die Macht deiner Auferstehung und die Gemeinschaft mit deinem Leiden. Dein Tod soll uns prägen. So dürfen wir hoffen, auch zur Auferstehung der Toten zu gelangen. Der du lebst und herrschest in Ewigkeit. A Amen.

5 WANDELT IM NEUEN LEBEN

L Ihr seid mit Christus auferweckt; darum strebt nach dem, was im Himmel ist, wo Christus zur Rechten Gottes sitzt. Richtet euren Sinn auf das Himmlische und nicht auf das Irdische. Denn ihr seid gestorben, und euer neues Leben ist mit Christus verborgen in Gott. Wenn Christus, unser Leben, offenbar wird, dann werdet auch ihr mit ihm offenbar werden in Herrlichkeit. STILLE

V Mein Leben lobsinge Gott dem Herrn, lobe den Herrn allezeit. Halleluja. (Nr. 627,1)

A Mein Leben lobsinge Gott dem Herrn, / lobe den Herrn allezeit. Halleluja.

(r) Sucht den Herrn, da er sich finden läßt; *
    ruft ihn an, da er nahe ist.

(l) Der Frevler verlasse seinen Weg; *
    er kehre um zum Herrn, daß er sich seiner erbarme.

(r) Erschaffe mir, Gott, ein reines Herz *
    und gib mir einen neuen, beständigen Geist.

(l) Mach mich wieder froh mit deinem Heil; *   **(777)**
     mit einem willigen Geist rüste mich aus.
(r) Meine Stärke und mein Lied ist der Herr; *
     er ist für mich zum Retter geworden.
(l) Ich werde nicht sterben, sondern leben, *
     um die Werke des Herrn zu verkünden.
A Mein Leben lobsinge Gott dem Herrn, / lobe den Herrn
allezeit. Halleluja.

L Wir sind mit Christus auferweckt. Der Anfang des
neuen Lebens ist gemacht. Er hat den Anfang gemacht. Er
selbst hat das neue Leben in uns begonnen. Nun können
wir es wagen, als österliche Menschen zu leben.   STILLE

V Wir alle, die in Christus Jesus getauft wurden, sind
auf seinen Tod hin getauft. Christus aber stand auf zu
neuem Leben; so sollen auch wir in einem neuen Leben
wandeln.
A Mit Christus sind wir der Sünde gestorben; / mit ihm
leben wir für Gott.
V Einst waren wir Finsternis, jetzt aber sind wir Licht
geworden durch den Herrn.
A Darum laßt uns als Kinder des Lichtes / anziehen herz-
liches Erbarmen, Güte und Demut, / Milde und Geduld.
V Wir wollen einander ertragen und vergeben, wenn einer
dem anderen etwas vorzuwerfen hat.
A Wie Christus uns vergeben hat, so wollen auch wir
vergeben / und vor allem einander lieben.
V In unseren Herzen herrsche der Friede Christi; dazu
sind wir berufen als Glieder des einen Leibes.
A Alles, was wir tun in Worten und Werken, / geschehe
im Namen Jesu, des Herrn, / zum Dank an Gott den Vater.

V Lasset uns beten. – Herr Jesus Christus, hilf uns, die
Gewohnheiten des alten Menschen abzulegen. Mach in uns
deinen Geist wirksam, der uns in der Taufe geschenkt
wurde. Laß uns immer mehr zur neuen Schöpfung werden.
Denn du bist der Erste und der Letzte und der Lebendige.
Dir sei Ehre und Preis in Ewigkeit. A Amen.

778 Andacht zum Heiligen Geist

V Allmächtiger Gott, Vater unsres Herrn Jesus Christus,
deine Kirche lebt im Heiligen Geist, den du ihr gesandt
hast. Wir bitten dich: erfülle uns immer mehr mit seiner
Kraft; gib uns den Geist der Weisheit und der Einsicht,
des Rates, der Erkenntnis und der Stärke, den Geist der
Frömmigkeit und der Gottesfurcht. Durch Christus, unsern
Herrn. A Amen.

1 DER GEIST DER STÄRKE

L So spricht der Herr: Johannes hat mit Wasser getauft,
ihr aber werdet mit Heiligem Geist getauft werden in
wenigen Tagen. Ihr werdet die Kraft des Heiligen Geistes
empfangen, der auf euch herabkommen wird; und ihr werdet meine Zeugen sein in Jerusalem und in ganz Judäa und
Samaria und bis an die Grenzen der Erde.   (Apg 1,5.8)

V Der Geist der Stärke wirkt in der Welt. Die Apostel
überwanden die Furcht und verkündeten den Herrn Jesus
überall. Und viele folgten ihnen nach von Geschlecht zu
Geschlecht und von Volk zu Volk. Bis ans Ende der Tage
wird der Geist des Herrn seine Kraft in Menschen erweisen,
die Jesus folgen und ihn bekennen.   STILLE

V Wir beten um den Geist der Stärke.
Inmitten einer gleichgültigen Welt fehlt es uns an Mut,
uns als Christen zu bekennen.
A Komm, Heiliger Geist, / hilf unsrer Schwachheit auf.
V Wir erkennen oft das Gute, das wir tun sollten, haben
aber nicht die Kraft, es zu tun.
A Komm, Heiliger Geist, / hilf unsrer Schwachheit auf.
V Wir sind oft kleingläubig und vertrauen nicht der Ver-
heißung des Herrn.
A Komm, Heiliger Geist, / hilf unsrer Schwachheit auf.

DER GEIST DER WAHRHEIT   2

L Wenn aber jener kommt, der Geist der Wahrheit, wird er euch in die volle Wahrheit führen. Denn er wird nicht von sich aus reden, sondern was er hört, wird er reden, und das Kommende wird er euch verkünden. Er wird mich verherrlichen; denn von dem, was mein ist, wird er nehmen und euch verkünden.   (Joh 16,13–14)

V Der Geist des Menschen kann die Wahrheit Gottes nicht fassen. Sie bleibt völlig im Dunkeln, wenn uns nicht geholfen wird. Immer neu braucht die Kirche die Hilfe des Heiligen Geistes, damit sie den Weg der Wahrheit gehen kann.   STILLE

V Wir beten um den Geist der Wahrheit.
Die Botschaft Jesu ist uns in Menschenworten überliefert. Ohne die Hilfe des Geistes können wir sie nicht verstehen.
A Komm, Heiliger Geist, / laß uns die Wahrheit erkennen.
V Die Christenheit ist seit langem zerstritten über die Frage, was die Wahrheit der Lehre Jesu ist.
A Komm, Heiliger Geist, / laß uns die Wahrheit erkennen.
V Immer wieder werden Menschen Opfer falscher Lehren, die vorgeben, die Welt zu erklären und dem Leben einen Sinn zu geben.
A Komm, Heiliger Geist, / laß uns die Wahrheit erkennen.

DER HELFER IM GEBET   3

L Der Geist nimmt sich unserer Schwachheit an. Denn wir wissen nicht, wofür wir in rechter Weise beten sollen; der Geist selber tritt jedoch für uns ein mit unaussprechlichem Seufzen. Und Gott, der die Herzen erforscht, weiß, was die Absicht des Geistes ist: Er tritt so, wie Gott es will, für die Heiligen ein.   (Röm 8,26–27)

V Der Geist lebt in den Gebeten der Kirche, ja er lebt in den Gebeten der Völker. Von uns aus wissen wir nicht, wie Gott ist und was wir sagen sollen, wenn wir zu Gott spre-

(778) chen. Aber der Geist bewegt die Herzen. Wir brauchen nicht stumm zu sein. Wir können sagen: Unser Vater im Himmel.

STILLE

V Wir beten um den Beistand des Geistes.
Wir haben die Psalmen Davids und viele Gebete der Christenheit. Und doch wissen wir oft nicht, wie wir beten sollen.
A Komm, Heiliger Geist, / lehre uns beten.
V Viele Menschen haben aufgehört zu beten. Viele haben von niemandem ein Gebet gelernt.
A Komm, Heiliger Geist, / lehre uns beten.
V Der Lobpreis Gottes verliert auch in der Gemeinde Jesu immer wieder an Kraft.
A Komm, Heiliger Geist, / lehre uns beten.

4 DER GEIST DES TROSTES

L Ich werde den Vater bitten, und er wird euch einen anderen Beistand geben, damit er immer bei euch bleibt. Es ist der Geist der Wahrheit, den die Welt nicht empfangen kann, weil sie ihn nicht sieht und nicht kennt. Ihr kennt ihn, weil er bei euch bleibt und in euch sein wird. Ich werde euch nicht verwaist zurücklassen, sondern ich komme zu euch. Ihr seht mich, weil ich lebe und weil auch ihr leben werdet. (Joh 14,16–18.19)

V Wer einsam und verlassen ist, sucht Trost. Wir sehen weder Jesus noch den Vater. Oft fühlen wir uns verlassen. Der Geist, der in uns wohnt, tröstet uns. Er hilft uns erkennen, daß auch Jesus und der Vater bei uns sind. STILLE

V Wir beten um den Geist des Trostes.
Wo Liebe ist, da ist Gott. In ihr können wir Gottes Nähe erkennen. Wenn wir Liebe haben, zeigen wir den anderen Menschen Gott.
A Komm, Heiliger Geist, / wohne in unseren Herzen.
V Jesus ist bei uns, wenn zwei oder drei in seinem Namen beisammen sind. Der Geist hilft uns, den Herrn in seiner Kirche zu erkennen.

A Komm, Heiliger Geist, / wohne in unseren Herzen.   (778)
V Wir hoffen, daß wir den Herrn von Angesicht zu Angesicht sehen werden. Diese Verheißung wird uns mit Freude
erfüllen.
A Komm, Heiliger Geist, / wohne in unseren Herzen.

DER GEIST DER FREIHEIT   5

L Als aber die Zeit erfüllt war, sandte Gott seinen Sohn,
geboren von einer Frau und dem Gesetz unterstellt, damit
er die freikaufte, die unter dem Gesetz stehen, und damit
wir das Recht der Sohnschaft erlangten. Weil ihr aber Söhne
seid, sandte Gott den Geist seines Sohnes in unsere Herzen,
den Geist, der ruft: Abba, Vater. Daher bist du nicht mehr
Sklave, sondern Sohn. — Wo der Geist des Herrn wirkt, da
ist Freiheit.   (Gal 4,4–7a / 2 Kor 3,17)

V Der Sohn Gottes hat uns frei gemacht. Schon das Volk
Israel murrte gegen Mose, der es aus der Knechtschaft in
Ägypten geführt hatte, weil ihm die Freiheit zu beschwer-
lich war. Auch das neue Volk Gottes ist immer in der Versuchung zu neuer Knechtschaft. Der Geist treibt es immer
wieder in die Freiheit der Kinder Gottes.   STILLE

V Wir beten um den Geist der Freiheit.
Es ist Freiheit der Kinder Gottes, wenn wir nicht gezwungen
oder aus Furcht den Willen Gottes tun, sondern weil wir
den Vater lieben.
A Komm, Heiliger Geist, / und mach uns frei.
V Wir sollen die Freiheit nicht als Deckmantel der Bosheit
benutzen; vielmehr sollen wir die Werke der Kinder des
Friedens tun.
A Komm, Heiliger Geist, / und mach uns frei.
V Die Frucht des Geistes ist Liebe, Freude, Friede, Langmut,
Freundlichkeit, Güte, Treue, Sanftmut und Selbstbeherr-
schung.
A Komm, Heiliger Geist, / und mach uns frei.

(778) DER GEIST DER HEILIGKEIT

6

L Am letzten Tag, dem großen Tag des Festes, stand Jesus da und rief: Wer durstig ist, komme zu mir und trinke! Wer an mich glaubt, dem gilt, was die Schrift gesagt hat: Aus seinem Innern werden Ströme von lebendigem Wasser hervorfließen. Dies sagte er von dem Geist, den alle empfangen sollten, die an ihn glauben. (Joh 7,37–39)

V Heiligkeit besteht nicht nur darin, daß jemand das Leben Gottes in sich trägt; dieses Leben muß auch in seinem Tun sichtbar werden und andere ergreifen. Der Geist führte eine große Schar, die niemand zählen kann, zu solcher Heiligkeit. So tut er es auch heute und bis ans Ende der Tage. STILLE

V Wir beten um den Geist der Heiligkeit.
In Taufe und Firmung wurde uns der Heilige Geist gegeben. Er will unser Handeln prägen; er will unser ganzes Leben erfassen.
A Komm, Heiliger Geist, / erfülle die Herzen deiner Gläubigen.
V So verschieden wie die Menschen sind und leben, so vielfältig wirkt der Geist. Jeden treibt er an, aus der Liebe zu leben.
A Komm, Heiliger Geist, / erfülle die Herzen deiner Gläubigen.
V Der Geist wirkt nicht nur im einzelnen. Auch Gemeinden und Gemeinschaften treibt er an, daß sie Gutes tun und heilig leben.
A Komm, Heiliger Geist, / erfülle die Herzen deiner Gläubigen.

7 DIE LIEBE GOTTES

L Durch Christus haben wir auch den Zugang zu der Gnade erhalten, in der wir stehen, und rühmen uns unserer Hoffnung, mit der wir der Herrlichkeit Gottes entgegengehen. Die Hoffnung aber läßt nicht zugrunde gehen; denn die

Liebe Gottes ist ausgegossen in unsere Herzen durch den **(778)**
Heiligen Geist, der uns gegeben ist.   (Röm 5,2.5)

V Liebe ist nicht nur eine Eigenschaft Gottes, sie ist sein
innerstes Wesen. Der Heilige Geist ist die Liebe zwischen
Vater und Sohn. In diese Liebe Gottes ist die Kirche hineingenommen und jeder einzelne von uns.   STILLE

V Wir beten um den Geist der Liebe.
Liebe, das heißt, daß wir Gott lieben aus ganzem Herzen
und mit allen unseren Kräften.
A Komm, Heiliger Geist, / entzünde in uns das Feuer
deiner Liebe.
V Liebe, das heißt, daß wir auch einander lieben, so wie
Jesus uns geliebt hat.
A Komm, Heiliger Geist, / entzünde in uns das Feuer
deiner Liebe.
V Liebe, das heißt auch, daß wir eins bleiben in der
Gemeinde Jesu, in der Kirche, die auf der ganzen Erde lebt.
A Komm, Heiliger Geist, / entzünde in uns das Feuer
deiner Liebe.

V Im Heiligen Geist, in dem wir sagen können „Abba,   **8**
Vater", laßt uns nun beten, wie der Herr uns gelehrt hat:
A Vater unser ... Denn dein ist das Reich ...

V Es segne euch Gott, der die Jünger mit dem Heiligen
Geist erfüllt hat. A Amen.
V Er schenke euch die Freude des Heiligen Geistes und
den Reichtum seiner Gaben. A Amen.
V Das Feuer des Geistes läutere euch, seine Wahrheit
führe euch, seine Kraft geleite euch vom Glauben zum
Schauen. A Amen.
V Das gewähre euch der dreieinige Gott, der Vater und
der Sohn und der Heilige Geist. A Amen.

779 Eucharistische Andacht

1 Eröffnung

V Gelobt und gepriesen sei ohne End
A Jesus im allerheiligsten Sakrament.
V Sei gegrüßt, Herr Jesus, gegenwärtig im heiligen Sakrament.
A Du bist das Brot, das vom Himmel gekommen ist, /
Brot, das lebt und Leben spendet.
V Sei gegrüßt, Herr Jesus, gegenwärtig im heiligen Sakrament; du bist die Liebe, die alle zusammenschließt, der Friede, der alle eint; du bist die Quelle, die das Wasser für das ewige Leben ausströmt,
A die Quelle, aus der die Dürstenden trinken.
V Sei gegrüßt, du Leib des Herrn, für uns am Stamm des Kreuzes geopfert. Sei gegrüßt, heiliges Blut, zu unserm Heil vergossen. Du bist das Lösegeld für unsere Sünden,
A der Kaufpreis für unsere Erlösung.
V Mit allen Engeln und Heiligen beten wir dich an:
A Gelobt seist du, Herr Jesus Christus, / im Sakrament deiner Liebe.

2 DAS OPFER AM KREUZ, QUELLE DES LEBENS

L Am letzten Tag, dem großen Tag des Festes, stand Jesus da und rief: Wer durstig ist, komme zu mir und trinke! Wer an mich glaubt, dem gilt, was die Schrift gesagt hat: Aus seinem Innern werden Ströme von lebendigem Wasser hervorfließen. – Dies sagte er von dem Geist, den alle empfangen sollten, die an ihn glauben; denn noch gab es nicht den Geist, weil Jesus noch nicht verherrlicht war.

(Joh 7,37–39)

V Herr, du hast dich selbst entäußert, wurdest wie ein Sklave und den Menschen gleich. Dein Leben war das eines Menschen. So bist du unser Bruder geworden.
A Gepriesen sei deine heilige Menschwerdung.
V Du hast Leiden und Schmerzen auf dich genommen, um uns zu retten. Durch deine Wunden sind wir geheilt.

A Gepriesen sei dein heilbringendes Leiden.

V Dein Tod war nicht das Ende, sondern Durchbruch in das neue, ewige Leben. So hast du uns die Tür zum Vater geöffnet.

A Gepriesen sei dein Tod, der uns das Leben bringt.

V Durch deinen Tod am Kreuz hast du uns die Quelle des Lebens erschlossen.

A Gepriesen sei dein geöffnetes Herz.

V In diesem heiligsten Sakrament bleibt das Opfer deines Todes mitten unter uns.

A Gepriesen sei das heilige Sakrament des Altares.

V Im Zeichen des Brotes bist du unsere Speise; im Zeichen des Weines bist du unser Trank.

A Speise gibst du denen, die dich fürchten.

V Lasset uns beten. — Herr Jesus Christus, wahrer Gott und wahrer Mensch, am Kreuz hast du den Tod in Leben gewandelt. Damit wir teilhaben an diesem neuen Leben, bist du unsere Speise und unser Trank geworden. Laß uns nicht blind sein für diese Zeichen deiner Liebe. Laß uns begreifen, wie nahe du uns bist. Der du lebst und herrschest in Ewigkeit. A Amen.

VERMÄCHTNIS DER LIEBE   **3**

L Das zweite Vatikanische Konzil sagt: Die Kirche hat niemals aufgehört, sich zur Feier des Pascha-Mysteriums zu versammeln, dabei zu lesen, was in allen Schriften von ihm geschrieben steht, die Eucharistie zu feiern, in der Sieg und Triumph seines Todes dargestellt werden, und zugleich Gott für die unsagbar große Gabe dankzusagen in Christus Jesus zum Lob seiner Herrlichkeit.   Liturgiekonstitution, Art. 6

V Herr Jesus Christus, du hast uns dieses heilige Sakrament anvertraut. Du schenkst uns Gemeinschaft mit dir, wenn wir uns versammeln als deine Brüder und Schwestern. So dürfen wir sicher sein, daß du in unserer Mitte bist.

A Denn wo zwei oder drei in deinem Namen versammelt sind, / da bist du mitten unter ihnen.

(779) V Herr Jesus Christus, du hast uns dieses heilige Sakrament anvertraut. Hier verkünden wir die frohe Botschaft von deinem Leben. Hier verkünden wir die frohe Botschaft von deinem heilbringenden Sterben. Du bist uns nahe in deinem Wort.

A Deine Worte sind uns heiliges Vermächtnis: / Das ist mein Leib, der für euch hingegeben wird; / das ist mein Blut, das für euch vergossen wird.

V Herr Jesus Christus, du hast uns dieses heilige Sakrament anvertraut. Hier empfangen wir das Brot des Lebens und den Kelch des Heiles. Du bist unsere Speise, du bist unser Trank. Du läßt uns eins werden mit dir und untereinander. So lebst du in uns, und wir leben in dir.

A Laß alle eins werden durch dich im Heiligen Geist.

V Herr Jesus Christus, du hast uns dieses heilige Sakrament anvertraut. Hilf uns, dein Wort ernst zu nehmen: Wenn du deine Opfergabe zum Altar bringst und dir dabei einfällt, daß dein Bruder etwas gegen dich hat, so laß deine Gabe dort vor dem Altar liegen; geh und versöhne dich zuerst mit deinem Bruder, dann komm und opfere deine Gabe.

A Herr, vergib uns / und mach uns bereit, selbst zu vergeben.

V Herr Jesus Christus, was uns fehlt an Glauben und Liebe, das ergänze du mit der heilbringenden Kraft deines Opfertodes.

A Deinen Tod, o Herr, verkünden wir, / und deine Auferstehung preisen wir, / bis du kommst in Herrlichkeit.

V Lasset uns beten. — Herr Jesus Christus, die Teilnahme an deinem Mahl mehre unsere Liebe, damit durch deinen Leib und durch dein Blut die brüderliche Verbundenheit in der Kirche gefestigt werde. Der du lebst und herrschest in Ewigkeit. A Amen.

HEILIGE GEMEINSCHAFT   **(779)**
4

L Aus der frohen Botschaft nach Johannes: Bleibt in mir,
dann bleibe ich in euch. Wie der Rebzweig aus sich keine
Frucht bringen kann, sondern nur, wenn er am Weinstock
bleibt, so könnt auch ihr keine Frucht bringen, wenn ihr
nicht in mir bleibt. Ich bin der Weinstock, ihr seid die
Rebzweige. Wer in mir bleibt und in wem ich bleibe, der
bringt reiche Frucht; denn getrennt von mir könnt ihr
nichts tun.   (Joh 15,4.5)

V Wir alle haben teil an dem einen Brot; darum sind wir
alle ein Leib.
A Er ist der Weinstock, / wir sind die Rebzweige.
V Gott hat uns, die wir durch die Sünde tot waren, mit
Christus lebendig gemacht.
A Er ist der Weinstock, / wir sind die Rebzweige.
V Er ist unser Friede; er reißt alle trennenden Mauern
nieder und führt alle zusammen, die entzweit sind.
A Er ist der Weinstock, / wir sind die Rebzweige.
V Keiner ist jetzt noch Fremder; keiner ist ohne Bür-
gerrecht; alle sind wir Mitbürger der Heiligen und Haus-
genossen Gottes.
A Er ist der Weinstock, / wir sind die Rebzweige.
V Nehmt einander an in Liebe und wahret die Einheit
des Geistes. Ob Mann oder Frau, ob arm oder reich, ihr alle
seid einer in Christus.
A Er ist der Weinstock, / wir sind die Rebzweige.
V Wie dieses Brot aus vielen Körnern eins wurde und aus
vielen Trauben der Wein zusammenfloß, so führe dieses
Sakrament die Kirche von allen Enden der Welt zusammen.
A Wir alle haben teil an dem einen Brot; / darum sind
wir alle ein Leib.

V Lasset uns beten. – Herr, dieses Brot, das wir brechen,
war einst in Körnern auf den Feldern zerstreut. Sie wurden
gesammelt, um ein einziges Brot zu werden. So versammle
auch deine Kirche von den Enden der Erde in dein Reich.
Dir gebührt die Herrlichkeit und die Macht in Ewigkeit.
A Amen.

(779) DAS BROT DES LEBENS

5 L Aus dem ersten Buch der Könige: Elija ging eine Tages-
reise weit in die Wüste hinein. Dort setzte er sich unter
einen Ginsterstrauch und wünschte sich den Tod. Er sagte:
Nun ist es genug, Herr. Nimm mein Leben; denn ich bin
nicht besser als meine Väter. Dann legte er sich unter den
Ginsterstrauch und schlief ein. Doch ein Engel rührte ihn
an und sprach: Steh auf und iß! Als er um sich blickte, sah
er neben seinem Kopf Brot, das in glühender Asche ge-
backen war, und einen Krug mit Wasser. Er aß und trank
und legte sich wieder hin. Doch der Engel des Herrn kam
zum zweiten Mal, rührte ihn an und sprach: Steh auf und
iß! Sonst ist der Weg zu weit für dich. Da stand er auf,
aß und trank und wanderte, durch diese Speise gestärkt,
vierzig Tage und vierzig Nächte bis zum Gottesberg Horeb.

(1 Kön 19,4–8)

STILLE

V Unsere Speise auf dem Weg ist Jesus Christus. Herr,
stärke uns mit dem Brot des Lebens.
A Brot vom Himmel hast du uns gegeben.
V Jesus, du bist der Gute Hirt, der seine Herde auf gute
Weide führt und sie an den Quellen des Heiles tränkt.
A Du bist das wahre Osterlamm, / am Kreuz für uns
geopfert / und für uns als Speise gegeben.
V Du bist das Brot des Lebens. Wer zu dir kommt, wird
nicht mehr hungern; wer an dich glaubt, wird nicht mehr
dürsten.
A Herr, gib uns immer dieses Brot.
V Du bist das wahre Brot vom Himmel. Wer von diesem
Brot ißt, wird ewig leben.
A Das Brot, das du gibst, ist dein Fleisch für das Leben
der Welt.
V Du hast gesagt: Wer mein Fleisch ißt und mein Blut
trinkt, der hat das ewige Leben, und ich werde ihn auferwecken am Letzten Tag.
A Dein Fleisch ist eine wahre Speise, / und dein Blut ist
ein wahrer Trank.

V Wer dein Fleisch ißt und dein Blut trinkt, der bleibt in **(779)**
dir und du in ihm. Wer dich ißt, wird durch dich leben.
A Herr, laß uns stets mit dir verbunden sein / und immer
leben in dir.
V Durch diese Speise gestärkt, wandern wir durch diese
Zeit, bis wir hingelangen zum heiligen Berg, zur Wohnung
der Seligen.
A Geheimnisvolles Brot, / du stillst unsern Hunger in
Ewigkeit.
V Lasset uns beten. – Herr Jesus Christus, gib uns Kraft
und Mut, daß wir nicht müde werden in deinem Dienst.
Mehre die Liebe zu dir und zu den Menschen. Laß uns den
Weg finden zu deinem Tisch, wo du uns das heilige Brot
reichst. Führe uns in der Kraft dieser Speise dorthin, wo
du mit dem Vater und dem Heiligen Geist lebst und
herrschest in Ewigkeit.   A Amen.

EUCHARISTIE, ZEICHEN DER KOMMENDEN WELT   **6**

L Aus der Offenbarung des Johannes: Dann sah ich einen
neuen Himmel und eine neue Erde; denn der erste Himmel
und die erste Erde sind vergangen, und das Meer ist nicht
mehr. Ich sah die heilige Stadt, das neue Jerusalem, von
Gott her aus dem Himmel herabkommen; sie war bereit
wie eine Braut, die sich für ihren Mann geschmückt hat.
Da hörte ich eine laute Stimme vom Thron her rufen:
Seht, das Zelt Gottes unter den Menschen! Er wird in ihrer
Mitte wohnen, und sie werden sein Volk sein; und Gott
selbst wird mit ihnen sein. Er wird jede Träne aus ihren
Augen wischen: der Tod wird nicht mehr sein, nicht Trauer,
noch Klage, noch Mühsal. Denn die alte Welt ist vergangen.
Er, der auf dem Thron saß, sprach: Neu mache ich alles.
                                                    (Offb 21,1–5)
V Ich freute mich, als man mir sagte: Zum Haus des Herrn
wollen wir pilgern.
A Schon stehen wir in deinen Toren, Jerusalem.

(779) V Dankt dem Herrn mit Freude.

A Er hat uns würdig gemacht, das Erbe der Heiligen zu empfangen, die im Licht sind.

V Er hat uns die Würde von Königen gegeben und uns zu Priestern gemacht für den Dienst vor seinem Gott und Vater.

A Gelobt seist du, Herr Jesus, im heiligen Mahl. / Hier feiern wir das Gedächtnis deines Leidens, deiner Auferstehung und Himmelfahrt. / Hier begegnen wir dem gnädigen Gott und der kommenden Herrlichkeit.

L Christus nimmt Brot und Wein für dieses heilige Sakrament. Brot und Wein — Dinge unserer vergänglichen Welt, in der wir leben, einer Welt, die wir lieben, die uns aber auch oft zur Last wird. Diese irdische Speise, diese vergänglichen Dinge — Brot und Wein — werden gewandelt, hineingenommen in das ewige Leben des im Tod erstandenen Herrn. Nur die Wandlungskraft des Todes Christi kann die Welt und unser Leben ändern. In Zuversicht dürfen wir sagen: Mit Brot und Wein ist schon ein Stück dieser alten Welt gewandelt in jene neue Welt, in der Gott „alles in allem" sein wird.   STILLE

V Sende aus deinen Geist, und das Antlitz der Erde wird neu.   (Nr. 253,1)

A Sende aus deinen Geist, / und das Antlitz der Erde wird neu.

(r) Lobe den Herrn, meine Seele! *
Herr, mein Gott, wie groß bist du!

(l) Herr, wie zahlreich sind deine Werke! *
Mit Weisheit hast du sie alle gemacht.

(r) Sie alle warten auf dich, *
damit du ihnen Speise gibst zur rechten Zeit.

(l) Sendest du deinen Geist aus, so werden sie alle erschaffen, *
und du erneuerst das Antlitz der Erde.

A Sende aus deinen Geist, / und das Antlitz der Erde wird neu.

V Lasset uns beten. – Herr Jesus Christus, unsere Augen
sehen Brot; doch der Glaube bekennt: du bist hier. Wie
dieses Brot werden auch wir gewandelt, wenn wir uns Gott
im Glauben ganz überlassen. Wir bitten dich, gib uns mit
dieser Speise deinen Geist ins Herz. Öffne uns dem Wirken
des Heiligen Geistes. Laß uns leben in dir. Laß uns leben
durch dich für die Brüder und Schwestern. Dir sei Ehre und
Lobpreis in Ewigkeit. A Amen.

Andacht zum heiligsten Herzen Jesu   780

LOBPREIS DES GÖTTLICHEN HERZENS   1

V Lob sei dem Herzen Jesu, durch das uns Heil geworden.
A Lob sei dem Herzen Jesu, / durch das uns Heil geworden.
V Wir preisen dich, Jesus Christus, weil wir deine Liebe
erkannt haben.
A Wir danken dir für dein Wort; / es offenbart uns die
Liebe deines Herzens.
V Wir danken dir für den Quell der Gnade, der weiter-
strömt in das ewige Leben.
A Wir preisen dich, geöffnetes Herz; / durch dich haben
wir Zugang zum Vater.
V Wir preisen dich, weil du die Deinen bis ans Ende
geliebt hast.
A Wir danken dir für deine Liebe; / sie überwindet selbst
den Tod.
V Wir danken dir für das Feuer, das du in dieser Welt
entzündet hast.
A Lob sei dem Herzen Jesu, / durch das uns Heil geworden.
V Lobpreis und Herrlichkeit, Weisheit und Dank, Ehre und
Macht und Stärke unserem Gott in Ewigkeit.
A Amen.

(780) HERZ JESU, VOLL MITLEID MIT DEM VOLK

2   L   Jesus sprach: Die Leute tun mir leid; sie sind schon drei Tage bei mir und haben nichts zu essen. Ich will sie nicht hungrig wegschicken, sonst brechen sie unterwegs zusammen.   (Mt 15,32)

V   Jesus hat sich in herzlicher Liebe der Menschen erbarmt. Alle, die geringgeachtet wurden und Not litten, fanden bei ihm Zuflucht. Die Hungrigen hat er gespeist, den Armen die frohe Botschaft gebracht, die Bedrängten zu sich eingeladen.   STILLE

V   Das Auge des Herrn ruht auf allen, die nach seiner Güte ausschauen,
A   daß er sie dem Tod entreiße / und ihr Leben erhalte in Hungersnot.
V   Der Herr ist mein Hirt, nichts wird mir fehlen.
A   Er läßt mich lagern auf grünen Auen.

V   Herr Jesus Christus, du hast mit den Menschen die Not geteilt; du bist arm geworden, damit wir reich werden.
A   Wir danken dir für deine große Liebe zu uns.
V   Laß uns als Glieder deines Leibes füreinander sorgen und nicht müde werden, das Gute zu tun.
A   Öffne unsre Augen für die Not der Menschen. / Gib uns offene Hände, daß wir brüderlich teilen.
V   Jesus, voll Mitleid mit dem Volk,
A   bilde unser Herz nach deinem Herzen.

3   HERZ JESU, GÜTIG ZU DEN KRANKEN

L   Jesus sagte: Geht und berichtet Johannes, was ihr gesehen und gehört habt: Blinde sehen wieder, und Lahme gehen; Aussätzige werden rein, und Taube hören; Tote werden auferweckt, und den Armen wird das Evangelium verkündet. Wohl dem, der an mir keinen Anstoß nimmt.   (Lk 7,22–23)

V   Der Herr hat viele Kranke gesund gemacht. Von allen Seiten strömten sie herbei, um sein Wort zu hören und von

ihren Krankheiten geheilt zu werden. Die Leidenden **(780)**
drängten sich an ihn heran, um auch nur sein Gewand zu
berühren.   STILLE

V Ein Armer rief, und der Herr erhörte ihn.
A Er half ihm aus all seinen Nöten.
V Kostet und seht, wie gütig der Herr ist.
A Wohl dem, der bei ihm sich birgt.

V Herr Jesus Christus, aus Liebe zu uns Menschen hast
du unsere Gebrechen auf dich genommen, damit wir das
Heil erlangen. Du hast Kranke geheilt und allen die Macht
und Liebe Gottes offenbart.
A Wir danken dir für deine große Liebe zu uns.
V Du hast gesagt: Ich war krank, und ihr habt mich be-
sucht. Schenk uns Freude im Dienst an den Kranken und
Behinderten.
A Wir sollen ergänzen, was an deinen Leiden noch fehlt. /
Stärke uns im Leiden / und mach es fruchtbar für die Welt.
V Jesus, gütig zu den Kranken,
A bilde unser Herz nach deinem Herzen.

HERZ JESU, VOLL ERBARMEN MIT DEN SÜNDERN   **4**

L Jesus sagte: Nicht die Gesunden brauchen den Arzt,
sondern die Kranken. Darum lernt, was es heißt: Barmherzigkeit will ich, nicht Opfer; denn ich bin gekommen, die
Sünder zu rufen, nicht die Gerechten.   (Mt 9,12–13)

V Jesus hat sich in besonderer Weise der Sünder angenommen und sich ihrer erbarmt. Als der gute Hirt ist er ihnen
nachgegangen, damit keiner von denen verlorengehe, die
der Vater ihm gegeben hat. Er hat die Irrenden zur Umkehr
gemahnt und ihnen ihre Schuld vergeben.   STILLE

V Gut und gerecht ist der Herr.
A Darum weist er Sündern den Weg.
V Meide das Böse und tu das Gute.
A Suche Frieden und jage ihm nach.

(780) V Herr Jesus Christus, du hast uns von der Knechtschaft
der Sünde befreit und uns zur Freiheit der Kinder Gottes
geführt.
A Wir danken dir für deine große Liebe zu uns.
V Hilf uns, daß die Sünde keine Macht über uns gewinnt.
Gib uns die Kraft, den Willen deines Vaters zu erfüllen.
A Mach uns bereit, wieder gutzumachen, was wir anderen
angetan haben. / Bewahre uns vor aller Verwirrung / und
schenk uns deinen Frieden.
V Jesus, voll Erbarmen mit den Sündern,
A bilde unser Herz nach deinem Herzen.

5 HERZ JESU, QUELLE DES LEBENS UND DER HEILIGKEIT

L Als die Soldaten zu Jesus kamen und sahen, daß er
schon tot war, zerbrachen sie ihm die Beine nicht, sondern
ein Soldat stieß mit der Lanze in seine Seite, und sogleich
floß Blut und Wasser heraus. Das ist geschehen, damit die
Schrift erfüllt wurde: Keinen Knochen an ihm wird man
zerbrechen. Und ein anderes Schriftwort sagt: Sie werden
auf den schauen, den sie durchbohrt haben.   (Joh 19,33–37)

V Jesus hat uns bis in den Tod geliebt und sich als Opfer
für uns hingegeben. Freiwillig nahm er den Kreuzestod auf
sich, um uns mit dem Vater zu versöhnen. In seiner Liebe,
die jede Erkenntnis übersteigt, hat er sein Blut für uns vergossen und uns von aller Sündenschuld gereinigt. Sein
durchbohrtes Herz ist zur Quelle des Lebens geworden, aus
der wir das Heil schöpfen.   STILLE

V Ich sah Wasser fließen aus der rechten Seite des Tempels.
A Und alle, zu denen es kam, wurden heil.
V Ströme lebendigen Wassers erfreuen die Gottesstadt.
A Schöpfet mit Freuden aus den Quellen des Heils.

V Herr Jesus Christus, du bist gestorben für uns sündige
Menschen, daß wir das Leben haben und es in Fülle haben.
A Wir danken dir für deine große Liebe zu uns.

V Festige unsern Glauben, daß wir dich als das wahre **(780)**
Leben erkennen. Stärke unsere Hoffnung auf die kommende
Herrlichkeit.
A Lehre uns das Geheimnis deiner Liebe verstehen. / Laß
uns teilhaben am Reichtum deines Herzens.
V Jesus, Quelle des Lebens und der Heiligkeit,
A bilde unser Herz nach deinem Herzen.

SCHLUSSGEBET   **6**

V Heiligstes Herz Jesu, du Inbegriff der Liebe, sei du uns
Schutz im Leben und Unterpfand des ewigen Heils. Sei du
uns Stärke in Schwachheit und Unbeständigkeit. Sei du
die Sühne für alle Sünden unseres Lebens.
Du Herz der Milde und Güte, sei unsere Zuflucht in der
Stunde unseres Todes. Sei unsere Rechtfertigung vor Gott.
Wende ab von uns die Strafe seines gerechten Zornes. Herz
der Liebe, auf dich setzen wir unser ganzes Vertrauen. Von
unserer Bosheit fürchten wir alles; aber von deiner Liebe
hoffen wir alles.
Tilge in uns, was dir mißfallen oder entgegen sein könnte.
Deine Liebe präge sich so tief unseren Herzen ein, daß wir
dich niemals vergessen, daß wir niemals von dir getrennt
werden können.

A Herr und Heiland, bei deiner ganzen Liebe bitten wir
dich: / laß unsere Namen tief eingeschrieben sein in deinem
heiligsten Herzen. / Unser Glück und unsere Ehre soll es
sein, / in deinem Dienst zu leben und zu sterben. Amen.

                                        Margarita Maria Alacoque

781 Andacht zu Jesus Christus

ERÖFFNUNGSRUF

V Dir, Vater Gott, sei Preis und Dank
für deinen Sohn im Heilgen Geist.
A Er ist der Weg, er ist die Wahrheit, /
er will uns Licht und Leben schenken.
V Wer auf ihn hört, schöpft aus dem Quell,
aus dem das wahre Leben strömt.
A Wer an ihn glaubt, der kann nicht sterben; /
er hat das Leben schon empfangen.
V Ehre sei dem Vater und dem Sohn
und dem Heiligen Geist,
A wie im Anfang, so auch jetzt und alle Zeit /
und in Ewigkeit. Amen.

1 LOBPREIS

V Laßt uns unsern Herrn Jesus Christus preisen, den
König der Herrlichkeit.
A Ihn wollen wir loben und erheben in Ewigkeit.
V Herr Jesus Christus, du ewiges Wort, aus dem Vater
geboren vor aller Zeit.
A Gott von Gott, / Licht vom Licht, / wahrer Gott vom
wahren Gott.
V Du Abglanz des Vaters und Abbild seines Wesens.
A Du hast im Anfang die Erde gegründet. / Deiner Hände
Werk sind die Himmel. / Alles hat seinen Bestand in dir.
V Du menschgewordener Sohn Gottes.
A Heiland, wir loben und preisen dich.
V Du Sohn der Jungfrau Maria.
A Du Sohn Davids.
V Du König in der Gestalt eines Knechtes.
A Herr Jesus Christus, / wir loben und preisen dich allezeit.
V Du siegreicher König.
A Christus König, / wir vertrauen auf dich.
V Du Sieger über Satan und Sünde.
A Du Sieger über alle Bosheit der Welt.

V Du Sieger über Tod und Grab.
A Du Friedensfürst, / wir vertrauen auf dich.
V Du thronst im Himmel zur Rechten deines Vaters.
A Christus, wir hoffen auf dich.
V Du bist deiner Kirche immer nahe.
A Du wirst wiederkommen in Herrlichkeit, / zu richten
die Lebenden und die Toten; / deiner Herrschaft wird kein
Ende sein.
V Denn du wirst deine Königsmacht dem Vater übergeben
und Gott wird sein alles in allem.
A Richter der Welt, / wir hoffen auf dich.

IM NAMEN JESUS   2

L Petrus sagte zu den Hohenpriestern und Schriftgelehrten,
erfüllt vom Heiligen Geist: Ihr Führer des Volkes und ihr
Ältesten! Wenn wir heute wegen einer guten Tat an einem
kranken Menschen darüber vernommen werden, durch wen
er geheilt worden ist, so sollt ihr alle und das ganze Volk
Israel wissen: im Namen Jesu Christi, des Nazoräers, den
ihr gekreuzigt habt und den Gott von den Toten auferweckt
hat. Durch ihn steht dieser Mann gesund vor euch. Er ist
der Stein, der von euch Bauleuten verworfen wurde, der
aber zum Eckstein geworden ist. Und durch keinen anderen
kommt die Rettung. Denn es ist den Menschen kein anderer
Name unter dem Himmel gegeben, durch den wir gerettet
werden sollen.   (Apg 4,8–12)
                                                            STILLE

V Herr und Erlöser, du hast dich erniedrigt und bist gehorsam geworden. Darum hat Gott der Vater dich erhöht
und dir einen Namen gegeben, der über alle Namen ist,
damit jede Zunge bekennt: Jesus Christus ist der Herr.
A Jesus Christus ist der Herr.
V Durch den Engel Gabriel gab Gott Maria den Auftrag,
dich Jesus zu nennen.
A Jesus, du Sohn der Jungfrau Maria.

(781) V In diesem Namen haben Sünder und Kranke um dein Erbarmen gefleht.

A Jesus, Sohn Davids, / erbarme dich unser.

V In deinem Namen haben die Apostel Zeichen und Wunder gewirkt. Wer deinen Namen vor den Menschen bekennt, den wirst du auch vor dem Vater bekennen.

A Gepriesen sei dein Name, Herr, / jetzt und in Ewigkeit.

V Um deines Namens willen haben die Apostel voll Freude gelitten.

A Jesus, du bist die Stärke der Märtyrer, / die Krone aller Heiligen.

V Wer deinen Namen anruft, wird Heil erfahren.

A Jesus, schenk uns dein Heil.

V Was wir in deinem Namen erbitten, wird uns der Vater gewähren.

A Jesus, durch dich beten wir zum Vater.

V Du hast gesagt: Wo zwei oder drei in meinem Namen versammelt sind, bin ich mitten unter ihnen.

A Jesus, wir sind eins in dir.

V Vor dem Namen Jesus sollen alle Knie sich beugen im Himmel, auf der Erde und unter der Erde.

A Und jede Zunge bekennt: / Jesus Christus ist der Herr / zur Ehre Gottes, des Vaters.

V Lasset uns beten. — Allgütiger Gott, wir danken dir, daß du uns durch deinen Sohn gerettet hast, und verehren den heiligen Namen Jesus, den du ihm gegeben. Wir bitten dich: laß uns schon in diesem Leben das Beglückende dieses Namens verkosten und einst bei dir die Fülle dessen empfangen, was er verheißt. Das gewähre uns durch Christus, unsern Herrn. A Amen.

3 DAS LICHT DER WELT

L Im Wort, das von Anfang an war, war das Leben, und das Leben war das Licht der Menschen. Und das Licht leuchtet in der Finsternis, und die Finsternis hat es nicht ergriffen. Das wahre Licht, das jeden Menschen erleuchtet,

kam in die Welt. Allen aber, die ihn aufnahmen, gab er **(781)**
Macht, Kinder Gottes zu werden.   (Joh 1,4–5.9.12a)

STILLE

V Jesus, du hast gesagt: Wer mir nachfolgt, wandelt nicht
im Finstern, sondern wird das Licht des Lebens haben.
A Laß uns wandeln als Kinder des Lichtes.
V Du rufst uns zu: Ihr seid das Licht der Welt. So soll
euer Licht vor den Menschen leuchten, damit sie eure guten
Taten sehen und euren Vater im Himmel preisen.
A Hilf uns ablegen die Werke der Finsternis / und voll-
bringen die Werke des Lichtes.

V Lasset uns beten. — Allmächtiger Gott, dein ewiges Wort
ist Mensch geworden, um uns mit dem Glanz seines Lichtes
zu erfüllen. Wir bitten dich: laß in unserm Tun wider-
strahlen, was durch den Glauben in uns lebt. Durch
Christus, unsern Herrn. A Amen.

DER EWIGE HOHEPRIESTER UND ERLÖSER   4

L Jesus spricht bei seinem Eintritt in die Welt: An Schlacht-
und Speiseopfern hast du kein Gefallen, doch einen Leib
hast du mir bereitet; Brand- und Sündopfer forderst du
nicht. So sprach ich: Siehe, ich komme — in der Buchrolle
steht über mich geschrieben —, deinen Willen, Gott, zu erfüllen. — Auf Grund dieses Willens sind wir durch die
Opfergabe des Leibes Jesu Christi ein für allemal geheiligt.
                                            (Hebr 10,5–7.10)

STILLE

V Laßt uns Jesus Christus anbeten und verherrlichen, den
ewigen Hohenpriester, den Erlöser der Welt.
A Anbetung, Lob und Preis sei dir, Herr Jesus, / du Lamm
Gottes, das die Sünde der Welt hinwegnimmt.
V Du hast uns nicht mit vergänglichem Silber oder Gold,
sondern durch dein kostbares Blut vom ewigen Untergang
errettet.
A Du bist die Versöhnung für unsere Sünden / und für
die Sünden der ganzen Welt. / Dein Name sei gepriesen
von nun an bis in Ewigkeit.

(781) V Herr Jesus Christus, du hast unsere Sünden auf das Kreuzesholz getragen und auf diesem Altar dich dem Vater als Versöhnungsopfer dargebracht. Du bist mit deinem eigenen Blut in das Allerheiligste eingegangen und hast ewige Erlösung bewirkt.

A Wir bitten dich: / laß uns der Sünde immer mehr sterben / und leben für die Gerechtigkeit. / Erwecke in uns den Geist der Buße, / damit wir uns mit Gott versöhnen und Erbarmen finden am Thron der Gnade. Amen.

5 DER GUTE HIRT

V Herr Jesus Christus, du bist der gute Hirt. Wir waren wie verirrte Schafe. Jetzt aber sind wir heimgekehrt zum Hirten unsrer Seelen.

A Du bist der gute Hirt. / Der gute Hirt gibt sein Leben für die Schafe.

V Ein Dieb kommt nur, um zu stehlen, zu schlachten und zu verderben.

A Du bist der gute Hirt. / Du bist gekommen, daß wir das Leben haben / und es in Fülle haben.

V Du bist der gute Hirt. Du rufst deine Schafe beim Namen und führst sie auf gute Weide.

A Wir leben von jedem Wort, das aus deinem Munde kommt. / Du gibst uns dein eigenes Fleisch und Blut zur Speise.

V Du hast den Petrus gefragt: Simon, Sohn des Johannes, liebst du mich? So fragst du alle, die deine Diener sind im Hirtenamt. Du sprichst zu jedem von ihnen: Weide meine Lämmer, weide meine Schafe.

A Durch sie willst du der gute Hirt sein.

V In deinem Wort hören wir die alte Frage: Wo ist dein Bruder Abel? Wir sind füreinander verantwortlich. Wir können nicht antworten: Bin ich denn der Hüter meines Bruders?

A Durch uns willst du der gute Hirt sein.

V Du bist der gute Hirt. Alle Menschen willst du führen. Jeder ist dir von deinem Vater anvertraut.

A Sie werden deine Stimme hören. / Dann wird es eine **(781)**
Herde geben und einen Hirten.

KÖNIG DES LEBENS   **6**

L Jesus spricht: Ich bin die Auferstehung und das Leben;
wer an mich glaubt, wird leben, auch wenn er stirbt, und
jeder, der lebt und an mich glaubt, wird in Ewigkeit nicht
sterben.   (Joh 11,25–26)

V Herr, wir preisen dein Leben auf Erden und loben deine
Güte zu den Menschen. Du gehst umher, Wohltaten spen-
dend.
A Du bist das Leben. / Dir sei Dank.
V Blinde sehen, Lahme gehen, Aussätzige werden rein;
Taube hören, Tote stehen auf, und Armen wird die frohe
Botschaft verkündet.
A Du bist das Leben. / Dir sei Lobpreis.
V Kranke und Besessene werden zu dir gebracht; die ganze
Stadt drängt sich vor deiner Tür, und du heilst jede Krank-
heit und alle Gebrechen.
A Du bist das Leben. / Dir sei die Anbetung.
V Du trittst an die Totenbahre des Jünglings von Nain
und sprichst: Jüngling, ich sage dir, steh auf! Da richtet der
Tote sich auf, und alle preisen Gott.
A Du bist das Leben. / Dir sei die Ehre.
V Du ergreifst die Hand des toten Mädchens und befiehlst
ihm aufzustehn. Sogleich steht das Mädchen auf und geht
umher.
A Du bist das Leben. / Dir sei der Ruhm.
V Du rufst in die Gruft des Lazarus: Komm heraus! Und
der vier Tage lang im Grabe war, kommt hervor.
A Du bist das Leben. / Dir sei das Lob.
V Du sprengst die Felsen des Grabes und stehst siegreich
von den Toten auf.
A Du bist das Leben. / Dir sei die Herrlichkeit.
V Du wirst wiederkommen und alles Fleisch auferwecken
von den Toten.
A Du bist das Leben. / Dir sei die Macht. Amen.

(781) VOLL LIEBE ZU DEN MENSCHEN

7   L Sie fuhren mit dem Boot in eine einsame Gegend, um
allein zu sein. Aber man sah sie abfahren, und viele hörten
davon; sie liefen zu Fuß aus allen Städten dorthin und
kamen noch vor ihnen an. Als er ausstieg und die vielen
Menschen sah, hatte er Mitleid mit ihnen; denn sie waren
wie Schafe, die keinen Hirten haben.   (Mk 6,32–34)

V Göttlicher Heiland, durch lange Nächte hast du auf den
Bergen gewacht und gebetet.
A Du bittest den Vater für uns um Erbarmen.
V Du segnest die Kinder. Du richtest die Verzagten auf.
Du weinst über die Bewohner Jerusalems, die du um dich
sammeln willst, wie eine Henne ihre Küchlein um sich
schart.
A Du ladest die Dürstenden zum Quell deiner Liebe.
V Du bist voll Liebe zu den Sündern und sitzest mit
ihnen zu Tisch. Den Zöllner berufst du zu deinem Jünger
und machst ihn zu deinem Apostel. Du schützest die Frau,
die des Ehebruchs schuldig ist, vor den Pharisäern und
neigst dich in Güte zu der Sünderin, die deinen Leib salbt.
A Du willst das geknickte Rohr nicht brechen / und den
glimmenden Docht nicht auslöschen.
V Du liebst die Deinen und hast sie bis zum Ende geliebt.
Da wir in Sünden tot waren, warst du reich an Erbarmen
und hast uns deine übergroße Liebe kundgetan.
A Da du uns liebst, / hast du uns bis zum letzten geliebt.
V Daran erkennen wir deine Liebe, daß du uns zuerst
geliebt und aus Liebe zu uns dein Leben hingegeben hast.
A Du hast uns geliebt bis zum Tod am Kreuz.
V Dein Herz verlangt allezeit danach, uns dem Tod zu
entreißen und uns zu nähren in unserm Hunger.
A Du bist für uns gestorben, / damit wir durch deine Liebe
das Leben haben / und es in Fülle haben. Amen.

KÖNIG DER HERRLICHKEIT   (781)
8

L Während die Apostel unverwandt ihm nach zum Himmel schauten, standen plötzlich zwei Männer in weißen Gewändern bei ihnen und sagten: Ihr Männer von Galiläa, was steht ihr da und schaut zum Himmel? Dieser Jesus, der von euch weg in den Himmel aufgenommen wurde, wird ebenso wiederkommen, wie ihr ihn habt hingehen sehen zum Himmel. (Apg 1,10–11)

V Laßt uns Jesus Christus anbeten und verherrlichen, den Überwinder des Todes, den König der Herrlichkeit, den Richter der Welt.

A Anbetung und Preis sei dir, Herr Jesus. / Du hast die Macht des Todes vernichtet. / Du bist die Auferstehung und das Leben.

V Du sitzest zur Rechten des Vaters und wirst einst wiederkommen, zu richten die Lebenden und die Toten.

A Dein Name sei gepriesen / von nun an bis in Ewigkeit.

V Herr Jesus Christus, König der Könige und Herr der Herren. Lenk unsere Herzen nach deinem Willen.

A Sei unser Mittler und Fürsprecher beim Vater, / damit wir Verzeihung unserer Sünden und das ewige Leben erlangen.

V Sei uns einst ein milder und gnädiger Richter. Sieh nicht auf die Menge unserer Sünden, sondern auf die Fülle deines Erbarmens.

A Erhalte uns in deiner Gnade alle Tage unseres Lebens / und steh uns bei in der Stunde des Todes. Amen.

NACHFOLGE CHRISTI   9

V Ewiger Hoherpriester, du rufst die Fischer von ihren Netzen weg und machst sie zu Menschenfischern für das Reich deines Vaters.

A Hilf auch uns, dir zu folgen.

V Du sprichst mit Nikodemus, der in der Nacht bei dir weilt.

A Hilf auch uns, deine Wahrheit zu erkennen.

(781) V Du trauerst um den Jüngling, den sein Reichtum hindert, dir nachzufolgen.

A Hilf auch uns, frei zu werden / von allem, was unser Herz eng macht.

V Du willst, daß wir uns selber verleugnen, unser Kreuz auf uns nehmen und dir nachfolgen.

A Hilf uns, das Kreuz des Lebens zu tragen.

V Wer seine Hand an den Pflug legt und zurückschaut, ist meiner nicht wert.

A Laß uns deiner würdig sein und nicht zurückblicken.

V Wer mich vor den Menschen bekennt, den werde ich vor dem Vater bekennen.

A Gib uns die Kraft, vor aller Welt mutig für dich einzutreten.

V Ich bin nicht gekommen, mich bedienen zu lassen, sondern zu dienen.

A Hilf uns, selbstlos unserm Nächsten zu dienen.

V Du lädst alle ein, zu dir zu kommen und von dir zu lernen; denn du bist gütig und selbstlos von Herzen.

A Bilde unser Herz nach deinem Herzen.

V Du verlangst den Glauben.

A Hilf unserm Unglauben.

V Du gebietest die Liebe.

A Gib uns das Feuer der Liebe.

V Herr, du wirst einst wiederkommen, uns zu richten nach unsern Werken. Wer alles verläßt und dir nachfolgt, der wird hundertfältigen Lohn empfangen und das ewige Leben.

A Dir sei die Ehre und die Herrlichkeit / und Lob und Dank in Ewigkeit. Amen.

Andacht über das Gebet des Herrn   **782**

ANREDE

V Wir haben den Geist der Kindschaft empfangen, in dem
wir rufen können: Abba, lieber Vater.
A Vater unser im Himmel.
V Ein Gott hat uns geschaffen, wir haben alle einen Vater.
A Vater unser im Himmel.
V Herr, du bist unser Vater. Wir sind der Ton, du bist der
Töpfer; das Werk deiner Hände sind wir alle.
A Vater unser im Himmel.
V Ihr sollt euch nicht Vater nennen lassen; denn einer ist
euer Vater.
A Vater unser im Himmel.
V Gott, unser Vater, liebt uns. In seiner Gnade hat er uns
ewigen Trost und sichere Hoffnung geschenkt.
A Vater unser im Himmel.

ERSTE BITTE   1

V Geheiligt werde dein Name.
A Geheiligt werde dein Name.

L Daher beuge ich meine Knie vor dem Vater, nach dessen
Namen jedes Geschlecht im Himmel und auf Erden be-
nannt ist. —
Christus spricht: Vater, ich habe ihnen deinen Namen kundgetan. Ich habe dich auf Erden verherrlicht und das Werk
vollendet, das du mir aufgetragen hast. ——
Ein neues Gebot gebe ich euch: Liebet einander. Darin
verherrlicht sich mein Vater, daß ihr reiche Frucht bringt
und euch erweist als meine Jünger.   STILLE

V Vater im Himmel, hilf deiner Kirche, dich vor der Welt
zu verherrlichen.
A Geheiligt werde dein Name.
V Laß alle Menschen dich als ihren Gott und Vater er-
kennen.
A Geheiligt werde dein Name.

(782) V Verherrliche dich im Erbarmen an den Armen und Schwachen.
A Geheiligt werde dein Name.
V Gib, daß unser Leben und Werk dich verherrliche.
A Geheiligt werde dein Name.

2 ZWEITE BITTE

V Dein Reich komme.
A Dein Reich komme.

L Das Reich Gottes ist nahe. Bekehrt euch und glaubt an das Evangelium. —
Sucht zuerst das Reich Gottes und seine Gerechtigkeit. Das Reich Gottes ist mitten unter euch. —
Wer das Reich Gottes nicht annimmt, als wäre er ein Kind, wird nicht hineinkommen. —
Kommt her, die ihr von meinem Vater gesegnet seid, nehmt das Reich in Besitz, das am Anfang der Welt für euch geschaffen worden ist.   STILLE

V Vater im Himmel, hilf deiner Kirche, immer deutlicher das Zeichen unter den Völkern zu sein.
A Dein Reich komme.
V Laß die Mächtigen der Erde deine Gesetze anerkennen.
A Dein Reich komme.
V Gib den Menschen Kraft durch die Hoffnung, daß dein Reich anbricht.
A Dein Reich komme.
V Mach uns zu glaubwürdigen Zeugen deines Sohnes.
A Dein Reich komme.

3 DRITTE BITTE

V Dein Wille geschehe wie im Himmel, so auf Erden.
A Dein Wille geschehe wie im Himmel, so auf Erden.

L Mein Vater, wenn es möglich ist, gehe dieser Kelch an mir vorüber. Aber nicht wie ich will, sondern wie du willst. —

Es ist meine Speise, den Willen dessen zu tun, der mich **(782)**
gesandt hat, und sein Werk zu vollenden. Deinen Willen
zu tun, mein Gott, ist meine Freude. —
Wer meine Gebote hat und sie hält, liebt mich. Wer den
Willen meines Vaters tut, der ist mir Bruder, Schwester und
Mutter.   STILLE

V Vater im Himmel, hilf deiner Kirche, daß sie deinen
Willen in Liebe tut.
A Dein Wille geschehe wie im Himmel, so auf Erden.
V Lenke das Schicksal der Völker zu Frieden und Heil.
A Dein Wille geschehe wie im Himmel, so auf Erden.
V Laß uns auch in Not und Tod ja sagen zu deinem Willen.
A Dein Wille geschehe wie im Himmel, so auf Erden.
V Gib uns Freude an der Erfüllung deines Willens.
A Dein Wille geschehe wie im Himmel, so auf Erden.

VIERTE BITTE   **4**

V Unser tägliches Brot gib uns heute.
A Unser tägliches Brot gib uns heute.

L Jesus sprach: Mich erbarmt des Volkes. Schon drei Tage
harren sie aus bei mir und haben nichts zu essen. —
Verweigere dem Hungrigen nicht deine Gabe. — Denn ich
war hungrig, und ihr habt mich gespeist; ich war durstig,
und ihr habt mich getränkt. —
Das Brot, das ich gebe, ist mein Fleisch für das Leben der
Welt. Wer von diesem Brot ißt, wird ewig leben.   STILLE

V Vater im Himmel, hilf der Menschheit, die Erde so zu
bebauen, daß alle satt werden.
A Unser tägliches Brot gib uns heute.
V Bewahre die Völker vor Krieg und Hungersnot.
A Unser tägliches Brot gib uns heute.
V Lehre die Reichen, auszuteilen an die Armen.
A Unser tägliches Brot gib uns heute.
V Gib uns Hunger nach dem Brot des Lebens.
A Unser tägliches Brot gib uns heute.

(782) FÜNFTE BITTE

5   V   Vergib uns unsere Schuld, wie auch wir vergeben unsern Schuldigern.
A   Vergib uns unsere Schuld, / wie auch wir vergeben unsern Schuldigern.

L   Der Herr wurde zornig und übergab den Knecht der Folter, bis er alles bezahlt hatte, was er schuldig war. So wird mein Vater mit jedem von euch verfahren, wenn nicht ein jeder seinem Nächsten von Herzen verzeiht. –
Seid barmherzig, wie euer Vater barmherzig ist. Richtet nicht, und ihr werdet nicht gerichtet. Verurteilt nicht, und ihr werdet nicht verurteilt. Vergebt, und euch wird vergeben. Denn mit dem Maß, mit dem ihr meßt, wird auch euch gemessen. –
Geh zuvor hin und versöhne dich mit deinem Bruder. Dann komm und opfere deine Gabe.   STILLE

V   Vater im Himmel, hilf den Christen, ihre Schuld zu bekennen, und führe sie durch Versöhnung zur Einheit.
A   Vergib uns unsere Schuld, / wie auch wir vergeben unsern Schuldigern.
V   Führe die Völker zur Versöhnung und schenke ihnen Frieden.
A   Vergib uns unsere Schuld, / wie auch wir vergeben unsern Schuldigern.
V   Schenk den Opfern der Rache und Vergeltung die Kraft, ihren Verfolgern zu verzeihen.
A   Vergib uns unsere Schuld, / wie auch wir vergeben unsern Schuldigern.
V   Gib uns den Willen, auch die Folgen der Schuld zu tilgen, soweit es in unseren Kräften steht.
A   Vergib uns unsere Schuld, / wie auch wir vergeben unsern Schuldigern.

SECHSTE BITTE   (782)
                                                          6
V Führe uns nicht in Versuchung.
A Führe uns nicht in Versuchung.

L Der Geist ist willig, aber das Fleisch ist schwach. Wachet
und betet, daß ihr nicht in Versuchung kommt. —
Der Satan verlangt, euch zu sieben wie Weizen. Aber ich
habe für dich gebetet, daß dein Glaube nicht wanke. —
Gott ist treu; er wird nicht zulassen, daß ihr über eure
Kraft hinaus versucht werdet. Er wird euch in der Versuchung einen Ausweg schaffen, so daß ihr sie bestehen
könnt.   STILLE

V Vater im Himmel, leite deine Kirche in allen Versu-
chungen auf den Weg des Heils.
A Führe uns nicht in Versuchung.
V Bewahre die Herrschenden vor der Versuchung, ihre
Macht zu mißbrauchen.
A Führe uns nicht in Versuchung.
V Laß die Reichen nicht den Gefahren des Reichtums er-
liegen.
A Führe uns nicht in Versuchung.
V Bewahre uns vor Verzweiflung.
A Führe uns nicht in Versuchung.

SIEBTE BITTE   7

V Erlöse uns von dem Bösen.
A Erlöse uns von dem Bösen.

L Vater, ich bitte dich nicht, daß du sie fortnimmst aus
der Welt, sondern daß du sie bewahrst vor dem Bösen. —
Jeder, der Sünde tut, ist Sklave der Sünde. Wenn der Sohn
euch frei macht, werdet ihr in Wahrheit frei sein. —
Die Liebe Gottes ist ausgegossen in unsere Herzen durch
den Heiligen Geist. Wo der Geist des Herrn wirkt, da ist
Freiheit.   STILLE

V Vater im Himmel, bewahre die Völker vor Hunger, Krankheit und Krieg.
A Erlöse uns von dem Bösen.
V Befreie die Menschen von Streit und Spaltung.
A Erlöse uns von dem Bösen.
V Nimm von uns alle Bosheit des Herzens.
A Erlöse uns von dem Bösen.
V Hilf uns, dich und den Nächsten zu lieben.
A Erlöse uns von dem Bösen.

8 DOXOLOGIE (LOBPREIS)

V Meine Seele preist die Größe des Herrn, und mein Geist jubelt über Gott, meinen Retter.
A Denn dein ist das Reich und die Kraft und die Herrlichkeit.
V Ehre sei Gott in der Höhe und Friede auf Erden den Menschen seiner Gnade. Wir loben dich, wir preisen dich.
A Denn dein ist das Reich und die Kraft und die Herrlichkeit.
V Heilig, heilig, heilig Gott, Herr aller Mächte und Gewalten. Erfüllt sind Himmel und Erde von deiner Herrlichkeit.
A Denn dein ist das Reich und die Kraft und die Herrlichkeit.

VATER UNSER

V Lasset uns beten, wie der Herr uns gelehrt hat:
A Vater unser im Himmel, / geheiligt werde dein Name. / Dein Reich komme. / Dein Wille geschehe, wie im Himmel so auf Erden. / Unser tägliches Brot gib uns heute. / Und vergib uns unsere Schuld, / wie auch wir vergeben unsern Schuldigern. / Und führe uns nicht in Versuchung, / sondern erlöse uns von dem Bösen.
Denn dein ist das Reich und die Kraft und die Herrlichkeit in Ewigkeit. Amen.

Marien-Andacht   **783**

LOBPREIS

V Gott Vater im Himmel, wir preisen dich für alles, was
du geschaffen hast. Wir preisen dich besonders für Maria,
die du zur Mutter deines Sohnes erwählt hast. Sie ist unsere
Fürsprecherin an deinem Thron. Mit ihr kommen wir voll
Vertrauen zu dir.
A Zu dir, Vater, rufen wir mit Maria.
V Gott Sohn, Erlöser der Welt, wir danken dir, daß du
Maria zu deiner Mutter gemacht hast. Sie hat dir das Leben
geschenkt. Sie hat das Wort Gottes gläubig gehört und be-
folgt. So ist sie unsere Mutter und unser Vorbild geworden.
A Durch dich, Christus, beten wir mit Maria.
V Gott Heiliger Geist, du hast Maria mit der Kraft des
Höchsten überschattet. So hat sie den Sohn Gottes zur Welt
gebracht. Auch uns erfüllst du mit deiner Kraft, damit wir
Christus sichtbar machen in dieser Welt.
A In dir, Heiliger Geist, singen wir mit Maria: /
Meine Seele preist die Größe des Herrn, / und mein Geist
jubelt über Gott, meinen Retter.
V Denn auf die Niedrigkeit seiner Magd hat er geschaut.
Siehe, von nun an preisen mich selig alle Geschlechter.
A Denn der Mächtige hat Großes an mir getan, / und
sein Name ist heilig.

AUS KÖNIGLICHEM STAMM   1

L Wer ist sie, die erscheint wie das Morgenrot, wie der
Mond so schön, strahlend rein wie die Sonne, prächtig wie
Himmelsbilder? — Einzig ist meine Taube, die Makellose,
die Einzige ihrer Mutter. Erblicken sie die Mädchen, sie
preisen sie; Königinnen rühmen sie.   (Hld 6,10.9)

V Heilige Jungfrau Maria, du wurdest aus königlichem
Geschlecht geboren zur Freude der ganzen Welt.
A Durch dich ist aufgegangen die Sonne der Gerechtig-
keit, / Christus, unser Gott.

(783) V Du bist die neue Eva, die Mutter des Lebens.
A Du bist gesegnet unter den Frauen.
V Du bist wie Sara die Stammutter eines neuen Volkes.
A Selig bist du, weil du geglaubt hast.
V Du hast wie Hanna deinen Sohn für den Dienst Gottes
geboren.
A Gesegnet ist die Frucht deines Leibes. ——

V Die Völker singen dein Lob, du Königin des Himmels:

(r) Höre, Tochter, sieh her und neige dein Ohr, *
vergiß dein Volk und dein Vaterhaus!
(l) Der König verlangt nach deiner Schönheit; *
er ist ja dein Herr, verneig dich vor ihm.
(r) Die Töchter von Tyrus kommen mit Gaben, *
deine Gunst begehren die Edlen des Volkes.
(l) Die Königstochter ist herrlich geschmückt, *
ihr Gewand ist durchwirkt mit Gold und Perlen.
(r) Man geleitet sie in buntgestickten Kleidern zum König, /
Jungfrauen sind ihr Gefolge, *
ihre Freundinnen führt man zu dir.
A Man geleitet sie mit Freude und Jubel, *
sie ziehen ein in den Palast des Königs.

V Königin des neuen Gottesvolkes, du trittst für dein Volk
ein wie Ester.
A Bitte für uns.
V Wie Judit bringst du Rettung in der Not.
A Bitte für uns.
V Du bist treu wie Rut, die Stammutter des Hauses David.
A Bitte für uns.

V Lasset uns beten. – Gott, du hast die Mutter deines Sohnes auch uns zur Mutter gegeben. Wir ehren sie als unsere
Königin und bitten dich im Vertrauen auf ihre Fürsprache:
laß uns im himmlischen Reich teilhaben an der Herrlichkeit deiner Erwählten. Durch Christus, unsern Herrn.
A Amen.

OHNE ERBSÜNDE EMPFANGEN   **(783)**

                                                   2

V Gott liebt die Menschen und wartet auf ihre Gegenliebe.
Sie aber haben diese Antwort verweigert, und so ist die
Sünde in die Welt gekommen.

A Wir alle haben gesündigt / und die Herrlichkeit Gottes
verloren.

V Weil Adam Gottes Gebot übertreten hat, sind wir alle
verurteilt. Weil der Mensch Gott dem Herrn nicht gehorcht,
sind wir alle Sünder. Doch Gottes Liebe wird dadurch nicht
gemindert und nicht eingeschränkt.

L In Christus sind wir alle erwählt vor Erschaffung der
Welt, daß wir heilig und untadelig vor Gott leben. Gott
hat uns aus Liebe im voraus dazu bestimmt, durch Jesus
Christus seine Söhne zu werden und nach seinem gnädigen
Willen zu ihm zu gelangen, zum Lob seiner göttlichen
Gnade. Christus hat die Kirche geliebt und sich für sie
hingegeben, um sie im Wasser und durch das Wort rein
und heilig zu machen. So will er die Kirche in ihrer ganzen
Herrlichkeit vor sich erscheinen lassen, ohne Flecken, Falten
oder andere Fehler. Heilig soll sie sein und makellos.

                                            (Eph 1,4; 5,25–27)

A Gepriesen sei Gott, der Vater unseres Herrn Jesus
Christus. / Er hat uns mit allem Segen seines Geistes gesegnet.   STILLE

V Mehr als alle andern hat Maria Gnade gefunden vor
Gott. Im Blick auf das Opfer seines Sohnes hat er Maria
vom ersten Augenblick ihres Daseins an vor der Sünde
bewahrt und sie in ihrem ganzen Leben in Liebe und
Gnade geführt. Maria ist das Urbild der Kirche, als erste
erwählt, die Braut des Herrn ohne Falten und Fehler. Dafür
danken wir von Herzen:

A Gesegnet bist du, Maria, von Gott dem Allerhöchsten /
mehr als alle anderen Frauen auf der Erde. / Gepriesen sei der
Herr, unser Gott, / der dich vor der Sünde bewahrt hat.

V Heilige Maria, mit Recht hat der Engel dich gegrüßt:
„Du bist voll der Gnade, der Herr ist mit dir." Christus
hat dein Leben erleuchtet. Wie die Morgenröte ihr Licht

(783) von der Sonne hat und ihr voraufgeht, so gehst du Christus
voraus, der Sonne der Gerechtigkeit, und leuchtest in seinem
Licht. Aus dir ist die Sonne aufgegangen, die alle Dunkelheit vertreibt und denen leuchtet, die im Todesschatten
leben. Christus hat dich gehalten und geführt und dich
bewahrt alle Stunden deines Lebens. In seiner Kraft hast
du das Böse besiegt und der Schlange den Kopf zertreten.
A Heilige Maria, Mutter Gottes, / bitte für uns Sünder,
jetzt und in der Stunde unseres Todes. Amen.

3   JUNGFRAU

V Mit dem Engel grüßen wir dich, Jungfrau Maria, voll
der Gnade. Gott hat dich gerufen, die Mutter seines Sohnes
zu werden. Du hast ihm geantwortet mit ganzer Hingabe:
A Ich bin die Magd des Herrn; / mir geschehe, was du gesagt hast.

L Mit der Geburt Jesu Christi war es so: Maria, seine
Mutter, war mit Josef verlobt; noch bevor sie in der Ehe
zusammenlebten, zeigte sich, daß sie ein Kind erwartete —
durch das Wirken des heiligen Geistes. Dies ist geschehen,
damit sich erfüllte, was der Herr durch den Propheten gesagt
hat: Seht, die Jungfrau wird ein Kind bekommen, einen
Sohn wird sie gebären, und man wird ihn Immanuel nennen, das heißt übersetzt: Gott ist mit uns.   (Mt 1,18.22–23)

V Gegrüßet seist du, Maria, du Begnadete.
A Gottes Heiliger Geist ist über dich gekommen, / und
die Kraft des Höchsten hat dich überschattet.

L Maria war ganz offen für den Anruf Gottes. Sie stellte sich
Gott zur Verfügung. Ihm allein gehört ihr Leben. Mit
Recht wird sie Jungfrau in Ewigkeit, „Braut des Heiligen
Geistes" genannt.

V Anmut ist ausgegossen über deine Lippen.
A Darum hat Gott dich für immer gesegnet.
V Über dir ist ausgegossen der Geist von oben.
A Die Steppe wird zum fruchtbaren Garten.

V Die Himmel tauen von oben, die Wolken regnen den **(783)**
Gerechten herab.
A Die Erde tut sich auf und bringt den Heiland hervor.

L Maria hat sich Gott zur Verfügung gestellt. Christus hat
in ihr Gestalt angenommen. Der Mensch, der sich Gott
überläßt, wird Gottes Partner. Er ist geborgen in seiner
Liebe. Christus wird Gestalt annehmen durch ihn.

V Heilige Jungfrau Maria, wir preisen dich. Du hast Gott
den Herrn geliebt von ganzem Herzen und ganzer Seele,
mit deinem ganzen Denken und all deiner Kraft.
A Maria hat den besten Teil erwählt; / der soll ihr nicht
genommen werden.
V Die Liebe Gottes ist ausgegossen in unsere Herzen durch
den Heiligen Geist, der uns gegeben ist.
A Wer in der Liebe bleibt, der bleibt in Gott, / und Gott
bleibt in ihm.

V Lasset uns beten. — Herr und Gott, du hast uns in der
Jungfrau Maria ein Urbild liebender Hingabe geschenkt.
Gib auch uns die Bereitschaft, dir unser Herz zu öffnen.
Sende uns den Heiligen Geist, daß er das Feuer der Liebe
in uns entzünde. Durch Christus, unsern Herrn. A Amen.

MUTTER GOTTES   4

L Der Engel sprach zu Maria: Fürchte dich nicht, Maria;
denn du hast vor Gott Gnade gefunden. Du wirst ein Kind
bekommen, einen Sohn wirst du gebären, dem sollst du
den Namen Jesus geben.   (Lk 1,30–31)

V Wir hören die Botschaft des Engels und grüßen dich
voll Freude:
A Gegrüßet seist du, Maria, / Mutter Gottes, voll der
Gnade; / der Herr ist mit dir. ——

L Als Elisabet den Gruß Marias hörte, bewegte sich das
Kind in ihrem Leib. Da wurde Elisabet vom heiligen Geist
erfüllt und rief mit lauter Stimme: Gesegnet bist du vor
allen Frauen, und gesegnet ist die Frucht deines Leibes.
                                                         (Lk 1,41)

(783) V Auch wir rufen voll Freude im Heiligen Geist:
A Gesegnet bist du unter den Frauen, / und gesegnet ist Jesus, das Kind, das du geboren hast. ——

L Als Maria und Josef in Betlehem waren, kam für Maria die Stunde der Niederkunft, und sie gebar ihren Sohn, den Erstgeborenen, wickelte ihn in Windeln und legte ihn in eine Krippe. (Lk 2,6.7)

V Über Jesu Geburt freuen sich die Engel. Laßt uns einstimmen in ihren Lobgesang:
A Verherrlicht ist Gott in der Höhe, / und Friede ist auf der Erde bei den Menschen, die Gott liebt. ——

L Sein Vater und seine Mutter staunten über die Worte, die über Jesus gesagt wurden. Und Simeon segnete sie und sagte zu Maria, der Mutter Jesu: Dieser ist dazu bestimmt, daß viele in Israel durch ihn zu Fall kommen und viele aufgerichtet werden. (Lk 2,33–34)

V Maria, wir danken dir, daß du bereit warst, die Mutter Jesu zu werden, und voll Freude bekennen wir wie Simeon:
A Unsere Augen haben das Heil gesehen, / das der Herr vor allen Völkern bereitet hat. ——

L Bei dem Kreuz Jesu standen seine Mutter und die Schwester seiner Mutter, Maria, die Frau des Klopas, und Maria von Magdala. Als Jesus seine Mutter sah, und bei ihr den Jünger, den er liebte, sagte er zu seiner Mutter: Frau, dies ist dein Sohn. Dann sagte er zu dem Jünger: Dies ist deine Mutter. (Joh 19,25–27)

V Maria, Mutter Gottes, mit Johannes hat Jesus am Kreuz uns alle deiner Mutterliebe anvertraut. Wir grüßen dich, unsere Mutter, voll Freude und Hingabe:
A O meine Gebieterin, o meine Mutter. / Dir bringe ich mich ganz dar, / und um dir meine Hingabe zu bezeigen, / weihe ich dir heute meine Augen, meine Ohren, meinen Mund, / mein Herz, mich selber ganz und gar. / Weil ich also dir gehöre, o gute Mutter, / bewahre mich, beschütze mich als dein Gut und Eigentum. ——

V Herr, himmlischer Vater, aus allen Menschen hast du **(783)**
Maria zur Mutter deines Sohnes erwählt und hast uns
unter ihren mütterlichen Schutz gestellt. Wir preisen deine
Weisheit und Güte und bitten dich: erhöre das Gebet, das
Maria an dich richtet, durch Christus, unsern Herrn.
A Amen.

SCHWESTER DER MENSCHEN   5

V Königin des Himmels, du bist von Gott so hoch erhoben
wie kein anderer Mensch, außer deinem Sohn Jesus. In
den Himmel aufgenommen, bist du doch Schwester der
Menschen geblieben. Du weißt, was wir brauchen, und
bittest Christus um alles, was uns nottut. In jeder Not
können wir voll Vertrauen zu dir kommen, unserer Fürsprecherin, Helferin und Mittlerin. Darum rufen wir zu dir:
Du Auserwählte Gottes,
A bitte für uns.

V Du von den Menschen Verehrte
Du Schwester aller, die an Christus glauben
Du Schwester aller, die auf Christus bauen
Du Schwester aller, die sein Wort bewahren
Du Schwester aller, die ihn verlieren
Du Schwester aller, die ihn suchen
Du Schwester aller, die ihn nicht mehr verstehen
Du Schwester aller, die ihm dennoch folgen
Du Schwester aller, die ihn bitten
Du Schwester aller, die tun, was er ihnen sagt
Du Schwester aller, die dem unbegreiflichen Gott dienen
Du Schwester aller, die unter dem Kreuz aushalten
Du Schwester aller, die sich dem Willen des Vaters öffnen
Du Schwester aller, die wider alle Hoffnung hoffen
Du Schwester aller, die mit Christus sterben
Du Schwester aller, die mit Christus auferstehn

V Heilige Maria, Mutter Gottes,
A bitte für uns Sünder, jetzt und in der Stunde unseres
Todes. Amen.

(783) SCHMERZHAFTE MUTTER

6 V Heilige Maria, Mutter der Schmerzen, wir wenden uns zu dir in der Not dieser Welt. Wir betrachten das Leid, das du als Mutter Jesu getragen hast. Hilf mit deiner Fürbitte allen, die sich selbst nicht helfen können.

L Du hörtest die Weissagung des greisen Simeon: Dieser ist dazu bestimmt, daß viele in Israel durch ihn zu Fall kommen und viele durch ihn aufgerichtet werden; er wird ein Zeichen sein, dem widersprochen wird. Dadurch sollen die Gedanken vieler Menschen offenbar werden. Dir selbst wird ein Schwert durch die Seele dringen. (Lk 2,34–35)

V Wer Christus nahesteht, hat teil an seinem Schicksal. Er soll sein Kreuz auf sich nehmen und ihm folgen.
A Maria, bitte für alle, / die um ihres Glaubens willen verfolgt werden.
V Du Königin der Märtyrer,
A bitte für uns. —

L Gleich nach der Geburt deines Sohnes mußtet ihr das Schicksal der Flüchtlinge teilen: Als die Weisen wieder gegangen waren, erschien dem Josef im Traum ein Engel des Herrn und sagte: Steh auf, nimm das Kind und seine Mutter und flieh nach Ägypten; denn Herodes wird das Kind suchen, um es zu töten. (Mt 2,13)

V Niemals gab es in der Welt so viele Flüchtlinge wie in unsrer Zeit, niemals so viel Entfremdung.
A Maria, steh den Heimatlosen bei; / bitte für die Einsamen.
V Du Mutter der Bedrängten,
A bitte für uns. —

L Mit Josef suchtest du den zwölfjährigen Jesus: Als seine Eltern ihn sahen, gerieten sie außer sich, und seine Mutter sagte zu ihm: Kind, warum hast du uns das getan? Dein Vater und ich suchen dich voller Angst. (Lk 2,48)

V Viele Menschen haben einander verloren. Viele haben **(783)**
Gott verloren und wissen nicht, wo sie ihn suchen sollen.
A Maria, hilf, daß die Menschen deinen Sohn finden.
V Du Vorbild der Glaubenden,
A bitte für uns. —

L Die Überlieferung der Christenheit sieht dich am Kreuzweg stehen: Ihr alle, die ihr des Weges zieht, schaut doch
und seht, ob ein Schmerz ist wie mein Schmerz.   (Klgl 1,12)

V Wir sind in Gefahr, daß wir vor dem Leid der Welt
gleichgültig werden, weil wir zu viele Not sehen. Aber in
jedem Leiden will uns Christus begegnen.
A Maria, hilf, daß uns die Not der Menschen zu Herzen
geht.
V Du Trösterin der Betrübten,
A bitte für uns. —

L Du mußtest sehen, wie dein Sohn am Kreuz starb: Bei
dem Kreuz Jesu standen seine Mutter und die Schwester
seiner Mutter, Maria, die Frau des Klopas, und Maria von
Magdala.   (Joh 19,25)

V Durch den Tod Jesu kam das Leben Gottes in die Welt.
Sein Leiden wirkte das Heil der Menschen.
A Maria, bitte für die Menschheit, / daß Schuld und Leid
sich in Heil verwandeln.
V Du Mutter des Erlösers,
A bitte für uns. —

L Dein toter Sohn liegt nach der Abnahme vom Kreuz in
deinem Schoß: Womit kann ich dich vergleichen, wie dich
trösten, Jungfrau, Tochter Zion? Dein Schmerz ist groß wie
das Meer.   (Klgl 2,13)

V Viele Menschen fanden schon Trost vor dem Bild der
schmerzhaften Mutter.
A Maria, hilf allen, die vor deinem Bild beten.
V Du Mutter der Barmherzigkeit,
A bitte für uns. —

(783) L Du warst dabei, als Josef von Arimatäa den Leichnam Jesu in einem Felsengrab bestattete: Die Frauen, die mit Jesus aus Galiläa gekommen waren, gaben ihm das Geleit und sahen zu, wie der Leichnam in das Grab gelegt wurde.

(Lk 23,55)

V In der Not des Todes braucht der Mensch Hilfe, der Sterbende und jeder, den der Tod des andern trifft.
A Maria, bitte für die Verstorbenen / und für die Hinterbliebenen.
V Du Hoffnung der Sterbenden,
A bitte für uns.

7 AUFGENOMMEN IN DEN HIMMEL

L Maria ist aufgenommen in den Himmel. Die Vollendung der Welt und des Menschen ist in ihr schon Wirklichkeit:
Ein großes Zeichen erschien am Himmel: Eine Frau, umgeben von der Sonne, den Mond unter ihren Füßen und ein Kranz von zwölf Sternen auf ihrem Haupt. Und sie gebar ein Kind, einen Sohn, der über alle Völker herrschen soll mit eisernem Zepter. Und gestürzt wurde der große Drache, die alte Schlange, die Teufel und Satan heißt und die den ganzen Erdkreis verführt. Dann hörte ich eine laute Stimme im Himmel rufen: Jetzt ist gekommen die Rettung und die Macht und die Herrschaft unseres Gottes und die Vollmacht seines Gesalbten. ——

(Offb 12,1.5.9—10)

V Großes wird von dir gesagt, Maria.
A Der Herr hat dich erhöht in seine Herrlichkeit / über die Chöre der Engel.
V Der Herr hat auf seine niedrige Magd geschaut
A und hat sie mit Herrlichkeit gekrönt.
V Das Lamm hat den Tod besiegt
A und die Tür zum Leben aufgetan.
V Barmherziger Gott, du kennst unsere Schwachheit und Not. Du hast der seligen Jungfrau Maria Anteil gegeben am Sieg deines Sohnes. Nimm von uns die Last der Sünde, befreie uns vom Bösen und laß uns in frohem Vertrauen

so leben, daß wir unser Ziel erreichen. Durch Christus, **(783)** unsern Herrn. A Amen.

L Auch Maria stand unter dem Gesetz des Todes: Durch einen einzigen Menschen kam die Sünde in die Welt und durch die Sünde der Tod, und auf diese Weise gelangte der Tod zu allen Menschen, weil alle sündigten. Wo jedoch die Sünde mächtig wurde, da ist die Gnade übergroß geworden. Denn wie die Sünde herrschte und zum Tod führte, so soll auch die Gnade herrschen und durch Gerechtigkeit zum ewigen Leben führen, durch Jesus Christus, unsern Herrn. ——   (Röm 5,12.20–21)

V Denn wie in Adam alle sterben, so werden in Christus einst alle lebendig gemacht.
A Gott sei Dank, weil er uns den Sieg geschenkt hat /
durch unsern Herrn Jesus Christus.
V Gütiger Gott, du hast uns erlöst durch den Tod und die Auferstehung deines Sohnes. In besonderer Weise hast du dich der seligen Jungfrau Maria angenommen und ihren Leib, der den Urheber des Lebens geboren hat, nicht die Verwesung schauen lassen. Wir bitten dich: nimm auch uns nach dem Sterben in die himmlische Herrlichkeit auf. Durch Christus, unsern Herrn. A Amen.

L Der Apostel bittet für uns, daß wir unsere Berufung zur Vollendung in Herrlichkeit besser erkennen:
Gott erleuchte die Augen eures Herzens, damit ihr versteht, zu welcher Hoffnung ihr durch ihn berufen seid, welchen Reichtum die Herrlichkeit seines Erbes den Heiligen schenkt und wie überragend groß sich seine Macht an uns, den Gläubigen, erweist durch das Wirken seiner Kraft und Stärke. Er hat sie an Christus erwiesen, den er von den Toten erweckt und im Himmel auf den Platz zu seiner Rechten erhoben hat. In seiner großen Liebe hat Gott uns, die wir durch unsere Sünden tot waren, zusammen mit Christus wieder lebendig gemacht. Er hat uns mit Christus auferweckt und uns mit ihm einen Platz im Himmel gegeben.
(Eph 1,18–20; 2.,4–6)

(783) V Die selige Jungfrau Maria ist in den Himmel erhoben.
A Als erste empfing sie die Vollendung, / die der ganzen Kirche verheißen ist.
V Gekommen ist die Rettung und die Macht und die Herrschaft unseres Gottes.
A Denn der letzte Feind, der Tod, ist vernichtet.

V Allmächtiger ewiger Gott, du hast die allerseligste Jungfrau Maria vor der Sünde bewahrt und sie mit Leib und Seele in die Herrlichkeit des Himmels erhoben. Laß uns dieses Zeichen des Trostes und der Hoffnung stets vor Augen haben. Laß uns immer auf dem Weg bleiben, der zu deiner Herrlichkeit führt. Durch Christus, unsern Herrn.
A Amen.

8 MUTTER DER GLAUBENDEN

V In den heiligen Schriften begegnen uns immer wieder Zeugen des Glaubens. Auf das Wort des Herrn hin ließen sie ihre eigenen Pläne fallen wie Mose, verließen Haus, Heimat und Vaterland wie Abraham, stellten sich seiner Botschaft zur Verfügung wie die Propheten.
Auch Maria glaubte dem Wort Gottes. Sie ließ Gottes Unbegreiflichkeit an sich geschehen und folgte dem Weg ihres Sohnes bis zum Kreuz. Maria ist unter den Glaubenszeugen die größte. Wir nennen sie Mutter der Glaubenden.   STILLE

L Elisabet wurde vom Heiligen Geist erfüllt und rief mit lauter Stimme: Gesegnet bist du vor allen Frauen, und gesegnet ist die Frucht deines Leibes – Selig bist du, weil du geglaubt hast, daß sich erfüllt, was der Herr dir sagen ließ. —   (Lk 1,41b–42.45)
V Heilige Maria, Mutter Gottes, mit Elisabet rufen wir dir zu: Selig bist du, weil du geglaubt hast.
A Selig bist du, weil du geglaubt hast.
V Als der Engel dir die Botschaft brachte, hast du mit bereitem Herzen geantwortet: Ich bin die Magd des Herrn; mir geschehe nach deinem Wort.
A Selig bist du, weil du geglaubt hast.

V Als die Hirten von der Krippe geschieden waren, hast **(783)**
du alles bedacht, was sie von der Botschaft der Engel er-
zählten, und es in deinem Herzen bewahrt.
A Selig bist du, weil du geglaubt hast.
V In gläubigem Gehorsam hast du die Mühsal der Flucht
nach Ägypten auf dich genommen.
A Selig bist du, weil du geglaubt hast.
V Die Jünger haben den Herrn in der Nacht des Leidens
verlassen. Allein Johannes stand mit dir und den Frauen
unter dem Kreuz.
A Selig bist du, weil du geglaubt hast.
V Nach der Auferstehung und Himmelfahrt des Herrn
hast du mit den Aposteln im Gebet verharrt, bis der Geist
Gottes der Kirche geschenkt wurde.
A Selig bist du, weil du geglaubt hast.

V Lasset uns beten. — Gott, unser Vater, wir danken dir für
alle Menschen, die durch das Zeugnis ihres Glaubens unsern
Glauben begründet haben und stärken. Wir danken dir vor
allem für Maria, die Mutter aller Glaubenden. Wir bitten
dich: auf ihre Fürsprache festige und erhalte in uns den
Glauben an deine Weisheit und Güte durch Jesus Christus
im Heiligen Geist. A Amen.

URBILD DER KIRCHE   **9**

V Maria ist in ihrem ganzen Sein und Leben verwachsen
mit der Geschichte des Heils, das in Jesus Christus der Welt
bereitet ist. An ihr wird das Werk der Erlösung sichtbar.
A Du bist gesegnet unter den Frauen, / und gesegnet ist
die Frucht deines Leibes.
V Wenn wir Marias geheimnisvolle Heiligkeit betrachten,
dann erkennen wir in ihr auch das Geheimnis der Kirche.
Wie in einem Bild sehen wir die verborgene Wahrheit über
die Kirche.
A Ein großes Zeichen erschien am Himmel: / eine Frau,
umgeben von der Sonne, / den Mond unter ihren Füßen, /
auf ihrem Haupt ein Kranz von zwölf Sternen.

(783) V Mit Recht wird die Kirche Mutter und Jungfrau genannt; Maria ist in hervorragender Weise das Urbild sowohl der Jungfrau wie der Mutter.

A Siehe, ich bin die Magd des Herrn; / mir geschehe nach deinem Wort.

V Wie Maria wird auch die Kirche Mutter durch die gläubige Annahme des Wortes. Durch Predigt und Taufe gebiert sie die vom Heiligen Geist empfangenen und aus Gott geborenen Kinder zu neuem, unsterblichem Leben.

A Der Heilige Geist wird über dich kommen / und die Kraft des Höchsten dich überschatten.

V Wie Maria ist die Kirche auch Jungfrau, da sie die Treue zu ihrem Bräutigam unversehrt und rein bewahrt in ungebrochenem Glauben, fester Hoffnung und aufrichtiger Liebe.

A Selig sind, die das Wort Gottes hören und es befolgen.

V Was die Kirche in ihrer Erwählung ist, hat nur Maria ganz gelebt. Für die übrigen Glieder der Kirche bleibt es eine Aufgabe, die sie erfüllen sollen.

A Vater im Himmel, wir danken dir, / daß du uns in Maria ein Vorbild gegeben hast, / wie wir als Kirche leben sollen. STILLE

V Heilige Maria, du bist die Mutter unseres Herrn und Bruders Jesus Christus.

A Du bist auch unsere Mutter / und Urbild der mütterlichen Kirche.

V In dir ist all das verwirklicht, was der Herr uns verheißen hat.

A Du vollkommenes Urbild unseres Lebens in Christus, / bitte für uns.

V Dich hat der Herr von Anbeginn vor aller Schuld bewahrt.

A Uns hat er in der Taufe / die verlorene Unschuld wieder geschenkt.

V Gabriel nennt dich Begnadete; denn du bist voll der Gnade.

A Auch uns hat der Herr aus Gnade zum Heil berufen.

V Dich hat Gott unvergleichbar hoch erhoben und gekrönt. **(783)**
A Uns hat er zu einer königlichen Priesterschaft gemacht.
V Du bist die strahlende Morgenröte der Erlösung.
A Wir sollen das Licht der Welt sein.
V Elisabet preist dich selig, weil du geglaubt hast.
A Bitte für uns, daß unser Glaube stark wird.
V Voll Hoffnung hast du mit den Jüngern im Gebet verharrt.
A Bitte für uns, daß unsre Hoffnung fester wird.
V Du warst allezeit erfüllt von Liebe zu Gott.
A Bitte für uns, daß unsere Liebe wächst.
V Du warst erfüllt von mütterlicher Liebe.
A Hilf, daß wir mitwirken an der Wiedergeburt der Menschen in Christus.

V Herr, unser Gott, du hast der Welt Maria als Bild des erlösten Menschen vor Augen gestellt. Wir bitten dich: mach uns, deine Kirche, diesem Bild immer ähnlicher und nimm uns auf in deine Herrlichkeit. Durch Christus, unsern Herrn. A Amen.

784 Andacht von den Engeln und Heiligen

1

AN GOTTES THRON

L Dann sah ich eine große Schar aus allen Nationen und Stämmen, Völkern und Sprachen; niemand konnte sie zählen. Sie standen in weißen Gewändern vor dem Thron und vor dem Lamm und trugen Palmzweige in ihren Händen. Sie riefen mit lauter Stimme:

A Die Rettung kommt von unserm Gott, der auf dem Thron sitzt, / und von dem Lamm.

L Und alle Engel standen rings um den Thron, um die Ältesten und die vier Wesen. Sie fielen vor dem Thron auf ihr Angesicht nieder, beteten Gott an und sprachen:

A Amen, Lobpreis und Herrlichkeit, Weisheit und Dank, / Ehre und Macht und Stärke unserm Gott in Ewigkeit. Amen.

L Das sind jene, die aus der großen Drangsal kommen; sie haben ihre Kleider gewaschen und im Blut des Lammes weiß gemacht. Deshalb stehen sie vor dem Thron Gottes und dienen ihm Tag und Nacht.

A Sie haben den Ankläger unserer Brüder besiegt / durch das Blut des Lammes und durch das Wort ihres Zeugnisses.

L Sie werden nicht mehr hungern und nicht mehr dürsten; denn das Lamm in der Mitte vor dem Thron wird sie weiden und zu den Quellwassern des Lebens führen, und Gott wird jede Träne aus ihren Augen wischen.

A Die Herrschaft über die Welt hat unser Herr und sein Gesalbter; / und er wird herrschen in alle Ewigkeit   STILLE

V Gottes Gnade hat die Heiligen zur Vollendung geführt.

A Ihr Freunde Gottes, bittet für uns bei Gott.

V Sie sind Vorbilder für uns, wie wir aus dem Glauben leben können.

A Ihr Jünger Jesu, bittet für uns um die Kraft, ihm nachzufolgen.

V Sie sind unsere Fürsprecher vor dem Angesicht Gottes.

A Ihr Heiligen Gottes, bittet für uns, / daß er uns vor allem Unheil bewahre.

V Wir zählen mit ihnen zur Gemeinschaft der Heiligen.
A Ihr unsere Brüder und Schwestern, bittet für uns.

HEILIGE ENGEL   **2**

V Lobt den Herrn, ihr seine Engel.
A Lobt den Herrn, all seine Scharen.

L Im Todesjahr des Königs Usija sah ich den Herrn. Er
saß auf einem hohen und erhabenen Thron. Die Schleppe
seines Gewandes füllte den Tempel. Serafim schwebten
über ihm. Sie riefen einander zu:
A Heilig, heilig, heilig ist der Herr der Heere. / Die ganze
Erde ist erfüllt von seiner Herrlichkeit. —
L Und plötzlich war bei dem Engel eine große himmlische
Schar; sie lobte Gott und sprach:
A Ehre sei Gott in der Höhe / und Friede auf Erden den
Menschen seiner Gnade. —

V Allmächtiger Gott, du hast die Engel geschaffen, und sie
singen dein Lob. Laß in unserm Mund den Lobpreis nicht
verstummen, den wir dir zusammen mit den Engeln und
Heiligen darbringen. Durch Christus, unsern Herrn.
A Amen.

V Ihr heiligen Engel, A bittet für uns.
          Dem Schöpfer Gott sei Dank gebracht,
          daß er zum Lobe seiner Macht
          das Engelheer erschaffen hat
          und sie uns schickt zu Hilf und Rat.

V Lobt den Herrn, ihr seine Engel.   **3**
A Lobt den Herrn, all seine Boten.

L Da trat der Engel des Herrn zu ihnen, und der Glanz
des Herrn umstrahlte sie; und es befiel sie große Furcht.
Der Engel aber sprach zu ihnen:
A Fürchtet euch nicht, denn ich verkünde euch große Freude: / Heute ist euch der Retter geboren; / er ist der Christus,
der Herr. —

(784) L Während die Apostel unverwandt Jesus nach zum Himmel schauten, standen plötzlich zwei Männer in weißen Gewändern bei ihnen und sagten:
A Ihr Männer von Galiläa, / was steht ihr da und schaut zum Himmel? / Dieser Jesus, der von euch weg in den Himmel aufgenommen wurde, / wird ebenso wiederkommen, / wie ihr ihn habt hingehen sehen zum Himmel. —

V Gott der Scharen, du hast deine Engel als Boten zu den Menschen gesandt. Laß uns ihrer Botschaft glauben und sie weitertragen in alle Welt. Durch Christus, unsern Herrn.
A Amen.
V Heiliger Gabriel, A bitte für uns.

> Sankt Gabriel, dein Himmelsbot,
> sei unser Trost in jeder Not,
> wenn die Verwirrung uns umweht,
> daß uns dein Wort nicht untergeht.

4 V Lobt den Herrn, ihr seine Engel,
A seine Diener, die ihr seinen Willen vollzieht.

L Tobias suchte einen Reisegefährten. Und er fand Rafael, einen Engel. Aber er wußte es nicht. Er fragte ihn: Kann ich mit dir nach Medien reisen? Kennst du den Weg? Der Engel entgegnete ihm: Ich gehe mit dir, und ich kenne auch den Weg.
A Dir begegnet kein Unheil; / denn er befiehlt seinen Engeln, dich zu behüten / auf all deinen Wegen. —
L Wer einen von diesen Kleinen, die an mich glauben, zum Bösen verleitet, für den wäre es besser, wenn man ihn mit einem Mühlstein um den Hals im tiefen Meer versenken würde. Hütet euch davor, einen von diesen Kleinen zu verachten! Denn ich sage euch: Ihre Engel im Himmel sehen stets das Angesicht meines himmlischen Vaters.
A Sie tragen dich auf ihren Händen, / damit dein Fuß nicht an einen Stein stößt. —

V Barmherziger Gott, du sendest deine Engel, daß sie uns geleiten auf den Weg des Heils. Laß nicht zu, daß die

Macht des Bösen überhandnimmt, und hilf uns, füreinander **(784)**
besorgt zu sein. Durch Christus, unsern Herrn. A Amen.
V Heiliger Rafael, A bitte für uns.
V Ihr heiligen Schutzengel, A bittet für uns.

> Sankt Rafael, dein Wegbegleit,
> sei unser Rat zu jeder Zeit,
> bis in der Welt es Abend wird,
> daß unser Weg sich nicht verirrt.

V Lobt den Herrn, ihr seine Engel, **5**
A ihr starken Helden, die seine Befehle vollstrecken.

L Es entstand ein Kampf im Himmel; Michael und seine
Engel erhoben sich, um mit dem Drachen zu kämpfen.
Und gestürzt wurde der große Drache, die alte Schlange,
die Teufel und Satan heißt und den ganzen Erdkreis verführt.
A Jetzt ist gekommen die Rettung / und die Macht und
die Herrschaft unseres Gottes / und die Vollmacht seines
Gesalbten. / Darum jubelt, ihr Himmel, und alle, die in
ihm wohnen. —
L In jener Zeit tritt Michael auf, der große Fürst, der für
die Söhne deines Volkes einsteht. Dann kommt eine Zeit
der Drangsal. Doch dein Volk wird gerettet, jeder, der im
Buch verzeichnet ist.
A Der Menschensohn wird mit seinen Engeln in der Hoheit
des Vaters kommen / und jedem Menschen geben, was
er für seine Taten verdient. —

V Schöpfer der Welt, die Engel vollziehen deine Befehle
im Gehorsam gegen dich. Hilf uns, daß wir in Treue deinen
Willen tun, und nimm uns als deine Knechte auf in die
ewige Herrlichkeit. Durch Christus, unsern Herrn. A Amen.
V Heiliger Michael, A bitte für uns.

> Sankt Michael, dein treuer Held,
> begleite uns im Kampf der Welt,
> wenn unser Geist dir widerstrebt,
> daß unser Herz dem Guten lebt.
> T: Georg Thurmair 1940; M: Nr. 605

(784) JOSEF

6 Nährvater Jesu

L Josef, der Mann Mariens, war gerecht. Ein Engel des
Herrn erschien ihm im Traum und sagte: Josef, Sohn Davids, scheue dich nicht, Maria als deine Frau zu dir zu
nehmen; denn das Kind, das sie erwartet, ist vom Heiligen
Geist. — Als Josef aufwachte, tat er, was der Engel des Herrn
ihm befohlen hatte, und nahm seine Frau zu sich.

(Mt 1,19a. 20.24)

V Wir preisen dich, Josef, denn Gott hat dich erwählt zum
Pflegevater seines Sohnes.
A Du hast Maria nicht verlassen, sondern zu dir genom-
men.
V Du bist mit ihr nach Betlehem gereist und warst Zeuge
der Geburt des Messias.
A Du hast Jesus und Maria vor der Wut des Herodes in
Sicherheit gebracht.
V Du hast nach der Rückkehr in die Heimatstadt für sie
gesorgt.
A Jesus war dir untertan; / er hieß des Zimmermanns
Sohn.
V Wir preisen dich, Josef; du warst ein gerechter Mann.
A Heiliger Josef, Nährvater Jesu, / bitte für uns.

7 Schirmherr der Kirche

V Heiliger Josef, in unserer Not kommen wir zu dir und
bitten voll Vertrauen um deinen Schutz. Du warst in Liebe
mit der unbefleckten Gottesmutter verbunden und hast
väterlich für Jesus gesorgt. Darum bitten wir dich:
A Sieh auf das Volk, das Jesus Christus mit seinem Blut
erworben hat, / und hilf uns mit deinem mächtigen Beistand.
V Du Beschützer der heiligen Familie, wache über das
Haus Gottes. Halte fern von uns alle Ansteckung durch
Irrtum und Verderbnis.

A Du starker Helfer, / steh uns bei im Kampf mit den **(784)** Mächten der Finsternis.

V Du hast das Jesuskind aus der Lebensgefahr errettet; so verteidige jetzt die heilige Kirche Gottes gegen den bösen Feind und seine Verführung.

A Nimm uns in deinen Schutz, / daß wir nach deinem Beispiel und mit deiner Hilfe / heilig leben, selig sterben und das ewige Leben erlangen. Amen.

Vorbild der Arbeiter   **8**

L Einen Gerechten geleitet die Weisheit auf geraden Wegen, zeigt ihm das Reich Gottes und enthüllt ihm heilige Geheimnisse. Sie macht ihn reich bei seiner harten Arbeit und vermehrt den Ertrag seiner Mühen. —   (Weish 10,10)

V Schöpfer der Welt, du hast zu Adam gesprochen: Im Schweiß deines Angesichts sollst du dein Brot essen. —
Gib auf die Fürsprache des heiligen Josef,

A daß wir Mühsal und Eintönigkeit der Arbeit ertragen,

V daß alle, die arbeiten, dafür den gerechten Lohn erhalten,

A daß wir gute Arbeit leisten und Freude daran finden,

V daß die Menschen den Erfolg ihrer Arbeit sehen können.

A daß wir bei allem, was wir tun, dem Mitmenschen dienen.

V Dann werden wir dich in unserm Leben verherrlichen wie Josef.

A Du hast uns die Erde anvertraut; / dich preisen wir in Ewigkeit. Amen.

Patron der Sterbenden   **9**

V Heiliger Josef, du bist der Patron der Sterbenden. Bitte für alle, die in dieser Stunde sterben müssen.

A Steh uns bei in der Stunde unseres Todes.

V Begleite mit deiner Fürbitte den aus unserer Mitte, der zuerst vor Gottes Angesicht treten wird.

A Jesus, Maria, Josef, / steht uns bei im letzten Streit.

785 APOSTEL

1 L Als Jesus die vielen Menschen sah, hatte er Mitleid mit
ihnen; denn sie waren müde und erschöpft wie Schafe,
die keinen Hirten haben. Da sagte er zu seinen Jüngern:
Die Ernte ist groß, aber es gibt nur wenig Arbeiter. Bittet
den Herrn der Ernte, Arbeiter für seine Ernte zu schicken.
Dann rief er seine zwölf Jünger zu sich und gab ihnen die
Macht, unreine Geister auszutreiben und alle Krankheiten
und Leiden zu heilen. Die Namen der zwölf Apostel sind:
an erster Stelle Simon, genannt Petrus, und sein Bruder
Andreas, dann Jakobus, der Sohn des Zebedäus, und sein
Bruder Johannes, Philippus und Bartolomäus, Tomas und
Mattäus, der Zöllner, Jakobus, der Sohn des Alfäus und
Taddäus, Simon Kananäus und Judas Iskariot, der ihn ver-
raten hat. Diese zwölf sandte Jesus aus und trug ihnen auf:
Geht und verkündet: Das Himmelreich ist nahe. —

(Mt 9,36—10,5a.7)

V Die Apostel haben den Auftrag Jesu erfüllt. Vom
Pfingsttag an verkündeten sie die Botschaft vom Heil. Sie
gründeten Gemeinden und setzten Vorsteher ein. So begann
die Kirche in vielen Ländern zu leben.
A Ihre Botschaft geht in die ganze Welt hinaus, / ihre
Kunde bis zu den Enden der Erde.
V Viele ließen sich taufen, und die Gemeinde Jesu wuchs
von Tag zu Tag. Die Apostel legten den Gläubigen die
Hände auf, und diese empfingen den Heiligen Geist. Sie
kamen in den Häusern zusammen und brachen mit ihnen
das Brot, wie Jesus es aufgetragen hatte.
A Sie sind Gesandte an Christi Statt, / und Gott ist es,
der durch sie mahnt. / Sie bitten an Christi Statt: / laßt
euch mit Gott versöhnen.
V Die Apostel blieben miteinander verbunden. Sie führten
gemeinsam die eine Kirche Gottes. Zum Ersten in ihrem
Kreis erwählte Jesus den Simon, den Sohn des Johannes.
A Du bist Petrus, / und auf diesen Felsen werde ich
meine Kirche bauen, / und die Mächte des Todes werden
sie nicht überwältigen.

V Lasset uns beten. – Ewiger Gott, du Hirt aller, die an
dich glauben: du hast als Nachfolger der Apostel Bischöfe
in deinem Volk eingesetzt, daß sie als gute Hirten im Auftrag Christi deine Herde leiten. Gib ihnen die Kraft, ihr
Amt als Lehrer des Glaubens, als Spender der Sakramente
und Vorsteher der Gemeinde treu zu verwalten. Durch
Christus, unsern Herrn. A Amen.

V Ihr heiligen Apostel,
A bittet für uns.

MÄRTYRER   2

V Wir gedenken der Zeugen Christi, die ihr Leben gegeben
haben für den Glauben. Sie erduldeten Spott und Schläge,
Folter und Kerker. Sie wurden gesteinigt, verbrannt, zer-
sägt, gekreuzigt, mit dem Schwert umgebracht, erschossen.
Sie haben der Verheißung des Herrn geglaubt und wurden
im Tod zu wahren Jüngern ihres Meisters.

V Heiliger Stephanus, erster Blutzeuge der Kirche,
A bitte für uns.
V Ihr heiligen Apostel,
A bittet für uns.
V Heiliger Laurentius, heiliger Sebastian,
A bittet für uns.
V Heilige Agnes, heilige Cäcilia,
A bittet für uns.
V Heiliger Bonifatius, heiliger Maximilian,
A bittet für uns.
V Heiliger John Fisher, heiliger Thomas Morus,
A bittet für uns.
V Ihr heiligen Blutzeugen von Uganda,
A bittet für uns.
V Heiliger N.,
A bitte für uns.
V Alle heiligen Märtyrer,
A bittet für uns.

(785) L Da uns eine solche Wolke von Zeugen umgibt, wollen auch wir alle Last der Sünde abwerfen und mit Ausdauer in dem Wettkampf laufen, der uns bestimmt ist, im Aufblick zu dem Urheber und Vollender des Glaubens, Jesus, der angesichts der vor ihm liegenden Freude das Kreuz auf sich nahm, ohne auf die Schande zu achten, und sich zur Rechten des Thrones Gottes gesetzt hat. Denkt an den, der von den Sündern solchen Widerstand gegen sich erduldet hat; dann werdet ihr nicht ermatten und den Mut nicht verlieren. *(Hebr 12,1–3)*

STILLE

V Lasset uns beten. — Allmächtiger, ewiger Gott, du hast den Märtyrern die Kraft gegeben, ihren Glauben an Christus durch ihr Sterben zu bekennen. Wir wissen, daß wir schwach sind, und bitten dich: gib uns die Kraft, deine Wahrheit durch unser Leben zu bezeugen. Durch Christus, unsern Herrn. A Amen.

3 BOTEN DES GLAUBENS

L Wir hören den Bericht über die erste Missionsreise des Apostels Paulus. — In der Gemeinde von Antiochien gab es Propheten und Lehrer: Barnabas und Simeon mit dem Beinamen Niger, Luzius von Zyrene, Manaën, ein Jugendgefährte des Tetrarchen Herodes, und Saulus. Während sie zu Ehren des Herrn Gottesdienst hielten und fasteten, sprach der Heilige Geist: Wählt mir Barnabas und Saulus zu dem Werk aus, zu dem ich sie mir berufen habe! Da fasteten und beteten sie, legten ihnen die Hände auf und ließen sie ziehen. — Vom Heiligen Geist ausgesandt, zogen sie nach Seleuzia hinab und segelten von da nach Zypern. Als sie in Salamis angekommen waren, verkündeten sie das Wort Gottes. —— *(Apg 13,1–5)*

V Von Anfang an gingen die Boten Jesu in alle Welt und verkündeten die frohe Botschaft.
A Sie künden sein Heil von Tag zu Tag, / erzählen bei den Völkern von seiner Herrlichkeit.

V Viele taten es ihnen gleich in allen Jahrhunderten. Auch **(785)**
wir verdanken unsern Glauben den Boten aus anderen
Völkern.
A Sie künden den Menschen Gottes machtvolle Taten /
und den herrlichen Glanz seines Königtums.
V Alle Völker hörten die Botschaft, und viele Menschen
ließen sich auf ihr Wort hin taufen auf den Namen des
Herrn Jesus.
A Die Völker sollen dir danken, o Gott, / danken sollen
dir die Völker alle. —

V Wir preisen euch, ihr Boten des Glaubens. Ihr habt nicht
Not und Tod gescheut, um die Freude zu den Völkern zu
bringen und die Freiheit der Kinder Gottes. Gott hat sich
in euch verherrlicht; ihr seid in der Freude eures Herrn.
Bittet am Thron Gottes, daß das Werk Jesu weitergeführt
wird:
daß viele junge Menschen den Ruf in die Mission verneh-
men: heiliger Paulus, A bitte für uns;
V daß in keinem Land der Erde die Botschaft Jesu ver-
stummt: heiliger Franz Xaver, A bitte für uns;
V daß die Kirche bei allen Völkern Wurzel schlägt: heiliger
Bonifatius, A bitte für uns;
V daß der Glaube in unsrer Heimat erhalten bleibt: heili-
ger N., A bitte für uns;
V daß die Völker zusammenkommen zu dem einen Volk
Gottes: ihr heiligen Glaubensboten, A bittet für uns.

ORDENSGRÜNDER   **4**

L Ein Student verließ mit achtzehn Jahren die Stadt Rom,
die vom Zerfall geprägt war. Er ging in die Einsamkeit der
Berge, um dort als Christ zu leben. Er heißt Benedikt von
Nursia.
A Sie haben alles verlassen und sind Jesus nachgefolgt. /
Alles, was sie taten, taten sie zur Ehre Gottes. —
L Ein junger Mann aus reichem Bürgerhaus wurde vom
Wort der Schrift getroffen. Er gab seinen Reichtum weg und

(785) begann, sein Leben in Armut zu erneuern, um Jesus ähnlich
zu werden. Er heißt Franz von Assisi.
A Sie verkauften alles, was sie hatten, / und gaben den
Erlös den Armen. / Dann folgten sie Jesus nach. —
V Ein Offizier erkannte die Eitelkeit irdischer Macht und
irdischer Reiche. Er verließ den Kriegsdienst und diente
fortan dem Reich Gottes. Er heißt Ignatius von Loyola.
A Sie zogen die Rüstung Gottes an / und waren bereit,
für das Evangelium vom Frieden zu kämpfen. —

V Diese Männer blieben nicht allein. Sie sammelten Gefährten um sich und bildeten Gemeinschaften, die sich in
allen Ländern ausbreiteten. Auch viele andere Männer und
Frauen gründeten Genossenschaften, um die volle Nachfolge
Jesu zu verwirklichen und in der Kirche einen besonderen
Dienst zu leisten: Predigt und Mission, Pflege der Armen
und Kranken, Erziehung und Wissenschaft, Gotteslob und
Meditation.
A Der Wind weht, wo er will; / du hörst sein Brausen, /
weißt aber nicht, woher er kommt und wohin er geht. / So
ist es mit jedem, der aus dem Geist geboren ist.
V Auf guten Boden ist der Same bei denen gefallen, die
das Wort mit gutem und aufrichtigem Herzen hören, daran
festhalten und durch ihre Ausdauer Frucht bringen.
A Herr Jesus Christus, / wir danken dir, daß dein Geist
heilige Gemeinschaften in der Kirche erweckt hat. / Hilf,
daß sie deiner Gemeinde und der Welt auf vielfache Weise
dienen, / und mache sie zum Zeichen des Himmelreiches,
das du verkündest. / Bewahre sie in deiner Liebe und
Treue / und laß sie Frucht bringen zum Heil der Welt.

5   JUNGFRÄULICHE HEILIGE

Ungeteilte Liebe zu Christus

V Wir nennen Maria Mutter und Jungfrau. Die gleichen
Titel geben wir der Kirche. Als Jungfrau ist sie die Braut
Christi, ihm in ehelicher Treue verbunden. Der Name

„Kirche" bedeutet: „Die dem Herrn gehört." So ist die Kirche **(785)**
Partnerin seines Wirkens zum Heil der Menschen. Er liebt
sie, und sie soll ihn ebenso lieben.

L Christus hat die Kirche geliebt und sich für sie hingegeben, um sie im Wasser und durch das Wort rein und
heilig zu machen. So will er die Kirche in ihrer ganzen
Herrlichkeit vor sich erscheinen lassen, ohne Flecken, Falten
oder andere Fehler; heilig soll sie sein und makellos.

(Eph 5,25b–27)

V Christus läßt die Menschen teilnehmen an diesem Geheimnis im Sakrament der Ehe.
A Ihr Männer, liebt eure Frauen, / wie Christus die Kirche
liebt.
V Vom Pfingsttag an haben Christen versucht, im Verzicht
auf die Ehe die ungeteilte Liebe zu verwirklichen, die
Christus mit seiner Kirche verbindet.
A Sie sorgen sich um die Sache des Herrn, / um heilig
zu sein an Leib und Seele.
V In der Liebe zu Christus gibt es keinen Unterschied
zwischen Männern und Frauen, Armen und Reichen, Jungen und Alten.
A Ihr alle gehört Christus, / und Christus gehört Gott.
V Wer jungfräulich lebt, ist vor der Welt ein Zeichen,
das auf das Wesen der Kirche hinweist.
A Siehe, ich bin die Magd des Herrn; / mir geschehe nach
deinem Wort.

Zeichen der kommenden Welt

V Jungfräulichkeit ist auch ein Zeichen für die kommende
Herrlichkeit, in der die ganze erlöste Menschheit beim
Herrn ist, in ewiger Liebe verbunden.
A Ich sah die heilige Stadt, das neue Jerusalem. / Sie
war bereit wie eine Braut, / die sich für ihren Mann ge-
schmückt hat.

L Und ich sah: Das Lamm stand auf dem Berg Zion, und
bei ihm waren hundertvierundvierzigtausend; auf ihrer

(785) Stirn stand sein Name und der Name seines Vaters geschrieben. Und sie singen ein neues Lied vor dem Thron und vor den vier Lebewesen und den Ältesten. Aber niemand konnte das Lied verstehen außer den hundertvierundvierzigtausend, die von der Erde losgekauft sind. Sie sind jungfräulich. Sie folgen dem Lamm nach, wohin es geht.

(Offb 14,1.3.4)

V Gekommen ist die Hochzeit des Lammes,
A und seine Frau hat sich schön gemacht.
V Ihr heiligen Männer und Frauen, die ihr jungfräulich gelebt habt,
A bittet für uns.
V Helft uns, daß wir eure Lebensweise verstehen.
A Euer Beispiel möge junge Menschen zur ungeteilten Hingabe an Gott rufen.
V Bittet für alle, die jetzt in dieser Welt jungfräulich leben, damit sie für die Menschen da sind, wie Jesus, ihr Freund, der Bräutigam der Kirche.
Helft auch den Eheleuten, die aus dem gleichen Geheimnis der Liebe zwischen Christus und seiner Kirche leben.
A Auf eure Fürsprache mache der Herr uns alle zu lebendigen Gliedern seiner Kirche, / die ihm in Treue verbunden sind.
V Selig, wer zum Hochzeitsmahl des Lammes gerufen ist.
A Wir wollen uns freuen und jubeln / und ihm allein die Ehre erweisen. / Amen. Halleluja.

6 HEILIGE DER NÄCHSTENLIEBE (Caritas)

V Wer spärlich sät, wird spärlich ernten. Wer in Fülle sät, wird die Fülle ernten.
A Wer spärlich sät, wird spärlich ernten. / Wer in Fülle sät, wird die Fülle ernten.
V Verachtet nicht den Menschen, der hungert, und verweigert dem Bedürftigen nicht die Gabe. Dann nennt man euch Söhne und Töchter Gottes; er wird euch lieben, mehr als eure Mutter.

A Kommt her, die ihr von meinem Vater gesegnet seid; / **(785)**
nehmt das Reich in Besitz, / das am Anfang der Welt für
euch geschaffen worden ist.

V Ein reiner und makelloser Dienst vor Gott, dem Vater,
besteht darin: für Waisen und Witwen zu sorgen, wenn
sie in Not sind, und sich vor Befleckung durch die Welt
zu bewahren. Denn Barmherzigkeit ist ein Opfer des Lobes,
die Abkehr vom Bösen ein Gottesdienst.

A Was ihr für einen meiner geringsten Brüder getan
habt, / das habt ihr für mich getan.

V Erscheine vor Gott nicht mit leeren Händen, laß deine
Gabe nicht gering sein. Freigebig ehre den Herrn und gib
mit heiterem Antlitz.

A Wer spärlich sät, wird spärlich ernten. / Wer in Fülle
sät, wird die Fülle ernten. —

V Wir preisen Gott in den Heiligen der Nächstenliebe.
Durch ihre Werke ist die Kirche groß. Sie gingen zu den
Armen und Kranken der Gemeinde; sie nahmen die Frem-
den auf und halfen den Verwundeten. Sie kauften Gefan-
gene los und scheuten vor der Pest nicht zurück. Sie bauten
Krankenhäuser und gründeten Gemeinschaften, um der
Not der Menschen wirksamer zu begegnen. Sie gaben ver-
lassenen Kindern und einsamen alten Menschen Heimat
und lehrten die Unwissenden. In ihnen ist Christus den
Menschen nahe; sie zeigen der Welt die lebendige Kirche.

A Selig der Mensch, der gütig ist und gerne hilft. / Er ist
ein Licht in der Finsternis.

V Lasset uns beten. — Gott, du bist die Liebe. Wir erfüllen
das eine Gebot, wenn wir dich und unsern Nächsten lieben.
Gib, daß wir nach dem Beispiel der Heiligen wachsen in der
Liebe zu dir und den Menschen. Durch Christus, unsern
Herrn. A Amen.

V Heiliger Laurentius, A bitte für uns.
V Heiliger Martin, A bitte für uns.
V Heilige Elisabeth, A bitte für uns.
V Heiliger Vinzenz, A bitte für uns.
V Heiliger Maximilian Kolbe, A bitte für uns.
V Ihr Heiligen der Nächstenliebe, A bittet für uns.

(785) HEILIGE DES ALLTAGS

7

L Alle Glieder der Kirche sind zur Heiligkeit berufen gemäß dem Apostelwort: „Das ist der Wille Gottes, eure Heiligung". Christus sagt: „Seid vollkommen, wie euer Vater im Himmel vollkommen ist". Allen hat er den Heiligen Geist gesandt, daß er sie innerlich bewege, Gott aus ganzem Herzen, aus ganzer Seele, aus ganzem Gemüt und aus ganzer Kraft zu lieben, und einander zu lieben, wie Christus sie geliebt hat. ——

V Wir preisen euch, ihr Heiligen des Alltags. Ihr seid in das Buch des Lebens geschrieben, und niemand kennt eure Namen außer Gott.

A Wir preisen euch, ihr heiligen Väter und Mütter,

V ihr früh vollendeten Kinder und jungen Menschen,

A ihr heiligen Bauern und Arbeiter,

V ihr heiligen Lehrer und Forscher,

A ihr Heiligen aus allen Berufen und Ständen.

V Ihr wart über weniges getreu; darum seid ihr in der Freude eures Herrn.

A Den Geringsten der Brüder Jesu habt ihr Gutes getan.

V Ihr habt euer Kreuz auf euch genommen und seid Jesus nachgefolgt.

A Ihr habt anderen den Weg zum Vater gezeigt.

V Ihr habt dem Bösen widerstanden und immer neu begonnen, das Gute zu tun.

A Der Herr hat euch wachend gefunden / im Glauben, in der Hoffnung und in der Liebe.

L So spricht der Apostel: Angesichts des Erbarmens Gottes ermahne ich euch, meine Brüder, euch selbst als lebendiges und heiliges Opfer darzubringen, das Gott gefällt; das ist der wahre, euch angemessene Gottesdienst. Gleicht euch nicht dieser Welt an, sondern wandelt euch und erneuert euer Denken, damit ihr prüfen und erkennen könnt, was der Wille Gottes ist: was ihm gefällt, was gut und vollkommen ist. Auf Grund der Gnade, die mir gegeben ist, sage ich einem jeden von euch: Strebt nicht nach Höherem, als euch zukommt, sondern strebt danach, besonnen zu

sein, jeder nach dem Maß des Glaubens, das Gott ihm zu- **(785)**
geteilt hat.   (Röm 12,1–3)

V Jeder kann in dieser Welt heilig werden. Jeder
die Welt ein Stück verwandeln. Wer seiner Umwelt gleichförmig ist, geht in ihr auf. Er kann nicht mehr auf sie
einwirken. Wer nur so hell ist wie seine Umgebung, kann
in ihr nicht leuchten.   STILLE

L So spricht Jesus: Ihr seid das Salz der Erde. Wenn das
Salz seinen Geschmack verliert, womit kann man es wieder
salzig machen?
A Ihr seid das Licht der Welt. / So soll euer Licht vor
den Menschen leuchten, / damit sie eure guten Werke
sehen / und euren Vater im Himmel preisen.

V Lasset uns beten. – Gott, du teilst in deiner Kirche jedem
seine Aufgabe zu. Jeder kann dir in seinem Leben auf seine
eigene Weise dienen und so zur Vollkommenheit gelangen. Wir gedenken der vielen heiligen Menschen, deren
Namen niemand weiß als du, und bitten dich: laß uns
nach ihrem Vorbild unsere tägliche Aufgabe in Treue erfüllen, und nimm uns beim Gericht auf in die Schar deiner
Auserwählten. Durch Christus, unsern Herrn. A Amen.

786 Von der Kirche

1 GOTTES VOLK, EINS IM HEILIGEN GEIST

L Das zweite Vatikanische Konzil sagt: Gott hat sich das Volk Israel zum Eigentum erwählt, um mit ihm einen Bund zu schließen und es Stufe für Stufe zu unterweisen. Dies tat er, indem er sich und seinen Heilsratschluß in der Geschichte dieses Volkes offenbarte und es für sich selbst heiligte. Dies alles aber wurde zur Vorbereitung und zum Muster jenes neuen und vollkommenen Bundes, der in Christus geschlossen werden sollte. Diesen neuen Bund hat Christus gestiftet. Er hat sich aus Juden und Heiden ein Volk berufen, das nicht dem Fleische nach, sondern im Geist zur Einheit zusammenwachsen und das neue Gottesvolk bilden sollte.

V Wir sind in einem Geist zu einem Leib getauft.
A Wir sind in einem Geist zu einem Leib getauft.
V Ein Leib und ein Geist, wie ihr auch berufen seid zu einer Hoffnung.
A Wir sind in einem Geist zu einem Leib getauft.
V Ein Herr, ein Glaube, eine Taufe, ein Gott und Vater aller.
A Wir sind in einem Geist zu einem Leib getauft.

L Ich bin der Herr, dein Gott. Fürchte dich nicht, denn ich bin mit dir. Vom Osten bringe ich dein Geschlecht herbei, und vom Westen will ich dich sammeln. Ich sage zum Norden: „Gib her!" und zum Süden: „Halte nicht zurück!" Ich führe heim meine Söhne aus der Ferne und meine Töchter von den Enden der Erde, alle, die meinen Namen tragen. — (Jes 43,5–7)
V Wir sagen dir Dank, unser Vater, für das Leben und die Erkenntnis durch Jesus, deinen Knecht. Wie jedes Brot in den Weizenkörnern auf den Feldern zerstreut war und ein einziges Brot geworden ist, so werde deine Kirche von den Enden der Erde zusammengebracht in dein Reich.
A Denn dein ist die Herrlichkeit und die Macht / durch Jesus Christus in Ewigkeit. Amen.

L Dieses Volk ist geprägt durch die Würde und Freiheit der Kinder Gottes, in deren Herzen der Heilige Geist wie in einem Tempel wohnt. Sein Gesetz ist das neue Gebot, zu lieben, wie Christus uns geliebt hat. Seine Aufgabe ist es, das Reich Gottes auszubreiten, das Christus auf Erden begründet hat; er wird es vollenden am Ende der Zeiten.

V Dies ist mein Gebot: Liebet einander, wie ich euch geliebt.

A Dies ist mein Gebot: / Liebet einander, wie ich euch geliebt.

V Wie mich der Vater liebt, so liebe ich euch. Bleibt in meiner Liebe.

A Dies ist mein Gebot: / Liebet einander, wie ich euch geliebt.

V Wir schreiten vom Tod zum Leben, wenn wir die Brüder lieben. Wer in der Liebe bleibt, der bleibt in Gott, und Gott bleibt in ihm.

A Dies ist mein Gebot: / Liebet einander, wie ich euch geliebt.

L Ihr seid ein auserwähltes Geschlecht, eine königliche Priesterschaft, ein heiliger Stamm, ein Volk, das sein Eigentum wurde, damit ihr die großen Taten dessen verkündet, der euch aus der Finsternis in sein wunderbares Licht gerufen hat. —   (1 Pt 2,9)

V Wir danken dir, Vater, daß du uns in die Kirche gerufen hast, daß wir dein Volk sein dürfen, deine königliche Priesterschaft. Gib, daß die Kirche allezeit dein heiliges Volk bleibt, und führe die Welt zur Vollkommenheit deiner Liebe.

A Denn du bist das Leben und die Liebe. / Dich preisen wir durch Christus im Heiligen Geist. Amen.

L So ist denn dieses messianische Volk, obwohl es in Wirklichkeit nicht alle Menschen umfängt und oft als kleine Herde erscheint, für das ganze Menschengeschlecht die unzerstörbare Keimzelle der Einheit, der Hoffnung und des

(786) Heils. Von Christus zur Gemeinschaft des Lebens, der Liebe und der Wahrheit bestellt, wird dieses Volk von ihm auch als Werkzeug der Erlösung angenommen und als Licht der Welt und Salz der Erde in alle Welt gesandt.

V Ihr seid das Licht der Welt, die Stadt, die auf dem Berge liegt.

A Ihr seid das Licht der Welt, / die Stadt, die auf dem Berge liegt.

V Eine Stadt, die auf dem Berge liegt, kann nicht verborgen bleiben. Man zündet ein Licht an, daß es allen im Hause leuchtet.

A Ihr seid das Licht der Welt, / die Stadt, die auf dem Berge liegt.

V Laßt euer Licht leuchten vor den Menschen, damit sie eure guten Taten sehen und den Vater im Himmel preisen.

A Ihr seid das Licht der Welt, / die Stadt, die auf dem Berge liegt.

L Jesus erzählte ihnen noch ein Gleichnis: Mit dem Himmelreich ist es wie mit einem Stück Sauerteig, den eine Frau unter drei Sea (ca. 40 l) Mehl mischte, bis das Ganze durchsäuert war. —— (Mt 13,33)

V Wir sagen dir Dank, heiliger Vater, für den Neuen Bund, in dem du dir dein Volk aus allen Völkern berufst. Gib, daß deine Kirche auf ihrem Weg durch die Zeit ihrer Sendung für die Menschheit treu bleibt, daß sie ein Sauerteig ist für die Welt, die Seele der menschlichen Gesellschaft, die du in Christus erneuern und zu einer Familie umgestalten willst.

A Denn dir wird das Reich übergeben durch Christus, deinen Sohn; / dich preisen wir im Heiligen Geist in Ewigkeit. Amen.

GOTTES VOLK, GEHEILIGT DURCH DIE SAKRAMENTE   **(786)**

Taufe   **2**

V Ihr seid ein heiliges Volk, das durch die Taufe Gott zu eigen ist.
A Danket dem Herrn, denn er ist gut; / seine Gnade währt durch alle Zeit.

L Jesus sagt: Wenn jemand nicht von oben geboren wird, kann er das Reich Gottes nicht schauen.
A Wir sind in der Taufe wiedergeboren zu neuem Leben.
L Wenn jemand nicht aus Wasser und Geist geboren wird, kann er nicht in das Reich Gottes kommen.
A Wir sind ein heiliges Volk, / ein Volk, Gott zu eigen.
L Geht zu allen Völkern und tauft sie auf den Namen des Vaters und des Sohnes und des Heiligen Geistes.
A Die Völker sollen dir danken, o Gott, / danken sollen dir die Völker alle. ——

V Lasset uns beten. — Gott und Vater, durch die Taufe läßt du uns teilhaben an der Erlösungstat deines Sohnes, an seinem Tod und seiner Auferstehung. Erfülle uns mit dem Geist der Gotteskindschaft und stärke uns, damit wir ein neues Leben führen. Durch Christus, unsern Herrn.
A Amen.

Firmung   **3**

V Ihr seid ein heiliges Volk, das in der Firmung die Kraft des Geistes empfangen hat.
A Danket dem Herrn, denn er ist gut; / seine Gnade währt durch alle Zeit.

L Jesus sagt: Ihr werdet die Kraft des Heiligen Geistes empfangen, der auf euch herabkommen wird.
A Wir sollen seine Zeugen sein / bis an die Grenzen der Erde.
L Es erschienen Zungen wie von Feuer, die sich verteilten; und der Heilige Geist ließ sich auf jeden von ihnen nieder.

(786) A Komm, Heiliger Geist, / entzünde in uns das Feuer deiner Liebe.

L Jeder hörte die Apostel in seiner Sprache reden; und sie gerieten außer sich vor Staunen.

A Der Geist beendet die Verwirrung der Sprachen. / Er führt die Völker zur Einheit. ——

V Lasset uns beten. — Wir bitten dich, Herr, erfülle an uns, was du in deiner Güte versprochen hast. Der Heilige Geist komme auf uns herab und mache uns für die Welt zu Zeugen des Evangeliums und zu Werkzeugen der Liebe Jesu Christi, der in der Einheit des Heiligen Geistes mit dir lebt und herrscht in Ewigkeit. **A** Amen.

4 Eucharistie

V Ihr seid ein heiliges Volk, das von Gott auf dem Weg durch die Zeit genährt wird in der heiligen Eucharistie.

A Danket dem Herrn, denn er ist gut; / seine Gnade währt durch alle Zeit.

L Jesus sagt: Das Brot, das Gott gibt, kommt vom Himmel, um der Welt das Leben zu geben.

A Herr, gib uns immerdar dieses Brot.

L Ich bin das lebendige Brot, das vom Himmel gekommen ist. Wer von diesem Brot ißt, wird leben in Ewigkeit.

A Wenn wir das Fleisch des Menschensohnes nicht essen / und sein Blut nicht trinken, / haben wir das Leben nicht in uns.

L Wer mein Fleisch ißt und mein Blut trinkt, der bleibt in mir und ich in ihm.

A Gelobt und gepriesen sei ohne End / Jesus im allerheiligsten Sakrament. ——

V Lasset uns beten. — Gütiger Gott, du stärkst deine Kirche mit dem Brot vom Himmel. Mach durch dieses Sakrament deine Gläubigen immer mehr zu dem, was sie durch deine Berufung sind: ein auserwähltes Geschlecht, eine königliche Priesterschaft, ein heiliger Stamm, ein Volk, das dir gehört. Durch Christus, unsern Herrn. **A** Amen.

Buße   **(786)**

V Ihr seid ein heiliges Volk, dem der Herr die Schuld ver-   **5**
gibt, wenn es sich in der Buße zu ihm bekehrt.

A Danket dem Herrn, denn er ist gut; / seine Gnade
währt durch alle Zeit.

L Ich will zu meinem Vater gehn und zu ihm sagen: Vater,
ich habe gegen dich gesündigt.

A Vater, ich habe gegen dich gesündigt. / Ich bin nicht
mehr wert, dein Sohn zu heißen.

L Empfangt den Heiligen Geist. Allen, denen ihr die Sünden erlaßt, sind sie erlassen; allen, denen ihr sie nicht erlaßt, sind sie nicht erlassen.

A Im Namen Jesu wird Vergebung verkündet bei allen
Völkern.

L Vergebt einander, wie der Herr euch vergeben hat.

A Vergib uns unsere Schuld, / wie auch wir vergeben
unsern Schuldigern. ——

V Lasset uns beten. — Barmherziger Gott, sei deinem Volk
gnädig und verzeih ihm seine Schuld. In deiner Güte erlaß
uns die Strafe, die wir für unsere Sünden verdienen. Das
gewähre uns durch Christus, unsern Herrn. A Amen.

Krankensalbung   **6**

V Ihr seid ein heiliges Volk, in dem die Kranken die besondere Güte Gottes erfahren.

A Danket dem Herrn, denn er ist gut; / seine Gnade
währt durch alle Zeit.

L Ist einer von euch krank, dann rufe er die Ältesten der
Gemeinde zu sich. Sie sollen für ihn beten und ihn im
Namen des Herrn mit Öl salben.

A Gut bist du, Herr, / und Gutes teilst du aus.

L Das gläubige Gebet wird den Kranken retten, und der Herr
wird ihn aufrichten.

A Ich suchte den Herrn, und er hat mich erhört; / all
meinen Ängsten hat er mich entrissen.

(786) L Wenn der Kranke Sünden begangen hat, werden sie ihm vergeben.

A Nahe ist der Herr den zerbrochenen Herzen, / er hilft denen auf, die zerknirscht sind. —

V Lasset uns beten. — Allmächtiger, ewiger Gott, du bist das Heil aller Gläubigen. Erhöre unser Gebet für die Kranken. Richte sie auf in deiner Barmherzigkeit und gib ihnen die Gesundheit wieder, damit sie in deiner Gemeinde dir danken. Durch Christus, unsern Herrn. A Amen.

7 Priesterweihe

V Ihr seid ein heiliges Volk, dem der Herr Bischöfe, Priester und Diakone gegeben hat, damit sie seine Gnade ausspenden, das Volk Gottes leiten und lehren und mit ihm die Werke der Liebe tun.

A Danket dem Herrn, denn er ist gut; / seine Gnade währt durch alle Zeit.

L Paulus schreibt an seinen Schüler, den Bischof Timotheus: Entfache die Gnade Gottes wieder, die in dir ist, seit ich dir die Hände aufgelegt habe. Denn Gott hat uns nicht den Geist der Verzagtheit gegeben, sondern den Geist der Kraft, der Liebe und der Besonnenheit.

A Wer euch hört, der hört mich, / und wer euch ablehnt, der lehnt mich ab.

L Paulus schreibt an seinen Schüler, den Bischof Titus: Ich habe dich in Kreta zurückgelassen, damit du in den einzelnen Städten Älteste einsetzt, wie ich dir aufgetragen habe.

A Nicht ihr habt mich erwählt, / sondern ich habe euch erwählt, / und ich habe euch dazu bestimmt, / daß ihr hingeht und Frucht bringt.

L Die Gemeinde von Jerusalem wählte sieben Männer als Diakone. Sie stellten sie vor die Apostel, und diese legten ihnen die Hände auf.

A Die Menschen werden Gott preisen, vom Zeugnis eures Dienstes bewegt.—

V Lasset uns beten. – Gott deines Volkes, wir bitten dich **(786)**
für unsere Brüder, die du zum Dienst an deiner Kirche als
Diakone, Priester und Bischöfe berufen hast. Bewahre ihnen
die Gaben, die du selbst ihnen geschenkt hast, und laß sie
mit deiner göttlichen Kraft das Amt ausüben, das ihnen
durch deine Gnade zuteil geworden ist. Durch Christus, unsern Herrn. A Amen.

Ehe 8

V Ihr seid ein heiliges Volk, das in der Ehe den Bund
Christi mit der Kirche darstellt.
A Danket dem Herrn, denn er ist gut; / seine Gnade währt
durch alle Zeit.
L Der Mann wird Vater und Mutter verlassen und sich
mit seiner Frau verbinden, und die beiden werden ein
Fleisch. Dies ist ein tiefes Geheimnis. Ich sage das im Hin-
blick auf Christus und die Kirche.
A O Tiefe des Reichtums, der Weisheit und der Erkenntnis
Gottes.
L Ihr Männer, liebt eure Frauen, wie Christus die Kirche
geliebt und sich für sie hingegeben hat.
A Die Kirche soll vor ihm erscheinen ohne Flecken, Falten
oder andere Fehler: / heilig soll sie sein und makellos.
L Vor allem liebt einander; denn die Liebe hält alles zu-
sammen und macht alles vollkommen.
A Wer in der Liebe bleibt, der bleibt in Gott, / und Gott
bleibt in ihm. —
V Lasset uns beten. – Gott, du Schöpfer des Lebens, im
Anfang hast du Mann und Frau füreinander geschaffen.
Segne und festige die Einheit der Eheleute, damit sie den
Bund Christi mit seiner Kirche immer vollkommener dar-
stellen. Darum bitten wir durch Christus, unsern Herrn.
A Amen.

787 DIE ORTSKIRCHE – DAS BISTUM

1 Aus den Stadtgemeinden der Urkirche entwickelten sich die heutigen Diözesen. Aus diesen Teilkirchen setzt sich die Weltkirche zusammen. Sie werden von Bischöfen geleitet, die Nachfolger der Apostel sind.

L Wir hören Worte aus einem Brief, der im ersten Jahrhundert der Kirche geschrieben wurde. Der Bischof Ignatius von Antiochien an die Kirche von Ephesus: Da die Liebe zu euch mich nicht schweigen läßt, will ich euch zureden, daß ihr einiggeht mit Gottes Sinn. Denn auch Jesus Christus, unser Leben, ist in des Vaters Sinn; und die Bischöfe, die bis in die fernsten Länder eingesetzt sind, sind in Jesu Sinn. Deshalb ist es für euch richtig, mit des Bischofs Sinn übereinzustimmen, was ihr ja auch tut. Denn euer Presbyterium, das seinen Namen mit Recht trägt, ist mit dem Bischof so in Harmonie verbunden wie die Saiten mit der Zither. Deshalb ist in eurer Eintracht und zusammenklingenden Liebe Jesus Christus wie ein Lied. Und Mann für Mann sollt ihr zum Chore werden, der in Einmütigkeit zusammenklingt, Gottes Melodie in Einheit aufnimmt und einstimmig dem Vater durch Jesus Christus lobsingt. Er wird euch hören und aus eurem Tun als Glieder seines Sohnes erkennen. So kann es nur nützen, wenn ihr euch in untadeliger Einheit befindet.

STILLE

V Wir wollen für unser Bistum beten, daß sich in der Kirche von N. immer mehr der Wille Christi verwirklicht.
Herr, unser Gott, wir bitten dich: Steh uns bei,
– daß unser Bischof N. seine Herde nach dem Beispiel Christi leitet.
A Wir bitten dich, erhöre uns.
– daß alle, die mit ihm zusammen die Diözese leiten, erfüllt sind vom Geist der Liebe und der Erkenntnis.
– daß die Priester ihren Dienst in den Gemeinden in Treue und Zuversicht leisten.
– daß alle, die sich im Bistum und in den Gemeinden abmühen, dies frohen Herzens und in Eintracht tun.

– daß viele Menschen sich für den Dienst in der Kirche von N. bereitfinden.
– daß wir den Namen einer christlichen Kirche verdienen.

Gott, unser Vater, in jeder Einzelkirche offenbarst du die eine, heilige, katholische und apostolische Kirche. Erhöre die Bitten deines Volkes: bewahre die Kirche von N. in der Gemeinschaft mit ihrem Bischof, laß sie durch Wort und Sakrament eins sein im Heiligen Geist, hilf ihr, die Gesamtheit deines Volkes auf Erden darzustellen in Glauben und Liebe, und mach sie zum Zeichen und Werkzeug der Gegenwart Christi in der Welt. Dies erbitten wir durch ihn, Christus, unsern Herrn.   A Amen.
V Heilige(r) N. (Diözesanpatron),
A bitte für uns.

PFARRGEMEINDE   2

V Unsere Pfarrgemeinde ist ein kleiner Teil der Diözese und der Weltkirche. Gerade hier soll sich vor den Menschen zeigen, wie die Kirche lebt.

L Aus dem Brief des Bischofs Ignatius von Antiochien an die Kirche von Ephesus. – Seid darauf aus, häufiger zusammenzukommen zur Eucharistie Gottes und zum Lobpreis. Denn wenn ihr häufige Zusammenkünfte haltet, wird die Macht des Bösen vernichtet, und sein Verderben bricht sich an eurer Einigkeit. Und vom Frieden bleibt euch nichts verborgen, wenn ihr auf Jesus Christus ganz ausgerichtet seid in Glauben und Liebe. Sie sind Anfang und Ende des Lebens: der Anfang die Glaube, die Vollendung die Liebe. —

V Wie gut ist es und wie schön, wenn Brüder in Eintracht beisammen sind.
A Wie gut ist es und wie schön, / wenn Brüder in Eintracht beisammen sind.
V Das ist wie köstliches Salböl, mit dem Aaron gesalbt ist zum Priester.
A Das ist wie Tau, der die Erde benetzt / und das Land zum Blühen bringt.

(787) V Denn dort spendet der Herr Segen und Leben in Ewigkeit.

A Wie gut ist es und wie schön, / wenn Brüder in Eintracht beisammen sind.   (nach Psalm 133)

L Aus dem Philipperbrief: – Darum, meine lieben Brüder, nach denen ich mich sehne, meine Freude und mein Ehrenkranz, steht fest im Herrn, Geliebte! Ich ermahne Euodia und ich ermahne Syntyche, einmütig zu sein im Herrn. – Freut euch im Herrn zu jeder Zeit! Noch einmal sage ich: Freut euch! Eure Güte werde allen Menschen bekannt.
(Phil 4,1–2. 4–5)

V Vater im Himmel, von dir sind wir geliebt und auserwählt. Hilf uns, daß wir uns bekleiden mit aufrichtigem Erbarmen, mit Güte, Demut, Milde, Geduld.

A Hilf uns, einander zu ertragen und zu vergeben, / wie Jesus Christus, dein Sohn, uns vergeben hat.

L Aus dem Brief des Bischofs Ignatius von Antiochien an die Kirche von Ephesus: – Der Baum wird an seiner Frucht erkannt; so werden auch die, die bekennen, daß sie zu Christus gehören, an ihrem Tun erkannt. Denn jetzt kommt es nicht auf Worte an, sondern ob einer in der Kraft des Glaubens lebt, und das bis ans Ende. Besser ist es, zu schweigen und zu sein, als zu reden und nicht zu sein. ––

V Herr Jesus Christus, wo zwei oder drei in deinem Namen beisammen sind, da bist du mitten unter ihnen. Hilf dieser deiner Gemeinde, so zu leben, daß die Menschen dich als die Mitte der Kirche erkennen.

A Wir bitten dich für unsere Priester, / daß sie im Eifer nicht erlahmen / und ihr Amt treu verwalten.

V Wir bitten dich für die Helfer in der Gemeinde, daß sie ihren Dienst in Einigkeit und in Freude tun.

A Wir bitten dich für unsere Familien, / daß sie lebendige Zellen deiner Kirche sind.

V Sei mit deiner Güte bei den Kranken und Armen, bei den älteren Menschen, bei den Kindern und Jugendlichen, bei den Eltern und Lehrern.

A Erwecke neuen Glauben in denen, die deiner Gemeinde **(787)**
fernbleiben.
V Laß uns alle in Frieden zusammenleben, untereinander,
mit den Christen anderer Kirchen und mit denen, die nicht
glauben.
A Hilf allen, die in der bürgerlichen Gemeinde Verantwortung tragen, / daß sie beschließen und tun, was recht ist /
und was dem Frieden dient.
V Vergib uns unsere Schuld und hilf uns, das Verkehrte
wieder gutzumachen, soweit es in unseren Kräften steht.
A Schenk unsern Verstorbenen deine Vergebung / und
führe sie in die Herrlichkeit des Vaters.

V Vater im Himmel, wir bitten dich für unsere Pfarrgemeinde. Nähre sie allzeit durch dein Wort und das Brot
des Lebens, begleite sie immerfort mit deinem Schutz, erhalte ihr den Glauben lebendig und unversehrt, heilige
unser Leben, schenk uns brüderliche Liebe und wahre Frömmigkeit. Durch Christus, unsern Herrn. A Amen.
V Heilige(r) N. (Pfarrpatron),
A bitte für uns.

MISSIONSGEBET **3**

V Herr Jesus Christus, du bist der König der ganzen Welt.
Auf dich harren und hoffen die Völker. Du hast alle Menschen mit dem Preis deines kostbaren Blutes erkauft. Schau
gütig auf alle Völker, die über die weite Erde zerstreut sind,
und gib ihnen Erkenntnis deiner Wahrheit. Gedenke, Herr,
der bitteren Schmerzen, die du in deinem Leiden und in
der Kreuzigung ausgestanden hast, und erbarme dich unser.
A Die Ernte ist groß, aber es gibt nur wenig Arbeiter. /
Wir bitten dich, Herr der Ernte: / schicke Arbeiter für die
Ernte.
V Nur ein Teil der Menschheit hat deinen Namen vernommen, o Herr, nur ein Teil betet dich an im Glauben.
Gib allen Menschen, daß sie dich erkennen, an dich glauben
und dir dienen.

(787) A Denn du bist unser Leben, unser Heil und unsere Auferstehung. / Dich preisen wir mit dem Vater und dem
Heiligen Geist in Ewigkeit. Amen.   nach John Henry Newman

4 EINHEIT DER CHRISTEN

Ein Glaube

L Jesus spricht: Alle sollen eins sein; wie du, Vater, in mir
bist und ich in dir bin, sollen auch sie in uns sein, damit
die Welt glaubt, daß du mich gesandt hast. Die Herrlichkeit,
die du mir gegeben hast, habe ich ihnen gegeben, damit sie
eins sind, wie wir eins sind, ich in ihnen und du in mir.
So sollen sie vollkommen eins sein, damit die Welt erkennt, daß du mich gesandt hast und die Meinen ebenso
geliebt hast wie mich. ——   (Joh 17,21–23)

V Herr, wir bekennen, daß menschliche Schwachheit und
Schuld deine Kirche gespalten hat. Die Christenheit besteht
heute aus vielerlei Kirchen und kleinen Gruppen.
A Erbarme dich unser.
V Deine Botschaft wird auf verschiedene Weise verkündet.
Die Unterschiede im Glauben verhindern die Vereinigung.
A Erbarme dich unser.
V Sende der Christenheit den Geist der Erkenntnis. Hilf
uns Mißverständnisse und Vorurteile beseitigen. Öffne un-
ser Herz der ganzen Wahrheit.
A Erbarme dich unser.

Eine Hoffnung

L Jesus sagt: Ich bin der gute Hirt; ich kenne die Meinen,
und die Meinen kennen mich, wie mich der Vater kennt
und ich den Vater kenne; und ich gebe mein Leben für die
Schafe. Ich habe noch andere Schafe, die nicht aus diesem
Hof sind; auch sie muß ich führen, und sie werden auf
meine Stimme hören; dann wird es nur eine Herde geben
und einen Hirten. ——   (Joh 10,14–16)

V Herr, die Kirche soll das Zeichen der Hoffnung unter **(787)**
den Völkern sein. Du willst sie alle sammeln und zur Ein-
heit führen. Wir sind schuld, daß dieses Zeichen nicht
deutlich ist; denn deine Herde ist zerteilt.
A Erbarme dich unser.
V Mit jeder Taufe wird die Hoffnung der Erde auf die
Einheit aller neu begründet. Wir aber bauen zu wenig auf
diesem Grund.
A Erbarme dich unser.
V Sende uns den pfingstlichen Geist, damit jeder in seiner
Sprache die eine Botschaft hört. Hilf uns, die Tore deines
Hofes weit zu öffnen.
A Erbarme dich unser.

Eine Liebe

L Jesus sagt: Wie mich der Vater geliebt hat, so habe auch
ich euch geliebt; bleibt in meiner Liebe! Wenn ihr meine
Gebote haltet, bleibt ihr in meiner Liebe, wie ich die Gebote
meines Vaters gehalten habe und in seiner Liebe bleibe.
Dies habe ich zu euch gesagt, damit meine Freude in euch
ist, und damit eure Freude vollkommen wird. Das ist mein
Gebot: Liebt einander, wie ich euch geliebt habe! —

(Joh 15,9–12)

V Herr, deinem Volk fehlt es an Liebe, die es zusammen-
hält. Haß und Zwietracht, Unduldsamkeit und Gleichgültigkeit treiben uns auseinander.
A Erbarme dich unser.
V Wir sollen dein Brot an einem Tisch essen. Aber wir
können es nicht. So sehen wir, wie sinnwidrig die Spaltung
ist.
A Erbarme dich unser.
V Sende den Geist der Liebe in die Herzen deiner Gläubigen, damit wir Schritte tun, die deine Christenheit näher
zusammenführen, — damit wir nicht ermüden.
A Erbarme dich unser.

(787) DIASPORA

5   V Nicht die große Zahl macht die Gemeinde stark, sondern
die Kraft des Glaubens. Die Kirche lebt auch dort, wo nur
kleine Gemeinden sind.

L Schreib dem Engel der Gemeinde von Philadelphia: Dies
spricht der Heilige, der Wahrhaftige, der den Schlüssel Davids hat: Ich kenne dein Tun, und ich habe vor dir eine
Tür geöffnet, die niemand schließen kann. Du hast nur
geringe Kraft, aber du hast dennoch an meinem Wort fest-
gehalten und meinen Namen nicht verleugnet. Du hast
mein Wort, das Ausharren fordert, bewahrt; daher werde
auch ich dich bewahren vor der Stunde der Prüfung. Ich
komme bald. Halte fest, was du hast, damit dir niemand
deinen Kranz nimmt! – Jeden, der siegt, werde ich zu einer
Säule im Tempel meines Gottes machen. Wer Ohren hat,
der höre, was der Geist den Kirchen sagt. — (Offb 3,7–8,10–13)

V An vielen Orten der Erde ist die Zahl der Gläubigen
gering. Sie leben als kleine Gruppe mitten unter vielen
anderen.
A Fürchte dich nicht, du kleine Herde. / Euer Vater hat
beschlossen, euch das Reich zu geben.
V In einigen Ländern stoßen die kleinen christlichen Ge-
meinden auf die Verachtung und den Spott der Umwelt.
A Fürchte dich nicht, du kleine Herde.
V Immer wieder sind Christen in der Zerstreuung auch
Verfolgungen ausgesetzt. Sie werden benachteiligt, in den
Kerker geworfen, manche sogar getötet.
A Euer Vater hat beschlossen, euch das Reich zu geben.
V Die Kirche in katholischen Ländern und die Kirche in
der Diaspora sollen in lebendigem Austausch stehen. Die
Liebesgabe der einen wird aufgewogen durch das Beispiel
der Festigkeit und Treue der andern im Glauben.
A Fürchte dich nicht, du kleine Herde. / Euer Vater hat be-
schlossen, euch das Reich zu geben.   STILLE

V Wir beten für die Kirche in der Zerstreuung. — Herr
Jesus Christus, wir bitten dich: mach die kleinen Gemein-

den in allen Ländern zum Sauerteig des Reiches Gottes. (787)
A Gib ihnen einen starken Glauben.
V Laß sie in einer Umwelt, die sie nicht versteht, den
Mut behalten.
A Gib ihnen eine feste Hoffnung.
V Laß sie brüderlich mit allen Menschen zusammenleben,
wie du uns aufgetragen hast.
A Gib ihnen den Geist der Liebe, der die Herzen verändert.

V Herr, unser Gott, wo zwei oder drei im Namen deines
Sohnes versammelt sind, da ist dein Reich mitten in der
Welt. Hilf den Gemeinden in der Diaspora, dich in der
Einsamkeit, in einer verständnislosen Umwelt und in der
Verfolgung zu bekennen, und mach sie zu Boten deiner
Liebe. Durch Christus, unsern Herrn. A Amen.

FÜR DIE DIENER DER KIRCHE   6
für den Papst

L Dreimal fragte Jesus den Petrus: Simon, Sohn des Jo-
hannes, liebst du mich? Dreimal antwortete Petrus: Ja,
Herr, du weißt, daß ich dich liebe. Und Jesus sagte: Weide
meine Lämmer, weide meine Schafe.
A Du bist Petrus, / und auf diesen Felsen werde ich meine
Kirche bauen.
L Jesus sagte zu Petrus: Simon, Simon, der Satan hat ver-
langt, daß er euch wie Weizen sieben darf. Ich aber habe
für dich gebetet, damit dein Glaube nicht erlischt. Und
wenn du wieder zurückgefunden hast, dann stärke deine
Brüder.
A Du bist Petrus, / und auf diesen Felsen werde ich meine
Kirche bauen.

V Lasset uns beten. — Gott, in deiner Vorsehung hast du
Petrus zum Vorsteher der Apostel bestimmt und auf ihn
deine Kirche gegründet. Schütze und segne deinen Diener,
unsern Papst N., den du zum Nachfolger des heiligen Petrus
berufen hast. Gib ihm die Kraft, in deinem Volk der sicht-

(787) bare und sichere Grundstein der Einheit, des Glaubens und der brüderlichen Gemeinschaft zu sein. Durch Christus, unsern Herrn. A Amen.

7 für den Bischof

L Paulus schreibt über das Amt der Apostel und ihrer Nachfolger: Gott war in Christus, als er durch ihn die Welt mit sich versöhnte; und durch uns hat er das Wort der Versöhnung eingesetzt. Wir sind also Gesandte an Christi Statt, und Gott ist es, der durch uns mahnt. Wir bitten an Christi Statt: Laßt euch mit Gott versöhnen. (2 Kor 5,19–20)
A Ihr seid auf das Fundament der Apostel und Propheten gebaut; / der Schlußstein ist Christus selbst.

V Lasset uns beten. – Gott, du Hirt und Lenker aller, die an dich glauben, blicke gnädig auf deinen Diener, unsern Bischof N. Du hast ihn zum Bischof der Kirche von N. berufen. Gib, daß er dem Gottesvolk in Wort und Tat ein Vorbild ist, und laß dereinst den Hirten mit seiner Herde in das ewige Leben gelangen. Durch Christus, unsern Herrn. A Amen.

8 für die Priester

L Petrus schreibt an die Priester: Ihr Ältesten, da ich Ältester bin wie ihr und Zeuge der Leiden Christi, und an der Herrlichkeit, die sich offenbaren wird, teilhaben soll, ermahne ich euch: Weidet die Herde Gottes bei euch, aber nicht, weil ihr dazu gezwungen seid, sondern freiwillig, wie Gott es will. Wenn dann der höchste Hirte erscheint, werdet ihr den nie verwelkenden Kranz der Herrlichkeit empfangen. (1 Petr 5,1–2.4)
A Ich nenne euch nicht mehr Knechte; / ihr seid meine Freunde, / wenn ihr tut, was ich euch auftrage.

V Lasset uns beten. – Herr, unser Gott, du selbst leitest dein Volk durch den Dienst der Priester; gib, daß sie allezeit treu und gehorsam bleiben und durch ihr Leben und ihren Dienst dich in Christus verherrlichen, der mit dir lebt und herrscht in Ewigkeit. A Amen.

für die übrigen Mitarbeiter in der Gemeinde Jesu   **(787)**
L Paulus nennt am Ende des Römerbriefes fast vierzig   **9**
Namen von Helfern in den christlichen Gemeinden. Wir
hören aus diesem Kapitel: — Ich empfehle euch unsere
Schwester Phöbe, die Dienerin der Gemeinde in Kenchreä:
Nehmt sie im Namen des Herrn auf, wie es Heilige tun
sollen, und steht ihr in jeder Sache bei, in der sie euch
braucht. Grüßt Prisca und Aquila, meine Mitarbeiter in
Christus, die für mich ihr eigenes Leben aufs Spiel gesetzt
haben. Grüßt Maria, die für euch viele Mühe auf sich genommen hat. Grüßt Urbanus, unseren Mitarbeiter im
Herrn, und meinen lieben Stachys. Grüßt die liebe Persis;
sie hat für den Herrn viel Mühe auf sich genommen. Grüßt
Rufus, der vom Herrn erwählt ist; grüßt seine Mutter, die
auch mir zur Mutter geworden ist. Grüßt einander mit
dem heiligen Kuß.   (Röm 16)
A Jedem von uns wurde die Gnade verliehen, / wie Chri-
stus sie ihm schenkte, / damit auferbaut werde Christi Leib.
L Auch heute ist die Zahl derer groß, die der Gemeinde
Jesu neben den Amtsträgern dienen. Sie helfen in der Seel-
sorge, in der Fürsorge für die Armen und Kranken, bei der
Erziehung und Bildung der Kinder, im Gottesdienst der
Gemeinde, in den Verbänden und in der Verwaltung.
A Es gibt verschiedene Gnadengaben, aber nur einen
Geist. / Es gibt verschiedene Dienste, aber nur einen Herrn.

V Lasset uns beten. — Herr, du hast deine Jünger gelehrt,
sich nicht bedienen zu lassen, sondern zu dienen. Mach
alle, die sich in den Dienst der Kirche stellen, umsichtig im
Handeln, freundlich im Umgang und beharrlich im Gebet.
Der du lebst und herrschest in alle Ewigkeit.   A   Amen.

Zum Thema Kirche eignen sich auch die meisten Abschnitte der Andacht
von den Heiligen, Nr. 784, 785, außerdem der Abschnitt „Urbild der
Kirche" aus der Marien-Andacht, Nr. 783,9.

788 Dankandacht

V Kommt, laßt uns danken dem Herrn, ihn loben für seine Güte.
A Kommt, laßt uns danken dem Herrn, / ihn loben für seine Güte.
V Ich will dir danken aus ganzem Herzen, dir vor den Engeln singen und spielen. Deinem Namen will ich danken für deine Huld und Treue.
A Kommt, laßt uns danken dem Herrn, / ihn loben für seine Güte.
V Danken sollen dir, Herr, all deine Werke, deine Frommen dich preisen. Sie sollen von der Herrlichkeit deines Königtums sprechen, sollen reden von deiner Macht.
A Kommt, laßt uns danken dem Herrn, / ihn loben für seine Güte.

V Gott, du Urheber alles Guten, was wir sind und haben, kommt von dir. Nimm den Dank entgegen, den wir heute dir weihen, und schenke uns ein freudiges Herz, damit wir mit ganzer Hingabe dir dienen. A Amen.

1 DANK FÜR DIE SCHÖPFUNG

L Gott sah, daß alles, was er gemacht hatte, sehr gut war. Es wurde Abend und es wurde Morgen: der sechste Tag. Vollendet waren Himmel und Erde und alles, was dazu gehört. Am siebten Tag erklärte Gott sein Werk, das er vollbracht hatte, für vollendet, und er ruhte am siebten Tag nach all seinem Werk, das er vollbracht hatte.   (Gen 1,31–2,2)

V Wir danken dem Herrn, der allein große Wunder tut, der die Welt geschaffen hat in Weisheit,
A das Heer der Sterne und unsere Sonne.
V Wir danken dem Herrn, der auch unsere Erde gemacht hat,
A Luft und Wasser, Licht und Leben.
V Wir danken dem Herrn, der Pflanzen und Tieren das Leben gab,

A der den Menschen geschaffen nach seinem Bild und Gleichnis. —

L Lobet den Herrn des Alls, der große Dinge tut. Der die Tage unseres Lebens vermehrt hat und an uns handelt nach seinem Erbarmen. Er gebe uns ein fröhliches Herz und gewähre Frieden unserer Zeit bis in Ewigkeit. (Sir 50,22f)

V Wir bitten dich, Herr, um ein dankbares Herz,
A daß wir in der Welt deine Macht und deine Güte erkennen.
V Wir bitten dich, Herr, um ein fröhliches Herz,
A das nicht müde wird, dir zu danken / und von deiner Güte zu sprechen.
V Wir bitten dich, Herr, um ein bereites Herz,
A damit wir in deinem Dienst uns einsetzen für die Schöpfung.
V Wir bitten dich, Herr, um ein demütiges Herz,
A das bereit ist, dir zu dienen / und deinen Auftrag zu erfüllen.

V Wir danken dir, Herr, daß du deine Sonne aufgehen läßt über Böse und Gute und daß du regnen läßt für Gerechte und Ungerechte. Wir danken dir, daß du uns Menschen das tägliche Brot gibst und die Kraft, einander zu vergeben und zu helfen. Führe uns in deinem Erbarmen zu immer stärkerer Einheit, bis deine Schöpfung, von Haß und Streit befreit, vollendet ist in deiner Liebe. Durch Christus, unsern Herrn. A Amen.

DANK FÜR DIE ERLÖSUNG   2

L Gepriesen sei Gott, der Vater unseres Herrn Jesus Christus: Er hat uns mit allem Segen seines Geistes gesegnet durch die Gemeinschaft mit Christus im Himmel. Denn in ihm hat er uns erwählt vor Erschaffung der Welt, damit wir heilig und untadelig vor Gott leben. Er hat uns aus Liebe im voraus dazu bestimmt, durch Jesus Christus seine Söhne zu werden und nach seinem gnädigen Willen zu ihm zu gelangen, zum Lob seiner herrlichen Gnade. (Eph 1,3–6)

(788) V Wir danken dir, Vater, für das Leben und die Erkennt-
nis, die du uns kundgetan hast durch Jesus, deinen Sohn.
A Dir sei Ehre in Ewigkeit.
V Wir danken dir, Vater, daß du dies den Weisen und
Klugen verborgen, den Unmündigen aber geoffenbart hast.
A Dir sei Ehre in Ewigkeit.
V Wir danken dir, Vater, daß du den Plan deiner Liebe in
der Fülle der Zeiten verwirklicht und in Christus alles ver-
eint hast.
A Dir sei Ehre in Ewigkeit.
V Ehre sei dem Vater durch den Sohn im Heiligen Geist,
A wie im Anfang, so auch jetzt und alle Zeit / und in
Ewigkeit. Amen.

V Herr Jesus Christus, du hast uns mit deinem Blut für
Gott gekauft aus allen Stämmen und Sprachen, aus allen
Völkern und Nationen, und du hast uns für unsern Gott
zu Königen und zu Priestern gemacht.
A Wir danken dir in Ewigkeit.
V Du bist zu uns Menschen gekommen, daß wir das Leben
haben und es in Fülle haben.
A Wir danken dir in Ewigkeit.
V Wenn du jede Macht, Gewalt und Kraft vernichtet hast,
wirst du die Herrschaft Gott dem Vater übergeben, damit
Gott herrsche über alles in allem.
A Wir danken dir in Ewigkeit.
V Ehre sei dem Vater durch den Sohn im Heiligen Geist,
A wie im Anfang, so auch jetzt und alle Zeit / und in
Ewigkeit. Amen.

V Wir haben nicht den Geist empfangen, der uns wieder
zu Knechten macht, so daß wir uns fürchten müßten, sondern wir haben den Geist empfangen, der uns zu Söhnen
macht, den Geist, in dem wir rufen: Abba, Vater!
A Gottes Liebe ist ausgegossen in unsere Herzen / durch
den Heiligen Geist.
V Der Geist nimmt sich auch unserer Schwachheit an.
Denn wir wissen nicht, worum wir in rechter Weise beten

sollen; der Geist selber tritt jedoch für uns ein mit unaus- **(788)**
sprechlichem Seufzen.
A Gottes Liebe ist ausgegossen in unsere Herzen / durch
den Heiligen Geist.
V Wir haben das Siegel des verheißenen Heiligen Geistes
empfangen. Der Geist ist das Pfand dafür, daß wir unser
Erbe erhalten werden, die Erlösung, die uns zu Gottes Ei-
gentum macht, zum Lob seiner Herrlichkeit.
A Gottes Liebe ist ausgegossen in unsere Herzen / durch
den Heiligen Geist.
V Ehre sei dem Vater durch den Sohn im Heiligen Geist,
A wie im Anfang, so auch jetzt und alle Zeit / und in
Ewigkeit. Amen.

V Im übrigen, liebe Brüder, freut euch, laßt euch erneuern
und vollenden, laßt euch ermahnen, seid eines Sinnes und
lebt in Frieden! Die Gnade unseres Herrn Jesus Christus
und die Liebe Gottes und die Gemeinschaft des Heiligen
Geistes sei mit euch allen. A Amen.

ERNTEDANK   **3**

L Mose sagte zu ganz Israel: Höre, Israel! Wenn du in
dem Land wohnst, das der Herr, dein Gott, dir als Erbbesitz
gibt, dann sollst du von den ersten Erträgen aller Feldfrüchte
etwas in einen Korb legen. Dann soll der Priester den Korb
aus deiner Hand entgegennehmen und ihn vor den Altar
des Herrn, deines Gottes, stellen. Du aber sollst vor dem
Herrn, deinem Gott, folgendes Bekenntnis ablegen: Mein
Vater war ein heimatloser Aramäer. Der Herr aber führte
uns mit starker Hand und hocherhobenem Arm; er brachte
uns an diese Stätte und gab uns dieses Land, ein Land,
wo Milch und Honig strömen. Und siehe, nun bringe ich
hier die ersten Erträge von den Früchten des Landes, das
du mir gegeben hast, Herr. ——   (Dtn 26,4–5.8–10)

(788) V Gut ist es, unserm Gott zu singen; *
schön ist es, ihn zu loben.

(r) Groß ist unser Herr und gewaltig an Kraft; *
unermeßlich ist seine Weisheit.

(l) Stimmt dem Herrn ein Danklied an; *
spielt unserm Gott auf der Harfe.

(r) Er bedeckt den Himmel mit Wolken, /
spendet der Erde Regen *
und läßt Gras auf den Bergen sprießen.

(l) Er gibt dem Vieh seine Nahrung, *
gibt den jungen Raben, wonach sie schreien.

(r) Er verschafft deinen Grenzen Frieden *
und sättigt dich mit bestem Weizen.

(l) Er hat keine Freude an der Kraft des Pferdes, *
kein Gefallen am schnellen Lauf des Mannes.

A Gefallen hat der Herr an denen, die ihn fürchten und
ehren, *
die voll Vertrauen warten auf seine Huld.   nach Psalm 147

V So nimm unseren Dank entgegen, allmächtiger Gott, für
die Ernte dieses Jahres. Du hast uns die Erde gegeben, daß
wir sie nützen und bebauen; du hast uns Sonnenschein und
Regen gegeben, Wind und Tau. Du hast uns zur Nahrung
die Fische im Wasser und die Tiere des Landes bestimmt.
Du hast uns Verstand und Einsicht verliehen, daß wir die
Gaben der Erde recht nützen können. Wir danken dir für
diese treue Sorge und bitten dich: hilf uns, deine Gaben so
zu gebrauchen, daß die Erde bewohnbar bleibt als Ort des
Lebens; gib, daß wir in brüderlicher Liebe deine Gaben mit
den Notleidenden teilen. So bitten wir durch Christus,
unsern Herrn. A Amen.

L Brüder, denkt daran: Wer kärglich sät, wird auch kärglich ernten; wer reichlich sät, wird reichlich ernten. Jeder
gebe, wie er es sich in seinem Herzen vorgenommen hat,
nicht verdrossen und nicht unter Zwang. Einen fröhlichen
Geber liebt Gott. Gott, der dem Sämann Samen gibt und
Brot als Speise, wird auch euch das Saatgut geben und die

Saat aufgehen lassen; er wird die Früchte eurer Gerechtig- **(788)**
keit wachsen lassen. (2 Kor 9,6—7.10)

V Gott sei uns gnädig und segne uns.
Er lasse über uns sein Angesicht leuchten.
A Das Land gab seinen Ertrag. /
Es segne uns Gott, unser Gott.

JAHRESSCHLUSS   **4**

V Der Herr krönt das Jahr mit seinem Segen. (Nr. 149,4)
A Der Herr krönt das Jahr mit seinem Segen.
V Vor dem Herrn sind tausend Jahre wie der Tag, der
gestern vergangen ist, wie eine Wache in der Nacht. Und
doch hat er an uns gedacht und uns geführt und geleitet,
er hat uns beschützt und unser Leben bewahrt.

L Des Menschen Tage sind wie Gras, er blüht wie die
Blume des Feldes. Fährt der Wind darüber, ist sie dahin; der
Ort, wo sie stand, weiß von ihr nichts mehr. Doch die
Huld des Herrn währt immer und ewig für alle, die ihn
fürchten und ehren; sein Heil erfahren noch Kinder und
Enkel; alle, die seinen Bund bewahren, an seine Gebote
denken und danach handeln. (Ps 103,15—18)
V Wir danken dem Herrn, der im vergangenen Jahr uns
geführt und geleitet hat;
A denn seine Huld währt ewig. ——

V Der Herr krönt das Jahr mit seinem Segen.
A Der Herr krönt das Jahr mit seinem Segen.
V Gerade in diesen weihnachtlichen Tagen spüren wir,
daß Gott nicht fern von uns ist, weit weg im Himmel
thront, sondern daß er sich mit uns Menschen einläßt und
sich sorgend und liebend uns zuwendet.

L Christus war wie Gott, hielt aber nicht daran fest, Gott
gleich zu sein, sondern entäußerte sich, wurde wie ein
Sklave und den Menschen gleich. Sein Leben war das eines
Menschen. (Phil 2,6—7)

(788) V Wir danken dem Herrn, der im vergangenen Jahr uns
nahe gewesen ist im Herrn Jesus Christus;
A denn seine Huld währt ewig. —

V Der Herr krönt das Jahr mit seinem Segen.
A Der Herr krönt das Jahr mit seinem Segen.
V In Christus hat Gott uns zusammengeführt in der Kirche. In Christus beschenkt er uns durch die Kraft der Sakramente. In Christus befähigt er uns zu gegenseitigem Helfen und Dienen.

L Alle, die gläubig geworden waren, verharrten einmütig
im Tempel, brachen in ihren Häusern das Brot und aßen
miteinander in Freude und Einfalt der Herzen. Sie waren
ein Herz und eine Seele. Reiche Gnade ruhte auf ihnen
allen.   (Apg 2,44.46; 4,32.33)
V Wir danken dem Herrn, der im vergangenen Jahr auch
unsere Gemeinde in seinem Frieden bewahrt hat;
A denn seine Huld währt ewig. —

V Der Herr krönt das Jahr mit seinem Segen.
A Der Herr krönt das Jahr mit seinem Segen.
V Nicht alle Tage des vergangenen Jahres waren hell und
gut; es gab für jeden schwere Stunden. Aber auch im Leid ist
Gott uns nah; auch das Leid hat seinen Sinn.

L Jetzt freue ich mich in den Leiden, die ich für euch er-
trage. Für den Leib Christi, die Kirche, erfülle ich in meinem
irdischen Leben das Maß seiner Leiden. Reich und herrlich
ist dieses Geheimnis geworden: Christus ist unter euch,
er ist die Hoffnung auf Herrlichkeit.   (Kol 1,24.27)
V Wir danken dem Herrn, der im vergangenen Jahr auch
in Leid und schweren Stunden uns Kraft gegeben hat;
A denn seine Huld währt ewig. —

V Der Herr krönt das Jahr mit seinem Segen.
A Der Herr krönt das Jahr mit seinem Segen.

L Wie tröstlich ist es doch, bester Vater, daß du meinen
Kalender für das kommende Jahr schon längst und auf das
genaueste gemacht hast. So überlasse ich mich ganz deiner

gütigen Vorsehung und kenne nur eine Sorge, deinen väterlichen Willen zu erkennen und zu erfüllen. (P. Eberschweiler)

V Wir danken dem Herrn, der auch im kommenden Jahr mit uns ist;

A denn seine Huld währt ewig. —

V Du, Herr, bist der allmächtige Gott. In deine Hand ist alles gelegt, und niemand kann deinem Willen widerstehen. Du hast Macht, viel mehr zu tun, als wir erbitten und uns ausdenken. In der Menschwerdung deines Sohnes haben wir deine Güte und Treue erfahren dürfen. Bewahre uns auch im kommenden Jahr deine väterliche Liebe, und wenn diese Erdenjahre zu Ende sind, nimm uns auf in dein ewiges Reich. Darum bitten wir dich durch Christus, unsern Herrn. A Amen.

Bittandacht   789

JESUS HEISST UNS BITTEN   1

L Aus dem Evangelium nach Mattäus. – Jesus spricht: Bittet, dann wird euch gegeben; sucht, dann werdet ihr finden; klopft an, dann wird euch geöffnet. Denn wer bittet, der erhält; wer sucht, der findet; und wer anklopft, dem wird geöffnet. Oder ist einer unter euch, der seinem Sohn einen Stein gibt, wenn er um Brot bittet, oder der ihm eine Schlange gibt, wenn er um einen Fisch bittet? Wenn nun schon ihr, die ihr böse seid, euren Kindern gebt, was gut ist, wieviel mehr wird euer Vater im Himmel denen, die ihn bitten, Gutes geben. (Mt 7,7–11)

V Das Wort des Herrn ermutigt uns zum Bitten, sogar zum Bitten um die alltäglichen Dinge: um Gesundheit, um Glück und Zufriedenheit, um gesicherte Arbeitsplätze, um Erfolg und Erfüllung im Beruf, um alles, was zu unsern diesseitigen Sorgen gehört. Weil Gott über alle Maßen gut ist, dürfen wir sicher sein, daß er bereit ist, uns gute Gaben zu geben. Darauf macht uns Jesu Wort aufmerksam.

(789) A Vater, wir vertrauen dir unsere Sorgen an. / Wir preisen deine Güte und dein Erbarmen. / Wir danken dir, daß dein Sohn Jesus Christus uns die Botschaft von deiner Liebe gebracht hat. ——

L Aus dem Evangelium nach Johannes. — Jesus spricht: Amen, Amen, ich sage euch: Was ihr vom Vater erbitten werdet, das wird er euch geben in meinem Namen. Bis jetzt habt ihr noch nichts in meinem Namen erbeten. Bittet, und ihr werdet empfangen, damit eure Freude vollkommen ist.   (Joh 16,23—24)

V Jesus selbst macht sich zum Mittler unseres Bittens. Er stellt sich auf unsere Seite und erbittet vom Vater alles, was wir brauchen. So führt er uns zur vollkommenen Freude. Das Gebet im Namen Jesu geht also weit über unsere alltäglichen Sorgen hinaus. Wenn wir im Namen Jesu beten, bitten wir immer um das Heil Gottes für die Menschen, daß seine Herrschaft anbricht in dieser Welt.

A Vater im Himmel, / dich preisen wir mit Jesus Christus, deinem Sohn. / In seinem Namen bitten wir, daß dein Reich zu uns kommt in Herrlichkeit. / Hilf, daß alle Menschen deinen Willen erkennen und ihn befolgen / und so das Heil erlangen. Amen.

2 FRIEDEN IN DER WELT

L Das zweite Vatikanische Konzil sagt: Der Friede besteht nicht darin, daß kein Krieg ist; er läßt sich auch nicht bloß durch das Gleichgewicht entgegengesetzter Kräfte sichern; er entspringt ferner nicht dem Machtgebot eines Starken; er heißt vielmehr mit Recht und eigentlich ein „Werk der Gerechtigkeit".

Das Gemeinwohl des Menschengeschlechtes wird zwar grundlegend vom ewigen Gesetz Gottes bestimmt, in seinen konkreten Anforderungen unterliegt es aber dem ständigen Wechsel der Zeiten; darum ist der Friede niemals endgültiger Besitz, sondern immer wieder neu zu erfüllende Aufgabe. Da zudem der menschliche Wille schwankend und

von der Sünde verwundet ist, verlangt die Sorge um den **(789)**
Frieden, daß jeder dauernd seine Leidenschaften beherrscht
und daß die Verantwortlichen wachsam sind. —

V Herr unser Gott, du hast die Menschen geschaffen, daß
sie die Erde bevölkern und in Frieden auf ihr leben. Wir
bitten dich:
A Schenk uns den Geist der Gerechtigkeit / und Sinn für
das Recht des anderen. / Hilf uns, daß wir Ausgleich suchen,
wo Zwietracht entsteht.
V Gib den Mächtigen Gedanken des Friedens, damit sie
nicht müde werden bei dem Versuch, Konflikte ohne Blut-
vergießen zu lösen.
A Laß uns und alle Menschen erkennen, was dem Frieden dient, / und gib uns die Kraft, es zu tun.
V Denn du bist ein Gott der Gerechtigkeit und des Friedens. Alle, die Frieden stiften, heißen deine Kinder.
A Dich preisen wir in Ewigkeit. Amen.

L Das zweite Vatikanische Konzil sagt: Dieser Friede kann
auf Erden nicht erreicht werden ohne Sicherheit für das
Wohl der Person und ohne daß die Menschen frei und
vertrauensvoll die Reichtümer ihres Geistes und Herzens
miteinander teilen. Der feste Wille, andere Menschen und
Völker und ihre Würde zu achten, gepaart mit einsatzbe-
reiter und tätiger Brüderlichkeit: das sind unerläßliche Voraussetzungen für den Aufbau des Friedens. So ist der Friede
auch die Frucht der Liebe, die über das hinausgeht, was die
Gerechtigkeit zu leisten vermag. —

V Herr Jesus Christus, du hast zu Petrus gesagt: Steck dein
Schwert in die Scheide, und zu den Jüngern: Ihr aber seid
Brüder. Wir bitten dich:
A Schenk uns den Geist der Liebe, / daß uns das Schicksal
des Mitmenschen nicht gleichgültig ist.
V Gib, daß die Völker einander mehr und mehr verstehen,
daß sie einander helfen im Austausch ihrer Gaben.
A Hilf uns, nicht nur an das eigene Glück zu denken. /
Laß uns nicht vergessen, die Freude mit andern zu teilen.

(789) V Denn du bist unser Friede und unsere Versöhnung. Du liebst uns bis ans Ende.
A Dich preisen wir in Ewigkeit. Amen.

L Das zweite Vatikanische Konzil sagt: Der irdische Friede, der seinen Ursprung in der Liebe zum Nächsten hat, ist aber auch Abbild und Wirkung des Friedens, den Christus gebracht hat und der von Gott dem Vater ausgeht. Dieser menschgewordene Sohn, der Friedensfürst, hat nämlich durch sein Kreuz alle Menschen mit Gott versöhnt und die Einheit aller in einem Volk und in einem Leib wiederhergestellt. Er hat den Haß an seinem eigenen Leib getötet und hat, erhöht in seiner Auferstehung, den Geist der Liebe in die Herzen der Menschen ausgegossen. —

V Gott Heiliger Geist, du wohnst in den Menschen und machst sie bereit für die Ankunft des Herrn. Wir bitten dich:
A Komm, Heiliger Geist, / entzünde in uns das Feuer deiner Liebe, / damit wir von der Sünde frei werden und Frieden stiften.
V Erleuchte die Herzen der Menschen, daß die Hoffnung auf den Frieden Christi, den die Welt nicht geben kann, sie stark mache für die Werke des Friedens in dieser Welt.
A Laß uns nicht mutlos werden, wenn Streit und Krieg auf der Erde mächtig bleiben. / Stärke den Glauben an das kommende Reich, / damit wir Christus nachfolgen, dem König des Friedens.
V Denn in dir ist uns die Güte des Vaters durch den Sohn geschenkt.
A Dich preisen wir in Ewigkeit. Amen.

3 FÜR ALLE, DIE VERANTWORTUNG UND EINFLUSS HABEN

L Auf den ersten Seiten der Bibel lesen wir: Gott segnete die Menschen und sprach zu ihnen: Seid fruchtbar und vermehrt euch, bevölkert die Erde und unterwerft sie euch.
(Gen 1,28)

V Der Schöpfungsauftrag hat den Menschen zum Herrn **(789)**
der Erde gemacht. Von Generation zu Generation ging
dieser Auftrag weiter. Die Menschen haben immer neue
Bereiche der Natur und des Kosmos erforscht und gelernt,
die Umwelt zu beherrschen. Der Schöpfungsbericht sagt
abschließend: Gott sah, daß alles, was er gemacht hatte,
sehr gut war. Hat der Mensch seinen Auftrag erfüllt? —

V Herr, du hast den Menschen vielerlei Einfluß und Herrschaft auf der Erde gegeben. Wir bitten dich für alle, die
Verantwortung haben: Daß sie die Lebensordnung der Natur erhalten und nicht kurzsichtig selbst zerstören,
A gib ihnen den Geist der Einsicht und des Maßes.
V Daß sie bereit sind, die Güter der Erde gerecht zu verteilen und den eigenen Wohlstand nicht über das Gemeinwohl zu stellen,
A gib ihnen den Geist der Einsicht und des Maßes.
V Daß Techniker und Wissenschaftler die Lebensbedingungen der Menschheit verbessern und nicht schmälern oder
gar zerstören,
A gib ihnen den Geist der Einsicht und des Maßes.

L So lesen wir beim Propheten Ezechiel: Wehe den Hirten
Israels, die nur für sich selbst sorgen! Müssen die Hirten
nicht für die Herde sorgen! — Die schwachen Tiere stärkt
ihr nicht, die kranken heilt ihr nicht, die verletzten verbindet ihr nicht, die verscheuchten holt ihr nicht zurück, die
verirrten sucht ihr nicht, und die starken mißhandelt ihr.
Und weil sie keinen Hirten hatten, zerstreuten sich meine
Schafe und wurden eine Beute der wilden Tiere. Keiner
kümmert sich um sie, niemand sucht sie.   (Ez 34,2–6)

V Mit dieser Bildrede meint der Prophet die Führer und
Verantwortlichen des Volkes. Er zeigt ihnen, daß sie ihre
Macht nicht haben, um sie für sich selbst zu gebrauchen.
Sie sollen mit der Macht Gutes tun für die Menschen:
Schwache kräftigen, Kranke heilen, Versprengten und Ver-
irrten Heimat geben und Starke und Gesunde mitwirken
lassen. —

(789) V Herr, wir bitten dich: Präge das Bild des Hirten den Herzen aller Verantwortlichen ein. Gib allen, die Einfluß haben, Mut, damit sie nicht schweigen, wenn Mißstände aufzudecken sind.

A Erleuchte sie, damit sie erkennen, was recht ist, / und alles tun, was den Völkern Frieden bringt.

V Stärke auch unser Selbstvertrauen, damit wir bereit und fähig sind, zum Wohl der Menschen Verantwortung zu übernehmen. Hilf uns, die Sorge um die Zukunft der Menschheit mitzutragen.

A Denn du hast uns Macht gegeben über die Erde. / Dich preisen wir in Ewigkeit. Amen.

4 PLAGEN DER MENSCHHEIT

Krankheit

L Herr, du Gott meines Heils, zu dir schreie ich am Tag und bei Nacht. Denn meine Seele ist gesättigt mit Leid, mein Leben ist dem Totenreich nahe. Mein Auge wird trübe vor Elend. (Ps 88,2.4.10)

V Worte wie Aussatz, Pest, Krebs lassen uns den Schrecken spüren, der die Menschheit immer wieder befällt. Krankheit bedroht das Leben, macht einsam, abhängig und hilflos. —

V Herr des Lebens, höre den Ruf der Kranken:

A Herr, erbarme dich.

V Wir bitten dich:

A Hilf, daß Forscher und Ärzte die Krankheit erfolgreich bekämpfen,

V daß mehr Menschen zur Pflege der Kranken bereit sind,

A daß wir für unsere Gesundheit dankbar sind.

5 Hunger

L Ich sah ein schwarzes Pferd; und der auf ihm saß, hielt eine Waage in der Hand. Und ich hörte Worte: Ein Maß Weizen für einen Denar und drei Maß Gerste für einen Denar. (Offb 6,5–6)

V Die Erde ist fruchtbar, und doch haben die meisten Men- **(789)**
schen zu wenig zu essen. Täglich verhungern Tausende. ──

V Schöpfer der Erde, höre den Ruf der Hungernden:
A Herr, erbarme dich.
V Wir bitten dich:
A Hilf, daß die Menschen die Fruchtbarkeit der Erde bes-
ser nutzen und erhalten,
V daß sie die Gaben der Erde gleichmäßiger verteilen und
alle satt werden,
A daß wir mit dankbarem Herzen genießen, was die Erde
uns schenkt.

Krieg   6

L Dann zog ein anderes Pferd aus, es war feuerrot. Und er,
der auf ihm saß, erhielt die Macht, den Frieden von der
Erde zu nehmen; die Menschen sollten einander hinschlach-
ten. Und es wurde ihm ein großes Schwert gegeben.
                                                          (Offb 6,3–4)

V Wir kennen keine Zeit der Geschichte, die ohne Krieg
war. Krieg bedeutet Tote, Verwundete, Gefangene, Verlas-
sene; bedeutet Haß, Zerstörung, Hunger und Armut, Trauer
und Angst. ──

V Gott des Friedens, höre den Schrei der Opfer des Krieges:
A Herr, erbarme dich.
V Wir bitten dich:
A Hilf, daß die Mächtigen sich um Frieden und Versöh-
nung bemühen,
V daß die Völker einander helfen, die Wunden des Krieges
zu heilen,
A daß wir Kinder des Friedens werden.

Unwissenheit   7

L Da sprach der Herr: Mir sollte es nicht leid sein um Nini-
ve, die große Stadt, in der mehr als hundertzwanzigtausend
Menschen leben, die nicht einmal rechts und links unterscheiden können?   (Jona 4,11)

(789) V Unwissenheit ist die Quelle vieler Übel: Armut, Unfreiheit, Aberglaube, Verführung, Irrtum. —

V Vater der Menschen, höre das Rufen der Armen und Unwissenden:
A Herr, erbarme dich.
V Wir bitten dich:
A Hilf, daß alle Kinder Schulen besuchen können,
V daß die Lehrer vermitteln, was wahr und gut ist,
A daß wir selbst bereit sind zu lernen, solange wir leben.

8 Unfreiheit

L Gott ließ den König der Kaldäer gegen sein Volk heranrücken. Dieser tötete ihre jungen Krieger mit dem Schwert und verschonte keinen jungen Mann und keine junge Frau, keinen Greis und Betagten. — Den Rest, den das Schwert verschonte, führte er in die Verbannung nach Babel. Dort mußten sie ihm als Sklaven dienen.   (2 Chr 36, 17.20)
V Die Sklaverei ist in allen Ländern abgeschafft. Trotzdem sind die Unterdrückten, Gefangenen, Ausgestoßenen, Vertriebenen nicht zu zählen. —

V Gott der Freiheit, höre den Ruf der Gefangenen:
A Herr, erbarme dich.
V Wir bitten dich:
A Hilf, daß die Macht der Gewalttätigen gebrochen wird,
V daß sich mehr Menschen für die Freiheit der anderen einsetzen,
A daß wir unsere Freiheit in der rechten Weise gebrauchen.

9 Tod

L Dann sah ich ein fahles Pferd; und er, der auf ihm saß, er hieß „der Tod"; und die Welt des Todes zog hinter ihm her. Ihnen wurde Macht gegeben, zu töten durch Schwert, Hunger und Tod.   (Offb 6,8)
V Der Tod ist unser Schicksal. Er reißt Menschen mitten aus dem Leben, zerstört Bindungen, Pläne, Hoffnungen. —

V Herr des Lebens, höre den Schrei der Sterbenden:
A Herr, erbarme dich.
V Wir bitten dich:
A Hilf, daß sich die Sterbenden deiner Liebe anvertrauen,
V daß die Verlassenen und Einsamen getröstet werden,
A daß wir die Todesfurcht ertragen, / weil wir auf das
Leben bei dir hoffen.

V Unser Vater im Himmel, erlöse uns von allem Bösen
und gib Frieden in unsern Tagen; bewahre uns vor Verwirrung und Sünde, damit wir voll Zuversicht das Kommen
unseres Erlösers Jesus Christus erwarten.
A Denn dein ist das Reich und die Kraft und die Herrlichkeit in Ewigkeit. Amen.

ZUSAMMENLEBEN DER MENSCHEN   **790**

V Wir beten für das Zusammenleben der Menschen. Wir   **1**
sind e i n e Menschheit, aber es gibt verschiedene Völker
und Rassen.
A Wir tragen alle das gleiche menschliche Antlitz, / aber
es gibt verschiedene Gruppen, / es gibt Mehrheiten und
Minderheiten, / Einheimische und Fremde.
V Wir bewohnen alle die gleiche Erde, aber es gibt Arme
und Reiche, Junge und Alte, Männer und Frauen.
A Wir sind Kinder desselben Vaters, / aber es gibt Christen und Juden, / Moslems und Heiden, / Gläubige und
Ungläubige.

L Aus dem Buch Levitikus. – Ich bin der Herr. Wenn sich
ein Fremder in eurem Land aufhält, sollt ihr ihn nicht unterdrücken. Er soll bei euch wie ein Einheimischer sein, und
du sollst ihn lieben wie dich selbst.   (Lev 19,33–34)
V Das Gesetz des Mose mahnt die Mehrheiten, die Be-
sitzenden, die Mächtigen, daß sie den Minderheiten, den
Armen, den Fremden, den Ohnmächtigen die gleichen Rechte
einräumen und sie nicht unterdrücken. – Wir beten:

(790) A Allmächtiger Gott, gib den Starken Einsicht, daß sie die Schwachen fördern. / Hilf den Völkern und Rassen, daß sie einander achten und freundschaftlich begegnen. / Steh den Unterdrückten bei, damit sie gleiches Recht finden wie die andern. / Dies erbitten wir durch Christus, unsern Herrn.

L Aus dem Propheten Jeremia. – So spricht der Herr zur ganzen Gemeinde der Verbannten, die von Jerusalem nach Babel weggeführt wurden: Baut Häuser und wohnt darin, pflanzt Gärten und eßt ihre Früchte. Bemüht euch um das Wohl der Stadt, in die ich euch weggeführt habe, und betet für sie zum Herrn; denn in ihrem Wohl liegt euer Wohl.

(Jer 29,4.5.7)

V Der Prophet mahnt die Vertriebenen, im fremden Land heimisch zu werden. Minderheiten sollen sich nicht selbst aussperren, kleine Gruppen sich nicht abkapseln. – Wir beten:

A Gott aller Menschen, / hilf denen, die in der Fremde leben, eine neue Heimat zu finden; / erfülle auch die Minderheiten und kleinen Gruppen mit dem Geist der Zusammenarbeit, / damit alle dem Wohl des Ganzen dienen. / Wehre dem Terror und der Gewalttätigkeit, / mit denen Menschen ihre Konflikte untereinander lösen wollen. / Dies erbitten wir durch Christus, unsern Herrn.

L Aus dem Römerbrief. – Vergeltet niemand Böses mit Bösem. Seid allen Menschen gegenüber auf Gutes bedacht. Soweit es euch möglich ist, haltet mit allen Menschen Frieden.

(Röm 12,17–18)

V Das Zusammenleben der Gruppen und Völker kann nur dann besser werden, wenn die einzelnen lernen, miteinander in Frieden zu leben. – Wir beten:

A Gott, unser Vater, / hilf uns, daß wir immer mehr einander achten lernen; / gib uns Kraft zum Frieden in der Familie, am Arbeitsplatz, in der Freizeit. / Laß Männer und Frauen, Junge und Alte, Menschen verschiedener Überzeugung / einander ertragen und einander Gutes tun. / Dies erbitten wir durch Christus, unsern Herrn.

DAS ALLGEMEINE GEBET   (790)
                                                                          2

V Allmächtiger, ewiger Gott; Herr, himmlischer Vater! Sieh
an mit den Augen deiner Barmherzigkeit den Jammer der
Menschen, ihr Elend und ihre Not. Erbarme dich aller
Gläubigen, für die dein Sohn, unser Herr und Heiland
Jesus Christus, sich freiwillig in die Hände der Sünder
gegeben und sein kostbares Blut am Stamm des Kreuzes
vergossen hat.
A Durch diesen Herrn Jesus Christus / wende ab, gütiger
Vater, die wohlverdienten Strafen, / gegenwärtige und
zukünftige Gefahren, / Aufruhr, Krieg, Teuerung, / Krankheiten und unheilvolle Zeiten.

V Erleuchte und stärke in allem Guten die geistlichen und
weltlichen Vorgesetzten, damit sie alles fördern, was deiner
Ehre und unserm Heil dient, zum allgemeinen Frieden und
zur Wohlfahrt der ganzen Welt.
A Verleihe uns, o Gott des Friedens, / rechte Vereinigung
im Glauben ohne alle Spaltung und Trennung. / Bekehre
unsere Herzen zur wahren Buße und Besserung des
Lebens. / Entzünde in uns das Feuer deiner Liebe. / Gib
uns Eifer und Hunger nach aller Gerechtigkeit, / damit
wir, deinem Willen gehorsam, im Leben und Sterben dir
angenehm und wohlgefällig sind.

V Wir bitten dich, wie du willst, o Gott, daß wir bitten
sollen, für unsere Freunde und Feinde, für Gesunde und
Kranke, für Betrübte und Bedrängte, für Lebende und Verstorbene.
A Dir, o Gott, sei empfohlen unser Tun und Lassen, /
unser Handel und Wandel, / unser Leben und Sterben. /
Laß uns hier in deiner Gnade leben / und dort in der Gemeinschaft der Heiligen dich ewig loben und ehren. / Das
verleihe uns, Herr, himmlischer Vater, / durch Jesus Christus, deinen lieben Sohn, unsern Herrn und Heiland, / der
mit dir und dem Heiligen Geiste als gleicher Gott lebt
und herrscht in Ewigkeit. Amen.

(790) VOR EINER REISE

3

L Ich hebe meine Augen auf zu den Bergen: Woher kommt mir Hilfe? (Ps 121,1)

V Wir stehen vor dem Beginn einer Reise (Fahrt, Ferien, Urlaub). Für eine Weile verlassen wir unser Heim, unsere Gemeinde und nehmen von lieben Menschen Abschied.
Wir vertrauen uns fremden Menschen an, dem Lokführer (Piloten, Schiffskapitän, Busfahrer), dem Reiseleiter, Wander- oder Bergführer. Wir sind angewiesen auf die Umsicht und Gewissenhaftigkeit unzähliger Menschen, die uns unterwegs begegnen werden, zum Beispiel der Autofahrer, der jungen Leute auf Motorrädern und Fahrrädern. – Wir sind abhängig von den Ingenieuren, Technikern und Arbeitern, die die Fahrzeuge entwickeln und bauen und warten und reparieren. – Wir sind angewiesen auf die Zuverlässigkeit der Technik, daß Verkehrsampeln und Bahnschranken funktionieren. Wir sind verwiesen auf unsere eigene Aufmerksamkeit im Verkehr. Wir brauchen unterwegs Menschen, die für unser Essen und Trinken sorgen. Vielleicht muß uns einer den richtigen Weg zeigen.

V So bitten wir dich, Herr, unser Gott: Behüte uns in all den Ungewißheiten unserer bevorstehenden Reise (Fahrt, Ferien).
A Lenke Sinn und Hände aller Menschen, auf die wir angewiesen sind. / Schick uns freundliche und willige Helfer / und hilf uns selbst, freundliche und aufmerksame Gefährten zu sein. / Darum bitten wir dich durch Christus, unsern Herrn. Amen.

Es folgt Psalm 121 Nr. 752

Andacht zum Totengedenken   **791**

V Gott ist der Herr über Leben und Tod; ihn beten wir an.
A Gott ist der Herr über Leben und Tod; / ihn beten wir
an.
V Laßt uns hintreten vor ihn in Gemeinschaft mit allen,
die er aus unserer Mitte zu sich gerufen hat.
A Ihn beten wir an.
V Nahe ist uns der Herr. Bedenken wir den Tod: Nur
ein Hauch trennt Zeit von Ewigkeit.
A Gott ist der Herr über Leben und Tod; / ihn beten wir
an.

MIT CHRISTUS STERBEN   **1**

L Der Apostel sagt: Trauert nicht wie die andern, die keine
Hoffnung haben. – Aber auch uns bedrückt das Todeslos.
Sollen wir da nicht trauern? Wir sind Menschen, die
Schmerz empfinden. Wir sträuben uns, Leib und Leben
preiszugeben. Die Nacht des Todes ist allen dunkel. Die
Last des Kreuzes drückt auf Sterbende daheim, in Kranken-
häusern, auf den Straßen, in den Katastrophen. Nie ver-
stummt der Schrei: Mein Gott, mein Gott, warum hast du
mich verlassen? Christus selbst geht in den Tod; er erleidet
ihn.
A Aus der Tiefe rufe ich, Herr, zu dir; /
Herr, höre meine Stimme!

L Immer wieder wird Hoffnung auf Leben und Rettung
zuschanden. Noch so drängende Bitten bleiben unerhört.
Führt der Weg nach Golgota, sagen wir mit Petrus: Das
soll Gott verhüten; das darf nicht geschehen. – Wir haben
auf ein Wunder gehofft; wir haben nicht mit dem Unglück,
nicht mit der Katastrophe gerechnet. Bitterer Schmerz stößt
die Klage aus: Unfaßbar, allzufrüh! – Wann schlägt uns
die Stunde? Christus kennt sie. Früh, in seinem jungen,
scheinbar unerfüllten Leben geht er seiner Stunde, seinem
Tod entgegen.

(791) A Des Menschen Tage sind wie Gras; / er blüht wie die Blume des Feldes. / Fährt der Wind darüber, ist sie dahin.

L Die Tränen der Frau von Nain versiegen nicht. Es weinen Mütter, Väter, Kinder, Freunde über den Tod ihrer Lieben. Mit Marta sprechen sie: Herr, wenn du hier gewesen wärst, dann wäre mein Bruder nicht gestorben. – Menschliche Liebe und Anteilnahme können uns trösten. Aber mehr bedeutet es, wenn Christus uns beim Tode nahe ist. Er sagt: Dein Bruder wird auferstehen.

A Herr, wir glauben, daß du der Sohn Gottes bist.

L Niemand kann mit uns durch den Tod gehen, kein Mensch, auch der liebste nicht. Nur Christus kann es. Ohne ihn wären wir allein in dieser dunklen Stunde. Wie das Menschenleben, so hat er auch den Tod des Menschen ganz in sich aufgenommen. Er kennt den Weg, er weiß, daß er nicht im ewigen Dunkel bleibt. So bleiben wir nicht allein. Sterben wir, so sterben wir mit Christus. Dadurch nimmt er uns auch das schlimmste Bangen: die Angst vor dem Nichts. Christus wird mit uns in der Todesangst sein. Er hilft, daß wir Ja sagen zum Willen des Vaters.

A Vater, nicht mein, sondern dein Wille geschehe. STILLE

V Herr Jesus Christus, du bist betend in den Tod gegangen. Du hast dein Leiden und Sterben durch das Gebet geheiligt. So bitten auch wir:
Hilf den Sterbenden, zum Vater aufzuschauen und ihm ihr Leben anzuvertrauen.

A Herr, erbarme dich.

V Steh für sie ein beim Vater und laß sie mit dir im Paradies sein.

A Herr, erbarme dich.

V Sei ihnen nah und sei ihre Wegzehr bis zum Ende ihrer Wanderschaft.

A Herr, erbarme dich.

V Hilf den Verlassenen, in gegenseitiger Liebe das zu ergänzen, was sie in den Verstorbenen verloren haben.

A Herr, erbarme dich.

V Herr, wir wissen, daß du bei den Sterbenden bist. Du (791)
bist denen nah, die dich lieben; du gehst mit denen in den
Tod, die an dich glauben. Gib ihnen die ewige Freude.
Leuchte ihnen als ewiges Licht und laß sie ruhen im Frieden.
A Amen.

MIT CHRISTUS AUFERSTEHN   2

L Wir sind nicht für den Tod geschaffen. Unser Gott ist
ein Gott der Lebenden. Seinen Sohn ließ er nicht im Totenreich. Seinen Heiligen ließ er nicht schauen die Verwesung.
Über allen christlichen Gräbern leuchtet die österliche Sonne
der Hoffnung: Wir werden auferstehn. Christus ist der
Erstgeborene, der Ersterstandene von den Toten. — Was
sucht ihr den Lebenden bei den Toten? Er ist auferstanden.
Er ist nicht hier.
A Sind wir mit Christus gestorben, / so glauben wir,
daß wir auch mit ihm leben werden.

L Ohne Christus steigt niemand empor. Ich bin die Auferstehung, sagt er; die Stunde kommt, und jetzt ist sie da,
in der die Toten die Stimme des Gottessohnes hören. —
Ich bin das Leben. Wer an mich glaubt, wird leben, auch
wenn er stirbt. Und jeder, der lebt und an mich glaubt, wird
in Ewigkeit nicht sterben.
A Herr, ich glaube: du bist der Messias, / der Sohn des
lebendigen Gottes.

L Christus führt uns empor. Denn er hat uns erkauft und
zu seinem Eigentum gemacht. Bei der Taufe sind wir in
seinen Tod hineingezogen und mit ihm begraben worden.
Und wenn sein Tod auch unser Tod ist, so wird seine Auferstehung auch unsere Auferstehung sein.
A Wir sind Miterben Christi. / Er ist der Erstgeborene von
den Toten.

L Der Weg aus dem Tod ins Leben ist freigemacht. Im
Augenblick des Todes ist das Leben geboren. Christus hat
den Tod überwunden. Die Bande des Todes sind zerrissen,

(791) die Ketten gesprengt. Der Tod hat keine Macht mehr, sein Opfer zu halten. Der Tod ist tot, das Leben lebt.
A Tod, wo ist dein Sieg? / Tod, wo ist dein Stachel? / Gott sei Dank, weil er uns den Sieg geschenkt hat durch unsern Herrn Jesus Christus.   STILLE

V Gott und Vater, du hast uns das Vertrauen ins Herz gesenkt, daß wir zu dir kommen dürfen mit unsern Bitten. Wende uns dein Ohr zu:
Gib unsern Verstorbenen Anteil an der Auferstehung deines Sohnes.
A Wir bitten dich, erhöre uns.
V Reinige sie durch sein Blut von aller Schuld und Sünde.
A Wir bitten dich, erhöre uns.
V Laß sie bestehen im Gericht des Menschensohns.
A Wir bitten dich, erhöre uns.
V Führe sie bald zu deiner beseligenden Anschauung.
A Wir bitten dich, erhöre uns.
V Stärke unsern österlichen Glauben und bewahre die Sterbenden vor dem Dunkel des Zweifels und des Unglaubens. Durch Christus, unsern Herrn. A Amen.

3   MIT CHRISTUS LEBEN BEIM VATER

L Das im Tod aufbrechende Leben ist ein Geheimnis. Erst in der Vollendung dürfen wir schauen, wie Gott ist. Von diesem Leben können wir jetzt nur in Bildern reden.
A Kein Auge hat gesehen und kein Ohr gehört, / in keines Menschen Sinn ist es gekommen, / wie Großes Gott denen bereitet hat, die ihn lieben.

L Christus bereitet uns die ewige Heimat beim Vater. Er sagt: Im Hause meines Vaters sind viele Wohnungen. Ich gehe hin, euch einen Platz zu bereiten. Er spricht das erlösende Wort: Kommt her, die ihr von meinem Vater gesegnet seid, nehmt das Reich in Besitz, das am Anfang der Welt für euch geschaffen worden ist.
A Wir danken dir, Vater. / Du hast uns der Macht der

Finsternis entrissen / und in das Reich deines geliebten **(791)**
Sohnes aufgenommen.

L Dies ist das kostbare Erbe, das uns Christus hinterlassen
hat. Wir werden mit ihm beim Vater sein. — Vater, ich
will, daß alle, die du mir gegeben hast, dort bei mir sind,
wo ich bin; sie sollen meine Herrlichkeit schauen, die du
mir gegeben hast vor Beginn der Welt.
A Dein Reich komme; / denn dein ist das Reich und die
Kraft und die Herrlichkeit in Ewigkeit.

L Christus führt uns zur Ruhe in Gott. Kommt alle zu
mir, die ihr euch plagt und unter Lasten stöhnt. Ich werde
euch Ruhe verschaffen. — Die Seelen der Gerechten sind
in Gottes Hand; sie haben nie mehr Qualen zu erdulden,
sie sind im Frieden.
A Du hast uns für dich geschaffen, / und unruhig ist
unser Herz, bis es ruht in dir.

L Es ist die Stunde, da wir Sünder heimkehren zum barmherzigen Vater. Er sprach von Anfang an: Ich will dich nie
verlassen, nie vergessen. Trotz unsrer Sünde gibt er uns
nie auf. Er hat uns gesucht und zurückgekauft. — Heute
müssen wir ein Fest feiern. Dein Bruder war tot und lebt
wieder; er war verloren und wurde wieder gefunden.
A Was ist der Mensch, daß du an ihn denkst, / des
Menschen Kind, daß du dich seiner annimmst? / Du hast
ihn mit Herrlichkeit und Ehre gekrönt.

L Die Unreinen dürfen nicht vor Gott stehen. Darum
reinigt er den, der sich ihm zuwendet, und ergänzt, was
ihm fehlt. Sollen wir also betrübt sein? Sollen wir uns
nicht trösten dürfen, daß unsere Angehörigen, daß die
Verstorbenen eingehen dürfen in die Liebe Gottes? Sie haben ihr Ziel erreicht, das einzige Ziel, das der Mensch wirklich hat. Darum sollen wir nicht trauern und klagen, als
wären sie verloren. Der Tod, in den wir uns ergeben in
Christi Namen, wird uns retten und vereinen für immer.
— Trennung, Trauer und Klage wird in Zukunft nicht mehr
sein. Gott wird jede Träne abwischen.

(791) A Der auf dem Thron saß, sprach: Neu mache ich alles. /
Alles ist Licht in Gott. / In ihm werden wir uns wiedersehen und einander wiederfinden. STILLE

V Wir danken dir, ewiger Gott. Du läßt uns Wohltaten
empfangen durch Menschen, die du in unser Leben führst.
Viele von ihnen hast du heimgeholt zu dir.
A Wir danken dir für alle Menschen, die uns nahestan-
den, / die uns lieb waren im Leben.
V Wir danken dir für die Gemeinschaft, die uns mit ihnen
verband, für den Frieden, den sie brachten, für alles Gute,
das sie uns schenkten.
A Sind sie uns auch durch den Tod entrissen, / so freuen
wir uns im Glauben, daß sie aufgenommen sind bei dir.
V Wir bitten dich: Nichts möge verloren sein von dem,
was in ihrem Leben gut war. Nimm ihr Leben an, erfüllt
von Freude und Leid, Größe und Schwachheit.
A Herr, gib ihnen die ewige Ruhe.
V Schenk unsern lieben Eltern, Geschwistern, Verwandten,
Mitarbeitern, Freunden und Wohltätern die Vollendung bei
dir. Vergilt ihnen das Gute, das sie getan haben.
A Herr, laß ihnen leuchten das ewige Licht.
V Nimm unser Gebet an für die Priester, die in Christi
Auftrag für uns wirkten. Laß sie ausruhen von ihren Mü-
hen.
A Herr, gib ihnen die ewige Freude.
V Allen, die dich im Glauben bekannt haben, schenk den
Lohn des Glaubens. Jenen, die der Erlösung noch am fern-
sten sind, komm mit deinem Erbarmen zu Hilfe.
A Herr, nimm sie auf in deinen Frieden.
V Die Opfer des Krieges, der Not und der Verfolgung führe
in deine Ruhe und in deinen Frieden.
A Herr, gib ihnen das ewige Leben.
V Herr über Leben und Tod, dir, dem dreieinigen Gott,
sei Ehre und Dank jetzt und in Ewigkeit. A Amen.

Diözesanteil Augsburg

Der Advent

801

1. „Tau-et, Him - mel, den Ge - rech - ten,
Wol-ken, reg - net ihn her - ab!" ___ rief das
Volk in ban - gen Näch - ten, dem Gott
die Ver - hei - ßung gab, ___ einst den
Mitt - ler selbst zu se - hen und zum
Him - mel ein - zu - ge - hen; denn ver -
schlos-sen war das Tor, bis der Hei - land
trat her - vor; ___ denn ver-schlos-sen war das
Tor, bis der Hei - land trat her - vor.

M: Michael Haydn, † 1806   2.–4. Strophe: siehe Nr. 802

802

1. „Tau - et, Him - mel, den Ge - rech - ten, Wol - ken, reg - net ihn her - ab!" rief das Volk in ban - gen Näch - ten, dem Gott die Ver - hei - ßung gab, einst den Mitt - ler selbst zu se - hen und zum Him - mel ein - zu - ge - hen; denn ver - schlos - sen war das Tor, bis der Hei - land trat her - vor; denn ver - schlos - sen war das Tor, bis der Hei - land trat her - vor.

2. Voll Erbarmen hört das Flehen / Gott auf hohem Himmelsthron; / alles Fleisch soll nunmehr sehen / Gottes Heil durch Gottes Sohn. / Gabriel stieg eilig nieder, / brachte diese Antwort wieder: / „Sieh, ich bin des Herren Magd, / mir gescheh, wie du gesagt."

3. Und in unsres Fleisches Hülle / kommt zur Welt des Vaters Sohn. / Leben, Licht und Gnadenfülle / bringt er uns vom Himmelsthron. / Erde, jauchze auf in Wonne / bei dem Strahl der neuen Sonne! / Bald erfüllet ist die Zeit, / macht ihm euer Herz bereit!

4. Laßt uns wie am Tage wandeln, / allzeit für den Herrn
bereit; / suchet, um gerecht zu handeln, / Wahrheit, Fried
und Einigkeit! / Lasset uns in diesen Zeiten / unser Herz zur
Buß bereiten, / wandeln auf des Lichtes Bahn, / ziehen Jesus
Christus an!

T: nach Michael Denis 1774
M: Landshut 1777, Norbert Hauner

803

1. Dein Reich, o Herr, wird kom - men, wenn
   und wenn das Heil der From - men, dein

die - se Welt ver - geht,
Kreuz, am Him - mel steht.   Die Ta - ge

wer - den schwin - den, wir zu Ge - rich - te

gehn.   O Herr, wer wird dich

fin - den, wer wird vor dir be - stehn?

2. Wir suchen dich mit Bangen in dem Gewirr der Zeit; / o
Herr, laß uns gelangen ins Reich der Ewigkeit! / Laß uns in
deinen Feuern als treu erfunden sein; / hol uns in deine
Scheuern als gute Ernte ein!
3. Du hast dein Wort gegeben, wirst immer bei uns sein; /
schließ unser ganzes Leben in deine Liebe ein! / Zeig uns,
wie wir vertrauen, des Vaters Angesicht, / daß wir ihn ewig
schauen in seiner Glorie Licht!

T: Georg Thurmair 1959
M: Adolf Lohmann 1961

804

1. Macht weit die Pfor-ten in der Welt!
Wer von der Sün-de sich ge-wandt,

Ein Kö-nig ist's, der Ein-zug hält,
wer auf vom To-des-schla-fe stand,

um-glänzt von Gnad und Wahr-heit.
der sie-het sei-ne Klar-heit.

Seht ihn weit-hin herr-lich schrei-ten,

Licht ver-brei-ten; Nacht zer-streut er,

Le-ben, Fried und Won-ne beut er!

2. Es jauchzt um ihn die frohe Schar, die lang in schweren
Fesseln war; er hat sie freigegeben. / Blind waren sie und
sehen nun, lahm waren sie und gehen nun, tot waren sie
und leben. / Köstlich, tröstlich allen Kranken, ohne Wanken,
ohne Schranken walten seine Heilsgedanken.

3. Noch liegt vor ihm so tief und schwer der Sünden unge-
heures Heer, das tausend Völker drücket. / Um Rache schreit
es auf zu Gott, doch Jesus lebt und hat die Not der Sünder
angeblicket, / betet, rettet, heilt und segnet und begegnet
seinen Armen als ein Heiland voll Erbarmen.

4. Längst ist in seinem ewgen Rat für sie zu seinem Reich
der Pfad gezeichnet und gebahnet. / Ohnmächtig droht der
Feinde Hohn; schnell steht in Herrlichkeit sein Thron, wo
niemand es geahnet. / Selig, selig, wer da trauet, bis er
schauet, wer sich mühet, bis sein Gott vorüberziehet!

5. Die ihr von Christi Hause seid, kommt, schließet nun mit
Freudigkeit den Bund in seinem Namen! / Laßt uns auf seine
Hände schaun, an seinem Reiche mutig baun! Sein Wort ist
Ja und Amen. / Flehet, gehet, Himmelserben anzuwerben!
Harret, ringet! Jesus ist es, der euch dinget.

T: Albert Knapp, † 1864
M: Adolf Lohmann 1938

805

1. Dein Tag, Herr Christ, wirft seinen Schein in unsre Welt
schon hell herein, daß all ihr Licht erblindet. / Einst wird
dein Reich mit Macht da sein, und heimholst du die Kirche
dein, wie du es angekündet. / Schauet! Trauet allerorten
seinen Worten! Ja und Amen: Bald kommt er in Gottes
Namen!
2. Sein erstes Kommen war verhüllt, es kam in unserm Men-
schenbild der Herr der Ewigkeiten. / Beim zweiten Kommen
wird erfüllt der Himmel und das Erdgefild mit seinen Herr-
lichkeiten. / Preiset! Weiset ab die Sorgen! Bald wird's Morgen, kommt die Wende: Selig, wer beharrt ans Ende!
3. Es seufzet auch die Kreatur, die unsrer Sünden Fluch erfuhr, mit uns auf dieser Erden. / Doch all ihr Weh sind
Wehen nur, draus eine neue Kreatur Gott läßt geboren werden. / Wieder Brüder sind in diesem Paradiese alle Wesen:
Allesamt will Gott erlösen!
4. Bis dahin nun gilt's festzustehn, denn keiner kann dem
Kampf entgehn, der seinem Herrn will leben. / Nur wer von
ihm als treu ersehn, nur den wird er zuletzt erhöhn und ihm
die Krone geben. / Steht denn! Fleht denn, daß er eile, nicht
verweile, all ihr Frommen: Herr, laß dein Reich zu uns
kommen!

T: Eugen Walter 1951
M: „Macht weit die Pforten", Nr. 804

806

1. O komm, o komm, Em - ma - nu - el! Nach
In Sünd und E - lend kla - gen wir und

dir sehnt sich dein Is - ra - el.   Freu —
flehn ver - trau - ens - voll zu dir.

dich,   freu —— dich,   o   Is - ra -

el!   Bald kommt, bald kommt Em - ma - nu - el.

2. O komm, du wahres Licht der Welt, / das unsre Finsternis erhellt! / Wir irren hier in Trug und Wahn; / o führ uns auf des Lichtes Bahn! / Freu dich . . .

3. O komm, Erlöser, Gottes Sohn, / und bring uns Gnad von Gottes Thron! / Die Seele fühlt hier Hungersnot; / o gib uns dich, lebendig Brot! / Freu dich . . .

4. O „Gott mit uns", wir harren dein, / komm tritt in unsre Mitte ein! / Die Sünde schloß die Himmelstür; / du öffnest sie, wir jubeln dir. / Freu dich . . .

T: nach Heinrich Bone, Cantate 1852   M: Kölner Gesangbuch 1852

807 1. Freut euch im Herrn! Denn er ist nah; / bald ist der Welt Erretter da. / Tragt eure Sorgen, eure Not / mit Dank und Bitten hin vor Gott. / Freuet euch, freuet euch! / Der Herr ist nah. / Bald ist der Welt Erretter da.

2. Du füllst mit Segen, Herr, dein Land / und alle Knechtschaft wird gewandt. / Du nimmst dem Volk, das dir sich naht, / all seine Schuld und Missetat. / Freuet euch . . .

3. Du bist der Gott, der uns erneut / und Leben seinem Volk verleiht. / Herr, zeige gnädig uns dein Heil, / dein Friede werde uns zuteil. / Freuet euch . . .

4. Du kommst herab von Gottes Thron: / das ewge Wort,
des Vaters Sohn. / Drum freuet euch und jauchzt und singt /
dem Herrn, der uns Erlösung bringt. / Freuet euch . . .

T: 1. Strophe: Phil 4,4–6; 2. Strophe: Ps 85,2–3; 3. und 4. Strophe: Friedrich Dörr 1969
M: „O komm, o komm, Emmanuel", Nr. 806

Die weihnachtliche Festzeit

808

1. Es kam die gna - den - vol - le
Nacht, die uns das Heil der Welt ge -
bracht. Wie freu - te sich der En - gel
Schar, da Je - sus Christ ge - bo - ren war!

2. Froh jubelte der Engel Heer: / Gott in der Höhe, Gott sei
Ehr! / Und Friede, Freude, Seligkeit / herrsch auf der Erde
weit und breit!
3. Die hocherfreuten Hirten gehn, / in Windeln Gottes Sohn
zu sehn. / Sie finden in der Krippe ihn / und fallen auf die
Knie hin.
4. O du, der Trost und Gnade gibt, / der uns bis in den Tod
geliebt, / der uns zu Himmelserben weiht, / sei hochgelobt
in Ewigkeit.
5. Der du im Glanz als Siegesfürst / zur Erde wieder kommen wirst, / gewähre uns dein Gnadenlicht, / wenn unser
Aug im Tode bricht!

T: Johann Caspar Lavater, † 1801   M: Franz H. Bühler, † 1824

809

1. Still leuch - te - te der Ster - ne Pracht,
   da kam, o Gott, dein ew - ger Sohn

auf Er - den lag die Mit - ter - nacht;
her - ab zu uns vom Him - mels - thron.

Kin - de - lein im Stall, mach uns se - lig

all! Kin - de - lein so arm, dich er - barm!

2. Die Gottheit ruht in deiner Brust, / die spendet alle Herzenslust; / o größre Freud im Himmel nicht / als schaun dein klares Angesicht! / Kindelein . . .

3. O Jesus, Gott und Mensch zugleich, / nimm Einkehr bei mir gnadenreich! / Kommst du, Herr, in mein Herz hinein, / so wird's ein wahrer Himmel sein. / Kindelein . . .

T und M: Kölner Gesangbuch 1631

810

1. Ihr Hir - ten er - wacht! Er - hellt ist die

Nacht. Wie strahlt's aus der Fer - ne, wie

schim - mern die Ster - ne! Es meh - ret und

naht sich die leuch - ten - de Pracht; der

Herr ist zu - ge - gen mit himm - li - scher Macht.

2. „O fürchtet euch nicht / vor göttlichem Licht!" / So tröstet in Freude / auf Betlehems Weide / ein Engel des Herren / die Hirten im Feld, / ein Bote des Friedens der leidenden Welt.
3. „Nicht länger verweilt, / nach Betlehem eilt! / Da lieget im Stalle / das Heil für euch alle, / ein Kindlein, geboren / in Armut und Not, / um gnädig zu wenden, / was alles uns droht!"

T: Georg Caspar Carli, Gesangbuch, Augsburg 1800
M: Straßburger Gesangbuch 1783

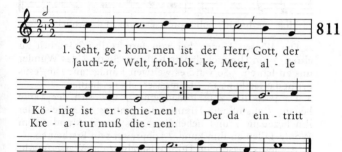

811

1. Seht, ge - kom - men ist der Herr, Gott, der
Jauch - ze, Welt, froh - lok - ke, Meer, al - le

Kö - nig ist er - schie - nen!
Kre - a - tur muß die - nen:
Der da ' ein - tritt

in die Zeit, ist der Herr der Herr-lich - keit!

2. Werde licht, du Stadt des Herrn, / rüste dich zum Hochzeitsmahle, / denn im Aufgang steht der Stern / und sein Licht erglänzt im Saale! / Gottes Herrlichkeit erschien: Stehe auf, empfange ihn!
3. Allen Menschen, die ihm fern, / allen auch, die seiner harren, / wird die Herrlichkeit des Herrn / sich im Lichtglanz offenbaren. / Halleluja! Gottes Heil wird der ganzen Welt zuteil.

T: Maria Luise Thurmair 1954
M: Adolf Lohmann 1954

812

1. O gött-li-ches Ge-heim-nis groß, da
der auf sich nahm des Menschen Los, zu

Je-sus uns ge-bo-ren,
ret-ten, was ver-lo-ren;

der wie ein

Licht nach lan-ger Nacht uns neu-es Le-ben

hat ge-bracht. Lob-prei-set sein Er-schei-nen.

2. Die Weisen kamen her von fern, / ihn königlich zu
ehren; / am Himmel glänzte hell sein Stern, / das Wunder
uns zu lehren. / So ward es weltweit kundgetan: / in Jesus
bricht das Heil uns an. / Lobpreiset sein Erscheinen.

3. Da Jesus hin zum Jordan ging, / und sich der Taufe
beugte, / aus offnem Himmel ihn umfing / der Geist, der
ihn bezeugte, / und liebend gab des Vaters Mund / sein
Wohlgefallen an ihm kund. / Lobpreiset sein Erscheinen.

4. Als Jesus, Gast beim Hochzeitsmahl, / das Wasser macht
zum Weine, / aufleuchtet in des Wunders Strahl / sein Heil
im Freudenscheine. / So ließ er schaun in dieser Zeit / das
Zeichen seiner Herrlichkeit. / Lobpreiset sein Erscheinen.

T: Georg Thurmair 1974
M: 15. Jh. / geistlich: Wittenberg 1529: „Ich steh an deiner Krippe hier" Nr. 141

Das Lied kann an den Festen der Erscheinung und der Taufe des Herrn und
am 2. Sonntag im Jahreskreis, Lesejahr C, gesungen werden, wobei die
1. Strophe durch die zutreffende Strophe 2 oder 3 oder 4 ergänzt wird.

Die österliche Bußzeit – Passion

813

1. Aus der Tie-fe ru-fen wir zu dir, Herr und Va-ter, al-ler Va-ter! Sieh uns Sün-der fle-hend hier. Herr und Va-ter, al-ler Va-ter! Sieh uns Sün-der fle-hend hier.

2. Willst du nur auf unsre Sünden sehn, / das nur zählen, was wir fehlen, / Herr, wer kann dann noch bestehn? / Herr und Vater, ...

3. Nein, Erbarmung ist dein Nam, o Gott! / Denn vergeben, neu beleben / wirst du uns in aller Not. / Herr und Vater, ...

4. Dein Versprechen, Vater, täuschet nicht. / Darum trauen wir und bauen / auf dein Wort mit Zuversicht. / Herr und Vater, ...

5. So vertrau denn, Gottes Volk, dem Herrn! / Deine Sorgen von dem Morgen / bis zur Nacht vertrau dem Herrn! / Herr und Vater, ...

6. Denn der Herr ist lauter Gütigkeit, / sich der Armen zu erbarmen, / sie zu retten stets bereit. / Herr und Vater, ...

7. Uns, sein Volk, wird seine Vaterhand / gnädig retten aus den Ketten, / die um uns die Sünde wand. / Herr und Vater, ...

T: nach Psalm 130
M: Mainzer Gesangbuch 1725

814

1. Wacht auf, ihr Christen! Seid bereit,
euch Gott in dieser Gnadenzeit
von Herzen darzubringen;
damit wir alle neu erlöst
am österlichen Freudenfest
das Halleluja singen!

2. Des Heiles Sonne steigt herauf, / um sieghaft ihren Erdenlauf am Kreuze zu vollenden: / der Herr stirbt standhaft wie ein Held / und ruft zu sich die ganze Welt / mit ausgestreckten Händen.

3. Wer jetzt, von Erdenlust betört, / auf Christus und sein Wort nicht hört, / darf nimmer Christ sich nennen. / Wir müssen, durch sein Blut erkauft, / in seinen Tod hineingetauft, / zum Kreuze uns bekennen.

4. „Ich widersag der eitlen Lust, / dem Haß und Zorn in meiner Brust, / die mir Verderben bringen. / Ich widersag dem Prunk der Welt, / der Jagd und Gier nach Gut und Geld / und trügerischen Dingen.

5. Ich widersag dem bösen Feind, / der voller Arglist mir erscheint / in tausend Truggestalten. / Ich glaub an Gottes Schöpfermacht, / an Christus, der das Heil gebracht, / und an des Geistes Walten.“

6. Wer, ob der Sündenschuld betrübt, / vom eignen Gut den Armen gibt, / wird frei von Erdenbanden; / wer sich im heilgen Kampfe übt / und Gott aus ganzer Seele liebt, / ist geistig auferstanden.

7. Hilf, Gott, daß wir in dieser Zeit / mit Leib und Seele froh bereit / uns dir zum Opfer bringen! / Wer mit dem Herrn den Kreuzweg geht, / wird jubelnd, wenn er aufersteht, / das Halleluja singen.

T: Friedrich Dörr 1955   M: nach Görlitz 1587

815

1. Aus Not und tiefem Bangen schrei ich, mein Gott, zu dir: von Schuld bin ich umfangen, Herr, neige dich zu mir!

2. In der Gewalt des Bösen verharr ich stumm und blind: / die Fesseln komm zu lösen, die mir geschlagen sind!

3. Vertreibe die Dämonen, Herr, durch dein streng Gericht, / und laß mich wieder wohnen in deinem Gnadenlicht!

4. Und wenn an allen Enden Verwirrung mich umfängt: / du hast mein Herz in Händen und weißt, was mich bedrängt.

5. Herr, wollest gnädig geben, wenn dir mein Herz entflieht, / daß auch im Widerstreben dein Arm mich zu dir zieht!

6. Willst du die Schuld ansehen mit göttlichem Gericht, / wer könnte, Herr, bestehen vor deinem Angesicht?

7. Schau nicht auf meine Sünden, schau auf den lieben Christ: / die Schuld zu überwinden, hat er so hart gebüßt!

8. So heb mich durch sein Sterben aus meiner Sündennot / und laß dein Reich mich erben, du lieber Vater Gott!

T: Maria Luise Thurmair 1940
M: Adolf Lohmann 1938: „O Herr, aus tiefer Klage"

816

1. Singt dem Kö - nig Freu - den - psal - men,
   Si - on, streu ihm dei - ne Pal - men,

Völ - ker, eb - net sei - ne Bahn:
sieh, dein Kö - nig naht her - an! Der aus

Da - vids Stamm ge - bo - ren, Got - tes Sohn von

E - wig - keit, uns zum Hei - land aus - er -

ko - ren: er sei hoch - ge - be - ne - deit!

2. David sah, im Geist entzücket, den Messias schon von fern, / der die ganze Welt beglücket, den Gesalbten, unsern Herrn. / Tochter Sion, streu ihm Palmen, breite deine Kleider aus, / sing ihm Lieder, sing ihm Psalmen, heut beglückt der Herr dein Haus.

3. Sieh, Jerusalem, dein König, wie voll Sanftmut kommt er an; / Völker, seid ihm untertänig, er hat allen wohlgetan. / Den die Himmel hoch verehren, dem der Chor der Engel singt, / dessen Ruhm sollt ihr vermehren, da er euch den Frieden bringt.

4. Geister, die im Himmel wohnen, preist den großen König heut; / und ihr Völker aller Zonen, singt: Er sei gebenedeit! / Singt: Hosanna in den Höhen, hochgepriesen Gottes Sohn! / Mögen Welten einst vergehen, ewig fest besteht sein Thron.

T: nach Salzburg 1783
M: 1688 / geistlich um 1735

817

1. O Kreuz des Her - ren Je - sus Christ, von
dem uns Heil ge - kom - men ist, wir
wol - len dich er - he - ben. Ge -
fan - gen la - gen wir im Tod, da
wuchs ein Baum in al - ler Not und
trug als Frucht das Le - ben.

2. O Kreuz des Herren Jesus Christ, / von dem uns Licht
gekommen ist, / wir wollen dich verehren. / In Finsternissen
lag die Welt, / vom Kreuze her hat sie erhellt / die Liebe
unsres Herren.

3. O Kreuz des Herren Jesus Christ, / von dem uns Freude
kommen ist, / wir wollen dir lobsingen. / Um Tod und
Leben ging der Streit, / da starb der Herr der Herrlichkeit, /
das Leben uns zu bringen.

4. O Kreuz des Herren Jesus Christ, / von dem uns Sieg
gekommen ist, / wir wollen dich lobpreisen. / Denn auferstanden ist, der starb, / es siegt der Herr, der Tod verdarb, /
und Heil ist uns verheißen.

T: Maria Luise Thurmair 1939
M: Anton Stingl 1966

818

1. O Kreuz der ho - hen Eh - ren, sei
   Du Kö - nigs-thron des Her - ren, ver -

uns ge - be - ne - deit!
klärt in E - wig - keit! Du

ei - nes Sie - gers Zelt, von dir ist Heil ge -

kom - men und Freu - de al - ler Welt.

2. O Baum, aus dessen Zweigen der Tod einst kam herab, / nun bist du Gottes Zeichen, der uns das Leben gab. / O wunderbare Huld, / an deinem Holze sühnte der Herr der Menschen Schuld.

3. O Kreuz, an dem sich zeigte des Herrn Barmherzigkeit! / O Kreuz, vor dem sich neigte des Vaters Gütigkeit! / O wunderbarer Stamm, / von dessen dunklem Holze der Welt das Leben kam!

4. Sei uns mit hohen Ehren, o Kreuz, gebenedeit! / Du trägst den Sieg des Herren durch alle Ewigkeit. / In dir sind wir erwählt, / durch dich ist Heil gekommen und Freude aller Welt.

T: Maria Luise Thurmair 1939
M: Erhard Quack 1950

Die Osterzeit

819

1. Je-sus lebt! Mit ihm auch ich! Tod, wo sind nun dei-ne Schrek-ken? Je-sus lebt und wird auch mich von den To-ten auf-er-wek-ken. Steh auch von der Sün-de auf, richt nach o-ben dei-nen Lauf!

Beim Totengedenken:

1a. Jesus lebt! Mit ihm auch ich! Tod, wo sind nun deine Schrecken? / Jesus lebt und wird auch mich von den Toten auferwecken. / Er verklärt mich in sein Licht; dies ist meine Zuversicht.

2. Jesus lebt! Ihm ist das Reich über alle Welt gegeben; / mit ihm werd auch ich zugleich ewig herrschen, ewig leben. / Gott erfüllt, was er verspricht; dies ist meine Zuversicht.

3. Jesus lebt! Ich bin gewiß, nichts soll mich von Jesus scheiden, / keine Macht der Finsternis, keine Herrlichkeit, kein Leiden. / Er gibt Kraft zu dieser Pflicht; dies ist meine Zuversicht.

4. Jesus lebt! Nun ist der Tod mir der Eingang in das Leben./ Welchen Trost in Todesnot wird er meiner Seele geben, / wenn sie gläubig zu ihm spricht: Herr, du meine Zuversicht.

T: Christian Fürchtegott Gellert, † 1769
M: Albert Höfer, † 1857

820

1. Freu dich, er - lö - ste Chri - sten -
heit! — Freu dich und sin - ge! — Der
Hei - land ist er - stan - den heut. Hal -
le - lu - ja! Sing fröh - lich: Hal - le - lu - ja!

2. Drei Tage nur hielt ihn das Grab. — Freu dich und singe! —
Er warf des Todes Fesseln ab. / Halleluja . . .

3. Die Seite, die geöffnet war, — Freu dich und singe! — zeigt
sich als Himmelspforte klar. / Halleluja . . .

4. O Christ, nun feste Hoffnung hab! — Freu dich und singe! —
Auch du wirst gehn aus deinem Grab. / Halleluja. . .

5. Das Weizenkörnlein nicht verdirbt, — Freu dich und
singe! — wiewohl es in der Erd erstirbt. / Halleluja . . .

6. Das Leben hat den Tod erwürgt. — Freu dich und singe! —
Gott selbst hat sich für uns verbürgt. / Halleluja . . .

7. Du hochbeglückte Christenschar — Freu dich und singe! —
bring Preis und Dank dem Sieger dar! / Halleluja . . .

T: Breslau 1478
M: 15. Jh.

821

1. Glor - rei - che Him - mels - kö - ni -
gin! Freu dich am höch - sten Thro - ne

bei dem, der war — von An - be - ginn,

bei dei - nem lieb - sten Soh - ne.

Hal - le - lu - ja, Hal - le - lu - ja!

Den du als Mut - ter sehr — be -

klagt im Grab, am Kreuz, in Ban - den,

er ist, wie er — vor - her - ge - sagt,

nun sieg - reich auf — er - stan - den.

Hal - le - lu - ja, Hal - le - lu - ja!

2. Nun singt die ganze Christenheit, erlöst am Kreuzes-
stamme: / Dank, Preis und Ehr und Herrlichkeit sei unserm
Osterlamme! / Halleluja, Halleluja! / Verwende dich beim
höchsten Thron, / erhör der Kinder Flehen, / Maria, bitte
deinen Sohn, / daß wir zur Freud erstehen. / Halleluja,
Halleluja!

T: Kloster Banz
M: Michael Haydn, † 1806

822

1. Ist das der Leib, Herr Je - sus Christ,

der tot im Grab ge - le - gen ist?

Kommt, kommt, ihr Chri - sten jung und alt,

schaut die ver - klär - te Leibs - ge - stalt!

Hal - le - lu - ja, Hal - le - lu - ja!

2. Der Leib ist klar, klar wie Kristall, / Rubinen gleich die Wunden all, / die Seel durchstrahlt ihn licht und rein / wie tausendfacher Sonnenschein. / Halleluja, Halleluja!

3. Der Leib empfindet nimmer Leid, / bleibt unverletzt in Ewigkeit, / gleichwie so viele tausend Jahr / die Sonne leuchtet eben klar. / Halleluja, Halleluja!

4. O Leib wie zart, o Leib wie fein, / dringst durch verschlossne Türen ein, / wie durch das Glas die Sonne geht, / da nichts den Strahlen widersteht. / Halleluja, Halleluja!

5. Bedeck, o Mensch, dein Augenlicht! / Vor dieser Sonn besteht es nicht. / Kein Mensch auf dieser Erde kann / den Glanz der Gottheit schauen an. / Halleluja, Halleluja!

T: Friedrich von Spee, † 1635
M: Mainz und Würzburg 1628

Pfingsten — Heiliger Geist

823

1. Am Pfingst-fest um die drit-te Stun-de er-hob mit Brau-sen sich ein Wind; er-schüt-tert bebt das Haus im Grun-de, wor-in die Jün-ger Je-su sind. Gleich Zun-gen schwe-ben Feu-er-flam-men auf ei-nes je-den Jün-gers Haupt. Mit Ju-bel prei-sen all-zu-sam-men den Herrn, an den sie fest ge-glaubt, den Herrn, an den sie fest ge-glaubt.

2. Seht, wie vor Sions Volkesscharen sich Gottes Wundermacht bewährt! / Beherzt sind jetzt, die furchtsam waren, die Ungelehrten sind gelehrt. / Es nehmen Tausende mit Reue der Jünger Predigt gläubig an / und schwören ewig feste Treue |: dem, der so Großes hat getan. :|

3. So ward des Heilands Werk vollendet, was er verheißen, wird vollbracht. / Er, der zum Vater heimging, sendet den Tröster, der uns heilig macht, / den Geist, der uns die Wahrheit lehret und uns zu guten Werken lenkt, / die Sünder durch sein Licht bekehret |: und in Betrübnis Freude schenkt. :|

T: Christoph von Schmid 1811
M: Albert Höfer, † 1857

824

1. O Geist, vom Va-ter aus - ge-sandt,

o Kraft, vom Sohn ver-hei-ßen:

Er - gie - ße dich in un - ser Herz

und nimm es dir zu ei - gen.

2. Wo du bist, flammt die Liebe auf, / und Liebe will lobsingen. / Die Liebe öffnet Herz und Hand, / sie will sich ganz verschwenden.
3. Lob sei dem Vater und dem Sohn, / Lob sei dem Heilgen Geiste, / wie es von allem Anfang war, / jetzt und für alle Zeiten.

T: Neues Stundenbuch, Band 1: Tagzeiten
M: Straßburg Jobin 1576

825

1. Komm, Gott des Lebens, Heil-ger Geist,
der uns den Weg zum Va-ter weist.
Durch-drin-ge uns mit dei-ner Kraft,
die sie-ben-fäl-tig Gu-tes schafft. A - men.

2. Erfüll mit *Weisheit* unser Herz, / lenk all sein Sinnen himmelwärts: / daß es, von deinem Hauch berührt, / das Feuer deiner Liebe spürt.

3. Du bist als Lehrer uns gesandt: / gib uns Erkenntnis und *Verstand.* / Laß Gottes Wort uns Leitstern sein, führ uns in alle Wahrheit ein.

4. Komm, steh uns bei mit deinem *Rat* / und führe uns auf sichrem Pfad: / die rechte Tat zur rechten Stund / mach uns durch deine Stimme kund.

5. Komm, Geist der *Stärke,* gib uns Kraft / für Christi Dienst und Zeugenschaft; / hilf uns den guten Kampf bestehn / und freudig Gott entgegengehn.

6. Senk uns dein helles *Wissen* ein / aus deiner Gottheit klarem Schein, / daß wir durchschauen Satans List / und tun, was uns zum Heile ist.

7. Wir sind als Tempel dir geweiht; / erfülle uns mit *Frömmigkeit:* / den Geist der Kindschaft gieße aus / und führ uns heim ins Vaterhaus.

8. Gib *Ehrfurcht* uns *vor Gott* dem Herrn / und halt der Sünde Unheil fern, / daß unser ganzes Leben preist / den Vater, Sohn und Heilgen Geist. Amen.

T: Friedrich Dörr 1956/72
M: Kempten um 1000 / Wittenberg 1524 / Mainz 1947

Lob und Dank

826

1. Dein Gnad, dein Macht und Herr - lich -
   Du gro - ßer Gott, hast uns er -

keit, o Herr, uns al - - le hoch er - freut.
hört, durch dei - ne Gü - - te reich be - schert.

Von gan - zem Her - zen dan - ken

wir hier - für, o Gott und Va - ter,

dir. Ge - lobt sei, Herr, dein Güt und

Macht, die uns so gnä - dig - lich be - dacht!

2. Gelobt seist du, Herr Jesus Christ, / dein Wort uns Heil und Hoffnung ist. / In deinem Namen sind wir da: / in unsrer Mitte sei uns nah. / Darum einmütig bitten wir, / ein Herz und Sinn zu sein in dir, / daß unser Tun den Menschen frommt, / auf daß die Welt zum Glauben kommt.

3. Gelobt seist du, Gott Heilger Geist, / gelobt, was dein Gebot uns weist. / Du Quell der Freude, Glanz und Glut, / erwecke unsern Sinn und Mut; / erhalt uns wachend im Gebet, / daß unser Tun vor Gott besteht; / laß deines Lichtes klaren Schein / auf unserm Weg Erleuchtung sein.

T: 1. Strophe: „Cantica spiritualia", Augsburg 1844/47; 2. und 3. Strophe: Peter Lorenz 1969
M: nach „Harpffen Davids", Augsburg 1669

827

1. Er - de sin - ge, daß__ es klin - ge, laut__ und stark__ dein Ju - bel - lied! Singt__ ein Lob - lied eu - rem Mei-ster! Preist__ ihn laut, ihr Him-mels-gei-ster! Was er schuf, was er ge-baut, preis__ ihn laut!

Him - mel al - le, singt__ zum Schal - le die - ses Lie - des jauch-zend mit!

2. Kreaturen auf den Fluren, huldigt ihm mit Jubelruf! /
Ihr im Meere, preist die Ehre / dessen, der aus nichts euch
schuf! / Was auf Erden ist und lebet, / was in hohen Lüften
schwebet, / lob ihn! Er haucht ja allein Leben ein.

3. Jauchzt und singet, daß es klinget, / laut ein allgemeines
Lied! / Wesen alle, singt zum Schalle / dieses Liedes jubelnd
mit! / Singt ein Danklied eurem Meister, / preist ihn laut,
ihr Himmelsgeister! / Was er schuf, was er gebaut, preis ihn
laut.

T: nach Johannes Kardinal von Geissel, um 1835
M: nach „Tochter Sion", Köln 1741

828

Ge- lobt sei Gott, der Va - ter, auf sei - nem höch - sten Thron, ge - lobt der Se - lig - ma - cher, sein ein - ge - bor - ner Sohn, ge - lobt sei auch der Trö - ster, der Geist der Hei - lig - keit, ein ein - ger Gott und Herr - scher, die höchst Drei - fal - tig - keit! Ky - ri - e - lei - son.

T und M: München 1586; hier nach Köln (Brachel) 1623

829

1. Lobt Gott den Herrn ___ ihr Men - schen all, lobt Gott von Her - zens Grun - de, daß er euch aus - er - wäh - let

preist ihn ihr Völ - - ker all - zu - mal, dankt ihm zu al - - ler Stun - de,

hat und aus - ge - tei - let sei - ne

Gnad in Chri-stus, sei - - nem Soh - ne.

2. Denn seine groß Barmherzigkeit / tut über uns stets walten, / sein Wahrheit, Gnad und Gütigkeit / erscheint zu
allen Tagen / und währet bis in Ewigkeit, / schenkt uns aus
Gnad die Seligkeit; / drum singet: Halleluja.

T: Joachim Sartorius, um 1580   M: Melchior Vulpius 1609

830

V 1. Him- mels - au, licht und blau,

wie - viel zählst du Stern - lein? A Oh - ne Zahl!

So - viel - mal sei ge - lo - bet Gott, der Herr!
oder: sei ge - lobt das Sa - kra - ment!

2. Gottes Welt, wohlbestellt, wieviel zählst du Stäublein?
A Ohne Zahl! ...
3. Sommerfeld, uns auch meld, wieviel zählst du Gräslein?
A Ohne Zahl! ...
4. Dunkler Wald, wohlgestalt, wieviel zählst du Zweiglein?
A Ohne Zahl! ...
5. Tiefes Meer, weit umher, wieviel zählst du Tröpflein?
A Ohne Zahl! ...
6. Sonnenschein, klar und rein, wieviel zählst du Fünklein?
A Ohne Zahl! ...
7. Ewigkeit, lange Zeit, wieviel zählst du Stündlein?
A Ohne Zahl! ...

T: Brüx 1767, Fassung nach dem Dresdener Gesangbuch   M: Luxemburg 1847

831

1. Mein Gott, wie schön ist deine Welt: der Wald ist grün, die Wiesen blühn, die großen Ströme ziehn dahin, vom Sonnenglanz erhellt; die Wolken und die Winde fliehn, das Leben rauscht und braust dahin. Mein Gott, wie schön ist deine Welt, wie schön ist deine Welt!

2. Mein Gott, wie schön ist deine Welt: / die Vögel jauchzen hoch hinauf, / und niemand hemmt der Tiere Lauf / da draußen auf dem Feld. / Die Sonne bringt den Tag herauf, / die Nacht erhellt der Sterne Lauf. / Mein Gott, wie schön ist deine Welt, / wie schön ist deine Welt!

3. Mein Gott, wie schön ist deine Welt: / der liebe Mensch mit Blut und Geist, / der seinen Schöpfer lobt und preist, / weil es ihm wohlgefällt. / Wie leuchtet alles weit und breit / und kündet deine Herrlichkeit! / Mein Gott, wie schön ist deine Welt, / wie schön ist deine Welt!

4. Mein Gott, wie schön ist deine Welt: / drum laß uns allzeit fröhlich sein, / und brechen die Gewitter ein, / dann sei uns zugesellt; / dann lösch dein gutes Licht nicht aus / und bleibe wie ein Gast im Haus, / mein Gott, in deiner schönen Welt, / in deiner schönen Welt!

T: Georg Thurmair 1936   M: Heinrich Neuss 1936

832

1. In aller Stürme Toben bist
Dich, starker Gott, wir loben, der

du, Herr, unsre Kraft.
stets uns Hilfe schafft.
Sicher stehen

wir und vertrauen dir, wenn auch die

Erde bebt, das Meer sich hoch erhebt.

2. Wenn seine Wasser schwellen, der Berge Feste wankt, / wird Freude uns erhellen. Die Gottesstadt dir dankt. / In ihr weilest du, gibst ihr sichre Ruh. / Es schützt ein starker Strom den hehren Gottesdom.
3. Im Wahn die Völker toben, es stürzt der Stolzen Pracht, / da Gott die Stimm erhoben wie mit des Donners Macht. / Seht, mit uns ist Gott! Herr, Gott Sabaot, / du bist uns Heil und Licht, drum fürchten wir uns nicht.
4. Kommt alle her, zu sehen die Wunder seiner Kraft! / Die Fehde muß vergehen, wo er den Frieden schafft. / Speer und Schild zerbricht unter seinem Licht. / Der Herr Gott Sabaot hilft uns aus aller Not.

T: Edith Stein (Sr. Teresia Benedicta a Cruce), 1891–1942. Mit geringen Text-Änderungen, im Einvernehmen mit dem Karmel in Köln.
M: Adolf Lohmann 1964

Meßgesänge

833

1. Dein Tag, o Herr, uns hell an-
Es strahlt uns auf in sei - nem

bricht nach die - ser Wo - che Sor - - gen.
Licht ein neu - er O - ster - mor - - gen

und kün - det, daß wir sind er -

löst durch dei - nen Tod und neu ge -

tröst durch dei - ne Auf - er - ste - hung.

2. Ein Tag des Friedens hebt nun an, der Gnade und der
Güte! / Dein Heil, das du uns kundgetan, in uns allzeit behüte! / Und gib, daß deiner Wahrheit Licht in unserm Leben
aufgericht und wachsam sei geborgen!

3. Laß uns empfangen, Herr, dein Wort in gläubigem Vertrauen! / Und auch dein Brot, der Liebe Hort, laß kosten uns
und schauen! / Und daß wir eines Sinnes sei'n, dich, unsern
Herrn, zu benedei'n, das schenke uns in Güte!

4. Gelobet seist du, Gott und Herr, am Tage deiner Gnaden! / Dein Heil zu schaun und deine Ehr, hast du uns all
geladen! / Dir ewger König aller Zeit, sei Preis und Ruhm
und Herrlichkeit im Himmel und auf Erden!

T: Maria Luise Thurmair 1941
M: Straßburg 1538

Herr, öffne Ohren und das Herz, daß wir das Wort recht **834**
fassen, / in Lieb und Leid, in Freud und Schmerz es aus der
Acht nicht lassen; / daß wir nicht Hörer nur allein, daß wir
des Wortes Täter sei'n, Frucht hundertfältig bringen.

T: nach David Denicke, † 1860
M: „Dein Tag, o Herr", Nr. 833

835

V Herr, er - bar - me dich! A Herr, er -

bar - me dich! Herr, er - bar - me dich!

V Chri - stus, er - bar - me dich! A Chri - stus, er -

bar - me dich! Chri - stus, er - bar - me dich!

V Herr, er - bar - me dich! A Herr, er - bar - me dich!

Herr, er - bar - - - me dich!

M: Erhard Quack 1941

836

V Der vom Grab er-stand A und den
Tod ge-bannt: Herr, er - bar-me dich!

V Der an dem Kreu-ze starb A und uns das
Heil er-warb: Chri - stus, er - bar-me dich!

V Sie-ger im To-des-streit, A Kö-nig der Herrlichkeit:
Herr, er - bar - - - - me dich!

T: Maria Luise Thurmair 1952   M: Erhard Quack 1941

837 V Christus, unser Licht, A Kraft und Zuversicht: Herr,
erbarme dich! V Weg, der zum Vater führt, A Wahrheit,
die niemals irrt: Christus, erbarme dich! V Brot, das uns
ernährt, A Heil, das ewig währt: Herr, erbarme dich!

T: Maria Luise Thurmair 1952   M: „Der vom Grab erstand", Nr. 836

838

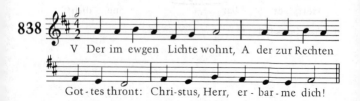

V Der im ewgen Lichte wohnt, A der zur Rechten
Got-tes thront: Chri-stus, Herr, er - bar-me dich!

V Der uns er - löst vom Tod, A der uns er -
nährt im Brot: Chri - stus, er - bar - me dich!

V Der des Le - bens Fül - le gibt, A der uns oh - ne
En - de liebt: Chri - stus, Herr, er - bar - me dich!

T: Maria Luise Thurmair 1952   M: Heinrich Rohr 1952

839

Gott soll ge - prie - sen wer - den, sein
im Him - mel und auf Er - den, jetzt
Nam ge - be - ne - deit   Lob, Ruhm und
und in E - wig - keit.

Dank und Eh - re sei der Drei - ei - nig -
keit; die gan - ze Welt ver - meh -
re, Gott, dei - ne Herr - lich - keit.

T: Franz Seraph v. Kohlbrenner 1777   M: Köln 1844

840

Preis dir, o Gott, auf höch-stem Thron,
Preis dir, Herr Je - sus, Got - tes Sohn,

Dank, Ruhm und Ehr_____ sei dir ge-weiht!
der du vom Tod_____ uns hast be-freit!

Lamm Got - tes, til - ge un - sre Schuld,

er - barm dich, sieh uns an mit Huld!

Den Va - ter und den Heil - gen Geist

und dich, Herr Chri - stus, al - les preist.

T: Wien 1884
M: nach „Harpffen Davids", Augsburg 1669 (mit Änderungen)

841

1. Ich glau - be an den ei - nen Gott, den

Va - ter, wal - tend auf dem Thron; an

Je - sus Christ, den Men-schen-sohn, der

uns er - löst durch sei - nen Tod.   A - men.

2. Der auferstand und König ist, verhüllt in dieser Welten-
zeit; / der triumphiert in Herrlichkeit, wenn einst sein Reich
vollendet ist.

3. Ich glaube an den Heilgen Geist, die Kirche, die zum Heil
uns führt, / und daß mein Fleisch wird auferstehn ins Leben,
das kein Ende hat. Amen.

T: Maria Luise Thurmair 1941/1952
M: Heinrich Rohr 1961

842

1. Nimm an, o Va - ter, Brot und Wein, die
sie sol - len aus - er - se - hen sein vor

wir zum Mah - le brin - - gen;   Sie
al - len Er - den - din - - gen.

wer - den nun in Chri - sti Tod zum Le - bens - trank,

zum Himmels - brot; nimm an, o Herr, in Gna - den!

2. Nimm an auch uns, o guter Gott, mit diesen armen Gaben; / nimm uns hinein in Jesu Tod mit allem, was wir
haben. / Laß uns in dieses Opfers Kraft vollenden unsre
Pilgerschaft, bis wir einst auferstehen.

T: Maria Luise Thurmair 1941
M: Straßburg 1538

843

Hei-lig bist du, gro-ßer Gott, hei-lig Herr der
Scha-ren! Zeu-gen dei-ner Herr-lich-keit
Der da kommt vom ew-gen Thron,
Him-mel sind und Er - de. Lob und Preis durch
er sei hoch-ge-prie-sen, e-wig sei dem
al-le Zeit dir, o Höch-ster, wer-de!
Got-tes-sohn Dank und Ehr er-wie-sen!

T: nach Gesangbuch von Böckeler 1867
M: Johann Georg Braun, „Echo Hymnodiae Coelestis" 1675

844

Hei-lig, hei-lig, drei-mal hei-lig
Erd und Him-mel dich lob-prei-sen
bist du, Herr, Gott Sa-ba-ot! Hei-lig,
in der Hö-he, gro-ßer Gott!
der in dei-nem Na-men zu uns kommt. Ho-
san-na! A-men. Ihm sei Lob und Herr-lich-keit,
Preis und Dank in E-wig-keit!

T: nach Tillmanns Gesangbuch 1796
M: Gesangbuch Melchior Ludwig Herold 1808

845

Hei - lig, hei - lig, hei - lig, hei - lig ist der Herr.___ Hei - lig, hei - lig, hei - lig, hei - lig ist nur er! ___ Er, der nie be - gon - nen, er, der im - mer war, ___ e - wig ist und wal - tet, sein wird im - mer - dar. ___

T: Johann Philipp Neumann   M: Franz Schubert 1826

846

1.-3. Got - tes - lamm, Herr Je - su Christ,
1. sei gnä - dig mit uns Ar - men, de - ren Lö - se - geld du bist: schenk uns dein Er - bar - men.

2. Gotteslamm, Herr Jesu Christ, / o neig dich zu uns Armen, / deren himmlisch Mahl du bist: / schenk uns dein Erbarmen.

3. Gotteslamm, Herr Jesu Christ, / dem Macht und Ruhm beschieden, / dessen Herrschaft ewig ist: schenk uns deinen Frieden.

T: Maria Luise Thurmair 1952   M: Erhard Quack 1941

847

1. O Lamm Got - tes, er - stan - den
und in den Him - mel er - ho - ben,
be - freit von Sün - den und Ban - den
naht sich dein Volk, dich zu lo - ben.
Du hast den Tod be - zwun - gen,
uns ew - ges Heil er - run - gen:
Er - barm dich un - ser, o Je - su!

2. O Lamm Gottes, im Lichte, / das uns zur Hochzeit geladen: / verschone uns im Gerichte, / führ uns zum Mahl
deiner Gnaden! / Laß alle hier auf Erden / bei dir einst selig
werden: / Gib uns den Frieden, o Jesu!

T: Maria Luise Thurmair 1958   M: nach Nicolaus Decius 1522

848

1. Lamm Got - tes, das den bit - tern Tod für
un - sre Sün - den auf sich nahm, durch

den die Welt zum Frie- den kam, erbarm dich gnä- dig un- srer Not.

2. Lamm Gottes, das in Brot und Wein / die Liebe wunderbar erfüllt: / Im Mahl, das allen Hunger stillt, / wollst nun
auch unsre Speise sein.
3. Lamm Gottes, Herr der Herrlichkeit, / in deines Mahles
Gnad und Kraft / trag uns durch diese Pilgerschaft / zum
Leben deiner Ewigkeit.

T: Maria Luise Thurmair 1941   M: aus 17.–19. Jh.

849

O Lamm Got- tes, das die Sün den al- ler
Welt ge- tra- gen hat, laß bei dir mich
Beistand fin- den, hilf mir zur erwünschten Gnad!
Ja, schau nie- der zu mir Ar- mem, lieb- ster
Hei- land, voll Er- bar- men! Mach mich frei von
al- ler Schuld, schenk mir wie- der dei- ne Huld!

T und M: Straßburger Gesangbuch 1789

Antiphon:

850

V Du reichst uns, Herr, das Brot des Le-bens, in dei-ner Lie-be uns zu ei-nen und hin-zu-führn zu dei-ner Herr-lich-keit.

A Du reichst uns, Herr, das Brot ...

T und M: Gerhard Kronberg 1950

Antiphon:

851

V In Freu-de sol-len sin-gen, die es-sen an dem Tisch des Herrn.

A In Freude sollen singen, ...

T und M: Gerhard Kronberg 1950

852

1. Nun seg-ne, Herr, uns all-zu-mal mit dei-ner Va-ter-hand, und leit uns durch dies Er-den-tal zum ew-gen Hei-mat-land.

2. Führ uns zum Berg der Herrlichkeit, / zu deiner Heilgen Zahl, / wo für uns ewig ist bereit / des Lammes Hochzeitsmahl.

3. Wir schreiten in die Welt hinein / als deine Jüngerschar. / Uns führet deine Gnad allein, / der Segen vom Altar.

4. Dein sind wir, Herr, zu aller Zeit, / erkauft mit deinem Blut, / zu deinem Dienste froh bereit: / verleih uns Kraft und Mut.

T: 1. und 2. Strophe: Heinrich Bone 1851; 3. und 4. Strophe: Würzburg 1931
M: Johann Crüger 1647

853

1. Herr, sei gepriesen immerfort,
getröstet durch dein heilig Wort,
daß gnädig du uns heimgesucht,
gespeist mit dieses Opfers Frucht.
Des Lebens Brot ward uns zuteil.
Herr Jesus Christus, unser Heil,
du bist in uns und wir in dir.

2. O bleib bei uns, Herr Jesu Christ, / bis einstens wir dein Antlitz sehn; / und hilf, daß wir zu jeder Frist / in deiner Gnade sicher stehn! / Laß deines Lichtes klaren Schein / so hell und kräftig in uns sein, / daß aller Welt es leuchten mag!

T: Maria Luise Thurmair 1943
M: Gesangbuch Vehe 1537, Neufassung

Jesus Christus

854

1. Eh - re sei dir, Chri - ste, un - ser Op - fer - lamm,

uns - re Sün - den trugst du hin zum Kreuzesstamm,

starbst und hast be - zwun - gen Sa - tan, Grab und Tod.

Durch dein Op - fer ret - te uns aus al - ler Not!

A Ky - ri - e e - lei - son. V Chri - ste

e - lei - son. A Ky - ri - e e - lei - son.

V Chri - ste e - lei - son. A Ky - ri - e e - lei - son.

2. Ehre sei dir Christe, der du bei uns weilst / und mit deinem Brote nährest uns und heilst! / Du, das Haupt der Kirche, Gottes Weinstock du, / führe, Herr, uns alle deinem Vater zu!

3. Ehre sei dir, Christe, der du wiederkehrst / und mit deinem Hauche Satans Macht zerstörst! / Komm und führ herauf das Reich der Herrlichkeit! / Durch dich sei dem Vater Lob in Ewigkeit!

T: 1. Strophe: Jos. Solzbacher 1949; 2. u. 3. Strophe: Johannes Theissing 1946
M: mittelalterlich, 1527 gedruckt

855

1. Vom Va - ter, der die Lie - be ist,
kamst du auf uns - re Er - de,
da - mit durch dich, Herr Je - sus Christ,
die Welt ver - wan - delt wer - de.

2. Du hast, o Herr, als dein Gebot / uns tief ins Herz geschrieben: / „Ich liebte euch bis in den Tod, / ihr sollt einander lieben!"

3. Du trugst nicht Glanz und Herrlichkeit, / da du bei uns erschienen. / Als Gottes Sohn warst du bereit, / in Knechtsgestalt zu dienen.

4. Wir sehen dich in Tat und Wort / dem Volk die Liebe künden: / Bedrängten Menschen nimmst du fort / Gebrechen, Leid und Sünden.

5. Auf dein Geheiß voll Zuversicht / die Kranken sich erheben; / den Blinden schenkst du Augenlicht, / den Sündern Gottes Leben.

6. Auch wer verzagt an allem Glück / und nicht mehr wagt zu hoffen, / er wird von deinem Wort und Blick / bis in das Herz getroffen.

7. Uns mahnt dein Kreuz und Opfertod: / „Ihr sollt Erbarmen üben!" / Laß uns die Menschen in der Not als deine Brüder lieben.

8. Laß uns den Kranken Hilfe sein / und deine Tröstung künden, / daß sie, geprüft durch Leid und Pein, / in dir den Frieden finden.

9. Herr, wer mit dir durchs Leben geht, / besiegt die Macht des Bösen: / Wer andren dient und Liebe sät, / hilft dir die Welt erlösen.

T: Friedrich Dörr 1970   M: Straßburg Jobin 1576

856

1. Ge - lobt sei Je - sus Chri - stus in al - le E - wig - keit, der uns im Sa - kra - men - te zu la - ben ist be - reit.

2. Gelobt sei Jesus Christus in alle Ewigkeit, / der als der gute Hirte uns nährt zu jeder Zeit.

3. Gelobt sei Jesus Christus in alle Ewigkeit, / der Leben uns versprochen in Gnad und Gütigkeit.

4. Der du für unsre Sünden das ewge Opfer bist, / ach, laß uns Gnade finden, o Heiland, Jesus Christ.

T: Werkbuch zum Gesangbuch, Münster 1958   M: Melchior Vulpius 1609

857
1. Kommet und laßt uns den König der Herrlichkeit loben, / ihn, den der Vater so hoch auf den Thron hat erhoben: / Jesus ist Herr, Führer der Menschen nur er, / mögen die Völker auch toben.

2. Herr, über allen dein Name verkündiget werde. / Dir sind zu eigen gegeben die Grenzen der Erde: / Du nur allein sollst der Gebieter uns sein, / wir sind dein Volk, deine Herde.

3. Schwinge das Schwert deines Wortes, das Böse zu zwingen! / Laß deiner Stimme Gewalt durch die Herzen uns dringen! / Dein ist die Macht, du kannst vertreiben die Nacht, / du nur die Freiheit uns bringen.

4. Du bist der Anfang, o Christus, und du bist das Ende, / nimm denn die Herrschaft in deine allmächtigen Hände: / Herr, stehe auf, führe dein Reich bald herauf, / Himmel und Erde vollende!

5. Säume nicht, Richter, vollende dein Werk auf der Erde! / Ruf aus den Völkern zusammen die heilige Herde: / Christus, erschein, komm, daß der Vater allein / alles in allem bald werde!

T: Albert Höfer   M: Halle 1741: „Lobe den Herren", Nr. 258

858

1. Sei be - sun - gen, Her - re Christ, sei zum Ruhm er - ho - ben! Dich, der war und kommt und ist, wol - len laut wir lo - ben und prei - sen mit Schal - le bei dei - nem heil - gen Mah - le.

2. Hirte, der die Herde hegt, weidet in der Runde; / König, der den Tisch gedeckt uns zu stiller Stunde, / die Knechte zu laben mit seinen guten Gaben!

3. Preis der Himmel großem Fest, das du uns bereitet! / Herr, dein Volk du feiern läßt, wie du es geleitet / aus feindlichen Ketten, in Jubel es zu retten.

4. Du bist unser Osterlamm, das für uns gestorben / und am königlichen Stamm Freiheit uns erworben: / Sei festlich gepriesen, der Liebe uns erwiesen!

5. Weizenkorn, das in den Tod für die Welt gegeben: / O wie wurdest du das Brot uns zu neuem Leben! / Dein Mark uns ernähre, die Gnade in uns mehre!

6. Wie die Körner — einst zerstreut — nun zusammenfanden, / sammle, Herr, zur Einigkeit uns aus allen Landen, / daß jeder verbleibe in deinem heilgen Leibe!

7. Rufe uns in deinen Saal einst aus allen Winden; / laß bei deinem Hochzeitsmahl, Gotteslamm, dich finden, / dir ewig zu singen, des Dankes Lob zu bringen!

8. Gott, der alles Sein erfüllt, Preis zu jeder Stunde! / Preis dem Sohn und Ebenbild, Wort aus seinem Munde, / umhüllt von den Flammen des Heilgen Geistes! Amen.

T: Albert Höfer
M: Karl Heinrich Hodes 1965

859

1. Chri-stus, der den Tod be-zwang, Herr der neu-en Er-de, wie dein Leib durch Mau-ern drang, nun zu-ge-gen wer-de, da Jün-ger bei-sam-men in dei-nem heil-gen Na-men!

2. Herr, wie tratest du doch ein in der Menschen Mitte: / Bruder wolltest du uns sein, unter zwein der dritte, / als Gast zu verweilen, all unsre Not zu teilen.

3. Keinen, Herr, schlug deine Hand, wenn er auch voll Sünden. / Den Verlornen zugewandt, ließest du dich finden / in großem Erbarmen von Elenden und Armen.

4. Arzt bist du, der Leben gibt, Hirte, der uns weidet, / Heiland, der die Armen liebt, unsre Blöße kleidet, / mit Jubel uns gürtet und festlich froh bewirtet.

5 Trage du die harte Last, Christus, aller Müden! / Biet den Heimatlosen Rast, den Gequälten Frieden: / laß Kranke gesunden, und heile unsre Wunden!

6. Du wirst uns mit Glanz und Licht kleiden und vollenden. / Komme, Herr, und säume nicht, füll mit vollen Händen / doch bald bei uns allen der Sehnsucht leere Schalen!

7. Preiset Gott, der uns erwählt als des Sohnes Brüder, / der mit seinem Geist beseelt heilgen Leibes Glieder: / Frohlockt seinem Namen in alle Zeiten! Amen.

T: Albert Höfer
M: Erna Woll 1965

860

1. Al - so sprach beim A - bend-mah - le
Seid ge - eint und liebt euch al - le,

Je - sus als sein Te - sta - ment:
daß mich die - se Welt er - kennt!

Wie der Va - ter mich ge - sen - det,

eins mit mir, wie ich mit euch,

ge - het hin, mein Werk voll - en - det,

eins zu sein in mei - nem Reich!

2. Seht, wie ich, der Herr, euch liebe, liebt der Vater euch durch mich; / wie mit euch Geduld ich übe, so erbarmt der Vater sich, / daß ihr alle in mir bleibet, unter euch wie Brüder seid, / aus dem Weinstock Reben treibet, Früchte bringt zur rechten Zeit!

3. Ich bin euer Weg geworden, der allein zum Heil euch führt, / schloß euch auf des Himmels Pforten und bin euch der Gute Hirt. / Bleibt in dem, was ich verkündet, was euch meine Kirche weist; / daß die Liebe euch verbündet, bleibt geeint in meinem Geist!

4. Ich hab euch mein Wort gegeben, daß ihr meine Freunde seid, / eines Glaubens seid im Leben, einer Hoffnung in der Zeit. / Wie der Vater mich gekrönet, eins mit mir in Herrlichkeit, / seid auch ihr, mit ihm versöhnet, herrlich, wenn ihr einig seid.

T: Georg Thurmair 1963   M: 1688 / geistlich um 1735

861

1. Laßt uns den Herrn er - he - ben und vor sein
denn Chri-stus ist das Le - ben und Ster-ben

Ant-litz ziehn,   Er hat den Tod ver-nich-tet, hat
nur Ge-winn!

Hoff-nung uns ge - bracht,   Ge - beug - te

auf - ge - rich - tet mit sei - ner mil - den Macht.

2. Du brachest alle Ketten des Todes, Herre Christ, / da du, die Welt zu retten, vom Grab erstanden bist. / Wer könnte dich auch halten, welch Siegel, welcher Stein? / Du schlossest die Gewalten der Finsternis selbst ein.

3. Gepriesen sei die Stunde, da Lazarus nur schlief! / Das Wort aus deinem Munde zu neuem Heil ihn rief. / Doch einst wird jeder Riegel des Totenreichs gesprengt, / gelöst der Gräber Siegel und Freiheit uns geschenkt.

4. Posaunen werden tönen und Engel ziehen aus. / Die Erde wird erdröhnen im wilden Sturmgebraus: / Dein Geist fährt auf uns nieder in seinem Siegeslauf / und weckt die toten Glieder zu neuem Leben auf.

5. Du Trost in allem Leiden, der unsern Tod besiegt, / du willst mit Glanz umkleiden, was noch im Staube liegt. / Wir tragen dir zum Throne des Lobes Gaben hin, / weil du in deinem Sohne uns schon den Sieg verliehn!

T: Albert Höfer
M: Melchior Teschner, Leipzig 1615: „O Gott, nimm an die Gaben", Nr. 468

862

1. Das ist der Leib, Herr Je - sus Christ,

in dem du Mensch ge-wor-den bist, ein
Mensch wie wir auf Er-den. Nun gibst du
ihn als Spei-se dar, da-mit wir al-le
wun-der-bar in dich ver-wan-delt wer-den.

2. Das ist dein Blut, das für die Welt, / für all die Menschen ungezählt, / am Kreuze ward vergossen. / Es wäscht von aller Schuld uns rein / und läßt uns deine Freunde sein / und deine Blutsgenossen.

3. Geheimnisvoll und unsichtbar / bist du das Haupt der Christenschar / und wir sind deine Glieder, / von deinem Fleisch und Blut genährt, / erkauft um deines Leidens Wert, / in dir geeint als Brüder.

4. Du bist der Menschen treuer Hirt, / der uns aus Not und Elend führt / auf seine gute Weide. / Du bist der Weinstock voller Saft, / wir deine Reben, – gib uns Kraft, / daß nichts von dir uns scheide.

5. Dem Müden gibst du Zuversicht, / daß er am Leben nicht zerbricht / und neu beginnt zu hoffen. / Ihr Mühbeladnen, kommt heran: / Im Herzen, leidvoll aufgetan, / steht euch der Himmel offen.

6. Wenn nach des Lebens Pilgerfahrt / die letzte Prüfung unser harrt, / des Erdendaseins Ende: / dann helf uns dieses heilge Brot, / im Blick auf deinen Kreuzestod, / zur seligfrohen Wende.

7. Du, der besiegt der Sünde Macht, / erhellst auch unsre Todesnacht, / wir hoffen nicht vergebens. / Du senkst in unser Erdenkleid / den Keim der Unvergänglichkeit / und ewig neuen Lebens.

T: Friedrich Dörr 1954   M: bei Nikolaus Herman 1560

863

1. Ihr Völ-ker all, er-freu-et euch mit Ju-bel-schall. Aus ei-nem Mund lob-singt dem Herrn von Her-zens-grund. A-ve Je-su, wah-res Man-na, Chri-ste Je-su! Du Got-tes-lamm, von dem uns Heil und Rettung kam!

2. Kommt all herein: eßt von dem Brot und trinkt den Wein! Die Nacht entflieht, ein Licht bricht auf, ein Jubellied! Ave . . .

3. O Christ, schau an das Wunder groß, das Gott getan! O Zeichen klar, so hochgelobt und wunderbar! Ave . . .

4. Singt ohne End mit süßem Lied dem Sakrament! Verlaß uns nicht, du große Lieb, du wahres Licht! Ave . . .

5. Sein Gnad und Macht hat Himmelsspeis dem Menschen bracht: den selgen Wein, das Himmelsbrot schenkt Gott allein! Ave . . .

6. Im Frieden dein und ohne Schuld laß uns hier sein! Auf dich vertraun, in selger Lieb dich ewig schaun! Ave . . .

T: Maria Luise Thurmair 1960   M: 14.Jh., Köln (Brachel) 1623

864

1. Herr, du bist das Brot des Le-bens, Quell der Gna-de, höch-stes Gut; wo all uns-re

Müh ver-ge-bens, reichst du uns dein Fleisch und Blut.

Laß mit dir uns Gast-mahl hal-ten, un-ser

Herz nach dir ge-stal-ten, mach uns dei-nem

Bil-de gleich, zu uns komm des Va-ters Reich!

2. Hilf das Gottesreich uns bauen, / Herr, du bist's, der in uns schafft. / Laß auf uns herab stets tauen / deines Geistes Gnadenkraft; / wirf doch alle Zwietracht nieder, / eine deines Leibes Glieder; / eine sie, wie du, Herr Christ, / einig mit dem Vater bist.

T: Friedrich Hüttemann 1945   M: Straßburger Gesangbuch 1789

865

. 1. Du, Herr, hast dich ge-ge-ben zur

Spei-se für das Le-ben als un-ser

täg-lich Brot. Du bist auf un-sern We-gen

mit dei-ner Kraft zu-ge-gen.

Durch dich sind wir be-freit vom Tod.

2. Der Tod, den du gestorben, / hat Leben uns erworben, / das du mit Nahrung hegst. / Daß wir von dir nicht lassen, / laß uns dein Wort erfassen, / mit dem du unser Herz bewegst.

3. Dein Fleisch ist unsre Speise / auf unsres Lebens Reise, / dein Blut ist unser Trank. / Du stärkst all deine Brüder, / gibst uns die Freude wieder, / mit uns sagst du dem Vater Dank.

4. Einst werden diese Zeichen / dem wahren Antlitz weichen, / das du uns zeigen willst. / Was auf dem Weg verborgen, / erhellt der neue Morgen, / an dem du unsre Sehnsucht stillst.

T: Josef Seuffert 1969   M: 15.Jh., hier nach Isaak

866

1. Ein Herz hat sich erschlossen an
   dar - aus ein Quell ge - flos - sen, der
Lie - be reich und Huld,
tilgt die Sün - den - schuld.
Und aus des
Her - zens To - ren ent - strömt des Lam - mes
Blut. Wer neu aus Gott ge - bo -
ren er - starkt in die - ser Flut.

2. Von eines Söldners Lanze ward Christi Herz durchbohrt. / Nun strahlt in heilgem Glanze die Kirche, unser Hort. / Aus des Erlösers Seite ist glorreich sie gebaut, / daß sie sein Heil verbreite, als hehre Gottesbraut.

3. Des Menschensohnes Sterben sühnt unser aller Schuld. / Dem ewigen Verderben entreißt uns seine Huld. / Er will uns gnädig speisen in unsres Hungers Not. / So laßt den Herrn uns preisen für seinen Opfertod!

4. Aus Christi Herzenswunde entquillt der Taufe Bad, / daß alle Welt gesunde am Born der Gottesgnad. / Laß walten deine Gnade, wir trauen deiner Kraft / und weise uns die Pfade zu rechter Wanderschaft.

T: K. B. Frank 1937   M: Joseph Mohr, „Psälterlein" 1877

867

1. Herz Je - su, Got - tes   Op - fer - brand, das
    O Herz, in Nacht zu   uns ge - sandt, als

uns - re   Lieb ent - fach - te!   Wir sta - chen
Schuld den   Tod uns   brach - te!

dich mit   Spott und Wut,   du tauf - test uns mit

dei - nem Blut. Nun müs - sen   wir dich   lie - ben.

2. Wer liebt, der kehrt zu dir nach Haus und ist der Nacht entrissen. / Neu sendest du ihn wieder aus als Licht zu Finsternissen. / Du bist die Sonne, wir der Schein, / wir können ohne dich nicht sein / und ohne dich nicht lieben.

3. Herz Jesu, Trost der ganzen Welt, mach unser Herz zu deinem! / Nimm unsre Herzen ungezählt und mache sie zu einem! / Laß uns den Haß, das bittre Leid / fortlieben aus der dunklen Zeit: / Laß uns dein Reich erscheinen!

T: Franz Johannes Weinrich   M: Adolf Lohmann 1934

868

1. Je - sus, dir leb ich, Je - sus, dir sterb ich!
Je - sus, dein bin ich im Le - ben und im Tod! __

2. Gib mir den Frieden immer hienieden! / Wahres Lamm
Gottes, / erbarme meiner dich!
3. Komm denn, geleite deine geweihte / Herde zum Leben! /
O Jesus, Jesus, komm!
4. O, sei uns gnädig! Sei uns barmherzig! / Führ uns, o
Jesus, / in deine Seligkeit!

T: im 17. und 18.Jh. bekannt, Liegnitz 1828
M: Franz Bühler, 1824

869

1. Herr, bleib mit dei ner *Gna - de* bei
uns bis an das End, daß uns kein
Un - heil scha - de und nichts von dir uns trennt.

2. Herr, bleib mit deiner *Treue* bei uns in aller Not; / erweis
dich stets aufs neue als Freund, du guter Gott.
3. Herr, bleib mit deinem *Worte* uns nahe, sprich uns an; /
in dir ist uns die Pforte zur Wahrheit aufgetan.
4. Herr, bleib mit deinem *Segen* bei deiner Jüngerschar; /
auf allen unsren Wegen mach dich uns offenbar.
5. Herr, bleib mit deiner *Liebe* bei uns in dieser Welt; /
wenn keine Hoffnung bliebe, du bist's, der uns erhält.

T: Friedrich Dörr 1974
M: Melchior Vulpius 1609

Kirche

870

1. Wir sind dein Leib, Herr Je - su Christ, dein Blut uns gna - den - reich durch - fließt und nährt uns, dei - - ne Glie - der. Du hebst uns treu aus Nied - rig - keit in dei - nes Le - bens Herr - lich - keit, und gleich sind hoch ___ und nie - der.

2. Du bist das Haupt, daraus entsprießt / die Liebe, die uns ganz umschließt / und uns zu Brüdern einigt. / Dein Heilger Geist den Leib durchseelt / mit Strömen aus des Vaters Welt; / wir sind von Schuld gereinigt.

3. Wir danken dir, Herr Jesus Christ, / da du des Lebens Fülle bist, / die Freude wird nicht enden. / Nun mögen wir was immer tun, / du bist in uns im Werk und Ruhn / und wirst Verklärung spenden.

4. Wir preisen dich, o Vater groß, / und dich, o Sohn aus seinem Schoß, / und dich, o Geist der Liebe. / O göttliche Dreieinigkeit, / wir sind dir für und für geweiht. / Amen: Daß es so bliebe!

T: Innsbrucker Gesangbuch 1946
M: der „Lindenschmied-Ton", um 1490; Fassung: „Rheinfelsisches Gesangbuch" 1666

871

1. Chri - stus Haupt, wir dei - ne Glie - der,
du der Mei - ster, wir die Brü - der,

du das Licht und wir der Schein;
du bist un - ser, wir sind dein.

Herr, du

un - ser Freund, ver - ei - ne dei - ne dir ge -

weih - te Schar, daß sie es so herz - lich

mei - ne, wie's dein letz - ter Wil - le war!

2. Ja, verbinde in der Wahrheit, die du selbst im Wesen bist, / alles, was von deiner Klarheit, deiner Gnad erleuchtet ist. / Laß uns so vereinigt werden, wie du mit dem Vater bist, / daß schon hier auf dieser Erden kein getrenntes Glied mehr ist.

T: Neufassung nach Zinzendorf 1760   M: 1688 / geistlich um 1735

872

1. Voll Freu - de sin - gen wir, Herr Je - sus

Chri - stus, dir den Dank für al - le Ga - ben, die

wir emp - fan - gen ha - ben aus dei - ner Kir - che

Quell, die uns er - leuch - tet hell, die uns er -

weckt zum Le - ben, uns dei - nen Geist ge - ge - ben.

2. Du hast uns auserwählt, zu deinem Volk gezählt, / mit
überreichen Gnaden getilgt der Sünde Schaden; / hast uns
mit Leib und Seel dem neuen Israel / erworben, dir zu eigen,
uns deine Huld zu zeigen.

3. O Kirche, Christi Braut, dem Lamme angetraut, / die uns
so hoch begnadet zum Hochzeitsmahle ladet, / uns speiset
immerfort mit Christi Leib und Wort, / und weiset seine
Lehre: Dir sei Lob, Dank und Ehre!

4. O Kirche, Christi Leib, des lieben Herrn Verbleib, / sein
Weg, sein Wort, sein Wille, der Freude Quell in Fülle; / be-
wahrest seinen Tod, gibst Leben uns im Brot / als seiner
Gottheit Samen: Gelobet seist du! Amen.

T: Georg Thurmair 1965   M: Rudolf Thomas 1965

873

1. Ein Haus steht wohl ge - grün - det, ein
Fels es trägt und hält, fest Stein mit
Stein ver - bün - det, Gott hat es hin - ge -
stellt, Gott hat es hin - ge - stellt. 1.-4. Herr, wir
lo - ben dich, Herr, wir bit - ten dich! Mach
uns im Glauben treu, schaff Herz und Sin - ne neu!

2. Der Hölle Mächte toben, / gewaltig ist ihr Bund; / das Haus steht ruhig oben / |: auf seinem Felsengrund. :| / Herr, wir loben dich ...

3. Das ist des Heilands Treue, / die auf den Zinnen wacht; / das ist des Geistes Weihe, / |: die stark und einig macht. :| / Herr, wir loben dich ...

4. O Geist, gieß deine Flammen / in unser Herz hinein! / Schließ alle fest zusammen, / |: laß einen Leib uns sein! :| / Herr, wir loben dich ...

T: Augsburg 1854   M: M. Keller, Augsburg, † 1865

Maria

874

Ge-grü-ßet seist du, Ma-ri-a, voll der Gna-de. Der Herr ist mit dir. Du bist ge-be-ne-deit un-ter den Frau-en, und ge-be-ne-deit ist die Frucht dei-nes Lei-bes, Je-sus. Hei-li-ge Ma-ri-a, Mut-ter Got-tes, bit-te für uns Sün-der jetzt und in der Stun-de un-se-res To-des. A-men.

M: Karl Kraft 1974

875

1. Wun-der-schön präch-ti-ge, ho-he und
mäch-ti-ge, lieb-reich hold-se-li-ge,
himm-li-sche Frau,
Gut, Blut und Le-ben will ich dir ge-ben;
al-les, was im-mer ich hab, was ich bin,
geb ich mit Freu-den, Ma-ri-a, dir hin!

der ich mich e-wig-lich wei-he herz-
in-nig-lich, Leib dir und See-le zu
ei-gen ver-trau!

2. Sonnenumglänzete, Sternenbekränzete, Leuchte und Trost
auf der nächtlichen Fahrt! / Vor der verderblichen Makel der
Sterblichen hat dich die Allmacht des Vaters bewahrt. / Selige
Pforte warst du dem Worte, als es vom Throne der ewigen
Macht / Gnade und Rettung den Menschen gebracht.
3. Schuldlos Geborene, einzig Erkorene, du Gottes Tochter
und Mutter und Braut, / die aus der Reinen Schar Reinste
wie keine war, die selbst der Herr sich zum Tempel gebaut! /
Du Makellose, himmlische Rose, Krone der Erde, der Himmlischen Zier, / Himmel und Erde, sie huldigen dir!

T: nach verschiedenen Fassungen des 19.Jh.
M: Gesangbuch Einsiedeln 1773

876

1. Die Schön-ste von al-len, von fürst-li-chem Stand, kann Schön-res nicht ma-len ein eng-li-sche Hand: Ma-ri-a mit Na-men; an ih-rer Ge-stalt all Schön-heit bei-sam-men Gott selbst wohl-ge-fallt.

2. Ihr Haupt ist gezieret mit goldener Kron, / das Zepter sie führet am himmlischen Thron, / ein sehr starke Heldin, mit englischem Schritt / der höllischen Schlange den Kopf sie zertritt.

3. Wohlan denn, o Jungfrau, der Jungfrauen Bild, / von Tugenden strahlend, mit Gnaden erfüllt, / mit Sternen geschmücket, die Sonne dich kleidt, / die Engel, den Himmel dein Anblick erfreut!

4. Die Sterne verlöschen; die Sonn, die jetzt brennt, / wird einstens verdunkeln, und alles sich endt. / Du aber wirst strahlen noch lang nach der Zeit / in himmlischer Glorie durch all Ewigkeit.

T und M: aus Lothringen, 1927 aufgezeichnet durch Louis Pinck

877

1. Im Mai-en hebt die Schöp-fung an
   die Er-de hat sich auf-ge-tan,

zu blü-hen und zu sin-gen;
uns neu-e Frucht zu brin-gen.

Den Gna-den-früh-ling vol-ler Pracht

hast du, Ma-ri-a, uns ge-bracht:

Dir soll das Lob er-klin-gen.

2. Du bist das blütenreiche Land, / die segensvolle Erde, /
an der Gott Wohlgefallen fand, / du allzeit Unversehrte. /
Du trugst – o wunderbares Los – / den Gottessohn in deinem
Schoß, / daß uns Erlösung werde.

3. Du allerschönster Rosenstrauch, / der je auf Erden
blühte, / befruchtet durch des Geistes Hauch, / betaut von
Gottes Güte: / Den Heiland, der aus dir entsprang, / du
nahmst ihn auf mit Lobgesang / und liebendem Gemüte.

4. Als Weizenkorn gab sich dein Sohn / in Erdenleid und
Sterben, / um uns, als seines Todes Lohn, / das Leben zu
erwerben. / Sein Leib uns nährt, sein Blut uns tränkt – / der
Sohn, den du der Welt geschenkt, / macht uns zu Himmelserben.

T: Friedrich Dörr 1973
M: nach dem Clausener Gesangbuch, Trier 1653 (zu „Ein schöne Ros im
heilgen Land")

878

1. Ma - ri - a, Mai - en - kö - ni - gin, wir
kom - men dich zu grü - ßen. O hol - de
Freu - den - spen - de - rin, sieh uns zu
dei - nen Fü - ßen! O hol - de Freu - den -
spen - de - rin, sieh uns zu dei - nen Fü - ßen!

2. Nichts glich an Schönheit einstens dir, / nichts dir an
Tugendglanze; / |: nun prangst du als die schönste Zier /
dort in der Heilgen Kranze. :|

3. Wir möchten gern, o Jungfrau mild, / auch unsre Herzen
schmücken / |: und deiner Tugend holdes Bild / in unsre
Seele drücken. :|

T: unbekannt   M: Anselm Schubiger, † 1888

879

1. Ma - ri - a, Jung - frau schön! Zu
dir wir bit - ten gehn. 1.-7. Mut - ter und
Jung - frau rein, in je - der Not und Pein

ver - giß nicht mein!   Mut-ter und Jung-frau rein,

in je - der Not und Pein ver - giß nicht mein!

2. Vor deines Sohnes Thron / bitt, daß er uns verschon. /
Mutter und Jungfrau ...
3. Du stehst für uns bereit, / Mutter der Christenheit! /
Mutter und Jungfrau ...
4. Laß uns nicht hilflos fort, / verleih dein kräftig Wort! /
Mutter und Jungfrau ...
5. Tu deine Hilfe kund / dem ganzen Erdenrund! / Mutter
und Jungfrau ...
6. Durch dich bewahr uns Gott / vor Sünd und aller Not! /
Mutter und Jungfrau ...
7. Und einstens im Gericht / verlaß, verlaß uns nicht! /
Mutter und Jungfrau ...

T: unbekannt   M: aus Franken

880

V 1. Meerstern, ich dich grü - ße! A O Ma - ri - a,
V   Got - tes - mut - ter sü - ße! A O Ma - ri - a,

hilf! —   hilf! Ma - ri - a, hilf uns

al - len   aus uns - rer tie - fen Not!

2. Rose ohne Dornen, — o Maria, hilf! — Du von Gott Er-
korne! O Maria, hilf! ...
3. Lilie ohnegleichen, — dir die Engel weichen! O Maria,
hilf! ...

4. Quelle aller Freuden, – Trösterin in Leiden! O Maria,
hilf!...
5. Hoch auf deinem Throne, – aller Jungfraun Krone! O
Maria, hilf!...
6. Gib ein reines Leben, – sichre Reis' daneben! O Maria,
hilf!...
7. Dich als Mutter zeige, – gnädig uns zuneige! O Maria,
hilf!...
8. Nimm uns in die Hände, – uns das Licht zuwende! O
Maria, hilf!...
9. Hilf uns Christum flehen, – fröhlich vor ihm stehen! O
Maria, hilf!...

T und M: nach A. v. Haxthausen: Geistliche Volkslieder, 1850

881

1. Glor-würd-ge Kö-ni-gin, himm-li-sche Frau,
mil-de Für-spre-che-rin, rein-ste Jung-frau!

Wen-de, o hei-li-ge Mitt-le-rin du,

dei-ne barm-her-zi-gen Au-gen uns zu.

2. Mutter der Gütigkeit, Mutter des Herrn, über die Himmel weit leuchtender Stern! Wende, o weiseste Führerin du,
deine barmherzigen Augen uns zu!
3. Pforte der Seligkeit, strahlender Schild, Schutzwehr der
Christenheit, furchtbar und mild! Wende, o mächtige Schützerin du, deine barmherzigen Augen uns zu!
4. Mutter in Todesnot, Mutter des Lichts, wenn uns die
Hölle droht, fürchten wir nichts, wendest du, führend zur
seligen Ruh, deine barmherzigen Augen uns zu!

T und M: Kirchliche Volksweise vor 1830

Heilige — Leben aus dem Glauben

882

1. A - po - stel Pe - trus, sei ge - grüßt,
du Freund und Jün - ger Je - su Christ:
der Herr, dem Treu - e du ge - schwo - ren,
hat dich zum Fel - sen - mann er - ko - ren.

2. Im Fischerboot fuhrst du hinaus / und warfst zum Fang die Netze aus; / an dich ist Christi Ruf ergangen: / „Von jetzt an wirst du Menschen fangen."

3. Dich hat der Herr, dem du geglaubt, / erwählt zu seiner Jünger Haupt; / er hat, wie uns Mattäus kündet, / auf dich der Kirche Haus gegründet.

4. Der Herr, der siegreich auferstand, / hat dich als Hirten ausgesandt / und Gottes Volk dir übergeben: / geleite uns zum ewgen Leben.

5. Du bist der Kirche Felsengrund / und Christus spricht durch deinen Mund; / auf dich senkt Gottes Geist sich nieder: / bestärk im Glauben deine Brüder.

6. Dir half der Herr aus Kerkersnot, / du starbst, wie er, den Kreuzestod: / erfleh uns Kraft in schweren Zeiten, / hilf allen, die Verfolgung leiden.

7. Wir ehren deines Todes Ort, / dein Amt lebt in der Kirche fort, / daß unter uns lebendig bliebe / der Geist der Einheit und der Liebe.

8. Verleih der Kirche Festigkeit, / mach uns zum Dienst des Herrn bereit. / Laß, die Gott treu sind hier auf Erden, / *ein* Volk in Christi Namen werden.

T: Friedrich Dörr 1974   M: Genf 1542 („Nun lobet Gott im hohen Thron"; ursprünglich M des alten Petrus-Liedes)

883

1. Strei - ter in Not, Hel - fer bei Gott! Du
Bi - schof und Held, von Gott aus - er - wählt, mit
Glau-bens-kraft be - seelt! Bit - te für uns,
bit - te für uns, Sankt Ul - rich, Sankt Ul - rich!

2. Drangsal und Leid schwertharter Zeit besiegte dein Flehn. Das Reich blieb bestehn, das Gott uns ausersehn. / Bitte für uns, bitte für uns, Sankt Ulrich, Sankt Ulrich!

3. Armen in Not brachst du das Brot, hast Hilfe gewährt und Frieden beschert, von Liebeskraft verzehrt. / Bitte für uns, bitte für uns, Sankt Ulrich, Sankt Ulrich!

4. Weise im Rat, mannhaft an Tat und mächtig im Wort, der Heimat ein Hort, bleib es auch immerfort. / Bitte für uns, bitte für uns, Sankt Ulrich, Sankt Ulrich!

5. Vater so mild, Wehr uns und Schild für Wahrheit und Recht, daß rein wir und echt, nie sind der Lüge Knecht. / Bitte für uns, bitte für uns, Sankt Ulrich, Sankt Ulrich!

6. Mitten im Sturm, bleib uns ein Turm der Zuflucht und Kraft, die Rettung uns schafft aus aller Nöte Haft. / Bitte für uns, bitte für uns, Sankt Ulrich, Sankt Ulrich!

T: 1. Strophe: Arthur Piechler, 2.–6. Strophe: Sr. Germana Förster 1955
M: Arthur Piechler, † 1974

884

1. O Se - lig - keit, ge - tauft zu sein, —
Am Le - ben der Drei - ei - nig - keit —

in Chri - stus ein - ge - sen - ket!
ward An - teil mir — ge - schen - ket.

Ich bin der Kir - che Chri - sti Glied.

Ein Wun - der ist's, wie das — ge - schieht.

Ich be - te an — und glau - be.

2. An Jesu Christi Priestertum hab ich nun teil in Gnaden. /
Zum Opferdienst, zum Gotteslob hat er mich eingeladen. /
Ich bin gesalbt zum heilgen Streit, bin Christi Königreich
geweiht. / Ihm will ich leben, sterben.
3. Fest soll mein Taufbund immer stehn, ich will die Kirche
hören, / sie soll mich allzeit gläubig sehn und folgsam ihren
Lehren. / Dank sei dem Herrn, der mich aus Gnad in seine
Kirch berufen hat; / nie will ich von ihr weichen.

T: 1. und 2. Strophe: Johanna Engelmann; 3. Strophe: Christoph Bernhard
Verspoell 1810
M: nach „Gesangbuch beim römisch-katholischen Gottesdienst" von Chry-
sant Joseph Bierbaum, Münster 1810

885

1. Herr, ich bin dein Ei - gen - tum, dein ist
mir zum Heil und dir zum Ruhm hast du

ja mein Le - ben;
mir's ge - ge - ben.   Vä - ter - lich führst du mich auf des

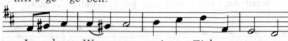

Le - bens We - gen mei - nem Ziel ent - ge - gen.

2. Sind auch der Gefahren viel, die mich hier umtoben, /
unverrückbar steht als Ziel mir dein Name droben; / er ist
mir Kraft und Zier, allen Unheils Wende bis zum guten
Ende.

3. Was die Welt auch noch begehrt, was sie mag gewähren, /
ich will, deiner Gnade wert, mich allzeit bewähren, / dein
Gebot in der Not dieser Welt bezeugen, keinem Wahn mich
beugen.

4. Deine Treue wanket nicht, du wirst mein gedenken, /
wirst mein Herz in deinem Licht durch die Zeit hin lenken; /
so weiß ich, du hast mich in die Hand geschrieben, ewig mich
zu lieben!

T: 1. Strophe: 17. Jh., 2.–4. Strophe: Georg Thurmair 1963
M: vor 1681 / geistlich: Dresden 1694

886

1. Herr Christ, mach uns zum Dienst be - reit
Wir tra - gen Le - ben, Amt und Zeit

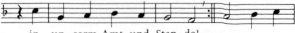

in un - serm Amt und Stan - de!
al - lein zum Lehn und Pfan - de.   Drum präg uns

tief nach dei-nem Sinn! Nimm uns dir ganz zu
ei - gen hin! Bind uns durch fe - ste Ban - de!

2. Herr, du hast keinen Dienst begehrt, / du gabst der Welt
dein Leben, / sahst Gottes Erde leidbeschwert / und halfst
die Lasten heben. / Du trugst der Welt gesamte Not / und
hast bis in den dunklen Tod / dich dienend hingegeben.

3. Herr Christ, du wardst der Brüder Knecht / und bist doch
Herr geblieben, / und Gottesdienst und Königsrecht / heißt
nun, den Bruder lieben. / Ach, wend auch uns dem Nächsten
zu, / daß jeder jedem Gutes tu, / von lauter Lieb getrieben!

4. Herr, lehr uns, daß sich selbst verführt, / wer irdisch Ding
will halten, / doch Leben findet, wer's verliert / in deinem
Dienst und Walten! / Zeig täglich neu, was Opfer heißt! /
Wollst uns, Herr Christ, durch deinen Geist / ganz in dein
Bild gestalten!

T: Arno Pötzsch, † 1956   M: Johannes Petzold 1951

887

1. Öff - ne mei - ne Au - gen, Herr, für die
Wun - der dei - ner Lie - be. Mit dem Blin - den
ru - fe ich:___ Hei - land, ma - che, daß ich se - he!

2. Öffne meine Ohren, Herr, für den Anruf meiner Brüder. /
Laß nicht zu, daß sich mein Herz / ihrer großen Not verschließe.

3. Öffne meine Hände, Herr, Bettler stehn vor meiner Türe /
und erwarten ihren Anteil. / Christus mache, daß ich teile.

T: Neues Stundenbuch, Band 1: Tagzeiten   M: Gerhard Kronberg 1974

888

1. Wie mein Gott will, bin ich be-
   Auf die-ser Welt mich nichts er-

reit, er ist mir lieb vor al-len.   Kein
freut, als ihm nur zu ge-fal-len.

Freud noch Leid mich von ihm scheidt, kein Trüb-sal,

Angst und Schmer-zen.   Soll's sein, so   sei's! Mein

Gott, der weiß, daß ich ihn lieb von Her-zen.

2. Wie mein Gott will! Bis in den Tod soll mich von ihm
nichts scheiden. / Gern will ich Trübsal, Angst und Not um
seinetwillen leiden. / Allein ich bitt, daß er mich nit dort laß
zuschanden werden. / Soll's sein, so sei's! Ins Paradeis fahr
ich von dieser Erden.

3. Soll's sein, so sei's! Wie mein Gott will, sein Wille ist der
beste! / Er hat mir schon gesetzt ein Ziel, daran halt ich mich
feste. / In Freud und Leid, zu aller Zeit helf ich sein Werk
vollbringen. / Soll's sein, so sei's! Lob, Ehr und Preis will ich
ihm ewig singen.

T und M: München 1637

Morgen — Abend

889

1. Der Tag ist auf-ge-gan - gen; Herr Gott, dich lob ich al - le-zeit, Den Tag will ich dir schen-ken und al - les, was ich tu, im Re - den und im Den - ken, im Werk und in der Ruh.

dir sei er an-ge-fan - gen, zu dei - nem Dienst bin ich be - reit.

2. Es wolle mich nun segnen Gott Vater, Sohn und Heilger Geist. / Herr, was mir soll begegnen, das mache, wie du willst und weißt! / Zu deines Namens Ehren geschehe, was geschieht; / dein Lob nur will ich mehren und preisen deine Güt.

T und M: nach dem Dresdener Gesangbuch, Brüx 1767; Neufassung: Adolf Lohmann 1937

890

1. Die gül-de-ne Son-ne bringt

Le-ben und Won-ne, die Fin-ster-nis

weicht. Der Mor-gen sich zei-get, die

Rö-te auf-stei-get, der Mon-de ver-bleicht.

2. Nun sollen wir loben den Höchsten dort oben, daß er uns die Nacht hat wollen behüten vor Schrecken und Wüten der höllischen Macht.

3. Kommt, lasset uns singen, die Stimmen erschwingen, zu danken dem Herrn! Ei, bittet und flehet, daß er uns bei-stehet, und weichet nicht fern!

4. Es sei ihm ergeben mein Leben und Streben, mein Gehen und Stehn. Er gebe mir Gaben zu meinem Vorhaben, laß richtig mich gehn.

5. In meinem Studieren wird er mich wohl führen und blei-ben bei mir, wird schärfen die Sinnen zu meinem Beginnen und öffnen die Tür.

T: Philipp von Zesen, † 1689
M: Joh. Georg Ahle 1671

891

1. Die güld-ne Son - ne voll Freud und

Won - ne bringt un-sern Gren - zen

mit ih-rem Glän-zen ein herz-er-quik-ken-des,

lieb-li-ches Licht. Mein Haupt und Glie-der, die

la-gen dar-nie-der; a-ber nun

steh ich, bin mun-ter und fröh-lich,

schau-e den Him-mel mit neu-em Ge-sicht.

2. Mein Auge schauet, was Gott gebauet zu seinen Ehren und uns zu lehren, wie sein Vermögen sei mächtig und groß, / und wo die Frommen dann sollen hinkommen, / wann sie mit Frieden von hinnen geschieden / aus dieser Erden vergänglichem Schoß.

3. Abend und Morgen sind seine Sorgen; segnen und mehren, Unglück verwehren sind seine Werke und Taten allein. / Wann wir uns legen, so ist er zugegen; / wann wir aufstehen, so läßt er aufgehen / über uns seiner Barmherzigkeit Schein.

4. Alles vergehet; Gott aber stehet ohn alles Wanken; seine Gedanken, sein Wort und Wille hat ewigen Grund. / Sein Heil und Gnaden, die nehmen nicht Schaden, / heilen im Herzen die tödlichen Schmerzen, / halten uns zeitlich und ewig gesund.

5. Kreuz und Elende, das nimmt ein Ende; nach Meeres Brausen und Windes Sausen leuchtet der Sonne erwünschtes Gesicht. / Freude die Fülle und selige Stille / hab ich zu warten im himmlischen Garten: / dahin sind meine Gedanken gericht't.

T: Paul Gerhardt, † 1676
M: Johann Georg Ebeling 1666

892

1. Gnä - dig - ster Er - bar - mer, zu dir
Du hast heut aus Gna - den mich vor

komm ich Ar - mer nach voll-brach-ter Fahrt.
al - lem Scha - den als dein Kind be - wahrt.

Kei - ne Not, kein Leid, kein Tod hat, o Va - ter,

mich be - rüh - ret, weil du mich ge - füh - ret.

2. Herr, auf meinen Wegen hab ich deinen Segen überall
gespürt. / Du hast meine Tritte, alle meine Schritte gnädiglich regiert. / Nun kann ich mit Freuden dich, meinen Hort
und Helfer, preisen und dir Dank erweisen.

3. Ja, ich will dich loben hier und einst dort oben und mich
deiner freun. / Stets soll mein Gemüte für die große Güte
fromm und dankbar sein. / Doch, mein Licht, verlaß mich
nicht, schütze ferner Leib und Seele, die ich dir befehle!

T: Geistliches Bergmannslied 1656
M: nach „Jesus, meine Freude", Johann Crüger 1653

Credo I

893

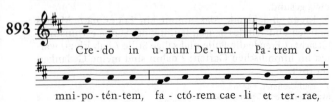

Cre - do in u - num De - um. Pa - trem o -

mni - po - tén - tem, fa - ctó - rem cae - li et ter - rae,

vi - si - bí - li - um ó - mni - um,   et   in -

vi - si - bí - li - um.   Et   in   u - num

Dó - mi - num   Je - sum Chri - stum,   Fí - li - um

De - i   u - ni - gé - ni - tum.   Et   ex   Pa - tre

na - tum   an - te   ó - mni - a   sae - cu - la.

De - um   de   De - o,   lu - men de   lú - mi - ne,

De - um   ve - rum   de   De - o   ve - ro.

Gé - ni - tum, non   fá - ctum, con - sub - stan - ti - á -

lem Pa - tri: per quem   ó - mni - a   fa - cta   sunt.

Qui   pro - pter   nos   hó - mi - nes,   et   pro - pter

no - stram sa - lú - tem   de - scen - dit   de cae - lis.

(893)

Et in-car-ná-tus est de Spí-ri-tu

San-cto ex Ma-rí-a Vír-gi-ne:

Et ho-mo fa-ctus est. Cru-ci-fí-xus

é-ti-am pro no-bis: sub Pón-ti-o

Pi-lá-to pas-sus, et se-púl-tus est.

Et re-sur-ré-xit tér-ti-a di-e,

se-cún-dum Scri-ptú-ras. Et a-scén-dit

in cae-lum: se-det ad déx-te-ram Pa-tris.

Et í-te-rum ven-tu-rus est cum gló-ri-a,

ju-di-cá-re vi-vos, et mor-tu-os: cu-jus

re-gni non e-rit fi-nis. Et in Spí-ri-

(893)

tum San - ctum, Do - mi - num, et vi - vi -

fi - cán - tem: qui ex Pa - tre, Fi - li - ó - que

pro - cé - dit. Qui cum Pa - tre, et Fí - li - o

si - mul ad - o - rá - tur, et con - glo - ri - fi -

cá - tur: qui lo - cú - tus est per Pro - phé - tas.

Et u - nam san - ctam ca - thó - li - cam et a -

po - stó - li - cam Ec - clé - si - am. Con - fí -

te - or u - num ba - ptís - ma in re - mis - si -

ó - nem pec - ca - tó - rum. Et ex - spé - cto

re - sur - re - cti - ó - nem mor - tu - ó - rum.

Et vi - tam ven - tú - ri sae - cu - li. A - - men.

IV

894 Gebet zum heiligen Ulrich

Ewiger allmächtiger Gott! Du hast den heiligen Ulrich der Kirche von Augsburg zum Bischof und zum heiligen Schutzpatron gegeben. In einer von Gefahren erfüllten Zeit deiner Kirche hast du ihn zu einer eisernen Mauer und zum starken Felsen gemacht, der in der mutigen und unerschütterlichen Kraft des Glaubens selber stark war und die Gläubigen durch sein Gottvertrauen, durch sein Wort und sein Beispiel kräftigte. Gib uns auf seine Fürbitte auch in unserer Zeit, was wir so notwendig haben und demütig von dir erflehen: Gib uns die Kraft des Glaubens und eines treuen reinen christlichen Lebens und Kämpfens, mit deren Beispiel uns der heilige Ulrich voranleuchtet! Gib uns die alles ertragende und alles überwindende Liebe zu Jesus Christus und zu deiner Kirche, damit wir inmitten aller finsteren Gefahren, die unsere Zeit bedrohen und bedrängen, treu auf deinen Wegen verbleiben! Rette, o Gott, mit deiner Macht unser Land, unser Volk, Europa, deine Kirche aus den Zeiten des Unfriedens und der Bedrängnis, wie du sie einst durch die Glaubensstärke des heiligen Ulrich und unserer Väter gerettet hast.

Hoherpriester Jesus Christus! Einst hat der heilige Ulrich unter uns, von dir auserwählt, die Gnaden deines hohenpriesterlichen Amtes ausgeteilt. Wir wollen diese Gnaden, die du uns in deiner großen Liebeshingabe am Kreuz geschenkt hast, niemals mißachten, immer hochschätzen, mit dem Gebet unserer Herzen suchen, in der Feier deines heiligen Opfers und an deinem Tisch empfangen. Wir wissen, daß du allein der Retter und Erlöser der Welt und der Heiland unserer Seelen bist.

Heiliger Ulrich, unser Schutzpatron, bleibe mit deiner mächtigen Fürbitte der starke Beschützer deines Volkes, ein Schirm des Abendlandes! Erflehe uns die Kraft des Glaubens und des Ausharrens und Siegens! Erflehe uns den Frieden und die Rettung aus allen Gefahren der Zeit!

Herr, erbarme dich unser auf die Fürbitte Marias und des heiligen Ulrich! Amen. Bischof Joseph Freundorfer von Augsburg

Diözesanteil Augsburg – Erweiterung

Advent

901

1. Herr, send herab uns deinen Sohn, die Völker harren lange schon. Send ihn, den du verheißen hast, zu tilgen unsrer Sünden Last.

2. I O Weisheit aus des Höchsten Mund, / die du umspannst des Weltalls Rund / und alles lenkst mit Kraft und Rat: / komm, weise uns der Klugheit Pfad.

3. II O Adonai, du starker Gott, / du gabst dem Mose dein Gebot / auf Sinai im Flammenschein: / streck aus den Arm, uns zu befrein.

4. III O Wurzel Jesse, Jesu Christ, / ein Zeichen aller Welt du bist, / das allen Völkern Heil verspricht: / eil uns zu Hilfe, säume nicht.

5. IV O Schlüssel Davids, dessen Kraft / uns kann entziehn der ewgen Haft: / komm, führ uns aus des Todes Nacht, / wohin die Sünde uns gebracht.

6. V O Aufgang, Glanz der Ewigkeit, / du Sonne der Gerechtigkeit: / erleuchte doch mit deiner Pracht / die Finsternis und Todesnacht.

7. VI O König, Sehnsucht aller Welt, / du Eckstein, der sie eint und hält: / o komm zu uns, o Herrscher mild, / und rette uns, dein Ebenbild.

8. VII O „Gott mit uns", Immanuel, / du Fürst des Hauses Israel, / o Hoffnung aller Völker du: / komm, führ uns deinem Frieden zu.

9. Herr, wir vertrauen auf dein Wort; / es wirkt durch alle Zeiten fort. / Erlöse uns, du bist getreu. / Komm, schaffe Erd und Himmel neu.

T: nach Heinrich Bone 1847 – O-Antiphonen
M: alte Diöz. Melodie
Jede O-Antiphon-Strophe (I–VII) kann von Str. 1 eingeleitet und mit Str. 9 abgeschlossen werden.

902

1. Unser Heiland wird erscheinen; er wird alles sich vereinen und wird immer bei uns sein. Der das Menschsein angenommen, daß wir Menschen zu ihm kommen, bricht mit aller Macht herein.

2. Seine Macht ist aufgeboten, / daß er Lebenden und Toten / voll Erbarmen sich erweist; / tilgt, was unsre Sünden wehrten, / und uns, die vom Tod Versehrten, / mit dem neuen Leben speist.

3. Schauet auf, es kommt die Stunde; / tu dich auf, du Himmels-
runde, / komm, ach komm, du Ziel der Zeit; / komm zur Erde,
komm im Tauen / deiner Himmel, daß wir schauen / dich in alle
Ewigkeit!

T: Georg Thurmair 1944
M: Gerhard Kronberg 1950

Die weihnachtliche Festzeit

903

Stil - le Nacht, hei - li - ge Nacht! Al - les schläft,
ein - sam wacht nur das trau - te hoch - hei - li - ge
Paar. Hol - der Kna - be im lok - ki - gen Haar,
schlaf in himm - li - scher Ruh', ___
schlaf in himm - li - scher Ruh'. ___

2. Stille Nacht, heilige Nacht! / Hirten erst kundgemacht durch
der Engel Halleluja, / tönt es laut von fern und nah: / |: Christ,
der Retter, ist da! :|
3. Stille Nacht, heilige Nacht! / Gottes Sohn, o wie lacht Lieb aus
deinem göttlichen Mund, / da uns schlägt die rettende Stund, /
|: Christ, in deiner Geburt! :|

T: Joseph Mohr † 1848   M: Franz Gruber 1818

904

1. O du fröh - li - che, o du se - li - ge,

gna - den - brin - gende Weihnachts - zeit! Welt ging ver -

lo - ren, Christ ist ge - bo - ren:

freu - e, freu - e dich, o Chri - sten - heit!

2. O du fröhliche, / o du selige, / gnadenbringende Weihnachtszeit! / Christ ist erschienen, / uns zu versöhnen: / freue, freue dich, o Christenheit!

3. O du fröhliche, / o du selige, / gnadenbringende Weihnachtszeit! / Himmlische Heere / jauchzen dir Ehre: / freue, freue dich, o Christenheit!

T: Johannes Falk 1816, 2. und 3. Str. Zudichtung: Heinrich Holzschuher 1829
M: „Stimmen der Völker in ihren Liedern", Tübingen 1807; Sizilianisches Schifferlied

905

1. Ihr Kin - der - lein, kom - met, o
zur Krip - pe her - kom - met in
kom - met doch all
Bet - le - hems Stall; und seht, was in
die - ser hoch - hei - li - gen Nacht, der
Va - ter im Him - mel für Freu - de uns macht.

2. O seht in der Krippe im nächtlichen Stall, / seht hier bei des Lichtleins hellglänzendem Strahl / in reinlichen Windeln das himmlische Kind, / viel schöner und holder, als Engel es sind.

3. Da liegt es, das Kindlein, auf Heu und auf Stroh, / Maria und Josef betrachten es froh; / die redlichen Hirten knien betend davor, / hoch oben schwebt jubelnd der Engelein Chor.

4. O beugt wie die Hirten anbetend die Knie, / erhebet die Hände und danket wie sie; / stimmt freudig, ihr Kinder, – wer wollt' sich nicht freu'n? / – stimmt freudig zum Jubel der Engel mit ein.

5. O bete: Du liebes, du göttliches Kind, / was leidest du alles für unsere Sünd! / Ach, hier in der Krippe schon Armut und Not, / am Kreuze dort gar noch den bitteren Tod.

6. Was geben wir Kinder, was schenken wir dir, / du bestes und liebstes der Kinder, dafür? / Nichts willst du von Schätzen und Reichtum der Welt, / ein Herz nur voll Demut allein dir gefällt.

7. So nimm unsre Herzen zum Opfer denn hin, / wir geben sie gerne mit fröhlichem Sinn; / ach mache sie heilig und selig wie deins / und mach sie auf ewig mit deinem in eins.

T: Christoph von Schmid 1768–1834
M: Johann Abraham Peter Schulz 1794

906

1. Das al - te Jahr ver - gan - gen ist,

wir dan - ken dir, Herr Je - sus Christ!

Bleib du bei uns in die - ser Zeit

und füh - re uns zur E - wig - keit.

2. Vergib uns, was vom Bösen war, / des Guten Frucht mach offenbar. / Schenk unsern Toten Licht und Ruh, / wend ihnen dein Erbarmen zu.

3. Behüte uns im neuen Jahr / vor aller Sünde und Gefahr, / daß alles, was wir fangen an, / durch deine Gnad sei wohlgetan.

4. Streck aus, o Gott, dein milde Hand / auf unser liebes Vaterland. / Den Völkern schenke Einigkeit / in Frieden und Gerechtigkeit.

5. Die Kirche schütz nach deinem Wort, / auf daß sie wachse fort und fort. / Erhalte uns des Glaubens Kraft / und gib uns gute Pilgerschaft.

6. Gelobt sei und gebenedeit / die Heiligste Dreieinigkeit, / Gott Vater, Sohn und Heilger Geist, / die Erd und Himmel ewig preist.

T: 1568, Neufassung 1982
M: „Harpffen Davids", Augsburg 1669

Österliche Bußzeit – Passion

907

1. Wacht auf, ihr Christen aller Welt, aus Trägheit und aus Träumen! Bedenkt, wozu euch Gott bestellt! Wie lang wollt ihr noch säumen? Hat er doch längst euch ausgesandt und immer neu euch streng gemahnt zum Dienst an euren Brüdern.

2. Aus Trägheit, die euch lähmt, erwacht! / Ihr dürft nicht mehr verweilen! / Die Strafe, die euch zugedacht, / wird euch sonst bald ereilen. / Was ihr dem Nächsten heut versagt, / weil eignem Glück ihr nachgejagt, / wird morgen sich sonst rächen.

3. Werft ab den Traum vom kleinen Glück! / Der Herr will euch begnaden. / Zum Dienst ruft euch sein Wort zurück: / zum Mahl seid ihr geladen, / wo ihr den Herrn empfangt im Brot, / auf daß in euch durch seinen Tod / die Eigenliebe sterbe.

4. Herr, hilf, daß wir in Buß und Reu / die Warnung recht erfassen, / zur Bruderliebe stärk uns neu, / die Ichsucht lehr uns hassen. / So schreck uns auf aus träger Ruh / und führe uns dem Nächsten zu, / daß freudig wir ihm dienen.

T: Johannes Aengenvoort 1969   M: Gerhard Kronberg 1950

908

1. Laß mich dei - ne Lei - den sin - gen,
Je - sus, drük - ke dei - ne Schmerzen
dir des Dan - kes Op - fer brin - gen,
tief, recht tief in uns - re Her - zen,
o du schuld - los Got - tes - lamm,
Herr, laß dei - nes To - des Pein
uns - re Sühn am Kreu - zes - stamm!
nicht an uns ver - lo - ren sein!

2. Ins Gericht für Sünder treten / und zu deinem Vater beten / seh ich dich am Ölberg jetzt, / Herr, von blutgem Schweiß benetzt. / Jesus, drücke deine Schmerzen ...

3. Dich zu binden, dich zu schlagen, / zu beschimpfen und zu plagen, / naht sich deiner Feinde Schar, / und du gibst dich willig dar. / Jesus, drücke deine Schmerzen ...

4. Wirst von Richtern, die dich hassen, / rohen Knechten überlassen, / ach, wie strömt dein heilig Blut / von den Streichen ihrer Wut! / Jesus, drücke deine Schmerzen ...

5. Unter lautem Spott und Hohne / drückt man eine Dornenkrone / dir aufs Haupt, die, scharf gespitzt, / Stirn und Schläfe schmerzlich ritzt. / Jesus, drücke deine Schmerzen ...

6. Wundenvoll, erblaßt, entkräftet, / an das Opferholz geheftet, / zeigst du, wie ein Gottmensch stirbt / und den Sündern Heil erwirbt. / Jesus, drücke deine Schmerzen ...

7. Heiland! Unsre Missetaten / haben dich verkauft, verraten, / dich gegeißelt und gekrönt, / dich im Sterben noch verhöhnt. / Ach, es reuet uns von Herzen, / laß, o Heiland, deine Schmerzen, / deines Opfertodes Pein / nicht an uns verloren sein!

T: Michael Denis, SJ, 1774   M: aus Franken

909

1. O Jesus mein, welch große Pein hast du für uns gelitten! In Angst und Not bis in den Tod hast du für uns gestritten.

2. Der blutge Schweiß, er träufelt heiß, / die Geißeln dich zerschlagen. / |: Die Dornenkron ist nun der Lohn, / den du davongetragen. :|

3. Des Kreuzes Last erdrückt dich fast, / du sinkst gebeugt darnieder. / |: Sie schlagen dich so bitterlich, / durchbohren deine Glieder. :|

4. Der Stunden drei, Herr, hängst du frei / am Kreuz in größten Schmerzen. / |: O Jesus mein, wie muß dem sein, / der dieses nimmt zu Herzen! :|

5. Du hast für mich aus Liebe dich / zum Opfer hingegeben. / |: O Jesus! Dein will ich nur sein / und ewig mit dir leben. :|

T und M: aus Kloster Wessobrunn, 17. Jh.

910

1. Jesus, du mein Heil und Leben,
Jesus, Herr der Herrlichkeit,
der für uns sich hingegeben
in der Leiden Bitterkeit!
Mich zu retten vom Verderben,
wolltest du am Kreuze sterben.
Jesus, o wie danket dir
je mein Herz genug dafür!

2. Frevler krönten dich zum Hohne, / deine Stirne blutete / unter einer Dornenkrone, / König aller Könige! / Ach! Du hast für mich gelitten, / mir die Ehrenkron erstritten. / Jesus, o wie danket dir je mein Herz genug dafür!

3. Schrecklich waren jene Stunden, / unbeschreiblich jammervoll, / da, o Heiland, deinen Wunden / dein hochteures Blut entquoll; / daß ich fände ewges Leben / ließest dich am Kreuz erheben. / Jesus, o wie danket dir je mein Herz genug dafür!

4. Christi Kreuz, sei mir gegrüßet, / auf dem Hügel Golgota! / Heil und Leben dir entfließet, / Trost und Frieden find ich da; / finde Gnad, im Kampf zu siegen, / sterbend selbst nicht zu erliegen. / Jesus, o wie danket dir je mein Herz genug dafür!

T: Christoph von Schmid 1812   M: Friedrich Kempter, † 1864

1. Als einst im Angst-ge - be - te,
Herr, dei - ne See - le rang
und im - mer hei - ßer fleh - te,
so tief ge - beugt, so bang;
da fandst du kei - nen Trost, kein Licht,
da schweb - te nichts als Mar - ter
vor dei - nem An - ge - sicht,
vor dei - nem An - ge - sicht!

911

2. Die schaudervollen Stunden / des Leidens sind jetzt da; / du siehst nur Blut und Wunden, / das Kreuz auf Golgota. / Jedoch vertrauensvoll und still / flehst du nur: „Es geschehe, / was Gott, mein Vater, will / was Gott, mein Vater will!"

3. Herr, heilig sei dein Wille / auch mir in Leid und Schmerz! / Nur gib mir Mut und stille / Ergebenheit ins Herz! / Laß mich, wenn Angst und Trübsal droht, / wie du, mein Heiland, leiden, / dir treu sein bis zum Tod, / dir treu sein bis zum Tod!

4. Die Jünger, die entschlossen / und männlich dich bekannt, / sind mutlos und verdrossen, / vom Schlafe übermannt. / Doch du sprichst liebvoll: „Betet, wacht, / alsdann nur überwindet / ihr der Versuchung Macht, / ihr der Versuchung Macht!

5. Herr, rette auch mich Schwachen, / wenn Stolz und Sicherheit / den Geist verdrossen machen, / gib Kraft und Mut zum Streit! / Gieß meiner Seele Stärke ein! / Sprich zu ihr: Kämpf und bete, / bald ist die Krone dein, / bald ist die Krone dein!"

T: Augsburg 1811
M: Franz Xaver Bühler, † 1824

Osterzeit

912

1. Herr und Gott, wir glau-ben dir,

du bist mit Gott-heit und Mensch-heit hier;

du, der den Sa-tan und Tod ü-ber-wand,

der im Tri-umph aus dem Gra-be er-stand.

Preis dir, du Sie-ger auf Gol-go-ta,

Sie-ger wie kei-ner! Hal-le-lu-ja!

2. Jesus, dir jauchzt alles zu: / Herr über Leben und Tod bist du; / in deinem Blute, gereinigt von Schuld, / freun wir uns wieder der göttlichen Huld. / Gib, daß wir stets deine Wege gehn, / glorreich wie du aus dem Grabe erstehn.

T und M: Christoph Bernhard Verspoell 1810

Heiliger Geist

913

Kv V Du, Herr, gabst uns dein fe - stes Wort.

A Gib uns al - len dei - nen Geist.

V Du gehst nicht wie - der von uns fort.

A Gib uns al - len dei - nen Geist.

V 1. Blei - be bei uns al - le Ta - ge

bis zum Ziel der Welt.

A Gib uns al - len dei - nen Geist.

V Gib das Le - ben, das im Glau - ben

dei - ne Brü - der hält.

A Gib uns al - len dei - nen Geist. Kv

V 2. Deinen Atem gabst du uns jetzt schon als Unterpfand,
A Gib uns allen deinen Geist.
V denn als Kinder deines Vaters sind wir anerkannt.
A Gib uns allen deinen Geist. Kv
V 3. Nähr die Kirche, alle Glieder, stets mit deiner Kraft.
A Gib uns allen deinen Geist.
V Stärk uns täglich, immer wieder in der Jüngerschaft.
A Gib uns allen deinen Geist. Kv
V 4. Von den Mächten dieser Weltzeit sind wir hart bedrängt;
A Gib uns allen deinen Geist.
V doch im Glauben hast du uns schon Gottes Kraft geschenkt.
A Gib uns allen deinen Geist. Kv

T: Duisburger Arbeitskreis 1965
M: nach einem Negro-Spiritual

Sonntag

914

1. Das ist dein Tag, Herr Jesus Christ,
der Tag, von deinem Glanz erhellt,
da du vom Tod erstanden bist
als König der erlösten Welt.

2. Herr, hilf uns aus der Dunkelheit / mit dir ins Reich des Lichtes gehn / und laß dereinst auch unsern Leib / verklärt zum Leben auferstehn.

3. Ruf uns zu dir, wenn du erscheinst / am großen Tag des Endgerichts, / du Sieger über Welt und Tod, / mit dir zu herrschen, Gott des Lichts.

4. Dann schauen wir dein Angesicht / und werden deinem Bilde gleich, / und wir erkennen, wie du bist: / an Herrlichkeit und Güte reich.

5. Die siebenfach dein Geist gesalbt, / erfüllt dein Blick mit Seligkeit; / du führst uns deinem Vater zu / ins Leben der Dreieinigkeit.

T: Nach „Dies aetasque ceteris", vor 1100; Übertragung: Friedrich Dörr 1978
M: „All Morgen ist ganz frisch und neu", Nr. 666

915

1. Heil dem Ta - ge, der uns-re Ta - ge krönt,

Tag des Sie - ges, da Chri-stus auf - er - stand,

Tag der Son - ne, die al - le Welt ver - klärt:

Tag des Chri - stus.

2. Licht vom Himmel hellt unser Dunkel auf: / Christus öffnet Gräber und Totenreich, / stiftet Frieden, einigt im Neuen Bund / Erd' und Himmel.

3. Triumphierend steht er vom Grabe auf, / hebt uns Menschen in die erlöste Welt, / führt dem Vater seinen verlorenen Sohn / in die Arme.

4. Brüder werden Engel und Selige, / Christi Liebe eint sie verklärt im Licht, / und sie singen ihm, der als Sieger thront, / Freudenhymnen.

5. In die Chöre seliger Himmelslust / mischt die Kirche rings auf dem Erdenrund / tausendstimmig jauchzend den Jubelruf / „Halleluja".

6. Siegbezwungen ist nun des Todes Macht, / Siegesfreude füllt unsre Seele ganz: / Gott im Himmel Ehre und Herrlichkeit, / Fried' auf Erden.

T: Nach „Salve dies, dierum gloria" von Adam von St. Victor, † 1192; Übertragung: Friedrich Dörr 1978
M: Alois Meisburger 1980

916

1. Herr Je - sus Chri - stus, wah - rer Tag, der al - le Nacht ver - trei - ben mag, du bist uns auf - ge - gan - gen. Die neu - e Wo - che kommt her - ein. Mit sei - nem ö - ster - li - chen Schein will uns dein Licht um - fan - gen.

2. In dieses Tages hellem Schein / wird sich der Ostersieg erneun, den du für uns errungen. / Und wieder ist uns Heil geschehn, / Herr Christ, in deinem Auferstehn. Des sei dir Lob gesungen!

3. Wir rühmen dich, o Herr und Gott, / du gabst uns Leben aus dem Tod, du hast uns auserkoren. / Wir danken dir für deine Gnad, / die uns im österlichen Bad der Taufe neu geboren.

4. An diesem Tag der Freude, Herr, / laß uns dein Reich und deine Ehr in heil'gem Dienste mehren! / Und wenn dein Tag kommt zum Gericht, / dann leuchte auf, o Herr, dein Licht, uns ewig zu verklären!

T: Maria Luise Thurmair 1940/1982
M: Gerhard Kronberg 1950

Lob und Dank

917

1. Erd und Him-mel sol - len sin - gen,
al - le Welt soll hell er - klin-gen,

vor dem Herrn der Herr - lich - keit,
lo - ben Gott zu je - der Zeit.

Hal-le - lu - ja! dienen ihm in E - wig - keit.

2. Sonne, Mond und Stern bezeugen uns den Herrn der Herrlich-keit; / Tag und Nacht sie nimmer schweigen, loben Gott zu aller Zeit. / Halleluja! dienen ihm in Ewigkeit.
3. So soll unser Lied ihn preisen, ihn, den Herrn der Herrlich-keit, / unser Leben Dank erweisen, loben Gott zu jeder Zeit. / Halleluja! dienen ihm in Ewigkeit.

T: Strophe 1 und 2 aus einem altkirchlichen Hymnus
Strophe 3: Paul Ernst Ruppel 1956

918

1. Gott, du bist Son-ne und Schild, Zu-flucht und

Ur-sprung und En - de. All uns-re Not ist

ge - stillt un - ter dem Schutz dei-ner Hän - de.

2. Du hast dein Wort uns gesandt, / rufst zu unendlichem Leben, / füllst unser Herz bis zum Rand, / hast dich uns selber gegeben.

3. Dich allein lobt, was da lebt, / in unerschöpflichen Weisen. / Solang dein Atem mich trägt, / laß meine Lippen dich preisen.

T: Friedrich Hoffmann   M: Piet van Amstel

919

1. Ge-het nicht auf in den Sor-gen die-ser Welt.

Su-chet zu-erst Got-tes Herr-schaft.

Und al-les and-re wird euch da-zu-ge-schenkt.

Hal - le - lu - ja, hal - le - lu - ja.

Hal - le - lu - ja, hal - le - lu - ja.

Hal - le - lu - ja, hal - le - lu - ja.

2. Ihr seid das Volk, das der Herr sich ausersehn, seid eines Sinnes und Geistes. Ihr seid getauft durch den Geist zu einem Leib. Halleluja, halleluja.

3. Ihr seid das Licht in der Dunkelheit der Welt, ihr seid das Salz für die Erde. Denen, die suchen, macht hell den schweren Weg. Halleluja, halleluja.

4. Liebet einander, wie euch der Herr geliebt, er liebte euch bis zum Tode. Er hat den Tod ein für alle Mal besiegt. Halleluja, halleluja.

5. So wie die Körner, auf Feldern weit verstreut, zu einem Brote geworden, so führt der Herr die zusammen, die er liebt. Halleluja, halleluja.

T: Winfried Pilz 1982
M: anonym

920

V/A: Singt dem Herrn ein neues Lied, singt ihm, al-le Welt!

Singt dem Herrn ein neues Lied, singt ihm, al-le Welt!

1. V: Denn der Herr ist mit uns, öff-net Aug und Ohr,

hüllt sich in die Zei - chen und tritt doch her - vor. (Kv)

2. V: Denn der Herr ist mit uns, bricht uns selbst das Brot, übt mit uns das Danken, ob die Nacht auch droht. Kv

3. V: Denn der Herr ist mit uns, stellt sich auf uns ein, spricht mit den Enttäuschten, will gebeten sein. Kv

4. V: Denn der Herr ist mit uns, wendet uns den Blick wieder zur Gemeinde und zum Dienst zurück. Kv

T: nach Lukas 24, 13–35
M: Dieter Trautwein 1964

Vertrauen und Bitte

921

1. Mein Hirt ist Gott der Herr, er will mich
im - mer wei - den,
er wird auf grü - ner
Au', so wie ich ihm ver - trau', mir
Rast und Nah - rung ge - ben und wird mich
im - mer - dar an Was - sern, still und
klar, er - fri - schen und be - le - ben.

dar - um ich nim - mer - mehr kann Not und
Man - gel lei - den;

2. Er wird die Seele mein / mit seiner Kraft erquicken, / wird durch den Namen sein / auf rechte Bahn mich schicken, / und wenn aus blinder Wahl / ich auch im finstern Tal / weitab mich sollt' verlieren, so fürcht' ich dennoch nicht; / ich weiß mit Zuversicht, / du, Herr, du wirst mich führen.

3. Du wirst zur rechten Zeit / den Hirtenstab erheben, / der allzeit ist bereit, / dem Herzen Trost zu geben. / Dazu ist wunderbar / ein Tisch mir immerdar von dir, o Herr, bereitet, der mir die Kräfte schenkt, / wann mich der Feind bedrängt, / und mich zum Siege leitet.

4. Du hast mein Haupt getränkt, / gesalbt mit Freudenöle, / den Kelch mir eingeschenkt, / hoch voll zur Lust der Seele. / Herr, deine Gütigkeit / wird durch des Lebens Zeit mich immer treu begleiten, daß ich im Hause dein / fest möge wohnhaft sein / zu ewiglichen Zeiten.

T: Psalm 23 (22), Josef Solzbacher 1946 nach Caspar Ulenberg 1582
M: Johannes Hatzfeld nach Ulenbergs Psalmen 1582

922

1. Frie - den gib uns al - le Zeit und weh - re al - lem Bö - sen; laß der Men - schen Haß und Neid in dei - nem Kreuz sich lö - sen. O Herr, er - barm dich un - ser.

2. Frieden gib uns alle Zeit und laß die Welt erkennen: Friede und Gerechtigkeit, sie lassen sich nicht trennen. O Herr, erbarm dich unser.

3. Frieden gib uns alle Zeit, verschließ den Mund der Lügen, der zum Schein nach Frieden schreit und doch nur will betrügen. O Herr, erbarm dich unser.

4. Frieden gib uns alle Zeit, laß deinen Willen walten, daß die Menschheit wird bereit, sich friedlich zu entfalten. O Herr, erbarm dich unser.

T: Johann Abensperg 1974
M: Mainz 1865 nach „Da pacem"

923

1. Be - schir - me uns, Herr Je - sus Christ,

wehr al - lem Feind und sei - ner List

und hal - te uns in dei - ner Hut,

die du er - kauft mit dei - nem Blut.

2. Wir bitten durch dein Kreuz und Leid, / wend von uns Krieg und teure Zeit, / beende Lüge und Gewalt, / in deiner Gnade uns erhalt.

3. Schenk Frieden und Gerechtigkeit, / verlaß uns nicht in dieser Zeit. / Sei Trost und Zuflucht, Herr und Gott, / wenn uns bedrängen Angst und Not.

T: Heinrich Bone 1851, Mainz 1974
M: Mainz 1865 nach „Defensor noster"

924

1. Gott Va - ter, schau auf dei - ne Kin - der,
Gott Sohn, Er - lö - ser al - ler Sün - der!

die um dich her ver - sam - melt sind!
Gott, Heil' - ger Geist, der tilgt die Sünd!

Hoch-hei - lig - ste Drei-fal-tig - keit,

dich prei - sen wir in E - wig - keit,

dir sei Lob, Ehr und Herr-lich - keit,

dir sei Lob, Ehr und Herr-lich - keit!

2. Uns drohn für Leib und Seel Gefahren, für beide banget uns gar sehr; / sie vor dem Unglück zu bewahren, macht uns die Welt und Sünde schwer. / |: Erbarme dich :| erbarme dich, du bester Vater, |: bewahre uns an Leib und Seel! :|

3. Gar viele Sorgen macht das Leben, die Nahrung, die den Leib erhält; / all unser Mühn kann uns nichts geben, wenn uns nicht hilft der Herr der Welt. / |: Erbarme dich :| erbarme dich, du bester Vater, |: bewahre uns an Leib und Seel! :|

4. Jesus, Lamm Gottes, unsre Bitten, o bringe sie zum Vater dort! / Du hast den Tod für uns gelitten, sei jetzt noch Mittler durch dein Wort! |:Erhöre uns :| erhöre uns als deine Brüder, |: die du am Kreuze hast erlöst! :|

5. Jesus, Lamm Gottes, ach, erbarme dich über uns und unser Land; / nimm schützend uns in deine Arme und reiche gnädig uns die Hand! / |: Erhöre uns :| erhöre uns als deine Brüder, |: die du am Kreuze hast erlöst! :|

6. Maria, Jungfrau und doch Mutter von einem Sohn, der Gottmensch ist, / der unser Herr und unser Bruder, der aller Menschen Heiland ist. / |: O bitt für uns :| o bitt für uns, du beste Mutter, |: verlaß doch deine Kinder nicht! :|

T: Bamberg 1858
M: Pörtnersches Gesangbuch, Würzburg 1828

925

1. Gro - ßer Kö - nig al - ler Völ - ker,
uns - re Hei - mat schüt - ze du!
Si - cher durch des Le - bens Dun - kel
führ dein Volk dem Lich - te zu!
Höch - ster Herr - scher, gib uns Gna - de,
seg - ne un - ser Va - ter - land!
Seg - ne sei - nes Vol - kes Pfa - de,
lei - te sei - ner Len - ker Hand!

2. Ordne, Herr, nach deinem Willen / die Gesetze klar und rein! / Laß uns freudig sie erfüllen, / laß sie deine Worte sein! Höchster Herrscher ...

3. Schöpfer Himmels und der Erde! / Großer Gott, wir bitten dich, / daß dein Volk geheiligt werde / dir zum Ruhme ewiglich. / Höchster Herrscher ...

T: Erich Przywara SJ   M: Würzburger Gesangbuch

926

1. Gib uns Frieden je - den Tag. Laß uns nicht al - lein, denn du hast uns fest ver - spro - chen, stets bei uns zu sein. Denn nur du, un - ser Gott, denn nur du, un - ser Gott, hast die Men-schen in der Hand. Laß uns nicht al - lein.

2. Gib uns Freiheit jeden Tag. Laß uns nicht allein. Laß für Frieden uns und Freiheit immer tätig sein. Denn durch dich, unsern Gott, denn durch dich, unsern Gott, sind wir frei in jedem Land. Laß uns nicht allein.

3. Gib uns Freude jeden Tag. Laß uns nicht allein. Für die kleinsten Freundlichkeiten laß uns dankbar sein. Denn nur du, unser Gott, denn nur du, unser Gott, hast uns alle in der Hand. Laß uns nicht allein.

T: Rüdiger Lüders, Kurt Rommel
M: Rüdiger Lüders

Meßgesänge

Siebte Reihe

Zur Eröffnung

927

1. Er - hö - re uns, Herr, un - ser Gott,
und schau auf dei - nes Vol - kes Not,
das auf - blickt, um zu be - ten.
Im Na - men des Herrn Je - sus Christ,
der un - ser Haupt und Mitt - ler ist,
sind wir vor dich ge - tre - ten.

2. Du bist der Vater, der uns liebt, / und der uns alle Schuld vergibt, / noch eh wir zu dir flehen. / Du, Gott, von dem nur Gutes kommt, / gib uns, was uns zum Heile frommt; / dein Wille soll geschehen.

3. Gib, Vater, uns das täglich Brot, / bewahre uns vor jähem Tod, / vor Unheil und Gefahren; / laß in der Welt mit wachem Sinn / uns deinem Sohn entgegenziehn / und seiner Ankunft harren.

4. Nimm von den Völkern Haß und Streit, / schenk Frieden in
Gerechtigkeit, / lösch aus des Krieges Flammen! / Gib allen Menschen gute Zeit / in Eintracht und Geborgenheit: / führ uns in
dir zusammen!

T: Friedrich Dörr 1970
M: „Harpffen Davids", Augsburg 1669

Kyrie-Ruf

928

V Herr, er - bar - me dich un - ser. A Herr, er -
bar - me dich un - ser. Herr, er - bar - me dich
un - ser. V Christ, er - bar - me dich un - ser.
A Christ, er - bar - me dich un - ser. Christ, er -
bar - me dich un - ser. V Herr, er - bar - me dich un - ser.
A Herr, er - barme dich un - ser. Herr, er - barme dich un - ser.

M: Erhard Quack 1941

Glorialied

929

Laßt uns Gott, dem Herrn, lob-sin-gen! Hoch er-freut

laßt uns heut Ehr und Dank ihm brin-gen! Heil ward

uns in Chri-sti Na - men: Da - rum preist

Sohn und Geist mit dem Va - ter! A - men.

T: Petronia Steiner 1944
M: Johann Georg Ebeling 1666

Antwort-Lied

930

1. Auf ewig gilt, o Herr, dein Wort,
durch al - le Zei - ten spricht es fort,
dem Him - mel gleich ge - grün - det;
was dei - ne Treu - e kün - det,
er - hält und mehrt, was du ge - lehrt,
gibt Kraft uns zu be - wäh - ren:
mit Freu - den will ich's hö - ren.

2. In Ewigkeit denk ich daran, was du uns hast gegeben, / was du
mit deinem Wort getan, das uns erweckt zum Leben; / dein
Wort, o Herr, ist uns das Licht, den rechten Weg zu finden. / Mit
Freuden will ich's künden.

T: Georg Thurmair 1966/1981
M: Gerhard Kronberg 1950
    auch M „Was Gott tut, das ist wohlgetan" Nr. 294 möglich.

Zum Glaubensbekenntnis

931

1. Wir glau-ben und be - ken - nen, daß Gott nach sei - nem Rat, er, den wir Va - ter nen - nen, die Welt er - schaf - fen hat. Von ihm ist aus - ge - gan - gen der Sohn von E - wig - keit, vom Heil - gen Geist emp - fan - gen, ge - bo - ren in der Zeit.

2. Er starb für uns am Kreuze, der Gott und Menschensohn, / be-
siegte Tod und Hölle, / herrscht auf dem Himmelsthron. / Den
Geist er niedersandte, / wird richten einst die Welt, / führt in das
Reich des Vaters, / die er hat auserwählt.

T: Ignaz Franz 1766, 2. Str. Trier 1963   M: Albert Höfer, † 1857

Zur Bereitung der Gaben

932

1. Wir weih'n, wie du geboten, dir, Herr, Gott, Brot und Wein. Das Opfer, hoch erhaben, wird Christus selber sein. Es wend uns deinen Frieden und dein Erbarmen zu; dem, der im Herrn verschieden, bring es die ewge Ruh.

2. Wir bringen in den Gaben / uns selbst mit frohem Sinn; / nimm uns und was wir haben, / o Vater, gnädig hin. / Du gabst es uns aus Güte zu unsrer Seligkeit; / mit dankbarem Gemüte sei's dir, o Herr, geweiht.

T: Christoph Bernhard Verspoells Gesangbuch, 1810, Neufassung
M: Albert Höfer, † 1857

Sanctuslied

933

Hoch-heilig, hei-lig, hei-lig bist du,

Gott Ze - ba - oth. All-mäch-tig und barm-

her-zig bist du, Herr, un-ser Gott. Ge-

lobt, ge-prie-sen wer-de, der kommt in

uns - re Zeit, der Heil schenkt

uns - rer Er - de, der Herr der Herr-lich-

keit, der Herr der Herr-lich-keit.

T: Augsburg 1981   M: Michael Haydn, † 1806

Agnus Dei-Lied

934

O Got-tes-lamm, dein Le - ben hast

du am Kreuz ge - ge-ben für uns-re Sün-den-

schuld. Sieh uns-re Not hie - nie - den und

schen-ke uns den Frie - den in dei - nes

Va - ters Huld, in dei-nes Va - ters Huld.

T: Augsburg 1981
M: Sirenes Symphoniacae 1678

Zur Kommunion

935

1. Du, Gott-mensch, bist mit Fleisch und
und dein Ge - nuß, o höch - stes

Blut wahr - haf - tig hier zu - ge - gen,
Gut, bringt mei - ner See - le Se - gen.

Dir, ew - ge Wahr - heit, glau - be ich!

In die - sem Glau - ben stär - ke mich,

bis ich dich e - wig se - he.

2. Dein Fleisch und Blut wird meinem Geist / zum Guten Stärke geben / und führt mich, wie dein Wort verheißt, / gewiß zum ewgen Leben. / Dir, gütge Allmacht, traue ich, / in dieser Hoffnung stärke mich, / bis ich dich einst besitze!

3. Du starbst für mich und setztest ein / dies Denkmal deiner Liebe, / daß du ganz mein und ich ganz dein / in Ewigkeit verbliebe. / Mein Jesus, liebvoll dank ich dir, / vermehre deine Lieb in mir, / laß mich dich ewig lieben!

T: Friedrich Matthias Berghaus 1799, Christoph Bernhard Verspoells Gesangbuch, 1810
M: Chrysanth Joseph Bierbaum 1826

Zur Entlassung

936

1. Laß, Herr, in dei-nem Se-gen uns heut und all-zeit stehn, daß wir auf dei-nen We-gen im Le-ben freu-dig gehn! Gib, daß wir rein von Sün-den einst ste-hen vor Ge-richt, da-mit wir Gna-de fin-den vor dei-nem An-ge-sicht!

2. Wir deine Hilf begehren, / o reinste der Jungfraun! / Wollst unser Flehn erhören / und gnädig niederschaun. / Hilf siegreich überwinden / der Sünde List und Macht, / daß wir den Frieden finden, / den uns dein Sohn gebracht!
3. Behüte unsre Pfade, / Sankt Josef, Schutzpatron! / Erfleh uns reiche Gnade vom ewgen Gottessohn! / Und wenn wir einstens scheiden / aus diesem Jammertal, / wollst uns zu Himmelsfreuden / geleiten allzumal!

T: nach Christoph von Schmid 1807
M: Johann Anastasius Freylinghausen 1704

937

1. Du wirst einst wieder kommen, o Jesus, zum Gericht; Heil wird dann allen Frommen, Fluch trifft den Bösewicht. Vor deinem Richterthrone erscheinen dann auch wir. Was wird wohl uns zum Lohne für unsre Taten hier?

2. Wir wollen redlich streben, / o Herr, nach deinem Reich. / Es werde unser Leben / stets mehr dem deinen gleich, / daß wir an jenem Tage / vor deinem Thron bestehn. / Und, wo nicht Schmerz und Klage, / dich ewig herrlich sehn.

T: Gsb. München 1810
M: „Wir glauben und bekennen", Nr. 931

Achte Reihe

Zur Eröffnung

938

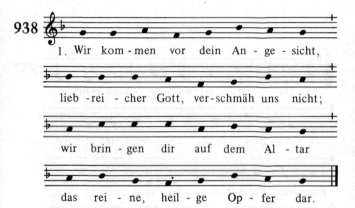

1. Wir kom-men vor dein An-ge-sicht,
lieb-rei-cher Gott, ver-schmäh uns nicht;
wir brin-gen dir auf dem Al-tar
das rei-ne, heil-ge Op-fer dar.

2. Wir feiern hier des Mittlers Tod, / der sich für uns zum Opfer bot, / und flehn durch Jesus, deinen Sohn, / zu dir, o Gott, auf ewgem Thron.

T: Mainz 1787/1974
M: „Beschirme uns", Nr. 923

Kyrie-Ruf

939

V Herr, er - bar - me dich! A Herr, er -
bar - me dich! Herr, er - bar - me dich!
V Chri - stus, er - bar-me dich! A Chri - stus, er -
bar-me dich! Chri - stus, er - bar - me dich!
V Herr, er - bar-me dich! A Herr, er - bar-me dich!
Herr, er - bar - - - me dich!

M: Erhard Quack 1941

Glorialied

940

Eh - re sei dir, Gott in der Höh,
Christ, un - ser Herr, e - wi - ger Sohn,

Frie - de den Men - schen auf Er - den!
Lamm, das hin - weg - nimmt die Sün - den!

Lob, Preis und Dank, An - be - tung dir,
Du bist al - lein hei - lig und groß,

Kö - nig, all - mäch - ti - ger Va - ter!
ein - zi - ger Herr, Al - ler - höch - ster:

Eins mit dem Gei - ste al - le - zeit

in Gott des Va - - ters Herr - lich - keit.

A - - - - - men.

T: Petronia Steiner 1945
M: Erhard Quack 1945

Antwort-Psalm   aus Psalm 119

941

Kv: Dein Wort, o Herr, ist Licht über meinem Pfad.

T: Ps 119,105
M: Gerhard Kronberg 1950

Mein Anteil ist der Herr;
    ich habe versprochen, dein Wort zu beachten.
Du mein Schutz und mein Schild,
    ich warte auf dein Wort.
Die Erklärung deiner Worte bringt Erleuchtung,
    dem Unerfahrenen schenkt sie Einsicht.
Deine Worte sind rein und lauter;
    dein Knecht hat sie lieb.
Das Wesen deines Wortes ist Wahrheit,
    deine gerechten Urteile haben alle auf ewig Bestand.
Herr, zu dir dringe mein Rufen.
    Gib mir Einsicht, getreu deinem Wort.

Ruf vor dem Evangelium

942

Hal - le - lu - ja, hal - le - lu - ja,
hal - le - lu - ja!

M: Gerhard Kronberg 1950

Das Wort Christi wohne mit seinem ganzen Reichtum bei euch.
T: Kol 3,16

in der Fastenzeit

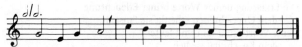

Lob sei dir, Herr, Kö-nig der e-wi-gen Herr-lich-keit.

M: Heinrich Rohr

Zum Glaubensbekenntnis

943

Ich glau - be an den ei - nen Gott, den
Va-ter, groß an Macht. Ich glaub an Christus, seinen
Sohn, der uns das Heil ge - bracht. Ich glau - be

an den Heil-gen Geist, der in der Kir-che lebt,

der uns durch sei - ner Lie - be Kraft ins

ew - ge Reich er - hebt. A - - - men.

T: Breslauer Gsb., Neufassung
M: Erhard Quack 1945

Zur Bereitung der Gaben

944

1. Wir brin-gen dir das rei - ne Brot und bit-ten

dich, Allmächti - ger: Aus die - ser Ga - be

wer-de uns der Leib des Her -ren Je - su Christ.

2. Wir bringen dir den klaren Wein und bitten dich, Allmächtiger: / Er werde uns zu Christi Blut, das wegnimmt unsre Sündenschuld.

3. Mit diesen Gaben bringen wir uns selbst dir dar, Barmherziger. / Das Opfer werde dir zur Ehr und uns zum Heile, Herr und Gott.

T u. M: Erhard Quack 1941

Sanctuslied

945

Hoch - hei - lig, hei - lig, hei - lig, Herr
Von dei - ner Eh - re sind er - füllt

der Mäch-te und Ge-wal - ten.
der Him-mel und die Er - de.

Ge - prie - sen sei, der zu uns kommt

in sei - nes Va - ters Na - men.

Ho - san - na in der Hö - he.

T: Johannes Schlick 1972   M: Johann Walter 1524

Agnus Dei-Lied

946

1. V Lamm Got - tes, Herr in Knechtsge - stalt,

ver - ach - tet und ge - ring,

A du nahmst auf dich der Men-schen Not:

o Herr,   er - bar - me   dich.

2. V Lamm Gottes, das am Kreuze starb, / du sühnst die Schuld
der Welt, / A dein Tod schließt uns das Leben auf: / o Herr, erbarme dich.
3. V Lamm Gottes in der Herrlichkeit, / der neuen Schöpfung
Haupt, / A dir huldigt der Erlösten Schar: / gib Frieden deinem Volk.

T: Friedrich Dörr 1970   M: Johannes Schlick 1970

Zur Kommunion

947

1. Je-sus Chri-stus, Gott und Mensch, Op-fer-
die-ses   ho - he Sa - kra - ment soll uns

lamm für uns - re   Sün - den:
dei - ne Lie - be   kün - den.   Du willst

un - ter Brot und Wein   un - ser sein.

2. Guter Hirte, der uns kennt / und durchs Leben uns geleitet; /
Meister, der uns Freunde nennt / und für uns den Tisch bereitet: / der sich selbst zur Speise gibt und uns liebt.
3. O geheimnisvoller Leib: / Du das Haupt und wir die Glieder! /
Daß die Liebe in uns bleib, / wirst du Speise deiner Brüder. / Deine Güte uns erhält, Heil der Welt!
4. Durch dein heilig Fleisch und Blut / bleiben wir mit dir verbunden. / Wer an deinem Herzen ruht, / hat den besten Freund
gefunden. / Selig, wer dein eigen ist, Jesus Christ.
5. Laß uns durch dein Sakrament / alles Böse überwinden / und
an userm letzten End / Frieden und Erlösung finden: / Sieger
über Welt und Tod, Herr und Gott!

T: Friedrich Dörr 1958   M: „Morgenglanz der Ewigkeit", Nr. 668

Zur Entlassung

948

Herr, du hast uns den Geist ge - ge - ben,

dein e - wig Wort und Sa - kra - ment,

da - mit wir ei - nes Glau-bens le - ben

als dei - ne Kir - che, die nichts trennt.

O Geist der Ein - heit, schließ die Wun - de,

tilg al - le Schuld, die in uns brennt,

da - mit wir wie aus ei - nem Mun - de

den Va - ter lo - ben oh - ne End!

T: Georg Thurmair 1965
M: „Nun singt ein neues Lied dem Herren", Nr. 262

Neunte Reihe

Meßfeier mit Kindern

Zur Eröffnung

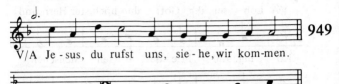

949

V/A Je-sus, du rufst uns, sie-he, wir kom-men.

V Wir kommen, um mit dir zu feiern.
A Jesus, du rufst uns, siehe, wir kommen.
V Wir kommen, um dein Wort zu hören.
A Jesus, du rufst uns, siehe, wir kommen.
V Wir kommen, um dein heiliges Brot zu essen.
A Jesus, du rufst uns, siehe, wir kommen.
V Wir wollen von Herzen gut sein und Gott danken.
A Jesus, du rufst uns, siehe, wir kommen.

Nr. 949, 951–955, 957–959 aus „50 Gesänge zur Meßfeier mit Kindern", Freiburg
1969;
M: Heinrich Rohr 1969

Gloriagesang

950

V/A Lob sei dir, Gott, du höch-ster Herr und
Kö - nig, und Frie-de al - len Menschen!

V Va - ter, wir rüh-men dich, Va - ter, wir
prei-sen dich, du bist gut und herr-lich.
A Lob sei dir, Gott, . . .

V Je - sus, Sohn Got - tes, du Hei-land al - ler
Welt: Wir be - ten dich an.
A Lob sei dir, Gott, . . .

V Je - sus, du be - freist uns von Sün - de, Angst und
Schuld: Er - bar - me dich un - ser.
A Lob sei dir, Gott, . . .

V Hei - li - ger Geist, komm zu uns, und

mach aus uns dein hei - li - ges Volk.

A Lob sei dir, Gott, du höch - ster Herr und

Kö - nig und Frie - de al - len Men - schen!

A - - - - men.

T u. M: Heinrich Rohr 1982

Antwort-Gesang

951

V/A Herr, dein Wort gibt Licht und

Le - ben. Lob und Dank sei dir da - für.

V Wer dich hört, dem bist du na - he,

wer dir folgt, bleibt nicht al - lein.

A Herr, dein Wort gibt Licht und Leben.
Lob und Dank sei dir dafür.

Ruf vor dem Evangelium

952

V/A Hal - le - lu - ja, Hal - le - lu - ja.

V Du sprichst zu uns, Herr Je - sus,

wir hören dich voll Freu - de.

A Halleluja, halleluja

Zum Glaubensbekenntnis

953

V/A Wir glau - ben an den gro - ßen Gott.

V Ich glau - be an Gott, den Va - ter,

den All - mäch - ti - gen, den Schöp - fer des

Him - mels und der Er - de. A Wir glau - ben . . .

V Und an Je - sus Chri - stus, sei - nen ein - ge - bo - re - nen Sohn, un -sern Herrn. A Wir glau - ben ...

V Ich glau - be an den Hei - li - gen Geist, die hei - li - ge ka - tho - li - sche Kir - che und das e - wi - ge Le - - ben. A - men. A Wir glau -ben ...

Zur Bereitung der Gaben

954 V/A Va - ter im Him - mel, sieh an, was wir bringen.

V 1. Sieh uns al - le vor dir stehn,

wir sind dei - ne Kin - der.

A Vater im Himmel, sieh an, was wir bringen.
V 2. Nun bereiten wir den Tisch zu dem heiligen Mahle.
A Vater im Himmel, sieh an, was wir bringen.
V 3. Sieh die Gaben Brot und Wein, siehe, was wir haben.
A Vater im Himmel, sieh an, was wir bringen.
V 4. Alles kommt aus deiner Hand, du hast es gegeben.
A Vater im Himmel, sieh an, was wir bringen.
V 5. Fröhlich loben wir, o Gott, dich mit allen Stimmen.
A Vater im Himmel, sieh an, was wir bringen.

Sanctus

955 V/A Hei - lig, hei - lig, hei - lig!

V Du gro - ßer Gott bist hei - lig.

A Heilig, heilig, heilig!   V Wir loben ihn und singen:
V Du sendest uns den Heiland.   A Heilig, heilig, heilig!
A Heilig, heilig, heilig!

956

Hei - lig, hei - lig, Herr! Hei - lig,
hei - lig, Herr! Hei - lig, hei - lig,
Herr! Du bist der Herr der Scha - ren.

1. Him-mel und Er - de, Son - ne und Stern
kün - den die Grö - ße Got - tes des Herrn.
Men-schen-ge-dan - ken ah - nen es nur: die
Wun - der al - le sind sei - ne Spur.

2. Singet Hosanna, singet es gern, ihm, der da kommt im Namen
des Herrn. Loben soll ihn unser froher Gesang. Wir preisen ihn
unser Leben lang. Heilig, . . .

T u. M: Hermann Ritter 1970

Agnus Dei

957

V O Lamm Got-tes, du nimmst hin-weg die
Schuld der Welt. A Er - bar - me dich un - ser!
V O Lamm Got-tes, du bist das Brot zum
Heil der Welt. A Er - bar - me dich un - ser!
V O Lamm Got-tes, du bist der Kö-nig
al - ler Welt. A Gib uns dei-nen Frie-den!

Zur Kommunion

958

V/A Je - sus, wie gut bist du,

wie   liebst du   uns,   o   Herr.

VI

Wort des Herrn:
V 1. + Wahrlich, ich sage euch:
   ich bin das Brot des Lebens.
   2. Ich bin das lebendige Brot,
   das vom Himmel gekommen.
A Jesus, wie gut bist du . . .
V 3. Ich bin das Brot des Lebens,
   wer zu mir kommt, wird nicht mehr hungern.
   4. Und wer an mich glaubt,
   wird nie mehr durstig sein.
A Jesus, wie gut bist du . . .
V 5. Das Brot, das ich gebe,
   ist mein Fleisch für das Leben der Welt.
   6. Wer mein Fleisch ißt und mein Blut trinkt,
   bleibt in mir und ich in ihm.
A Jesus, wie gut bist du . . .
V 7. + Ich bin der Weinstock,
   ihr seid die Reben.
   8. Wer in mir bleibt und ich in ihm,
   (·) der bringt reiche Frucht.
A Jesus, wie gut bist du . . .
V 9. Wie ich durch den Vater lebe,
   so lebt durch mich, wer mich genießt.
   10. Ja, wer da ißt von diesem Brot,
   wird leben in Ewigkeit.
A Jesus, wie gut bist du . . .

Danksagung

959

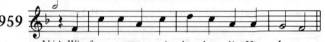

V/A Wir freu-en uns, wir dan-ken dir, Herr Je - sus.

V 1. Wir   al - le waren Gast   an   deinem Tisch.

A Wir freuen uns, wir danken dir, Herr Jesus.
V 2. Wir haben dein heiliges Wort gehört.
A Wir freuen uns, wir danken dir, Herr Jesus.
V 3. Wir haben dein heiliges Brot gegessen.
A Wir freuen uns, wir danken dir, Herr Jesus.
V 4. Wir bitten dich, bleibe bei uns, guter Heiland.
A Wir freuen uns, wir danken dir, Herr Jesus.
V 5. Laß uns zu den andern freundlich und gut sein.
A Wir freuen uns, wir danken dir, Herr Jesus.

Eucharistie

1. Pan - ge, lin - gua, glo - ri - o - si cor - po - ris my - ste - ri - um, san - gui - nis - que pre - ti - o - si, quem in mun - di pre - ti - um, fruc - tus ven - tris ge - ne - ro - si rex ef - fu - dit gen - ti - um.

3. A - - - - - - men.

960

2. Tantum ergo sacraméntum venerémur cérnui, et antiquum documéntum novo cedat ritui, praestet fides suppleméntum sénsuum deféctui.

3. Genitóri Genitóque laus et jubilátio, salus, honor, virtus quoque sit et benedíctio. Procedénti ab utróque compar sit laudátio. Amen.

T: Thomas von Aquin 1263/1264
M: Franz Witt, † 1888

961

1. Wir be-ten an, dich, wah-rer Mensch und Gott, Herr Je-sus Christ, ver-bor-gen hier im Brot. Hei-lig, hei-lig, hei - lig! Du bist all-zeit hei - lig. Sei ge-prie-sen oh-ne End in dem heil- gen Sa - kra-ment.

2. Wir beten an, dich, wahres Gotteslamm, / du gabst dein Blut für uns am Kreuzesstamm. / Heilig...

3. Wir danken dir, weil du uns alle liebst, / im heilgen Mahl dich uns zur Speise gibst. / Heilig...

4. Wir glauben, Herr, und wollen dir vertraun, / daß wir dich einst anbetend dürfen schaun. / Heilig...

5. Wir bitten dich, erbarm dich, großer Gott, / und segne uns in diesem Himmelsbrot. / Heilig...

T: Landshuter Gsb. 1777, Neufassung   M: Norbert Hauner, 1777

962

1. Hei - lig, hei - lig, hei - lig, un - aus-sprechlich hei - lig bist du, Va - ter,

Sohn und Geist, Gott, den Erd' und Him-mel preist, un - aus - sprech-lich hei - lig! Hei - lig, hei - lig, hei - lig!

2. Wunderbar zugegen, / gib uns deinen Segen, / Jesus, wahres Himmelsbrot, / unser Trost in jeder Not! / Unaussprechlich hei-lig! / Heilig, heilig, heilig!

T: Christoph von Schmid 1811   M: Josef Ulrich Mayrhofer, † 1857

963

1. Laßt uns: Hei - lig, hei - lig! sin - gen,
Je - sus, der hier bei uns woh - net,

mit den En-geln laßt uns brin-gen Lob und
dort auf dem Al - ta - re thro - net, prei-set,

Preis dem Sakra - ment! Mit Ke - ru - bim, mit
Chri-sten, oh - ne End!

Se - ra - fim lob - prei - sen wir dich, Je - su!

2. In den heiligen Gestalten / ist geheimnisvoll enthalten, / der als Heiland Fleisch annahm; / der durchdrungen von Erbarmen, / nahm als Hirte sich der armen / und verlaßnen Menschen an. / Mit Kerubim . . .

3. Unser Opfer wollt er werden, / stieg in Knechtsgestalt zur Erden / und verließ des Vaters Thron; / unterwarf sich schweren Plagen, / ließ für uns ans Kreuz sich schlagen, / er, des Allerhöchsten Sohn. / Mit Kerubim . . .

4. Ehe er sein Blut und Leben / in den Tod dahingegeben, / ließ er uns ein heilges Pfand: / gab sich uns als Opferspeise / für die große Pilgerreise / heim in das Gelobte Land. / Mit Kerubim . . .

5. O du Spender aller Gnaden, / sieh, mühselig und beladen / fleht dein Volk in Demut hier: / laß uns würdig dich empfangen, / deine Lieb und Gnad erlangen, / ewig sein vereint mit dir. / Mit Kerubim . . .

T: Steins Kölnisches Gsb. 1852
M: Geistlicher Psalter, Köln 1638
    Fassung: Rheinfelsisches Gsb., Augsburg 1666

Jesus Christus

964

1. Lob sei dir, Christus, du ewiger König der Zeiten,
   du willst dein pilgerndes Volk auf dem Wege geleiten.
   In dieser Welt hast du errichtet dein Zelt, um uns dein Mahl zu bereiten.

2. Herr, um dein Leben in unsere Herzen zu senken, / willst du im Opfermahl selber als Speise dich schenken. / „Eßt meinen Leib, / daß ich in euch immer bleib. Tut dies zu meinem Gedenken!"

3. Frieden hast du zwischen Gott und den Menschen verkündet, / ewig den Neuen Bund sterbend am Kreuze begründet. / Herr, durch dein Blut / machst du gerecht uns und gut, / Blut, das mit dir uns verbindet.

4. Ewiger Hirt, der zum heiligen Volke uns einte, / aus allen Völkern versammelst du deine Gemeinde. / Aus nah und fern / huldigen dir, unserm Herrn, / treu deine Jünger und Freunde.

T: Friedrich Dörr 1976
M: „Lobe den Herren", Nr. 258

965

1. Un - ser Le - ben sei ein Fest,
Je - su Geist in un - se - rer Mit - te,
Je - su Werk in un - se - ren Hän - den,
Je - su Geist in un - se - ren Wer - ken,
un - ser Le - ben sei ein Fest
an die - sem A - bend und je - den Tag.

2. Unser Leben sei ein Fest, Jesu Hand auf unserem Leben, Jesu Licht auf unseren Wegen, Jesu Wort als Quell unsrer Freude. Unser Leben sei ein Fest, an diesem Abend und jeden Tag.

3. Unser Leben sei ein Fest, Jesu Kraft als Grund unsrer Hoffnung,
Jesu Brot als Mahl der Gemeinschaft, Jesu Wein als Trank neuen
Lebens.
Unser Leben sei ein Fest, an diesem Abend und jeden Tag.
4. Unser Leben sei ein Fest, Jesus Weinstock und wir die Reben,
unsre Taten Frucht seines Geistes, Jesus selbst als Stamm der Gemeinde.
Unser Leben sei ein Fest an diesem Abend und jeden Tag.

T: J. Metternich Team 1972   M: P. Janssens 1972

Kirche

966

1. Send dei-nen Geist, Herr Je-sus Christ,
der un-ser Licht und Le-ben ist, daß er dein
Werk voll-en-de; daß er uns füh-re
durch sein Wort, uns je-der-zeit, an je-dem
Ort zum Werk des Frie - dens sen-de.

2. O Herr, verzeih uns alle Schuld, / die Trägheit wie die Unge-
duld, / durch die wir oft erschweren, / was deine Gnade wirken
will, / denn du allein kannst uns zum Ziel / der einen Kirche
führen.

3. Dein Geist entzünd des Glaubens Licht, / bestärk der Hoffnung Zuversicht, / treib uns zum Werk der Liebe; / er laß uns streben unverzagt, / daß endlich uns dein Friede tagt / im wirren Weltgetriebe.

4. So send uns ihn, Herr Jesus Christ, / der unsre einzge Hoffnung ist, / daß wir die Einheit finden; / denn er allein gibt uns die Kraft, / in der wir alle Gegnerschaft und Spaltung überwinden.

T: Johannes Aengenvoort 1969
M: Der „Lindenschmid-Ton", um 1490
     Fassung: Rheinfelsisches Gsb., Augsburg 1666

Maria

967

1. In Demut betend, Herr, vor
Der Engel kommt, verkündet

dir lag der Jungfrau-en schön-ste Zier-de;
ihr, der Mut-ter Je-su, ho-he Wür-de.

Die Rein-ste, wie die En-gel rein, wird

Mut-ter und auch Jung-frau sein.

2. Maria, vor der ganzen Welt / von Gottes Ratschluß auserkoren, / den, der zur Jungfrau dich erwählt, / den Schöpfer selbst hast du geboren. / O Frau, o Mutter unsers Herrn! / O Himmelspfort, o Gnadenstern!

3. Komm uns zu Hilf, erhör das Flehn / des armen Volks, der
schwachen Sünder! / Laß deines Sohnes Gnad uns sehn, / erbarme dich doch deiner Kinder! / Erbitt uns Huld bei Jesus Christ, /
durch den du aller Mutter bist.

T: Landshuter Gsb. 1777
M: Michael Haydn, † 1806
    (nach „Alma redemptoris mater")

968

1. Ma - ri - a, du des Him-mels Kö - ni -
gin, sei uns ge - grüßt, der En - gel Herr- sche -
rin! O Wur - zel, der das Heil ent - sproß,
o Pfor - te, der das Licht ent - floß! O
Pfor - te, der das Licht ent - floß!

2. Erfreue dich, denn du bist ehrenreich, / und keine ist, die dir
an Schönheit gleich! / Versöhne uns mit deinem Sohn, / o Schön-
ste, daß er uns verschon'! / O Schönste, daß er uns verschon'!

T: Würzburger Gesangbuch, 1830
M: Michael Haydn, † 1806

969

1. O Mut - ter der Barm - her - zig - keit! Sei Kö - ni - gin, ge - grü - ßet! Des Le - bens Trost und Sü - ßig - keit, durch die uns Gna - de flie - ßet! Zu dir, o Mut - ter, ru - fen wir, mit Trä - nen seuf - zen wir zu dir, mit Trä - nen seuf - zen wir zu dir.

2. O wende doch dein Angesicht / auf uns vom Himmelsthrone! / Versage uns dein Fürwort nicht / bei Jesus, deinem Sohne! / Nach diesem Leben zeig uns ihn, / |: und sei für uns die Mittlerin! :|

3. Wir sehn auf dich in Angst und Not, / in Trübsal und in Leiden; / o tröste uns und bitt bei Gott, / wenn wir von hinnen scheiden! / Erwirb uns Sieg im letzten Streit, / |: o Mutter der Barmherzigkeit! :|

T: Landshuter Gesangbuch, 1777
M: Michael Haydn, † 1806

970

1. Al - le Ta - ge sing und sa - ge
Ih - re Gna - den, ih - re Ta - ten

Lob der Him - mels - kö - ni - gin!
ehr', o Christ, mit Herz und Sinn!

Aus - er - le - sen ist ihr We - sen:

Mut - ter sie und Jung - frau war.

Preis sie se - lig, ü - ber - se - lig;

groß ist sie und wun - der - bar!

2. Gotterkoren hat geboren / sie den Heiland aller Welt, / der gegeben Licht und Leben / und den Himmel offen hält. / Ihre Ehren zu vermehren, / sei von Herzen stets bereit. / Benedeie sie
und freue / dich ob ihrer Herrlichkeit.

T: nach Heinrich Bone 1847 (nach „Omni die dic Mariae")
M: Trierer Gesangbuch 1695

971

1. Ro - sen - kranz - kö - ni - gin, Jung - frau voll

Gna-de, leh - re uns wandeln auf himm - li-schem Pfa - de! Freu-dig er - he-ben wir un - ser Ge - bet zu dir, Jung - frau voll Gna - de! Ro-senkranz - kö - ni - gin, Ro-sen-kranz - kö - ni - gin, Jung-frau voll Gna - de, Jungfrau voll Gna - de!

2. Rosenkranzkönigin, Mutter, du reine, / hilf, daß dir unser Herz ähnlich erscheine! / Schirme uns allezeit treulich in Kampf und Streit, / Mutter, du reine! / Rosenkranzkönigin, Rosenkranzkönigin, / Mutter, du reine, / Mutter, du reine!

3. Rosenkranzkönigin, Fürstin, du hehre, / bitte bei deinem Sohn, daß er gewähre, / was von dem Himmel kommt / und uns zum Heile frommt! / Fürstin, du hehre! / Rosenkranzkönigin, Rosenkranzkönigin, / Fürstin, du hehre, Fürstin, du hehre!

4. Rosenkranzkönigin, höchste der Frauen, / schirme, die deiner Macht freudig vertrauen! / Laß sie in Leid und Pein / ganz dir empfohlen sein, / höchste der Frauen! / Rosenkranzkönigin, Rosenkranzkönigin, / höchste der Frauen, / höchste der Frauen!

5. Rosenkranzkönigin, Mutter der Freuden, / von Gott erwählt in der Fülle der Zeiten. / Du warst des Herrn Gezelt, / gebarst das Heil der Welt. / Mutter der Freuden! / Rosenkranzkönigin, Rosenkranzkönigin, / Mutter der Freuden, Mutter der Freuden!

6. Rosenkranzkönigin, Mutter der Schmerzen, / wie dunkel stand das Kreuz dir überm Herzen, / da dein Sohn litt und starb, / Leben im Tod erwarb, / Mutter der Schmerzen! / Rosenkranzkönigin, Rosenkranzkönigin, / Mutter der Schmerzen, Mutter der Schmerzen!

7. Rosenkranzkönigin, glorreich Geehrte, / die der erhöhte Sohn himmlisch verklärte. / Aus deiner Herrlichkeit / neige dich unserm Leid, / glorreich Geehrte! / Rosenkranzkönigin, Rosenkranzkönigin, / glorreich Geehrte, glorreich Geehrte!

T: St. 1–4: J. B. Tafratshofer, † 1889
    Str. 5–7: Maria Luise Thurmair 1981
M: Kloster Wettenhausen

972

1. Nun, Brü-der, sind wir froh-ge - mut, so
   Der Herr ist sei-nem Vol-ke gut, nun

will es Gott ge - fal - len!
soll ein Lob er - schal - len! Wir grü - ßen

dich in dei-nem Haus, du Mut - ter al - ler

Gna - den. Nun brei - te dei - ne Hän - de

aus, dann wird kein Feind uns scha - den!

2. Es lobt das Licht und das Gestein / gar herrlich dich mit
Schweigen. / Der Sonne Glanz, des Mondes Schein / will deine
Wunder zeigen. / Wir aber kommen aus der Zeit / ganz arm in
deine Helle / und tragen Sünde, tragen Leid / zu deiner Gnaden-
quelle.
3. Wir zünden froh die Kerzen an, / daß sie sich still verbren-
nen, / und lösen diesen dunklen Bann, / daß wir dein Bild erkennen. / Du Mutter und du Königin, / der alles hingegeben, / das
Ende und der Anbeginn, / die Liebe und das Leben!
4. Laß deine Lichter hell und gut / an allen Straßen brennen! /
Gib allen Herzen rechten Mut, / daß sie ihr Ziel erkennen! / Und
führe uns in aller Zeit / mit deinen guten Händen, / um Gottes
große Herrlichkeit / in Demut zu vollenden!

T: Altenberger Wallfahrtslied Georg Thurmair 1935/1974
M: Adolf Lohmann 1936

973

1. Sei ge - grüßt, du Gna - den -
rei - che, in des Him - mels Herr - lich - keit!
Sei ge - grüßt, du En - gel - glei - che,
aus dem Ta - le die - ser Zeit.

2. Gnade ist dein ganzes Wesen, / gnadenvoll ist deine Hand. /
Alles wird zum Heil genesen, / wenn es deine Güte fand.
3. Du bist aller Himmel Zierde, / ausgewählt zum Königtum. /
Du trägst aller Kronen Würde / durch dein stilles Heiligtum.
4. Du hast uns das Licht geboren, / die Erlösung und das Heil. /
Was vor Zeiten wir verloren, / ward uns neu durch dich zuteil.

5. Alles hast du einst empfangen, / was noch nie ein Mensch empfing. / Durch das Leid bist du gegangen, / wie noch keine Mutter ging.

6. Holde Jungfrau, Makellose, / wunderrein in Ewigkeit, / schöne Blume, Gottes Rose, / blühende Verborgenheit!

7. Laß von deinem hohen Bilde / uns ein ferner Abglanz sein, / hingegeben deiner Milde / und erhellt von deinem Schein.

8. Bitte für uns, wenn die Sünde / uns in ihrem Banne hält, / daß die Seele heimwärts finde / aus der Fremde dieser Welt.

9. Laß uns nicht aus deinen Händen, / wenn das Leben von uns geht, / daß wir uns in Gott vollenden / wie ein ewiges Gebet.

T: Georg Thurmair 1935
M: Benediktinerabtei Grüssau-Bad Wimpfen 1939

974

1. Laß dei - ne Hilf er - fah - ren in al - ler Angst und Not, hilf Leib und Seel be - wah - ren, hilf, wo der Feind uns droht! Ver - las - se nicht uns Sün - der, uns ar - me A - dams - kin - der, Ma - ri - a, Ma - ri - a, o Ma - ri - a, hilf!

2. Will uns der Feind bestreiten, / die Höll, das Fleisch, die Welt, / so steh zu unsern Seiten, / daß nicht die Seele fällt! / Verlasse nicht uns Sünder,...

3. Laß deine Hilfe walten, / zeig deine Liebe doch! / In vielerlei Gestalten / drückt uns der Leiden Joch. / Verlasse nicht uns Sünder,...

4. Mit deiner Hilfe bleibe / bei uns im letzten Streit; / die Feinde all vertreibe, / mach uns für Gott bereit! / Verlasse nicht uns Sünder,...

T: „Laudate" Augsburg 1859
M: Kaspar Aiblinger, † 1867

975

V/A Mut-ter Got-tes, wir ru-fen zu dir!

V Dich lo-ben die Chö-re des Him-mels

A Ma-ri-a, wir ru-fen zu dir!

V Mutter Gottes, wir rufen zu dir.
A Mutter Gottes, wir rufen zu dir.
(So zu Beginn und nach mehreren Abschnitten)

1. V Dich loben die Chöre des Himmels
   A Maria, wir rufen zu dir *(nach jedem Ruf)*
   V Dich loben die Heiligen Gottes
   Dich lobet die Kirche auf Erden

2. V Du heiligste Tochter des Vaters
   Du Mutter des Herrn und Erlösers
   Du Tempel des Heiligen Geistes

3. V Du Jungfrau, prophetisch verheißen
Du Reis aus der Wurzel Jesse
Du Morgenstern unsrer Erlösung

4. V Du Thronsitz der ewigen Weisheit
Du Arche des ewigen Bundes
Du Ursache unserer Freude

5. V Du Jungfrau und Mutter voll Gnade
Du Mittlerin bei deinem Sohne
Du Sinnbild der heiligen Kirche

6. V Du Urbild der Würde des Menschen
Du Spiegel der Tugend in Fülle
Du leuchtendes Vorbild der Reinheit

7. V Du demütig Gott stets verbunden
Du liebevoll dienend den Menschen
Du starkmütig leidend mit Christus

8. V Du Mutter, vom Herrn uns gegeben
Du mächtiger Schutz aller Christen
Du Hilfe der kämpfenden Kirche

9. V Du Trösterin aller Betrübten
Du Schützerin aller Bedrängten
Du Zuflucht und Trost für uns Sünder

10. V Du Königin himmlischer Scharen
Dich loben die Heiligen Gottes
Dich lobet die Kirche auf Erden

T u. M: Grüssauer Marienrufe, Neufassung

976

1. Der En - gel des Herrn aus Got - tes
Macht Ma - ri - a hat die Bot - schaft
bracht: Sie sollt die Mut - ter Got - tes

sein und blei - ben ei - ne Jung-frau rein.

2. Maria sprach: „Sieh, ich bin rein / und will die Magd des Herren sein; / dein Wille, Herr, gescheh an mir, / mein Herz, o Gott, das schenk ich dir!"

3. Das heilige Wort, das Fleisch g'worden ist, / das wird genannt Herr Jesus Christ. / Dein bittres Leid, o großer Gott, / das stärke mich in meinem Tod!

4. Herr Jesu Christ, hab noch eine Bitt: / Verlaß die armen Seelen nit / und führe sie aus ihrer Pein / zu dir in deinen Himmel ein!

T u. M: aus der Steiermark

977

1. Und Uns - rer Lie - ben Frau - en, der trau - me - te ein Traum: wie un - ter ih - rem Her - zen ge - wach-sen war ein Baum. Ky - ri - e e - lei - son.

2. und wie der Baum ein'n Schatten gab wohl über alle Land: / Herr Jesus Christ, der Heiland, also ist er genannt. / Kyrie eleison.

3. Und Unsre Liebe Fraue, die trug ein Kindelein, / davon wolln wir nun singen und wollen fröhlich sein. / Kyrie eleison.

T u. M: nach Beuttners Gesangbuch 1602

978

1. Es blühn drei Ro - sen auf ei - nem Zweig.
Sie blühn all drei ins Him - mel-reich.
— O Ma - ri - a! — O Ma - ri - a,
ü - ber - all wir grü - ßen dich viel -
tau - send - mal, viel - tau - send - mal.

2. Was trägt Maria auf ihrem Arm? O Maria! / Ein kleines Kind,
das sich unser erbarm. O Maria! / O Maria, überall . . .
3. Was trägt Maria in ihrer Hand? O Maria! / Ein Zepter, das hat
ihr der Sohn erlangt. O Maria! / O Maria, überall . . .
4. Was trägt Maria auf ihrem Haupt? O Maria! / Eine Krone, die
hat ihr der Herr erlaubt. O Maria! / O Maria, überall . . .

T u. M: aus Schlesien, 1840 aufgezeichnet

Heilige

979

1. O heil-ger Jo - sef, Schutz-pa - tron!
Nähr - va - ter du vom Got - tes - sohn!
Bei dir ich all - zeit Hil - fe find,

Gott gab mich dir zum Pfle - ge - kind.

2. Vor allen Heilgen hochgeehrt, / weilst du im Himmel nun verklärt; / o gib, daß Gott ich ewig treu / in Glaube, Liebe, Hoffnung sei!

3. Erbitte mir, o Vater mein, / daß stets ich sei von Sünden rein, / nach Gottes Willen allzeit leb, / allzeit nach seiner Ehre streb!

4. Sei mein Beschützer immerdar, / an Seel und Leib mich stets bewahr! / Komm mir zu Hilf in aller Not / und steh zur Seite mir beim Tod!

T: Joseph Mohr, † 1848
M: „Harpffen Davids", Augsburg 1669

980

1. Sankt An - na, Mut - ter groß, was trägt dein heil'ger Schoß für köst -lich E - del - stei - ne! Von Gott bist du er - wählt, daß du den Schatz der Welt ge -barst, die Jung-frau rei - ne.

2. Du hast hervorgebracht, an der Gott seine Macht und Wunder wollte zeigen: / ein Jungfrau nicht allein, sie sollt auch Mutter sein, der sich die Engel neigen.

3. Dein Kind Maria ist die Mutter Jesu Christ, des Heilands dieser
Erden, / den du durch dein Gebet hast in der Not erfleht. O hilf
uns selig werden.

T: Himmlische Nachtigall, Köln 1690
M: Gerhard Kronberg 1950

981

1. Von Gott berufen in den Dienst der
Kirche wurdest du Diener aller Brüder
Christi, Künder der Wahrheit und des
Friedens Bote, heiliger Ulrich.

2. Mann des Gebetes, stets mit Gott verbunden, / schöpftest du
freudig aus dem Quell des Lebens / im Opfermahle, das der Herr
gestiftet, / Wasser des Heiles.
3. Als guter Hirte zogst du durch die Lande, / um allem Volke
Gottes Wort zu künden, / um aufzurichten Kranke und Bedrängte, / Armen zu helfen.
4. Als Krieg und Feinde Land und Volk bedrohten, / warst du ein
Vorbild felsenfesten Glaubens, / bliebst unerschrocken, voll des
Heilgen Geistes, / nahe den Deinen.
5. Bleib deiner Kirche väterlicher Schutzherr, / ruf alle Herzen
auf zum Dienst der Liebe. / Im Sturm der Zeiten, in der Not des
Lebens / hilf uns, Sankt Ulrich.

6. Lob sei dem Vater, der dich auserwählte, / Lob sei dem Sohne, der dich uns gesandt hat, / Lob sei dem Geiste, der dir Kraft verliehen: / Lob dem Dreieinen.

T: Friedrich Dörr 1979
M: „Lobet den Herren" Nr. 671

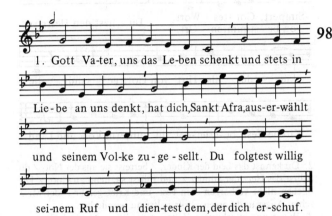

982

1. Gott Va-ter, uns das Le-ben schenkt und stets in Lie-be an uns denkt, hat dich, Sankt Afra, aus-er-wählt und seinem Vol-ke zu-ge-sellt. Du folgtest willig sei-nem Ruf und dien-test dem, der dich er-schuf.

2. In Christus, der am Kreuze starb / und uns das ewge Heil erwarb, / hast du den Gottessohn erkannt / und freudig „Christin" dich genannt. / In der Verfolgung Qual und Not / starbst du für ihn den Martertod.

3. Des Heilgen Geistes Schöpferkraft / entflammte deine Leidenschaft / für Jesus Christus und sein Reich; / ihm wurdest du im Sterben gleich: / denn größer als des Feuers Glut / war deiner Gottesliebe Glut.

4. Sankt Afra, die uns Gott gesandt, / beschütze Kirche, Volk und Land, / das Bistum und die Bischofsstadt / und wer sich dir empfohlen hat. / Wer hilfesuchend aufwärts schaut, / sei deiner Güte anvertraut.

T: Friedrich Dörr 1980
M: Leipzig 1539

983

1. Dich rief vor lan-gen Zei-ten, Sankt
den Weg ihm zu be-rei-ten am

Simpert, Got-tes Wort,
vor-be-stimmten Ort.
Du hast den Herrn ver-

kün-det, als Hirt von Gott ge-sandt, die

Kirche fest be-grün-det in unserm Volk und Land.

2. Du kennst das Leid der Kinder, / befreist sie aus der Not; / du rührst das Herz der Sünder / und führst sie heim zu Gott. / Dir blieben nicht verborgen / in Pest- und Kriegsgefahr / der Menschen Angst und Sorgen: / oft halfst du wunderbar.

3. Wenn uns in schweren Zeiten / des Bösen Macht bedroht, / dann hilf uns mutig streiten, / erwirk uns Kraft von Gott. / Gib, daß wir voll Vertrauen, / wie du in deiner Zeit, / am Reiche Gottes bauen, / für Christi Dienst bereit.

T: Friedrich Dörr 1980
M: „Wir weihn der Erde Gaben", Nr. 480

984

1. Groß warst du vor Gott, zu den Menschen gü - tig; mäch-tig war dein Geist und voll Kraft die Re - de; kämp-fend für das Volk schufst du Recht und Ord - nung, Al - bert der Gro - ße. 6. Str.: A - - men.

2. Forschend drang dein Blick in das Reich der Schöpfung: / wie die Pflanze lebt, was die Tiere treiben, / der Gesteine Bau und des Weltalls Weiten, / schautest du staunend.

3. Höher hob dein Geist sich ins Reich der Wahrheit: / was seit alter Zeit Menschengeist ergründet, / hast du neu durchdacht und als wahr erwiesen / aus der Erfahrung.

4. Freudig schwang dein Sinn sich empor zum Schöpfer, / dir erschloß sein Herz unser Herr und Meister, / den, erhöht am Kreuz, und im Brot des Lebens, / innig du liebtest.

5. Lehrer einer Welt, die nach Wahrheit suchte, / Mittler oft im Streit und des Friedens Bote, / öffne uns den Weg in die Welt des Glaubens, / Albert der Große.

6. Lob sei, Vater, dir, der das All erschaffen, / Lob dir, ewger Sohn, der die Welt erlöste, / Lob dir, Heilger Geist, der ins Licht uns leitet: / Lob dem Drei-Einen. Amen.

T u. M: Friedrich Dörr 1978

Tod und Vollendung

985

1. Je - sus Chri - stus, Gott des Lich - tes,
herr - lich wirst du wie - der - keh - ren
und am Tag des Welt - ge - rich - tes
al - les Tun der Men - schen klä - ren.

2. Du, o Herr, wirst uns erwecken / und wir werden auferstehen: / selbst Natur und Tod erschrecken, / wenn sie dieses Wunder sehen.

3. Zum Gericht wird aufgeschlagen / jenes Buch, drin eingeschrieben, / was sich alles zugetragen: / Gutes, Böses; Hassen, Lieben.

4. Herr, du kamst uns zu erlösen, / richt uns nicht nach unsren Sünden, / nimm von uns die Last des Bösen, / laß uns dein Erbarmen finden.

5. Der der Büßerin verziehen, / was sie einst gefehlt im Leben, / der dem Schächer Gnad verliehen – / du hast Hoffnung uns gegeben.

6. Bist uns suchend nachgegangen / auf dem Weg des Erdenlebens, / uns zulieb am Kreuz gehangen – / soviel Leid sei nicht vergebens!

7. Zu dir heben wir die Hände, / der für uns sich hingegeben: / schenke uns ein gutes Ende, / nimm uns auf ins ewge Leben.

T: Auswahl aus der Sequenz   M: Friedrich Dörr 1981
  „Dies irae dies illa"
  von Thomas von Celano,
  Übertragung: Friedrich Dörr 1981

986

1. O Va-ter der Barm-her-zig-keit, der nie ver-läßt die Sei-nen, sieh an der See-len schweres Leid, die drü-ben nach dir wei-nen! Ge-recht bist du und dein Ge-richt, wo-mit du strafst die Sün-der, doch wen-de, Herr, dein An-ge-sicht in Huld auf dei-ne Kin-der!

2. O Jesus, Heiland, mild und gut, / du aller Toten Leben, / gedenke an dein teures Blut, / das du für sie gegeben! / Laß sie erfahren deine Huld, / die Seelen, die noch leiden! / Erlaß die Strafe, tilg die Schuld, / führ sie zu deinen Freuden!

3. Und du, o Tröster, Heilger Geist, / du Anwalt aller Armen, / der du all ihre Trübsal weißt, / schenk ihnen dein Erbarmen! / Befreie sie aus Leidensglut, / daß sie sich sanft erkühlen, / laß sie der Seele höchstes Gut / in deinem Frieden fühlen!

4. O heiligste Dreifaltigkeit! / O ewiges Erbarmen! / Nimm auf der Kirche Lieb und Leid / zum Besten dieser Armen! / Du wollest deine Mildigkeit / den Seelen dort erweisen, / damit in alle Ewigkeit / sie deine Liebe preisen.

T: Verfasser unbekannt
M: Josef Ulrich Mayrhofer, † 1857

987 Zum Te Deum

V Lasset uns preisen den Vater und den Sohn mit dem Heiligen
Geist.
A Lasset uns ihn loben und hocherheben in Ewigkeit.
V Herr, erhöre mein Gebet.
A Und laß mein Rufen zu dir kommen.
P Der Herr sei mit euch.
A Und mit deinem Geiste.
P Lasset uns beten:
Deine Barmherzigkeit, o Gott, ist ohne Maß, und der Reichtum
deiner Güte ist unerschöpflich. Wir danken deiner Majestät für
die empfangenen Gaben und flehen ohne Unterlaß zu deiner Mil-
de: Verlaß uns nicht, der du gewährst, um was wir dich bitten,
sondern bereite uns für den ewigen Lohn. Darum bitten wir
durch Christus, unsern Herrn.
A Amen.

988 Wessobrunner Gebet

Das erfragte ich unter den Menschen
als gewaltigstes Wunder:
Als Erde nicht war noch hoher Himmel,
noch Baum noch Berg nicht war,
noch Sonne nicht schien noch Stern,
noch Mond nicht leuchtete
noch das mächtige Meer,
als nirgends nichts war aller Enden und Wenden:
da war der eine allmächtige Gott,
der Herren mildester;
bei ihm viele Geister voll Herrlichkeit.
Doch eher als sie war der heilige Gott.

Allmächtiger Gott,
der du Himmel und Erde geschaffen
und den Menschen viel Gutes gegeben hast,
verleihe mir in deiner Huld den rechten Glauben,
gewähre mir Weisheit und Klugheit und Kraft,
dem Verderber zu widerstehn,
das Böse zu meiden
und deinen Willen zu vollbringen. Amen.   8. Jh.

Tägliches Gebet in der Welt der Arbeit   989

Herr Jesus Christus,
wir opfern dir unseren Tag, unsere Arbeit,
unsere Kämpfe, unsere Freuden und Leiden.
Laß uns, wie auch alle unsere Schwestern und Brüder
in der Welt der Arbeit,
denken wie du, arbeiten mit dir, leben in dir.
Gib uns die Gnade, dich mit ganzem Herzen zu lieben
und dir mit allen Kräften zu dienen.
Dein Reich komme in die Fabriken, die Werkstätten,
die Büros und in unsere Häuser.
Gib, daß alle, die heute in Gefahr sind,
in deiner Gnade bleiben
und schenke den Verstorbenen deinen Frieden.
Besonders bitten wir dich (besonderes Anliegen)
Herr Jesus Christus, in deiner Liebe segne die arbeitende Jugend.
Herr Jesus Christus, heilige uns und unsere Familien.
Herr Jesus Christus, dein Reich komme
durch uns und unsere Arbeit.
Maria, Königin der Apostel, bitte für uns.
Amen.

(Gebet der Katholischen Arbeitnehmerbewegung – KAB und der Christlichen Arbeiterjugend – CAJ)

990 Gebet am Donnerstag
(um eine gute Sterbestunde)

Wir danken dir, göttlicher Heiland, / daß du für unsere Sünden
Todesangst gelitten und Blut geschwitzt hast. / Wir bitten dich: /
Verlaß uns nicht in der Stunde des Leidens und der Angst, / sondern sende uns deinen heiligen Engel, / daß er uns stärke und in
dein himmlisches Reich führe. / Amen.

991 Gebet am Freitag

V Es sind Finsternisse entstanden, als der Herr Jesus gekreuzigt
wurde. Um die neunte Stunde rief er mit lauter Stimme: Mein
Gott, mein Gott! Warum hast du mich verlassen? Und mit geneig-
tem Haupt gab er seinen Geist auf.
A Wir beten dich an, Herr Jesus Christus, und preisen dich.
Denn durch dein heiliges Kreuz hast du die Welt erlöst.
V Heiliger Gott, du hast deinen Sohn der Schmach des Kreuzes
unterworfen, um uns der Gewalt des Bösen zu entreißen. Gib uns
die Gnade, daß auch wir deinem Willen gehorchen und einst in
Herrlichkeit auferstehen. Darum bitten wir dich durch ihn, Christus, unsern Herrn. (Tagesgebet am Mittwoch der Karwoche)
A Wir danken dir, Herr Jesus Christ, / daß du für uns gestorben
bist. – Ach, laß dein Kreuz und deine Pein / an uns doch nicht
verloren sein. Amen. (Melodie Nr. 175)

Andacht von den sieben Worten Jesu am Kreuz   **992**

Eröffnung

Lied: O du hochheilig Kreuze Nr. 182/1.–3.

P   Herr Jesus Christus, du hast gesagt:
Wo zwei oder drei in meinem Namen versammelt sind,
da bin ich mitten unter ihnen.
Wir glauben, Herr, daß du jetzt in unserer Mitte bist.
Du sprichst zu uns – mit deinen Worten am Kreuz.
Wir hören auf dich und bekennen mit Petrus:
A   Herr, du hast Worte des ewigen Lebens.
P   Wir schauen auf zum Kreuz, zu dir, dem Gekreuzigten,
Du zeigst uns, was wir für dich bedeuten.
Du gibst am Kreuz – dein Leben für uns.
Du gibst dein Leben – für jeden von uns.
Wir wollen dir heute gemeinsam danken –
für deine Tat, für deine erlösenden Worte.
A   Herr, du hast Worte des ewigen Lebens.
P   Der Hauptmann von Kafarnaum hat einst gesagt:
Sprich nur ein Wort, dann wird mein Diener gesund.
In jeder Eucharistiefeier bekennt deine Gemeinde:
Sprich nur ein Wort, und meine Seele wird gesund.
Herr, wir brauchen die heilende Kraft deines Wortes.
Wir brauchen deine Nähe, deine Botschaft vom Kreuz.
A   Herr, du hast Worte des ewigen Lebens.

Lied (M: O Haupt voll Blut und Wunden Nr. 179)

O Herr, an deinem Kreuze / wird für uns offenbar / das Wunder
deiner Liebe. / Was du sagst, das ist wahr. /
Herr, sprich zu uns, wir hören, / befrei uns aus dem Tod. / Gib,
daß wir uns bekehren / zu dir, dem guten Gott.

ERSTES WORT

L   Jesus betete am Kreuz: Vater, vergib ihnen, denn sie wissen
nicht, was sie tun.   (Lk 23, 34)

                                                    STILLE

P Herr, dein erstes Wort am Kreuz – ist ein Gebet:
„Vater, vergib ihnen, denn sie wissen nicht, was sie tun."
Du, der ans Kreuz Gehängte, betest für deine Henker.
Du bittest nicht um ein Gericht über sie.
Kein Gedanke der Rache, keine Spur von Haß.
Alles an dir – ist Erbarmen.
Du bittest um Vergebung, rufst nach Versöhnung.
Du hast ein Herz – auch für deine Feinde.
Herr, wir sehen dich am Kreuz – als König des Friedens.
Du bezahlst deine Friedensbotschaft – mit deinem Leben.   STILLE

V Herr Jesus Christus,
A Sohn des lebendigen Gottes,
wir beten dich an und preisen dich.
Wir sagen dir Dank in der Gemeinschaft deiner Kirche,
denn durch dein Erbarmen am Kreuz
hast du die ganze Welt erlöst.

V Jesus, wir sind oft nachtragend und beleidigt.

A Herr, schenke uns Versöhnung und Frieden.
(so nach jeder Aussage)

V Wir nehmen uns immer wieder zu wichtig.
V Wir möchten mit allen Menschen in Frieden leben.
V Wir möchten, daß es keinen Streit unter uns gibt.
V Wir wollen unsere Vorurteile endlich abbauen.
V Wir wollen alles tun, daß der Friede gesichert wird.
V Wir bitten dich auch für unsere Feinde.
V Wir bitten für alle, die Frieden stiften.
V Wir bitten für alle, die unter Unfrieden leiden.

Lied
O Herr, an deinem Kreuze / da bist du uns ganz nah. / Wer
könnte je begreifen, / was dort für uns geschah. /
Du bittest für uns Sünder / und lädst uns alle ein, / einander zu
vergeben, / und Fried' wird endlich sein.

ZWEITES WORT

L Einer der beiden Verbrecher am Kreuz sprach: Jesus, denk an
mich, wenn du in dein Reich kommst. Jesus antwortete ihm:

Amen, ich sage dir: Heute noch wirst du mit mir im Paradies sein.

(Lk 23, 42–43)

STILLE

P Herr, dein zweites Wort am Kreuz ist die Antwort
auf die Bitte eines Verbrechers: „Jesus, denk an mich."
Der Verbrecher streitet seine Schuld in keiner Weise ab.
Er gibt seine Schuld – ohne Einschränkung zu.
Er bereut, was er im Leben gesündigt hat.
„Jesus, denk an mich", so bittet er voll Vertrauen.
Und du schenkst ihm mehr, als er erwarten kann.
Du schenkst ihm Hoffnung und neues Leben.
Du schenkst ihm Freundschaft und ewige Zukunft:
„Heute noch wirst du mit mir sein dürfen
im Paradies", in meiner Herrlichkeit.

STILLE

V Herr Jesus Christus,
A Sohn des lebendigen Gottes,
wir beten dich an und preisen dich.
Wir sagen dir Dank in der Gemeinschaft deiner Kirche,
denn durch dein Erbarmen am Kreuz
hast du die ganze Welt erlöst.

V Jesus, wir entschuldigen zu leicht unsere Fehler und Sünden.

A Herr, schenke uns Hoffnung und Umkehr.

V Wir suchen Schuld meist bei den anderen.
V Wir geben eigene Schuld nur ungern zu.
V Dabei ist keiner von uns ohne Sünde und Schuld.
V Der reuige Verbrecher zeigt, wie wir beten dürfen.
V Mit dem Verbrecher rufen auch wir: Jesus, denk an uns.
V Du schenkst jedem, der ehrlich ist, dein Erbarmen.
V Ohne deine Freundschaft ist unser Leben ohne Sinn.
V Und wäre unsere Sünde und Schuld noch so groß –

Lied
O Herr, an deinem Kreuze / bist du der Gute Hirt, / begleitest
den Verlornen, / bis er gefunden wird. /
Schenkst ihm dann deine Liebe / für alle Ewigkeit, / führst ihn
zu deinem Reiche, / in deine Seligkeit.

DRITTES WORT

L   Als Jesus seine Mutter sah und bei ihr den Jünger, den er liebte, sagte er zu seiner Mutter: Siehe, dein Sohn! Dann sagte er zu dem Jünger: Siehe, deine Mutter!   (Joh 19, 26–27)

STILLE

P   Herr, dein drittes Wort am Kreuz ist ein Wort
der Liebe und Treue über den Tod hinaus.
Zwei Menschen verlieren unter dem Kreuz das Liebste:
deine Mutter ihren einzigen Sohn, Johannes seinen besten Freund.
Du zeigst ihnen einen Weg, wie es weitergeht:
Liebt einander, wie ich euch geliebt habe!
Hört niemals auf, füreinander da zu sein.
Denn immer steht neben euch einer, der euch braucht. –
Herr, noch in deinem schrecklichen Tod bist du da
für die Deinen. Du denkst nicht an dich,
du denkst immer – an die anderen, auch an uns.
Du schenkst uns am Kreuz – eine Mutter, deine Mutter.

STILLE

V   Herr Jesus Christus,
A   Sohn des lebendigen Gottes,
wir beten dich an und preisen dich.
Wir sagen dir Dank in der Gemeinschaft deiner Kirche,
denn durch dein Erbarmen am Kreuz
hast du die ganze Welt erlöst.

V   Jesus, in deiner schwersten Stunde steht Maria unter dem Kreuz.

A   Herr, schenke uns Liebe und Treue.

V   Maria, deine Mutter, steh zu dir auch im Tod.
V   Maria und die anderen Frauen wissen, was Treue ist.
V   Viele Menschen glauben nicht mehr an den Sinn der Treue.
V   Viele künden die Treue auf, wenn es schwierig wird.
V   Nicht wenige unter uns sind verzweifelt und möchten aufgeben.
V   Sie warten auf jemand, der ihre Situation versteht.
V   Du möchtest, daß wir nie aufhören, einander zu lieben.
V   Wir sind nicht allein. Maria ist seit Golgota unsere Mutter.

Lied
O Herr, an deinem Kreuze / siehst du die große Pein / des Freundes und der Mutter. / Du läßt sie nicht allein. /
Du zeigst den Weg der Treue, / befreist sie aus dem Schmerz. /
Geheimnis aller Liebe: / wenn einer schenkt sein Herz.

VIERTES WORT

L In der neunten Stunde rief Jesus mit lauter Stimme: Mein Gott, mein Gott, warum hast du mich verlassen?   (Mk 15, 34)

STILLE

P Herr, dein viertes Wort am Kreuz ist wieder ein Gebet.
Du kennst die Not der Verlassenheit von Gott.
Du kennst die furchtbare Frage: Warum?
Warum schweigt Gott, wenn Menschen verhungern?
Warum schweigt Gott, wenn Menschen gefoltert werden?
Warum schweigt Gott zu deinem grausamen Tod?
Für uns, um unseretwillen, rufst du zu Gott.
Und weil du „Gott" sagst, „mein Gott, mein Gott",
weil du in dieser Verlassenheit noch *betest,*
darum ist letztlich doch alles geborgen – in Gott,
und in deinem Tod – auch unser Leben und unser Tod.

STILLE

V Herr Jesus Christus,
A Sohn des lebendigen Gottes,
wir beten dich an und preisen dich.
Wir sagen dir Dank in der Gemeinschaft deiner Kirche,
denn durch dein Erbarmen am Kreuz
hast du die ganze Welt erlöst.

V Jesus, viele können zu Gott nicht mehr „Vater" sagen.
A Herr, schenke uns Glauben und Stärke.

V Andere verstummen und verzweifeln, weil Gott zu allem schweigt.
V Du bist allen nahe, die sich verlassen und einsam fühlen.
V Du verstehst alle Menschen, die dich fragen: Warum?

V Du ziehst alle an dich, die im Abgrund stöhnen.
V Du schenkst uns die Kraft, nicht verzweifeln zu müssen.
V Mit dir zusammen können auch wir beten: Mein Gott, du mein Gott.
V Auch in tiefster Verlassenheit dürfen wir uns verlassen auf dich.
V Auch wenn einer nicht mehr glauben kann, glaubst du an ihn.

Lied

O Herr, an deinem Kreuze / erfahren wir das Leid / in seinem ganzen Schrecken: / die Gott-Verlassenheit. /
Du trägst für uns das Grauen, / den Schmerz der dunklen Nacht, / und stärkst in uns Vertrauen / in deine Gottes-Macht.

FÜNFTES WORT

L Jesus sagte: Mich dürstet. Sie steckten einen Schwamm mit Essig auf einen Ysopzweig und hielten ihn an seinen Mund.

(Joh 19, 28–29)
STILLE

P Herr, dein fünftes Wort am Kreuz ist ein Ruf
nach Wasser, nach Erbarmen, nach Liebe.
Einer oder mehrere Soldaten erbarmten sich – damals.
Aber dein Ruf vom Kreuz herab „Mich dürstet"
wird n i e mehr verstummen.
Wo immer ein Mensch in dieser Welt leidet,
wo einer hungert und dürstet – nach Liebe,
dort bist du, Herr, verborgen und uns ganz nah.
Vielleicht aber bedeutet dein Ruf „Mich dürstet" mehr:
daß du Verlangen hast nach dem Willen Gottes – ohne Vorbehalt.
„Soll ich den Kelch nicht trinken, den der Vater mir reicht?"

STILLE

V Herr Jesus Christus,
A Sohn des lebendigen Gottes,
wir beten dich an und preisen dich.

Wir sagen dir Dank in der Gemeinschaft deiner Kirche,
denn durch dein Erbarmen am Kreuz
hast du die ganze Welt erlöst.

V Jesus, du rufst „Mich dürstet" auch jetzt – in dieser Stunde.

A Herr, schenke uns Bereitschaft für dich und die Menschen.

V Menschen neben uns dürsten nach Verständnis und Liebe.

V Viele in der Dritten Welt dürsten nach Gerechtigkeit und Mit-
gefühl.

V Du machst die leibliche und seelische Not der Menschen zu
der deinen.

V Wir dürsten zu viel – nach Anerkennung und Ehre.

V Wir verlangen zu wenig – nach deinem Willen.

V Du sagst: Selig alle, die hungern und dürsten nach Gerechtigkeit.

V Sind wir vielleicht zu satt, zu gleichgültig geworden?

V Ob wir deinen Ruf hören und wirklich etwas tun?

Lied
O Herr, an deinem Kreuze / rufst du in deiner Not: / Mich dür-
stet, ich verlange / nach Menschen und nach Gott. /
Dein Ruf wird nicht verstummen, / dringt auch zu uns heran. /
Du wirst uns einmal fragen, / was wir für dich getan.

SECHSTES WORT

L Als Jesus von dem Essig genommen hatte, sprach er:
Es ist vollbracht!   (Joh 19, 30)
                                                            STILLE

P Herr, dein sechstes Wort am Kreuz
ist ein Wort der Vollendung.
„Es ist vollbracht", das bedeutet:
Du hast am Kreuz – alles vollbracht.
Was für uns eines Tages einfach zu enden scheint,
was wir nur als Stückwerk hinterlassen können,
das führst du, Gott, zu einem vollen Ende,
zur Voll-endung in deiner Herrlichkeit.
Herr, dein vorletztes Wort am Kreuz macht uns Mut.

Keiner von uns muß sich ängstigen, muß verzweifeln.
Denn du, Herr, wirst selber vollenden,
was du in der Taufe mit uns begonnen hast.

STILLE

V Herr Jesus Christus,
A Sohn des lebendigen Gottes,
wir beten dich an und preisen dich.
Wir sagen dir Dank in der Gemeinschaft deiner Kirche,
denn durch dein Erbarmen am Kreuz
hast du die ganze Welt erlöst.

V Jesus, wir sollen alles tun, was in unseren eigenen Kräften
steht.

A **Herr, schenke uns Mut und Zuversicht.**

V Du erwartest von uns keine letzte Vollkommenheit.
V Wir bringen am Ende doch nur Unvollkommenes zu dir hin.
V Wir schauen zu sehr auf Leistungen und Erfolge.
V Wenn dann Erfolge ausbleiben, werden wir mutlos.
V Du zeigst uns, was deine Gnade in uns bewirkt.
V Du führst unser Stückwerk zur herrlichen Vollendung.
V Was wie ein Ende aussieht, ist in Wahrheit der Anfang.
V Du Hoffnung aller, die in dir leben und sterben.

Lied
O Herr, an deinem Kreuze / rufst du: Es ist vollbracht. / Was vielen scheint ein Ende, / ist Anfang voller Macht. /
Dein Kreuz ist Siegeszeichen, / vernichtet Sünd und Tod / und
schenkt uns neues Leben / durch dich, den wahren Gott.

SIEBTES WORT

L Und Jesus rief mit lauter Stimme: Vater, in deine Hände lege
ich meinen Geist. Nach diesen Worten hauchte er den Geist aus.

(Lk 23, 46)
STILLE

P Herr, dein letztes Wort am Kreuz
ist wie dein erstes Wort – ein Gebet:

„Vater, in deine Hände lege ich meinen Geist."
Herr, lehre uns beten, wie du gebetet hast.
Herr, laß uns tun, was du getan hast:
alles – in die Hände – des Vaters legen,
und – an dein Herz, du Bruder und König am Kreuz.
Wir danken dir, Herr, für dein letztes Gebet.
Du verkündest uns sterbend, was letztlich allein zählt:
die Liebe, die niemals mehr aufhören wird,
die Liebe, die uns liebt – mit unendlicher Liebe.

STILLE

V   Herr Jesus Christus,
A   Sohn des lebendigen Gottes,
wir beten dich an und preisen dich.
Wir sagen dir Dank in der Gemeinschaft deiner Kirche,
denn durch dein Erbarmen am Kreuz
hast du die ganze Welt erlöst.

V   Jesus, manchmal ist es dunkel und Nacht in unserem Leben.

A   Herr, schenke uns Geborgenheit und Vertrauen.

V   Manchmal meinen wir, nicht mehr beten zu können.
V   Wir möchten aber beten, wie du uns zu beten gelehrt hast.
V   Wir möchten beten aus ganzem Herzen, aus ganzer Seele.
V   Du hast uns erlaubt, daß wir zu Gott „Vater" sagen dürfen.
V   „Vater unser" sagen wir zum Gott aller Menschen.
V   Gott liebt alle Menschen, auch den erbärmlichsten.
V   Keiner ist aus seiner unendlichen Liebe ausgeschlossen.
V   Wir dürfen auf ihn immer und überall grenzenlos vertrauen.

Lied
O Herr, an deinem Kreuze / sprichst du zum Vater dein: / Ich leg
in deine Hände / mein Leben und mein Sein. /
Du schenkst uns neue Hoffnung / durch dieses letzte Wort: /
Die Liebe wird nicht sterben, / sie dauert ewig fort.

Schlußgebet

P Jesus Christus, gekreuzigter und auferstandener Herr,
A wir danken für deine ermutigende Botschaft vom Kreuz.
Wir danken für dein Angebot von Versöhnung und Frieden.
Wir danken für deinen Auftrag, einander zu lieben.
Wir danken für dein Geschenk – deine Mutter Maria.
Wir danken für deinen Durst nach Menschen und nach Gott.
Wir danken für dein Gebet in der Verlassenheit von Gott.
Wir danken für deine Tat der Vollendung im Tod.
Wir danken für deine Zusage der Geborgenheit in Gott.

P Herr, du lebst auch fort
in allen Menschen, die gekreuzigt werden.
Was ein Mensch leidet, leidest auch du.
Was wir für einen Menschen tun,
tun wir genauso für dich.
A Herr, laß uns am Kreuz nie gleichgültig vorübergehen.
Deine Worte am Kreuz – begleiten uns.
Deine Worte am Kreuz – ermutigen uns.
Deine Worte am Kreuz – segnen uns.
Herr, segne uns durch dein heiliges Kreuz. Amen.

Segen
P Der Herr segne und behüte euch.
Er zeige euch sein Angesicht und erbarme sich euer.
Er wende euch sein Antlitz zu und schenke euch Frieden.
Der Herr + segne euch – im Zeichen des Kreuzes –
jetzt und in Ewigkeit.
A Amen.

Lied: O du hochheilig Kreuze Nr. 182/4.6.9.

Theo Schmidkonz

Andacht von der Todesangst Jesu am Ölberg · 993

Lied

P Herr Jesus Christus, du bist in unserer Mitte, wenn wir uns in deinem Namen versammeln; du erneuerst an uns die Werke deiner Liebe, wenn wir ihrer gedenken. Wir sind gekommen, dein Leiden am Ölberg in Glauben und Liebe, in Dankbarkeit und Sühne zu verehren.

A Gib, daß unser Herz in dieser Stunde bei dir ist. / Laß uns ergriffen werden von deiner Not, / stärke uns durch dein Gebet. / Durch deine Todesangst und deinen Gehorsam / rette uns alle aus der Stunde der Finsternis. / Richte uns auf an deinem Beispiel, / damit wir wie du den Willen Gottes tun.

Lied

ER BEGANN ZU ZITTERN UND ZU ZAGEN

V Im Markus-Evangelium lesen wir über die Todesangst des Herrn:

L Nach dem Lobgesang ging Jesus mit seinen Jüngern zum Ölberg hinaus. Sie kamen zu einem Grundstück, das Getsemani heißt, und er sagte zu seinen Jüngern: Setzt euch und wartet hier, während ich bete. Und er nahm Petrus, Jakobus und Johannes mit sich. Da ergriff ihn Furcht und Angst, und er sagte zu ihnen: Meine Seele ist zu Tode betrübt. Bleibt hier und wacht! (Mk 14.26.32–34)

STILLE

V Jesus, du hast unsere Leiden getragen und unsere Schmerzen auf dich geladen, wie von dir beim Propheten geschrieben steht: Er hat keine schöne und edle Gestalt, so daß wir ihn anschauen mochten. Er sah nicht so aus, daß wir Gefallen fanden an ihm.

A Er wurde verachtet und von den Menschen gemieden, / ein Mann voller Schmerzen, mit Krankheit vertraut. / Wie einer, vor dem man das Gesicht verhüllt, / war er verachtet; wir schätzten ihn nicht.

V Aber er hat unsere Krankheit getragen und unsere Schmerzen auf sich geladen. Wir meinten, er sei von Gott geschlagen, von ihm getroffen und gebeugt.

A   Doch er wurde durchbohrt wegen unserer Verbrechen, wegen unserer Sünden zermalmt. / Zu unserem Heil lag die Strafe auf ihm, / durch seine Wunden sind wir geheilt.   (Jes 53,2–5)

Lied

V   Jesus, du bist versucht worden wie wir; in dir haben wir einen Hohenpriester, der mit unserer Schwachheit mitfühlen kann. Wir haben ja nicht einen Hohenpriester, der nicht mitfühlen könnte mit unserer Schwäche, sondern einen, der in allem wie wir in Versuchung geführt worden ist, aber nicht gesündigt hat.

A   Laßt uns also voll Zuversicht hingehen zum Thron der Gnade, / damit wir Erbarmen und Gnade finden / und so Hilfe erlangen zur rechten Zeit.

V   Als er auf Erden lebte, hat er mit lautem Schreien und unter Tränen Gebete und Bitten vor den gebracht, der ihn aus dem Tod retten konnte, und er ist erhört und aus seiner Angst befreit worden.

A   Laßt uns also voll Zuversicht hingehen zum Thron der Gnade, / damit wir Erbarmen und Gnade finden / und so Hilfe erlangen zur rechten Zeit.

V   Jesus mußte in allem seinen Brüdern gleich sein, um ein barmherziger und treuer Hoherpriester vor Gott zu sein und die Sünden des Volkes zu sühnen. Denn da er selbst in Versuchung geführt wurde und gelitten hat, kann er denen helfen, die in Versuchung geführt werden.

A   Laßt uns also voll Zuversicht hingehen zum Thron der Gnade, / damit wir Erbarmen und Gnade finden / und so Hilfe erlangen zur rechten Zeit.   (aus dem Hebräerbrief 4; 5; 2)

Gesätz des Rosenkranzes: Jesus, der für uns Blut geschwitzt hat.

Lied

P   Jesus, unser Hoherpriester, unser Bruder, in allem uns gleich, wir rufen dich um dein Erbarmen an:

V   Bei deiner Angst und Trauer am Ölberg.

A   Erbarme dich unser.

V   Bei deinem Zittern und Zagen.

V   Bei deiner Betrübnis bis zum Tod.

V   Bei deiner tiefen Verlassenheit.

V Bei deinem Schmerz um die Sünden der ganzen Welt.

V Bei der Trauer deines Herzens um unsere eigenen Sünden.

V Jesus am Ölberg, du hast die Not der ganzen Welt brüderlich
mitgetragen.

A Erbarme dich unser.

V Jesus am Ölberg, du verstehst alles Leid.

V Jesus am Ölberg, du liebst jeden Sünder.

V Bleib bei uns in Angst und Verlassenheit.

A Wir bitten dich, erhöre uns.

V Nimm alle Angst der Welt in deine Todesangst auf.

V Steh den Sterbenden in ihrer Todesangst bei.

P Wir beten dich an, Herr Jesus Christus, und preisen dich.

A Denn durch dein heiliges Kreuz hast du die Welt erlöst.

Lied

WACHT UND BETET

V Im Matthäus-Evangelium lesen wir, wie Jesus seine Jünger bat,
mit ihm zu wachen und zu beten:

L Im Garten Getsemani sprach er zu ihnen: Bleibt hier und
wacht mit mir! Und er ging ein Stück weiter, warf sich zu Boden
und betete. Und er ging zu den Jüngern zurück und fand sie schlafend. Da sagte er zu Petrus: Konntet ihr nicht einmal eine Stunde
mit mir wachen? Wacht und betet, damit ihr nicht in Versuchung
geratet! Der Geist ist willig, aber das Fleisch ist schwach. Dann
ging er zum zweitenmal weg und betete. Als er zurückkam, fand
er die Jünger wieder schlafend. Die Augen waren ihnen zugefal-
len.   (Aus Mt 26)
                                                          STILLE

V Jesus, du hast deine Jünger zum Wachen und Beten ermahnt.
In der Bedrängnis dieser Welt rufen wir zu deinem Vater im Him-
mel:
Zu dir, Herr, erhebe ich meine Seele.
Mein Gott, auf dich vertraue ich.

A Laß mich nicht scheitern,
laß meine Feinde nicht triumphieren!

V Wende dich mir zu und sei mir gnädig,
denn ich bin einsam und gebeugt.

A Befrei mein Herz von der Angst,
führe mich heraus aus der Bedrängnis!
V Sieh meine Not und Plage an,
und vergib mir all meine Sünden!
A Erhalte mein Leben und rette mich, /
laß mich nicht scheitern!
Denn ich nehme zu dir meine Zuflucht.   (Aus Ps 25)

Lied

V Jesus, am Ölberg wachend und betend, laß uns hören auf den
Ruf zur Wachsamkeit: Gebt acht, daß ihr euch nicht von dem Irr-
tum der Gottlosen mitreißen laßt, euren Halt verliert und zu Fall
kommt. Wachset in der Gnade und Erkenntnis unseres Herrn und
Retters Jesus Christus.
A Die Stunde ist gekommen, vom Schlaf aufzustehen. / Die
Nacht ist vorgerückt; der Tag ist nahe. / Darum laßt uns ablegen
die Werke der Finsternis / und anlegen die Waffen des Lichts.
V Wacht und betet, damit ihr nicht in Versuchung geratet. Der
Geist ist willig, aber das Fleisch ist schwach.
A Die Stunde ist gekommen, vom Schlaf aufzustehen. / Die
Nacht ist vorgerückt; der Tag ist nahe. / Darum laßt uns ablegen
die Werke der Finsternis / und anlegen die Waffen des Lichts.
V Seid nüchtern und wachsam! Euer Widersacher, der Teufel,
geht wie ein brüllender Löwe umher und sucht, wen er verschlin-
gen kann. Leistet ihm Widerstand in der Kraft des Glaubens!
A Die Stunde ist gekommen, vom Schlaf aufzustehen. / Die
Nacht ist vorgerückt; der Tag ist nahe. / Darum laßt uns ablegen
die Werke der Finsternis / und anlegen die Waffen des Lichts.

Gesätz des Rosenkranzes: Jesus, der für uns gewacht und gebetet
hat.

Lied

P Jesus am Ölberg, von allen verlassen, wir rufen dich um dein
Erbarmen an:
V Bei deinem einsamen Wachen und Beten.
A Erbarme dich unser.
V Bei deiner Verlassenheit inmitten deiner Jünger.

V Bei deiner Enttäuschung über den Verrat des Freundes.
V Bewahre uns vor Gleichgültigkeit gegenüber deinem Leiden.
A Wir bitten dich, erhöre uns.
V Mach uns dankbar für deine Liebe.
V Öffne unsere Herzen für alles Leid in der Welt.
V Bewege uns zur Reue und Sühne.
V Laßt uns wachsam sein, damit wir nicht in Versuchung fallen.
P Wir beten dich an, Herr Jesus Christus, und preisen dich.
A Denn durch dein heiliges Kreuz hast du die Welt erlöst.

Lied

VATER, DEIN WILLE GESCHEHE

V Im Markus-Evangelium lesen wir, wie Jesus sich in den Willen
des Vaters gefügt hat:
L Er ging ein Stück weiter, warf sich auf die Erde nieder und betete, daß die Stunde, wenn möglich, an ihm vorübergehe. Er
sprach: Abba, Vater, alles ist dir möglich. Nimm diesen Kelch von
mir! Aber nicht, was ich will, sondern was du willst, soll geschehen.   (Mk 14,35–36)

STILLE

V Bei seinem Eintritt in die Welt spricht Christus zum Vater: Ei-
nen Leib hast du mir bereitet; siehe, ich komme, deinen Willen,
Gott, zu erfüllen.
A Vater, dein Wille geschehe, / wie im Himmel so auf Erden.
V Am Ölberg betete Jesus zum Vater: Abba, Vater, alles ist dir
möglich. Nimm diesen Kelch von mir! Aber nicht, was ich will,
sondern was du willst, soll geschehen.
A Vater, dein Wille geschehe, / wie im Himmel so auf Erden.
V Der Apostel mahnt: Beugt euch unter der mächtigen Hand
Gottes; dann wird er euch erhöhen, wenn die Zeit gekommen ist.
Werft alle eure Sorge auf ihn; denn er sorgt für euch.
A Vater, dein Wille geschehe, / wie im Himmel so auf Erden.

Lied

V Ich erhebe meine Augen zu dir,
der du hoch im Himmel thronst.

A Wie die Augen der Knechte auf die Hand ihres Herrn,
wie die Augen der Magd auf die Hand ihrer Herrin,
so schauen unsre Augen auf den Herrn, unsern Gott,
bis er uns gnädig ist.
V Schreien die Gerechten, so hört sie der Herr;
er entreißt sie all ihren Ängsten.
A Nahe ist der Herr den zerbrochenen Herzen, hilft denen auf,
die zerknirscht sind.
V Der Gerechte muß viel leiden,
doch allem wird der Herr ihn entreißen.
A Hoffe auf den Herrn und sei stark!
Hab festen Mut und hoffe auf den Herrn!   (Aus Pss 123; 34; 27)

Gesätz des Rosenkranzes: Jesus, der sich in den Willen des Vaters
gefügt hat.

Lied

P Jesus am Ölberg, dem Vater gehorsam bis in den Tod, wir ru-
fen dich um dein Erbarmen an:
V Bei deinem inständigen Beten in der Ölbergnacht.
A Erbarme dich unser.
V Bei deinem blutigen Angstschweiß.
V Bei deinem dreimaligen Ja zum Willen deines Vaters.
V Bei deinem am Ölberg erkämpften Gehorsam.
V Wir armen Sünder,
A wir bitten dich, erhöre uns.
V Laß uns in schweren Stunden gesinnt sein wie du.
V Sei allen Verunsicherten und Verwirrten nah.
V Führe uns durch die Teilnahme an deiner Not zur Herrlich-
keit.
V Steh uns durch deine Todesangst im Sterben bei.
V Laß unsere Verstorbenen bei dir im Paradiese sein.
P Wir beten dich an, Herr Jesus Christus, und preisen dich.
A Denn durch dein heiliges Kreuz hast du die Welt erlöst.

Stilles Gebet, währenddessen zum Gedenken an Jesu Todesangst
die Glocke läutet.

GOTTESLOB Freiburg-Rottenburg

Andacht vom Tag des Herrn   **994**

Lied

P Dreieiniger Gott, in heiliger Gemeinschaft gedenken wir am heutigen Tag deiner großen Taten. Erneuere in uns durch die Feier des Sonntags deine Werke zu unserem Heil. Laß uns deine Macht und Güte gläubig erkennen und deinen heiligen Namen preisen. Der du lebst und herrschest von Ewigkeit zu Ewigkeit. A Amen.

SABBAT DER SCHÖPFUNG

V Im Alten Testament lesen wir, wie der Herr das Schöpfungswerk vollendet und den siebten Tag geheiligt hat:
L Gott sah alles an, was er gemacht hatte: Es war sehr gut. – Am siebten Tag vollendete Gott das Werk, das er geschaffen hatte, und er ruhte am siebten Tag, nachdem er sein ganzes Werk vollbracht hatte. Und Gott segnete den siebten Tag und erklärte ihn für heilig.   (Gen 1,31a; 2,2.3)

V Das ist der Tag, den der Herr gemacht hat.
A Wir wollen jubeln und uns an ihm freuen.
V Laßt uns preisen den allmächtigen Vater, den Schöpfer des Himmels und der Erde.
A Kommt, fallt nieder und betet ihn an! / Beugt die Knie vor unserem Schöpfer, dem Herrn!

P Lasset uns beten. – Schöpfer des Alls, wie herrlich bist du! Du hast den Menschen zum Herrn über die ganze Schöpfung gemacht. Dafür danken wir dir. Hilf, daß wir dein Werk nicht verderben. Laß uns diese Welt nach deinem Sinn zu unserem Heil gebrauchen. Durch Christus, unseren Herrn.
A Amen.

SONNTAG DER ERLÖSUNG

V Am heutigen Tag gedenken wir der neuen Schöpfung aus dem Wasser und dem Heiligen Geist. Laßt uns danken dem Herrn, der uns aus der Finsternis in sein wunderbares Licht gerufen hat durch die Wiedergeburt in der heiligen Taufe.

L Der heilige Paulus schreibt: Wenn jemand in Christus ist, dann ist er eine neue Schöpfung: das Alte ist vergangen, Neues ist geworden. Einst wart ihr Finsternis, jetzt aber seid ihr durch den Herrn Licht geworden. Lebt als Kinder des Lichts! (2 Kor 5,17; Eph 5,8)

V Singt dem Herrn ein neues Lied; denn Wunderbares hat er getan.

A Seine Rechte errang ihm den Sieg. / Ja, Sieg errang sein heiliger Arm.

V Ich will dich rühmen, Herr;

A denn du hast mich aus der Tiefe gezogen.

V Wir alle, die wir auf Christus getauft sind, wurden auf seinen Tod getauft,

A damit wir auferstehn mit ihm und in der neuen Wirklichkeit leben.

P Lasset uns beten. – Gütiger Vater, Herr des Lebens, in der Taufe hast du uns neu geschaffen und dein Ebenbild, das durch die Sünde Adams zerstört war, wunderbar wiederhergestellt. Wir danken dir an diesem heiligen Tag für die großen Werke deines Erbarmens. Erneuere, was du in der Taufe an uns getan hast. Bewahre uns in deiner Liebe und Wahrheit. Laß dein göttliches Leben in uns reifen bis zum Tag der Erfüllung. Durch Christus, unseren Herrn. A Amen.

FEST DER AUFERSTEHUNG

V In Freude gedenken wir der Auferstehung unseres Herrn Jesus Christus. Am ersten Wochentag, das ist heute, erstand er vom Grab. Israel feierte den Sabbat; wir feiern den ersten Tag der Woche.

L So lesen wir beim Evangelisten Johannes: Am Abend des ersten Tages der Woche, als die Jünger aus Furcht vor den Juden die Türen verschlossen hatten, kam Jesus, trat in ihre Mitte und sagte zu ihnen: Friede sei mit euch! Nach diesen Worten zeigte er ihnen seine Hände und seine Seite. Da freuten sich die Jünger, daß sie den Herrn sahen. (Joh 20,19.20)

V Preiset den Herrn, denn er ist gut. In Ewigkeit währt sein Erbarmen. Halleluja.
A Durch sein Sterben hat er unseren Tod vernichtet / und durch seine Auferstehung neues Leben uns erworben. / Halleluja.
V Du König der Herrlichkeit, Christus.
A Du hast bezwungen des Todes Stachel / und denen, die glauben, / die Reiche der Himmel aufgetan.

P Lasset uns beten. – Herr und Gott, durch den Tod und die Auferstehung deines Sohnes sind wir dein Volk geworden. Wir bitten dich: Laß die Freude über unsere Berufung alles Leid und alle Not überwinden. Durch Christus, unsern Herrn.   A Amen.

DER FÜNFZIGSTE TAG

V Wir gedenken des Pfingsttages, des fünfzigsten Tages nach Ostern, als im Brausen des Sturmes und in Feuerzungen der Heilige Geist herabkam, wie der Herr verheißen hatte.
L Als der Pfingsttag gekommen war, befanden sich alle am gleichen Ort. Da kam plötzlich vom Himmel her ein Brausen, wie wenn ein heftiger Sturm daherfährt, und erfüllte das ganze Haus, in dem sie waren. Und es erschienen ihnen Zungen wie von Feuer, die sich verteilten; auf jeden von ihnen ließ sich eine nieder. Alle wurden mit Heiligem Geist erfüllt.   (Apg 2,1–4a)

V Die Liebe Gottes ist ausgegossen in unsere Herzen durch den Heiligen Geist, der uns geschenkt ist.
A Der Geist bezeugt unserm Geist, / daß wir Kinder Gottes sind.
V Ihr habt nicht den Geist von Sklaven erhalten, daß ihr euch fürchten müßtet.
A Wir haben den Geist empfangen, der uns zu Söhnen macht, / in dem wir rufen: Abba, Vater.
V Komm, Heiliger Geist, erfülle die Herzen deiner Gläubigen
A und entzünde in ihnen das Feuer deiner Liebe.

P Lasset uns beten. – Allmächtiger, ewiger Gott, du hast den Aposteln den Heiligen Geist gesandt. Gib auch uns diesen Geist der Liebe, damit wir vor allen Menschen treue und glaubwürdige Zeugen deiner Botschaft werden. Durch Christus, unsern Herrn.   A Amen.

TAG DER VOLLENDUNG

V Voll Hoffnung blicken wir auf jenen Tag, da der Herr wiederkommen wird auf den Wolken des Himmels, zu richten die Lebenden und die Toten, die Erlösung zu vollenden und Gottes Reich zu errichten. Dann wird ewiger Sonntag sein.
L In der Offenbarung des Johannes lesen wir: Dann sah ich einen neuen Himmel und eine neue Erde. Ich sah die heilige Stadt, das neue Jerusalem, von Gott her aus dem Himmel herabgekommen. Die Stadt braucht weder Sonne noch Mond, die ihr leuchten. Denn die Herrlichkeit Gottes erleuchtet sie, und ihre Leuchte ist das Lamm. Ihre Tore werden den ganzen Tag nicht geschlossen – Nacht wird es dort nicht mehr geben.   (Offb 21,1a.2a.23.25)

V Ich das Alpha und das Omega, der Erste und der Letzte, der Anfang und das Ende.
A Wir danken dir, Herr und Gott und Herrscher des Alls, / der ist und der war.
V Jetzt ist gekommen die Rettung und die Macht und die Herrschaft unseres Gottes.
A Lobpreis und Herrlichkeit, Weisheit und Dank, / Ehre und Macht und Stärke unserem Gott in Ewigkeit! Amen.

P Lasset uns beten. – Gott, unser Herr, alles steht in deiner Macht. Gib, daß wir uns mit Werken der Liebe auf die Ankunft deines Sohnes vorbereiten. Schreib uns ein in das Buch des Lebens, damit wir für immer bei dir sind. Durch Christus, unsern Herrn.   A Amen.

FEIERTAG DER HEILIGEN EUCHARISTIE

V Der Herr erneuert in uns an seinem heiligen Tag die großen Werke seines Erbarmens durch sein Wort und Sakrament.
L Von den ersten Christen heißt es: Sie hielten an der Lehre der Apostel fest und an der Gemeinschaft, am Brechen des Brotes und an den Gebeten. Sie lobten Gott und waren beim ganzen Volk beliebt.   (Apg 2,42.47a)

V Selig, wer das Wort des Herrn betrachtet bei Tag und bei Nacht.

A   Dein Wort ist meinem Fuß eine Leuchte, / für meine Pfade ein Licht.

V   Ist der Kelch des Segens, über den wir den Segen sprechen, nicht Teilhabe am Blut Christi? Ist das Brot, das wir brechen, nicht Teilhabe am Leib Christi?

A   *Ein* Brot ist es. Darum sind wir viele *ein* Leib; / denn wir alle haben teil an dem einen Brot.

V   Mit dem Opfer Christi vereinigen wir unser Gebet.

A   Mit dem Opfer Christi vereinigen wir unsere Arbeit.

V   Mit dem Opfer Christi vereinigen wir unser tägliches Kreuz.

A   In die Fülle des Opfers Christi geben wir unsere Armut.

V   In den Frieden des Opfers Christi tragen wir den Unfrieden der ganzen Welt.

A   In die Kraft des Opfers Christi empfehlen wir alle Toten.

P   Lasset uns beten. – Herr Jesus Christus, durch die Feier der Eucharistie machst du den Sonntag zum Tag der Gemeinschaft mit dir und den Brüdern. Laß uns in der kommenden Woche bei Arbeit und Freizeit deine Zeugen sein. Der du lebst und herrschest in Ewigkeit.   A   Amen.

GOTTESLOB Freiburg-Rottenburg

Litanei vom Heiligen Geist   995

Im 2. Teil sind die Anrufungen in 7 Gruppen geordnet, so daß leicht eine Aufgliederung oder eine Auswahl getroffen werden kann.

1.   I   V / A   Herr, erbarme dich.
          V / A   Christus, erbarme dich.
          V / A   Herr, erbarme dich.

     II   V   Christus, höre uns.
          A   Christus, erhöre uns.

     III   V   Gott Vater im Himmel,   A   erbarme dich unser.
               Gott Sohn, Erlöser der Welt
               Gott Heiliger Geist
               Heiliger dreifaltiger Gott

2. Geist vom Vater und vom Sohn, A erbarme dich unser.
   Geist, mit Vater und Sohn angebetet und verherrlicht
   Geist, der gesprochen hat durch die Propheten
   Geist, der auf Jesus Christus ruht
   Geist, der in der Kirche lebt
   Geist, der uns mit Christus eint

   Du Gabe Gottes
   Du Hauch des Lebens
   Du Feuer vom Himmel
   Du Beistand der Christen
   Du Helfer im Gebet
   Du Unterpfand der Erlösung

   Geist der Weisheit und der Einsicht
   Geist des Rates und der Stärke
   Geist der Erkenntnis und der Frömmigkeit
   Geist der Gottesfurcht
   Geist des Glaubens und der Hoffnung
   Geist der Liebe

   Du Trost der Verlassenen
   Du lebendiger Quell in der Wüste
   Du verborgene Kraft in den Schwachen
   Du stille Macht in den Geduldigen
   Du Freude der Kinder Gottes
   Du Gast der Freunde Jesu

   Geist, der die Herzen wandelt
   Geist, der uns sehend macht
   Geist, der die Ohren öffnet
   Geist, der die Zungen löst
   Geist, in dem wir gesalbt sind
   Geist, in dem wir gesandt sind

   Du Läuterung der Sünder
   Du Hilfe der Bekenner
   Du Lehrer der Boten Christi
   Du Kraft zur Nächstenliebe
   Du Stärke der Märtyrer
   Du Wonne aller Heiligen

Du Geist der Wahrheit
Du Geist der Stärke
Du Geist der Barmherzigkeit
Du Geist der Freiheit
Du Geist der Einheit
Du Geist der Heiligkeit

3. V Befreie uns, Heiliger Geist.
   A Befreie uns, Heiliger Geist.
   Von allem Bösen
   Von aller Sünde
   Von Unglauben und Aberglauben
   Von Verzweiflung und Vermessenheit
   Von Haß und Lieblosigkeit

   Von Neid und Stolz
   Von Selbsttäuschung und Irrtum
   Von Maßlosigkeit und Ungerechtigkeit
   Von Angst und Kleinglauben
   Von Streit und Spaltung
   Von der Enge des Geistes
   Von der Trägheit des Herzens

4. V Komm, Heiliger Geist.
   A Komm, Heiliger Geist.
   Schaffe neu das Antlitz der Erde
   Wohne in unseren Herzen
   Entzünde in uns das Feuer deiner Liebe
   Lehre uns beten
   Hilf unsrer Schwachheit auf
   Tröste uns mit deiner Gegenwart
   Gib uns ein reines und lauteres Herz
   Steh uns bei in aller Bedrängnis
   Leite uns auf Gottes Wegen
   Zeige uns, wozu wir gesandt sind
   Stärke den Eifer für Gottes Reich
   Führe uns zur Freiheit der Kinder Gottes
   Einige die Christenheit
   Heilige die Kirche
   Vollende, was du in uns gewirkt hast

5. V Hilf uns, wir bitten dich.
   A Hilf uns, wir bitten dich.

Daß wir die Kirche Gottes sind
Daß wir die Wahrheit erkennen
Daß wir auf Christus hoffen
Daß wir den Nächsten lieben
Daß wir Gott über alles lieben
Daß wir Jünger Jesu sind

Daß wir unsere Schuld erkennen
Daß die Irrenden zur Wahrheit finden
Daß die Bösen von ihrer Bosheit lassen
Daß die Feinde Gottes sich bekehren
Daß wir aus der Gnade der Taufe leben
Daß wir in der Kraft der Firmung handeln
Daß das Brot vom Himmel uns stärkt
Daß wir die Vergebung des Vaters finden
Daß die Kranken aufgerichtet werden
Daß Bischöfe, Priester und Diakone Diener des Heiles sind
Daß die Eheleute einander lieben

Daß unsere Toten in den Himmel kommen
Daß die Sterbenden im Herrn sterben
Daß wir Christus, den Herrn, erwarten
Daß Gottes Reich komme

6. V Lamm Gottes, du nimmst hinweg die Sünde der Welt;
   A Herr, verschone uns.
   V Lamm Gottes . . .   A Herr, erhöre uns.
   V Lamm Gottes . . .   A Herr, erbarme dich.

Lasset uns beten. – Allmächtiger Gott, festige, was du in uns gewirkt hast. Erhalte und schütze die Gaben des Heiligen Geistes in den Herzen der Getauften und Gefirmten, damit sie Christus, den Gekreuzigten, furchtlos in der Welt bekennen und seine Gebote in Liebe erfüllen. Darum bitten wir durch Christus, unsern Herrn. Amen.

Werkbuch zum GOTTESLOB (Josef Seuffert)

Gebete zur heiligen Jungfrau und Gottesmutter Maria 996

Gedenke, o gütigste Jungfrau Maria, / es ist noch nie gehört worden, / daß jemand, der zu dir seine Zuflucht nahm, / deinen Beistand anrief, / um deine Fürbitte flehte, / von dir verlassen worden sei. / Von diesem Vertrauen beseelt, / nehme ich meine Zuflucht zu dir, / o Jungfrau der Jungfrauen und meine Mutter. / Zu dir komme ich, / vor dir stehe ich als sündiger Mensch. / O Mutter des Ewigen Wortes, / verschmähe meine Bitte nicht, / sondern höre sie gnädig an und erhöre mich. / Amen.

O meine Gebieterin, o meine Mutter s. Nr. 783, S. 824

997

V   Jungfrau, Mutter Gottes mein,
    laß mich ganz dein eigen sein!
    Dein im Leben, dein im Tod,
    dein in Unglück, Angst und Not,
    dein in Kreuz und bittrem Leid,
    dein für Zeit und Ewigkeit!

A   Jungfrau, Mutter Gottes mein,
    laß mich ganz dein eigen sein!

V   Mutter, auf dich hoff und baue ich;
    Mutter, zu dir ruf und seufze ich;
    Mutter, du gütigste, steh mir bei!
    Mutter, du mächtigste, Schutz mir leih!

A   O Mutter, so komm, hilf beten mir!
    O Mutter, so komm, hilf streiten mir!
    O Mutter, so komm, hilf leiden mir!
    O Mutter, so komm, und bleib bei mir!

V   Du kannst mir ja helfen, o Mächtigste;
    du willst mir ja helfen, o Gütigste;
    du mußt mir nun helfen, o Treueste;
    du wirst mir auch helfen, Barmherzigste.

A   O Mutter der Gnade, der Christen Hort,
    du Zuflucht der Sünder, des Heiles Port,
    du Hoffnung der Erde, des Himmels Zier,
    du Trost der Betrübten, ihr Schutzpanier.

V   Wer hat je umsonst deine Hilf angefleht?
    Wann hast du vergessen ein kindlich Gebet?

Drum ruf ich beharrlich in Kreuz und in Leid:
Maria hilft immer, sie hilft jederzeit.

A Ich ruf voll Vertrauen in Leiden und Tod:
Maria hilft immer in jeglicher Not!
So glaub ich und lebe und sterbe darauf:
Maria hilft mir in den Himmel hinauf.
Jungfrau, Mutter Gottes mein,
laß mich ganz dein eigen sein! Amen.

998 Litanei vom heiligen Josef

I V / A Herr, erbarme dich.
V / A Christus, erbarme dich.
V / A Herr, erbarme dich.

II V Christus, höre uns. A Christus, erhöre uns.

III V Gott Vater im Himmel, A erbarme dich unser.

Gott Sohn, Erlöser der Welt
Gott Heiliger Geist
Heiliger dreifaltiger Gott

V Heilige Maria, A bitte für uns
Heiliger Josef
Du Sproß aus Davids Geschlecht
Du Licht der Patriarchen
Du Bräutigam der Mutter Gottes
Du Beschützer der heiligen Jungfrau
Du Nährvater des Sohnes Gottes
Du Beschirmer Christi
Du Haupt der Heiligen Familie
Du gerechter Josef
Du keuscher Josef
Du weiser Josef
Du großmütiger Josef
Du gehorsamer Josef
Du getreuer Josef
Du Spiegel der Geduld

Du Freund der Armut
Du Vorbild der Arbeiter
Du Beispiel des häuslichen Lebens
Du Beschützer der Jungfrauen
Du Stütze der Familien
Du Trost der Bedrängten
Du Hoffnung der Kranken
Du Patron der Sterbenden
Du Schrecken der bösen Geister
Du Schutzherr der Kirche

V   Lamm Gottes, du nimmst hinweg die Sünde der Welt;
A   Herr, verschone uns.
V   Lamm Gottes, du nimmst hinweg die Sünde der Welt;
A   Herr, erhöre uns.
V   Lamm Gottes, du nimmst hinweg die Sünde der Welt;
A   Herr erbarme dich.

Lasset uns beten. – Gott, du hast den heiligen Josef zum Bräutigam der Mutter deines Sohnes erwählt. Wir bitten dich: laß uns
in ihm, den wir als unsern Beschützer verehren, einen Fürsprecher an deinem Thron finden; das erbitten wir durch Christus,
unsern Herrn. Amen.

Werkbuch zum GOTTESLOB (Bearbeitung für Werkbuch)

Bitten auf die Fürsprache des heiligen Ulrich   999

P   Wir bitten Christus, unseren Herrn auf die Fürsprache des heiligen Ulrich:
V   Wir beten für alle, die mit großen Schwierigkeiten kämpfen,
die den Glauben verloren haben; den Glauben an Gott und den
Glauben an die Menschen,
für alle, die nach einer Hoffnung Ausschau halten und vergebens
auf die Liebe anderer warten:
A   Laß sie nicht noch mehr vereinsamen, / bewahre sie vor Verbitterung, / laß dein Licht das Dunkel ihres Inneren erhellen /
und schenke ihnen neues Vertrauen zu dir und den Menschen.

STILLE

V Für alle, die im Unfrieden miteinander leben, die es aufgegeben haben, miteinander zu reden und Wege der Verständigung zu suchen:
A Hilf ihnen, sich zu überwinden, / den Versuch eines ersten versöhnenden Wortes zu machen, / daß sie nicht Böses mit Bösem vergelten, / sondern das Böse durch das Gute überwinden.

STILLE

V Für alle, die mit der Verkündigung des Gotteswortes beauftragt sind, für die Prediger im Gottesdienst,
für jene, die an den Gräbern deine Auferstehung als unsere Hoffnung bezeugen,
für die Katecheten in unseren Schulen,
für alle Lehrer der Theologie
und für die Vermittler des Evangeliums in Presse, Funk und Fernsehen:
A Hilf ihnen, sich der Verantwortung für ihr Tun immer bewußt zu sein / und dein Wort so zu verkünden, daß es angenommen wird.

STILLE

V Für die jungen Menschen, die du zum priesterlichen Dienst berufen willst,
für die Schüler in den Seminaren unseres Bistums,
für die Studenten der Theologie, die sich auf das Priestertum vorbereiten:
A Hilf ihnen zur Klarheit über ihr Ziel,
führe sie durch deine Gnade auf ihrem Weg,
laß sie heranreifen zu guten Arbeitern in deinem Weinberg
und zu opferbereiten Säeleuten auf deinem Ackerfeld.

STILLE

V Für die Kranken in unserer Gemeinde, denen die besondere Liebe des heiligen Ulrich galt und denen wir uns heute besonders verbunden wissen,
für die Erschöpften und für die Sterbenden:
A Laß sie deine Liebe besonders erfahren, / stärke sie mit deiner Gnade / und laß sie durch die Kraft des Kreuzes, das du getragen hast, / das Kreuz ihres Lebens annehmen und tragen.

P   Denn du, Christus, bist unser Weg. Dein Wort ist Wahrheit,
Du bist unsere Kraft und auch unser Ziel, der du lebst und herr-
schest in Ewigkeit.
A   Amen.

Gebet zur heiligen Afra   1000

Heilige Afra, im Feuertode Zeugin Christi, durchglüht von lebendigem Glauben und von der Liebe zu ihm, hast du die lodernden
Flammen der Marter gering geachtet, so hast du durch Gottes
Gnade die Krone des Himmels erworben und nimmst teil am
Hochzeitsmahl des Lammes.
Heilige Schutzpatronin unseres Bistums, hilf uns durch deine Fürbitte, daß in uns das Feuer der Liebe für Christus und der Eifer für
sein Reich entbrennt. Erflehe den Bekennern des Glaubens Stark-
mut im Kampf, daß sie, durch Leiden bewährt, die Krone des Lebens erlangen, um mit allen Heiligen die Größe Gottes immerdar
zu preisen.   Amen.

Gebet zum heiligen Simpert   1001

Heiliger Simpert, Bischof der Kirche von Augsburg!
In der Kraft des Heiligen Geistes hast du vor 1200 Jahren die Kirche auf dem festen Grundstein aufgebaut, den Gott gelegt hat: auf
Jesus Christus, den gekreuzigten und auferstandenen Herrn.
Den dir Anvertrauten warst du ein fester Halt im Glauben, ein
tatkräftiger Helfer in ihren Nöten, ein guter Hirte in Gefahren
von innen und außen. Du sorgtest für die Armen; den Kranken
und Leidenden gabst du Trost und Zuversicht. Du nahmst dich aller Menschen an, um sie für Christus zu gewinnen und in deine
heilige Kirche zu führen.
Hilf uns durch dein Vorbild und deine Fürsprache, die Kirche von
Augsburg dem heiligen Willen Christi gemäß zu erneuern.

Den Priestern erflehe die Liebe des Guten Hirten, den Ordensleuten die Großmut des Herzens, den Laienchristen die Bereitschaft,
am Heilsauftrag der Kirche nach Kräften teilzunehmen.
Erflehe unseren Familien christlichen Mut, daß sie Gottesfurcht
und Sittlichkeit bewahren und weitergeben, ihrer Glaubensüber-
zeugung treu bleiben und einen christlichen Lebenswandel pfle-
gen.
Wie du dich einst im apostolischen Dienst abgemüht und dem
Gebet gewidmet hast, um alle zu retten, so möge in unseren Tagen jeder Getaufte und Gefirmte verantwortungsbewußt seine
Aufgabe in der Kirche erfüllen und für die Achtung des göttlichen
Willens im Leben der Familie und im öffentlichen Leben eintreten, damit alle Menschen in Freiheit und Frieden ihren Lebensweg
gehen und glücklich zur ewigen Seligkeit gelangen durch Christus, unsern Herrn.

1002 Gebete der Kinder nach der heiligen Kommunion

1. Jesus ist in dir. Denke nach:

Jesus ist jetzt da. Er leuchtet in mir wie die Sonne, wie ein helles
Licht im Dunkel der Nacht. Ich freue mich.

Nach einer Weile: Sprich mit ihm; grüße ihn:

Herr Jesus, du bist jetzt bei mir.
Ich danke, guter Heiland, dir.
Laß mich an deine Güte denken
und deine Liebe weiterschenken.

Danke ihm:

Ich danke dir,
daß du Mensch geworden bist,
daß du für mich gelitten hast,
daß du für uns auferstanden bist,
daß du das Wunder der Brotvermehrung gewirkt hast,
daß ich das Brot für das ewige Leben empfangen durfte,
daß du für mich das himmlische Freudenmahl bereit hälst,
daß ich ein Kind Gottes bin,

daß ich an dich glauben kann,
daß du mich heiligst und stärkst,
daß du in mir wie die Sonne leuchtest,
daß wir nun auch untereinander verbunden sind.

Schenke dich ihm und bitte ihn:

Jesus, ich gehöre dir.
Ich möchte immer bei dir bleiben.
Ich weiß, daß du mir zuhörst.
Ich kann dir alles sagen.

*(Erzähl Jesus von deinem Leben – sag ihm, für was du danken
willst – um was du bitten willst – für wen du beten willst – sag
ihm jetzt deine wichtigste Bitte)*

Ich bitte dich:
daß meine Liebe zu dir stärker werde,
daß ich nichts Böses tue,
daß ich meinen Eltern Freude mache,
daß ich mich mit meinen Geschwistern vertrage,
daß ich mit den anderen Kindern gut auskomme,
daß alle Menschen an dich glauben und friedlich zusammenleben.

Herr Jesus Christus, du hast gesagt:
„Ich bin der Weinstock, ihr seid die Rebzweige."
Wie der Lebenssaft vom Weinstock in die Reben dringt,
so durchströme auch mich mit deinem heiligen Leben!
Geh mit mir auf dem Weg meines Lebens
und laß mich oft und gern Mahl halten mit dir,
damit ich einmal auch bei deinem himmlischen Mahl
dabei sein darf. Amen.

2. Wir danken dir, Herr Jesus Christ,
daß du für uns gestorben bist.   **1003**

Wir preisen dich, Herr Jesus Christ,
daß du vom Tod erstanden bist.

Wir freuen uns, Herr Jesus Christ,
daß du erhöht im Himmel bist.

Wir loben dich, Herr Jesus Christ,
weil Gottes Reich im Kommen ist.

1004 3. O mein Heiland, großer König,
du bist bei mir eingekehrt.
Freudig trag ich dich im Herzen,
dem die ganze Welt gehört.

Sieh, nun sollst du alles haben,
was in meinem Herzen ist;
alles leg ich dir zu Füßen,
weil du ja mein König bist.

Lieber Herr, du kamst vom Himmel
auf die Erde einst herab,
lebtest für uns Menschenkinder,
starbst am Kreuz und lagst im Grab.

Glorreich bist du auferstanden,
fuhrst empor zum Firmament;
doch als Denkmal deiner Liebe
gabst du uns dies Sakrament.

Schenke mir nun deine Gnade,
hilf mir durch dein Fleisch und Blut,
daß ich deiner würdig werde,
lebe heilig, fromm und gut.

Lehr mich glauben, lehr mich lieben,
lehr mich kämpfen für dein Reich,
daß mein junges Menschenleben
deinem Leben werde gleich.

Deine Wahrheit sei die Rüstung,
deine Reinheit sei die Kraft,
deine Liebe sei mein Leben,
treu in deiner Ritterschaft.

Christus, König aller Länder,
aller Völker, aller Zeit,
froh soll alle Welt dir singen:
Hochgelobt in Ewigkeit!

Beichte für 11–13jährige **1005**

VORBEREITUNG

1. Wir Menschen werden immer wieder schuldig.

Es wäre schön, wenn wir in einer Welt leben könnten, in der es lauter gute Menschen gäbe. Keiner würde nur an sich denken, jeder würde seine Arbeit gewissenhaft verrichten, alle würden einander helfen, keiner würde dem Nächsten Böses tun. Es gäbe keinen Streit, keine Lüge, keinen Diebstahl, keine Gemeinheiten, keine Ungerechtigkeiten, keinen Mord, keinen Krieg . . . Was wäre das für ein herrliches Leben!

Aber leider erfahren wir jeden Tag an uns und an anderen, daß wir versagen, daß wir bewußt anders handeln als wir sollten. Wir machen nicht mit bei dem, was Gott mit uns vorhat. Wir wenden uns damit von ihm ab. Wir sündigen.

2. Wir Menschen möchten gerne unsere Schuld wieder loswerden – aber wie geht das?

Um aus unserer Schuld herauszukommen, um unsere Sünde loszuwerden, unternehmen wir manche Versuche:

Wir versuchen unsere Schuld vor uns und vor anderen zu verstecken. Wir sagen: „Was ich nicht weiß, macht mich nicht heiß", –
    aber die Schuld ist da, auch wenn sie versteckt wird.
Wir versuchen unsere Schuld zu beschönigen. Wir sagen: „So schlimm war das auch wieder nicht; das tun doch alle; das tut niemandem weh", –
    aber die Schuld bleibt, auch wenn sie so „besser" aussieht.
Wir versuchen unsere Schuld absichtlich anderen aufzuladen. Wir sagen: „Man hat mich so erzogen; ich kann nichts dafür; der hat angefangen; ich hätte von mir aus das nie getan", –
    aber die Schuld bleibt, auch wenn man sie auf andere abwälzt.
Es gibt noch andere Versuche und Versuchungen, mit der eigenen Schuld fertigzuwerden,
    aber so gelingt es nicht.
Es gibt für uns Menschen nur e i n e n Weg von der Schuld loszukommen: Gott muß eingreifen und unsere Schuld für immer weg-

nehmen. Er tat es auch, als Jesus am Kreuz für unsere Sünden
starb.

Und nun kommt etwas vom Wichtigsten und Schönsten für unser Leben: Gott ist allezeit bereit, jedem von uns zu vergeben. Er
verlangt nur eines:

daß wir Buße tun.

Das heißt, daß wir uns ihm neu zuwenden, den falschen Weg verlassen, umkehren, auf ihn wieder hören und unsere Schuld bereuen. So wie es uns Jesus gelehrt hat.

Es gibt viele Möglichkeiten, Gott zu zeigen, daß wir umkehren
wollen.

3. In besonderer Weise geschieht die Vergebung unserer Schuld in der Beichte, dem „Sakrament der Vergebung".

Sie geschieht vor dem Priester, der uns im Auftrag Christi und der
Kirche die Vergebung durch Gott zuspricht. Dieses Geschenk der
Versöhnung und des Friedens bietet uns Gott jederzeit an. Es liegt
allein an uns, dieses Angebot anzunehmen, um immer wieder ein
„neuer Mensch" zu werden.

Aus der Heiligen Schrift:

Jesus stieg in das Boot, fuhr über den See und kam in seine Stadt.
Da brachte man auf einer Tragbahre einen Gelähmten zu ihm.
Als Jesus ihren Glauben sah, sagte er zu dem Gelähmten: Hab Vertrauen, mein Sohn, deine Sünden sind dir vergeben! Da dachten
einige Schriftgelehrte: Er lästert Gott. Jesus wußte, was sie dachten, und sagte: Warum habt ihr so böse Gedanken im Herzen?
Was ist leichter, zu sagen: Deine Sünden sind dir vergeben!, oder
zu sagen: Steh auf und geh umher? Ihr sollt aber erkennen, daß
der Menschensohn die Vollmacht hat, hier auf der Erde Sünden
zu vergeben. Darauf sagte er zu dem Gelähmten: Steh auf, nimm
deine Tragbahre, und geh nach Hause! Und der Mann stand auf
und ging heim. Als die Leute das sahen, erschraken sie und prie-
sen Gott, der den Menschen solche Vollmacht gegeben hat.

Matthäus 9,1–8

Das erste Wort Jesu an den Gelähmten macht deutlich: Das Wichtigste für den Menschen ist die Vergebung der Schuld. So wie an

diesem Gelähmten will Jesus an jedem von uns handeln. Deshalb
gehen wir zu Jesus und beten:

> Herr,
> ich komme zu dir.
> Denn ich weiß:
> Du schaust mit Liebe auf mich.
> Du siehst, was gut ist in meinem Leben.
> Du siehst auch, was ich falsch mache.
> Vor dir kann ich ehrlich sein.
> Dir kann ich alles sagen.
> Du vergibst mir.
> Deshalb komme ich zu dir.

GEWISSENSERFORSCHUNG

Meine Lebensbereiche, in denen ich schuldig werden kann.

a) Mein eigenes Leben

Immer mehr wird mir klar, daß ich etwas Einmaliges bin. Ich bin
in eine Welt gestellt, die ich entdecken und erobern kann und in
der ich immer mehr Verantwortung übernehmen muß. Das erwarten auch meine Mitmenschen von mir. Wenn mein Leben gelingen soll, muß ich jetzt schon die Weichen dafür stellen. Niemand kann mir diese Aufgabe abnehmen. Je älter ich werde, um
so mehr bin ich für mein Tun verantwortlich. Ein solches Leben,
voller Erwartungen und voller Aufgaben, kann einen wirklich
froh machen.

Ich prüfe mein Verhalten:

Handle ich in wichtigen Dingen nach meinem Gewissen,
   oder suche ich nur meine eigenen Vorteile?
Nehme ich meine Pflichten wahr,
   oder drücke ich mich vor bestimmten Aufgaben?
Stimmt es, was ich anderen sage,
   oder schwindle ich und verstelle mich?
Trete ich für eine wichtige Sache mutig ein,
   oder bin ich lieber feige?

Können andere auf mich zählen,
  oder bin ich unzuverlässig?
Verhalte ich mich normal,
  oder gebe ich gerne an?
Kann ich mich selbst beherrschen,
  oder gebe ich meinen Launen
  oder meinem Zorn allzu leicht nach?
Habe ich meine Bedürfnisse und Triebe unter rechter Kontrolle,
  oder lasse ich allem freien Lauf?
Pflege ich meinen Körper, kleide ich mich ordentlich, und achte
ich auf gutes Benehmen,
  oder lasse ich mich in allem einfach gehen?
Kann ich auf Dinge verzichten,
  oder muß ich alles haben und stehle sogar?
Nütze ich meine Freizeit,
  oder sitze ich stundenlang vor dem Fernseher und schaue alles
  an?
Lese ich gute Bücher und Zeitschriften,
  oder schaue ich nur minderwertige Heftchen an?
Verwende ich mein Taschengeld sinnvoll,
  oder gebe ich es wahllos aus?
Gehe ich mit meinen eigenen Sachen und mit denen anderer und
mit Dingen in der Natur ordentlich um,
  oder bin ich schlampig und leichtsinnig?
Beachte ich die Regeln im Straßenverkehr,
  oder bin ich gleichgültig oder gar rücksichtslos?

b) Mein Leben in der Gemeinschaft

Keiner kann für sich allein leben, als wäre er Robinson. Wir sind
alle aufeinander angewiesen und tragen in allen Bereichen unseres
Lebens füreinander Verantwortung. So wie meine Eltern und andere Menschen bisher viel für mich getan haben, damit ich er-
wachsen werden kann, so muß auch ich immer mehr meinen Bei-
trag für diese menschliche Gemeinschaft leisten.
Gott hat den Menschen als Mann und Frau geschaffen. In der ganzen Schöpfung spielt das Geschlechtliche eine bedeutende Rolle.
Als Junge oder als Mädchen muß ich mich für meine spätere Aufgabe in der Familie schon jetzt vorbereiten. Darum ist es wichtig,

daß ich mich im geschlechtlichen Bereich nicht von den Trieben
willkürlich leiten lasse, sondern mich anständig und keusch verhalte.

Je mehr ich lerne, andere zu achten, für andere da zu sein, andere
zu lieben, um so besser wird mein Zusammenleben mit ihnen gelingen. Es wäre um uns schlecht bestellt, wenn jeder nur auf eigene Vorteile und Genuß aus wäre. Wer sich den Aufgaben in der
Gemeinschaft nicht stellen will, ist entweder feige oder selbst-
süchtig. Wer sie aber anpackt, wird erfahren: ein solches Leben,
voller Erwartungen und Aufgaben, kann einen wirklich froh machen.

Ich prüfe mein Verhalten:

In der Gemeinschaft der Familie:

Habe ich auf meine Eltern (Großeltern) gehört,
   oder war ich ihnen gegenüber ungehorsam?
Habe ich zu Hause geholfen,
   oder habe ich mich vor der Arbeit gedrückt?
Habe ich meinen Eltern immer die Wahrheit gesagt,
   oder habe ich sie angelogen?
War ich zu meinen Angehörigen immer höflich und rücksichtsvoll,
   oder war ich frech und streitsüchtig?
Habe ich mich bemüht, mit meinen Geschwistern gut auszukommen,
   oder war ich rechthaberisch und unverträglich,
   oder habe ich gar zugeschlagen?
Habe ich meine Schuld zugegeben, wenn ich etwas angestellt habe,
   oder habe ich die Schuld auf andere abgeschoben?
War ich bereit, anderen zu verzeihen,
   oder war ich nachtragend?

In der Gemeinschaft der Schule.

Habe ich mich zu meinen Lehrern ordentlich verhalten,
   oder habe ich sie geärgert, sie angelogen,
   oder bin ich frech gewesen?

War ich zu meinen Mitschülern kameradschaftlich,
  oder habe ich mit ihnen gestritten und sie geschlagen,
  oder war ich zu ihnen gemein?
Verhalte ich mich auf dem Schulweg (Schulbus), im Schulhaus
und im Pausenhof zu Mitschülern rücksichtsvoll,
  oder bin ich vor allem gegenüber Kleineren und Schwächeren
  grob und gar rüpelhaft?
Bin ich anderen ein guter und zuverlässiger Kamerad gewesen,
  oder habe ich sie im Stich gelassen, ausgenutzt
  oder gar in Böses hineingezogen?
Bin ich in meinem Reden und Verhalten anständig und keusch gewesen,
  oder habe ich im geschlechtlichen Bereich anderen ein schlech-
  tes Beispiel gegeben oder sie gar verführt?
Habe ich meine Hausaufgaben, so gut ich konnte, selbständig gemacht,
  oder habe ich sie abgeschrieben oder gar nicht gemacht?
Achte ich auf meine Schulsachen,
  oder gehe ich leichtfertig mit ihnen um?

In der Gemeinschaft mit anderen Menschen:

War ich zu älteren Menschen höflich und rücksichtsvoll,
  oder habe ich sie ausgelacht oder verletzt?
Habe ich Kindern oder unbeholfenen älteren Menschen beigestan-
den, wenn sie Hilfe brauchten,
  oder habe ich mich gedrückt?
Habe ich mich bei Spiel und Sport fair verhalten, konnte ich auch
verlieren,
  oder war ich unbeherrscht und habe andere übervorteilt?

c) Mein Leben vor Gott

Alles Leben kommt von Gott. Auch ich verdanke ihm mein Dasein. Er ist der Herr der ganzen Welt, auch der Herr meines Lebens. Dies muß ich anerkennen. Kinder sind nicht unglücklich
darüber, daß sie auf ihre Eltern angewiesen sind, im Gegenteil. Sie
fühlen sich bei ihnen geborgen. So kann auch ich mich bei Gott
geborgen fühlen, ich kann mich auf ihn verlassen wie auf einen
guten Vater und auf eine gute Mutter. Immer kann ich Gott ver-

trauen, weil er uns Menschen liebt. Diese frohe Botschaft hat uns vor allem Jesus verkündet. Ein solches Leben mit Gott kann einen wirklich froh machen.

Ich prüfe mein Verhalten:

Denke ich jeden Tag an Gott, danke ich ihm,
    oder vergesse ich ihn tagelang und lebe ganz „gedankenlos"?
Rede ich gerne mit ihm – am Morgen, am Mittag, am Abend –,
    oder bleibe ich vor ihm stumm und lebe nur so in den Tag hinein?
Gehe ich am Sonntag in die Kirche und feiere mit den anderen Christen die heilige Messe,
    oder habe ich für Gott und die Gemeinde keine Zeit?
Überprüfe ich immer wieder mein Verhalten, ob es gut oder schlecht ist,
    oder meine ich, mit mir sei alles in Ordnung?
Bin ich bereit, Gott immer wieder zu suchen und seine Spuren zu entdecken,
    oder kümmere ich mich zu wenig darum?
Übe ich manchmal, vor Gott still zu werden und für ihn Zeit zu haben,
    oder genügen mir der tägliche Umtrieb und Lärm?
Vertraue ich darauf, daß Gott in meinem Leben wirkt,
    oder meine ich, daß es nur auf uns Menschen ankommt?
Spüre ich, daß der Glaube für unser Leben wichtig ist,
    oder bin ich in religiösen Dingen leichtfertig oder gar gleichgültig?
Bin ich bereit, in schwierigen Situationen mutig zu meinem Glauben zu stehen,
    oder bin ich lieber feige, weil ich Angst habe, ausgelacht zu werden?

REUE-GEBET

Nachdem du dein Gewissen erforscht hast, bitte Gott um Vergebung. Hilfen dazu: GOTTESLOB Nr. 66,9 (oder 7,4 oder 83 oder 160 oder 161 oder 164 oder 167)

ZUR BEICHTE BEREIT

Nach diesen ernsthaften und gewissenhaften Überlegungen und
dem Reuegebet fällt es dir nicht mehr schwer,
vor dem Priester deine Schuld zu bekennen,
ihm zu sagen, daß du dein schuldhaftes Verhalten bereust,
Gott um Vergebung der Schuld zu bitten und neu anzufangen.

Jetzt kannst du deine Beichte ablegen und bekennen, was du Gutes unterlassen und Böses getan hast.

Du kannst im Beichtstuhl bzw. beim Beichtgespräch so beginnen:
„Meine letzte Beichte war vor . . ."
„Ich habe . . .   Ich bin . . .
Ich habe mir besonders vorgenommen, daß ich . . .
Ich bereue meine Sünden und bitte Gott um Vergebung."
(Noch ein wichtiger Hinweis für dich: Hast du dennoch Schwierigkeiten, dein Bekenntnis im Beichtstuhl abzulegen, so hab keine
Angst; sag es dem Beichtvater; er hilft dir weiter.)

DANKGEBET NACH DER BEICHTE

Nun hat dir der Priester im Namen Christi und der Kirche deine
Sünden vergeben.
Danke Gott von Herzen für dieses große Geschenk, das dir einen
neuen Anfang ermöglicht.
Hilfen dazu: GOTTESLOB Nr. 66,11 und 66,12 (oder 60,5 oder
3,3 oder 29,6 oder 258 oder 260 oder 266 oder 267)

Geschichte des Bistums Augsburg   **1006**

Die Anfänge

Mit den römischen Soldaten, Handwerkern und Kaufleuten kam auch die christliche Botschaft in das Land zwischen Iller und Lech. Höchstwahrscheinlich war Augsburg um 300 bereits Bischofssitz. Die erste namentlich bekannte Glaubenszeugin ist Afra, die um 304 in Augusta Vindelicorum den Martyrertod starb und deren Verehrung seit dem 5. Jahrhundert bezeugt ist. Nur wenige historisch gesicherte Aussagen lassen sich für die Zeit der Völkerwanderung treffen. Seit Bischof Simpert aber, der von 778 bis 807 der Diözese vorstand, mehren sich die geschichtlichen Nachrichten. Ihm gelang es, die beiden Bistümer Augsburg und Neuburg-Staffelsee zu vereinigen. Damit wurde die Ostgrenze des Augsburger Sprengels festgelegt, die sich im großen und ganzen bis heute erhalten hat. Damals bestanden bereits verschiedene Benediktinerklöster, u. a. Benediktbeuern, Füssen, Kempten, Ottobeuren, Thierhaupten und Wessobrunn.

Das Bistum im Mittelalter

Der bedeutendste Bischof ist der heilige Ulrich, der im 10. Jahrhundert die Kirche von Augsburg leitete. Über sein Leben berichtet der Zeitgenosse Propst Gerhard in der Vita S. Udalrici. Von einer tiefen Frömmigkeitshaltung der folgenden Jahrhunderte zeugen eine Reihe von Klostergründungen u. a. in Augsburg-St. Ulrich und Afra, Donauwörth, Irsee, Neresheim, Kaisheim, Dießen, Wettenhausen, Roggenburg und Steingaden. Die Grenzen des Augsburger Sprengels erstreckten sich seit dem Mittelalter bis zur Säkularisation vom Lechursprung in Tirol bis über Schwäbisch Gmünd im heutigen Württemberg hinaus. Um die Mitte des 15. Jahrhunderts, als der erste zum Kardinal ernannte Augsburger Bischof Petrus von Schaumberg die Diözese leitete, bestanden rund tausend Pfarreien und etwa 60 männliche und 35 weibliche Klöster und Stifte im Bistumsgebiet. Den Mittelpunkt bildete damals wie heute der Mariendom, dessen Ursprung bis in die vorkarolingische Zeit zurückreicht. Sein Bronzeportal und die Prophetenfenster zählen zu den berühmtesten Kunstwerken des 11. Jahrhunderts. Als Reichsfürsten besaßen die Augsburger Oberhirten auch ein weltliches Herrschaftsgebiet, das Hochstift, dessen Regierungssitz in Dillingen lag.

Das Reichsbistum vom 16. Jahrhundert bis zur Säkularisation

Schwere Notzeiten brachen im Reformationsjahrhundert über das Bistum herein, dessen Bischofsstadt durch die Reichstage von 1530 und 1555 weltweit bekannt wurde. Hier scheiterte der letzte ernsthafte Versuch, die Glaubenseinheit wiederherzustellen, hier verabschiedeten die Reichsstände den lang ersehnten, aber viel umstrittenen Religionsfrieden. In diesen Jahrzehnten mußte Bischof Christoph von Stadion zusehen, wie große Teile seines Bistums – die Reichsstädte, das Herrschaftsgebiet von Pfalz-Neuburg, das Ries und zahlreiche Orte im württembergischen Diözesananteil – zur evangelischen Konfession übertraten. Eine Wende bahnte sich mit der Ernennung des späteren Kardinals Otto Truchseß von Waldburg zum neuen Oberhirten an (1543–1573). Er leitete die Gegenreformation und die Reform im Augsburger Sprengel ein: In Dillingen gründete er eine Universität, die 1563 von den Jesuiten übernommen wurde. Diese Hohe Schule entwickelte sich rasch zu einem Bollwerk des Katholizismus und zu einem Reformzentrum für den gesamten südwestdeutschen Raum. Bereits 1559 hatte der Kardinal den Jesuitenprovinzial Petrus Kanisius zum Domprediger berufen, und etwa zwei Jahrzehnte später konnte die Gesellschaft Jesu in der Reichsstadt Augsburg eine Studienanstalt errichten. 1567 hatte Otto Truchseß von Waldburg auch die erste nachtridentinische Diözesansynode in Deutschland abgehalten, die neue Impulse für das religiöse Leben brachte.

Von den Nachfolgern des kämpferischen Kardinals zeichnete sich vor allem Bischof Heinrich von Knöringen (1598–1646) als Streiter für die kirchliche Reform aus. All seine Bemühungen aber wurden durch den Dreißigjährigen Krieg zunichte gemacht, der dem schwäbisch-bayerischen Bistum schwerste Verluste zufügte. Zahlreiche Märkte und Dörfer waren verwaist, viele Klöster geplündert und von den tausend Pfarreien noch 400 besetzt. Überall herrschten Not und Hoffnungslosigkeit.

In der zweiten Hälfte des 17. Jahrhunderts aber begann sich das gesellschaftliche und religiöse Leben wieder zu entfalten. Vierzig Jahre nach dem Westfälischen Frieden war der Priestermangel überwunden, die Klöster fingen an, die Kirchen zu erneuern. In den folgenden Jahrzehnten entstanden überall im Bistumsgebiet die herrlichen Barockkirchen, die heute noch der Stolz vieler Gemeinden sind. Das Frömmigkeitsleben erfuhr vielfache Ausgestaltung in Wallfahrten, Andachten und festlichen Gottesdiensten. Zugleich aber bahnte sich ein gewaltiger geistiger Umbruch an, die Aufklärung. Damals leiteten die Fürstbischöfe Joseph Landgraf von Hessen-Darmstadt (1740–1768) und Kurfürst Klemens Wenzeslaus (1768–1812) Bistum und Hochstift Augsburg. Einen letzten Höhepunkt in der Geschichte des Augsburger Reichsbistums bildete der glanzvolle Besuch des Papstes Pius VI. im Jahr 1782 in der Bischofsstadt. Zwei Jahrzehnte später beraubte die im Gefolge der Französischen Revolution durchgeführte Säkularisation das Bistum und die Klöster ihrer wirtschaftlichen Grundlagen und ihrer geistigen Bildungsstätten. So leidvoll diese Enteignung auch war, sie gab Anstoß zu einer Neubesinnung auf die eigentlichen Aufgaben der Kirche.

Die Diözese vom 19. Jahrhundert bis zur Gegenwart

Durch das Bayerische Konkordat und die päpstliche Zirkumskriptionsbulle (1821) erfolgte die Neuorganisation der Diözese. Das württembergische Bistumsgebiet wurde der Diözese Rottenburg und das Lechtal dem Brixener Sprengel zugeteilt. Dafür erhielt Augsburg in der Bodenseegegend einige Dekanate aus dem aufgehobenen Bistum Konstanz. Auch sollten die Bischöfe nicht mehr durch das Domkapitel gewählt, sondern durch die bayerischen Könige ernannt werden, die dieses Recht bis 1918 ausübten. Wichtiger aber als diese juristischen Fragen war die geistige Erneuerung, die der Dillinger Professor und spätere Bischof von Regensburg, Johann Michael Sailer, schon frühzeitig eingeleitet hatte.

Als bedeutendster Bischof des 19. Jahrhunderts sei Pankratius von Dinkel genannt (1858–1894), der in Dillingen die Knabenseminare errichtete, die Klostergründung in St. Ottilien unterstützte und die neue Taubstummenanstalt des Dillinger „Caritasapostels" Johann Ev. Wagner förderte. Damals entwickelte sich auch das vielschichtige katholische Vereinswesen, das zur Belebung des religiösen Geistes entscheidend beitrug. Der Caritasverband und die Jugendfürsorge verdanken ihre Gründung Bischof Maximilian von Lingg (1902–1930), der ebenfalls das neue Priesterseminar in Dillingen erbaute. Es diente bis zur Errichtung des Theologischen Fachbereichs der Universität Augsburg im Jahr 1971 als Ausbildungs- und Heimstätte des Diözesanklerus. Dr. Joseph Kumpfmüller (1930–1949), ein mehr in der Stille wirkender Bischof, erlebte den Kirchenkampf des Dritten Reiches und die Zerstörung zahlreicher Kirchen. Nach Kriegsende bemühte er sich vor allem um den Wiederaufbau von Wohnungen und um die Eingliederung der Heimatverwiesenen. Von 1949 bis 1963 leitete Bischof Dr. Joseph Freundorfer kraftvoll das Bistum. Er förderte vor allem den Bau zahlreicher Kirchen, die Gründung des Knabenseminars in Kempten und die Neubelebung der Ulrichsverehrung, die im Jubiläumsjahr 1955 einen Höhepunkt erreichte. Seit 1963 steht Dr. Josef Stimpfle als 58. Nachfolger des heiligen Ulrich der Diözese vor, die heute etwa 1 400 000 Katholiken zählt.

1007 Heilige und Selige im Bistum Augsburg

Heiliger Ulrich (4. Juli) – 1. Bistumspatron

890 als Sohn einer in Wittislingen ansässigen Adelsfamilie geboren, erhielt Udalrich (= reich an väterlichem Erbe) seine Ausbildung in St. Gallen. 923 zum Bischof bestellt, leitete er 50 Jahre lang vorbildlich das Bistum Augsburg. Seine Hauptsorge galt dem Welt- und Ordensklerus, der Gestaltung der Liturgie und den Armen. Untrennbar ist sein Name durch die Verteidigung Augsburgs gegen die Ungarn (955) mit der Reichsgeschichte verbunden. Er zählt zu den führenden deutschen Bischofsgestalten des 10. Jahrhunderts. 993 wurde Ulrich, dessen Verehrung unmittelbar nach seinem Tod am 4. Juli 973 einsetzte, als erster in förmli-

cher Kanonisation heiliggesprochen. Das Andenken an den großen Patron des Bistums ist bis heute lebendig und im Volk ver-
wurzelt.

Heilige Afra (7. August) – 2. Bistumspatronin

Afra starb als Jungfrau in der diokletianischen Christenverfolgung
um 304 in Augsburg. Ihr Name ist mit den ersten Nachrichten
über christliches Leben in dieser Stadt verknüpft. Legendär ist die
Bekehrungs- und Leidensgeschichte aus dem 8. Jahrhundert, die
Afra als Venusdienerin darstellt. Ihre letzte Ruhestätte befindet
sich in der heutigen Basilika St. Ulrich und Afra. Sie wird als
2. Stadt- und Bistumspatronin von Augsburg verehrt.

Heiliger Simpert (13. Oktober) – 3. Bistumspatron

Simpert entstammte möglicherweise einer alamannisch baieri-
schen Adelssippe. Er leitete von 778 bis 807 das Bistum Augsburg.
Unter ihm erfolgte die Vereinigung des im altbayerischen Gebiet
liegenden Bistums Neuburg-Staffelsee mit Augsburg. Simpert konsekrierte auch an einem 28. September (807?) einen Vorgängerbau
des Domes. Seine letzte Ruhestätte fand Simpert in St. Ulrich und
Afra, wo er als Helfer in vielerlei Nöten und Gebrechen hochverehrt wurde. In jüngster Zeit erinnert man sich wieder stärker dieses
großen Bischofs.

Selige Kreszentia Höß von Kaufbeuren (5. April)

Die 1682 in Kaufbeuren geborene Kreszentia Höß trat in das Fran-
ziskanerinnenkloster ihrer Heimatstadt ein. Jahrelang ertrug sie
Krankheiten und Demütigungen. Ihre Kraft schöpfte sie aus der
Verehrung des Leidens Christi und aus dem Vertrauen auf den
Heiligen Geist. Zur Oberin berufen, wurde sie als Ratgeberin von
höchsten Zeitgenossen geschätzt. Sie starb in der Osternacht am
5. April 1744 und wurde im Jahr 1900 seliggesprochen.

Heiliger Petrus Kanisius (27. April)

Geboren 1521 in Nymwegen, gestorben 1597 in Fribourg, heiliggesprochen 1925. Kanisius gehörte dem Jesuitenorden an, leitete

von 1556 bis 1569 die oberdeutsche Provinz, war Augsburger Domprediger (1559–1566) und maßgeblich am Aufbau der Dillinger Universität beteiligt. Er verfaßte zahlreiche Schriften zur Stärkung und Verteidigung des Glaubens und erhielt mehrfach den Beinamen „2. Apostel Deutschlands".

Selige Margareta Ebner (20. Juni)

Um 1291 in Donauwörth geboren, trat sie frühzeitig in das Dominikanerinnenkloster Maria Medingen ein. Sie ist eine Vertreterin der ausklingenden mittelalterlichen deutschen Frauenmystik und wurde sehr bald nach ihrem Tod 1351 im Kloster hochverehrt. Ihre Seligsprechung erfolgte 1979.

Heilige Radegundis von Wellenburg (1. Juli)

Möglicherweise aus Wulfertshausen gebürtig, soll Radegundis um 1300 gelebt haben. Der Legende nach war sie eine Magd der Herren von Wellenburg und opferte ihr Leben im Dienst der Nächstenliebe auf. Ihre Gebeine wurden über Jahrhunderte hinweg in der Kapelle von Wellenburg verehrt, 1812 aber in die Kirche von Waldberg übertragen, wo noch heute das Radegundisfest begangen wird.

Selige Mechthild von Dießen (6. Juli)

Tochter des Grafen Berthold IV. von Andechs, Meisterin des Augustiner-Chorfrauenstifts St. Stephan zu Dießen. 1153/54 wurde sie als Reformäbtissin in das Kanonissenstift Edelstetten berufen. Sie starb am 31. Mai 1160. Heute ruhen ihre Gebeine in der Pfarrkirche zu Dießen.

Seliger Abt Rupert I. von Ottobeuren (16. August)

Zunächst Mönch in St. Georgen im Schwarzwald. Von 1102 bis zum Tod am 15. August 1145 Abt des Benediktinerklosters Ottobeuren. Schon bald nach seinem Heimgang wurde er vom Volk als Seliger verehrt. 1963 gestattete Papst Paul VI. für Ottobeuren die Benützung eines eigenen Offiziums und Meßformulars zu Ehren des Seligen.

Heiliger Magnus (6. September)

Er wird als Apostel des Allgäus verehrt, da er um 750 im Auftrag des Augsburger Bischofs Wikterp die Gegend am oberen Lech missionierte. Er gründete eine Zelle in Füssen, aus der das Benediktinerkloster Sankt Mang erwuchs. Magnus starb an einem 6. September, möglicherweise im Jahr 772.

Heilige Hedwig (16. Oktober)

Sie wurde 1174 auf Burg Andechs am Ammersee geboren. Ihre Vermählung mit Herzog Heinrich I. von Schlesien erfolgte 1189/90. Schon zu Lebzeiten erfuhr Hedwig wegen ihrer Frömmigkeit und karitativen Einstellung die Hochachtung der schlesischen Untertanen. Sie starb am 14. Oktober 1243 und erhielt ihre letzte Ruhestätte im Kloster Trebnitz/Schlesien. Die Heiligsprechung erfolgte 1267. Hedwig gilt heute als die „Patronin der Versöhnung zwischen dem deutschen und dem polnischen Volk".

Heiliger Gallus (16. Oktober)

Geboren um 550 in Irland, gestorben um 640 in Arbon/Schweiz, Glaubensbote am Bodensee. Von dem nach ihm benannten Kloster St. Gallen zogen im 8. Jahrhundert Missionare ins Allgäu. Die Gallus-Verehrung ist im Bistum Augsburg bereits um 1000 bezeugt.

Heiliger Wolfhard (Gualfardus) von Augsburg (27. Oktober)

Der in der zweiten Hälfte des 11. Jahrhunderts in Augsburg geborene Wolfhard kam als Sattlergeselle nach Verona. Zwanzig Jahre lang lebte er als Einsiedler in den Wäldern der Etsch, anschließend in Verona, wo er am 30. April 1127 starb. 1602 gelangten Reliquien nach Augsburg, wo sie noch heute in der Sebastians-Kirche verehrt werden.

Heiliger Wolfgang (31. Oktober)

Wolfgang, geboren um 924 in Schwaben, wurde von Ulrich, dem er zeitlebens freundschaftlich verbunden war, zum Priester geweiht. 972 zum Bischof von Regensburg bestellt, leitete Wolfgang dieses Bistum bis 994 mit Tatkraft und Umsicht. Er bestattete 973 Bischof Ulrich in Augsburg zur letzten Ruhe.

Heiliger Stanislaus Kostka (13. November)

Als Sohn einer polnischen Adelsfamilie um 1550 geboren, kam er 1564 nach Wien. Da die Eltern den Eintritt in den Jesuitenorden verweigerten, begab er sich 1567 zu Petrus Kanisius, der in Dillingen weilte. Nach dreiwöchigem Aufenthalt zog Stanislaus nach Rom, um dort in das Noviziat einzutreten. Bereits im August 1568 starb er im Alter von 18 Jahren. Seine Heiligsprechung erfolgte 1726. Der große Marienverehrer wird besonders von der studierenden Jugend verehrt.

Heiliger Albertus Magnus (15. November)

Er wurde um 1193 in Lauingen a. d. Donau geboren und trat später in den Dominikanerorden ein. Albert, zeitweilig Bischof von Regensburg, dozierte u. a. in Paris und Köln. Er gilt als einer der größten Universalgelehrten des Mittelalters und erhielt den Beinamen „der Große". Albert, der ein großes wissenschaftliches Erbe hinterließ, starb am 15. November 1280 in Köln und wurde 1932 heiliggesprochen.

Heilige Konrad und Gebhard (26. November)

Zwei Bischöfe des Bistums Konstanz, zu dem das westlich der Iller gelegene heutige Augsburger Diözesangebiet bis zum 19. Jahrhundert gehörte. Konrad (934–975), nach alter Tradition mit dem Grafengeschlecht von Andechs verwandt, war ein Freund Ulrichs. Bischof Gebhard II. leitete das Bistum Konstanz von 979 bis 995.

Heilige Adelheid (16. Dezember)

Gemahlin des Kaisers Otto I., sie bemühte sich um die geistliche Erneuerung der Benediktinerklöster und unterstützte tatkräftig den Wiederaufbau des 994 eingestürzten Westteils des Augsburger Domes. Deshalb erfreute sie sich nach ihrem Tod am 16. Dezember 999 und ihrer Heiligsprechung im Jahr 1097 besonderer Verehrung in der Stadt Augsburg.

Wallfahrtsorte im Bistum Augsburg   **1008**

Die Kirche von Augsburg gehört zu jenen Bistümern, die eine
überaus große Zahl an Wallfahrtsorten aufweisen. Gläubige pilgern in ununterbrochener Tradition zu den Gnadenstätten, sei es
in überlieferten oder mehr zeitnahen Formen. Daneben sind soge-
nannte loca sancta („Heilige Orte") über die ganze Diözese hin
verstreut (z. B. Wessobrunn). Altehrwürdige Städte oder stille
Dörfer bergen die Gräber von Heiligen.
Der folgende Überblick ist als eine Auswahl gedacht, die von der
Vielfalt des Frömmigkeitslebens in den schwäbischen, altbayerischen und fränkischen Landstrichen des Bistums Zeugnis ablegt.
Ursprung aller Wallfahrt ist jene zu Jesus Christus (vgl. Jerusalem). Auch Marienorte stellen in Bild und andächtiger Bekundung
den Erlöser in den Mittelpunkt.

Christuswallfahrten

Eucharistie: Andechs/Drei Hostien, Augsburg-Hl. Kreuz/Wun-
derbarliches Gut
Heiliges Kreuz: Altenstadt bei Schongau, Biberbach, Kempten-Hei-
ligkreuz, Niederschönenfeld, Ottobeuren, Pleß, Polling, Traubing,
Ursberg, Wilburgstetten
Kreuzpartikel: Breitenthal, Burg, Donauwörth-Hl. Kreuz, Klim-
mach, Maria Steinbach, Mindelzell, Niederraunau
Gegeißelter Heiland bzw. *Unseres Herrn Ruhe:* Friedberg-Herr-
gottsruh, Gschnaidt (Frauenzell), Oberndorf, Wies (Steingaden)
Christkindl: Ettwies (Marktoberdorf), Holzen, Maria Medingen,
Oberschönenfeld

Marienwallfahrten

Unsere Liebe Frau (Sitzende/Stehende Muttergottes mit Kind):
Andechs, Bobingen, Buggenhofen, Eggenthal-Seelenberg, Eiberg
(Irsee), Frauenzell, Haunstetten, Heuwinkl (Iffeldorf), Holzhausen,
Ilgen, Itzlings (Wohmbrechts), Kicklingen (ULF im Moos),
Kirchhaslach, Lexenried (Edenhausen), Maria Beinberg, Maria

Elend (Oberbaar), Maria Rain, Mönchsdeggingen, Neuhäder, ULF vom Ostrachtal, Obergriesbach (Aukapelle), Ottobeuren-Maria Eldern, Ottacker (Sonthofen), Peißenberg-Maria Aich, Wattenweiler-Maria, Blume des Feldes, Witzighausen-Mariä Geburt

Vesperbild – Schmerzhafte Mutter: Bernried, Donauwörth, Eggelhof (Achsheim), Ehingen, Geratshofen (Gottmannshofen), Kapf (Schrattenbach), Kissing, Maria Kappel (Schmiechen), Maria Steinbach, Maria Stock (Asch), Maria Thann, Maria Vesperbild, Matzenhofen, Murnau, Oberelchingen, Oberthingau, Pobenhausen, Sameister (Roßhaupten), Vilgertshofen, Violau
Maria Hilf: Grünsink (Weßling), Haunshofen, Haunswies, Holzberg (Baindlkirch), Klosterlechfeld, Maria Zell (Mering), Speiden (Zell bei Füssen), Tiefenried, Roggenburg-Wannenkapelle
Maria Schnee: Ach, Haupeltshofen, Lehenbühl (Legau), Mindelheim-Eichetkapelle, Markt Rettenbach, Nassenbeuren, Schießen

Weitere Titel:

Maria Heimsuchung: Augsburg-Dom, Dattenried (Stötten am Auerberg), Unterigling – *Maria Knotenlöserin:* Augsburg-St. Peter am Perlach – *Maria, Mutter der Schönen Liebe:* Wessobrunn

Kopien berühmter Wallfahrtsorte (Architektur, bzw. Gnadenbild):
Maria Loreto: Altdorf, Bühl am Alpsee, Kobel (Westheim), Oberstdorf, Scheppach (Döpshofen), Türkheim – *Maria vom Blute (Rè in Oberitalien):* Dillingen-Kapuzinerkirche, Emersacker – *ULF vom Berge Karmel:* Binswangen, Drößling, Mussenhausen – *Altötting:* Maria Alber (Augsburg-Hochzoll bzw. Friedberg-West), Maria Baumgärtle, Münsterhausen, Texatwald (Landsberg) – *Einsiedeln:* Hagmoos (Bertoldshofen), Bad Wörishofen-Dominikanerinnen – *Ettal:* Maria Eich (Oberbernbach) – *Maria Plain (bei Salzburg):* Maria Trost (Nesselwang) – *ULF von La Salette:* Hindelang – *Lourdes:* Kalzhofen, Oberwaldbach, Rauns (Waltenhofen) – *Nuestra Senora della Candelaria (Chile):* Haselbach – *Tschenstochau:* Kahlhof (Wagenhofen) – *Dreimal Wunderbare Mutter von Schönstatt:* Memhölz – *ULF von Wladimir:* Penzberg-Steigenberg

Heiligenwallfahrten

Heiligengräber und -reliquien:

Augsburg, St. Ulrich und Afra: St. Afra, St. Ulrich, St. Simpert – Benediktbeuern: St. Anastasia – Dießen: Sel. Mechthild – Füssen, St. Mang: St. Magnus – Grafrath: Hl. Rasso – Kaufbeuren, Klosterkirche: Sel. Crescentia Höß – Maria Medingen: Sel. Margareta Ebner – Ottobeuren: Sel. Abt Rupert – Waldberg: Hl. Radegundis – Wohmbrechts: Sel. Richildis

Gnadenbilder:

Alle Heiligen: Allerheiligen (Jettingen-Scheppach) – St. Afra: Friedberg-St. Afra im Felde – St. Alban: Aitrang, Dießen, Stillnau – St. Anna: Burggen – St. Antonius von Padua: Mundraching, Stepperg – St. Johannes d. T.: Heiligenstätten (Raisting) – St. Kastulus: Langenbruck – St. Koloman: Schwangau – St. Leonhard: Apfeltrach, Balzhausen, Benediktbeuern, Froschhausen, Inchenhofen, Kaufering, St. Leonhard im Forst, Utting – St. Michael: Schwangau – St. Othmar: Eutenhausen, Gundelsdorf – St. Ottilie: Hörmannshofen, St. Ottilien – St. Sebastian: Weiler im Allgäu – St. Ulrich: Eresing – St. Wendelin: Grafertshofen, Obergermaringen, Schlehbuch (Schießen)

Gebetsstätten

die in neuester Zeit entstanden sind:
Marienfried (Pfaffenhofen a. d. Roth), Wigratzbad (Wohmbrechts)

Alphabetisches Verzeichnis der Lieder und Gesänge

Ant	= Antiphon
EG, (EG)	= Fassung im Evangelischen Gesangbuch (1993) ganz oder teilweise gleich
G	= nichtliedmäßiger Gesang
greg	= gregorianisch
KL	= Kyrie-Litanei
Kv	= Kehrvers
L	= Lied
ö, (ö)	= mit der ökumenischen Fassung ganz oder teilweise übereinstimmend, Stand 1995

Die Zahl gibt jeweils die Nummer an.

530,4	Halleluja (4. Ton)
530,5	Halleluja (4. Ton)
532,1	Halleluja (4. Ton)
532,4	Halleluja (4. Ton greg)
355,4	Halleluja (5. Ton)
466	Halleluja (5. Ton)
530,6	Halleluja (5. Ton)
531,8	Halleluja (5. Ton)
536,4	Halleluja (5. Ton)
748,1	Halleluja (5. Ton - Ps 117)
532,5	Halleluja (5. Ton greg)
478	Halleluja (6. Ton)
500	Halleluja (6. Ton)
530,8	Halleluja (6. Ton)
531,1	Halleluja (6. Ton)
531,2	Halleluja (6. Ton)
48,2 ö	Halleluja (6. Ton greg)
530,7 ö	Halleluja (6. Ton greg)
235,3 ö	Halleluja (6. Ton greg - Ps 118B)
531,4	Halleluja (7. Ton)
531,3	Halleluja (7. Ton greg)
532,2	Halleluja (8. Ton)
942	Halleluja (8. Ton)
531,5 ö	Halleluja (8. Ton greg) (EG 181.2)
532,6	Halleluja (8. Ton greg)
531,6 ö	Halleluja (9. Ton)
724,1 ö	Halleluja (9. Ton - Ps 36)
209,4	Halleluja (Osternacht I)
209,5	Halleluja (Osternacht II)
532,7	Halleluja (simplex)
952	Halleluja ... Du sprichst zu uns
221	Halleluja ... Ihr Christen, singet hocherfreut (G)
118,1	Hebet, Tore, eure Häupter (Kv)
119,1	Hebt euch, ihr Tore; unser König kommt (Kv)
122,1	Hebt euch, ihr Tore; unser König kommt (Kv - Ps 24)
566 ö	Hebt euer Haupt, ihr Tore all (L)
915	Heil dem Tage, der unsere Tage kröne (L)
843	Heilig bist du, großer Gott (L)
844	Heilig, heilig, dreimal heilig (L) (EG 185.1–3)
955	Heilig ... du großer Gott
956	Heilig ... Herr!
510	Heilig, heilig, heilig. Du bist der Herr der Scharen (G)

Quellenverzeichnis

I. Stücke, die bei Verlagen geschützt sind (mit Ausnahme der Kehrverse). Bei den folgenden Namen ist das Wort „Verlag" jeweils zu ergänzen.

Aussaat, Wuppertal: 30,2; 31,2 – Bärenreiter, Kassel: 18,8; 111M; 139T; 157M; 590M – Benziger, Düsseldorf: 7,3; 8,2; 24,5 – Bernward, Hildesheim: 4,2; 4,3; 10,1; 10,3; 11,2; 12,2; 18,4; 22,8; 24,2; 24,4; 28,3; 29,4 – Bischöfl. Ordinariat Eichstätt: 538 – Anton Böhm & Sohn, Augsburg: 560M; 664,1 – Gustav Bosse, Regensburg: 299; 308; 622; 702 – R. Brockhaus, Haan: 9,1; 15,4 – Butzon & Bercker, Kevelaer: 7,5; 11,1; 18,5; 22,7; 23,1; 24,3; 25,3–6; 26,3 – Caritasverband für die Diözese Eichstätt, Eichstätt: 106T; 220T; 241T; 279T; 490T; 538T; 542T; 550T; 553T; 594T; 635T; 640T; 696T; 704T – Carus, Stuttgart: 271M; 273M; 273T,2–4; 276M; 641M – Christophorus, Freiburg i. Br.: 30,4; 35,5; 56,1; 74; 87; 115; 137T; 147; 154; 160T; 161; 164T; 174M; 183T; 192M; 217; 229M; 244T; 248T; 249T; 250T; 259T; 260; 261T; 274T; 275T; 289T; 292T; 298T; 302T; 425–428; 440–442; 444; 446; 448; 452–454; 456T; 458T; 459-461; 463; 467M; 469T; 479; 480T; 481M; 486; 489T; 492; 493; 501; 515T; 517T; 518T; 533; 540; 544T; 545T; 546T; 548; 549M; 552T; 556T; 565; 568; 571; 577T; 590–593T; 607T; 609M; 610–613; 617; 621; 634; 637; 639T; 652; 686; 694M; 764 – (Neues Psalmenbuch) 74; 519; 572 – (Singende Gemeinde) 103; 129; 162; 175; 199; 214; 246; 485; 495; 506; 524 – (Kirchenlied I u. II) 167T; 169; 185; 208T; 262T; 268; 275T; 472T; 483T; 556T; 607T; 615T; 638T; 656; 660T; 784,2–5 (Liedtext) – (50 Ges. f. Kinder) 280; 504; 507; 510; 511 – (111 Kinderlieder) 272; 505; 514 – Coppenrath, Altötting: 451; 766,4 – Don Bosco, München: 66,1–7; 284T; 772; 774; 776; 778; 782; 783,1; 783,6; 784–787; 789,4–9 – Droemer-Knaur, München: 4,5 – Echter, Würzburg: 23,3 – Edition Brockhoff, Laer: 436–439; 443; 445 – Erzbischöfl. Ordinariat, Bamberg: 9,3; 12,1; 12,3; 19,5; 22,9; 25,1; 25,2; 26,2 – Furche, Hamburg: 11,3; 27,1 – Fidula, Boppard: 636; 663 – Matthias Grünewald, Mainz: 18,6 – Gütersloher, Gütersloh: 9,2; 15,3; 18,3 – Haus Altenberg, Düsseldorf: 56,5; 281; 358,3; 522 – Josef Habbel, Regensburg: 8,1; 18,7 – Herder, Freiburg i. Br.: 22,1; 22,3 – Herder, Wien: 7,1; 7,2; 7,4; 26,1; 375,4 – Jugenddienst, Wuppertal: 15,6; 23,2 - Klens, Düsseldorf: 375,3 – Josef Knecht, Frankfurt/M: 2,1 – Kösel, München: 27,2 – KSJ-Bundesstelle, Köln: 30,3 – Lahn, Limburg: 619; 624 – Manesse, Zürich: 3,4 (Übertr. Otto Karrer) – Merseburger, Berlin: 111T; 157T; 290T; 618 – J. Pfeiffer, München: 22,2; 620T; 623T – Schwann, Düsseldorf: 311 – Singende Gemeinde, Wuppertal: 168; 278 – Strube, München: 165T; 277; 297; 300; 301; 521; 539; 644T; 655 – Suhrkamp, Frankfurt/M: 276T – Theologischer V., Zürich: 108T; 242T – Verein z. Hrsg. d. Gsb. d. Evang.-reformierten Kirchen der deutschspr. Schweiz, Zürich: 269T – Verein f. d. Hrsg. d. Kath. Kirchengesangbuches der Schweiz, Zug: 475; 642T – Veritas, Linz/Donau: 429–435.

Diözesanteil Augsburg:

Bärenreiter, Kassel: 876 – Benediktiner-Abtei Grüssau-Bad Wimpfen: 973 – Bosse, Regensburg: 926 – Burckhardthaus, Gelnhausen und Berlin, aus „Gott schenkt Freiheit": 920 – Christophorus, Freiburg i. Br.: aus „Kirchenlied" 1. Teil: 804; 831; 867; 889; 972; aus „Kirchenlied" 2. Teil: 803; 805; 811; 815; 817; 818; 832; 857–861; 872; 884; 885; 902; 916; 930; 948; aus „Laßt uns loben": 835; 939; 940; 943; 944; aus „Singende Gemeinde": 836; 837; 838; 841; 842; 846; 847; aus „50 Gesänge zu Meßfeier und Wortgottesdienst mit Kindern": 949; 951–955; 957–959 aus „111 Kinderlieder zur Bibel": 918; aus „Singe Christenheit": 826; aus „Altenberger Singebuch": 854; und: 812; 848; 853; 863; 928; 929; 950; 951/5.–7. Str.; 973 – Hoppe und Werry., Mülheim: 913 – Peter Janssens Musik, Telgte i. W., aus „Wir haben einen Traum" 1972: 965 – Kommission für Liturgie Augsburg: 1004 – Liturgische Institute Salzburg–Trier–Zürich: 824; 887 – Maranatha Music, Costa Mesa/USA: 919 – Oberdeutsche Provinz SJ, München: 992 – Ordinariat Mainz: 923; 938 – Ordinariat Rottenburg: 993; 994 – Singende Gemeinde, Wuppertal: 917 – Werkbuch zum Gotteslob, Bd. V: 994, Bd. VI: 997 – Merseburger, Berlin: 886 – Rechte bei Autoren: 807; 814; 825; 850; 851; 855; 862; 865; 869; 874; 877; 882; 887; 907; 914; 915; 921; 922; 927; 930; 941; 942; 945–947; 959; 964; 966; 980–985; 1004.

II. Bei den übrigen geschützten Stücken werden die Rechte von den Autoren wahrgenommen. Folgende Autoren sind bei den Einzel-Stücken nicht genannt:

Johann Auer: 59,2 – Rupert Berger: 783,2 u. 7; 788 – Felicitas Betz: 31,4 – Günter Duffrer: 777; 779; 783, Eröffnung u. 3 – Hans Hollerweger: 773,7; 780 – Walter Krawinkel: 59,1; 62 – Anneliese Lissner: 22,4–5; 24,1; 781,5; 783,4 u. 8; 789,3; 790,1 u. 3 – Hans Bernhard Meyer: 59,3; 59,6; 60,5; 61 – Toni Mitterdorfer: 789,1 – Paul Ringseisen: 783,5 – Walter Risi: 773,1–6; 791 – Helga Rusche: 63; 64 – Claus Schedl: 16,6 – Franz Schmutz: 29,2; 30,1 – Theodor Schnitzler: 10,2; 11,4 – Cordelia Spaemann: 763 – Emil Spath: 27,4 – Vinzenz Stebler: 701 – Klemens Tilmann: 3,1; 6,3–4 – Günther Weber: 65.

III. Quellen der Gemeindeverse: Die Zahl hinter dem Buchstaben Q unter dem Kehrvers entspricht der folgenden Aufstellung. (CV = Christophorus, Freiburg; SG = Singende Gemeinde; NPB = Neues Psalmenbuch)

1 Johannes Aengenvoort; 2 Josef Friedrich Doppelbauer, NPB, CV; 3 Heinrich Freistedt; 4 Hans Peter Haller, NPB, CV; 5 Philipp Harnoncourt; 6 Robert M. Helmschrott; 7 Johann Bapt. Hilber, Coppenrath, Altötting; 8 Bertold Hummel; 9 Hans Bernhard Meyer (T), Peter Janssens (M), Telgte; 10 Richard Rudolf Klein, NPB, CV; 11 Gerhard Kronberg; 12 Michael Kuntz; 13 Walther Lipphardt; 14 Karl Marx, NPB, CV; 15 Paul Joseph Metschnabl; 16 Conrad Misch; 17 Erhard Quack NPB, CV; 18 Walter Röder, CV; 19 Heinrich Rohr, SG, CV; 20 Fritz Schieri, Unidruck, München; 22 Heino Schubert, NPB, CV; 23 Josef Seuffert, Haus Altenberg, Düsseldorf; 24 Rudolf Thomas; 25 Wilhelm Verheggen; 26 Anton Wesely; 27 Erna Woll, NPB,

CV; 28 Bruno Zahner, NPB, CV; 29 EGB-Kommission (IB); 30 Michael Müller, CV; 31 Bertold Hummel, NPB, CV; 32 Fritz Schieri, SG, CV; 33 Heinrich Rohr, CV; 34 Josef Seuffert, CV; 35 Fritz Schieri, CV; 36 Fünfzig Gesänge für Kinder (M: H. Rohr), CV; 37 Johanna Schell; 38 Gsb. Mainz, CV; 39 Kath. Kirchengsb. d. Schweiz; 40 Heinrich Rohr, Grünewald, Mainz; 41 EGB-Kommission; 42 Heino Schubert; 43 gregorianisch; 44 Graduale simplex; 45 Robert M. Helmschrott, NPB, CV; 46 Erhard Quack, CV; 47 Frankreich um 1610, 48 n. greg. Modell Gsb. Mainz, CV; 49 Gsb. Limburg; 50 aus „Die kirchliche Begräbnisfeier".

© 1975 Katholische Bibelanstalt GmbH, Stuttgart
für die Stammausgabe
© by Auer Verlag GmbH, Donauwörth
für den Diözesanteil Augsburg mit Erweiterung
7. Auflage. 2000
Notengrafik:
Ingeborg Vaas, Ulm
(Stammteil, Diözesanteil der Diözese Augsburg)
Satz + Grafik, Planegg
(Erweiterung des Diözesanteils)
Satz: Süddeutsche Verlagsgesellschaft, Ulm
Druck: Ludwig Auer GmbH, Donauwörth

Normalausgabe blau	ISBN 3-403-02862-3
Dienstausgabe rot	ISBN 3-403-02863-1
Kunstlederausgabe weiß	ISBN 3-403-02864-X
Kunstlederausgabe grün	ISBN 3-403-02865-8
Kunstlederausgabe weinrot	ISBN 3-403-02866-6
Kunstlederausgabe schwarz	ISBN 3-403-02867-4
Echtlederausgabe weiß	ISBN 3-403-02868-2
Echtlederausgabe weinrot	ISBN 3-403-02869-0
Echtlederausgabe schwarz	ISBN 3-403-02870-4
Vorzugsausgabe in Echtleder weiß	ISBN 3-403-02871-2
Vorzugsausgabe in Echtleder schwarz	ISBN 3-403-02872-0
Großdruckausgabe	ISBN 3-403-02873-9